文成天縱

中國寫本大系　丁小明　主编

第三輯

墨箋樓名賢尺牘集萃

丁小明　張翕然　主编

上

廣西師範大學出版社
GUANGXI NORMAL UNIVERSITY PRESS
·桂林·

墨箋樓名賢尺牘集萃
MOJIANLOU MINGXIAN CHIDU JICUI

出版統籌：湯文輝
出 品 人：喬祥飛
責任編輯：郭婷婷
責任校對：曹世超
責任技編：王增元
書籍設計：田　潔

圖書在版編目（CIP）數據

墨箋樓名賢尺牘集萃 ： 上、下 / 丁小明，張翕然主編. -- 影印本. 桂林 ： 廣西師範大學出版社，2025. 1. -- (中國寫本大系 / 丁小明主編).

ISBN 978-7-5598-7467-2

Ⅰ. K820.5

中國國家版本館 CIP 數據核字第 2024JA3690 號

廣西師範大學出版社出版發行
(廣西桂林市五里店路 9 號　郵政編碼：541004
網址：http://www.bbtpress.com)
出版人：黄軒莊
全國新華書店經銷
三河弘翰印務有限公司印刷
（河北省三河市黄土莊鎮二百户村北　郵政編碼：065200）
開本：787 mm × 1 092 mm　1/16
印張：45.75　　字數：732 千
2025 年 1 月第 1 版　　2025 年 1 月第 1 次印刷
定價：1800.00 元（上、下）

『中國寫本大系』編纂體例

一、所收寫本文獻皆爲未刊稿本、鈔本，注重學術性、資料性、系統性及稀缺性等多方面特質。

二、所收寫本文獻的時代主要以宋、元、明、清、民國爲限，偏重於明、清、民國。新發現的中古寫本文獻亦在收録範圍以内。

三、所收寫本文獻以漢文寫本爲主，亦酌情收入部分珍稀的少數民族寫本文獻。

四、所收寫本文獻以中國、日本、韓國、越南等地公私收藏爲主，兼及歐美及東南亞等地的公私收藏。

五、擬收入珍稀寫本文獻凡一百種左右，計劃每年出版三至五種寫本專輯。

前言

墨箋樓作爲藝術品網絡交流平臺，『携手多名國内文物界知名專家、藝術品鑒定師以及衆多經驗豐富的業内同仁，秉承厚德載物、躬履篤行的原則，至真、唯精的理念，以整套完備規範的鑒定制度爲指導，以嚴格高效的執行力爲依托』［一］，主要經營近現代名人手迹、影像照片、古籍舊書、郵品雜項等藝術收藏品，在近現代名人信札手稿方面，最爲引人注目。《墨箋樓名賢尺牘集萃》參考明末清初文學家、收藏家周亮工輯《尺牘新鈔》之收録標準，『一書之成，必須博采，衆家不備，詎足大觀』［二］，收有近年來墨箋樓所售名賢尺牘三百九十餘通，共有二百七十餘位寫信人，既有胡林翼、張斯桂、李瀚章、李鴻章、吴長慶、張之洞等達官顯貴，亦有王先謙、柯劭忞、崔適、陳三立、熊十力等文史學者，還有汪昉、蕭退闇、姚華、吴徵等著名書畫家，當然也不乏版本目録學家、古文字學家、考古學家、翻譯家、教育家、出版家、收藏家、作家、科學家、戲劇家等。這些寫信人出生於十八世紀九十年代到二十

［一］見微信公衆號『墨箋樓』簡介。

［二］〔清〕周亮工：《尺牘新鈔》，清道光丁未年（一八四七）海山仙館叢書刻本，《尺牘新鈔選例》，第4頁b。

世紀二十年代，最晚逝世的是歷史學家賀昌群，卒於一九七三年十月一日。這批尺牘内容豐富，每一通尺牘都是歷史的真實記録。寫信人和收信人彼此書信往還，或針砭時弊，或臧否人物，或探討學問，或詩詞應和，從中可以窺探到他們的政治卓見、學識修養、思想品格和人際交往。

尺牘具備史料價值、語料價值和藝術價值，倘若尺牘出自重要人物之手，且涉及重要歷史事件，那麼它往往還具備非同尋常的文物價值。對於研究者而言，最重要的還是尺牘的文字中所包含的史料價值。歷史學家對於尺牘的史料價值早有專門論述，中國近代史學家陳恭禄《中國近代史資料概述》[一]第四章就是談『書札』，他注意到尺牘作爲一手史料的原始性和可靠性，同時也强調尺牘有其局限性，要參考其他可信的資料，進行考證。

本書有一通尺牘頗引人注意，寫信人是清代著名的經學家、教育家、文學家鄭獻甫，内容如下：

司馬公祖大人閣下：獻甫再拜言，前得門人謝子石函件并令叔廉訪公事略，當即敬謹如命，約爲一行狀一通，并原事略一帙，於去蜡初付門人李念典轉寄潯州，不知何以許久未達，或者停閼未寄邪？兹奉尊札且係耑足，仰見大君子虛懷，善承先志，辱索鄙文，悚甚慚甚。就諗起居佳勝，措注裕如，當與歲月俱新。獻甫衰朽老田夫耳，撰述老學究耳，實非古文家作手。前者廉訪公在吾鄉勞績，後來獻甫寄貴鄉故誼，皆似不可不記者，惟行狀之體主詳，家傳之體主簡，故再撰此，首敬呈尊鑒。家居無記室，未能繕正，即具草本，乞鑒其真而不罪其率。後寄行狀一本較詳於前，寄事略一帙，其中語意詞句亦協，獻甫不過約歸矩範，非能推闡波折也，可

[一]　陳恭禄：《中國近代史資料概述》，南京：南京大學印刷所，一九六四年。

則存之，否則置之，是在高明裁定耳。子石記室想已北上守之都戎，想可常晤，兩處俱不另函。肅此，敬請台安，恭賀春祺，伏乞霽鑒。不宣備。治愚弟鄭獻甫手狀，新正十三日申。

謙稱萬不可行，此後切不必復，獻甫再懇。

或以爲上款人即司馬公祖，實則不然。此信談及鄭獻甫爲『司馬公祖』的叔父『廉訪公』作行狀和家傳，經查閱資料，鄭獻甫曾爲張敬修撰寫《江西按察使司按察使前廣西按察使德圃張公行狀》及《清江西按察使司按察使德圃張公別傳》兩文，且《行狀》提及『其猶子家齊，爲吾鄉司馬，知獻甫爲公之故人也，以行實來曰：「願有述。」』，可知《行狀》爲鄭獻甫應張敬修侄子張家齊之請而作，因此收信人當爲張家齊。張家齊，字汝南，時署潯州府同知，所以鄭獻甫尊稱其爲『司馬公祖大人』。信中所稱『廉訪公』即張家齊的叔父張敬修，字德圃、德甫，廣東東莞人，曾任廣西按察使、江西按察使。另據《行狀》所述『今予回里門六年，公歸道山亦五年矣』[一]，而鄭獻甫於同治元年（一八六二）九月二十日由廣州返桂林，張敬修卒於同治三年（一八六四）正月二十五日，再根據信中所言『去蜡初』即寄上《行狀》，且落款時間爲『新正十三日』，可以推知《行狀》當作於同治七年（一八六八）十二月初以前，此信則寫於同治八年（一八六九）正月十三日。《別傳》或亦寫於同治八年正月。編者還見到兩通鄭獻甫致謝子石尺牘，第一通見於《紙色墨香——小孤桐軒珍藏花箋信札》，作於同治七年十一月下浣，鄭獻甫在信中說：『德甫廉訪公祖，

[一] 孫艷慶、袁衛華：《〈鄭獻甫集〉佚文六篇輯考》，《廣西地方志》二〇二一年第五期。

前於東莞相識，并在可園相款。代狀誠不敢辭，寄來底本，亦號爲詳密，聊以已意撿括就範而已。』[一]第二通見諸網絡，鄭氏稱『僕春初爲小兒續娶并看小兒應試』，且落款時間爲『五月廿九日』，又言及『張公《行狀》《家傳》刻本已爲審閲，尚無錯誤，只僕文不佳耳』。[二]可知此信寫於同治八年五月二十九日，兩信恰可與本書所收鄭獻甫尺牘互相印證。鄭獻甫所撰《行狀》和《别傳》兩文，《鄭獻甫集》皆失收，本書所收鄭獻甫尺牘中所叙述的内容，足可與其著作相爲表裏，對鄭獻甫的相關研究有所裨益。

官員政要多有記室或秘書，他們的尺牘大都出自文牘之手，素爲收藏家所不喜，但考慮到這些尺牘内容較爲豐富、重要，且又是當時官員間文書往還的真實再現，故而本書仍挑選部分收録。如愛新覺羅・載齡致王文韶尺牘、李瀚章致岑毓英尺牘、聶緝椝致黄建藩尺牘，顯然并非本人親筆；又如黄炎培致張絅伯尺牘，因係公文，格式固定，内容是事先印好的，但上款和落款却是黄炎培親筆，并且又鈐蓋名章，也是收藏中的難得之品，未來如果有人將其收入全集，最好在題注中加以説明。本書以熊佛西的十一通尺牘最爲大宗。熊佛西（一九〇〇—一九六五），中國著名的戲劇教育家、劇作家，中國話劇的奠基人之一，一九四九年以後擔任上海市立戲劇專科學校（今上海戲劇學院）校長。雖然這批尺牘是其任職期間産生的公文，部分有夏衍、于伶等人批注，但是至少可以提供熊佛西的歷史片段素材，藉此瞭解這一階段他的工作内容和狀態，可見尺牘對於人物傳記的史料價值。

本書所指的『尺牘』是廣義的，除了公認的書札，還收録少量文稿、詩稿、名刺等其他形式的手迹，也頗有研究價值。

[一] 劉鳳橋編：《紙色墨香——小孤桐軒珍藏花箋信札》，瀋陽：遼寧美術出版社，二〇二四年，第五三頁。

[二] 鄭獻甫致謝子石尺牘，清同治八年（一八六九）五月二十九日，手稿。此通尺牘編者見於『抖音』網絡平臺。

玆以陳三立《書善化瞿文慎公手寫詩卷後》手稿爲例，稍作説明。瞿文慎公即瞿鴻機（一八五〇—一九一八），字子玖，號止庵，湖南善化（今長沙）人，曾官至軍機大臣，晚年在上海吟咏結社，與陳三立詩詞唱和。瞿鴻機去世後，其子瞿宣樸、瞿宣治、瞿宣穎將其詩稿編爲《瞿文慎公詩選遺墨》，交上海商務印書館出版，《書善化瞿文慎公手寫詩卷後》即是陳三立爲此書所作序言。目前已知《書善化瞿文慎公手寫詩卷後》至少有三個版本，其一爲本書所收稿本，其二爲《瞿文慎公詩選遺墨》[一]影印稿本，其三爲《散原精舍文集》收録本[二]。經編者比對，三個版本均有异文，試舉其中數例以示：

一、『己未夏六月距文慎公薨逝已逾歲矣』（本書所收稿本）；
『己未夏六月於是距文慎公薨逝已逾歲矣』（《瞿文慎公詩選遺墨》影印稿本）；
『瞿文慎公薨逝逾一歲』（《散原精舍文集》收録本）。

二、『疲於鑒衡』（本書所收稿本）；
『疲於程試』（《瞿文慎公詩選遺墨》影印稿本）；
『疲於按試』（《散原精舍文集》收録本）。

三、『平生交游親舊』（本書所收稿本）；
『生平相識親舊』（《瞿文慎公詩選遺墨》影印稿本）；

[一] 瞿鴻機著，瞿宣樸、瞿宣治、瞿宣穎編：《瞿文慎公詩選遺墨》，上海：商務印書館，民國八年（一九一九）石印本。

[二] 陳三立：《散原精舍文集》卷十《書善化瞿文慎公手寫詩卷後》，上海：中華書局，一九四九年，第3頁b至第4頁b。

「生平相識親舊」（《散原精舍文集》收録本）。

四、「公於是詩遂稍多」（本書所收稿本）；

「公之詩遂稍多」（《瞿文慎公詩選遺墨》影印稿本）；

「公之詩遂稍多」（《散原精舍文集》收録本）。

五、「輒驚其坐人」（本書所收稿本）；

「輒震其坐人」（《瞿文慎公詩選遺墨》影印稿本）；

「輒震其坐人」（《散原精舍文集》收録本）。

六、「義寧陳三立」（本書所收稿本）；

「陳三立題記」（《瞿文慎公詩選遺墨》影印稿本）；

「己未六月陳三立題記」（《散原精舍文集》收録本）。

從上述區別可見，本書所收稿本當爲三種版本之最初本，《散原精舍文集》收録本則是其編者以《瞿文慎公詩選遺墨》影印稿本爲底本略加改訂而成的。本書所收稿本與《瞿文慎公詩選遺墨》影印稿本皆爲陳三立親筆，兩相比較，亦可得其修訂、增補痕迹，史料價值不言而喻。

尺牘的史料價值不僅體現在補史之缺，還體現在校正已刊行的著作之誤。例如本書收録的兩通張元濟致瞿啓甲尺牘，其内容已被收入《張元濟全集》。對比本書所收原札手迹，其中第一通的『復頌台安』，在《張元濟全集》

中釋爲『順頌台安』，第二通的『瑣牘』，在《張元濟全集》中釋爲『瑣瀆』[一]，雖然這兩處錯誤基本不影響讀者理解原意，但總歸不嚴謹。再比如本書中黄炎培致江恒源尺牘的第二通，作於一九五六年九月十四日，《黄炎培日記》有關於此信的記載：『訊江問漁，内談：當、丁、吴夢白、劉厚生等問題，附北河詩。』[二]如果對照原信就會發現，『當、丁』實際爲『尚丁』之誤。尚丁（一九二一—二〇〇九），曾任中國民主同盟中央委員，中國民主同盟上海市委副主委，并曾長期擔任黄炎培的秘書。尺牘、日記等手稿文獻的釋讀殊爲不易，在整理過程中，因爲各種原因可能産生不少問題，如果把原件或影印本與整理本對校使用，一定能更加準確地還原史料的本來面目，從而驗證史料的真實性和可靠性。

學者以尺牘作爲學術研究的原始史料，有不少困難要克服。首先就是尺牘難以長久保存，這是由尺牘的私密性、實用性及以紙張作書寫材料的易損性等客觀條件决定的，所以對於學者來説，能看到尺牘原件甚至是圖片已是非常幸運。如清末淮軍名將吴長慶致嚴禮卿尺牘，因信中論及人物褒貶，信尾特意叮囑『閲後勿存』。再如愛新覺羅・寶熙致劉仲魯尺牘，因涉及錢款分配，信末注明『付丙』。由於當時收信人并未損毁，幾經周折，這些尺牘得以僥幸存世。雖然如此，仔細研讀信件内容，前後無法貫通，可以想見這當是僅存的碩果。

其次是尺牘的真僞辨識之難。存世尺牘數量龐大，且分藏各地，雖然現在已經能通過網絡見到部分圖片，但因無法證明其來源，不能肯定它的真實性。本書曾擬收録清代教育家、經學家、史學家、訓詁學家王先謙致『爵帥』的一通尺牘，共四頁，寫於紅色六行箋上，談創辦時務學堂籌措經費等事。上款人『爵帥』即王之春（一八四二—

[一] 參見張元濟：《張元濟全集》第三卷，北京：商務印書館，二〇〇七年，第五二三頁。

[二] 黄炎培著，中國社會科學院近代史研究所整理：《黄炎培日記》第十三卷（一九五四年十月至一九五七年三月），北京：華文出版社，二〇一二年，第二五二頁。

一九〇六），字爵棠，湖南清泉人，清代政治家、外交家。爲解決時務學堂的辦學經費問題，熊希齡與蔣德鈞發起個人捐助，湖北布政使王之春率先響應，捐銀兩千兩，以資助購買書籍。編者釋讀後發現，此信第二頁與前後頁内容均不協調，如果將此頁内容删去，則第一頁和第三頁語意連貫，且第二頁和第四頁語意連貫，頗爲可疑。仔細對比，這通尺牘早已著録於《湖南省博物館藏近現代名人手札》中，其第一頁和第三頁，即該書中『王先謙致王之春（一）』的第一頁和第二頁，真迹寫於松筠閣花箋上，其第二頁和第四頁，即該書中『王先謙致王之春（四）』的第三頁和第四頁，而此札原寫於紅色七行箋上。[一]據此可知編者原擬收入的王先謙致『爵帥』的尺牘必是僞作無疑，且是按照兩通真迹進行臨摹并拼凑在一起的。但作僞者書法功底差，以致僞札字迹綫條生硬，結字不嚴謹，例如其第三頁有一句『今官推之坤，是召争也』，不明其意，真迹寫作『今官推之紳，是召争也』，一字之差，意思却大不一樣。這也是尺牘辨僞的依據。如今尺牘交易市場繁榮，作僞手段也層出不窮，即使是以往出版的尺牘類著作，也可能會夾雜一些僞札，使用者於此不可不察。

其三是尺牘文字釋讀之難。書寫規矩的公函以外，尺牘的文字多以行楷、行草爲主，由於是非官方公文，多數書寫隨意，且寫信人各有其用筆特點和結字習慣，尺牘文字書寫方式往往與規範寫法之間存在一定距離，給釋讀帶來很大困難。如梁鼎芬尺牘，用一盞軒箋，文字古拙，札末署『鼎芬』二字，草率异常，若没有『一盞軒』三字，幾乎不能辨認。柳亞子的字與其詩人身份極相符，個性十足且書寫飛快。或許因其高度近視之故，一些點畫細節常常交代不清，傳聞他有時甚至無法辨認出自己以前寫的内容。本書收録一通柳亞子致阿英尺牘，正文内容僅三十二

［一］　歐金林主編：《湖南省博物館藏近現代名人手札》第三册，長沙：岳麓書社，二〇一二年，第一四二一—一四二三、一四三〇—一四三一頁。

個字，却潦草難辨，爲使讀者閲讀方便，兹將編者釋讀結果照録如下：

國曆六月五日（星期日）中午十二時，潔樽候教。柳亞子敬訂。
席設金魚胡同福壽堂。

還有一些尺牘由於時間久遠、保存不當，殘破不全，墨迹模糊不清，也會導致釋讀十分困難。

其四是考證尺牘作者及收信人之難。舊時寫信爲表尊敬，上款一般稱字號且不加姓氏，但字號難免重複，給考訂增加困難。在此，就以上款爲『雨三』的尺牘爲例，略作揭示。上款爲『雨三』的尺牘共有三通，寫信人分别爲李鴻章、葉赫那拉·定安和依克唐阿，墨箋樓標注爲『李鴻章致苗沛霖信札』『王定安致苗沛霖信札』『依克唐阿致雨三信札』，同樣一批尺牘在中國嘉德、北京保利、中貿聖佳等拍賣公司拍賣時，均標注爲『致苗沛霖』或『致雨三』。編者認爲『雨三』并非苗沛霖，當另有其人。如李鴻章致『雨三』尺牘云：『頃奉惠書，以内子之喪遠勞唁問，并荷寵頒幛軸，銘感曷勝。就審順序延和，因時介祉。籌邊楙績，仰壁壘之森嚴；保塞宣勤，卜絲綸之寵錫。翹瞻英采，莫罄葵鋪。弟自顧頽齡，遽傷内助。溯馳驅於卅載，久同票騎之忘家；察消息於四時，亦悟蒙莊之觀化。』結合《李鴻章年譜》光緒十八年（一八九二）六月初十日記載：『繼配趙夫人卒於天津。』[一]可知這通尺牘寫於光緒十八年六月初十日以後，而苗沛霖雖字雨三，但已於同治二年（一八六三）去世，顯然此信不可能是寫給苗沛霖的。又如

[一] 雷禄慶編：《李鴻章年譜》，臺北：臺灣商務印書館，一九七七年，第四三八頁。

定安致『雨三仁弟』尺牘，談及：『上年熱河之役，幸賊匪羽翼未成，器械不全。一聞警信，裕壽帥與兄商派隊伍，趕緊分道馳剿，未容其稍爲駐足。直隸隊伍來之亦速，兩路夾擊，一鼓蕩平，托天之福，實爲幸甚。』此處『熱河之役』應指光緒十七年（一八九一）的『金丹道事件』，『裕壽帥』即喜塔臘·裕禄（約一八四四—一九〇〇），時任盛京將軍。以此推斷，墨箋樓所標『王定安致苗沛霖信札』有誤，寫信人當是時任欽差大臣辦理東三省練兵事宜兼海軍衙門幫辦大臣的葉赫那拉·定安（一八二四—一八九七）。定安尺牘還提到『傅相』（李鴻章）、『豐厚齋』（郭博勒·豐陞阿）以及『長帥』（郭布羅·長順）等人，吉辰整理的《恩澤甲午戰争存札》中定安致恩澤第一通信札也有論及，[一]這樣看來本書所收定安致『雨三』尺牘應是寫給噶奇特·恩澤（?—一八九九）的。恩澤亦字雨三，歷任吉林副都統、琿春副都統、署吉林將軍、黑龍江將軍等職。依克唐阿致『雨三』尺牘也提供一些綫索，節録如下：『炮臺案件，兄因經手未完，故於去春移節（原尺牘中，『移節』二字被删除——編者注）時，揀其要緊各卷帶來抄録，以備考稽。現已飭抄完竣，合將各稿卷宗三十八分如數封固，由驛呈遞台端，而便存查。』信中『去春移節』一句頗爲關鍵，查依克唐阿履歷，其於光緒十五年（一八八九）正月奉旨簡放黑龍江將軍，卸任琿春副都統，其繼任者即爲恩澤。本書所收李鴻章、葉赫那拉·定安和依克唐阿致『雨三』尺牘，收信人實爲噶奇特·恩澤。遺憾的是，由於條件所限，本書仍有部分上款未能確認是何人。

與著作不同，尺牘爲一時揮翰之文，多是興會所至，不必字斟句酌，往往包含了作者的個人記憶和真實情感。

[一] 吉辰整理：《恩澤甲午戰争存札》，中國社會科學院近代史研究所《近代史資料》編輯部編：《近代史資料》（總一百三十八號），北京：中國社會科學出版社，二〇一八年，第八八頁。

本書所收既有清人尺牘，也有民國函札，更有當代書信，時間跨度綿長，空間範圍廣闊，所藴含的歷史文化信息豐富多樣，包括使用的術語、表達方式、社會背景等，體現了當時社會和作者本人的語言習慣和審美趣味，兼具獨特的語料價值。尺牘作爲一種文體，有固定的行文格式，用語考究，常用敬、謙語表達對收信人的尊敬。例如，『閣下』『先生』『足下』等敬稱，『愚弟』『愚兄』『館侍生』『年小弟』『通家生』等謙稱，以及『君』『公』『執事』等提稱語，還包括『敬候』『順頌』『勛安』『禮安』『台安』等固定用語，不勝枚舉，可見漢語的豐富性和多樣性。尺牘多是散文，其中不乏佳作，優美至極，但編者關注到一些應酬尺牘，用於祝頌、慶賀等，内容以駢文爲主，雖少有具體史實，但辭藻華麗，對仗工穩，足供後來參考。兹以孫詒經致衛榮光尺牘爲例，原文録後，與讀者共賞：

静瀾老前輩大人閣下：關河千里，共蟾影之團欒；風景三秋，緬鴻儀而洄溯。敬維藎勷撫馭，茀禄來同。雅集南樓，詩思在吴江月色；爽延西顥，澄懷披閬苑天香。清分桂闕之光，渥荷楓宸之眷，師干即總，豫頌應符。侍驛路馳驅，軺輪壢珞。抗塵朔漠，材搜泮半而勞薪；漱彩東溟，節届秋中而摛藻。肅勒，祇賀秋釐，并請台安。不備。館侍生孫詒經頓首。（衛榮光批注：九年八月十六日到）

此信措辭富麗，用詞謙虚恭敬，即使是幕僚代筆，也不虚誇，用典靈活，不失爲學習古文的絶佳範本。雖無落款時間，但可看出是爲祝賀中秋節而作，耐人尋味。

從書法角度看，本書所集尺牘，書寫宗法多元、風格多樣，在這種根基下，又可見書寫者個人性情，屬難得的精品。例如俞樾、姚華、張宗祥、馬一浮等人的尺牘，作者本來就是造詣極高的書法家，他們手書的尺牘呈現了更爲多姿多彩的風貌，因此理所當然地成爲世人眼中的藝術品。一些名賢，如果不是書畫家，存世墨迹很少，尺牘便是唯一可以窺見其書寫面貌的作品。著名文史掌故大家、收藏家鄭逸梅在《尺牘的集藏》一文中談到：『前人的箋紙，都很考究，有些是自製的。……集藏尺牘，那是天然的箋譜，多麼耐人玩索啊！』[一]晚清以來，隨着製箋業的繁榮，文人根據自己的審美和意趣親自設計箋紙成爲風尚。俞樾是其中最具代表性的人物之一，本書所收俞樾尺牘即用標有『曲園居士俞樓游客右台仙館主人尺牘』『曲園書』『曲園製 仿唐人行卷式』等文字的三種俞樾自製箋紙書寫，箋紙印製精美，可以得見俞樾的學識和趣味。再比如胡鼎彝尺牘用虎皮宣六行箋，古樸素雅，仰見中國古代文人含蓄之美。

此次遴選部分墨箋樓名賢尺牘影印刊行，意在儘可能真實地反映尺牘原貌，期待有益於學林。

編者

[一] 鄭逸梅：《尺牘的集藏》，《萬象》一九四四年五月號。

目録

湘雲親家年仁兄大人閣下頃奉
手書知前函已達記室
藹雲吟室高館書事雖所入無多官勝僚者之年
兄事能退一步想即無不足之憂矣瑾子中十歲
丁本生母憂早經服滿因地方失陷無從呈報丁艱此
爲尋常之事惟子中現患腹疾甚劇甚重不易療
治不但到任遲早難決即起身日期亦難預定惟尚

則古昔齋啓事牋

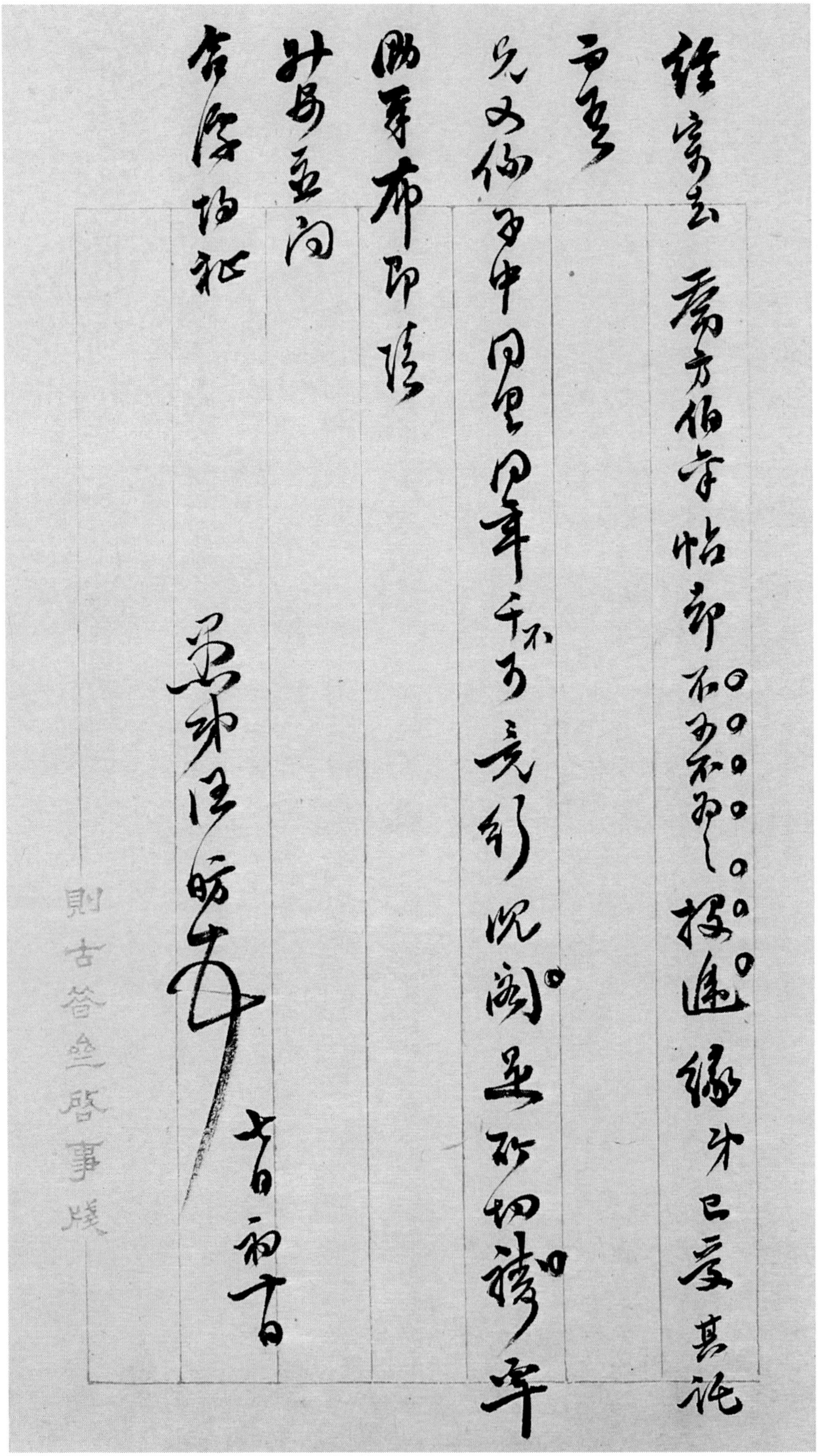
則古昔齋啓事牋

昨展
手緘讀悉
舅父大人赴邑津一事協辦兵差本境並無文催
極爲快慰此等差使只求手函遞去便可敷手山東
運送砲位重笨不能快速發之滿洲若將島烟庫
家大叔運匯矣弟

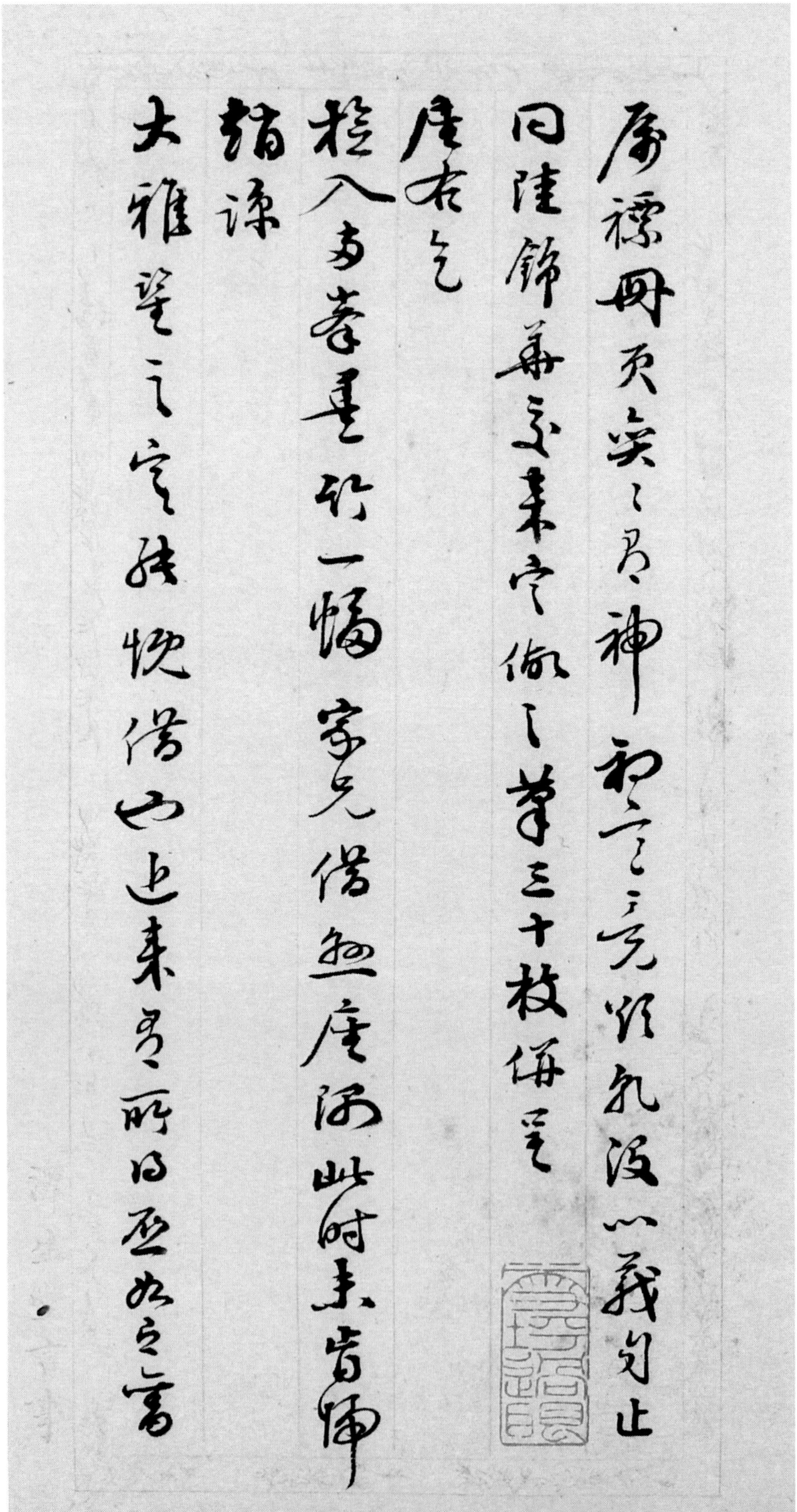

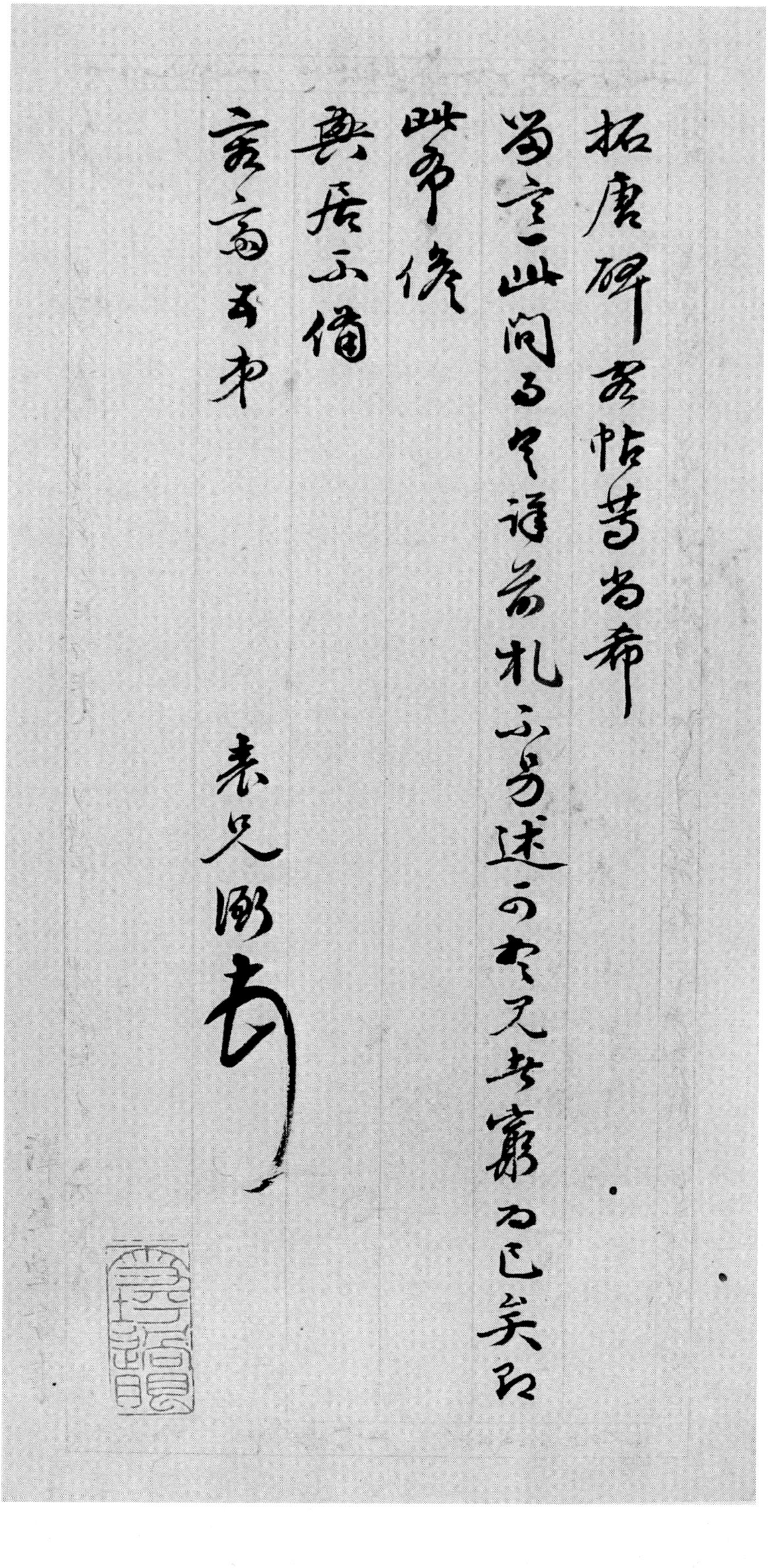

司馬公祖大人閣下敬甫再拜言前得門人謝子石函件並
令尉慮訪公事昨當即敬謹爲
命約爲一行狀一通並原手跡一帙於去臘初付門人李念曾轉
寄得州不知何以許久未達或者停閣未寄耶茲奉
尊札且係先德之仰見
大君子思懷善承
先志尊崇鄙文悚甚慚甚就諗
起居佳勝措注被文當與歲月俱新敬甫衰朽老而未弃

撰述者皆究年實非古文家作手所爲者
屬訪之在吾鄉勞績後來獻有寄
貴鄉故誼甚於不可不記者雖行狀之體主詳家傳之體主簡
故再譔此首敬呈
台鑒家居無記室未能繕正即具草奉乞
鑒其真而不罪其率後寄行狀一本較詳於前寄事略一帙
其中語意詞句亦協獻甫不過約歸矩範非能推闡波折也
再則存之否則置之是在

高明裁定耳。子石記定想已北上，守之都我想可帶呈西處，俱不出遇。甫此致請

台安，恭賀

春禧，伏乞

壽鑒不宣。備

治愚弟鄭獻甫手狀　新正十二日中

譙楳一事不可行，此法切不必復。獻甫再啓

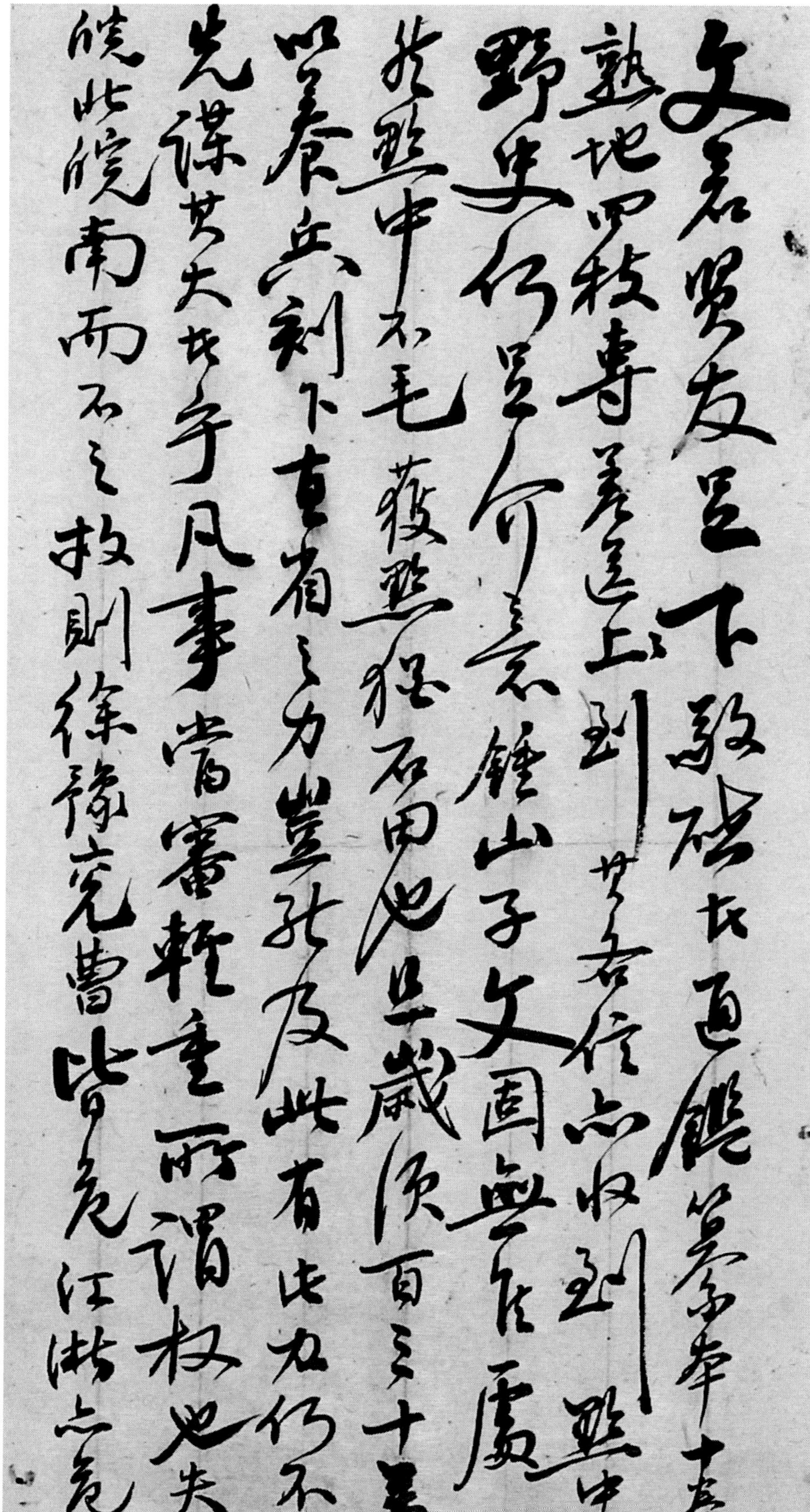

文君賢友足下敬啟長直能茅事本
熟地羅敦專差送上到黃岩信向收到縣中
野史何足何慮鍾山子文固無所屬
我縣中不毛蔑縣狂石田也且歲須百二十萬
以養兵剩下有之力豈能及此有此力何不
先謀其大者乎凡事當審輕重所謂權也失
皖北皖南而不之救則徐豫兗曹皆危江浙亦危

何不先取志於乎尹寧康之子可尋此
來居之後書香視之只大睌須多讀人
則局勢乃靈也叢出在寓居出才為聞
下第一事亦古今治天下第一事二三場人所
輕視不告此乃真學問真精神也人到
三場而無修志則以力精力必至人精力至人
所貴此淺而易見其也識以此之志念高閣十

子房君子轉呈

與衡哉在拔十得五所望于天下在大美前

作迪文及今說好姑文文人之習綜好自奮林翼

亦極不免焉之念不俗則胸次有一節之長看過

氣息亦逼于今人即不能過今人之見地亦盛于

今人之廉之欲絕棄無氣象之人錢都重文筆

極雲穗頓冠姓与林翼之文書頓首年口不及

三

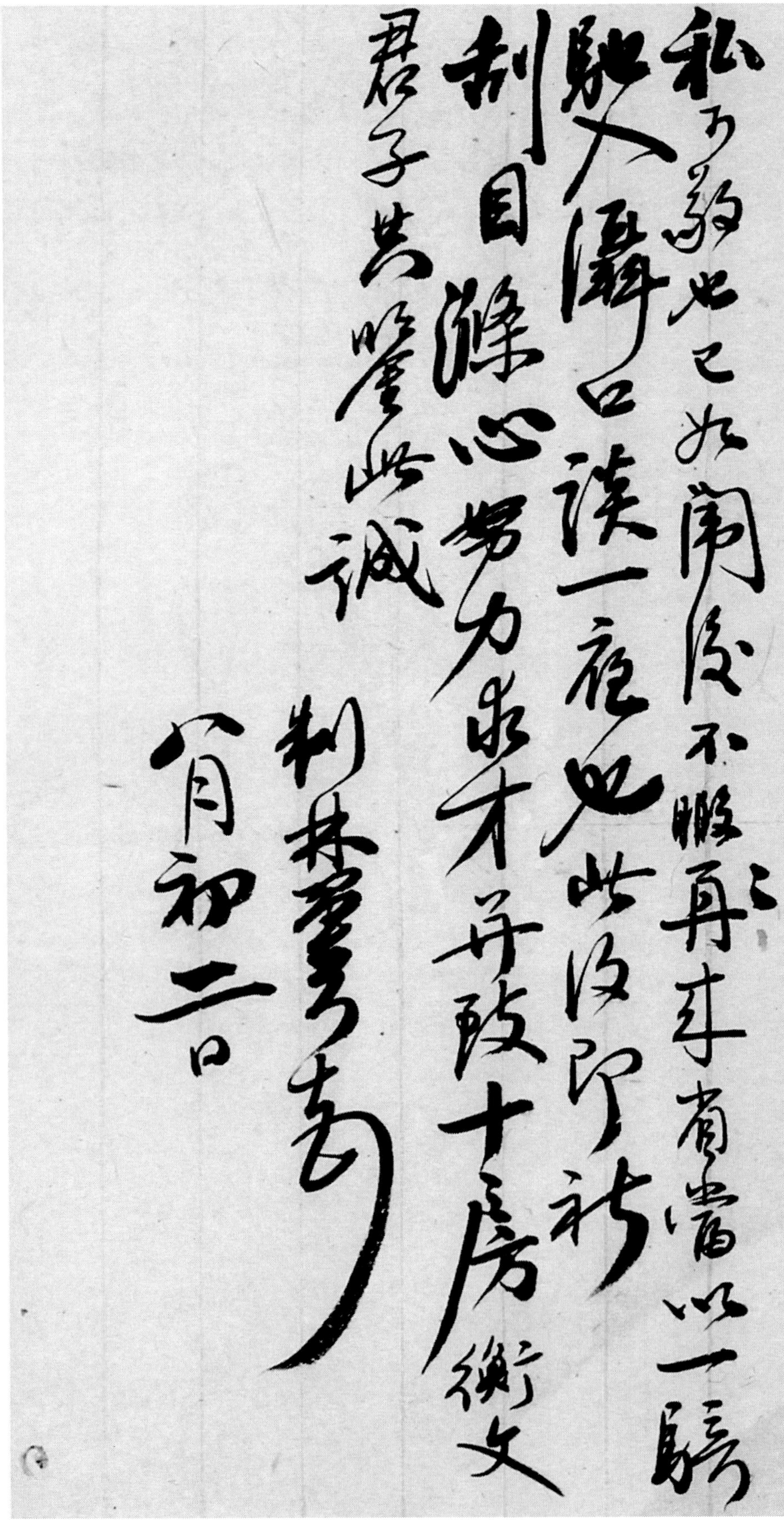
私可發也已如閱後不暇再詳尚當以一驗
賢人講口談一夜也此後即行
刮目潛心勞力求才並跂十房衡文
君子共鑒此識
制林紹年頓首
八月初二日

鷺堠遠違彌欽
蓋略鴻鈞又轉欣卜
松喬祇惟
夔石年兄大人釐凝燕寢
政洽熊湘
筵張錦繡之春光增開府
朝錫醁醽之
寵榮被

崇宸
即總兼圻快符忭祝生綰職司農又逢改歲愧
無建樹虛擲韶華竊幸公務叨平堪紓
廑注都門入冬以来喜得瑞雪預兆豐年
家之福亦臣民之幸也併以附
聞專此恭賀
年禧敬候
勛安不一　通家生載齡頓首

再承
惠隆儀具徵
記注感泐曷勝特此申
謝併希
詧之又启

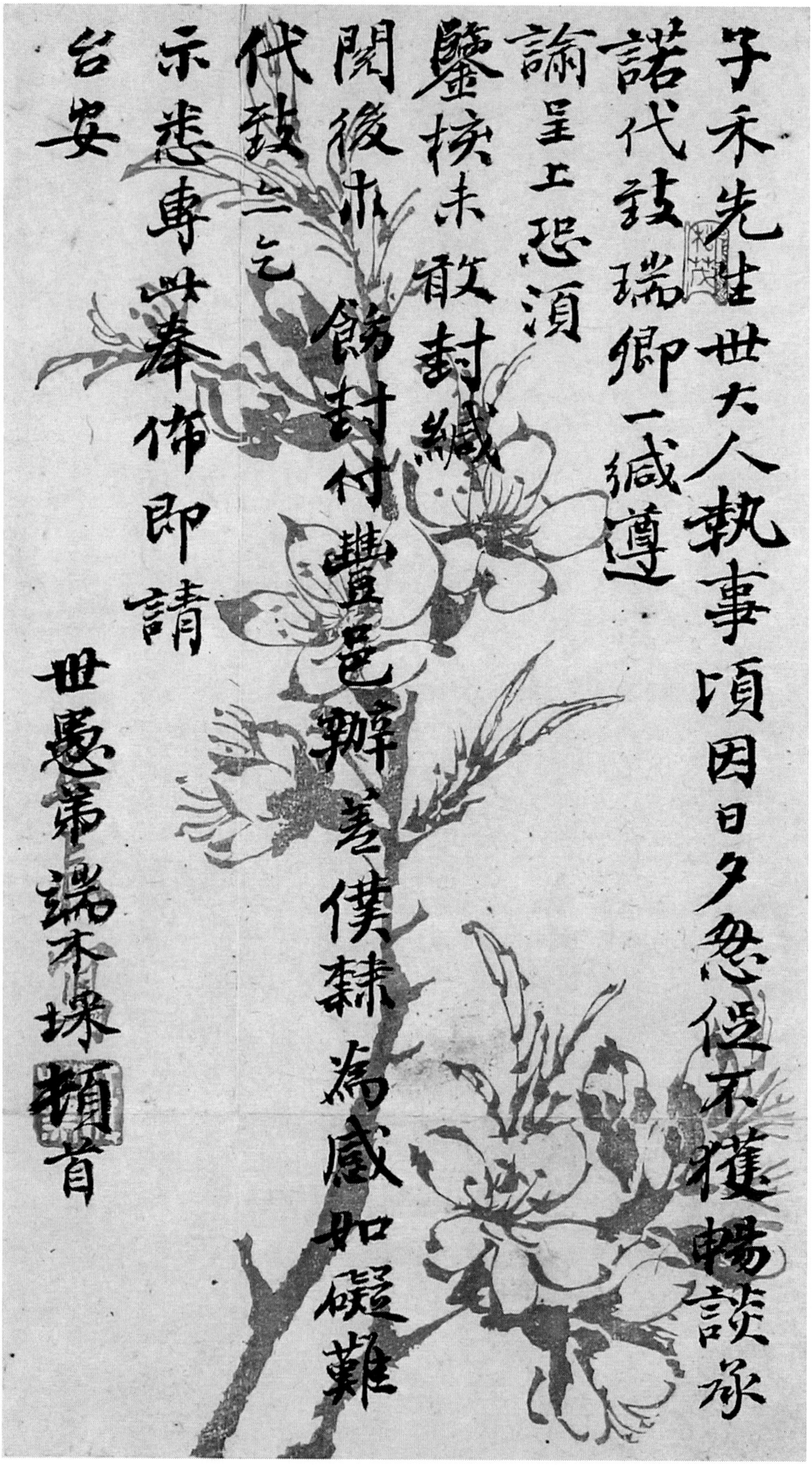

子禾先生世大人執事頃因日夕怱促不獲暢談承
諾代致瑞卿一緘遵
諭呈上恐須
鑒核未敢封緘
閱後亦飭封付豐邑辦差僕隸爲感如礙難
代致之乞
示悉專此奉佈即請
台安
世愚弟端木埰頓首

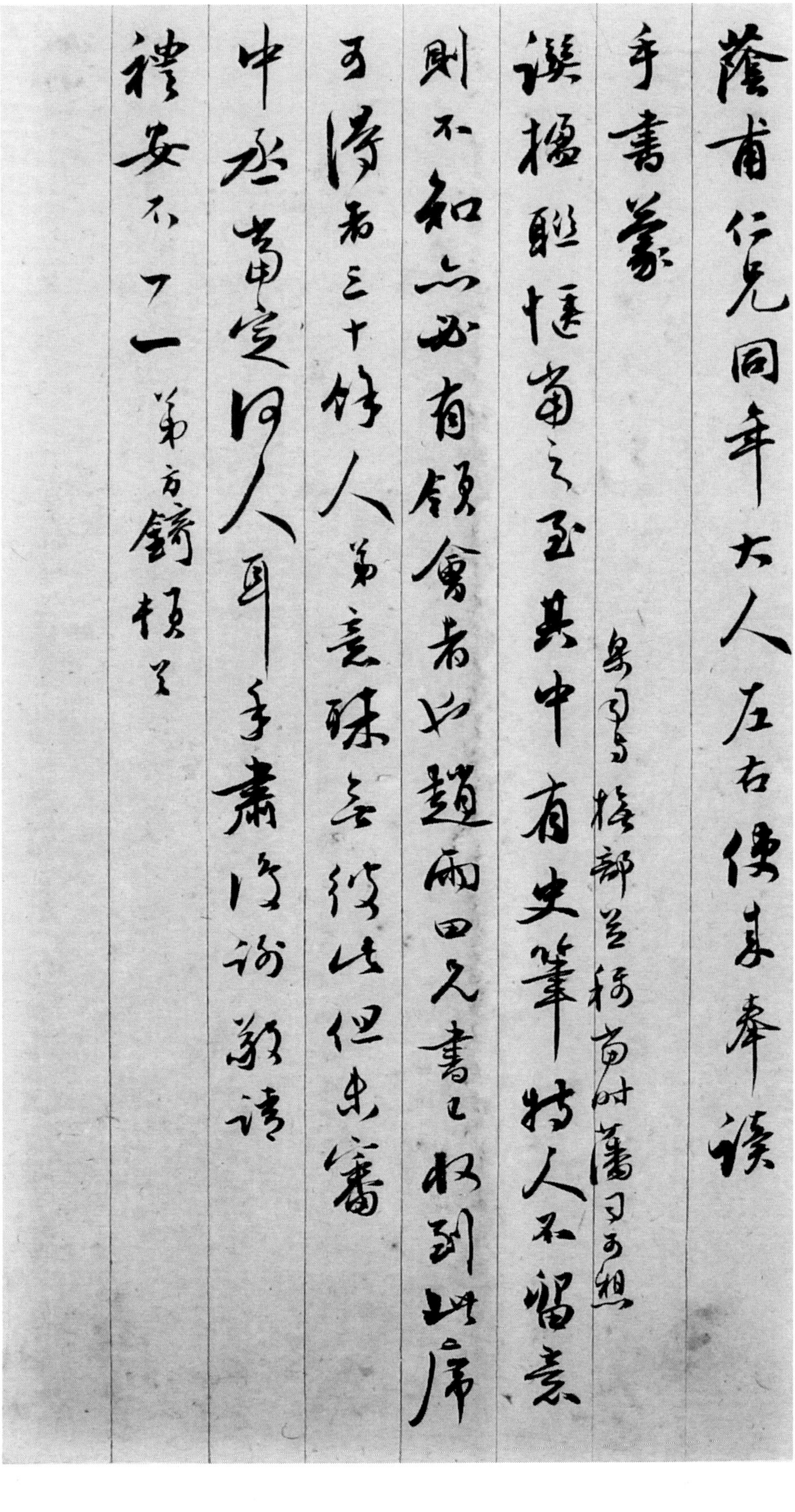

蔭甫仁兄同年大人左右：使來奉讀
手書，兼[illegible]（[illegible]門[illegible]樣部並稿[illegible]附[illegible]，[illegible]可想）
[illegible][illegible][illegible][illegible][illegible]之至。其中有史筆，特人不留意
則不知，亦必有領會者。如趙[illegible]四人書已收到，[illegible]席
可請[illegible]三十餘人，弟意殊[illegible][illegible][illegible]，但[illegible]審
中丞當定何人耳。手肅，復頌，敬請
禮安，不一。弟方錡頓首

蔭甫仁兄同年大人閣下八月二十六日奉到中秋以前一夕
惠書敬審
道履安和深以為慰弟於八月十七日旋大通局風日清爽煩痾稍
痊靜坐讀書亦無所苦惟家事時來牽擾頗足累心大女
及外孫男女之棲泊河南亟待接回江左此非少年所能枝梧也
兄與弟皆窮士往
兄政緣窮極乃得千秋弟則以未至極窮遂成百誤尋思及
此悔恨搏膺已弟之擬退耕久矣今年吳楚皆稱垂熟

唯弟一鄉夏旱而秋澇荒歉甚於曩年顧念里閭力單
心惻衆人又不相諒見望頗深雖有救虞莫能安處亦真
可傷也昨奉書云須令從子夢九往吳門籌畫蓋由於此情
無奈何耳
兄以爲弟將北行誤爲之喜遠承期望感愧何言天時正寒伏祈
珍衛去秋拙書一扇敬交夢九補呈煨芋煮茶可資小閑如一笑附陳
故物爲何龍姊弟認字記書薄稿並冀檢存祇請
著安不盡馳溯　年小弟方錡謹啟　十月二十三日燈下

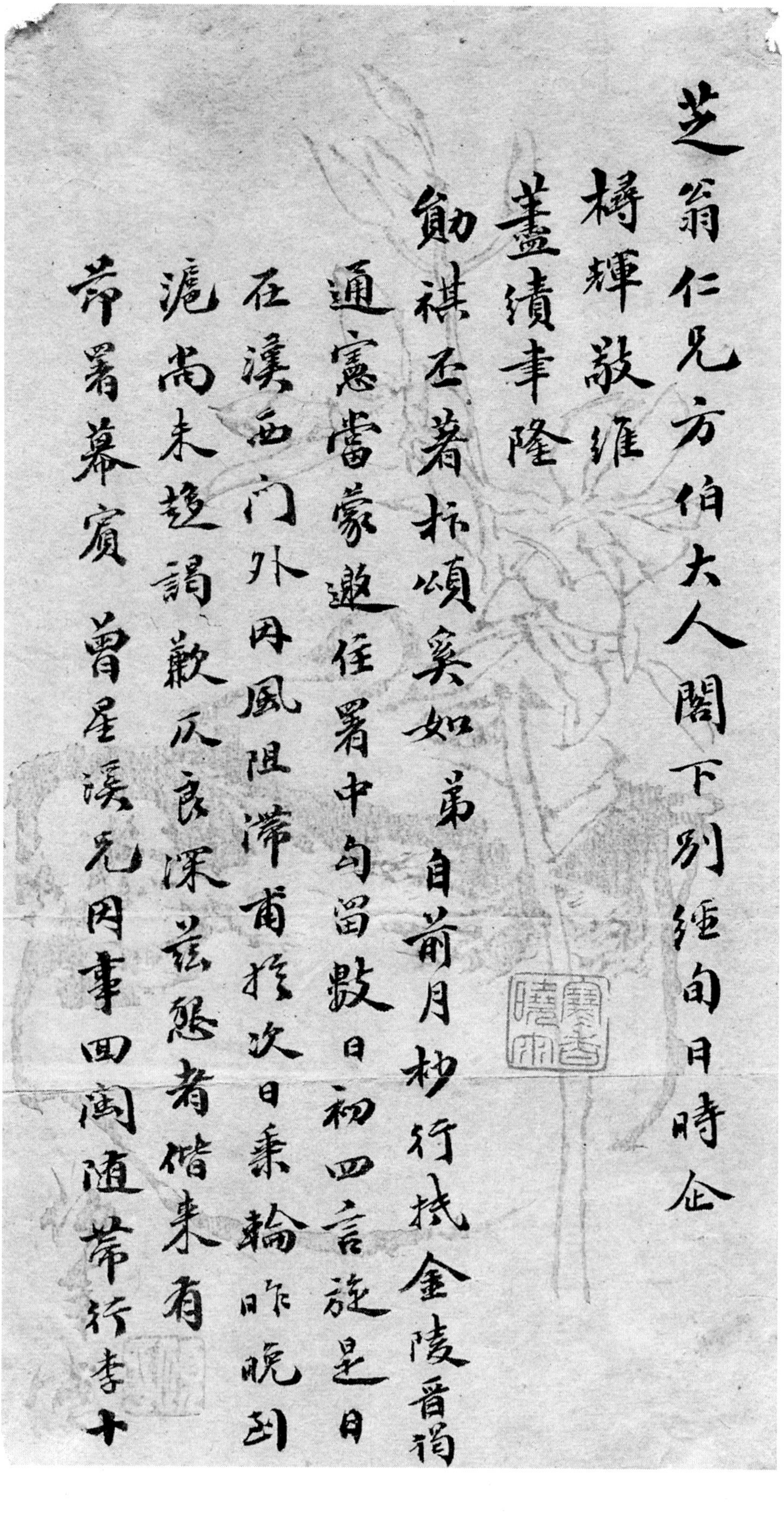
芝翁仁兄方伯大人閣下別緟旬日時企
檮輝敬維
藎績聿隆
勛祺丕著抃頌奚如弟自前月杪行抵金陵晉謁
通憲當蒙邀住署中勾留數日初四言旋是日
在溪西門外因風阻滯甫抵次日乘輪昨晚到
滬尚未趨謁歉仄良深茲懇者偕來有
前署幕賓 曾星溪兄因事回閩隨帶行李十

件擬明日乘漢廣輪船前往嘱弟特乞
尊處函致税務司惠發免單乙紙俾 曾星筍
即可成行不致遲滯重荷
雲情曷勝感佩另具紅單尚祈
惠簽手肅布懇敬請
台安惟希
朗照不一
愚弟張斯桂頓首 初七

嶺舒梅萼一雙通
冰鯉之書日暖
棠陰百五聽春鶯之囀即維
耕娛賢弟泰鴻翊運
鼎象駢釐
柳面迎韶鎖鑰重熊湘峻望人
柏尊介福

酥醽拜
螭陛濃恩
瑞靄節樓謌興比戶兄栗碌趨公桃符眴換辰
樞日直愧昕夕之徒勞寅琯陽回喜
和甘之普被泐箋復賀
年釐順頌
台祺不宣
愚兄沈桂芬頓首

接讀
瑤箋備承
瑜飾浣露華而在手結雲篆以傾心敬惟
夔石中丞大人淛水鍾英
衡山建節
泰始布青陽之令春滿洞庭
巽重頌

丹綍之恩雲濃
殿陛
兼圻晉總專頌咸符　侍承乏樞垣屢更蓂莢迓祥光
於四始帖寫宜春瞻
瑞靄於三湘情殷望歲肅復恭賀
年喜祗請
勛安

侍生謝謙亨頓首

彥卿仁兄宮保大人閣下六月廿一七月十一等日疊
肅寸椷亮塵
籖掌昨披
惠問並准
大咨敬審
禔履綏嘉
勛猷卓越企祝曷任弟於月之十八日自鄂登舟

次日即達新堤日內擬由岳郡渡湖徑指桃源
起旱所願征程迅捷早睹
芝顏藉紓渴想余紫垣觀察已承
檄調赴滇深慰馳系案內要犯復經嚴札催提
解省候訊不致遲誤並聞
閣下六月間先飭李珍國帶姪攜贓進省以
備質証實與

中旨瞻相昭合非徒先得我心
體國公忠辦事周密令人敬佩無似至屢次
來函撝謙太過不敢正視叨在寅好
後勿再施為幸專泐復布即頌
勛祺餘惟
台照不宣
愚弟李瀚章頓首 七月三十日

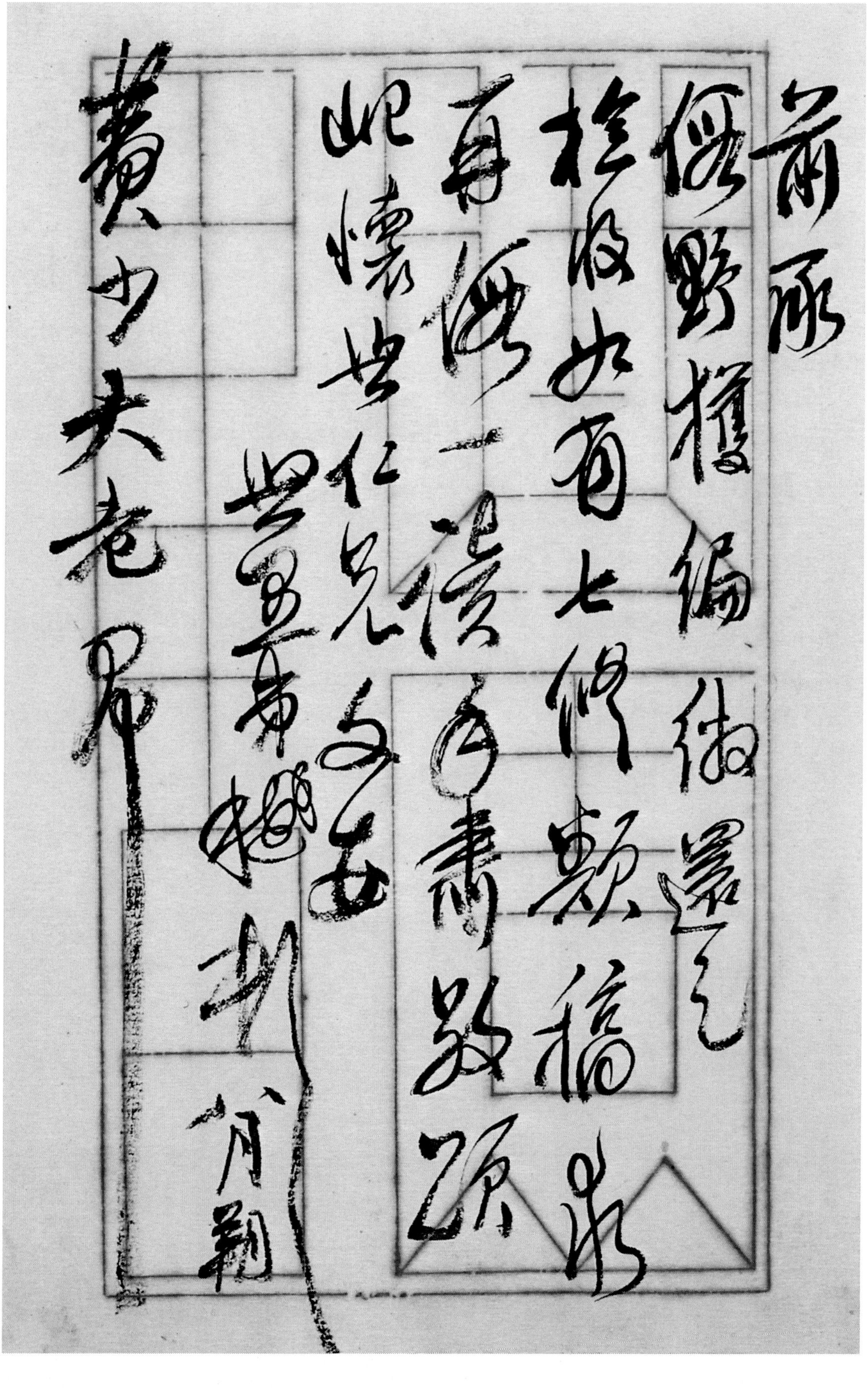

前承
假野獲編謹還已
檢收如有七修類稿求
再假一讀手書數頌
此懷世仁兄安
愚弟樾頓首 八月朔
黃少夫老兄

敬再啓者昨承　復及史世兄
求拙書學南墓志一冊
默而思之忽起有快而求之之意
固未敢拙筆寶債動拙之卷
因拙一卷印搨付之剞劂坐此
書字數約在十七八萬史世兄彙曲譯味
我百不可計硯入不足償之為
史世兄能暢雅此數保剞劂此

書則自書數種撰述表揚其
先德但作文簡要雖古之所有
而此則未免為蛇足之誚言少定
山人壽僅高壽者竟悉需之因是
只文字要多故特商之言則吾
不可言則止為隨人所難也前年
為書停止作文之詩附去
一笑弟樾又

此懷世仁兄大人久欽承
惠顧暢談甚慰前晨附上金剛
經校注兩卷第於內典不深而
於此經得有所見前此法亦
未知是否乞
慧業人一印證之
尊處如有文昌禊錄曉讀書
齋禊錄均望

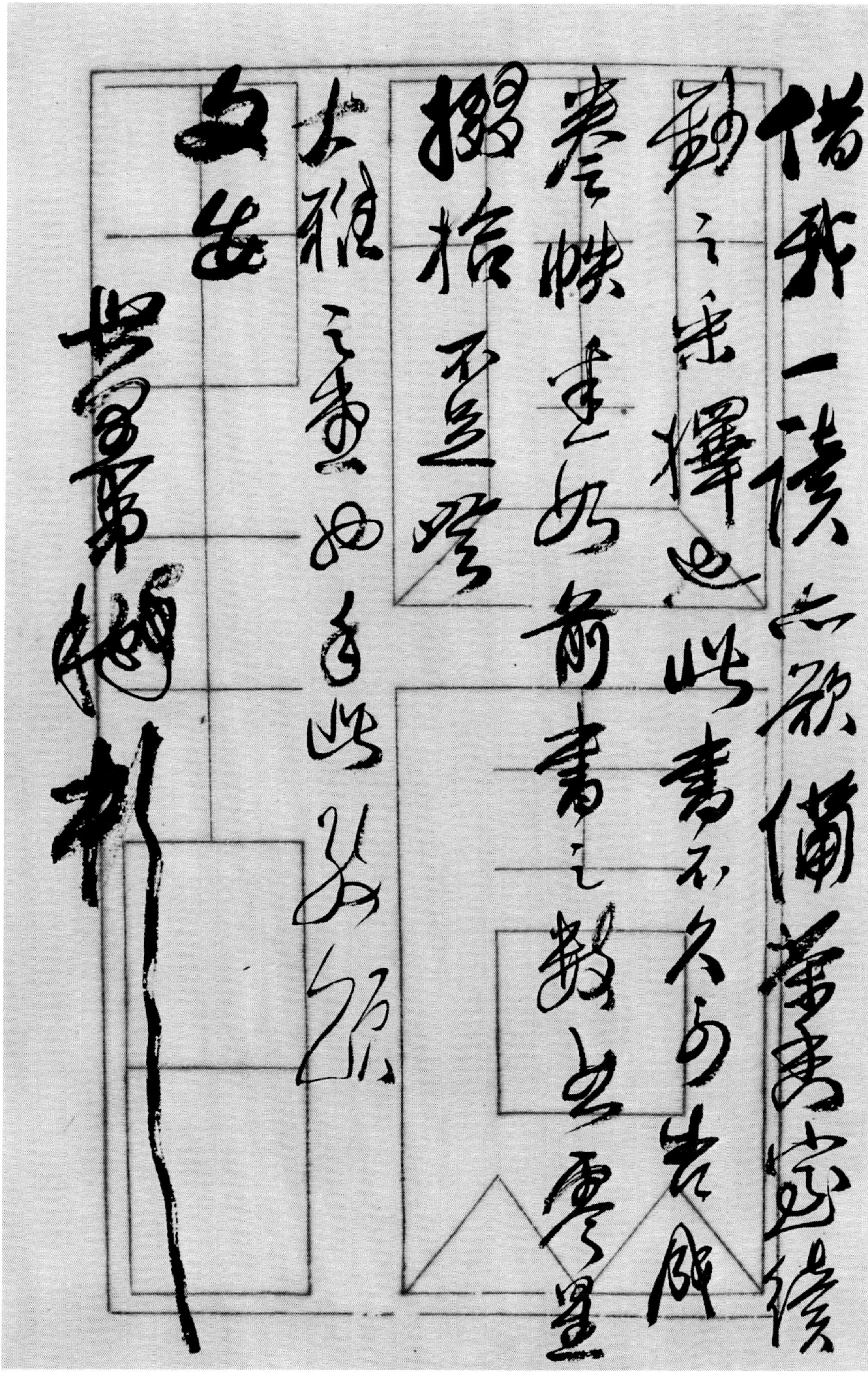
借我一讀亦欲備[illegible]書寫讀
勤勤垂擇也此書不久可告成
卷帙甚多前書之數與[illegible]異
掇拾[illegible]之[illegible]
大雅之垂如有此[illegible]祇頌
文安
世愚弟樾頓

屺懷仁兄世講侍史：前日走訪，暢聆爲
歡。山左之行，向當幾日？想
流覽山川，有助學問不淺矣。弟近
狀尚粗平順。前承
假觀之容齋隨筆及漁洋山人
兩種，均繳還
鄴架，乞

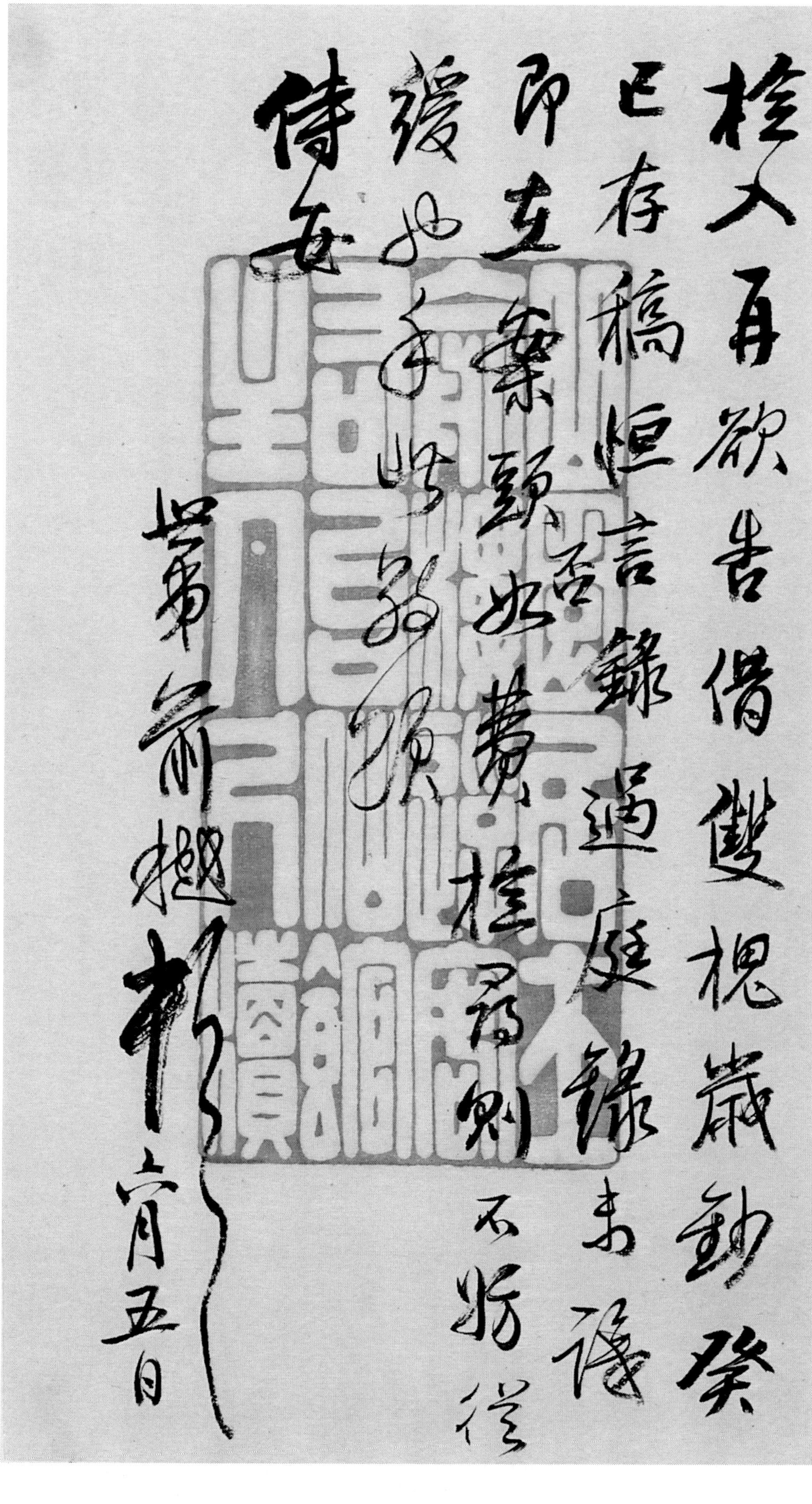

楹人再欲告借雙槐歲鈔癸
巳存稿恒言錄過庭錄未識
即乞寄題否如黄楹錄則不妨從
緩也手此即頌
侍安
弟俞樾頓首
六月五日

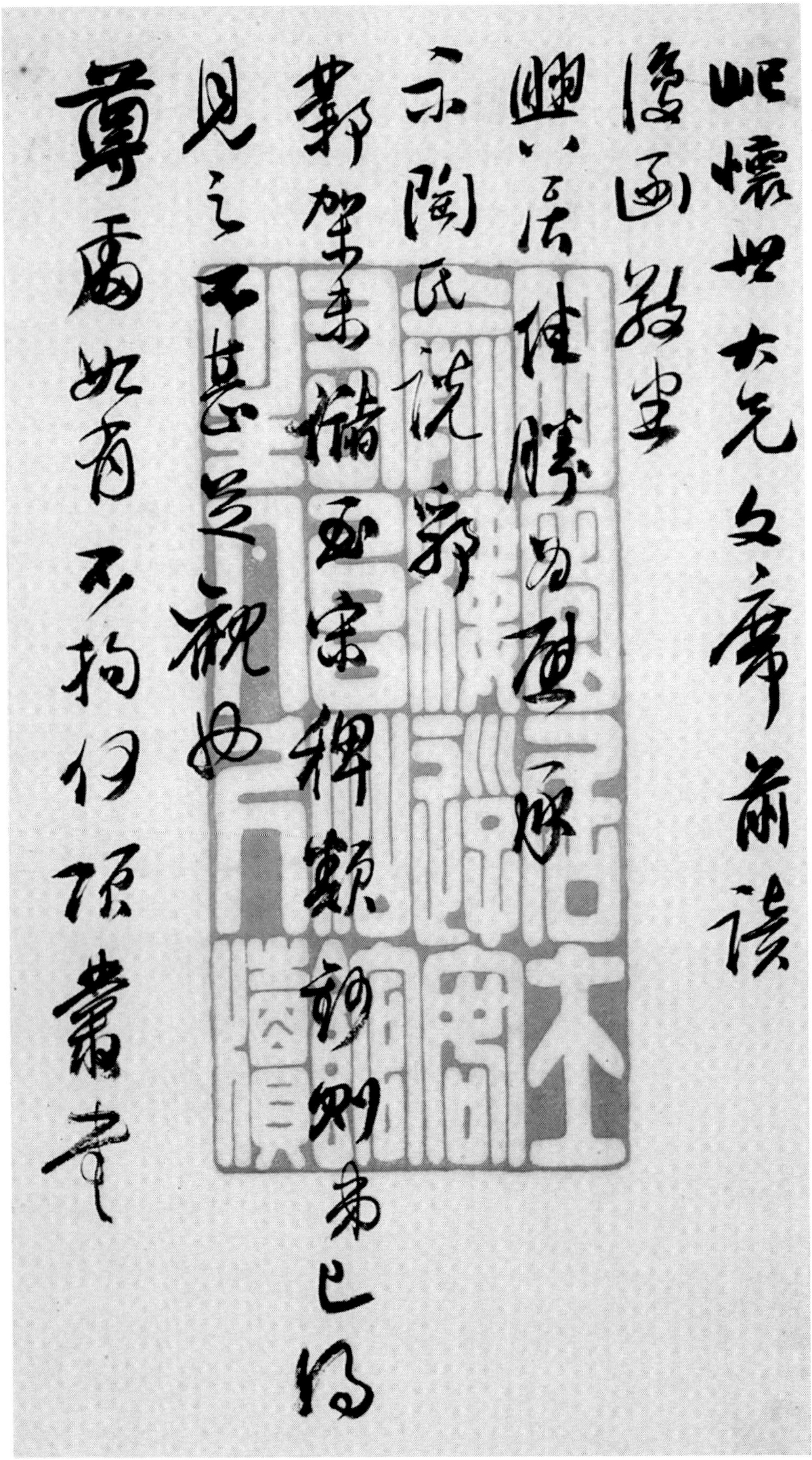

此懷世大兄文席前：讀
復函，敬悉
興居佳勝為慰。承
示陶氏說郛，
鄴架未備，函宋稗類鈔弟已得
見之，不甚足觀也。
尊處如有不拘何項書者

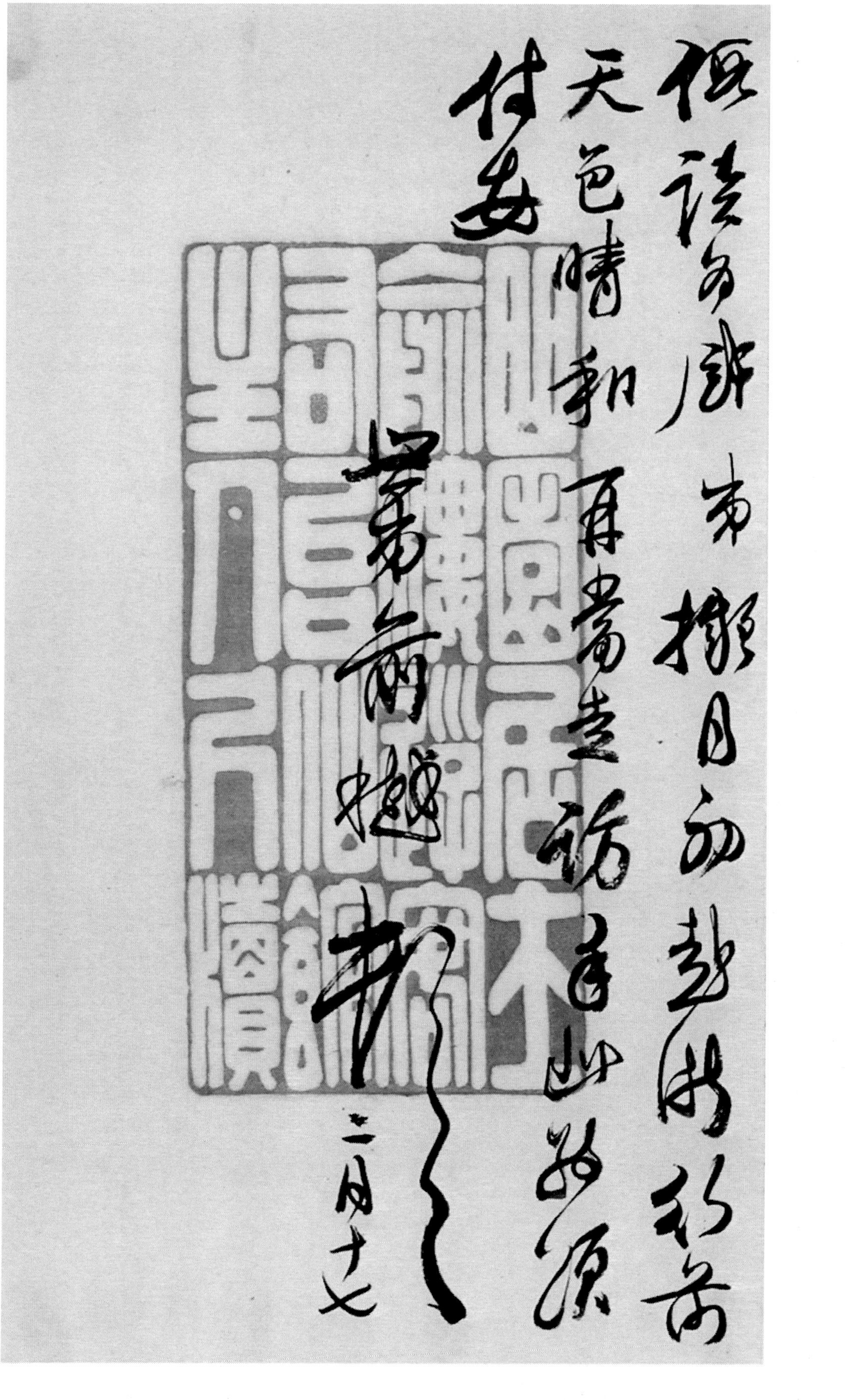
頃讀手示承擬日內趨謁行前
天色晴和再當走訪達山游原
付安
弟俞樾頓首
二月十七

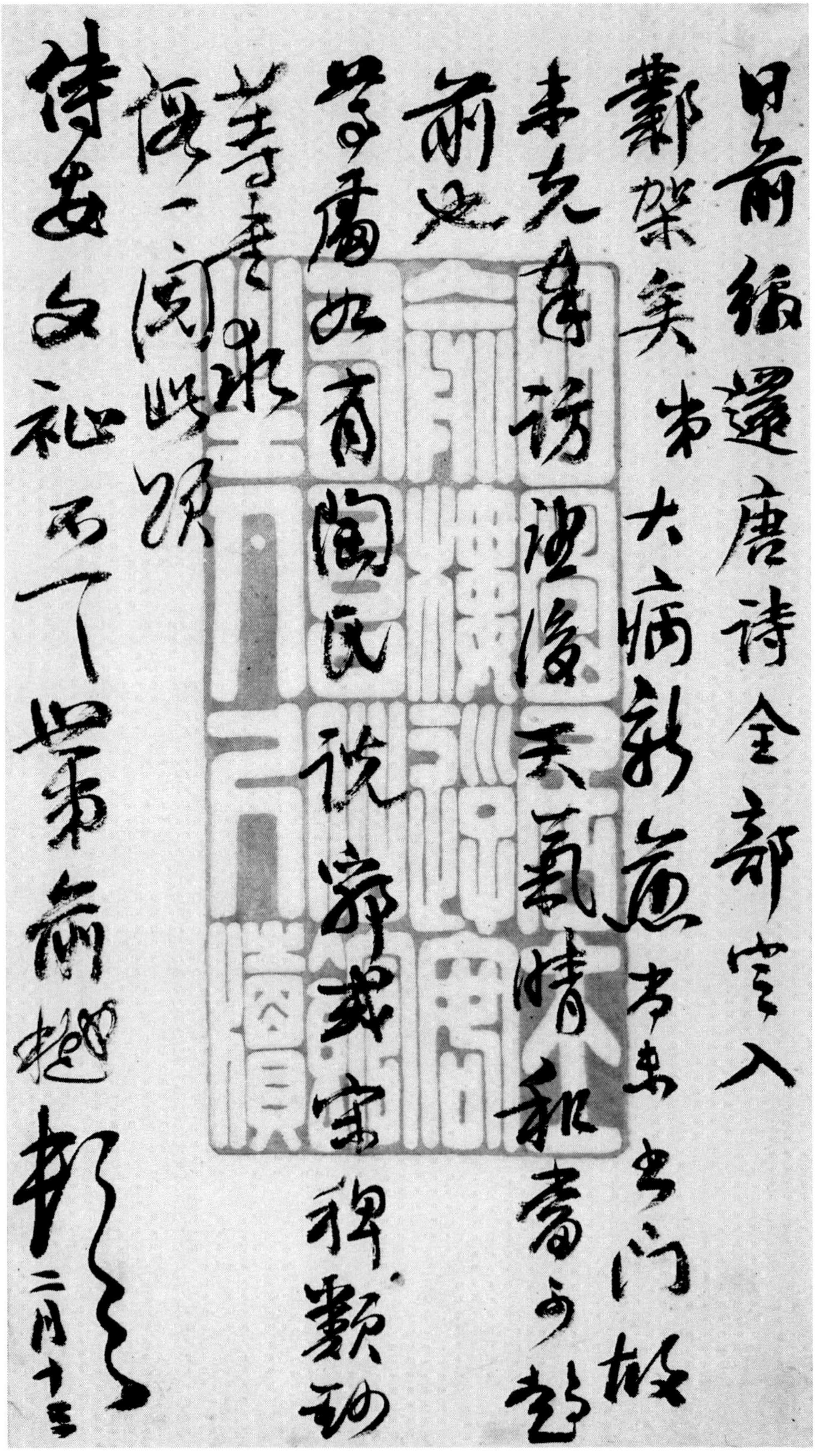
日前繙還唐詩全部，望入
鑒架矣。弟大病新愈，尚未出門，故
未克奉訪，近維天氣晴和，書當亦勝。
翰也。
尊屬如有陶氏說郛並宋稗類鈔
等書，求
假一閱。此頌
侍安。名心不一。弟俞樾頓首
二月十三

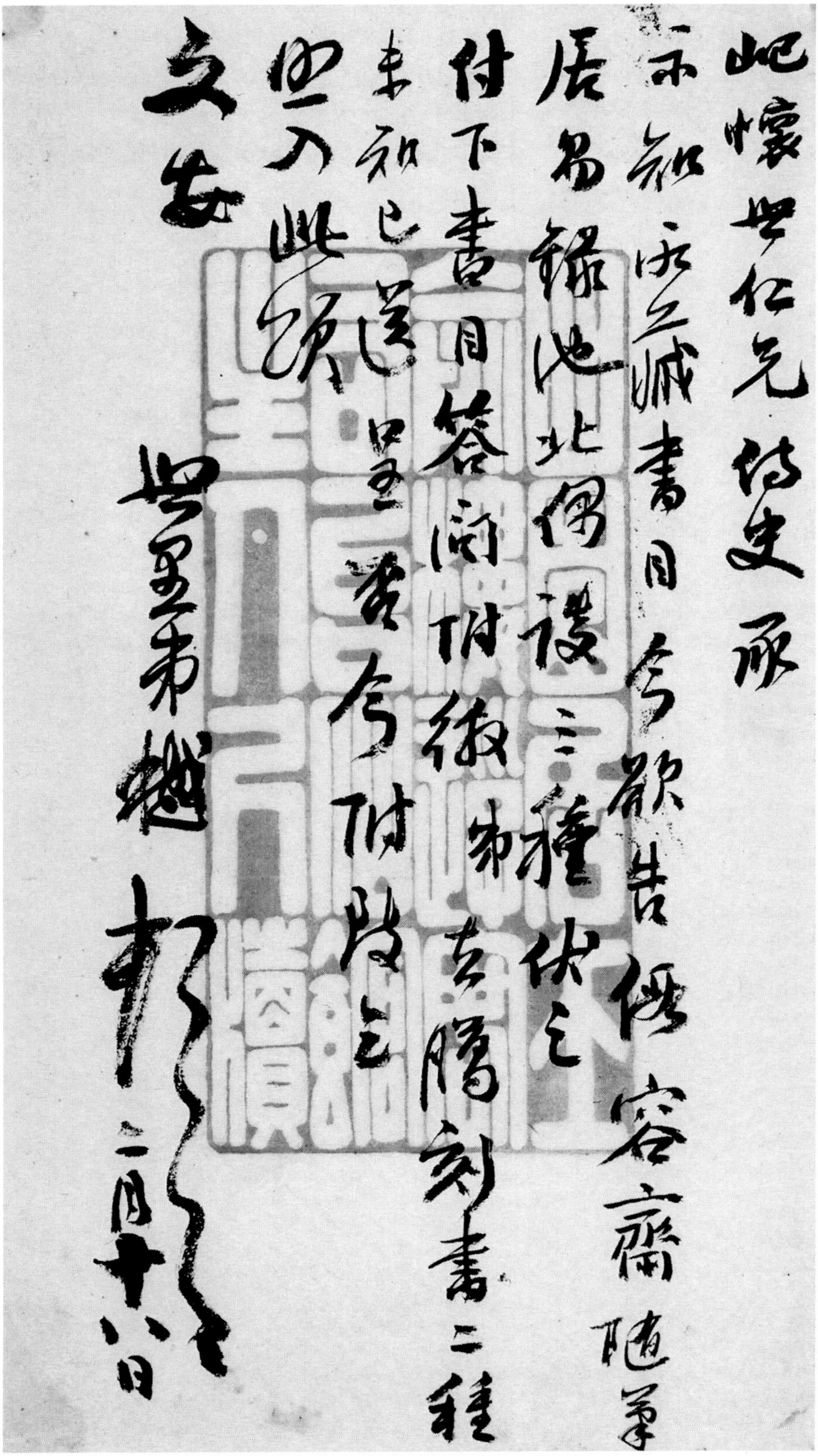

屺懷世仁兄總史承
示知收之藏書目今欲告借容齋隨筆
居易錄池北偶談三種伏乞
付下書目答問附繳弟去臈刻書二種
未知已送呈否今附致之
望入此頌
文安
世愚弟樾頓首 二月十六日

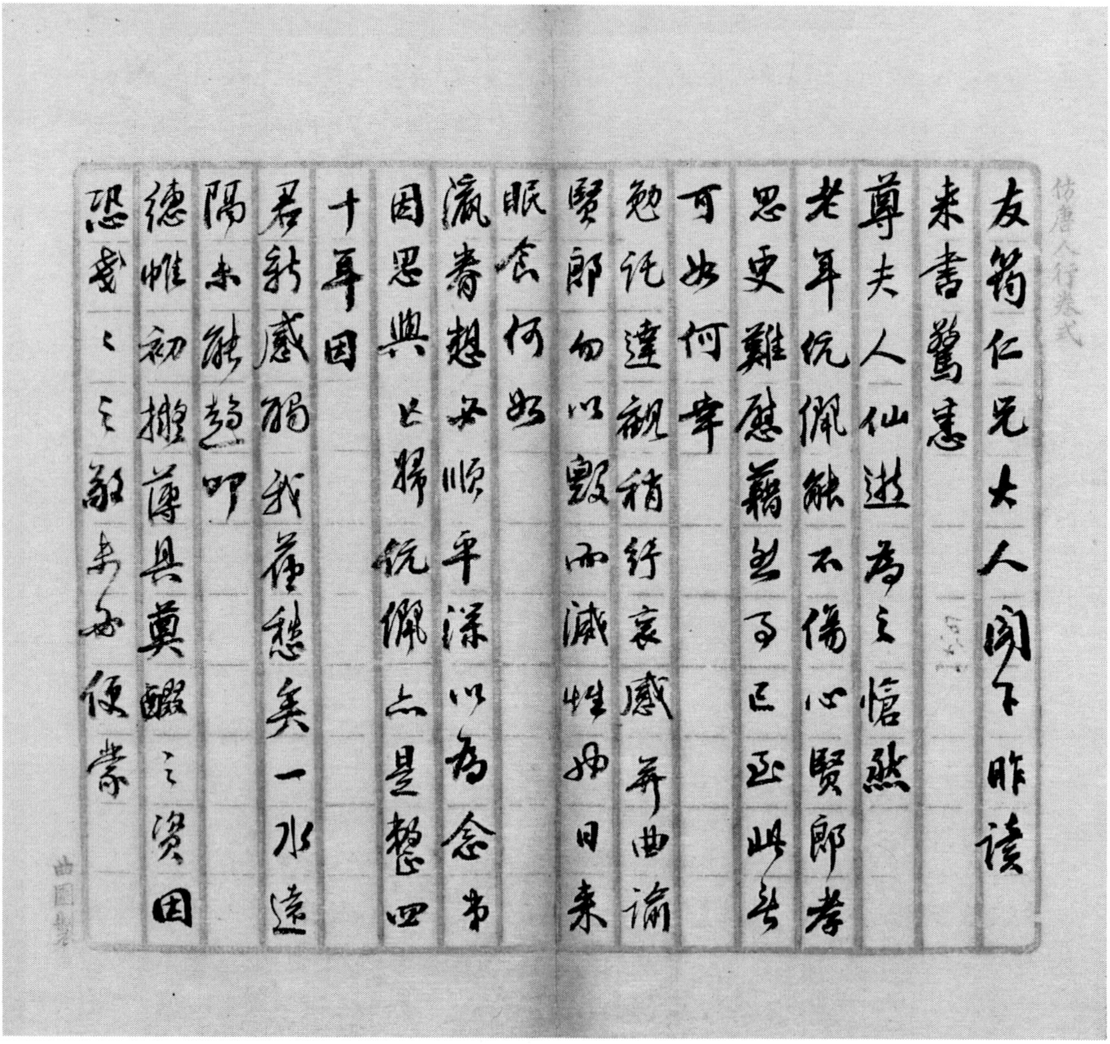
仿唐人行卷式

友篛仁兄大人閣下昨讀
来書驚悉
尊夫人仙逝為之愴然
老年伉儷能不傷心賢郎孝
思更難慰藉然事已至此無
可如何幸
勉抑達觀稍紓哀感并曲諭
賢郎勿以毀而滅性此日来
瀛眷想必順平深以為念弟
因思與已歸伉儷亦是整四
十年因
君訃感觸我懷悲矣一水遠
隔未能趋吊
繐帷初擬薄具奠醊之資因
恐費〻〻敬求毋使常

曲園製

賚收閱
貴處病症頗多，因以洋錢二
圓買白痧藥二匣寄存
尊處施送。此藥用之得當，一
瓶藥竟可救一人命，即以此
積資
尊夫人冥福。想丹藥活人，威
靈勝於香花供佛也。弟家吳
尚叨平順，足慰
注存。吳下時氣亦重，但頗秋
高氣爽，亦掃而空之。乃物附
去擬呈四本，賓萌集補篇二
本，均請
察入。手此布覆，敬頌
儷安。千萬珍重
賢郎均此
愚弟俞樾頓首
七月六日

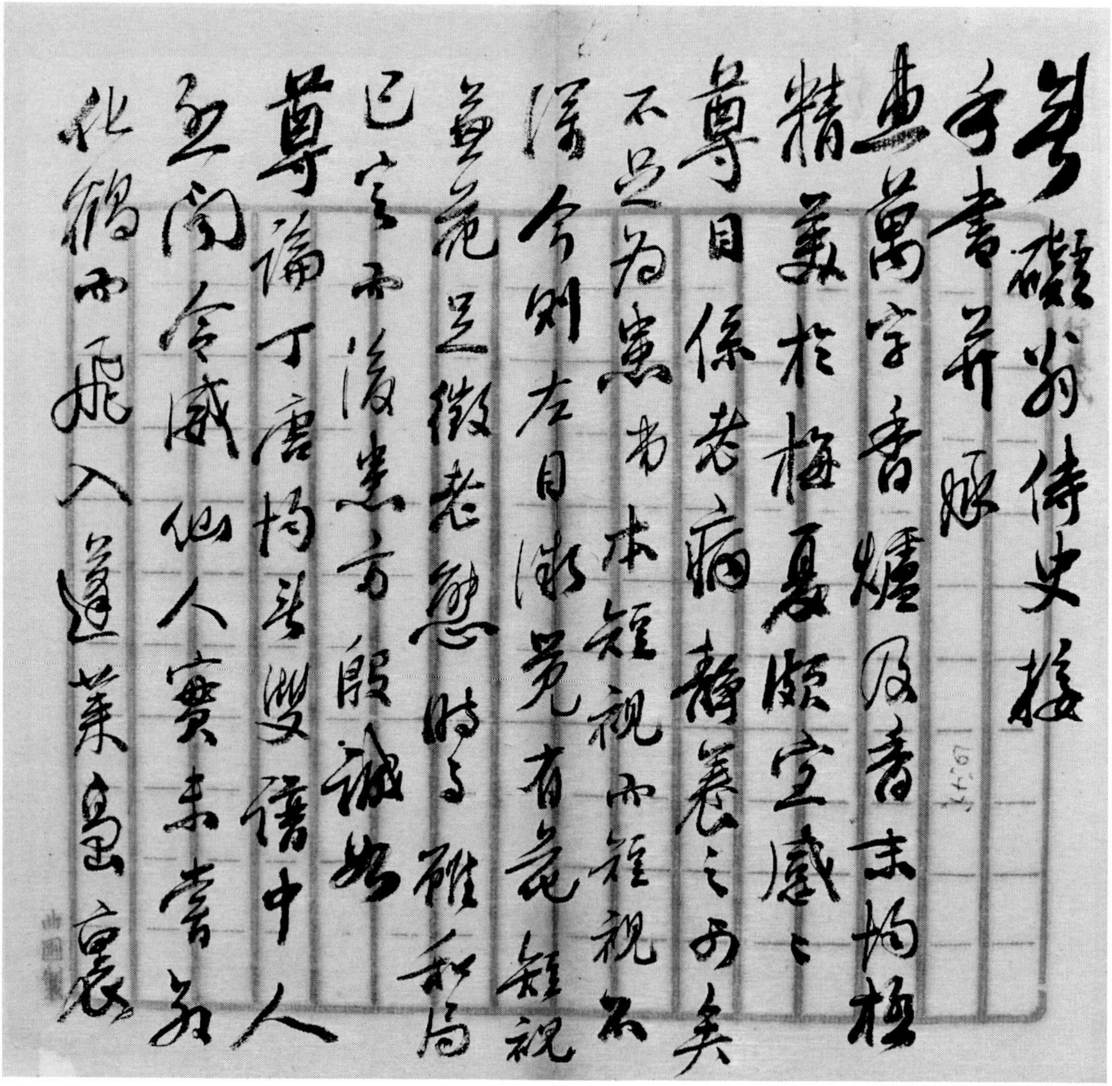
[illegible]磯仁兄侍史：接
手書并賜
畫萬字書幅及書[illegible]均極
精美，於梅夏頗宜，感感。
尊目係老病，靜養之可矣，
不足為患。弟本短視，而短視不
深，今則左目漸覺有花，短視
益花，足徵老態，時[illegible]
已定，不復患方[illegible]識如
尊論。丁唐楊張[illegible]譜中人
至聞今歲他人實未嘗[illegible]
此覆，而飛人[illegible]

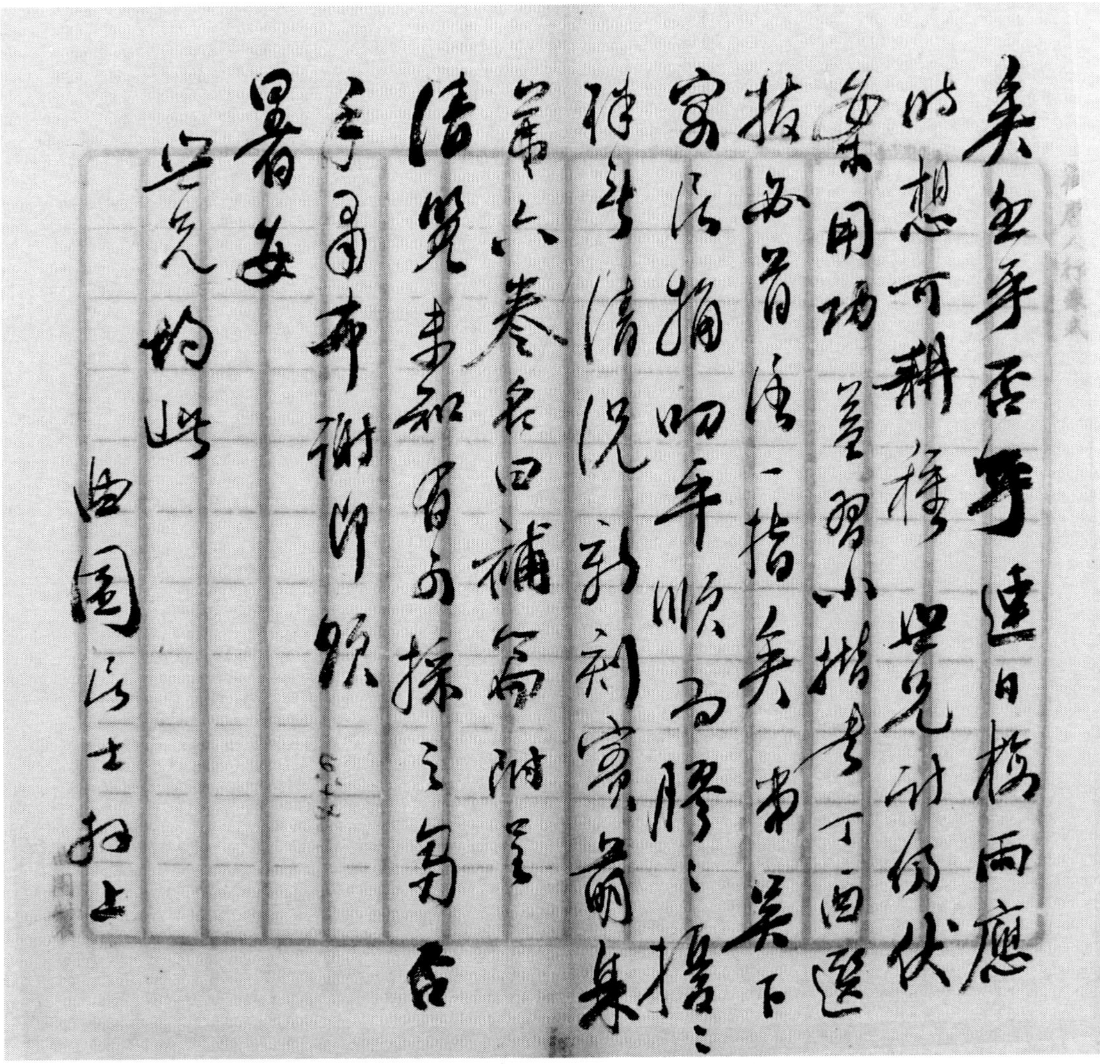
美無手否今逢日積雨應
時想可耕種足見討伐
無用功並習小楷書丁酉選
拔無首係一指矣弟吳下
家居猶昔年順高膠膠擾擾
猶是情況新刻賓萌集
第六卷已四補篇附呈
清覽未知可否採入另否
手肅布謝即頌
暑安
小兄樾頓
曲園居士拜上

彦卿仁弟宫保大人閣下頃奉八月十九日

惠椷祗聆壹是就議

勛猷雲蔚

景祉日增為頌越都於五月間為法所據越

王遷居廣治聞又遷田順化未知確否阮

文甲等仍扼守夏和清波阮光碧亦至保

勝經營法使浦理爕等由河内入滇中途

節〻梗塞必已帶兵前進蠻觸之爭無庸

過問但密飭防軍加意嚴守勿任兩國兵
士闌入邊境耳滇綫由南甯接至蒙自計
三十二站山路運料甚難據盛道電稟約
需款三十餘萬該處絕無商報常年設局
修守之費統由官籌甚不合算若改接鄂
綫由川入滇商報較多木料亦易採辦該
道擬由漢口展至瀘州成都均作為商綫
以免另籌常年用費再由瀘州接至雲南

蒙自作爲官錢川滇相通沿途多有市鎮
亦可略收報貲藉資官局津貼自是經久
之策惟目下部庫奇絀指撥爲難擬由川鄂
滬關等處分別借撥款項昨已附片陳明
尊處應奉有
寄諭遵辦矣鴻章入都小住兼旬略將善後事宜
會同政府商擢昨甫旋津簡料積牘法使
喀戈當日內到津滇粵商約又費磋磨矣

專泐復頌
勛祺諸惟
心照不具

愚兄李鴻章頓首

再譚叔裕觀察宗湲品學兼優在詞垣中
頗有清望於時務亦極留心惟初入仕途
外省情形尚少諳練今幸仰隸
仁帡尚祈
推愛照拂俾得有所設施紉荷
雲情曷有既極埘懇載頌
台祉鴻章又頓

彦卿宫保仁弟大人閣下頃接客臘初三日
惠函敬聆壹是就諗
履綦集祜
節鉞延釐昌任侖頌俄約已於冬月杪定議
大致如刪去松花江行船西安漢中通商
兩條索還伊南帖克斯全境塔喀兩界亦
有更正之處原議准俄添設領事七員減
存二員償款則於原数外酌增二百萬兩

曾侯此行獨為其難裨補大局良非浅鮮
禧聖宸躬漸臻康復而舊恙伏根已久尚難拔去
薛道與徵醫数人每次合商一方未獲盡
行其志現已請假但冀
聖恙自有轉機庶慰海内之望耳
執事莅黔一載有餘於營伍吏治竭力整頓
現已煥然改觀將来必大收成效
大疏革除苗疆積弊各節如暫存土司酌改

屯糧增設苗官苗學及添設一道缺仰見
斟酌時宜措注盡善至以為佩總署與日本
議結球案頗多吃虧鄙人獨疏陳其不便
倭使宍戶璣因屢催未允悻悻返國未知
作何變態倭人若起釁端必先有事於臺
灣該處孤懸海外物產豐阜為形勢所必
爭非得知兵大員認真經畫恐不足以控
制強鄰

執事勛望久隆，韜鈐夙裕，又能不辭勞瘁，動合機宜，是以鄙人專疏密陳，冀為綢繆未雨之謀，海防同舟之助。朝廷留中未發，或將視俄〔倭〕事緩急，以定布置之方。且自俄事起後，廷僚保薦執事可當一面者，皆未蒙施行，廟謨深遠，洵非外間所能揣測耳。專復，敬頌勛祺，並賀

春禧不具

愚兄期李鴻章頓首 正月十一日

彥卿宮保仁弟大人閣下頃奉六月十八日
大洛惠椷具聆壹是就讅
勛祉兼隆至爲景頌澎湖法兵已於六月十
三日退出劉永福一軍遲遲其行前報孤
寡萬人不過張大其詞廙邀邮欵香帥許
給二萬金
執事復百方調停甫淂帖然就道而滇軍所
散粵勇編入劉營携回思欽亦頗淂其消

納之力。香翁曾電奏謂劉須附粵不須坿
滇，且與馮萃亭相得，歸馮統制，必能出力
捍邊，自非
麾下久與周旋，誰信其為狡黠之尤耶。法使
以兩國俘獲兵民，事定後應照公法互相
交還，是以將截獲乾勇七百餘人釋回，並
請將滇桂軍營拏獲法兵一律釋放。滇營
既無其事，可置勿論，該國亦斷不致因此

發難至三迤各礦數十處開採貲本須數
百萬金華商財力不豐驟難招集多股只
有逐漸勸辦認真推廣若銅本一項能規
復舊額似亦可稍為擴充法人目下實無
覬覦廠利之意内地通商各口附近之地
不乏礦產未聞西人干預把持詳約於法
人過界一節限制頗嚴中國境内自有之
利權斷不任他族從中插手但在我亦須

及早經營以求富強之基耳專肅復頌

勛祺諸希

偉照不具

愚兄李鴻章頓首七月十三日

彦卿宫保仁弟大人閣下四月十七日沕布丁
函馳賀
大喜頃接五月初六日
惠書猥以
台端調任閩疆遠勞
注飾非所敢承
執事勛望卓著東南防務相需正殷鄙人何
力之有就諗

旌從交卸黔事
駪征就道轉瞬履新至為企慰承
示臺灣孤懸海外兵番雜處必須周歷已徧
方能扼要設防并籌及可慮者三端仰見
擘畫精詳臨事而懼之意惟就目下閩臺情
形而論祇須循序布置因時制宜正有勿
庸過慮者倭使返國後該國君臣頗嫌其
孟浪決不敢先來尋釁萬一蠢動如甲戌

年故事其勢缺魄力遠遜西洋諸國中國
尚足制之至臺防應由
執事主政
寄諭甚明自不患事權之不壹　何筱帥長於吏
治必以兵事推重
蓋籌是閩省沿海防務亦可和衷商推分別
緩急妥籌經理矣近來制勝之道專恃將
卒精練器械堅利與夫築礮臺審地勢等

事皆在實處著力辦理洋務守定約章出以
情理固亦無他謬巧雖兵不獻詐而虛機
似無甚可用果能腳踏實地知彼之長去
吾所短臨事自有權衡即敵人反間之計
固無所施更無足懼津閩相去雖遥輪船
行駛迅速函牘旬日可達遇有要務當不
憚詳晰籌商期臻妥協不敢稍分畛域也
閩省辦理交涉多年其熟習洋務與通曉

西國語言文字者尚不乏人
旌麾莅省當易物色屆時若必借才再行商
調日本自去冬議約未定彼所求利益均
霑一條中國既靳而不予彼亦不肯將球
島退出現並無續求之事一二年內或尚
不至用兵
大疏奏調文武十數員並親兵小隊以資遣
用亦不可少之舉也專復敬頌

勛祺諸惟
心鑒不具

愚兄期李鴻章頓首 六月廿八日

彥卿尊兄宮保大人閣下四月初七日馳復寸緘計呈
英盼
尊處派湯鎮等赴騰越盞達一帶查辦英繙譯馬
被戕之案是否已有端倪曷任惦系昨接
上海馮道函稱威使前調偕同馬嘉理赴滇之
參將伯郎由印度來滬詢問實情伯郎聞已抵
滬而威使先已往漢口約本月望後可回英國
新聞紙載有伯郎詳敘由緬赴滇在土司番界

遇兵攔阻情事本末甚為詳悉 敝處囑令美副
領事畢德格與楊委員譯出本日接閱申報譯
刊此事大略相同據此則非緬甸之咎謹照鈔
呈
閱以備叅考聞威使派員赴滇尚在遲疑是以
宋丞與格叅贊等至今尚無由滬起程之信竊
窺該國舉動似無必欲興兵報怨之意先求查
辦此案公允然即在我已稱公允彼族亦難免

挑剔以後口舌甚長要求甚多　總署與
尊處不免大費籌畫耳匆泐密布敬頌
勛祺不具
　　愚弟李鴻章頓首四月十三日
計鈔摺二件

彥卿宮保仁弟大人閣下：頃接二月初八日
惠函，敬聆壹是。就諗
藎勤日篤，
祜履春長，至為企頌。各省協黔饟項，部議減
六解四，原期實事求是，毫無蒂欠。乃的饟
六十萬，收數仍未及半，現值規復營制，需
饟方殷，如欲源源濟用，必請戶部妥為設
法，庶免十分棘手。近來各關撥款日繁，積

欠纍纍改撥協餉能否照行尚難逆料思
銅境内之梵淨山餘匪出没擾害數千家
向来設營防堵虛耗餉糈
執事派撥練軍搜捕并選將擣巢山中四面
圍勦當可漸絶根株永綏邊圉
大旆復於二月中旬出省校閱上下游營伍
馳至川黔交界與　丁穉帥晤商邊要親
往梵淨山部署一切從此措置益密蒇事

必速仰見
整理巖疆倍臻勞勩傾佩無涯黔中雪澤應
時麥收有望諸務可期順手此間各屬歲
事中稔窪區不免偏災現方辦理春撫俄
事尚無定之議海防邊防均須未雨綢繆惟
苦經費支絀只能就現有餉力酌量布置
而已專復敬頌
勛祺諸惟

英鑒不宣

愚兄李鴻章頓首

三月二十日

彥卿宮保仁弟大人閣下頃奉四月十八日
惠緘鈔摺壹是具聆
尊意擬將興宣以西之地歸我則越之義民
劉之游勇皆可量為編插三猛十州之土
官亦得遂其内附之願重門扃鑰護守更
嚴惟詳細條約業於四月廿七日畫押不
可再有翻悔致如上年諒山之變四月十
八廿四等日迭奉電

旨飭將全軍按期速撤並嚴催劉團撤回至今未
據電覆
內意殊深懸系昨日欽奉電
旨令執事迅將起程及抵界各日期即行奏聞不
得稍涉遲延致令法人有所藉口貽誤大
局本日復奉電
旨以布置要隘各節所陳殊屬誤會已另有
寄諭詳晰行知基隆法兵已於初九日盡行撤退

該處法官將前獲華兵一百二十名交中
國統領點收並將前擄湘勇七百餘人全
數交還此即照約和好之明據蘇浙海運
亦已北来惟澎湖法兵未撤約内訂明一
月以内已使屢言法外部来電若雲軍及
劉軍不速撤退法兵亦不肯如期退出澎
湖事關重大切勿遲逾致誤全局望
閣下懔遵迭次

諭旨迅將滇劉各軍一律撤入關內並將撤竣日
期速即由電奏覆以紓
宸廑不勝跂盼之至兩國既約明法兵永不得過
北圻與中國邊界可無疑慮以後但略布
防軍足固吾圉亦不必多糜巨餉滇中因
繫法兵數名屢電請勿苛待護送交北圻
法兵官查收當已照辦幸無大意致滋口
實專肅馳復敬頌

勛祺諸惟

偉照不具

愚兄李鴻章頓首五月十二日

雨三尊兄大人閣下頃奉
惠書以内子之喪遠勞
唁問并荷
寵頒幛軸銘感曷勝就讅
順序延和
因時介祉
籌邊楙績仰
壁壘之森嚴

保塞宣勤卜
綵綸之
寵錫翹詹
英采莫罄葵鋪弟自顧頹齡遽傷內助溯馳驅
於卅載久同栗騎之忘家察消息於四時亦
悟蒙莊之觀化泐復布謝祗頌
台祺敬璧
謙柬不偒
愚弟期李鴻章頓首

雨三仁弟大人閣下先後接奉
兩函備承
詳示亹〻長言讀之不忍釋手
情深遠道感不去心敬諗
履弟綏增
勳華卓著至如慰頌中外之事我
弟辦理深得其竅要以理論以心服也欽佩奚似
挖礦機器既已運到今春開辦想已興工矣

礦苗必然暢旺有益餉源前此德人游歷自
是 傅相暗察之意我
弟才能機謀既為 傅相所知
弟台更當詳細籌維以徵識見出人頭地在此時
也上年熱河之役幸賊匪羽翼未成器械不
全一聞警信 裕壽帥與光商派隊伍赶緊分
道馳剿未容其稍為駐足直隸隊伍来之亦
速兩路夹擊一鼓蕩平托

天之福實為幸甚承
囑鄭二尹本當遵照辦理祇因此案係歸地方
主政 裕壽帥列兄銜於首者是其謙也 豐厚
齋帶出馬步隊二千餘名 壽帥僅保百名是
以營務文案支應軍械各委員一員未保出隊
者尚不能多保不出隊者更難言矣兄寔係無
法代辦方
命之愆務希

鑒原是幸日前吉江兩省派撥馬隊昨 長帥電
商均已撤回各營矣惟傳聞長春伯都訥伏莽
尚多總未淨絕根株令人不無遠慮專此併復
敬候
勛祺餘惟
蓋照不具
愚兄定安頓首

達齋仁兄年大人閣下遥違
光霽時切欽遲辰維
祉協秋澄
猷宣月朗引詹
藻鑑良結葵悰十月間恭逢
萬壽聖節弟處慶祝摺件向於九月二十前由省
專弁馳遞
台端應上慶祝之摺如擬同時拜發即祈

執事繕辦摺件齊全連奏事文書於九月二十
日以前專送來省方可不誤賫遞至摺弁
帶摺一份祇須摺費銀四兩其川資無庸
尊處另給也恐勞
雅注並以附陳專此祇請
台安諸希
愛照不具
通家年世愚弟鄧華熙頓首

靜瀾老前輩大人閣下闊河千里共嬋影之團欒風
景三秋緬
鴻儀而洄溯敬維
藎勤撫馭
茀祿來同
雅集南樓
詩思在吳江月色
爽延西顥

澄懷披閬苑天香
清分桂闕之光渥荷
楓宸之眷
師干即總豫頌應符侍驛路馳驅軺輪璁珞抗塵
朔漠材摟泮半而勞薪潄綠東溟節屆麵中而
摛藻肅勒祗賀
秋釐並請
台安不備　館侍生孫詒經頓首

九年八月十六到

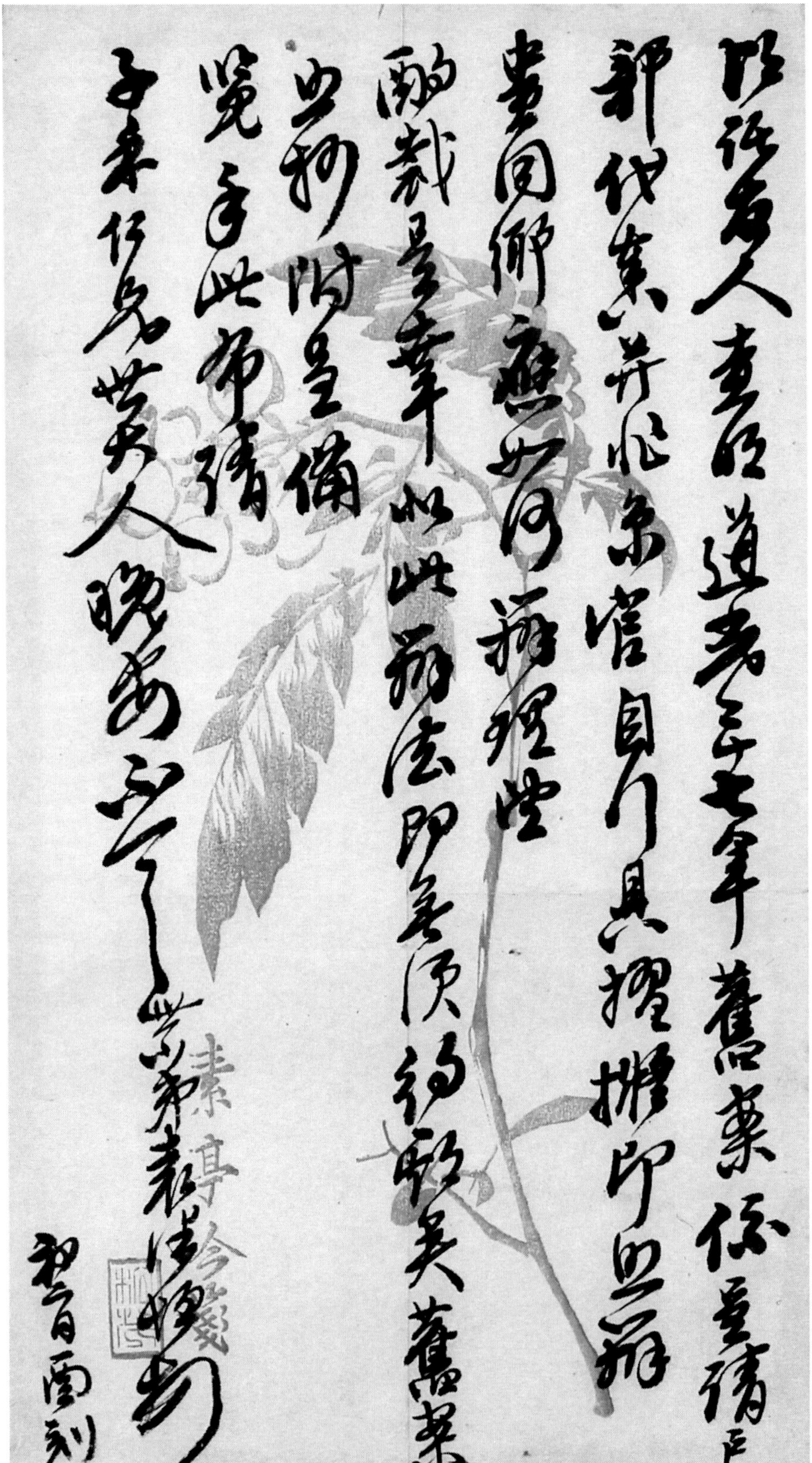

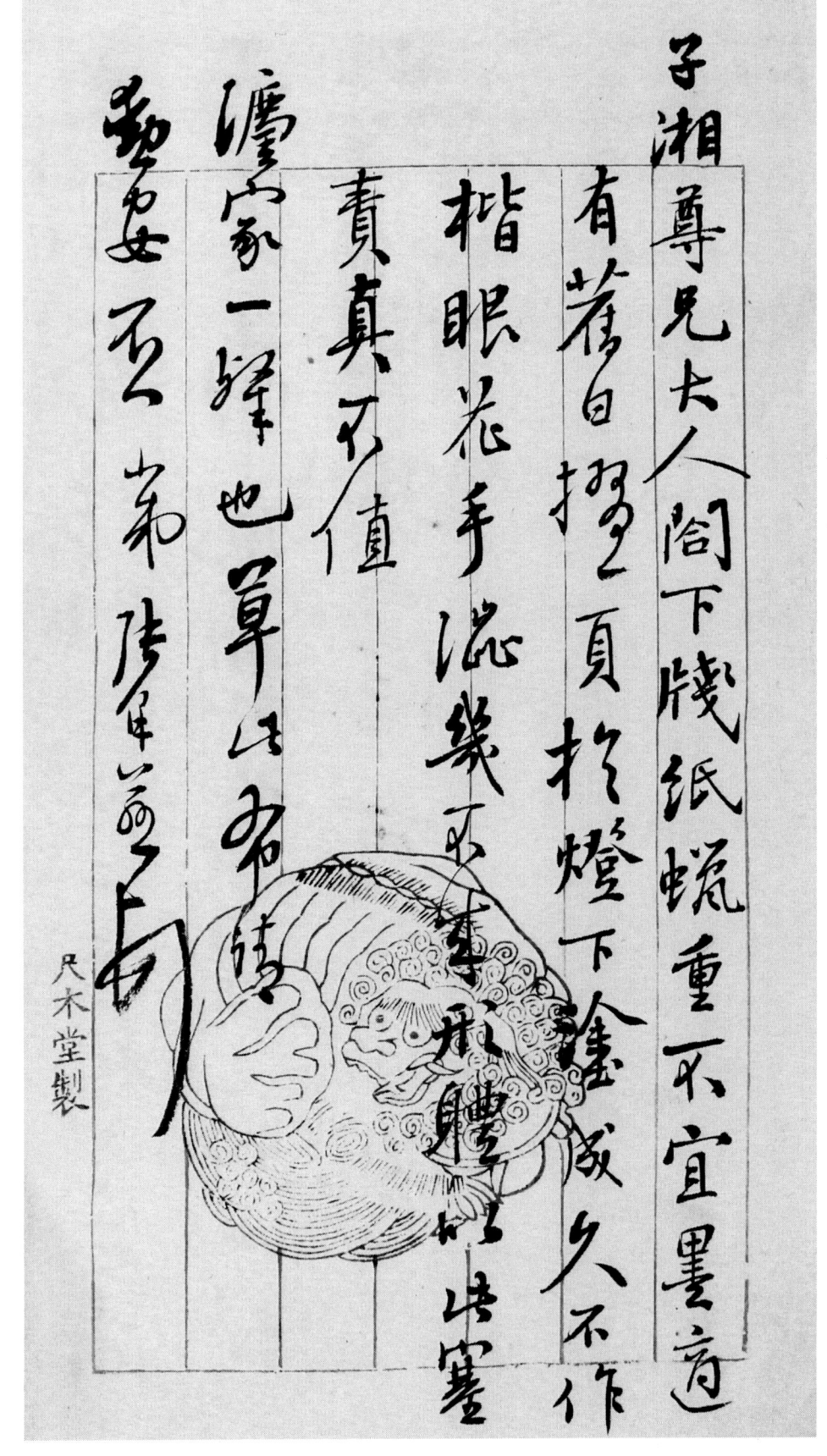

子湘尊兄大人閣下：箋紙蠟重，不宜墨。適有蒼白摺頁，於燈下塗成。久不作楷，眼花手滯，幾不成體，姑塞責，真不值方家一噱也。草此布請勛安，不一。弟張保慈頓首

尺木堂製

禮卿仁兄大人閣下：契闊音塵，於今二載，曠言道範，曷罄馳思。伏承

著作

承

明，從公夙夜，清規盛烈，溢於聽聞，甚頌甚佩。長慶徂東二載，無裨時艱，外患方殷，杞憂是亟，不勝愚慮，妄有所陳，月之中旬欽奉

綸音入
覲一層仍候
諭旨明年三月許可撤防姑候届期聽候
進止此間各事如常惟英使換約議久不決長
情叵測不敢不簡練軍實防患未然要
不過盡其職守而已
閣下多聞直諒何以益我朝鮮使臣之便
謹坿上紅參一斤聊佐

精進之功
來教猥以歸美弥增愧矣
所需納綢象土所產寶鮮佳者容俟照樣覓
購明春赴津謹以托朝鮮貢使入都
曾托寄
伯母禀函及微物數種月內計必得達伏祈
鑒察摺差之便手此上復即頌
侍安不具　世小兄吳長慶頓首十月二日

再啓者别箋所示周蓮舫及賢郎在英府伴讀等情無論蓮舫之拘謹賢郎之敦厚椒房早有所聞萬萬無淆亂黑白之理即閣下之悃愊無華學行俱粹求之儕輩實罕其儔數年來至以英事奏記者實屬相孚有素非悠悠之口舌以萋斐淆亂其間然則閣下又豈冒以無益有損之人引而爲英宅之伴讀兼弟之所未釋於懷者因别有人在而向

來示便為
閣下直道其詳者其人可懸揣而知也弟目所未睹
不敢妄有品評至於一室晤言相從至數月之久
則其人之性情自趣固已十得八九何無且獨
守之之短以受構於師弟朋友之間則其於他人
可知弟與莫逆骨肉深交與
閣下肝膽相照原非他人可以搆煽其間然身隔
數千里外數年而不獲一見親疏之跡分則

淆亂黑白之言，得以乘間而入。所幸弟與
閣下皆非浮言所得動耳。賢高立進取之心，
急頹波之非一第之得失，其實仕途顯達亦不
以一第爲重輕，萬一稍涉枝節，流弊不堪設
想。尚望
閣下雅維主持，以防意外之虞，而全彼此交道。因承
來教，不敢不瀝示肝鬲，惟
鑒而教之。肅此，弟慶頓首。閣後勿敘

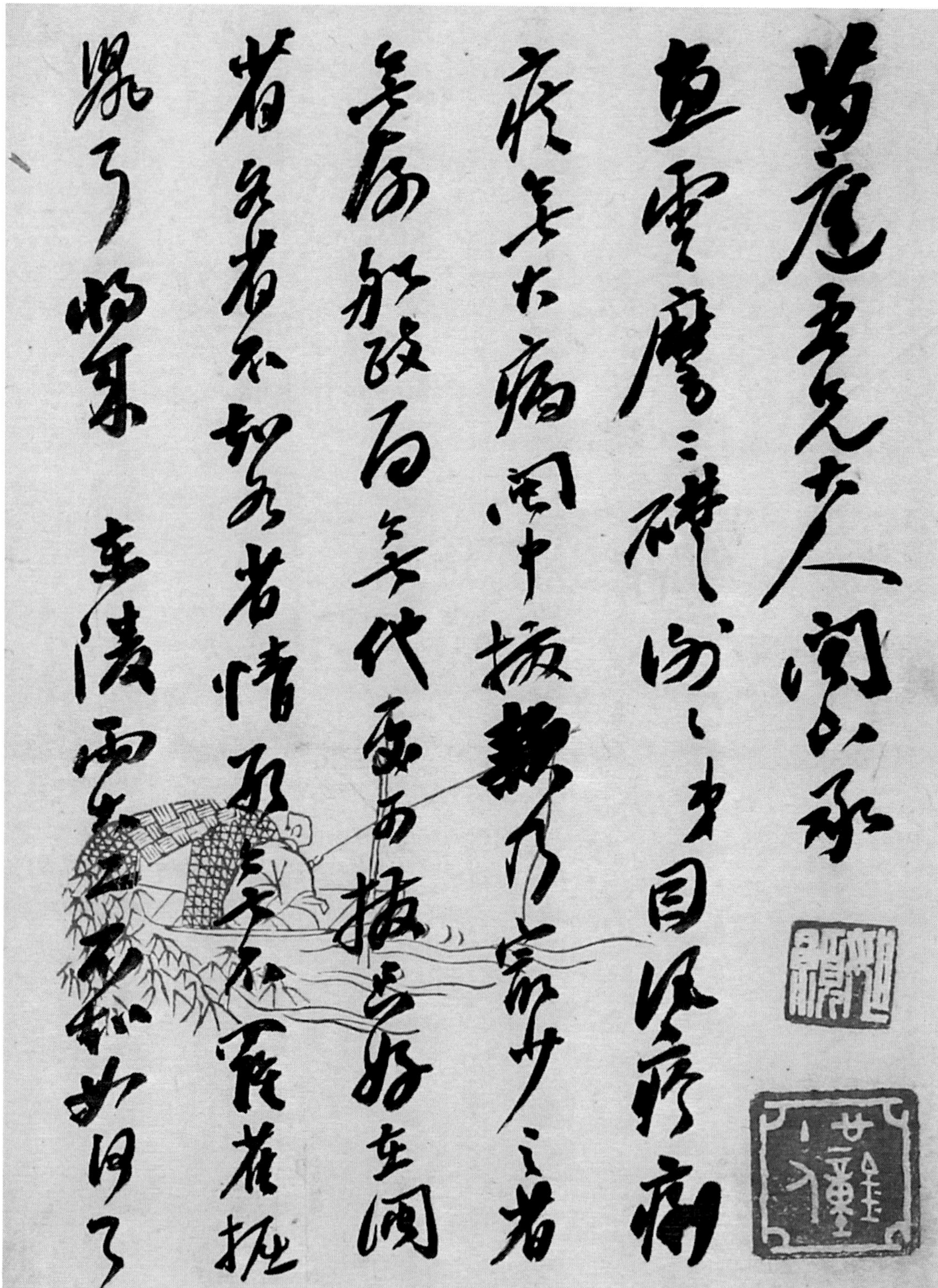

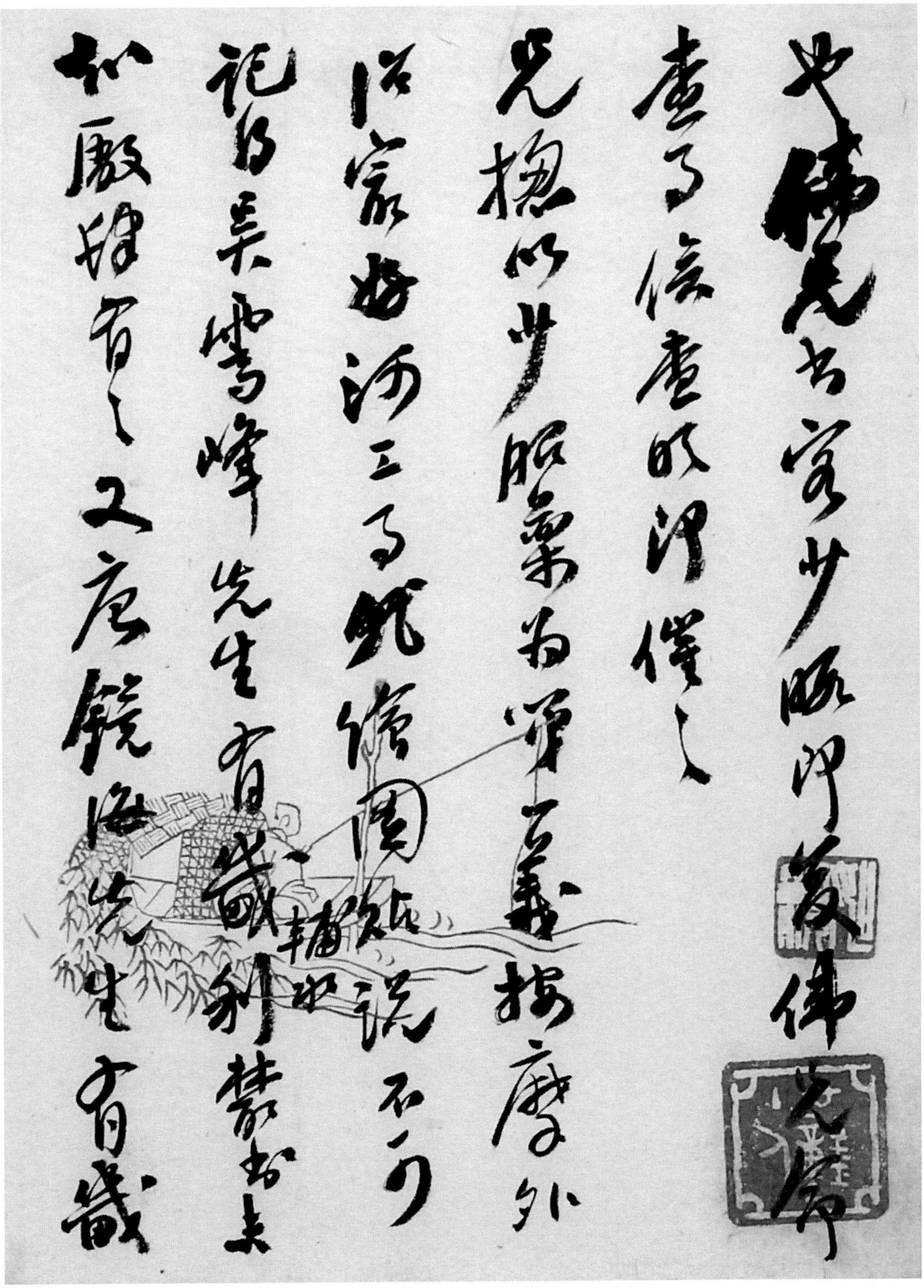
也儒先生大兄少眠河梁侍史
處了信虚收河僕之
兄擬以少眠樂為河上義按摩外
洛家好河三子紙條圖紙說不可
記得吳雪峰先生有識新勢告夫
松厥號有之又應鏡海先生有識

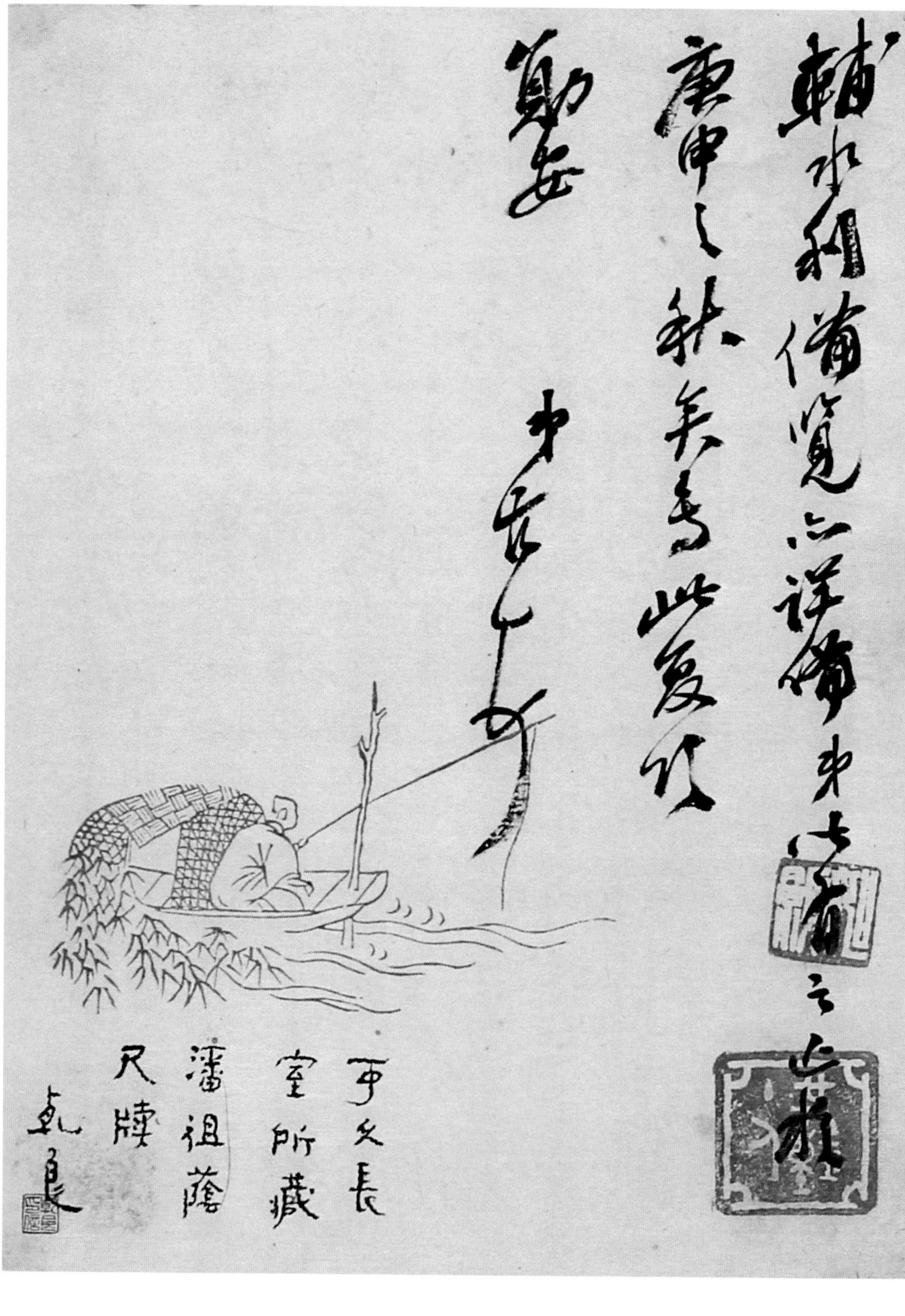
軸水利備覽亦詳備
庚申之秋矣專此復頌
勤安
中[illegible]人頓
予久長室所藏
潘祖蔭尺牘
[illegible]

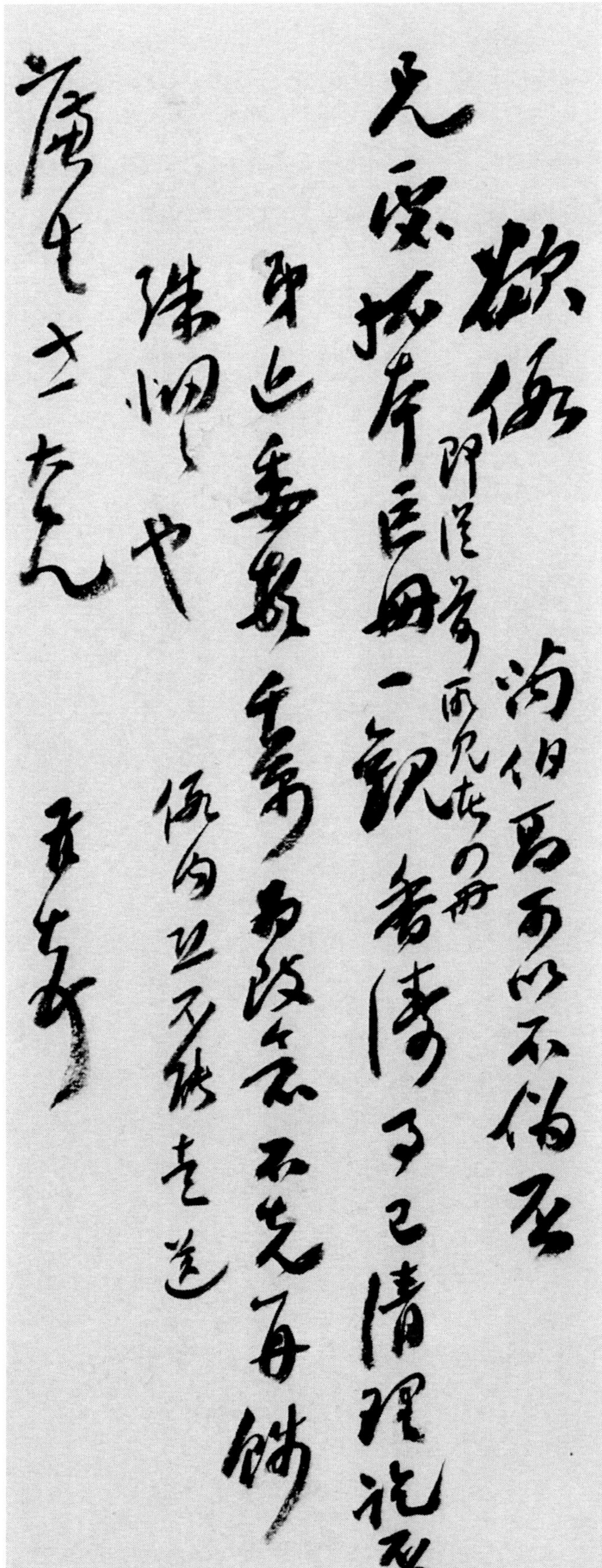

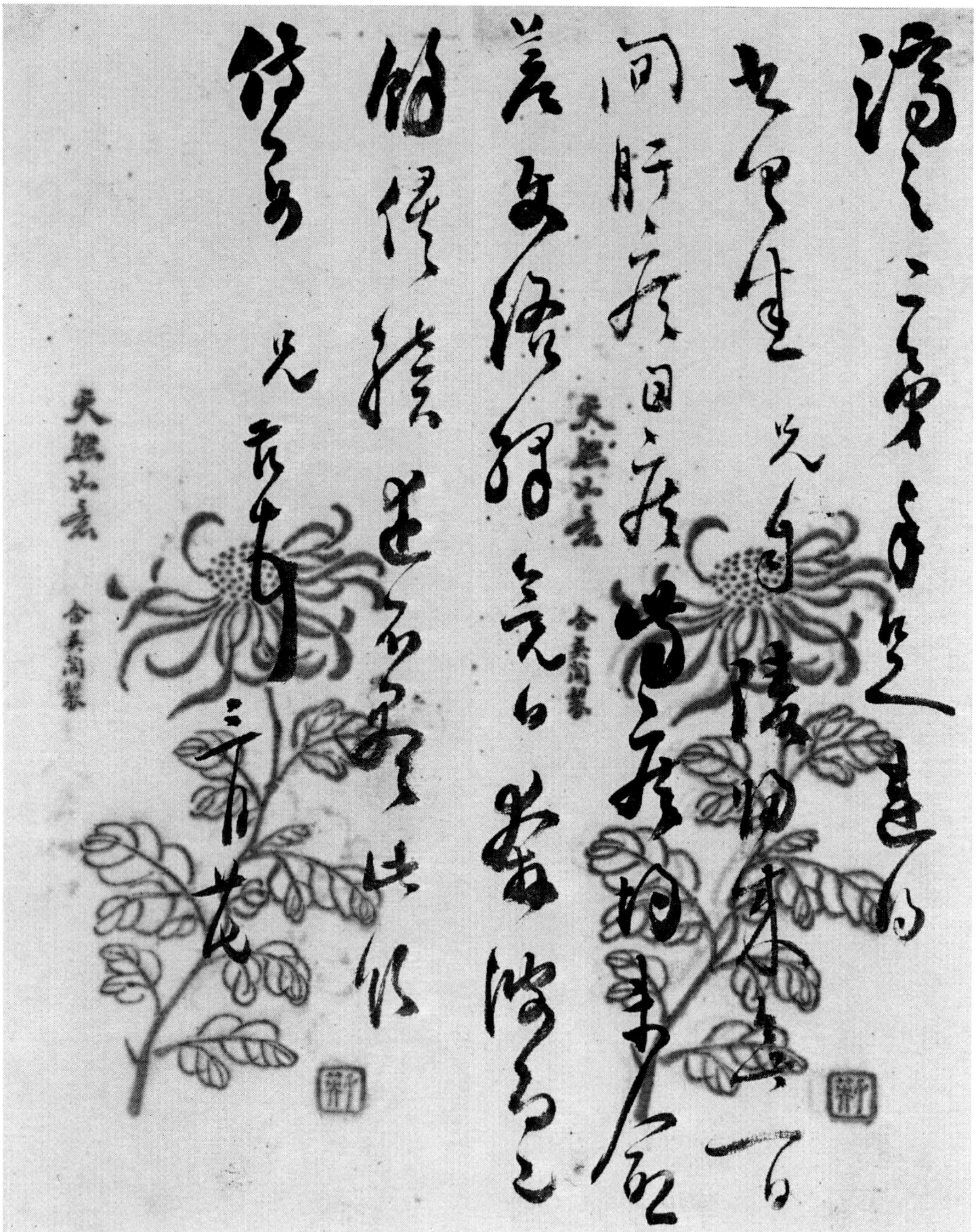

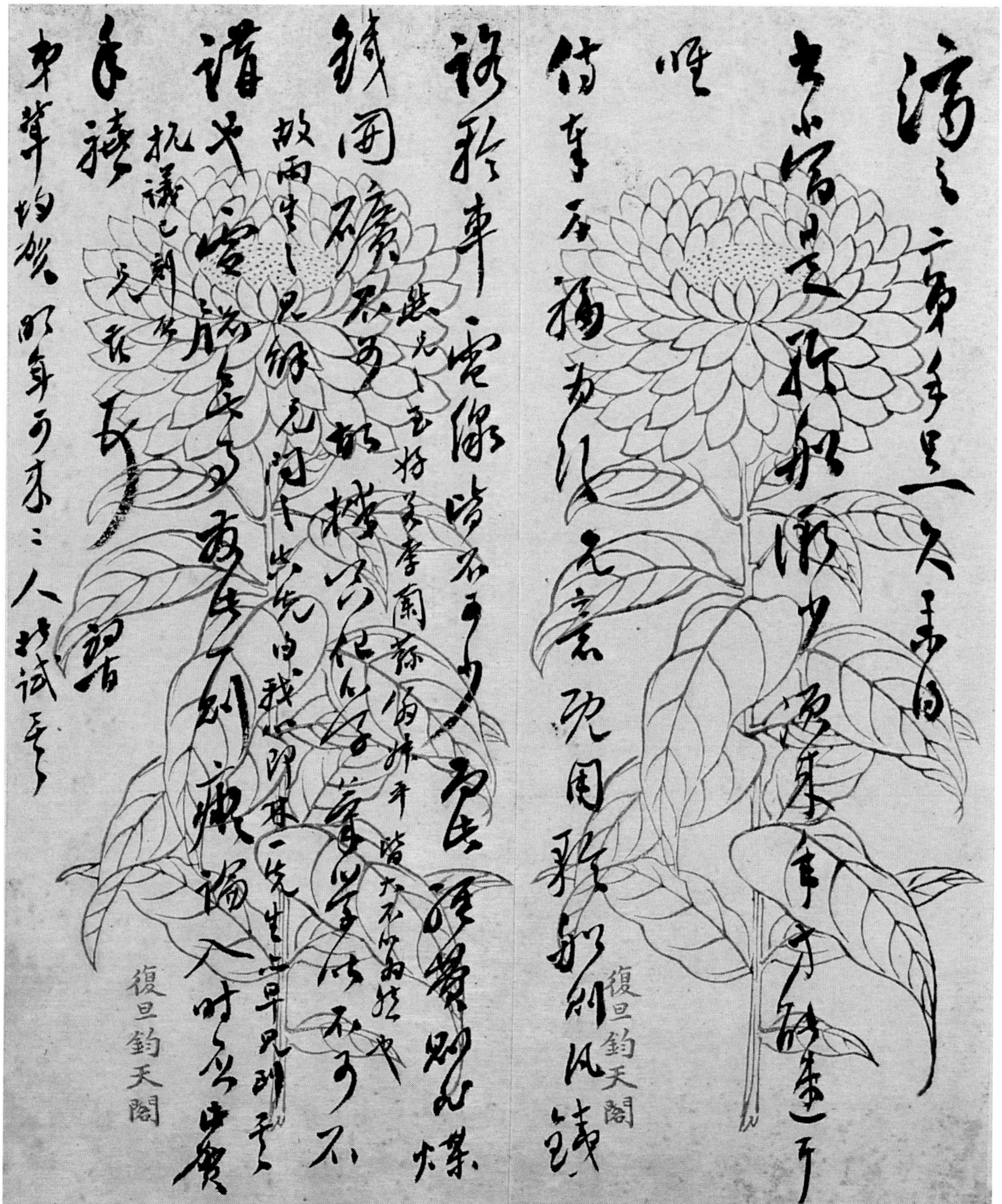
復旦鈞天閣
復旦鈞天閣

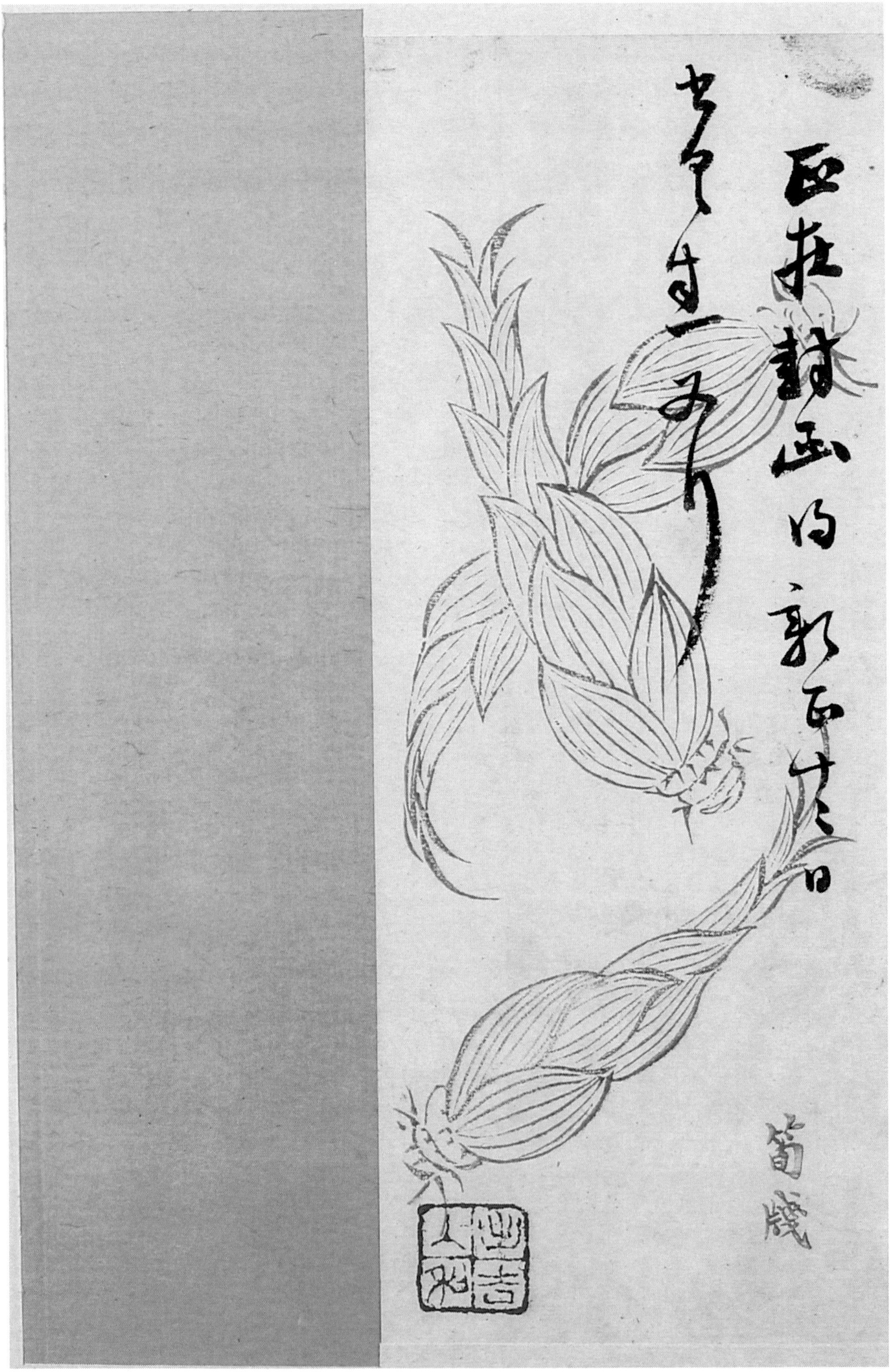

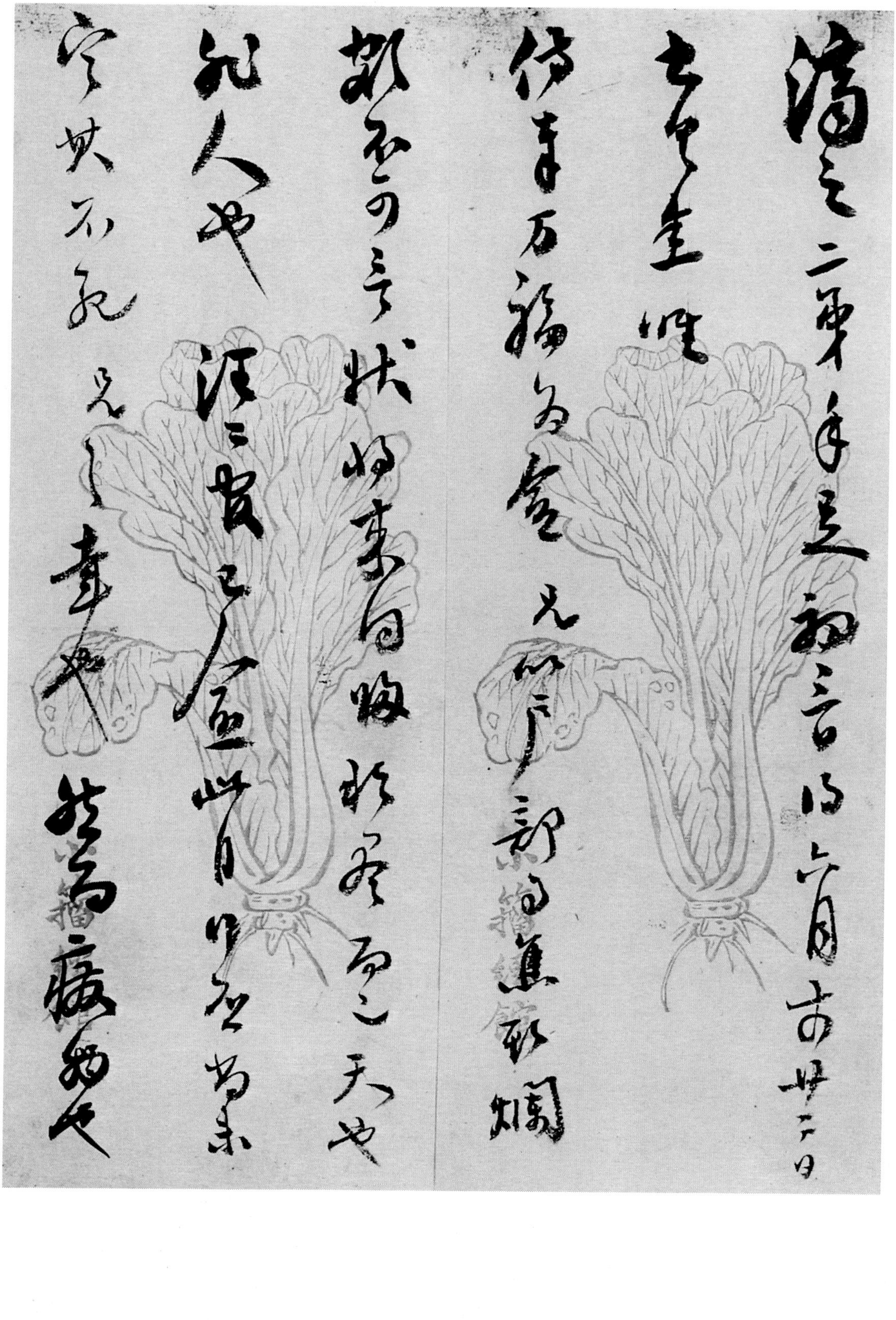

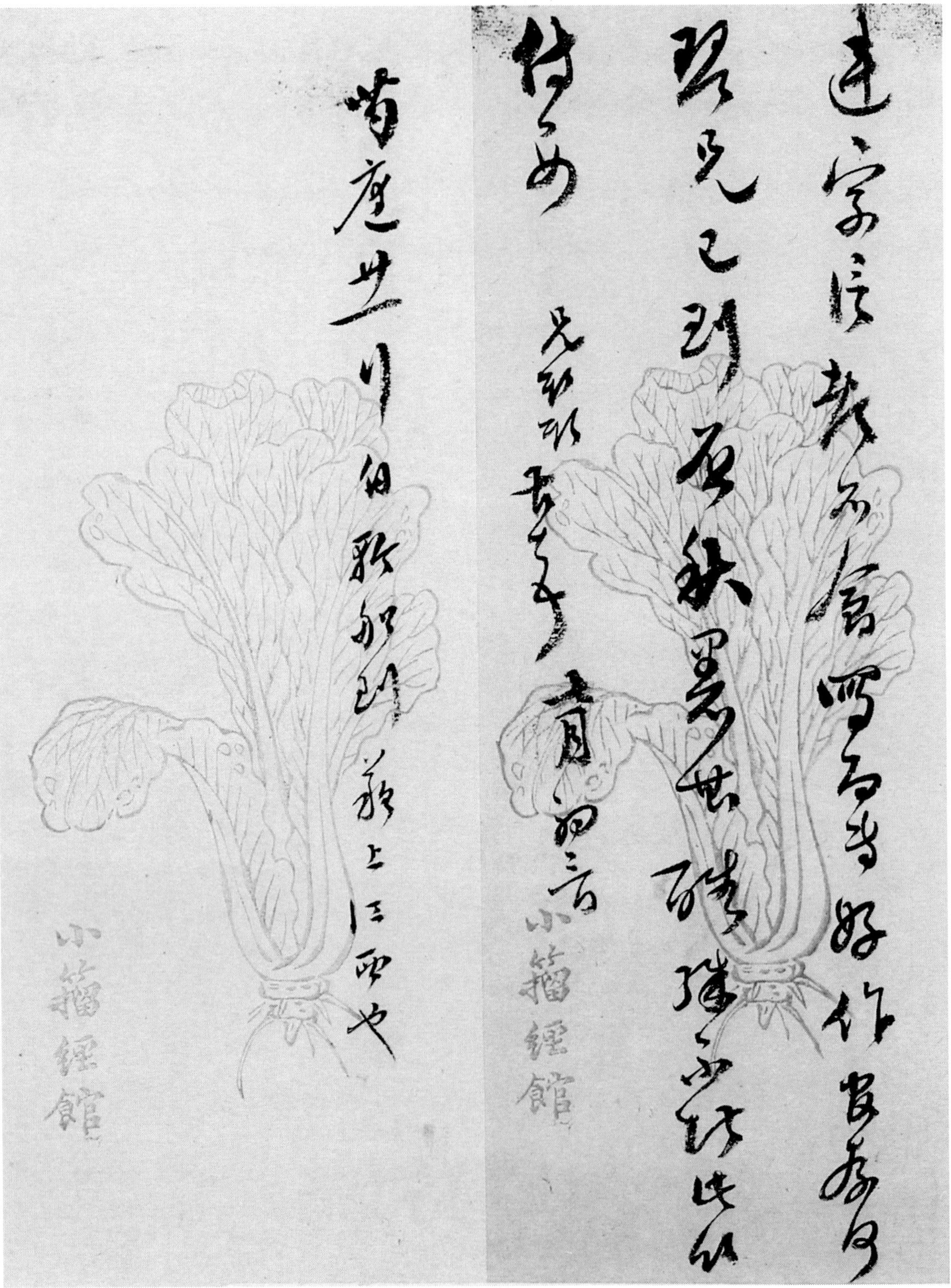

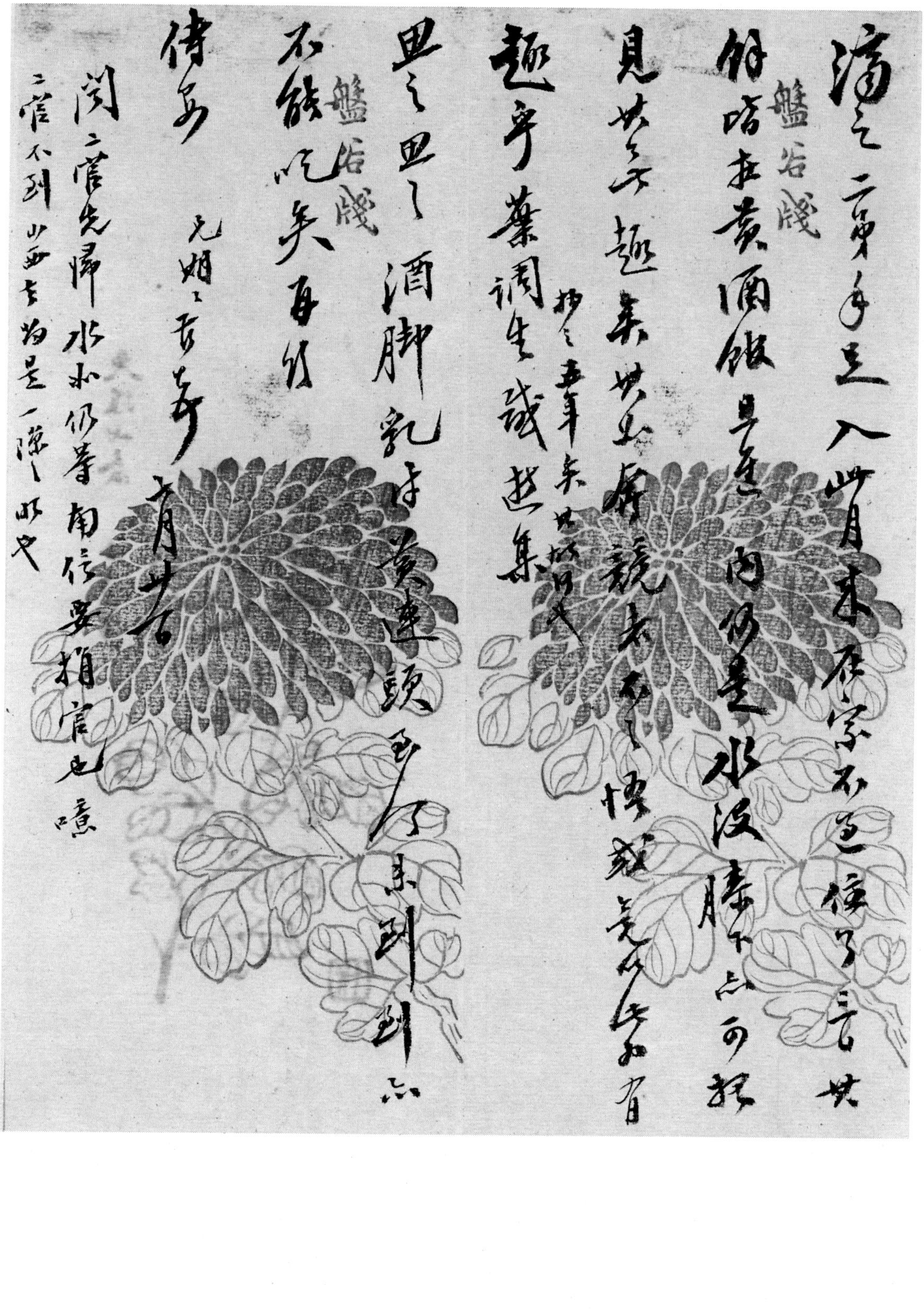
濟之二弟手足：入冬月來，屢寫不宣，惟言其
昨晤在黃酒館，具飯，內有墨水沒膝上亦可想
見其不趣矣，其上屏識表不一，惜哉，竟不知有
趣乎。葉調生識越集　抄之垂耳矣其好何成
畏之畏之。酒腳亂作黃連頭，至于來到到六
不能吃矣，每付
侍安。兄姻頓首　月廿七
閱二官先歸，水木仍舊，南信要稍信也。噫
二官不到，山西去物是一[illegible]如也

盤谷牋

盤谷牋

大著説經數篇均根柢槃深窮穴比附具徵心得論學術文章利弊推

闡詳要而極精碻自非深入其中者能言之親切如此伏讀再三佩服〻

現聞有安徽某議一二另紙鈔粘各條敢請

賜正爲承

下問不敢藏拙也此上

林海先生大人閣下

弟錢保塘頓首 初四日

尊稱萬勿敢當幸勿見施爲感

附呈拙撰刻傅子物理論一本叢書舉要一本並希

哂存 又叢書舉要一本望 飭交涇同鄉江蘇翁爲荷

麥雨迎秋
多繡煥香羅之色
朵雲頌夏
鴻詞挹頌藻之芬辰惟
守谿仁兄大人愠解薰絃
祥凝蒲掌
輕搖羽扇
覲風宣六察之勤拜

螭廷

九重渥眷

真除即卜頌悃良孚弟虛度駒陰又更鳳律

聽歡聲而象符樂歲

華景福而

吉兆宜春專此復賀

新禧坿完

芳版不具

四月初五日

世愚弟許應騤頓首

雨三仁仲大人閣下前復鯉椷諒麈
犀照就維
籌祺萃吉
藎祕咸宜爲頌以慰礮台案件凡因經手未
完故於去春務節時揀其要緊各卷帶
来抄錄以備考稽現已飭抄完竣合將各
稿卷宗三十八分以數封固由驛呈遞
台端而便存查遲遲有媿望祈

見原肅此即請
勛安諸惟
愛照不具
如兄依克唐阿頓首

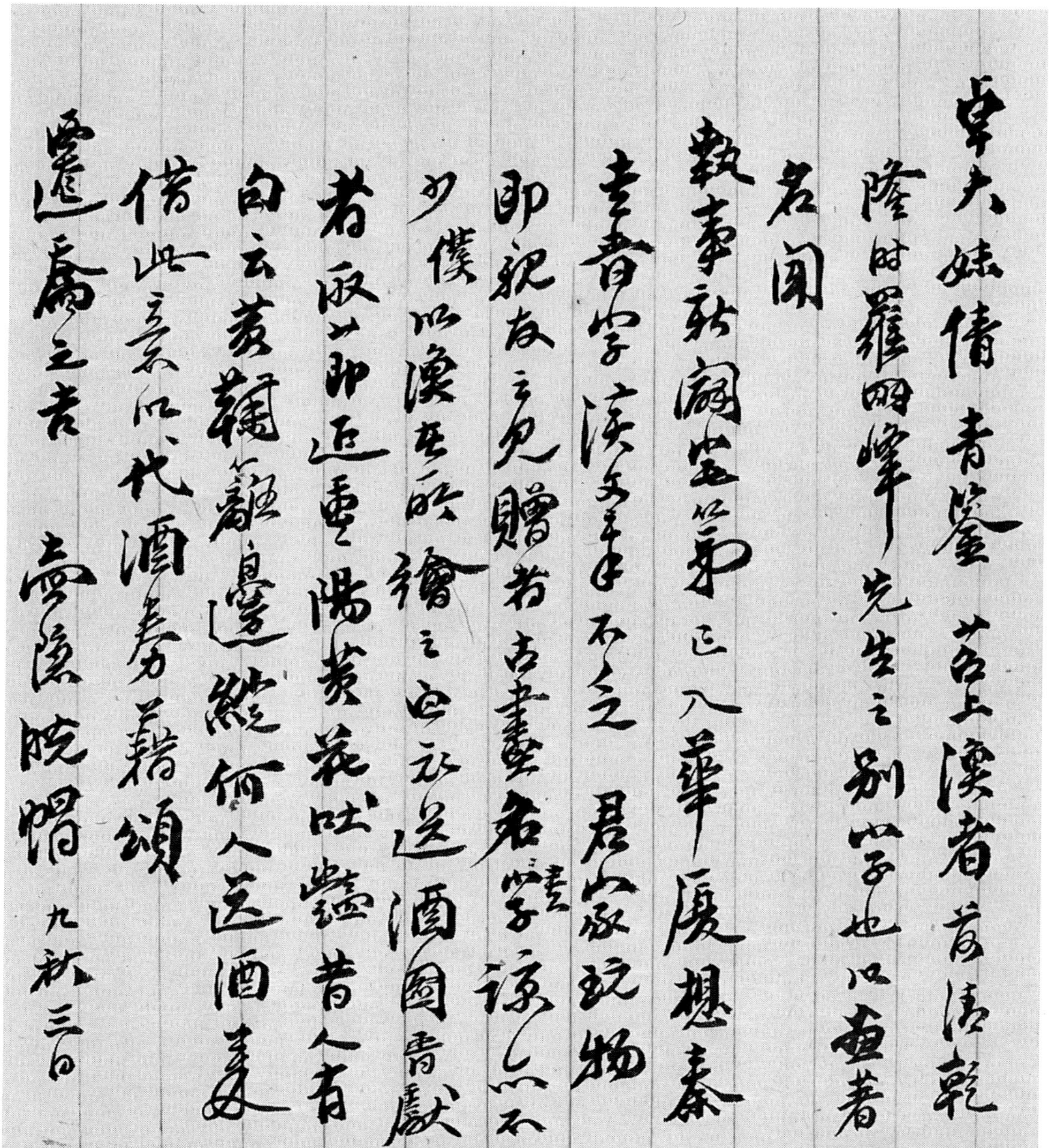

卓夫妹倩青鑒：昔上溪者，前清乾
隆時羅兩峰先生之別字也，以畫著
名聞
數事新刷出單，正入華處，想秦
青學淺多年不之，君家玩物
即視故之見贈者，古畫名筆，諒亦不
少。僕以溪在所繪之而亦送酒圖畫獻
者，取其即送重陽黃花吐豔，昔人有
白云黃鞠離離籬邊，縱何人送酒來，
借此亦以代酒券耳。藉頌
靈邇屬之吉。雲壺晚帽 九秋三日

暌違
鴻度時切螘忱頃奉
華函彌殷葵向敬維
夔石仁兄同年大人升祺益楙
履祉咸綏
椒酒開筵
斟濃香於柏葉

楓宸錫寵拜
恩詔於
芝泥引企
椅暉昌勝藻頌弟樞垣承乏樹立毫無虛擲駒光徒愧駑庸之質
新逢鳳律倍深燕賀之忱肅泐敬賀
年禧祇請
台安

年愚弟李耀奎頓首

燕臺遠阻莫接
鴻暉鯉牘雖通倍欽
塵範際此陽調玉琯遙占
慶集鈴軒敬惟
耕娛仁兄同年大人節鉞望崇
泰階瑞肇
贊東皇而敷政
化媲熙臺

綏南國而宣仁
恩承
春殿
蕪圻指顧忭籥心傾弟浪跡春明從公駕部技幸藏夫
鳩拙莫補薪勞節晌居乎龍躔虔伸椒頌專泐敬賀
年禧祇請
台安伏惟
垂照不宣

年愚弟傅鍾麟頓首

敬肅者京曹覊宦
劍舄遥睽歲序更新
旌幢藹瑞際星回於鳳紀祝
雲蔚於駢禧敬惟
叟石中丞大公祖大人介祉辛樽
銘勳乙卣
三階協極麟圖敷綺甸之春
一氣調鈞燕勝煥金章之彩

丹扆則

恩承醽醁

[illegible]麾而吉晉師于引睇

華莫名抃藻侍虛更歲籥濫朋朝簪才陋銘椒喜淑景於春

燈臘鼓情殷頌柏抒葵誠於密驛輕郵端肅恭賀

年禧敬請

崇安伏希

垂答不備

治侍生李郁華頓首

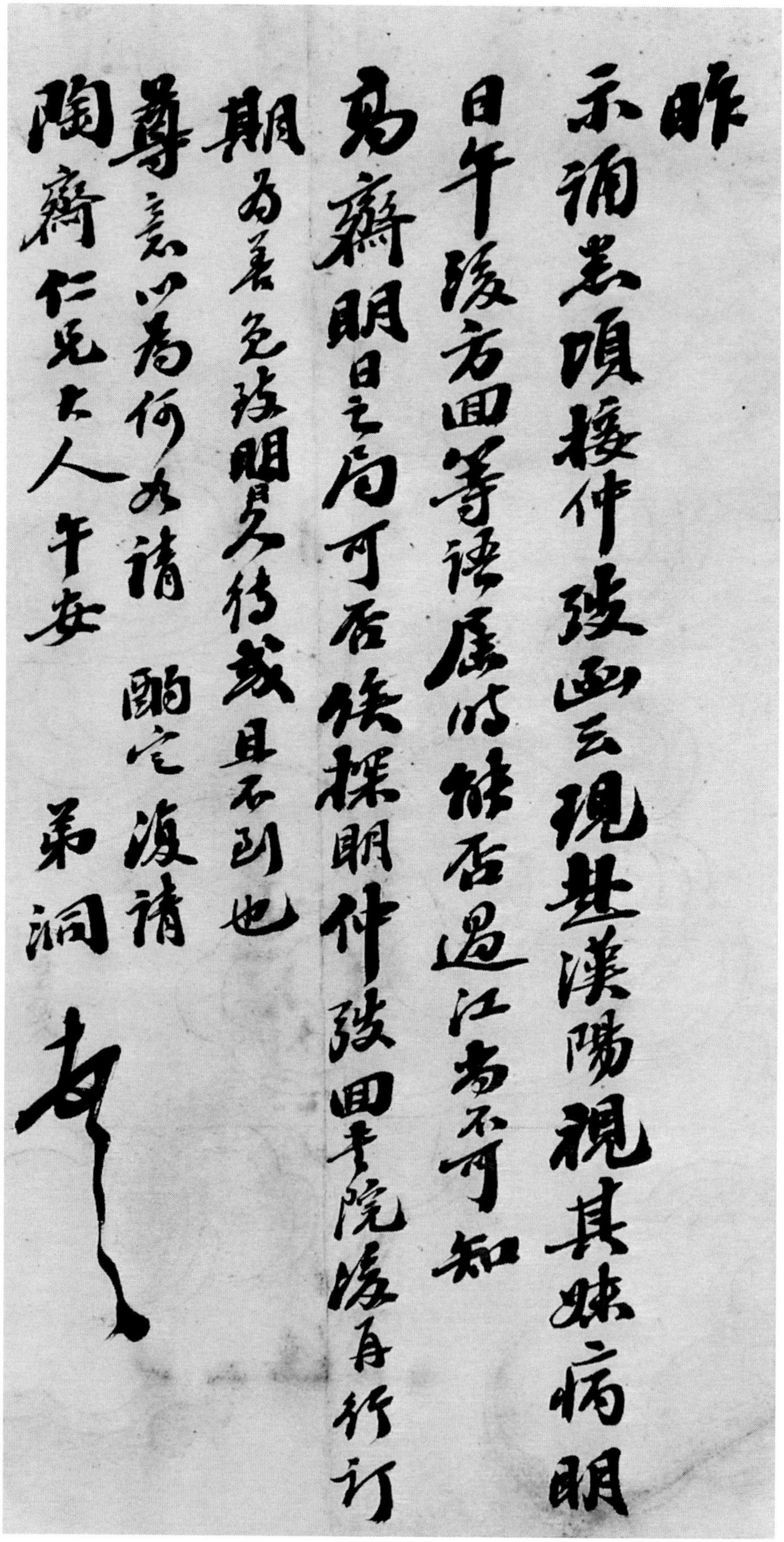
昨
示誦悉頃接仲弢函云現赴漢陽視其妹病明
日午後方回等語屆時能否過江尚不可知
匋齋明日之局可否俟探明仲弢回書院後再行訂
期爲妥免弢明日久待或且不到也
尊意以爲何如請　酌定復請
陶齋仁兄大人午安　弟洞

大人鈞座敬稟者昨奉
發閱　王祭酒來函謹已披閱伏查捐輸應解部監飯照銀兩
向係一面奉領執照一面解繳經費湖北振捐奉准部監發
照至九十四卯止因之應解飯食照費亦解至九十四卯止
以後獎冊已詳經
憲轅咨送至一百一十三卯各直省及外洋商埠經勸員董函
電紛紛催取換照亟盼部監從速核覆以清積牘應解經費
均已按卯提存司庫容即照章隨時批解不敢延誤原函奉

繳即祈
察收肅此稟復恭叩
鈞安伏乞
垂鑒本司瞿廷韶謹稟

許濤箋

雲孫老前輩大人閣下日前驚聞
前輩夫人遽亦逝世
老年失偶何以爲懷惟
深照悲歡聚散之常理夢幻泡影付之
達觀幸甚
鬱鬱於中善自珍衛爲勝馳念鷗程山

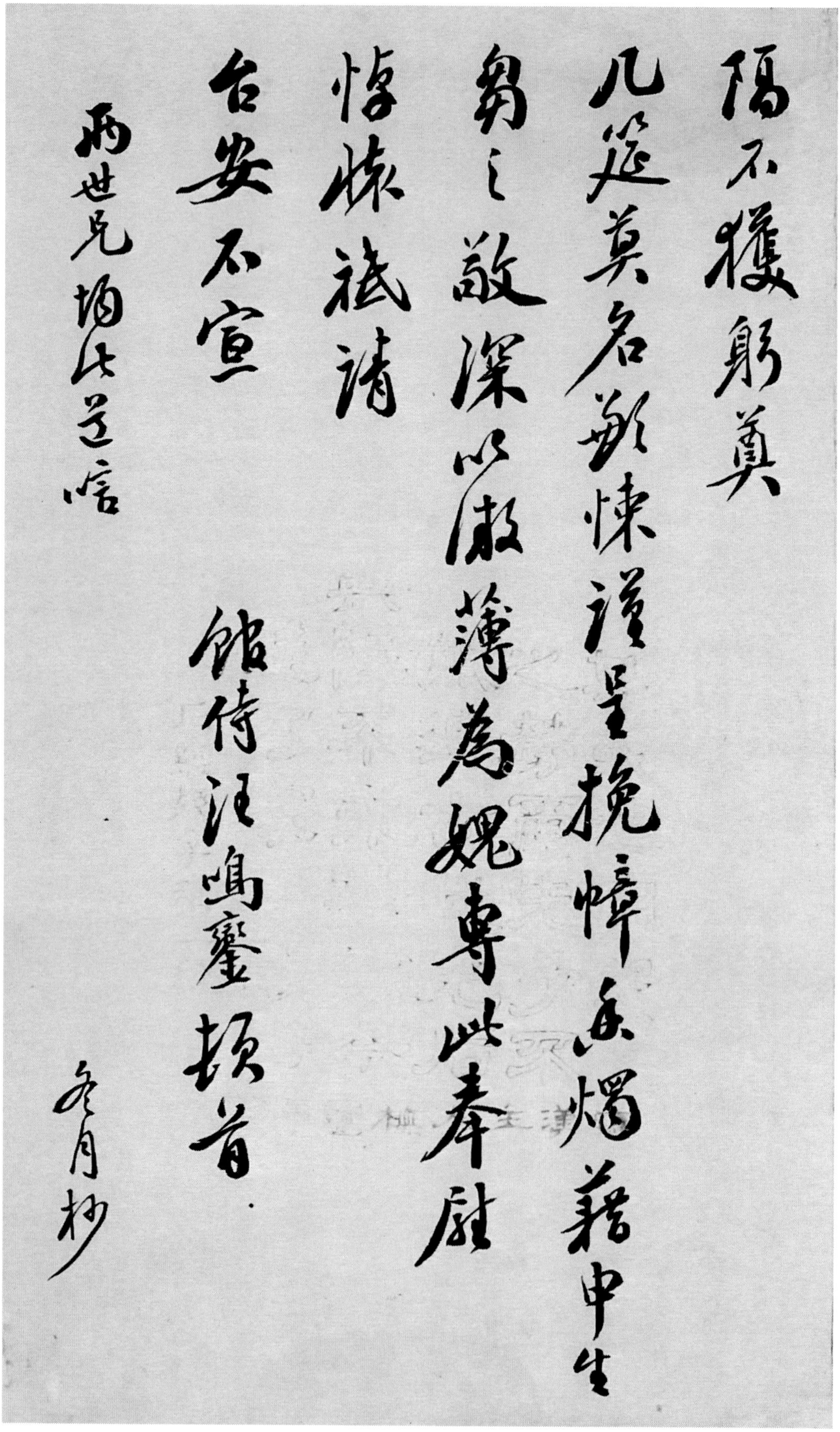

隔不獲躬奠
几筵莫名歉悚謹呈挽幛兵燭藉申生
芻之敬深以儆薄為愧專此奉啟
惶悚祗請
台安不宣　館侍汪鳴鑾頓首
兩世兄均此道唁
冬月杪

鴻卿仁弟大人閣下月前曾覆壹椷計已獲登
青照項間連接第百十二百十三百十四三號
惠函蕭聆壹是
寄來舍姪輩家信兩件均已收到
費心之至淮鹽捐票既被捷足者先購只好暫作
罷論俄人優待高麗工役趕築琿春鐵路刻刻
以收拾人心開拓疆土為念宋蘇易簡云日中
則昃月盈則虧罷滿則覆物盛則衰該國雖强

誠恐其强易弱也美生私運軍火一案嗘員任
意左袒罪浮於法承
示薛星使照會侃侃而談筆挾風霜盖彼族柔
茹剛吐婉言以結之遼以啓其驕慢耳星使此
篇文字明白正大如威鳳之朵天球之音該夸
雖未必遵而行之夫亦為之心折矣滇省入秋
晴霽收成尚穩米價漸平十月下旬及臘月朔
日瑞雪繽紛為近年所罕有豐亨之兆可預決

也茲有致舍姪雲階要信一件到請
迅尋妥便寄去是所切盼專泐布復即請
升安諸惟
朗照不宣
愚兄岑毓寶頓首

華濤箋

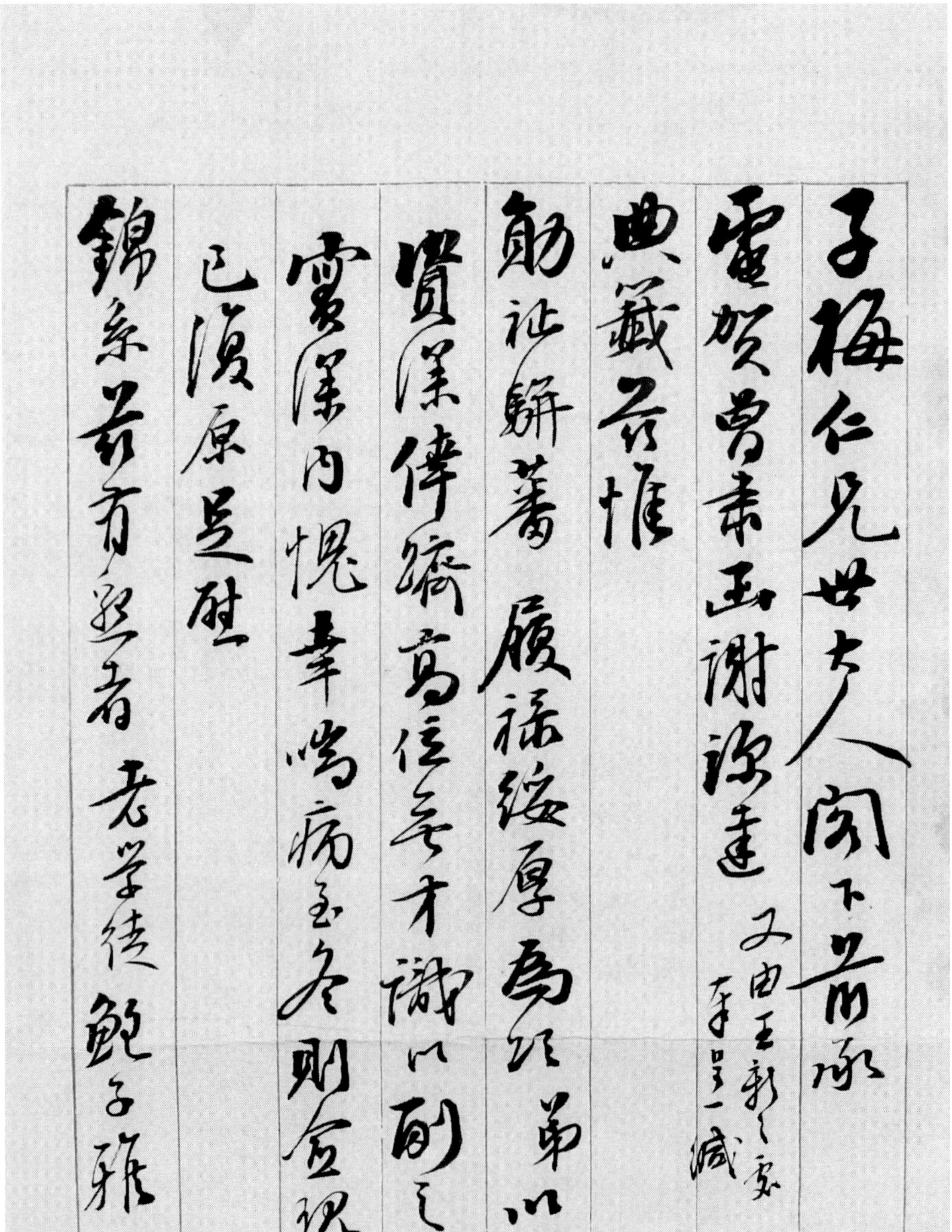

子梅仁兄世大人閣下：前承
電賀，當泐函謝，諒達 又由王新之處奉呈一緘
典簽。茲惟
動祉駢蕃，履祿綏厚為頌。弟以
資深倖竊高位，愧乏才識以副之，
實深內愧。年衰病多，則今現
已須原足耐
錦系若有契者 老學徒 鮑子雅

學、博通年在紗廠作文案才堪
肆應作事亦正直無私現因立
廠股東意見不洽無與謀決
然舍之
台端總辦商局於漕糧之事獨力
主持恐無用人非有能員者不
足以勝其任用特去函奉薦
巨眼而有以識之為禱

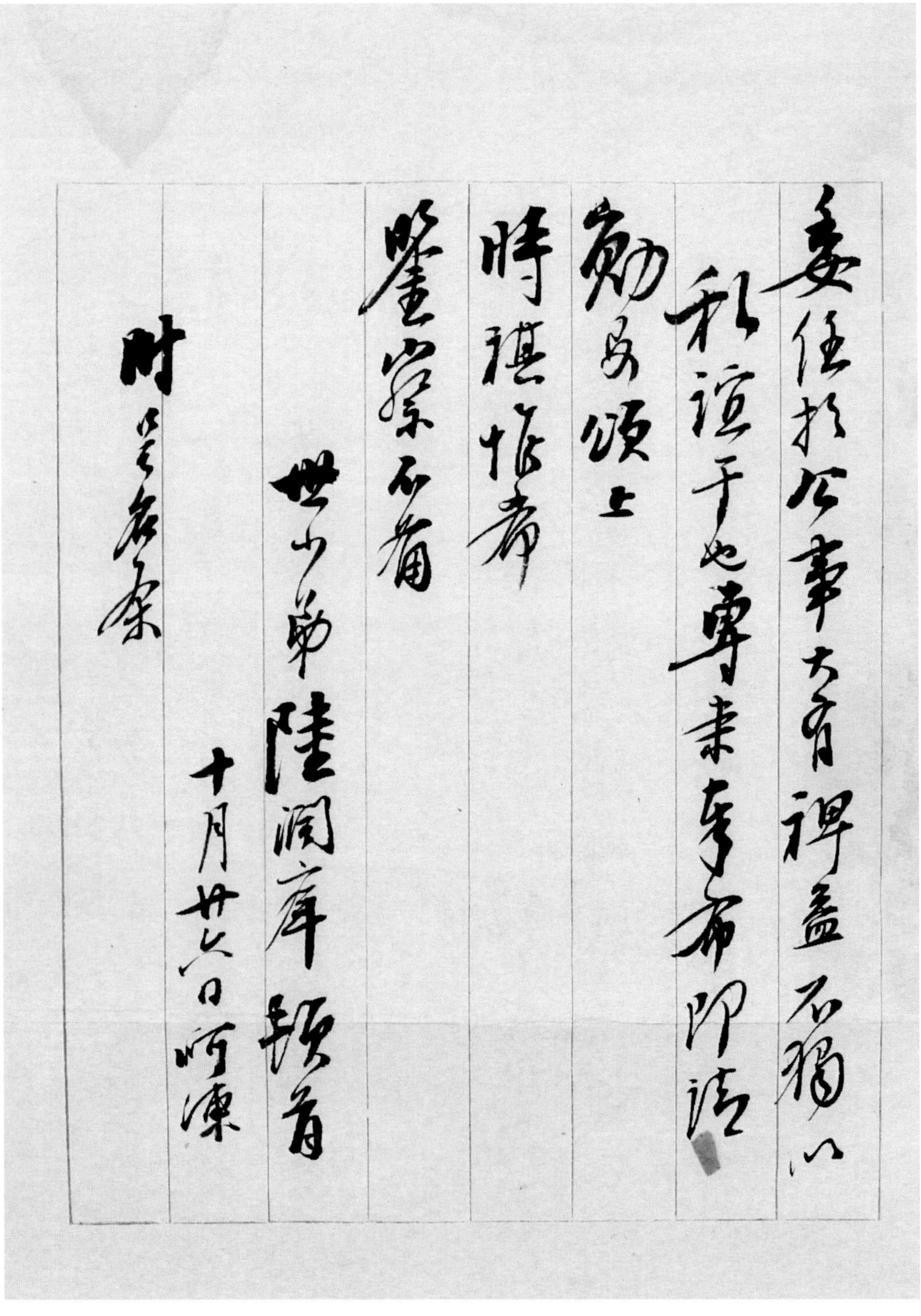

委任於公事大有裨益，不獨以
私誼干也。專肃奉布，即請
勛安，順上
時祺，惟希
鑒察不備。
世小弟陸潤庠頓首
十月廿六日河凍
附呈名條

元日開先
五雲賁遠
藻詞盛飾蕪臆感銘就諗
守溪仁兄世大人祉介椒盤
勛高簜節
藹春光於衮服
四始徵祥迓
恩詔於

賜宮衣
湛露沐
九霄之寵引詹
喬采莫罄蔡鋪弟忝領封圻屢更節序盤堆
楚糉愧益智之無方扇秉齊紈竊藹揚
仁之有願此復祇賀
午喜榭完
芳版不具
愚弟俞廉三頓首
六月三十日

淵江于役備荷
隆情驛路遄旋曾申謝牘值一元之復始卜
萬福以攸同恭維
靜瀾老前輩大人慶洽履端
鼇延首祚祥風化雨
薇垣凝寶宇之輝
湛露彤雲

楓陛錫銀旛之寵
封圻即晉忭禱允孚晚甫返軺車旋更歲籥跡分
鵷轍莫陪斟柏之筵心企
鴻儀祇貢頌椒之簡肅泐寸啓恭賀
年禧敬請
台安惟祈
聰照不備
晚生王先謙頓首

正月廿八日到

炯齋仁兄大人苫次頃奉
訃書驚悉
令堂太夫人仙逝不勝駭悼吾
兄純孝性成自必哀痛無比然念
尊公年高旁無姬侍設法安慰加意維持
兄一人之責尤宜
節哀以襄大事是所至禱弟入夏以來時有小恙
社友零落興会寥寥無悰只作鈔書閒侍

左右不靈數月之久，來函未能速覆，職是之故。江陰續志將完，已付剞劂，板藉以消遣而已。手箋奉贈數條。

孝履不宣。

弟繆荃孫敬啟

炯然仁兄世大人閣下在京廿日始得知
騶從未能出省館長持信出閣隨即約館中到
者先議崖仍抱分代宗旨一人任一稍先撰之傳分
歸一人鑿保隨請次日在京諸人吃作大會作又定局是
晚心滋抑快往南鑼鼓巷面商受寒得舊病從嚴不
能赴局以電話辭服杜子言爲稍定晚間閣校來言是
翁冊稍金錢希已收受
日論議遙迎赴章分相已久順伯歸於涉風翁康熙相倣
歸若以奚向之同領雍正稍歸張孟劬嘉慶相歸夏

聞嘉道光朝歸馬通伯咸豐同治朝歸王樹枏光宣朝不知誰屬先核袁有查史館傳有取新撰傳合并刪續者成一人只可允許而乾隆一大朝交與陳仁先至乘第果以渠所著（若至便）衆人以為年輕學淺章蓋來者有以右著於初六日到館籌行為言順治一朝（柯鳳翁錄外交志）仍歸錢叔乾隆一朝歸光緒延一人同領二條學可任之柔（知）勝之不勝文名朝均須在館好齋實傳史館若董二公所好在康熙一朝以

東華錄代求錄以者獻數徵儒傳名臣傳代史傳學
劍行向之覆核可也弟年說言弟以為冷隨之而已
兄擬翻信萬萬不行將來生
兄與箴兄維持此局方能從局館長者在保子本在錄
來意勸勿有歸志其前數年停修聞作甲不認志
來述議論未到　新人太多極也　此請
大安不一　　荃頓首
寫公代弟請安

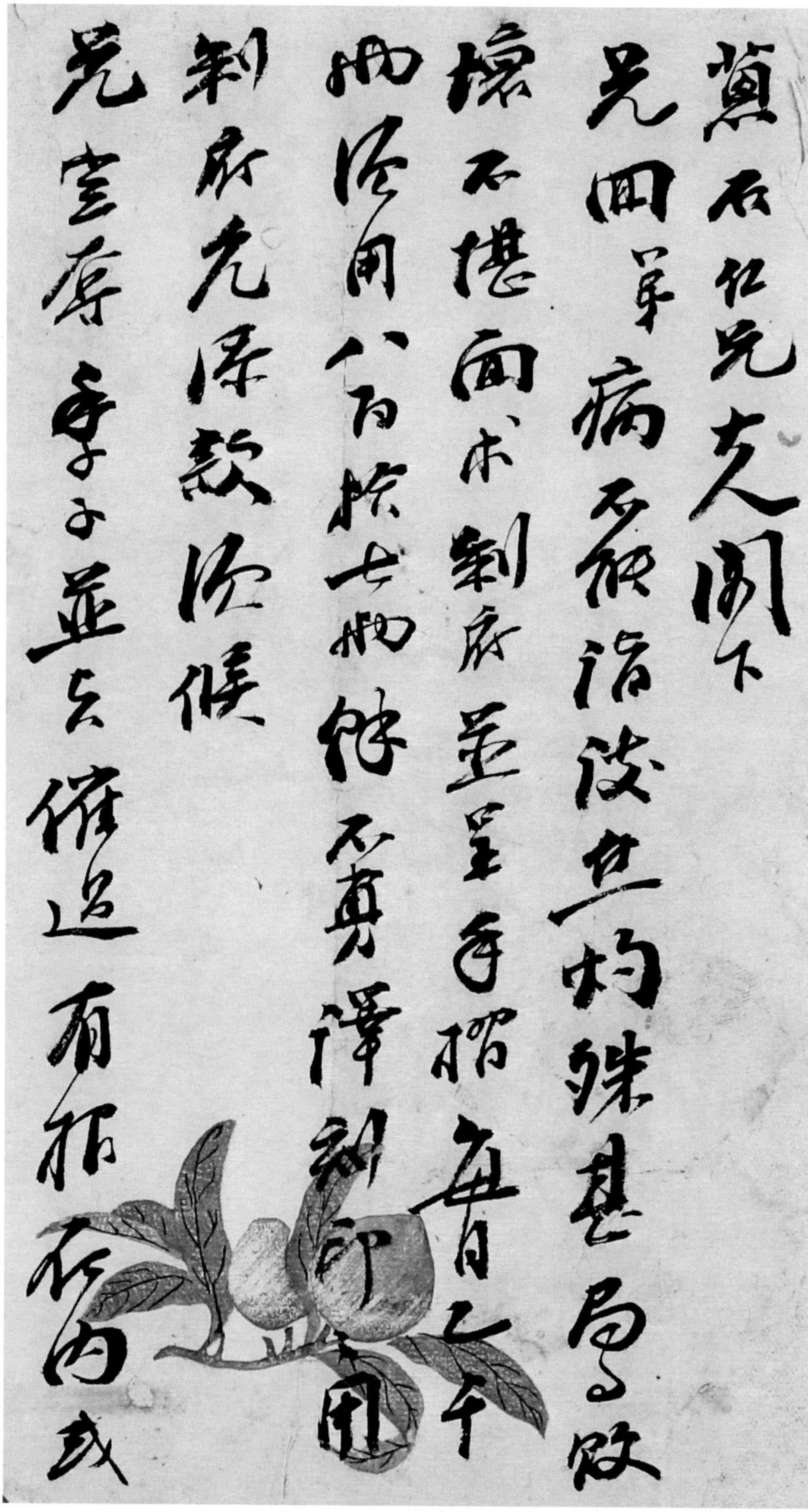
蕡石仁兄大人閣下
兄因事病不能詣談其一切殊甚局促
懷不堪面求
制府並呈手摺每月乙千
冊除用八百除七冊餘不剪擇初印用
制府允保款除候
兄寔存手子並云待道有移於內或

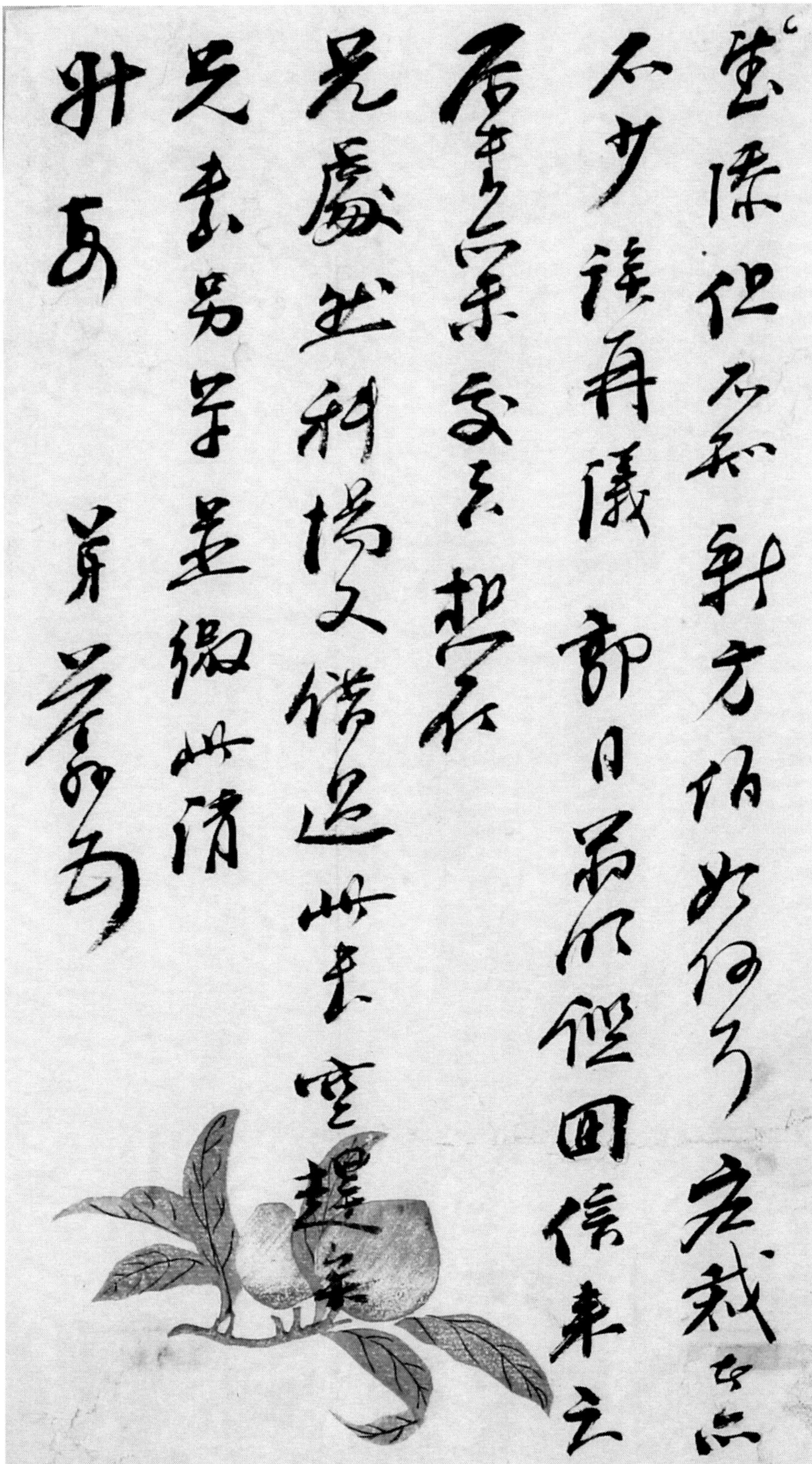

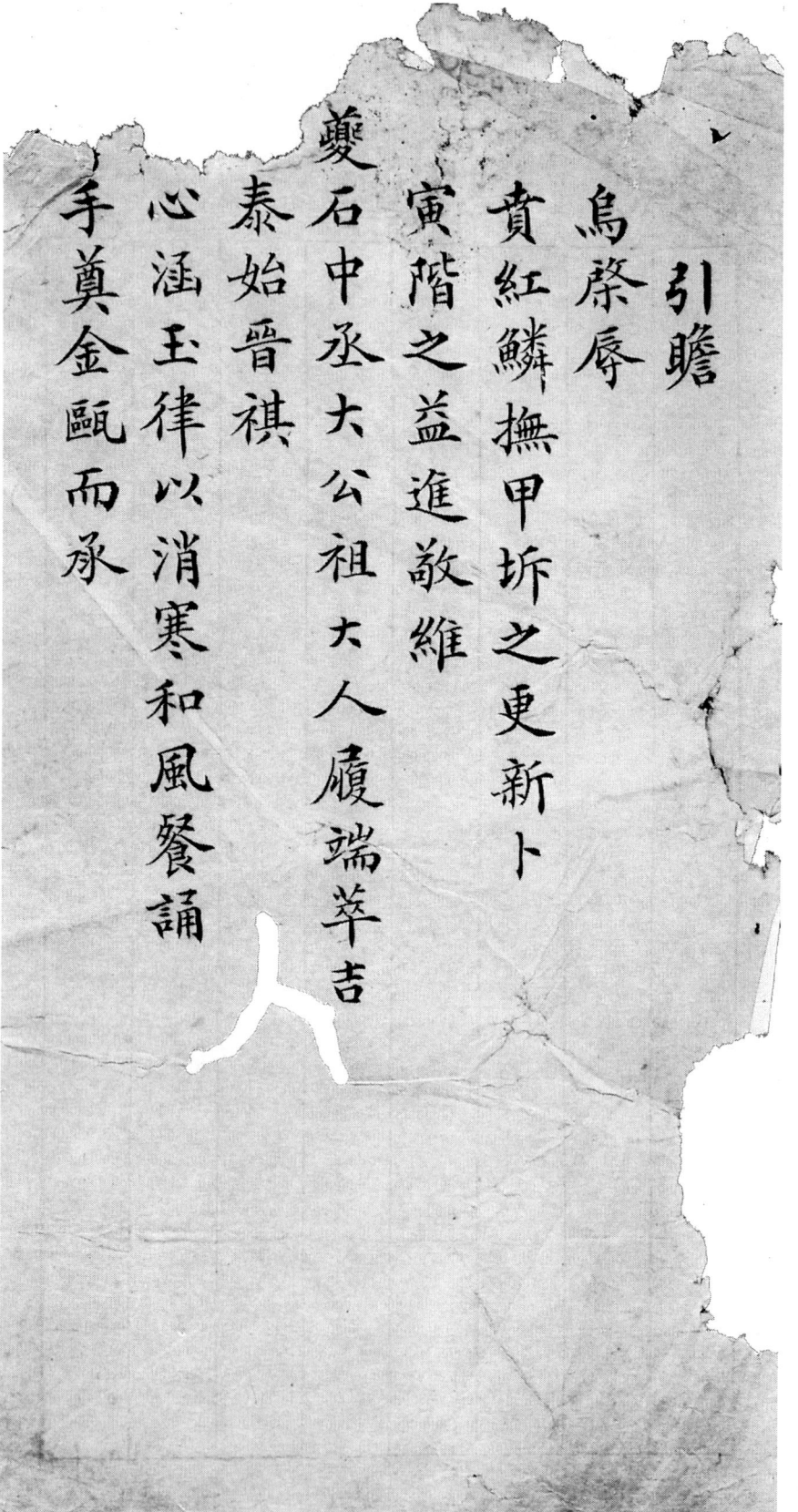

引瞻
烏祭辱
賁紅鱗撫甲圻之更新卜
寅階之益進敬維
夔石中丞大公祖大人履端萃吉
泰始晉祺
心涵玉律以消寒和風餐誦
手奠金甌而承

眷晴雪催詩山川都盪為
光華草木同深其愛戴
喬雲在望祝露彌殷侍豹直如[illegible]駒光虛度自
慙樗散毫無建白之才恰居栢監聊佈篆丹
之意肅此恭賀
年禧敬請
台安伏維
荃鑒不備
治侍生余聯沅頓首

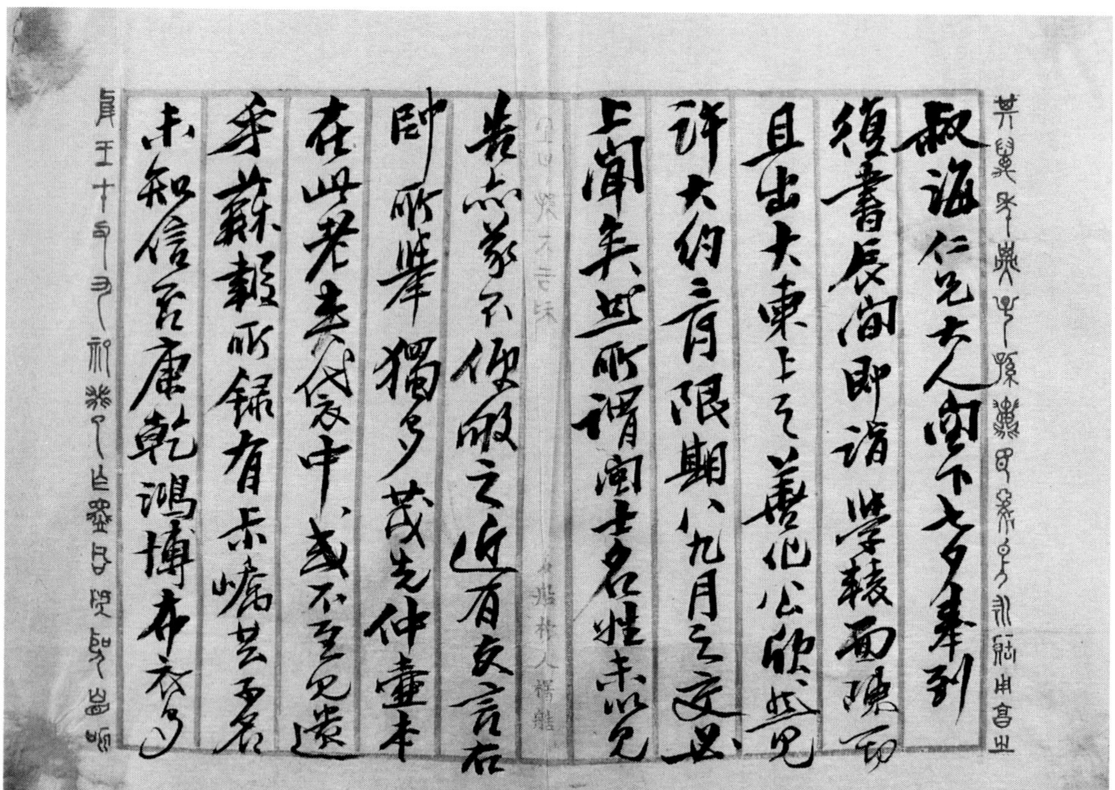

叔海仁兄大人閣下：七夕奉到
復書，長閣即詣學稼面陳一切，
且出大東上之善化公，欣然見
許，大約有限期，八九月之交必
上聞矣。此所謂閣士名姓，未必見
告，亦家不便啟之。近有友言右
卿所輩獨多，茂先仲畫本
在此老友家中，或不至見遺
矣。蘇報所錄有未據甚多，君
未知信否。康乾鴻博布衣多

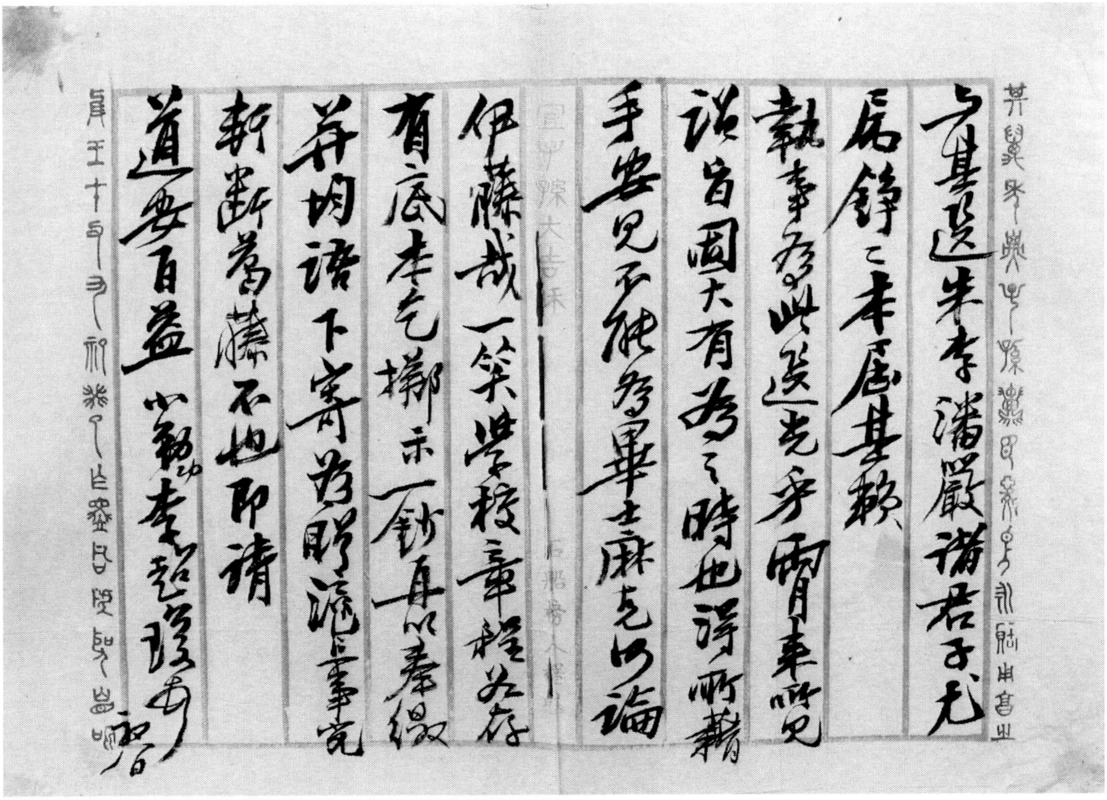
与其送朱李潘嚴諸君子，尤
居錚錚者其類、
執事為此送光秀，雷車所見
誤當國大有為之時也，謬所藉
手安見不能為畢士麻克之論
伊藤哉？一笑。學校章程如存
有底本，乞擲示一鈔，再以奉繳。
莽明語下寄，務將源源奉覽
新斷篇藤不也，即請
道安。百益。小弟李超瓊頓首

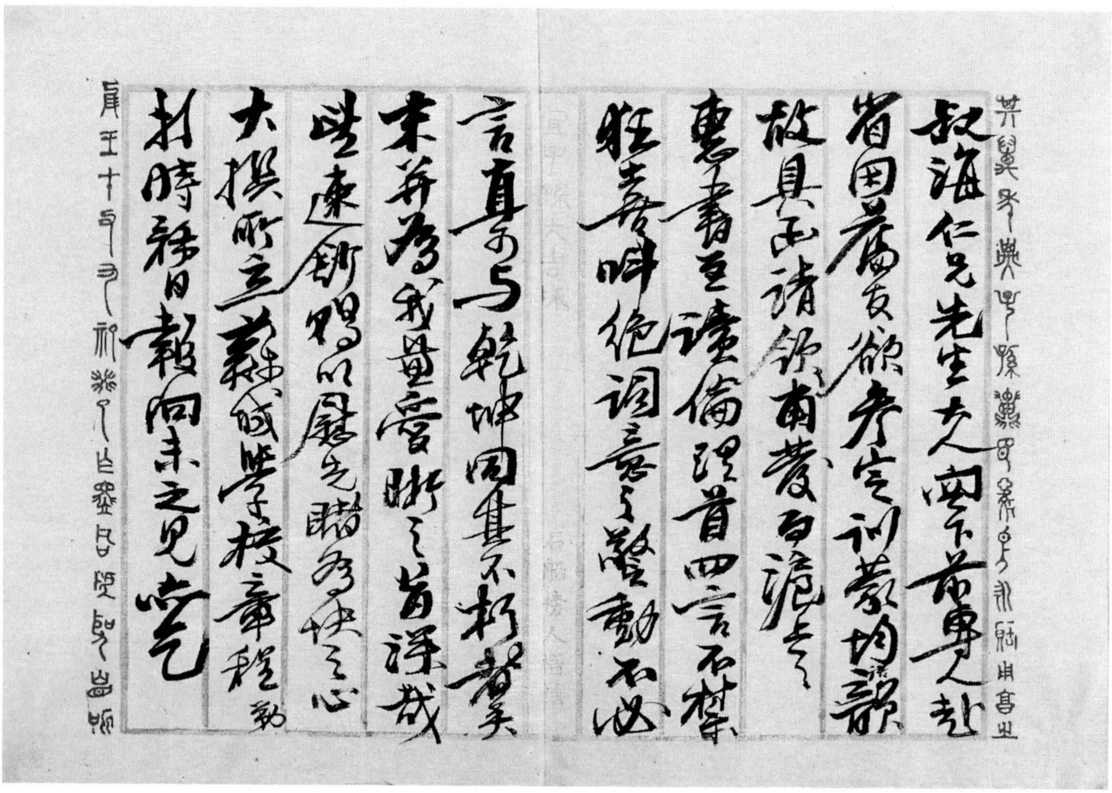

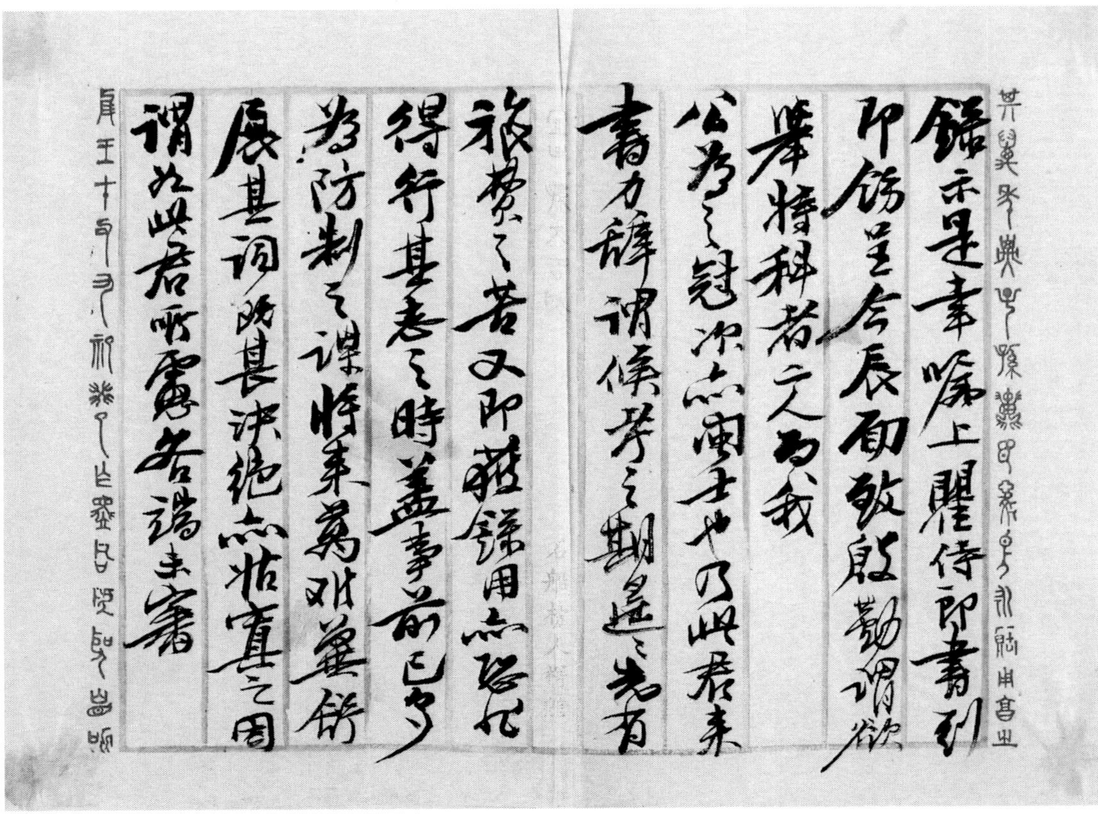
錄示是幸喻上瞿侍郎書到
印移呈今長訓致殷勤謂欲
舉特科者之人而我
公為之冠次亦兩士也乃此君來
書力辭謂候考之期遲之老有
旅費之苦又即致錄用亦際此
得行甚遠之時蓋事前已多
為防制之謀將來萬難兼移
展其詞將其決絕亦姑置之固
謂如此君所需各端未審

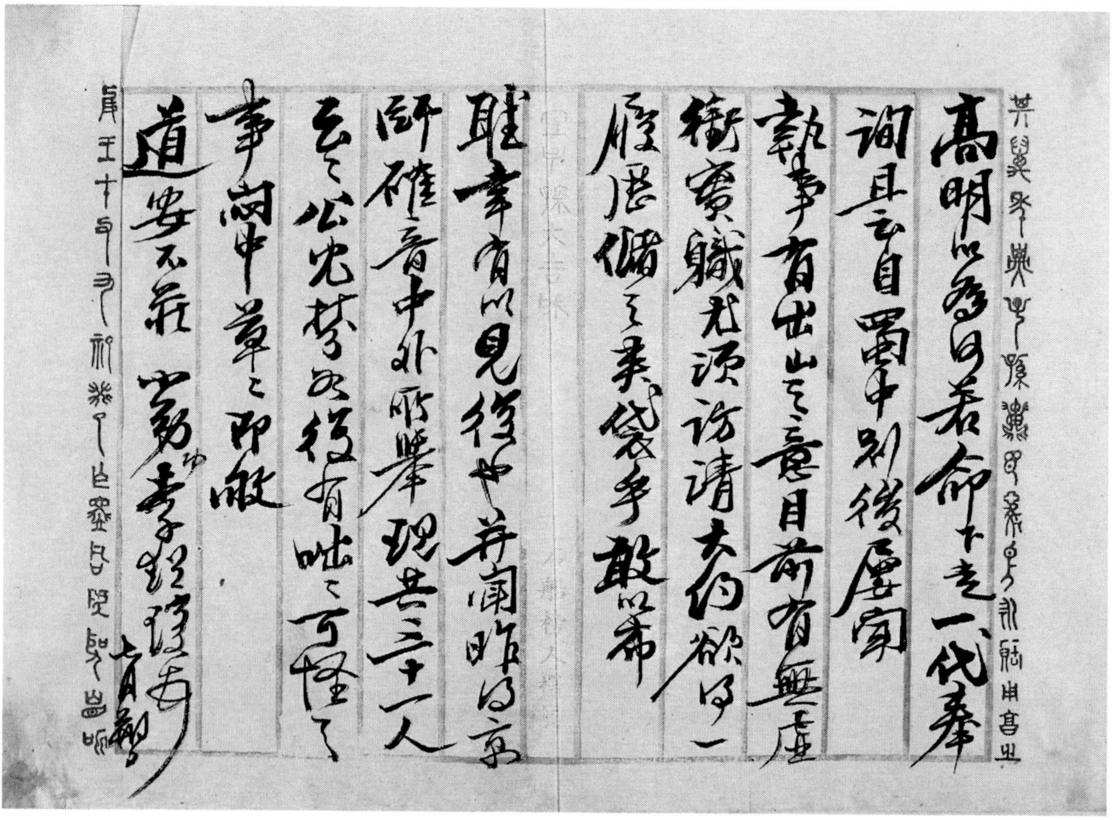
高明以為見若命大老一代奉
詢且云自蜀中別後屢向
執事有出山之意目前有無虛
銜實職尤須訪請大內欲得一
僻居備之矣袋手敢以希
雖章有以見復也并聞昨得京
師確音中外所舉現共二十一人
云云公先幣以復有咄咄可怪之
事詢中華之即敢
道安不莊

芸澥老哥大人閣下詳
手教不禁狂喜現在
瀛眷既僑居吳門也在恩慶甚多新
教春色明媚正宜出遊觀書摩挲名畫花石
公杖履奉早日
過我為盼餘不一一即頌
道安
小弟超瓊頓首
初十

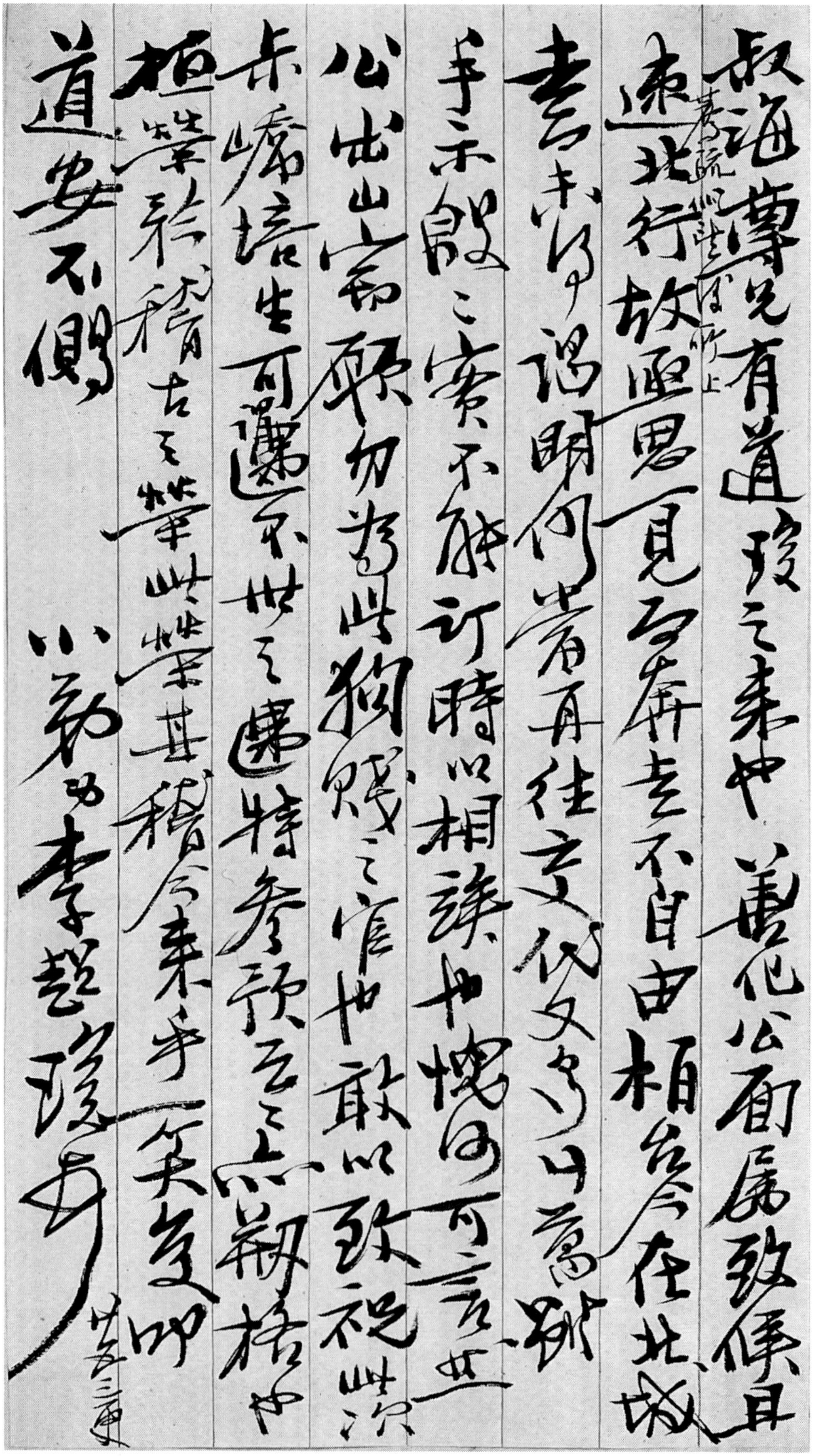
叔海尊兄有道
道安不備

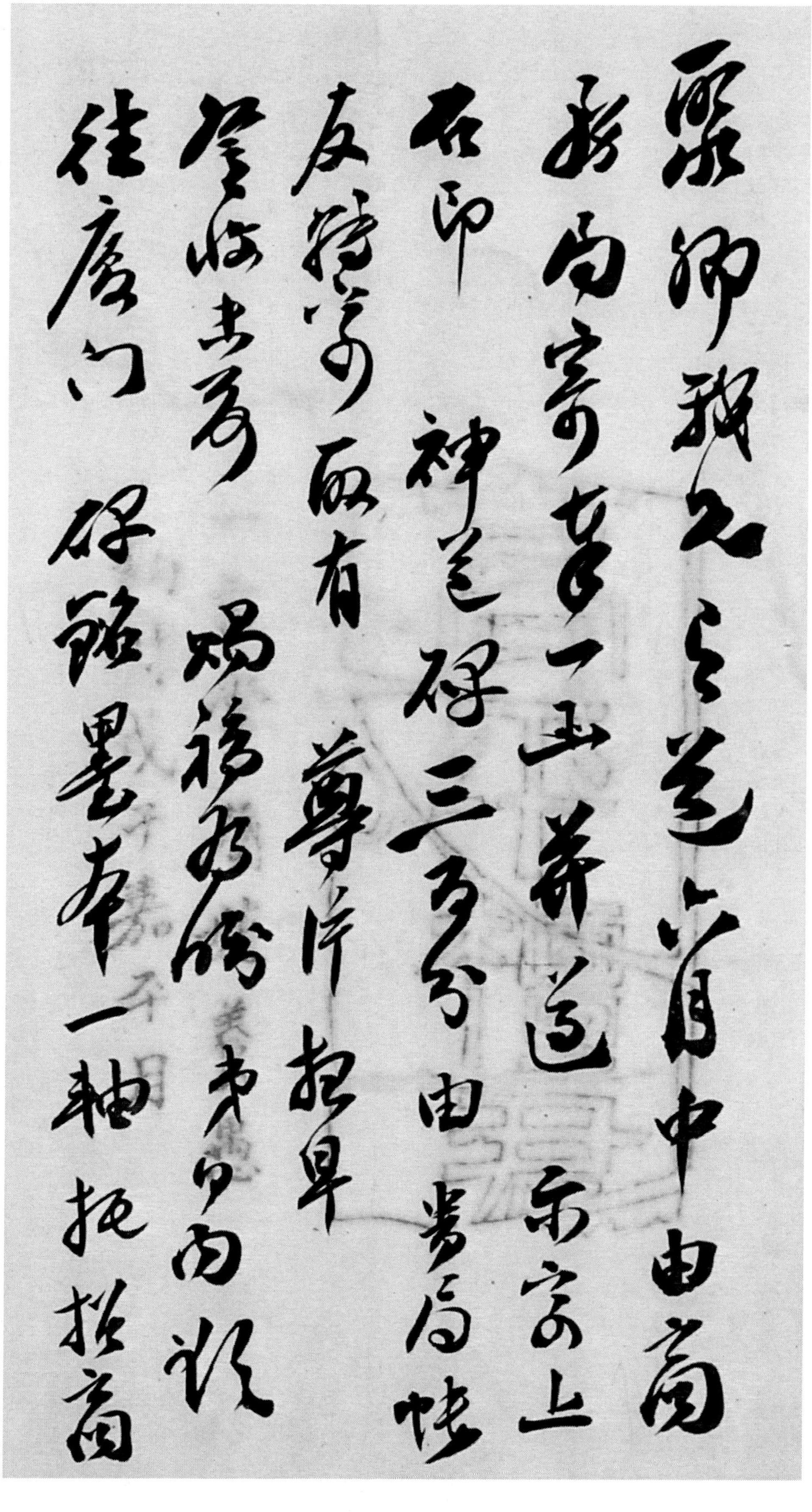

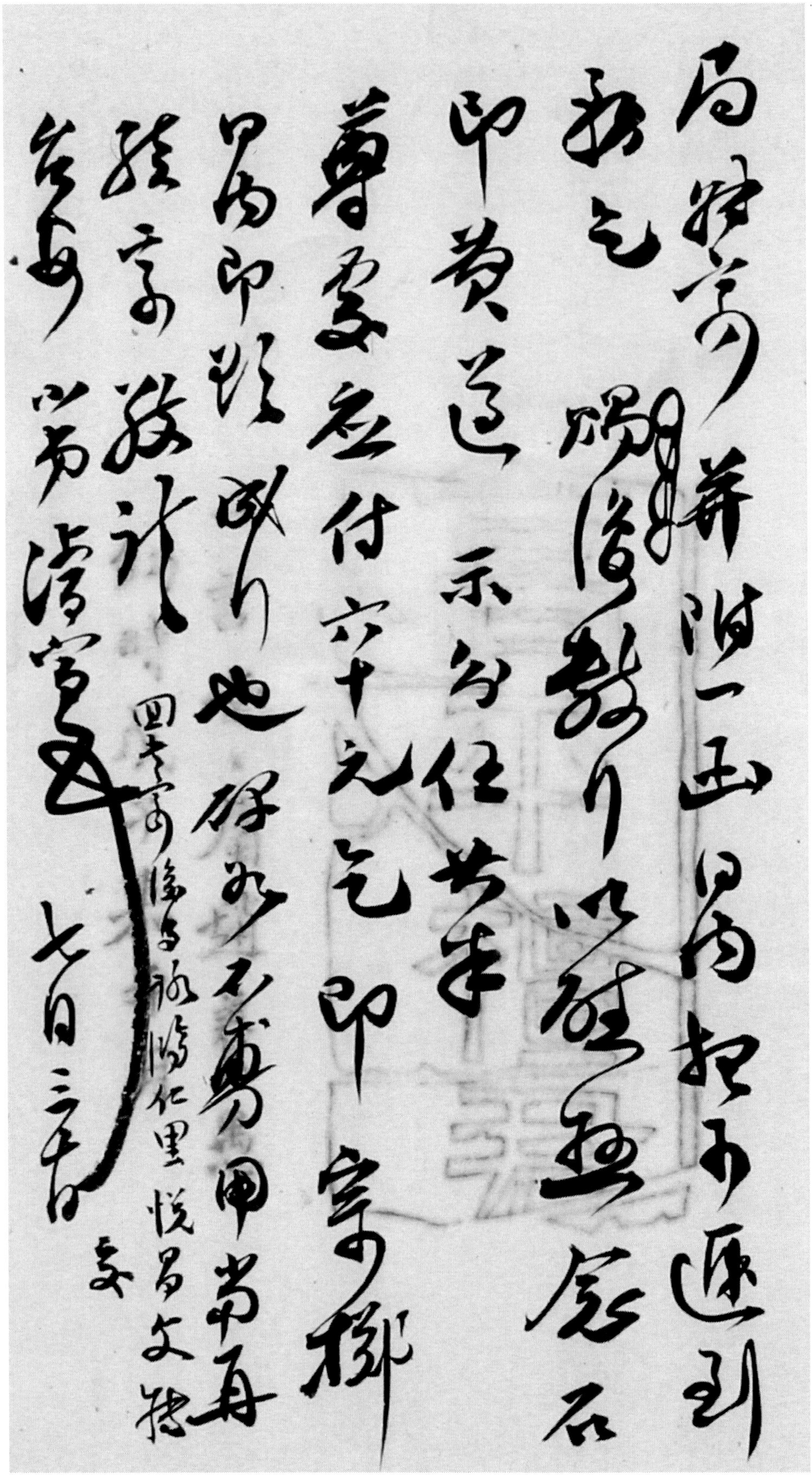

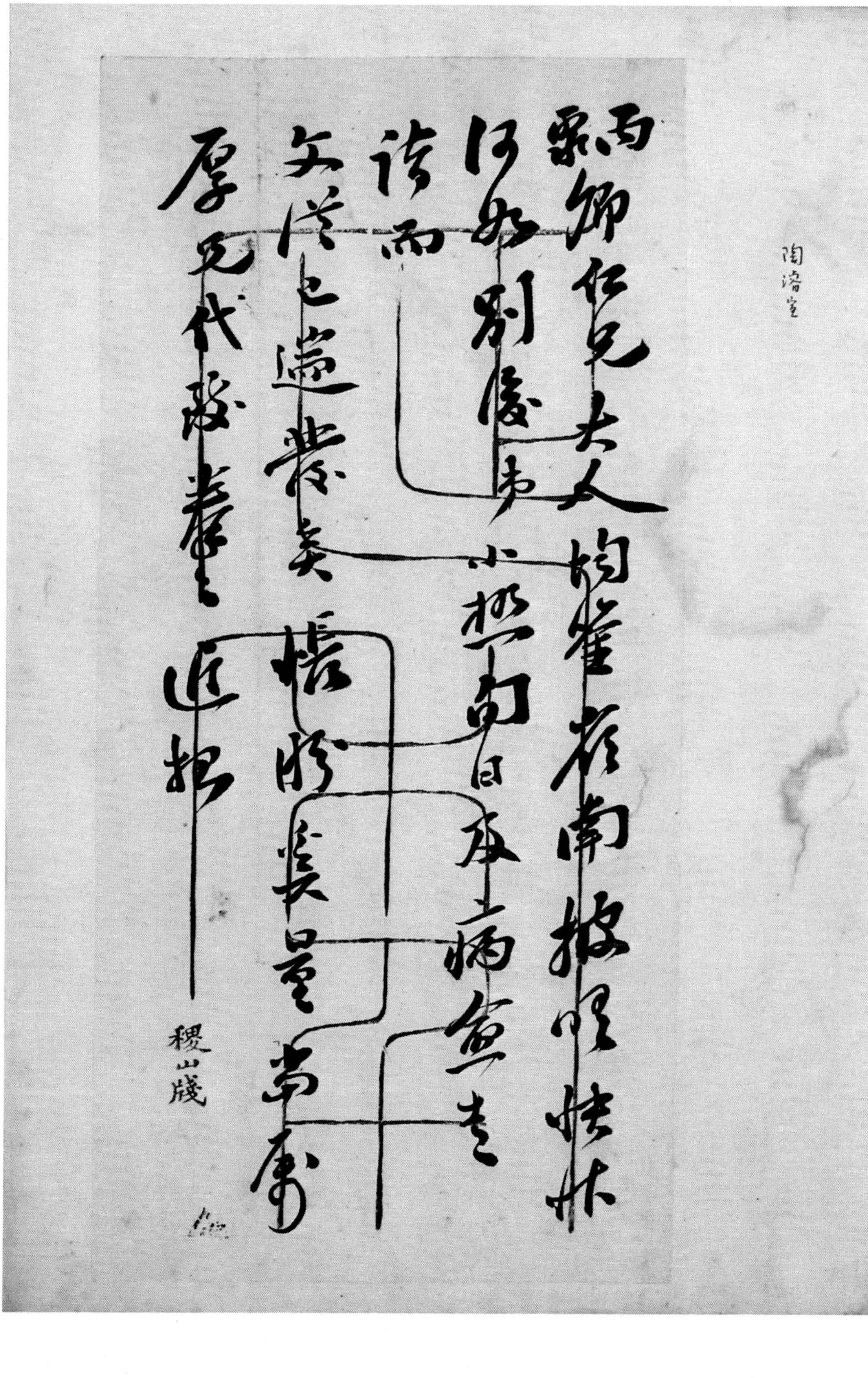
丙卿仁兄大人
稷山牋
陶濬宣

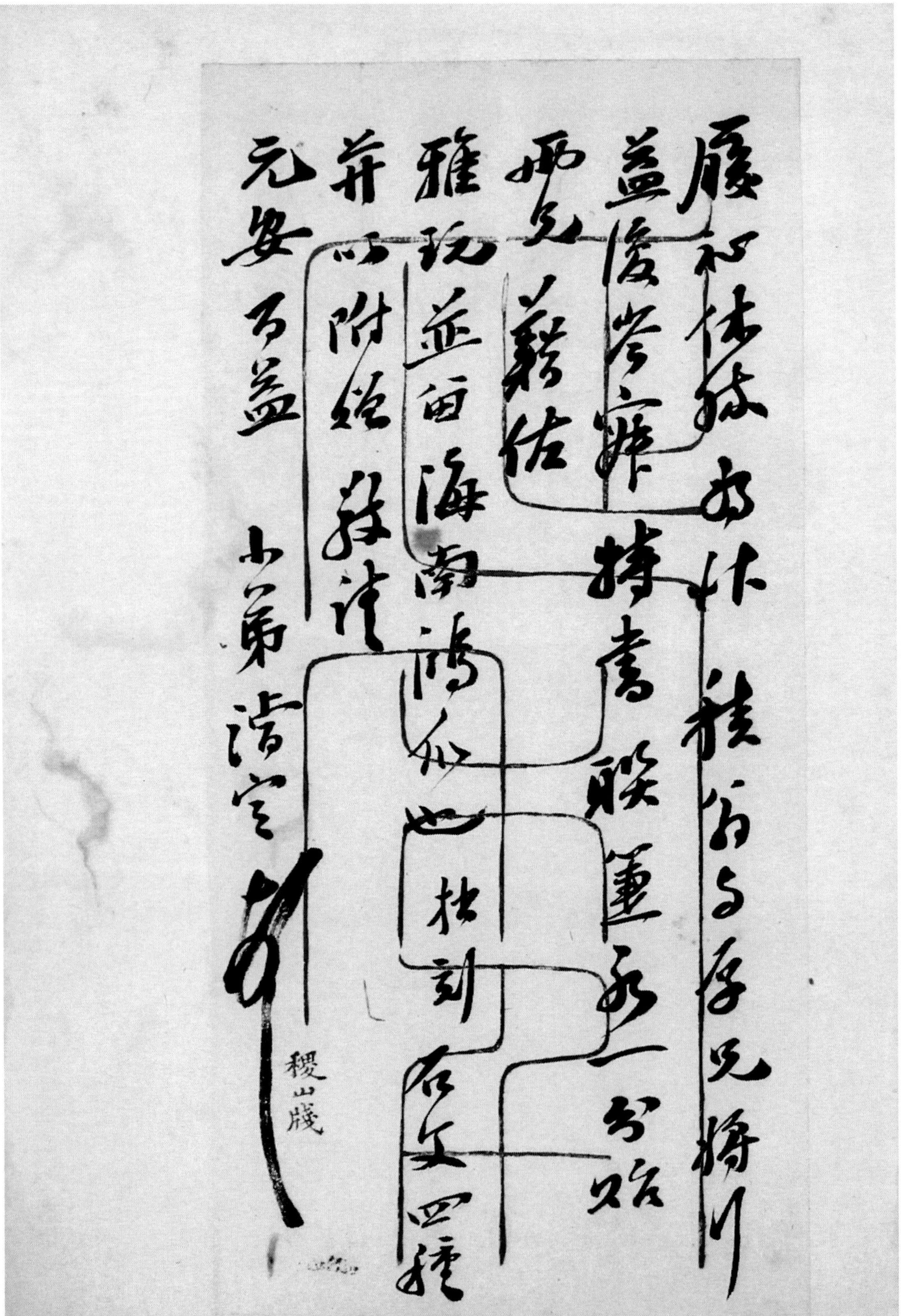

辱示悉。休孫承休程翁與存見贈川
益後客寄，持書聯重刻一帖以
兩兄藉佑
雅玩，並留海南鴻爪也。拙刻石又四種
并以附繳，務請
元安。不盡　小弟清宣

稷山牋

柏葉春雲初問荊河之俗
梅花晴雪傳來
驛使之書敬諗
守谿尊兄世大人吉癸凝釐
恭寅集祜
英簜煥從新之政
喜溢閭閻
芝箴拜

特簡之章
恩來閶闔
祥開首祚頌切心儀弟梁籥忝持葭符倏換愧乏
更新之治虛負鴻韶遠承
懷舊之詞逾殷燕賀專此復謝敬賀
年祺奉璧
全謙諸惟
朗照不戩
正月廿四日
世愚弟張人駿頓首

隔違
鈞範迭易蟾圓引跂
斗暉悵深蟻結縈維
守溪仁兄觀詧大人駿祉申蕃
麟猷丙著
恩濃
金闕
觀風揚勇繡之華

宴啟瓊樓
延月奏蜺裳之詠引詹
藹吉曷罄藻私弟翹首申江鶩心酉瑨空懷謝客賦月
無才莫上庾樓瞻
雲有意用抒頌臆恭賀
秋禧敬請
台安惟希
九月初二日
澄答不備
愚弟袁樹勛頓首

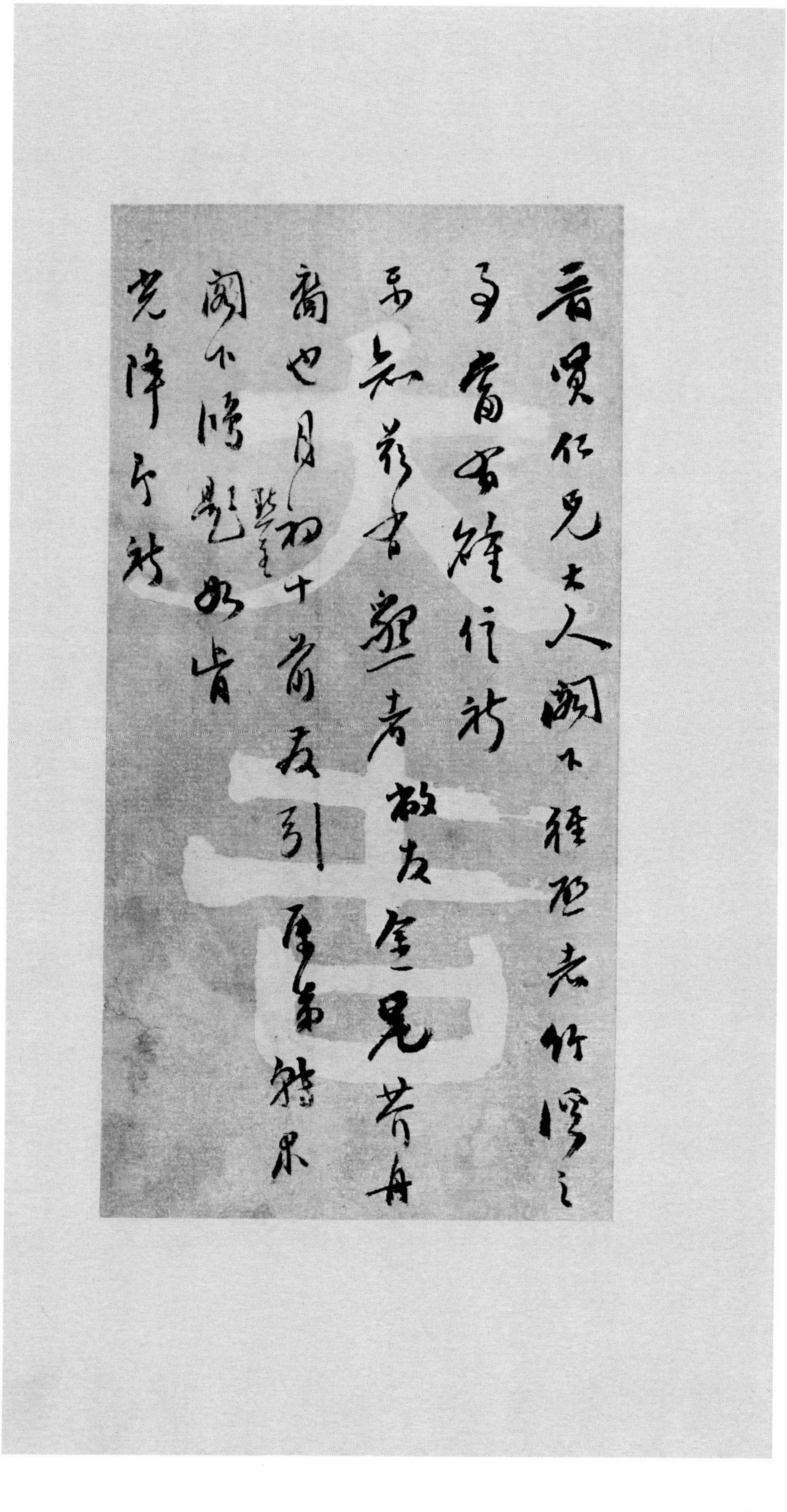

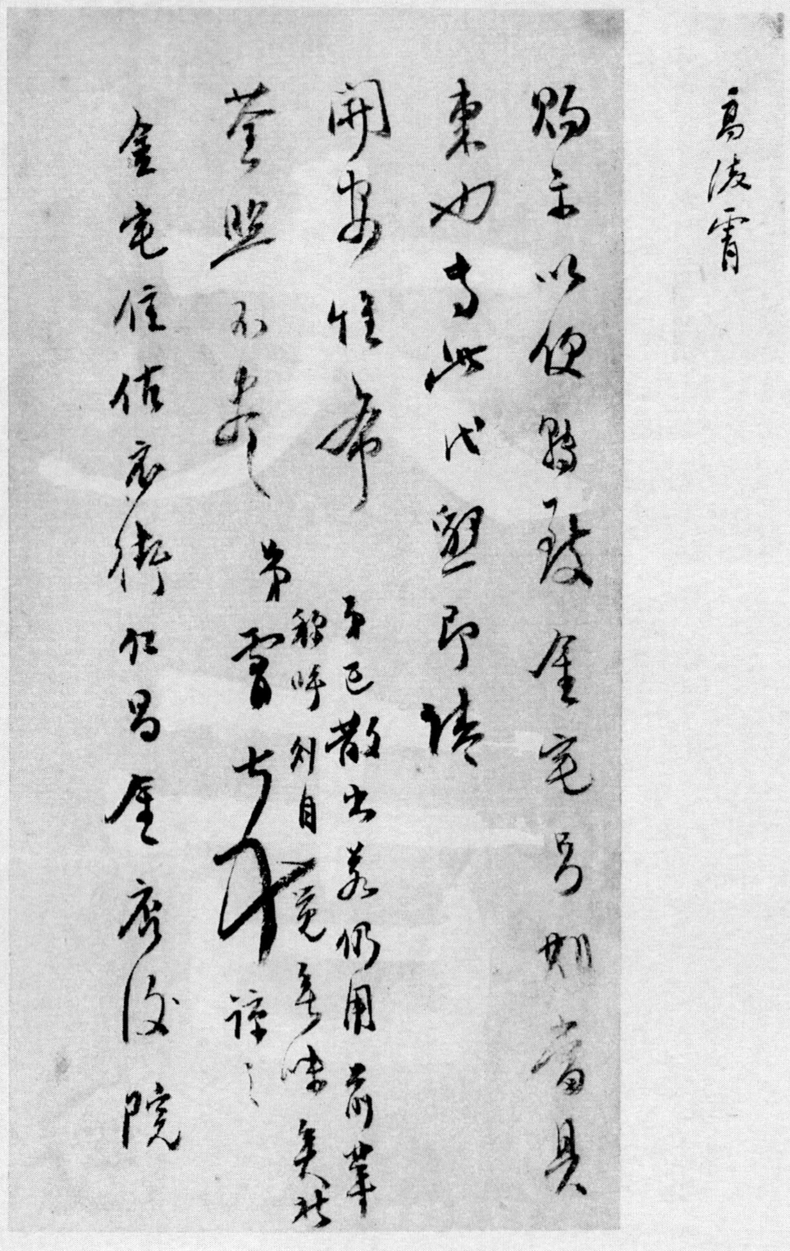

寅甫仁兄大人左序

寵召正以起眠時只為無能

何請十一日同祉何如謹

箋安

弟柯劭忞頓首

名不具

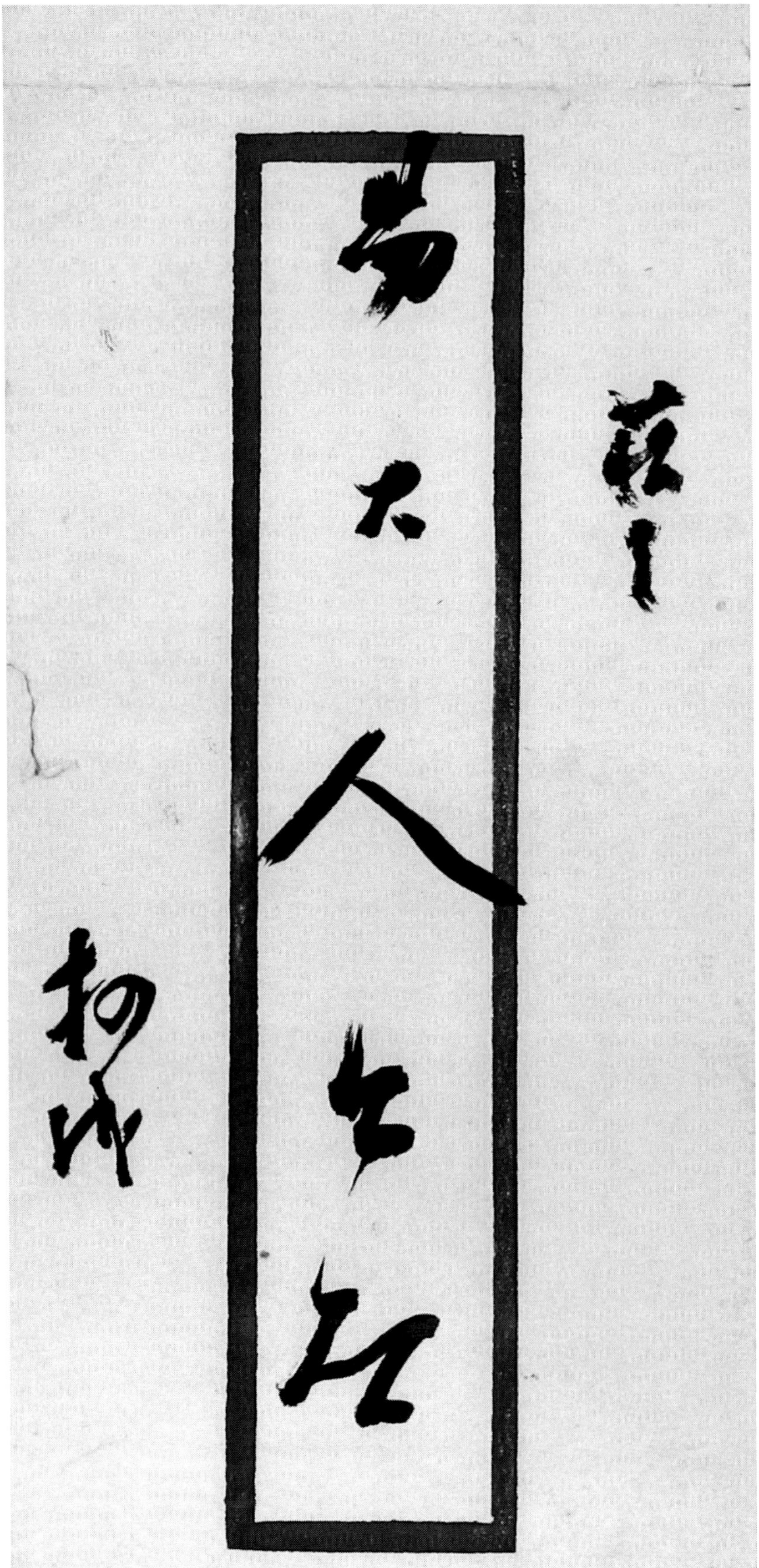

久睽，思一叙渴衷。十日（復庵）上午十二
鐘同和居小酌，乞
枉駕為荷。坐中皆吾同鄉，王廉生
同時無外人。此訂，即請
壽民仁兄先生大人日安
弟柯劭忞頓

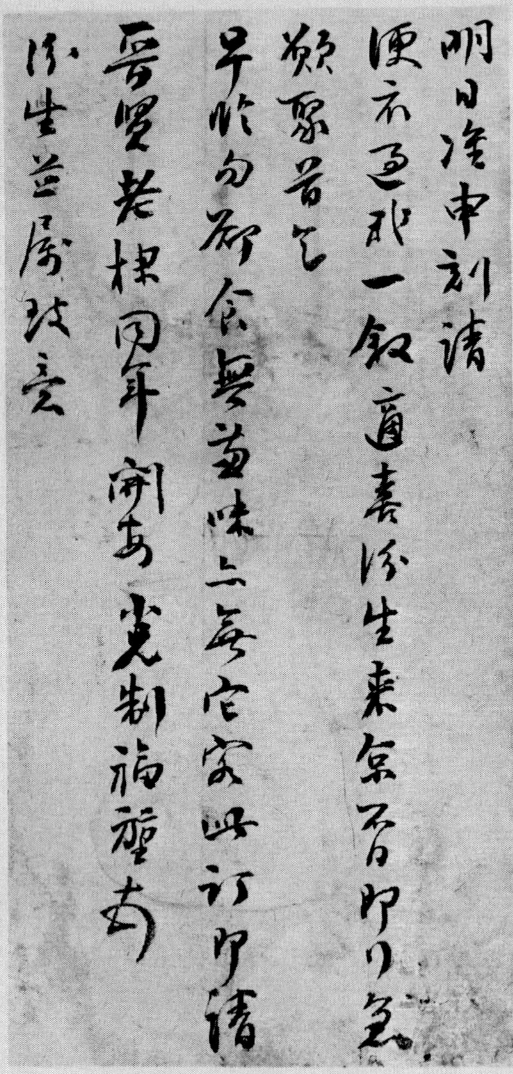
明日准申刻請
便衣過我一叙。直春浙生來京，昨日即刻邀
欵原普乞
早臨勿卻，食無兼味，亦無它客，此訂，即請
晉賢老棣同年刻安
覚制福頓首
浙生並屬致意

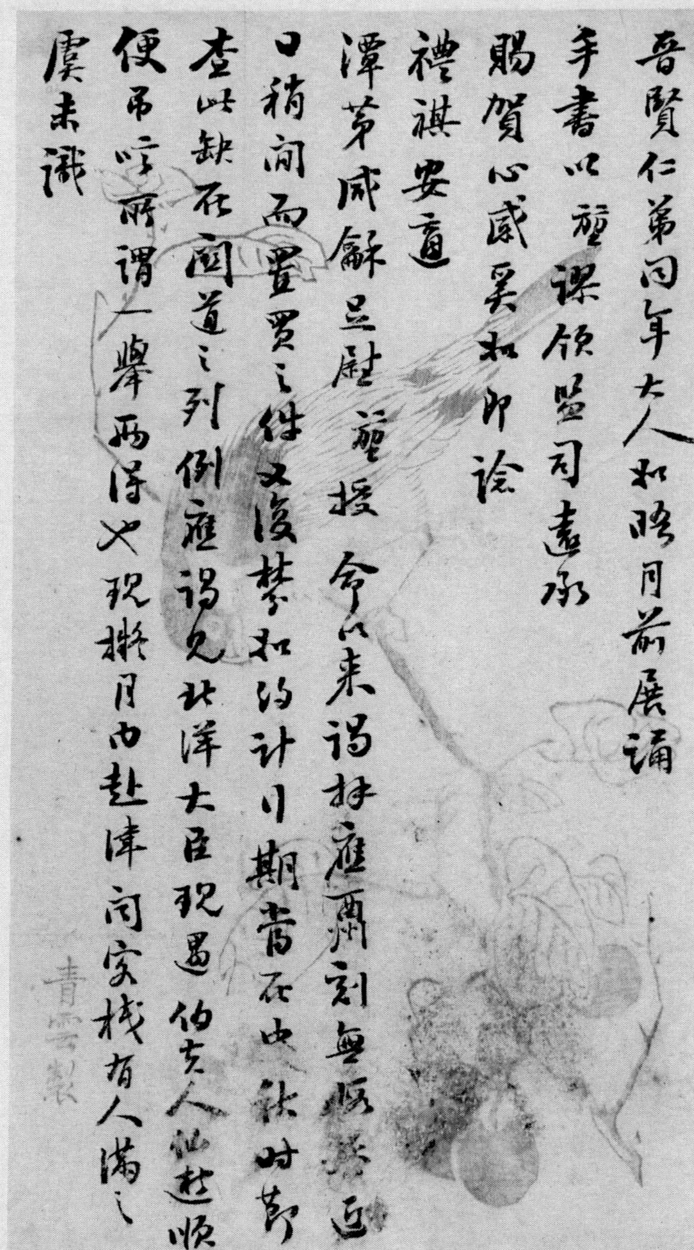
吾賢仁弟同年大人知照月前展誦
手書以 蒞課領悉司遠承
賜賀心感莫知即諗
禮祺安適
潭第咸龢旦尉 蒞授 命以來謁抒雁兩州剡無顧遂
日稍間而置買之件又復禁知約計月期青石由秋時節
查此缺在國道之列例應謁見北洋大臣現遇伯夫人仙逝順
便吊唁所謂一舉兩得也現擬月內赴津間寓棧有人滿之
虞未識

芍齋館丈閣下：榻不暹三旨，聽息藉圖東道，沐社話再再。謂傳相有相識之家，枝代覓兩屋足用。例送水禮數色兩艘，以不便攜帶，到津不必收存，置辦伍色靈前為是。發席到後再再，一切積事為望。

貴神亟拂，宗聆申謝不盡。望精力尚強，兩月大大駝足地。支應本擬早赴津門，適值暑雨泥塗，約期屢改，三四日內必退讓緣已過，可以舒矣。往返有旋後更出忙，特此布布，即候

面談，即請

禮安，並頌

潭府不一

年姻兄何福禧頓首　廿六

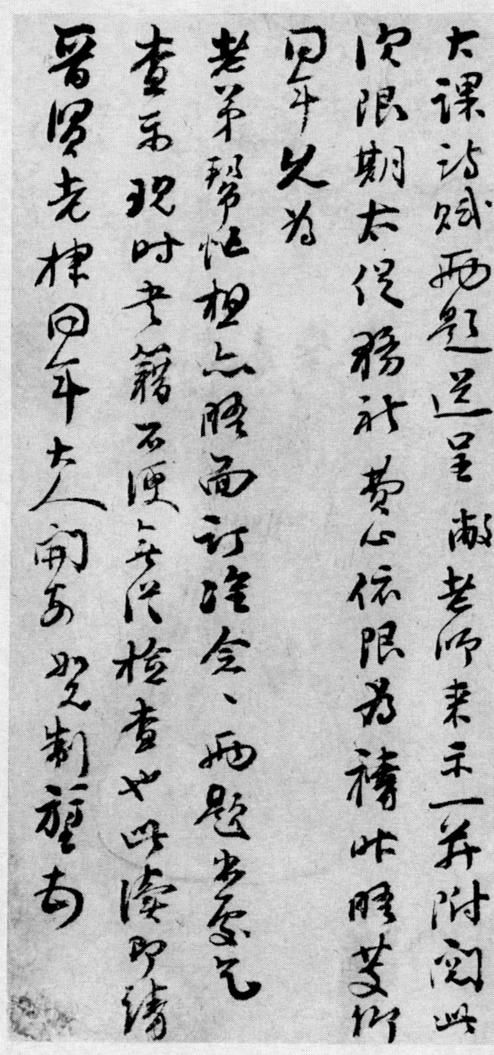
大課詩賦兩題送呈 敝老師來示一併附閱此
次限期太促務祈 費心依限爲禱昨晤芝翁
巴年兄爲
老弟預怕想已晤面訂准念念兩題尚乞
查示現時書籍不便上年從檢查也此讀即請
晉賢老棣同年大人 開安 愚制福堃頓首

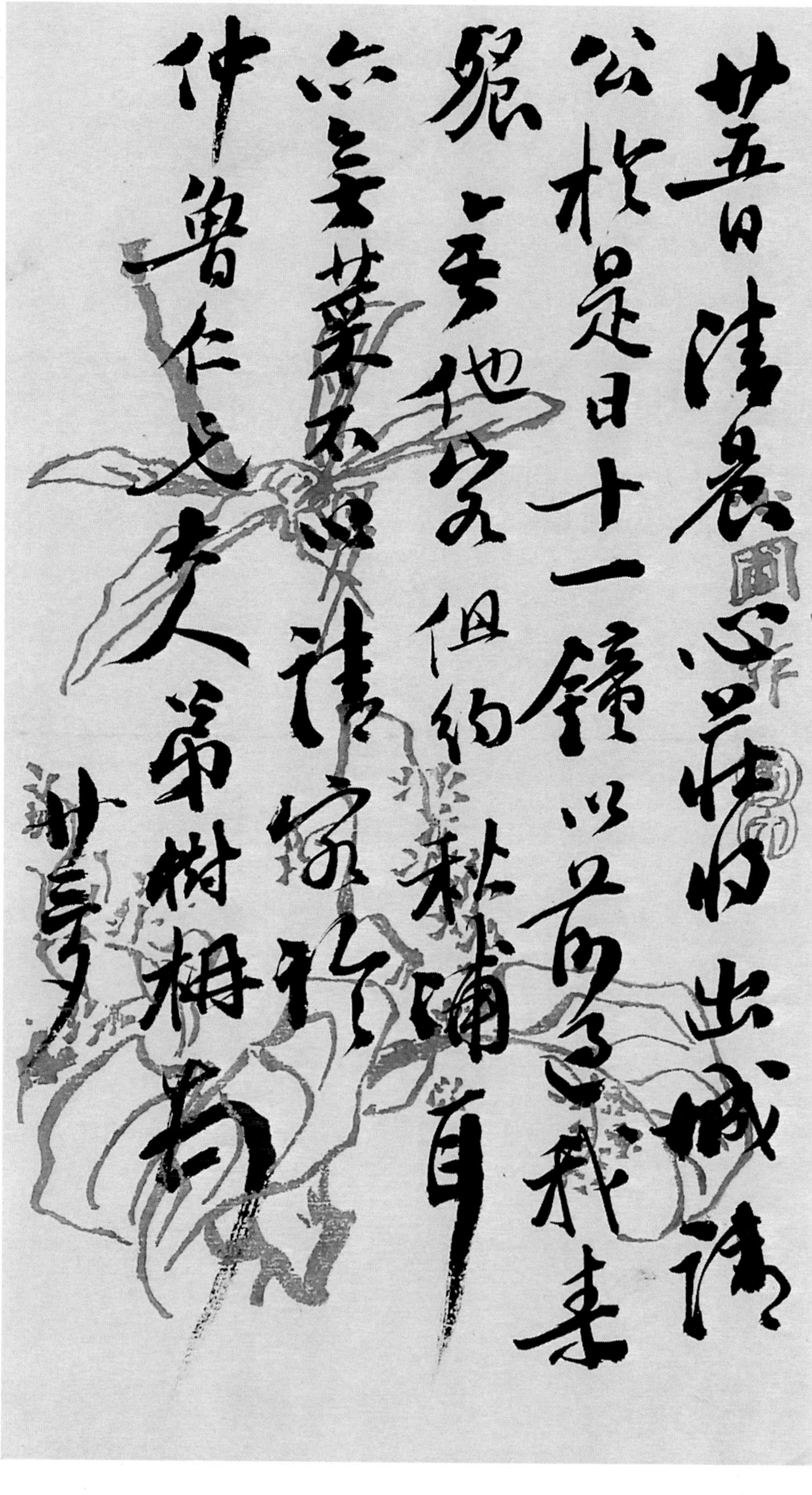

廿五日清晨心[illegible]出城請
公於是日十一鐘以前過我來
駕[illegible]也但約秋浦首
六[illegible]菜不必請家往
仲魯作之大人 弟樹[illegible]
廿三[illegible]

昨件收到，當即加圜發去，但此學堂（秀文）教習係何項學業，薪水若干，似須查其端，自言之也。

仲魯仁兄大人

弟樹枬頓　卅

恆裕四位云：王本清、楊昌已接並交袁僕

叔澥先生有道：違
契不及朞年，而時變又如此乎亟，
有心人當同爲憤喟。弟由魯道奉當爲謝雪
所棄，遂旋取徑于年，婚以達綏定，太平已於
閏月十日安常抵里。義兄穉綠聞於八月初偕在
京三十三首有公致合肥之函，促其早到京師與吾
國開議，似此時必當束赴。竹在又聞鐵船京鄉有
萬壽之議，已奉俞允，不知確否。堯生聞徒步

也卿先生途次寄寓狀，北北不知已否達秦。

尊寓亦開定行蹤否。弟未進輒阻遭質轉增累。

與芸子挈同購機模各件，尚存敝宅箱中。

貴知塾中不知肯將子此否，且八口待哺，仍須得

館以自存。昨悉西安途次，已與頌雲致之。

公暇商也。

垂念特感。冗中佈肌，敬請

籌安。不備。教弟潘清蔭頓首 閏八月十二日

小子侍叩

子義姻丈大人尊鑒：日前晤盛少愷君，知

尊處優禮甚感，頃盛君旅居在此，食指甚繁，需

用孔亟，本月經金敬請

姻丈預送，以示體恤，如蒙

許可，即希

照給來价為荷。專代陳請，並叩

壽安。

王孫姚西岷拜首　夏正元月六日

溪雲軒監製

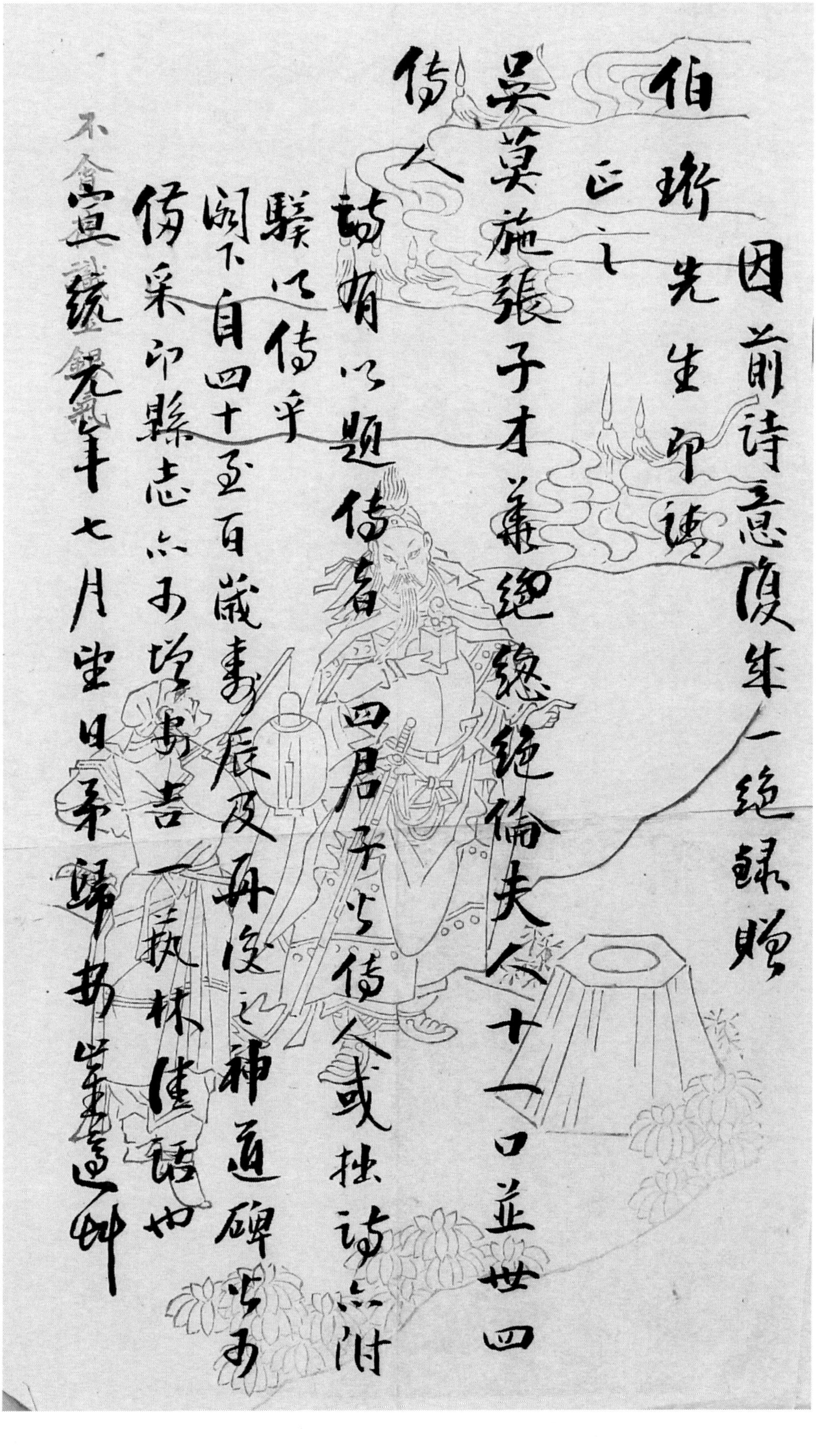

因前詩意復集一絶録贈

伯琳先生即請正之

吴莫施張子才兼絶總絶倫夫人十一口並廿四傳人

詩有以題傳者四居子以傳人或拙詩亦附驥以傳乎

閣下自四十至百歲壽辰及再從之神道碑亦可

倘采入縣志亦可為藝林佳話也

宣統元年七月望日弟歸安崔適

自題史記探源後

荀子賦篇班志贊語皆韵語也綴於篇末竊取其意為纂以詩

新室國師嘉新公戲侮造化如兒童且為於穆作新判瓜分春天立五帝五帝子為天下王終始五德開羲皇境飾少昊閏趙政新文漢禪孫當唐若翁為當讖切王氏偏詭託志序自孔氏奪孔春秋予魯史傎倒五經毀師法公孫名言信有旨神經怪諜中秘探賾篆遂能霧古今橫作尼山五里霧填

塞龍門何處探源一從龍門出龍門出兮尼山屹老馬知道或有取通經何嗜首日自昔表年今日辰始終一十四庚申年表始於共和元年庚申庚申尽周十二庚申為元狩元年乙未而史記止下逮生於咸豐二年五月庚申日是稿成於宣統二年正月庚申日故云然豈不有裨司馬氏一於三百有六旬

錄請

伯斯先生教正

弟崔適艸

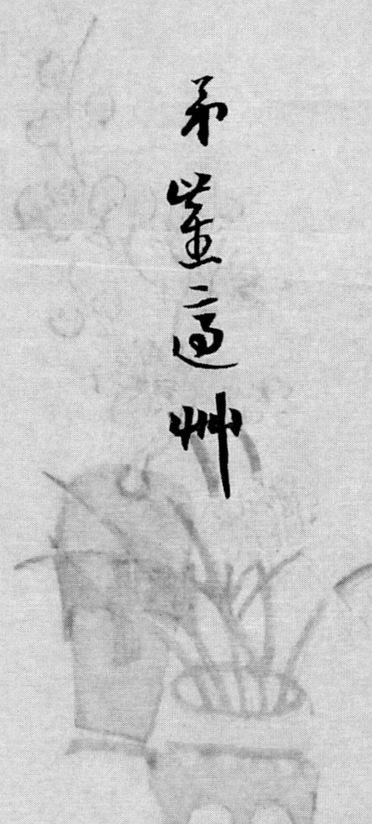

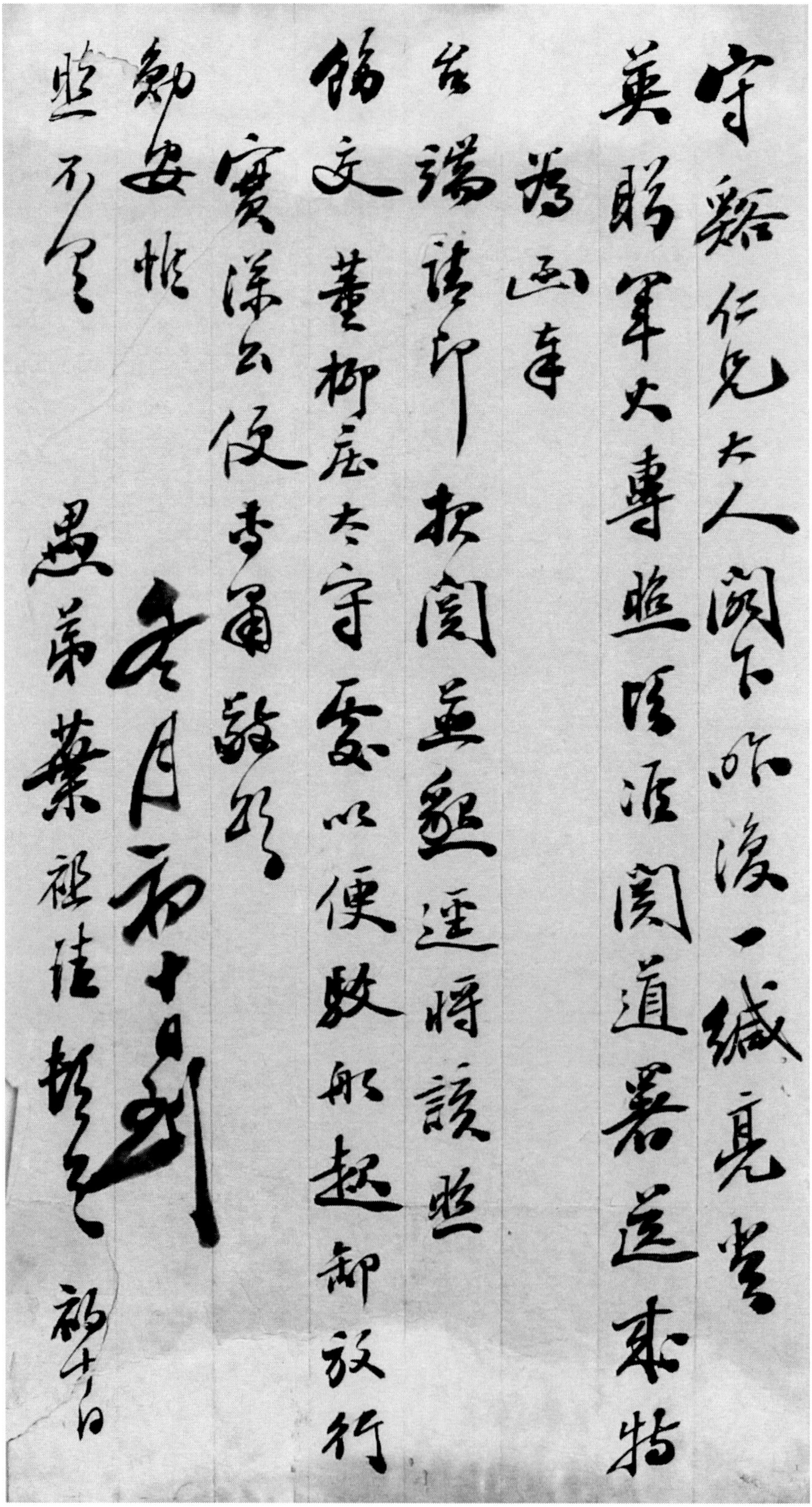
守翁仁兄大人閣下：昨復一緘，亮邀
英照。軍火專照昨經關道署送來，特
為函奉
台端，請即批閱，並經逕將該照
飭交董柳屋太守處，以便數船起卸放行，
實深公便。專此，敬頌
勛安，惟
照不一。
愚弟葉祖珪頓首
冬月初十日
初十日

第　號

己未夏六月距
文慎公薨逝已逾一歲矣其孤迺取　公手寫
選定詩凡四卷屬三立記其端先付石印
三立以　公久敭歷中外出使暨學政疲於
鑒衡及入　朝值　樞府日宣勤天下之大計
復汲汲憂　國安　社稷為務退偶有所作
亦餘事及之耳迨　國驟變大亂環起
四方人士暨平生交游親舊類辟地羈集
滬上三立與　公亦先後至居久之無以遣
煩憂始糾儕輩十許人聯為詩社　公于

是詩遂稍多一篇出精思壯采輒驚其坐
人蓋公詩典贍而高華由子瞻上窺杜陵
而不掩其度即憤時感事形諸篇什亦
神理有餘蘊藉而鋒鋩內斂非如三立之
獷野激急同於傖父也三立既引還白下
公旋厭世而王完巢沈濤園亦相踵物故
所謂詩社者稍歇絕矣昔歐陽公稱世
之賢豪不常聚而交游之難得又稱非
徒相得之難而善人君子欲使幸而久
在於世亦不可得三立誦而欷歔謂不啻

為吾輩今日言之然歐公猶當承平無事之時所感已如此而況際天荒地變人〻不知死所之今日耶宜撫　公詩不禁涕泗之横集也　公詩脱稿極矜慎然中不自滿屢强三立為删定姑識別一二塞　公虚己下問殷勤無窮已之意其實不當去而皆可並存者義寧陳三立

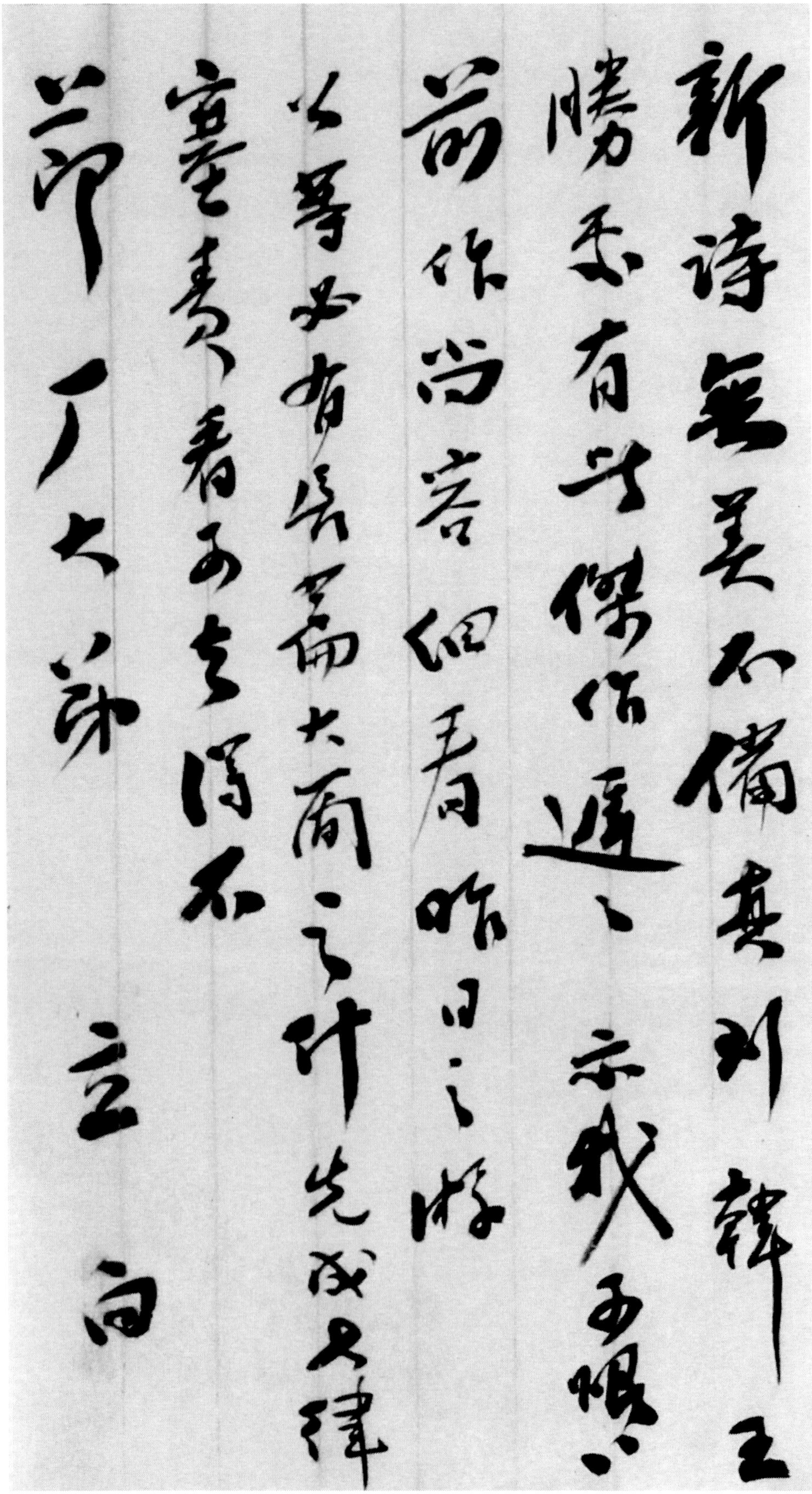
新詩氣甚不備其對韓王
勝處有此傑作遽亦我手懶
前作尚容細看昨日之游
以尋安有長篇大篇之作先成七律
寄奉大看可定得不
三節丁大弟　立白

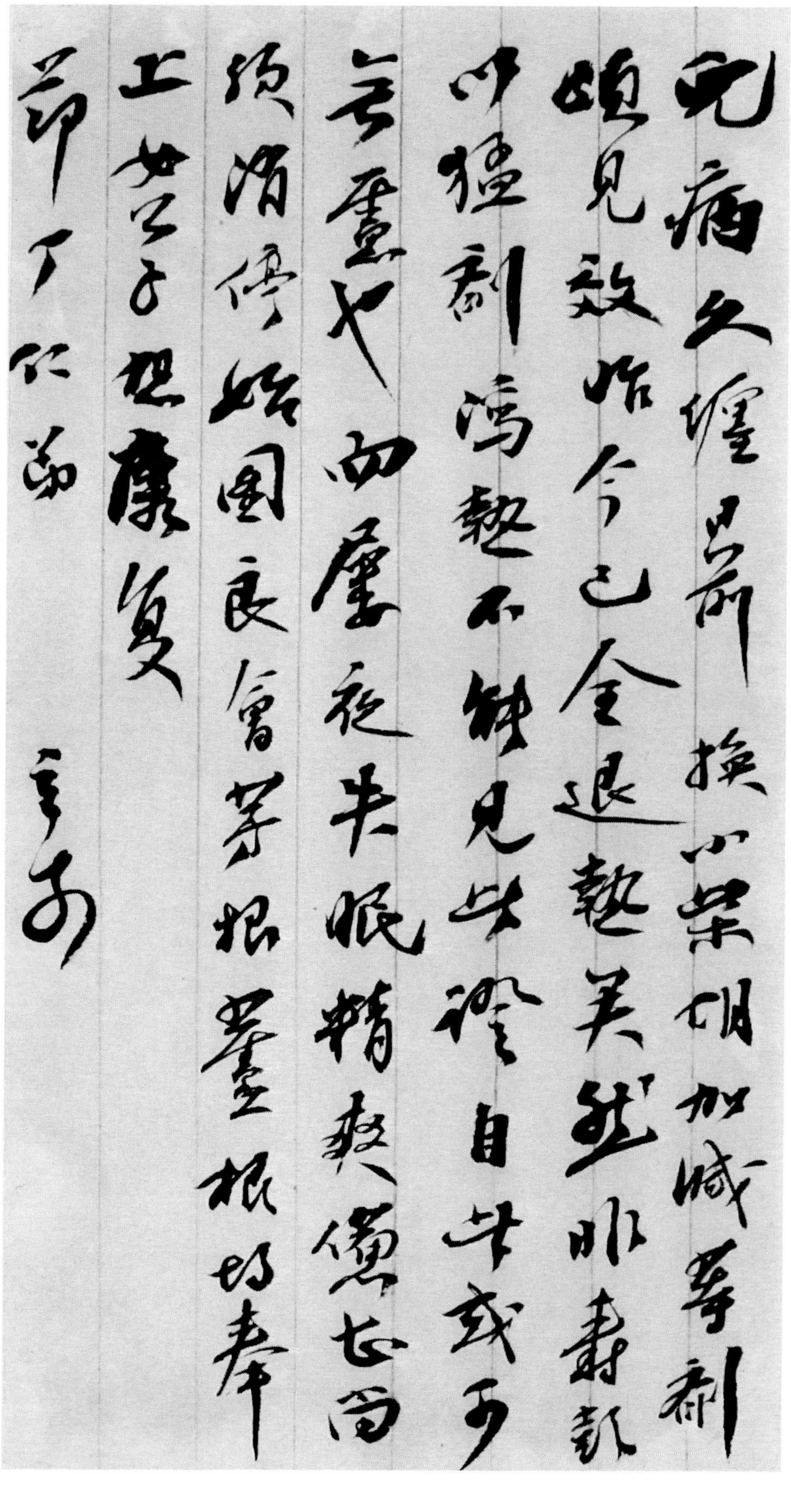

先病久纏，日前換小柴胡加減等劑，頗見效，昨今已全退熱矣。然非[illegible]以猛劑瀉熱不能見[illegible]自[illegible]或可無慮也。而屢經失眠，精爽憊甚，尤當須消停，始圖良會。[illegible]切奉上，[illegible]康復。節下[illegible]

三立

叔海老弟如晤敬奉
手書見曲園復裔異園夫人相聯已寄
去矣兄與曲園徒友也
弟有書院之長子兄云此稽古之榮也
弟何不就之以成子玫好賢之名子玫先生在
都曾識其夫人之手如與黃子壽交子玉識
雲上甚好文章從之均為佛時見時乞候之
閏月來向由甫攜紀玉來具言笑宴之 十日

爲報五郎令壽均到匡山後六郎來矣如此
舉動駭人聽聞加以伴方夫婦暨小郎皆出
居深山過夜宿來在十五里以外何以錦安老親
童也侍者所見其軍取操一人獨處弟云進山
難事也而後母姐見女皆從子如同同而別遂不能矣
攜妓豪奪之而窮愁嗟嘆遇遇而豪豪不能
矣世逢如棘腹腹如夫哉福大數此弟所不
能也五郎兄 孝達師遲遲不長一言疑尤

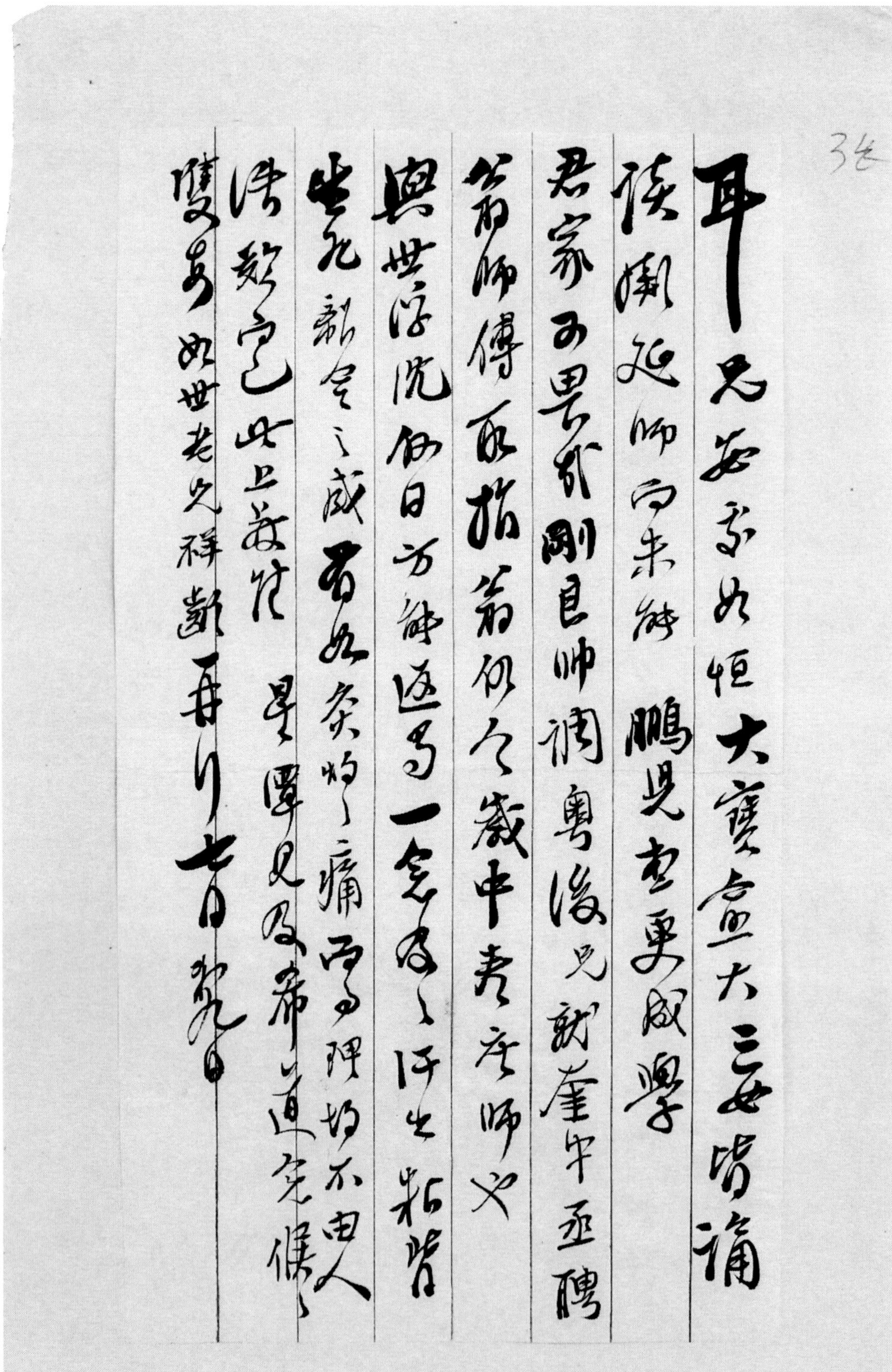

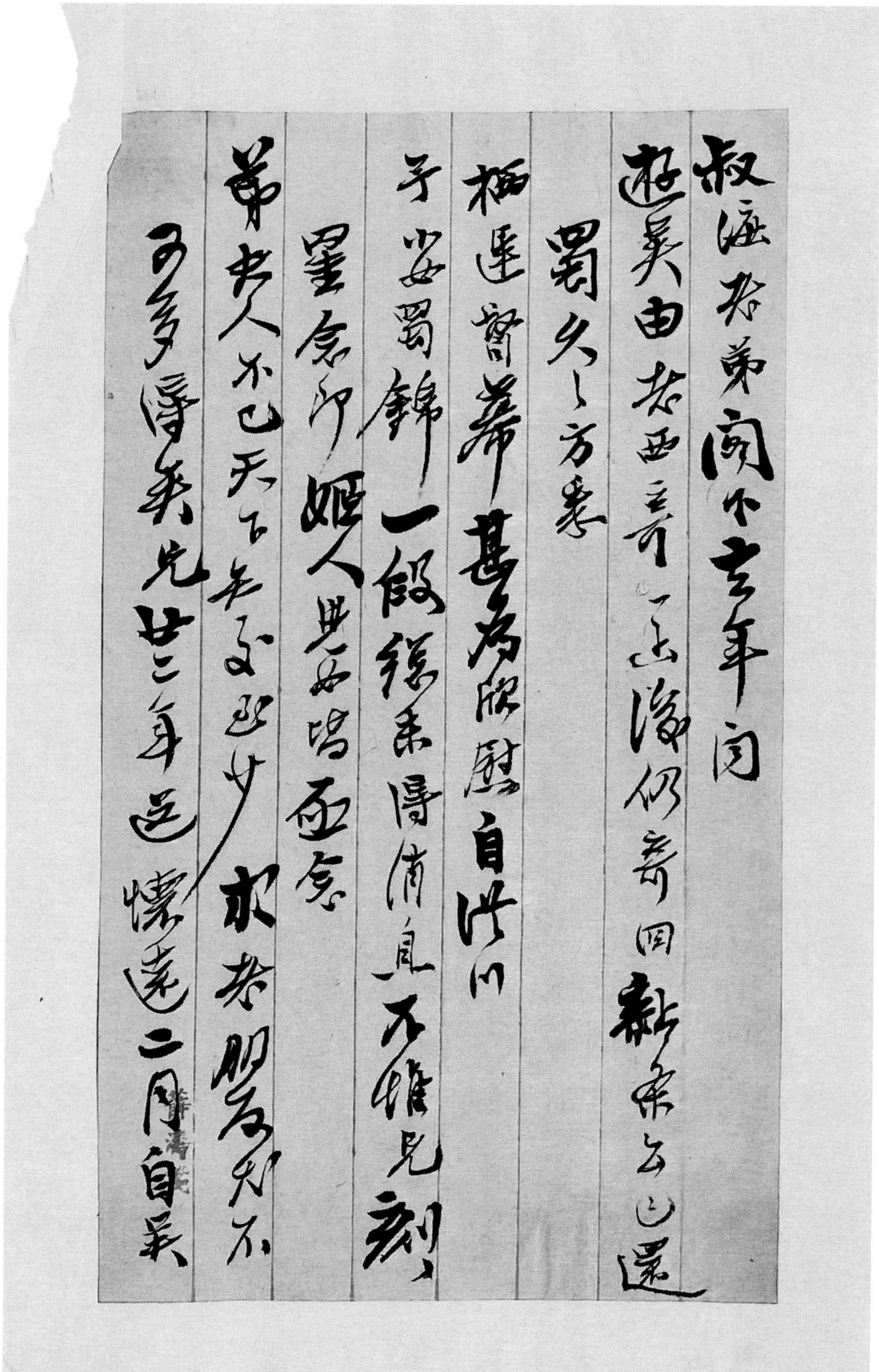

叔涵老弟閣下：去年閏
游吳，由老西寄下上海，仍寄回新繁，今已還
蜀，久久方來。
栖遲幕府，甚爲欣慰。自從川
中安蜀錦一段，係來得備見，不雅見刻
墨念印姬人，無安時否念
弟老人不已，天下無不可少
求老朋友，恐不
可多得矣。兄廿二年[illegible]懷遠二月自吳

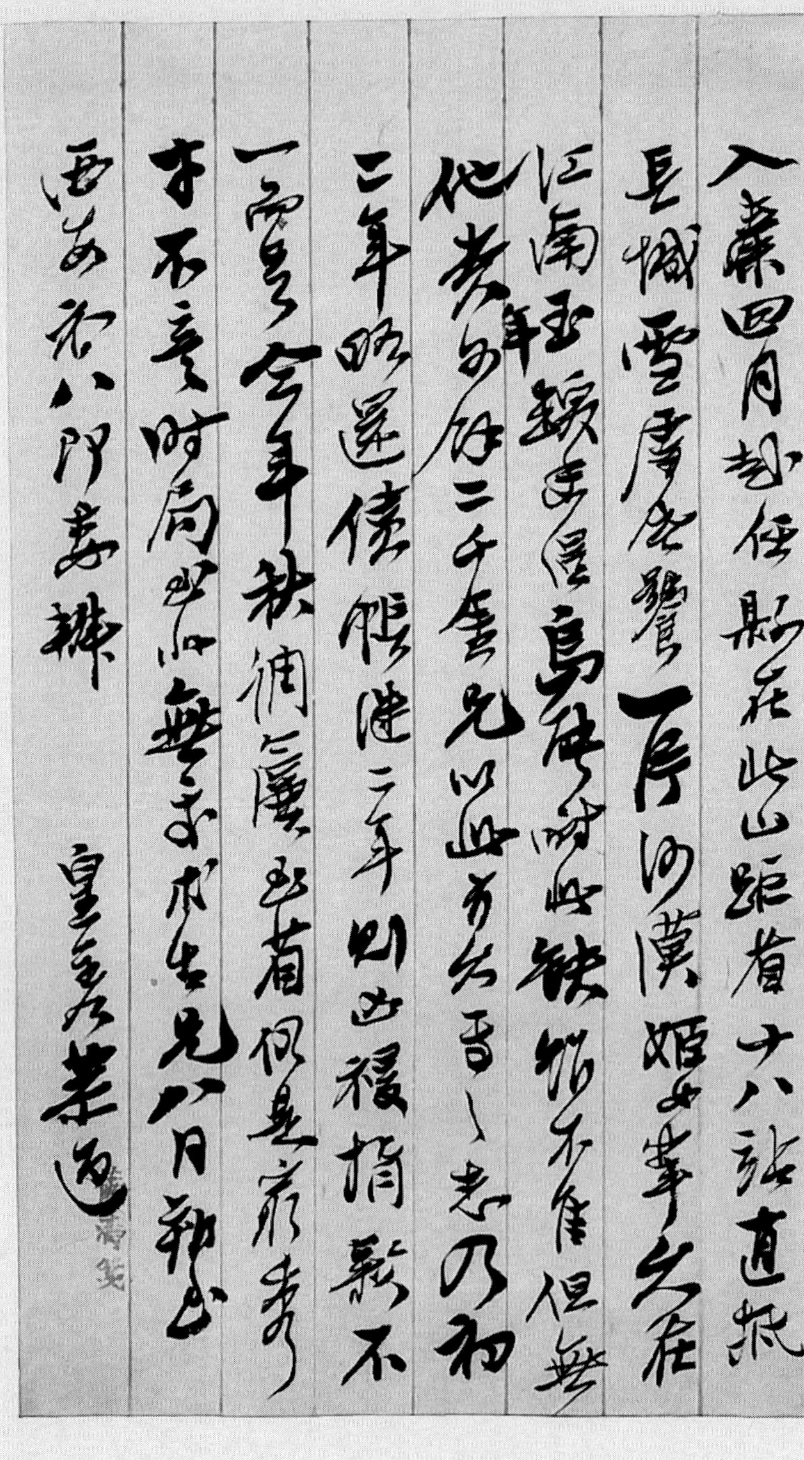

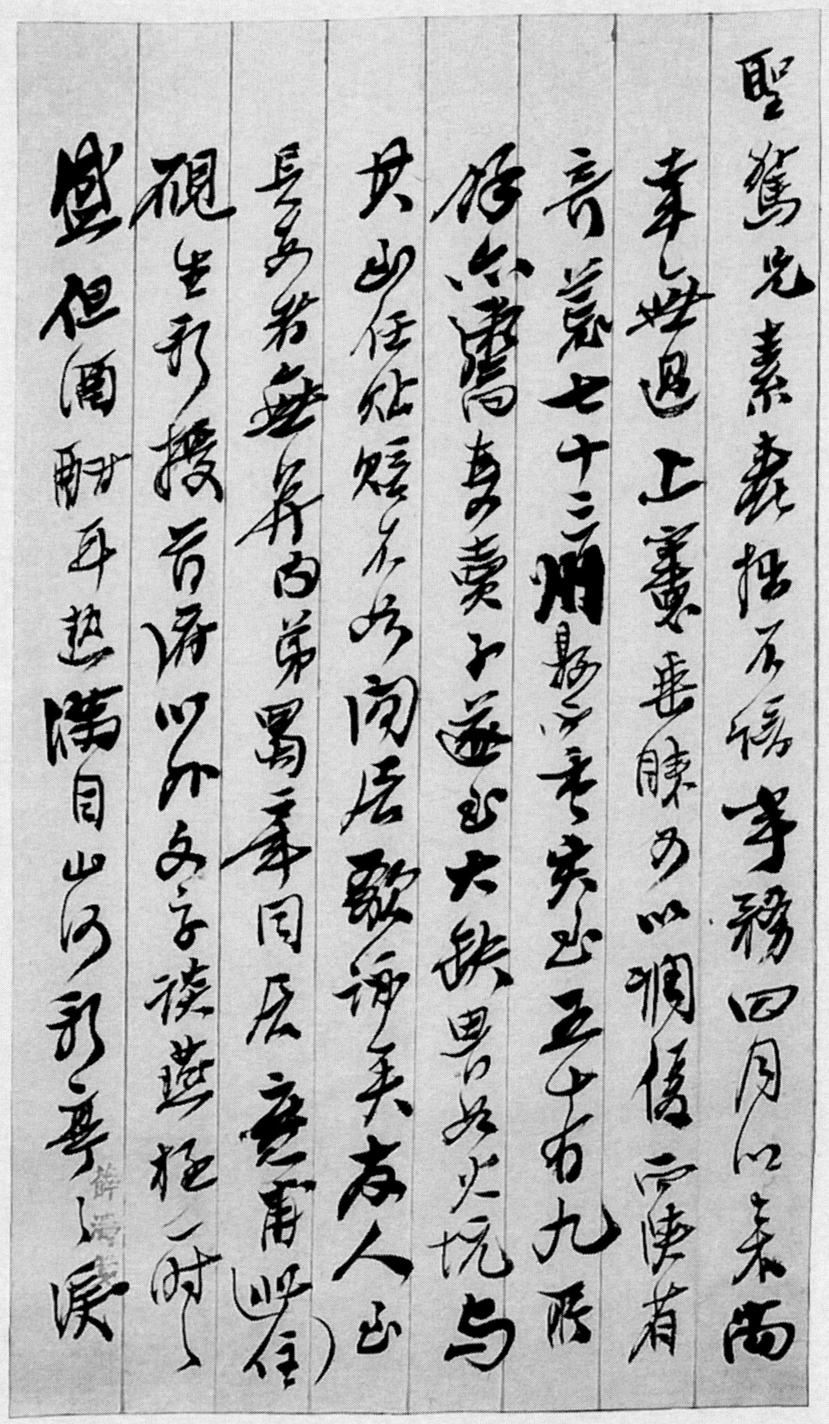

升之仁兄又將不見
西京仿宋光明耕者名曰　內廷供奉月
費四五萬金在手帶入日與寺宦爲
伍凡　傳鈔、三次不到所奉
命兒作見
澤仁厚澤、籍經古今而諸臣誤國者何言
秘藏既因、
回覆在即先　似可得值賢而天下　蕭生

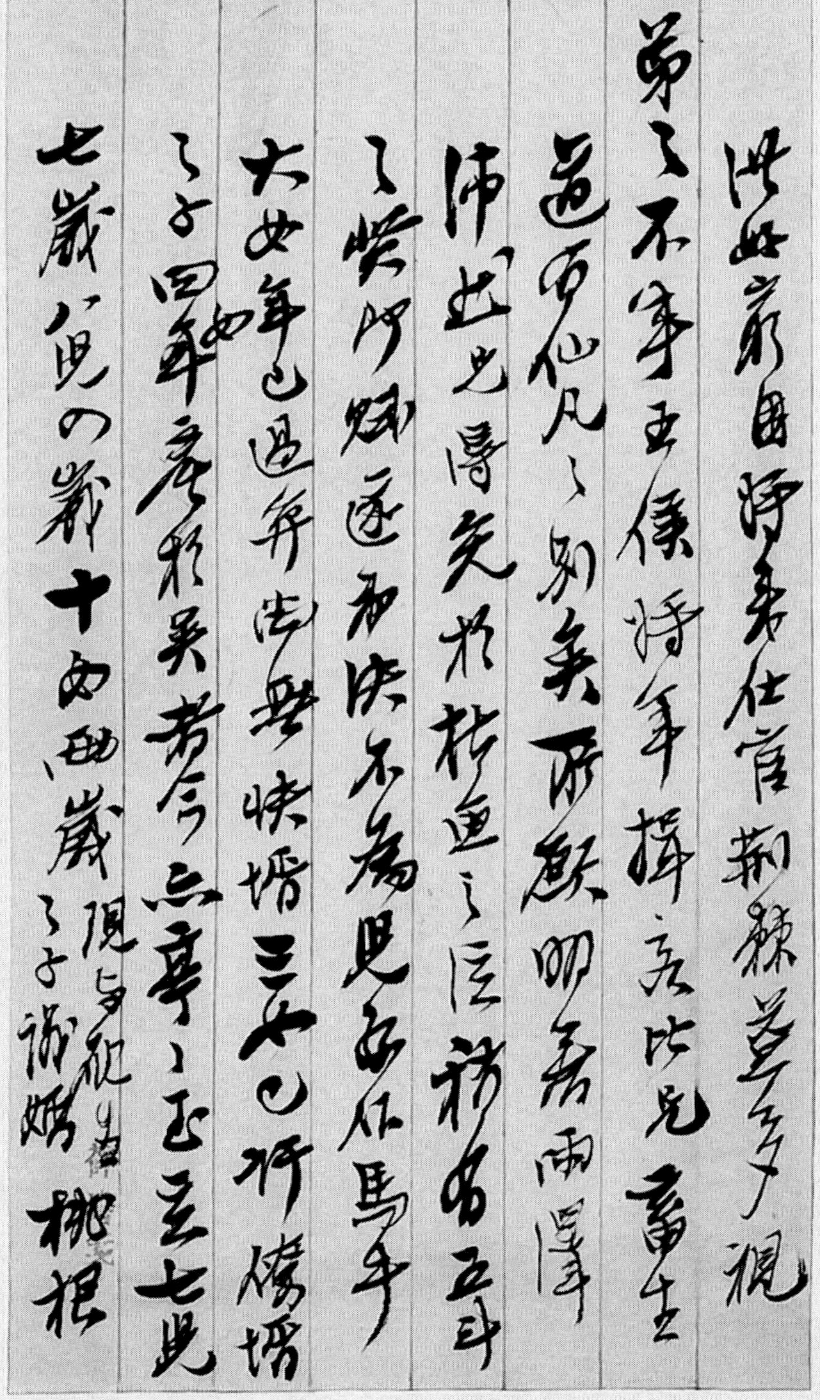

渭如前因得見仕宦荊棘益多視
弟之不事王侯將擇交比見高士
道亦仙凡之別矣所獻明府雨澤
沛然也尋又於挂冠之後稍留五斗
之貲所賜婚遂和洽不爲兒孫作馬牛
大女年已過笄尚無快婿三女已許傅婿
之子四女年底將嫁吳孝今亦亭亭玉立七兒
七歲八兒六歲十女四歲之子謝婿現與祖生桃根

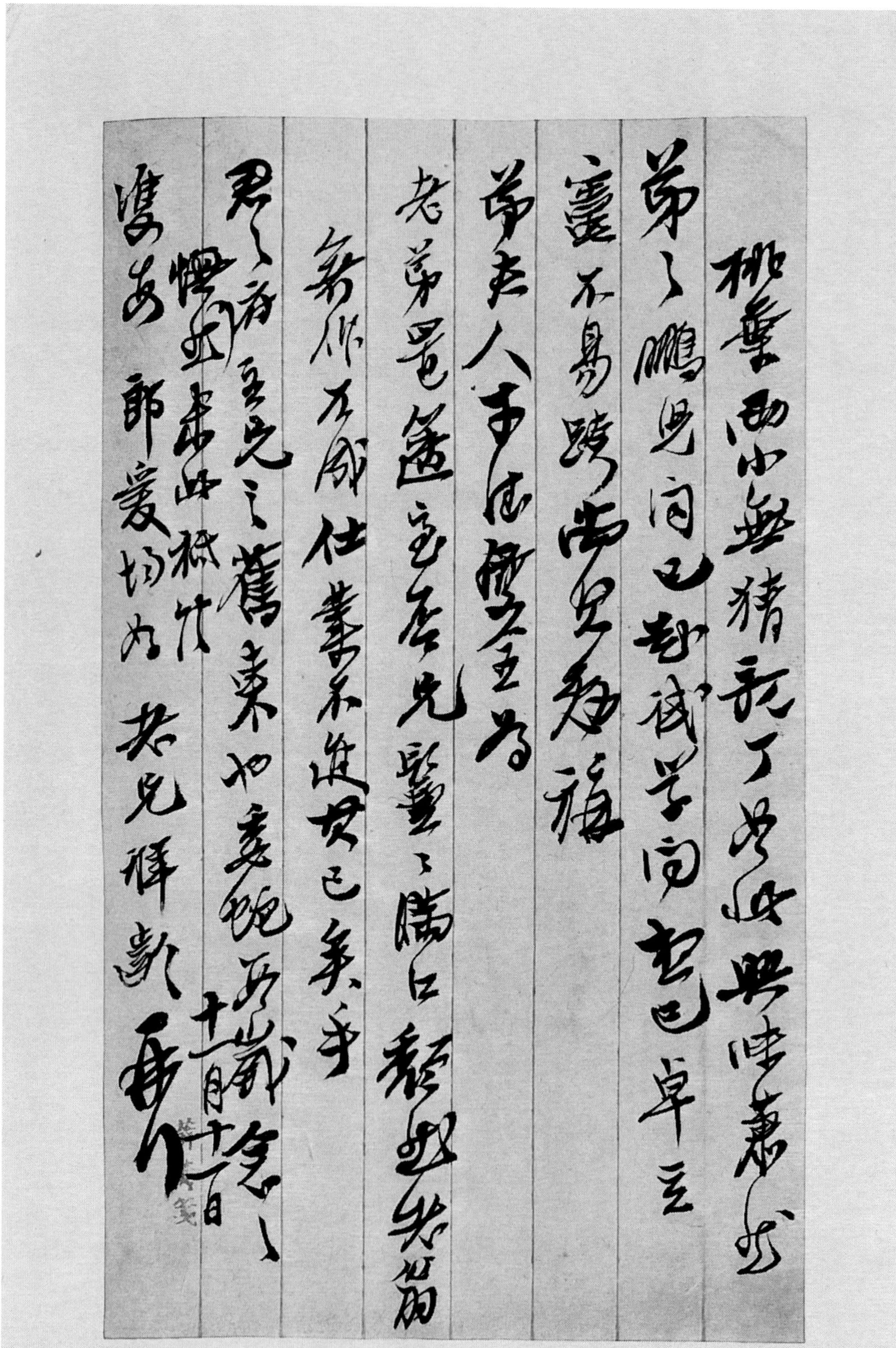

蘭青老伯大人麾下：公私冗忙，久未上候
起居，抱歉抱歉。辰維
軍容整肅，
潭祉亨昌，定如所頌。姪謀承
恩命試署勸業道，蒙庭行篆甫安設，千頭
萬緒，而經費十九無著，殊難措手，未識

長者定以友之　精以先生自保里棄塵後
家計凋零不堪言狀幸劉五 名謝鈞 字子衡 刻苦
讀書深知自愛現已陝西中學畢業以吳
學使送之京師大學肄業日前由鄭玉泳
與譚數日學問頗有根柢志趣亦極遠大
先岳可謂有子矣惟甫到

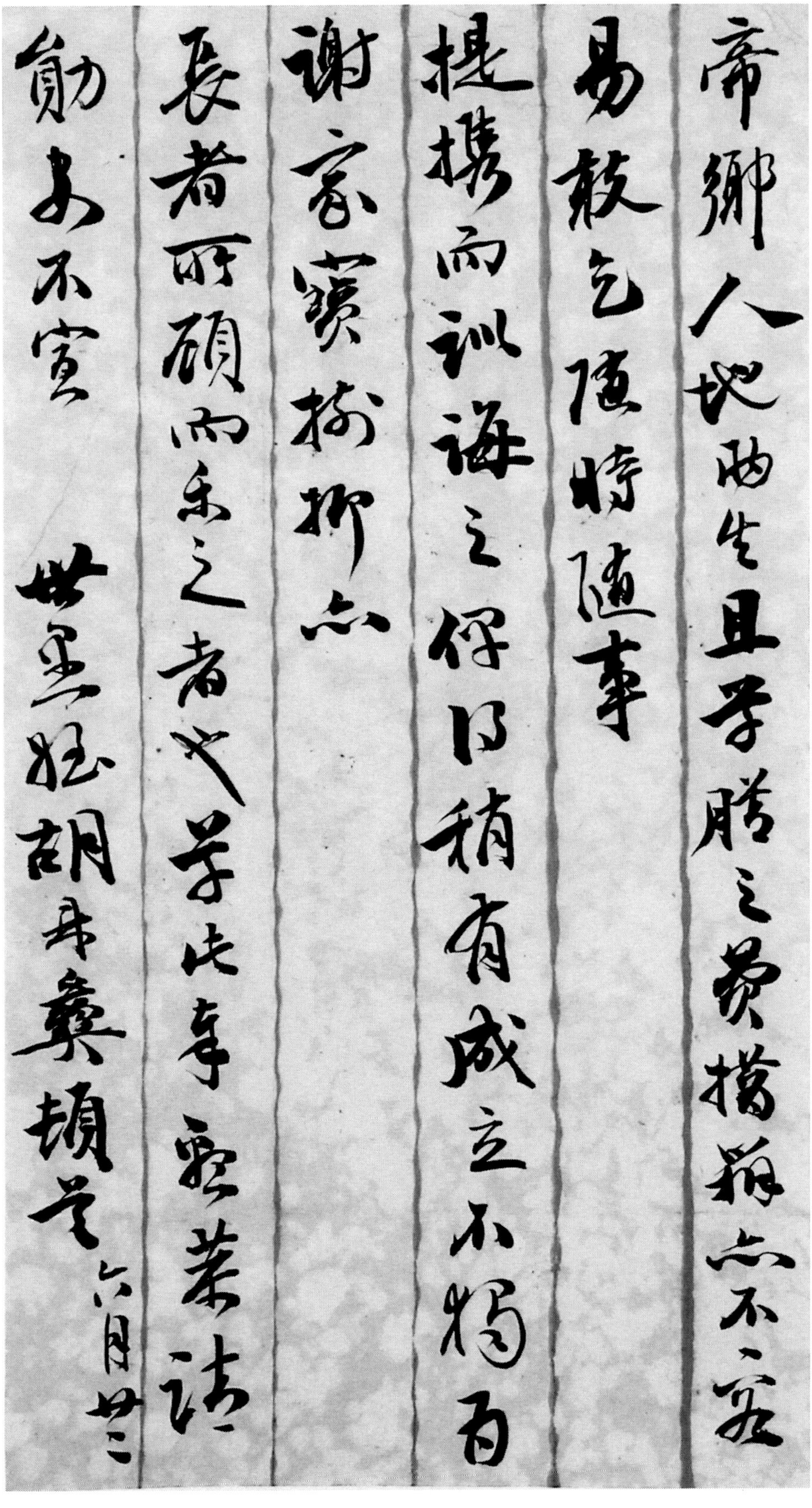

帝鄉人地兩生，且學膳之費措籌亦不容易，敢乞隨時隨事提攜而訓誨之，俾日積有成，立不獨爲謝家寶樹，抑亦長者所願而樂之者也。學生李霽萊謹請勛安不宣

世愚姪胡鼎彝頓首 六月廿三

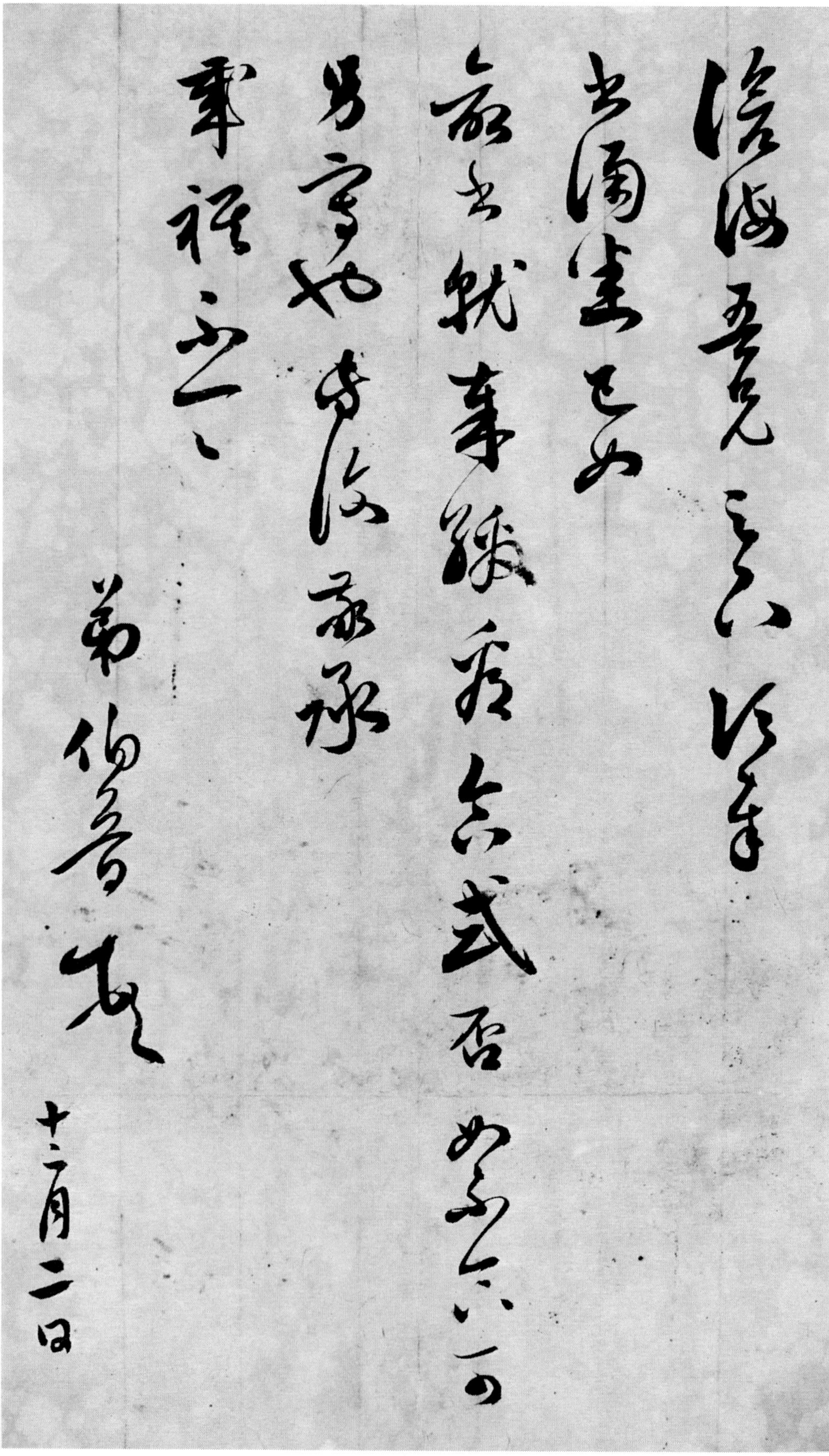
十二月二日

連日疹疾，殊憊，昨晨始出門，當
詣謝，先此致
葆生仁仲吾師道安
念慈頓首
廿五
通志堂書有補配殘缺否？
未售者，宋刻何家當函商。

難追獦獠性，微聞佛境，花光翠半分。細葉徧看鶉罌粟，長波涯記惜殘雲（丁未春与陶芙柘焦探花四月江園不及惘然有記）。探尋獨襯亭軒艷，調護應添幪幙薰。不是約齋舊游客，迴車也動思氤氳。

崇效寺牡丹詩錄奉

衆異吾兄詩家友正　昶藁

辱
惠書敬悉。一一擴園兄如承
俯就，甚惬。明後日再行詳
佈。一切茲不具。復頌
華卿仁兄大人文安。馬其昶頓首
令姊大人及擴園兄統候

斗柄春回
雲箋采賁荷
藻詞之倍飾撫蓬悃以滋慙恭維
守蹊仁兄大人鼎席延禧
履端集慶
六晉表廉車之望
豸繡翔華
三遷承

宸陛之恩

龍章錫命

寅賓氣淑辛餞懽孚弟忝綰鐘符迭更遞籥聲喧

蜡鼓又吟改歲之詩訊致鯉筒欲上

逢年之頌肅泐復賀

新釐祗請

廿安謹完

三月十八日到

謙柬不具　愚弟聶緝椝頓首

卷中多有道之言至氣
息樸茂使人如飲醇醪
矣 丁未七月讀
拜海先生大集謹書 弟衍

家巽足下：歸途得次子語亦和四詩，有頌在社，竟受到忠佳（此有還謎）遊之，值盛昱北旋之先，山之志矣。昨衍所說倉猝陳尉遣記生成書記生予陞，毋忘以足下（有消息告鄭稚哲者）一諾受一呼，必有應。北惠亦不淺也。即頌

侍祺。衍頓

仲毅足下：幹青何遽逝，可駭可惜。行日内將行，此別猶遠，出紙一小聚。今午十二鐘在醒春居一飯，務必早到。昨在秋岳處託作題鄭人告以足下無閒不如將原件還他俾還鄭人送更乞人代書莫求自己鄭須之不（據云詩吳園圖及其高祖詩冊兩件皆[illegible][illegible]之手）不妨將原物還之乞公請李[illegible]題李宣[illegible]詩龕黃石陳師也衍白

姊海先生太守有道月之初旬曾由便差
遞上一函以潄友現任鹽大使擬報效銀
三千兩仰懇
轉詢春翁可否彙入奏案以知縣在
任候補未審此函曾否帶到緣此差
係出局之役恐其中途遺失是以重言
申明如捐數與奏奨銀例不符乞

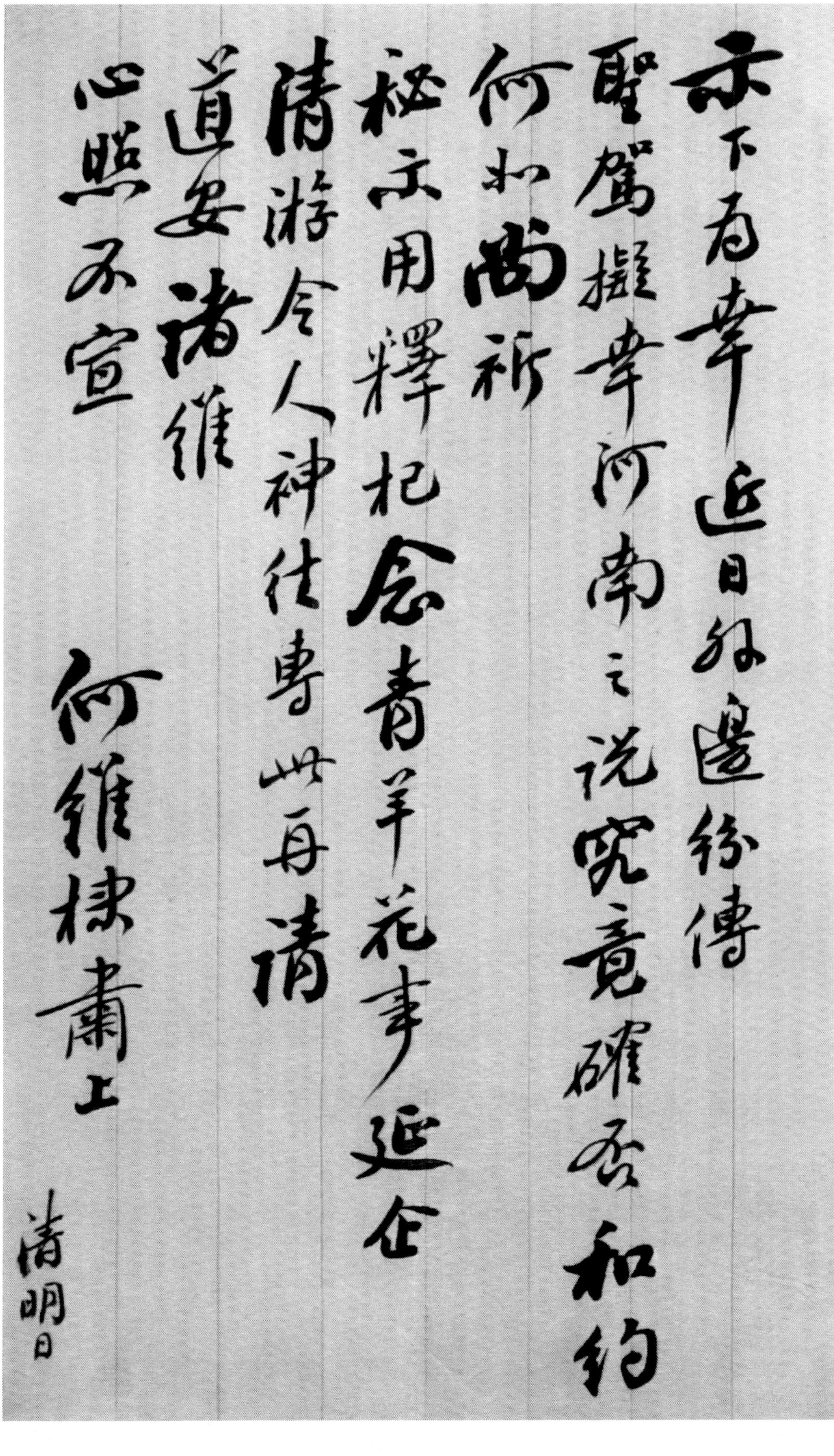

示下為幸近日外邊紛傳
聖駕擬幸河南之說究竟確否和約
何如尚祈
秘示用釋杞念青羊花事延企
清游令人神往專此肅請
道安諸維
心照不宣
何維棣肅上
清明日

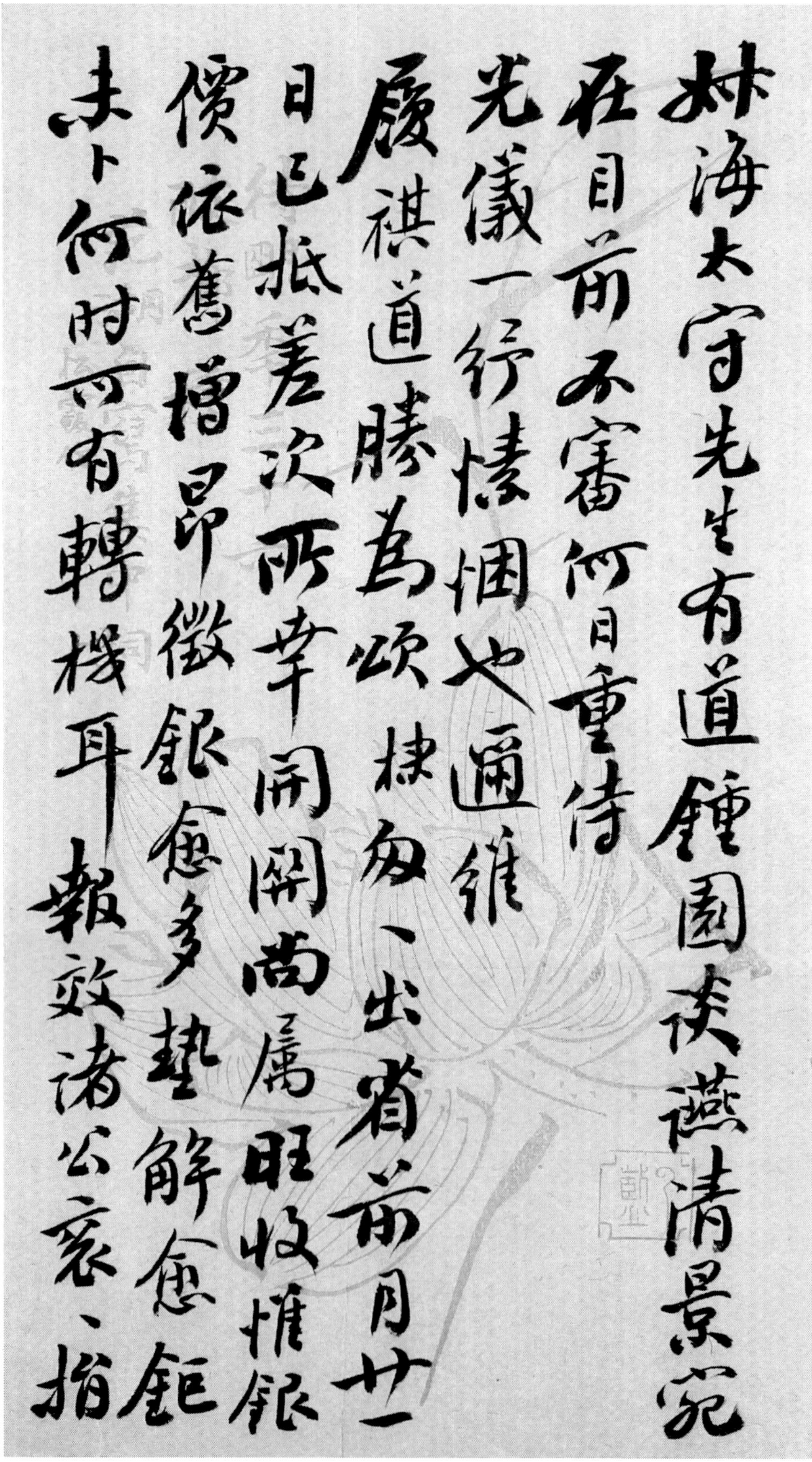

林海太守先生有道：鍾園侯燕，清景宛在目前，不審何日重待光儀，一行悵悃也。通維履祺道勝爲頌。棣於、出省前月廿日已抵差次，所幸開關尚屬旺收，惟銀價依舊增昂，徵銀愈多，墊解愈鉅，未卜何時可有轉機耳。報效諸公衮衮、指

維棣無力坿驥，只得廣勸演友略表區
區愚忱。昨有現任實缺鹽大使某君，二
次俸滿，擬具字報效三千兩，冀邀
帥憲彙入奏案，請以知縣在任候升，
不識捐數與奏例有無相合，特祈
便詢春泉先生，酌定
示復，隨即遵辦。如尚須增捐若干，方能

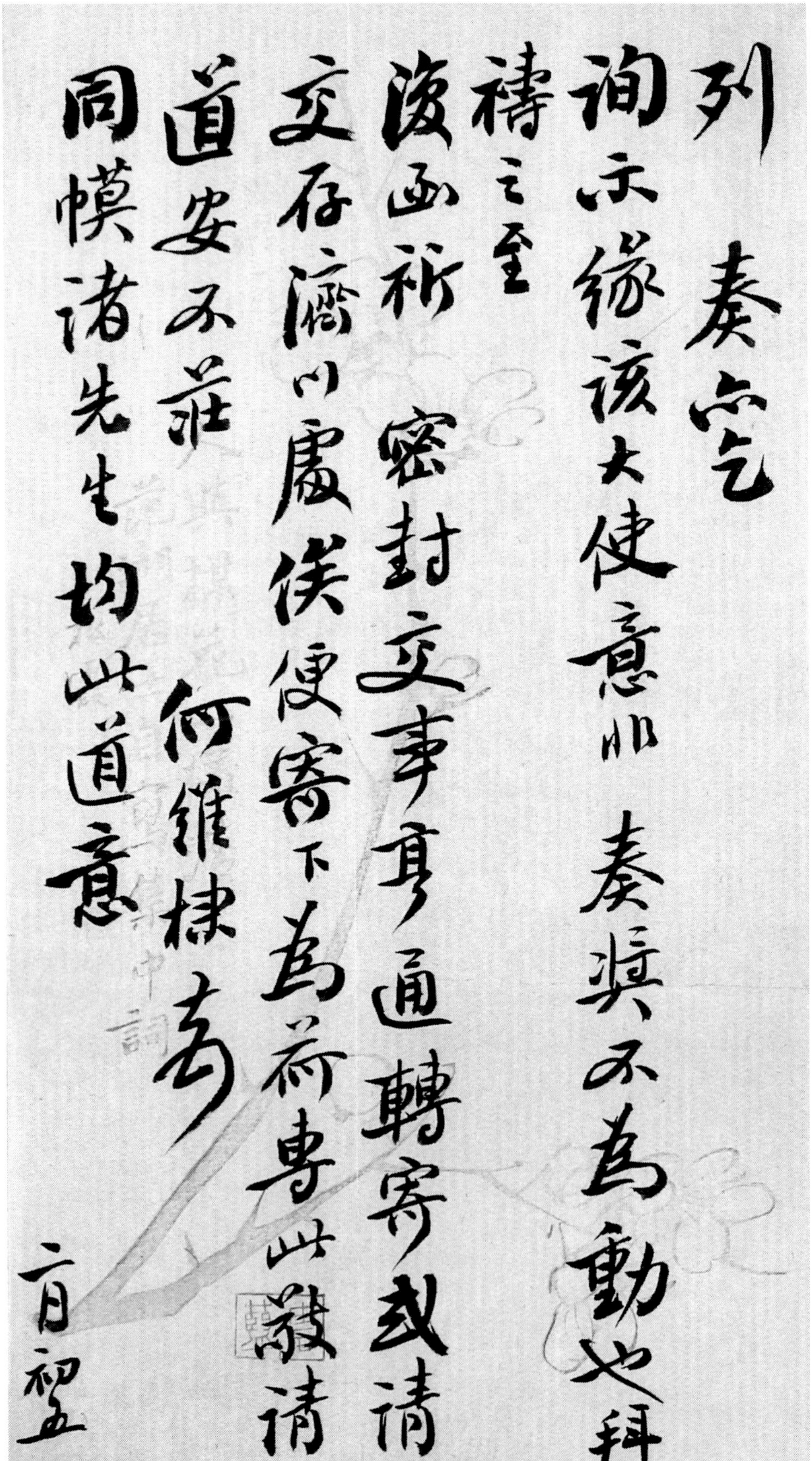
列
奏六乞
詢六緣該大使意以　奏準不為動也拜
禱之至
復函祈　密封交事直通轉寄或請
交存濟以處俟便寄下為荷專此敬請
道安不莊　何維棣頓
同懷諸先生均此道意
六月望

贊哥大人惠鑒別逾年矣葭思彌
切敬維
慈侍萬福
瀛潭增綏頌甚〻弟自去秋如素以
來杯箸〻間心安理得頑軀頗適茲錄與
嗇翁心史兩書即知年來鄙狀足慰
垂注近友人江易園示其族祖慎修先生
親筆編著果報錄稿一冊即集貲排印

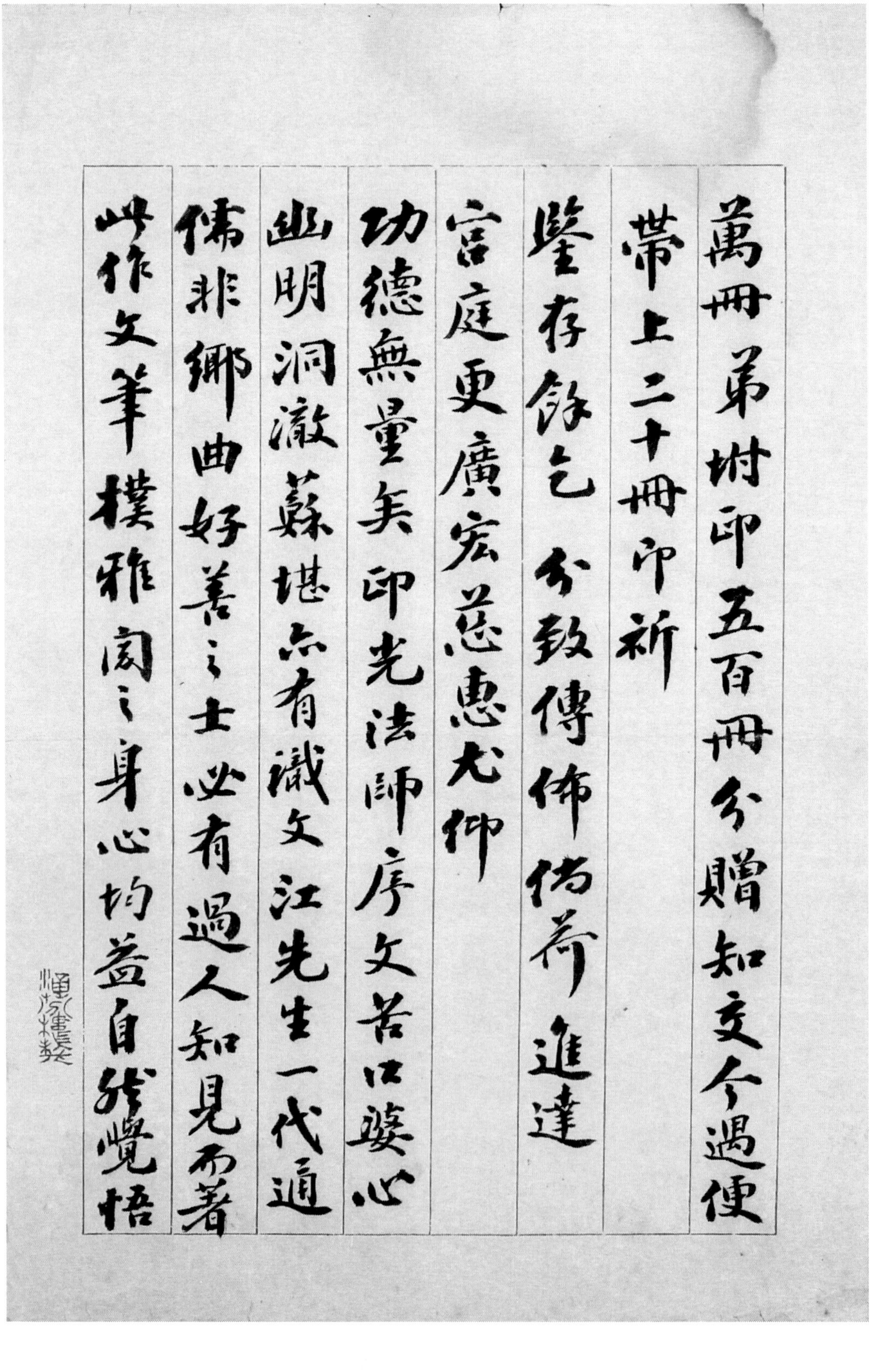

萬冊弟擬印五百冊分贈知交今遇便
帶上二十冊即祈
鑒存餘乞 分致傳佈倚荷進達
宮庭更廣宏慈惠尤仰
功德無量矣印光法師序文苦口婆心
幽明洞澈蘇堪亦有識文江先生一代通
儒非鄉曲好善之士必有過人知見而著
此作文筆樸雅閱之身心均益自能覺悟

益可為家庭課本嘗故事說與幼稚
聽之亦足培養善基海藏北遊為述引
對驅閹一事不獨經濟可節抑為人道
極應如此今乃見之北地忘寒諸維
珍衛手肅敬請
台安祇頌
潭福　弟鳳昌　癸亥展重九日

玉霜出自故家南來特周旋之書此託帝校

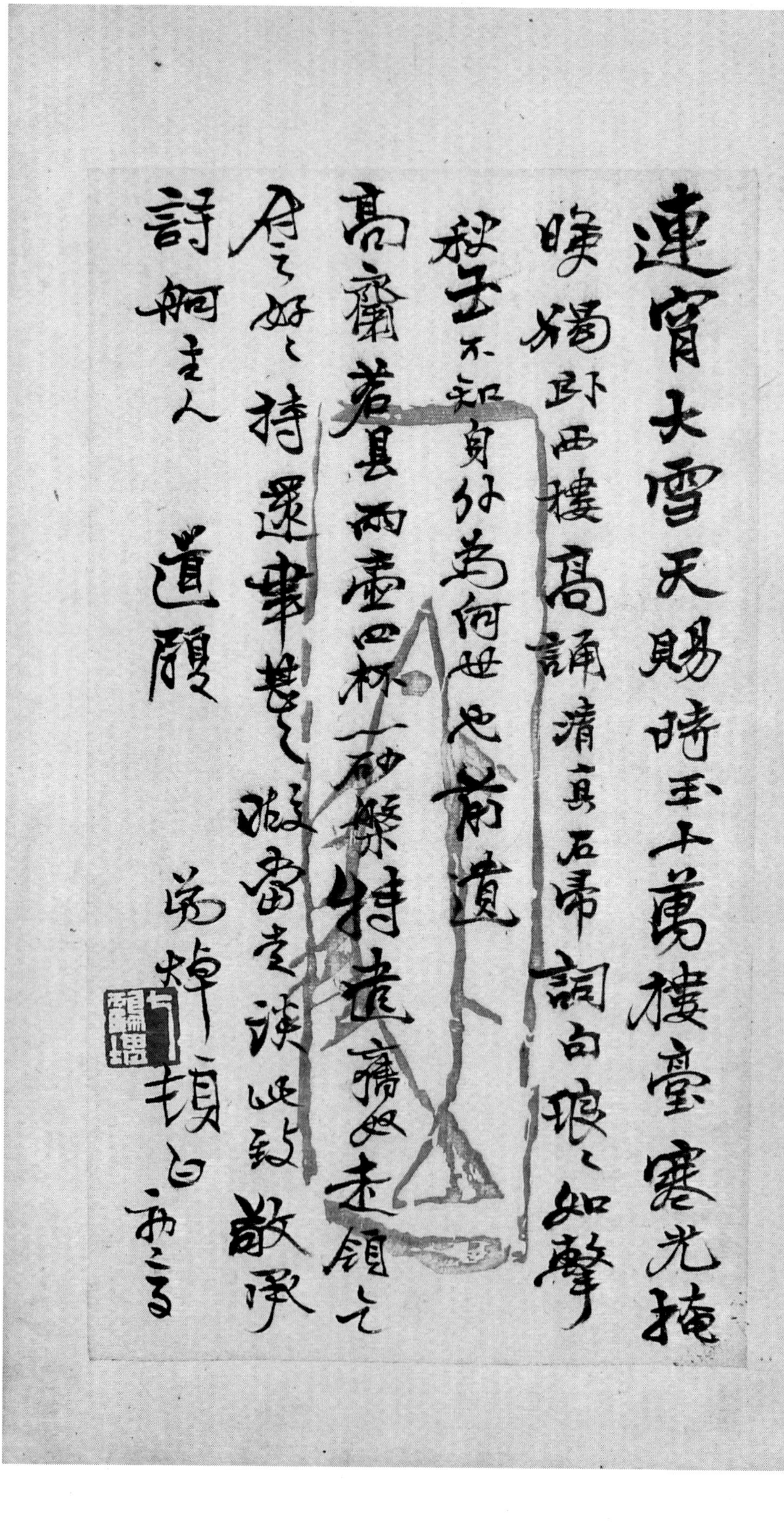
連宵大雪，天賜詩玉十萬樓臺，寒光掩映，獨卧西樓，高誦清真、石帚詞句，琅琅如擊秋玉，不知身外為何世也。前遺高齋，若具兩壺四杯一砂銚，特遣僮奴走領之。君之好之，詩還書甚之。遲當走談，此致敬承

詩舸主人道履

弟焯頓首白 初三日

南京大學院蔡院長鑒：北京大學前次改組，文科大學重要行政職移於大學校長辦公處，該辦公處負責無人，九校行政必立時停頓。當此校長存亡未卜之時，正文科大學將舉行畢業考試之際，瀚承乏之文科，關繫尤重，不得不以衰朽之身暫時勉為其難。今考試已罷，政局一新，莘莘學子受積年之壓迫，及其反動，蹈厲發揚，或不依校章軌，此時將順不予匡救

國立京師大學文科用箋

無力善一壞成爲端將爲晚年聲譽之累君學
愛人以德懇速就近邀吳繼任大學校長及文
科學長感切盼切 江瀚僅

國立京師大學校文科用箋

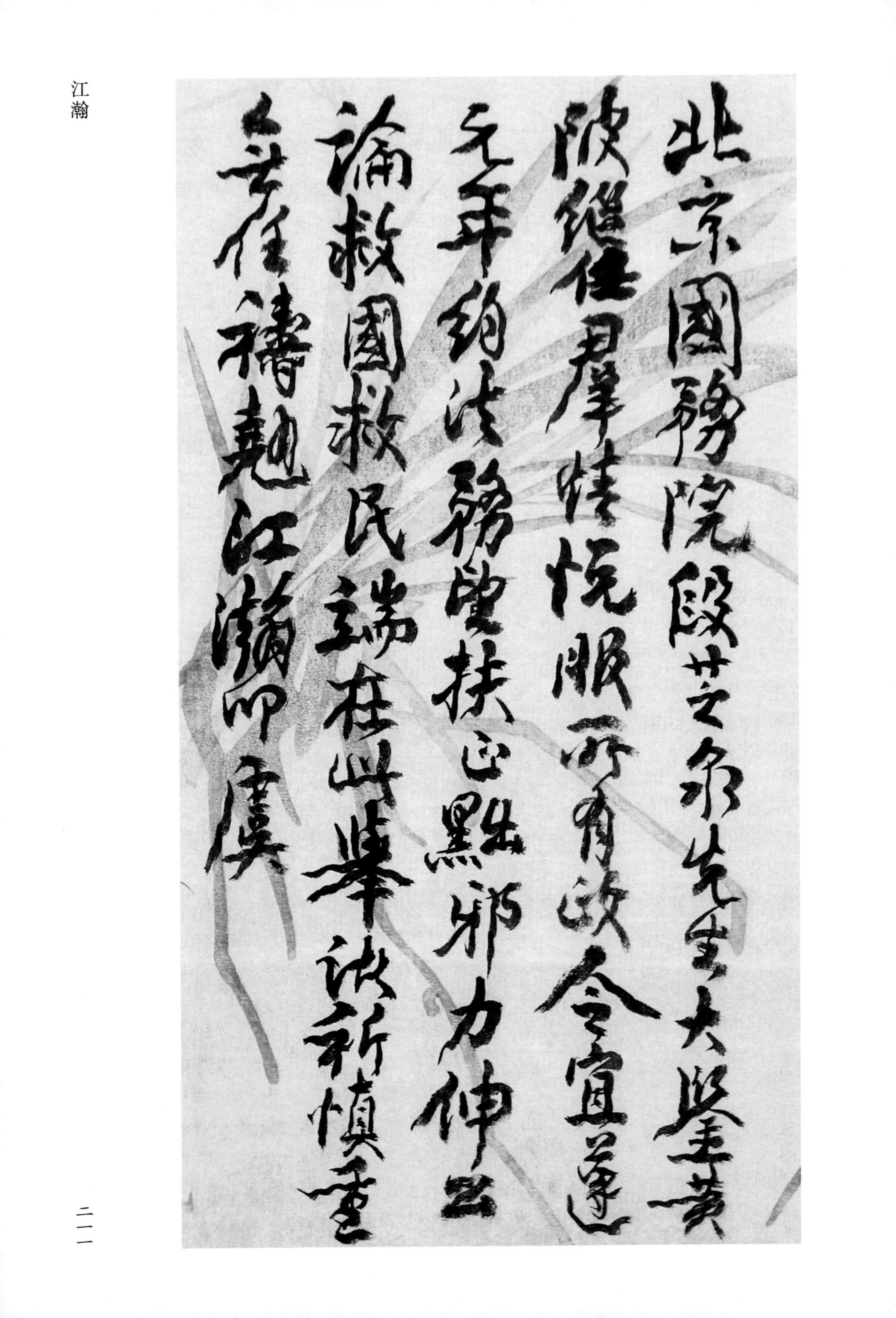

北京國務院段芝泉先生大總統黃
陂繼任群情悅服所有政令宜遵
元年約法務望扶正黜邪力伸公
論救國救民端在此舉議行慎重
全体禱祝江瀚叩寒

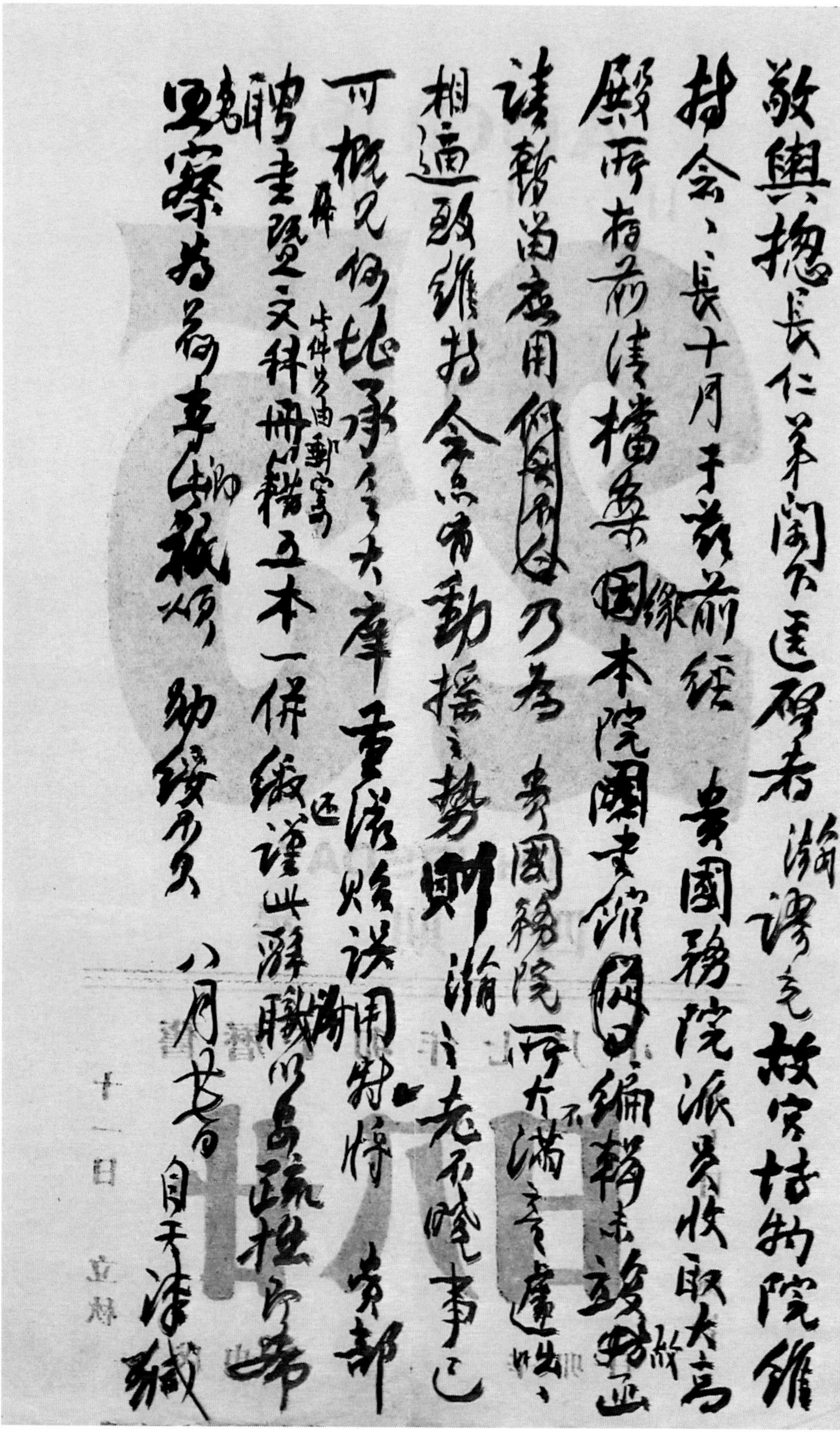

敬輿總長仁弟閣下：遠辱書，瀚謹悉。故宮博物院維
持會會長，十月十五前經貴國務院派員收取大高
殿所存前清檔案，緣因本院圖書館編輯，錄並
請務留應用，乃為貴國務院所不滿，竟應速將
相適致維持會有動搖之勢，則瀚之老不曉事已
可概見。仍承大庫重檔照送用，特將貴部
聘書暨文科冊籍五本一併繳還，謹此辭職，以為疏枉，希（此件另由郵寄）
鑒察為荷。專此，祗頌
勛綏。
八月廿五日自天津瀚識

名德先朝重今推輔導功一心如皎日
四海仰清風理亂情常想君臣道不窮
似聞務成子聖學啟重瞳
渠孟徐徽在新齋偕老吟批鱗懷往日
挽鹿車同心岡嶋花爭發燕臺酒共斟
延年應自足丹頂不須尋

呈詩二首敬賀
陸菴先生世長暨
德配王夫人七十雙壽
丁巳三月江瀚錄稿

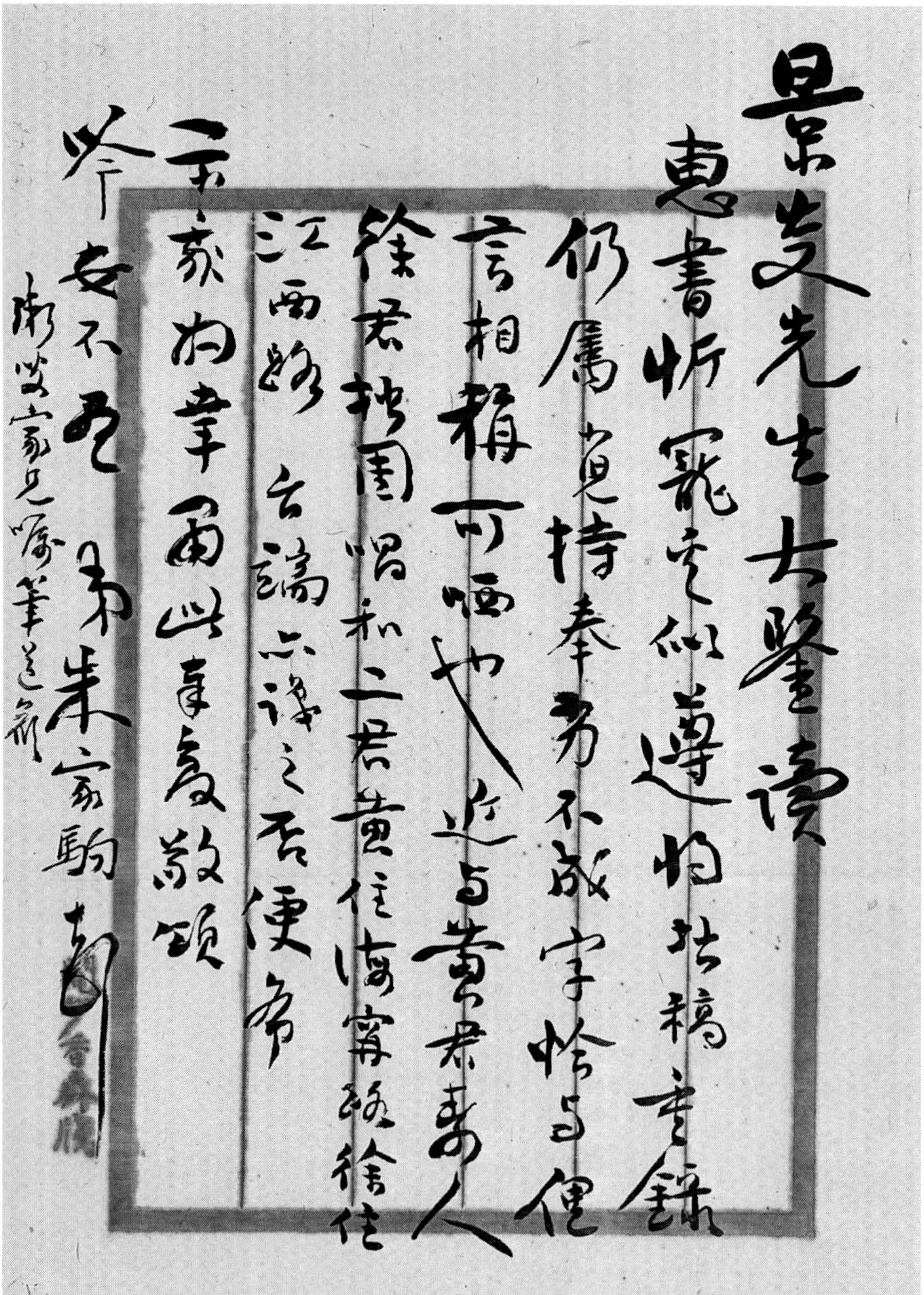
景老先生大鑒：讀
惠書忻竊，竟似遵約，拙稿並錄，
仍屬莧見持奉，另不成字，恰與俚
言相稱，可哂也。近與黃君摩人、
徐君枕園唱和，二君黃住海寧路，徐住
江西路，台端亦識之否？便希
示我為幸。兩此奉復，敬頌
吟安不一。弟朱家駒拜
澍岑家兄囑筆道候

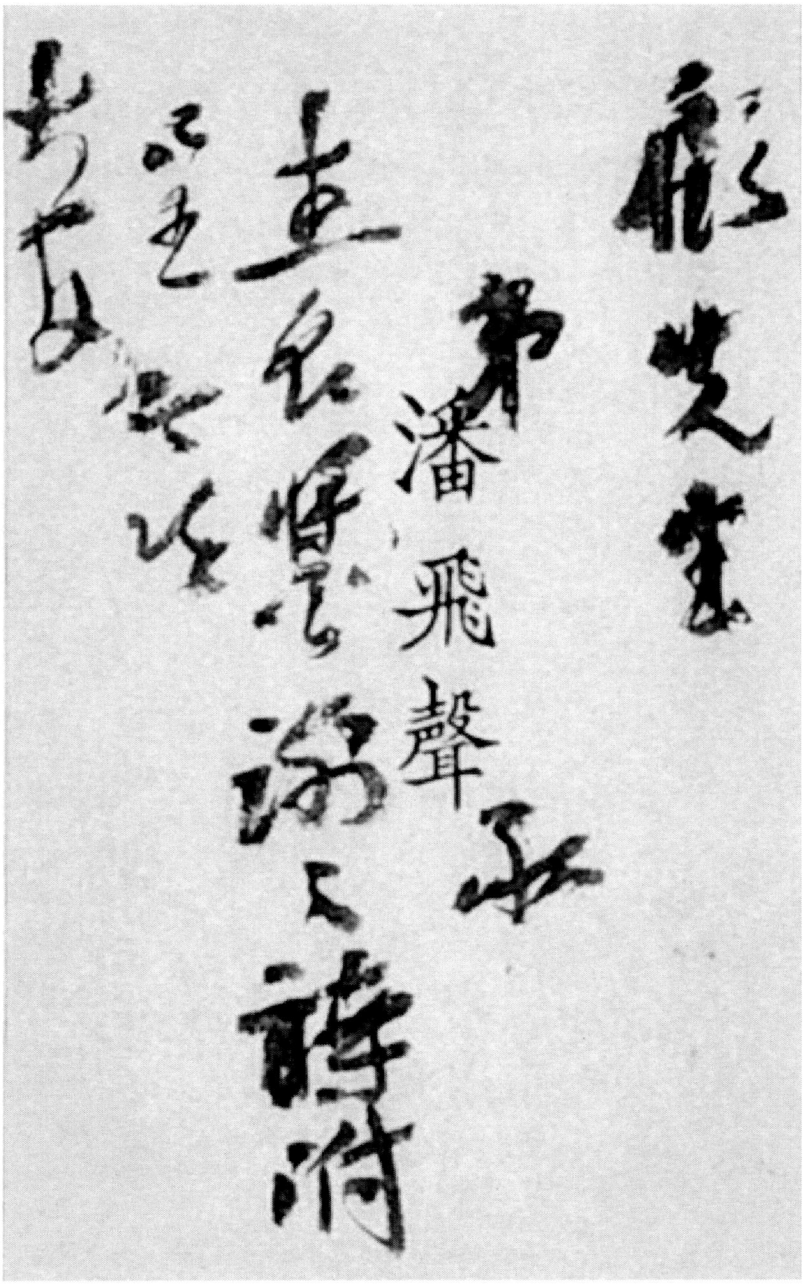
潘飛聲

景夫仁兄吾丈大人左右
昨奉運轉思 貴體奉復以文語不適遂未及詢候
正欲來修謁候談 大計忽悉
老伯母太夫人騎箕西赴為之哀慟莫不置遙維
太夫人世德正代孝壽躋百齡像亦歸神空
無遠憾矣
兄性篤孝慕自必哀毀逾恆尚冀節哀順
變以襄 大事俾慰

北洪泰監製

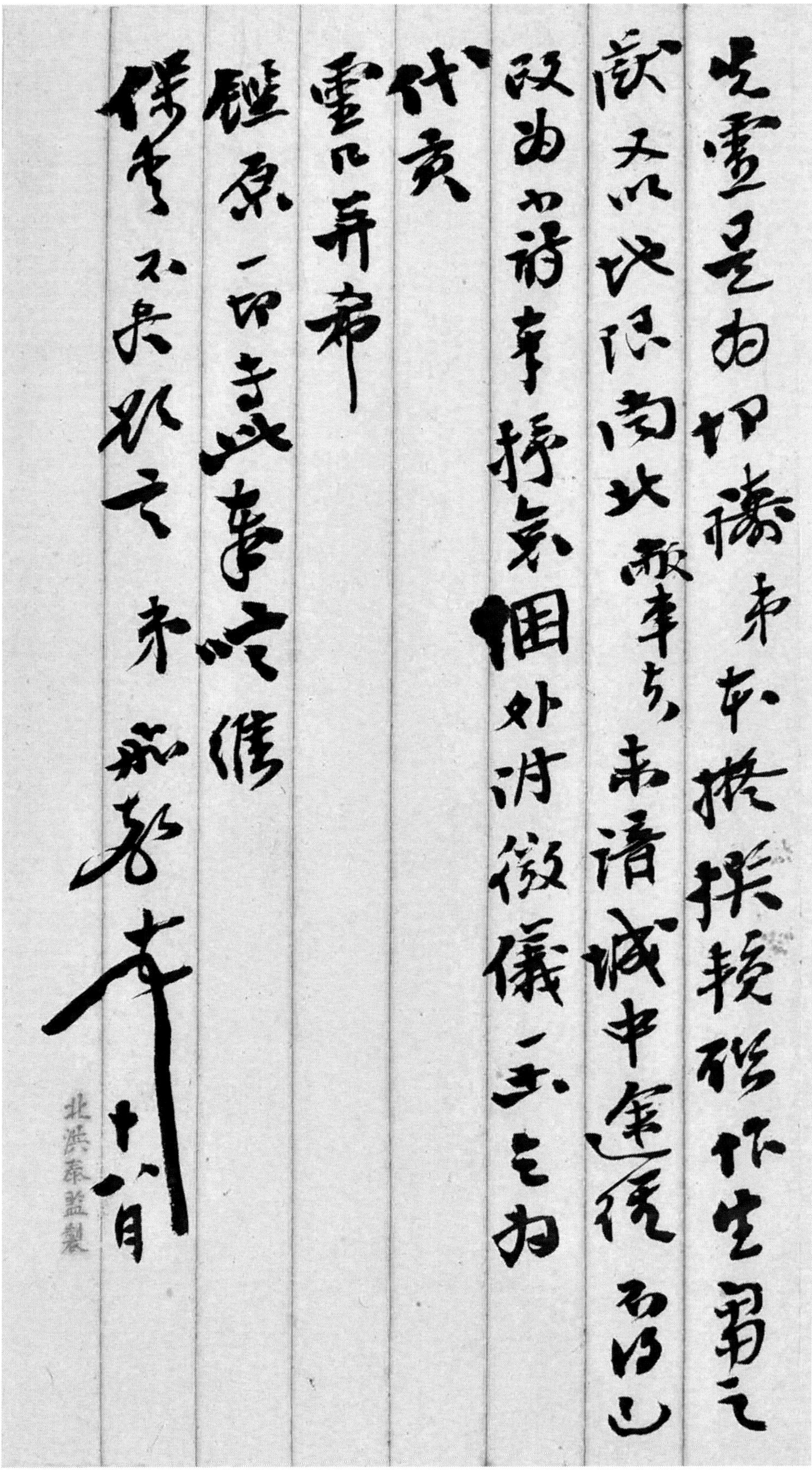
先靈是為切禱弟亦擬撰挽聯作生芻之
獻奈以時限局促敝寓本友未請城中全逸德石印之
設為如詩草撐氣個外附微儀一函之為
代奠
靈几再希
鑒原一切事乞吟之倦
侍安不具 那文 弟 飛聲頓首 十八日
北洪泰監製

高田先生左右：久未晤面，馳念良殷。頃承
惠《漢學會雜誌》，祗領謝謝。藉諳
興居康勝，無任忻慰矣。
尤叢明古人貫天人之思想，議論引證，應有盡有，雖未窺全豹，而已
見一斑，曷勝欽佩也。尚此布覆，並鳴謝忱，順頌
撰安。諸惟
愛鑒不宣。

弟胡玉縉

八月廿九日

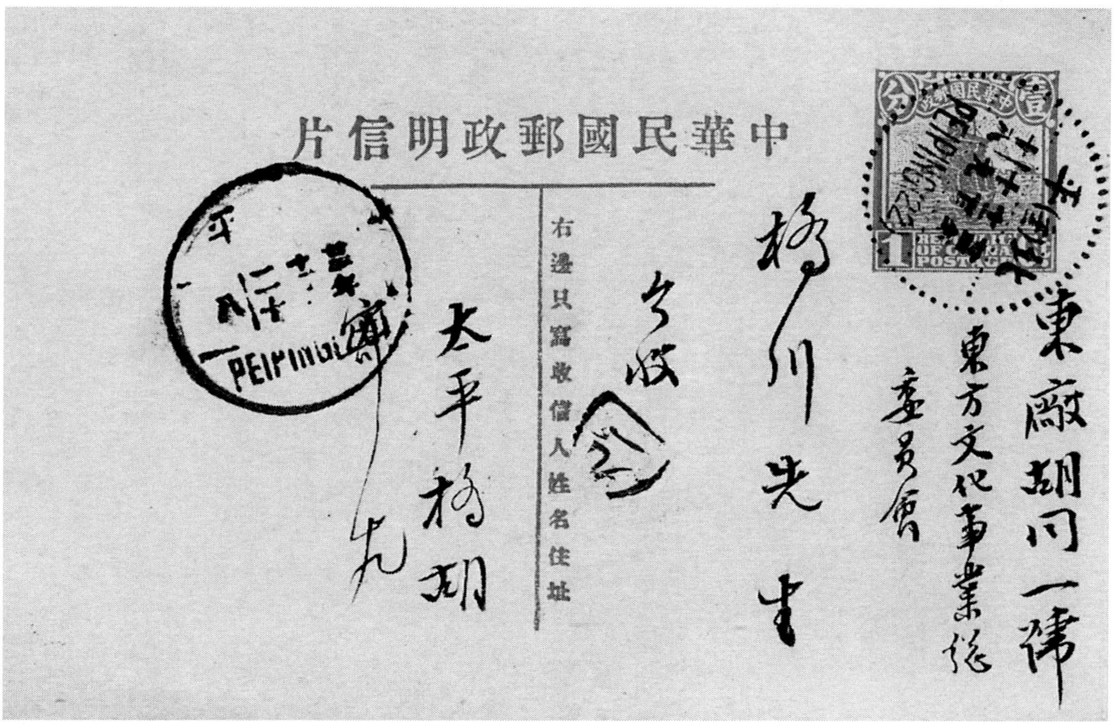
中華民國郵政明信片
右邊只寫收信人姓名住址
東廠胡同一號
東方文化事業總委員會
橋川先生
太平橋
PEIPING

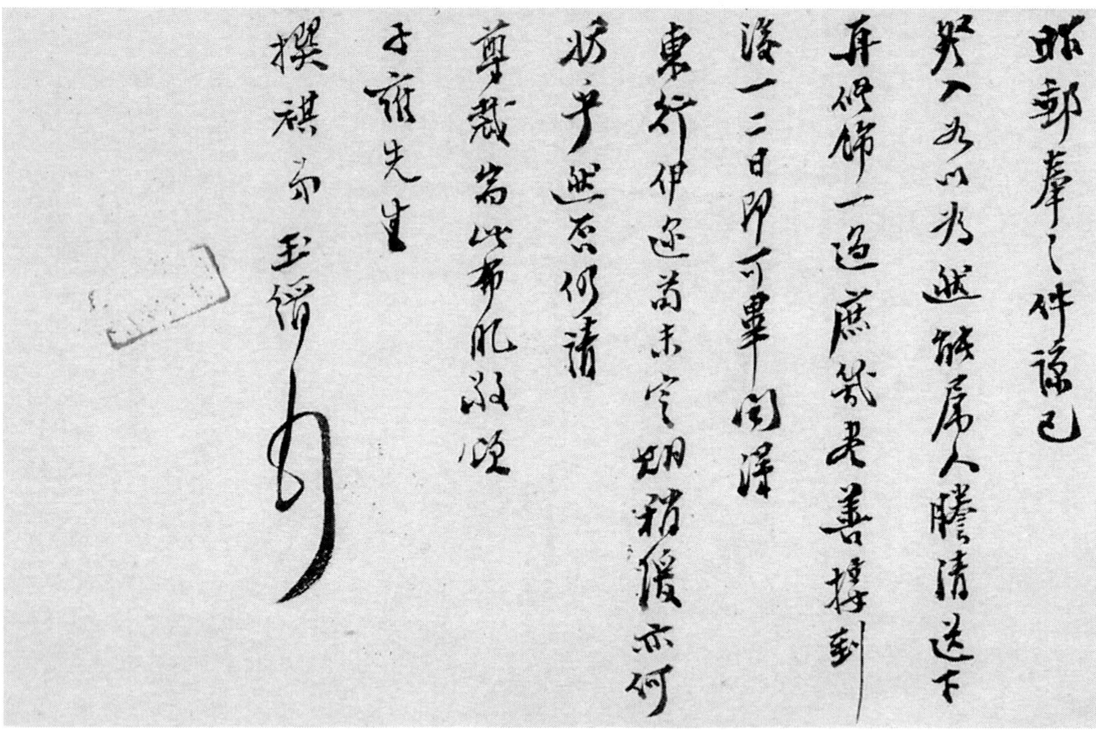
昨郵奉乙件諒已
照入。茲以前述敝房人謄清送下
再仍飭一過，庶幾更善。接到
後一二日即可畢。聞澤
東行伊邇，尚未定期，稍緩亦何
妨乎？然否何請
尊裁。當此布肌，敬頌
子循先生
撰祺。弟玉緒

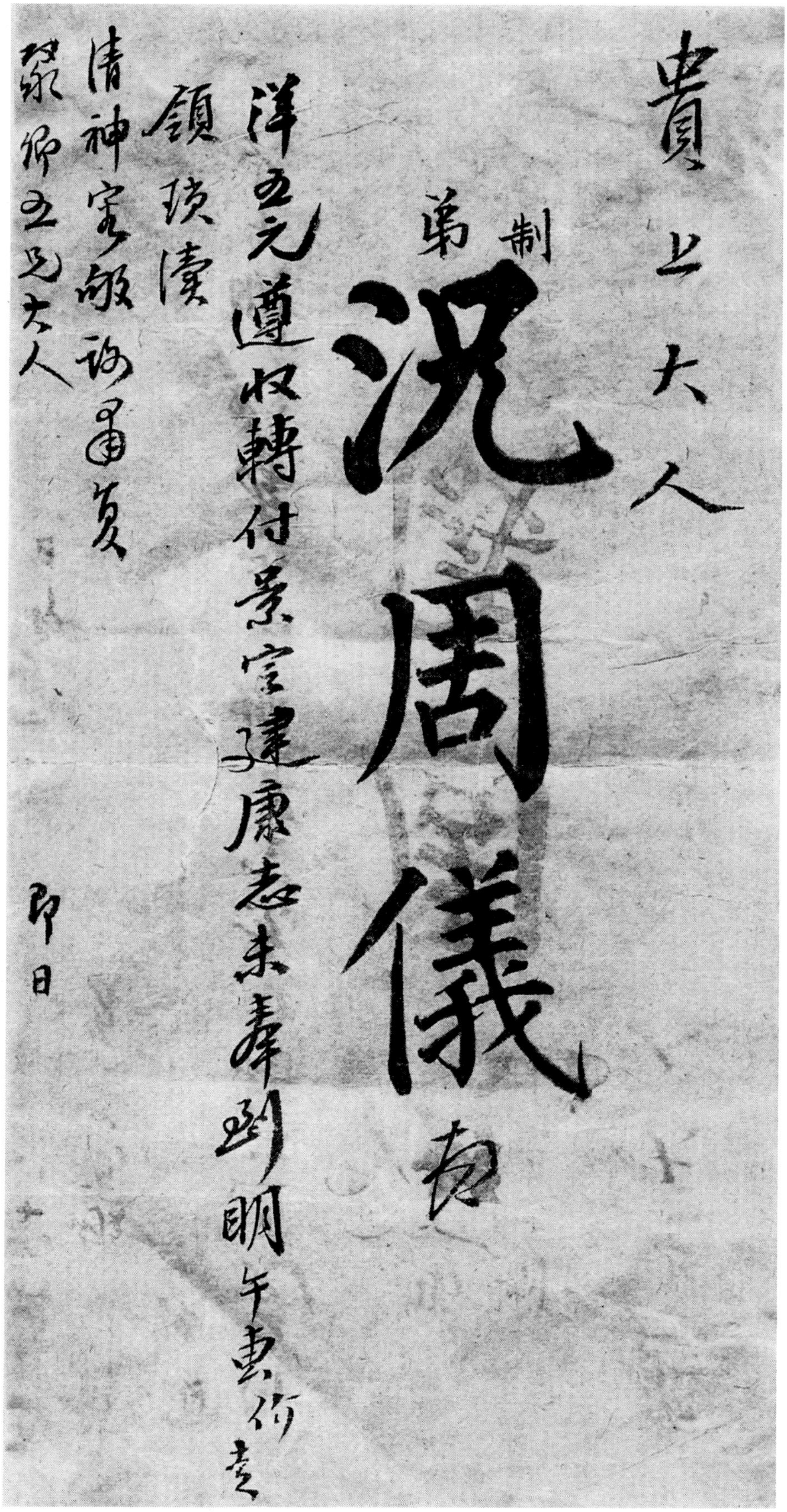

貴上大人

制弟况周儀頓

洋五元遵收轉付景宣建康志來奉到明午查付壹

領玖瀆

清神宗敘該事寬

琛卿五兄大人

即日

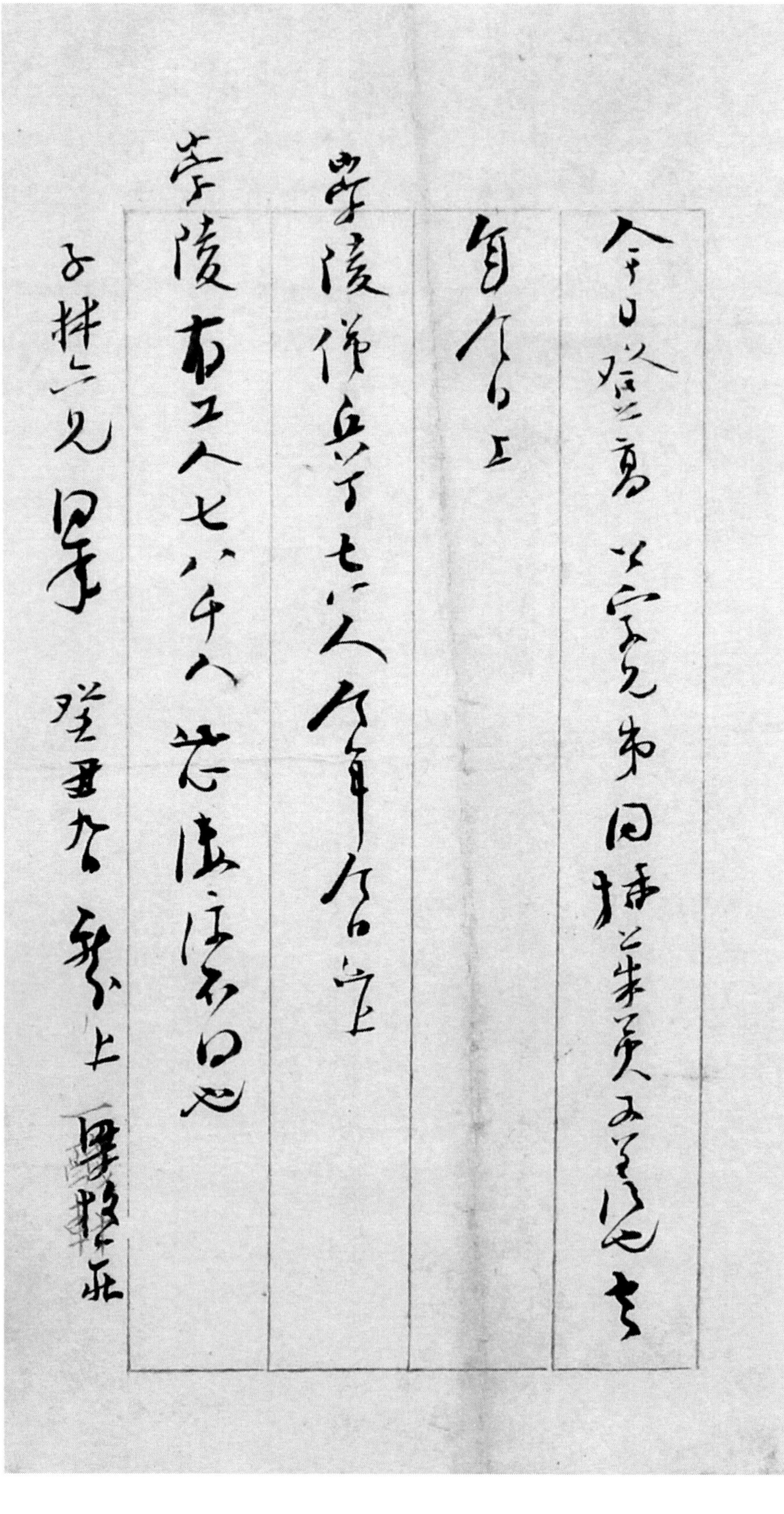

彦升仁兄大人礼次顷间接奉
讣音惊悉
太伯母大人驾返瑶池
星沈宝婺捧诵之下痛悼难名伏惟
阁下纯孝性成自必逾恒哀毁第念
太伯母大人贤德名世福寿全归固自毫无遗憾尚求
善自宽解顺变节哀以襄大事是为至祷再展
手翰益令神驰回思春树暮云每忆联床

舊雨第逵涉三韓交涉通商在在棘手況經費支
絀局面狹小已有自顧不暇之勢承
囑之件迫於力不從心礙難上報
尊命徒深扼腕幸荷
鑒原謹呈奠儀二十金輓幛一懸即乞
查入為幸肅此敬唁
孝履祗請
禮安
愚弟袁世凱頓首

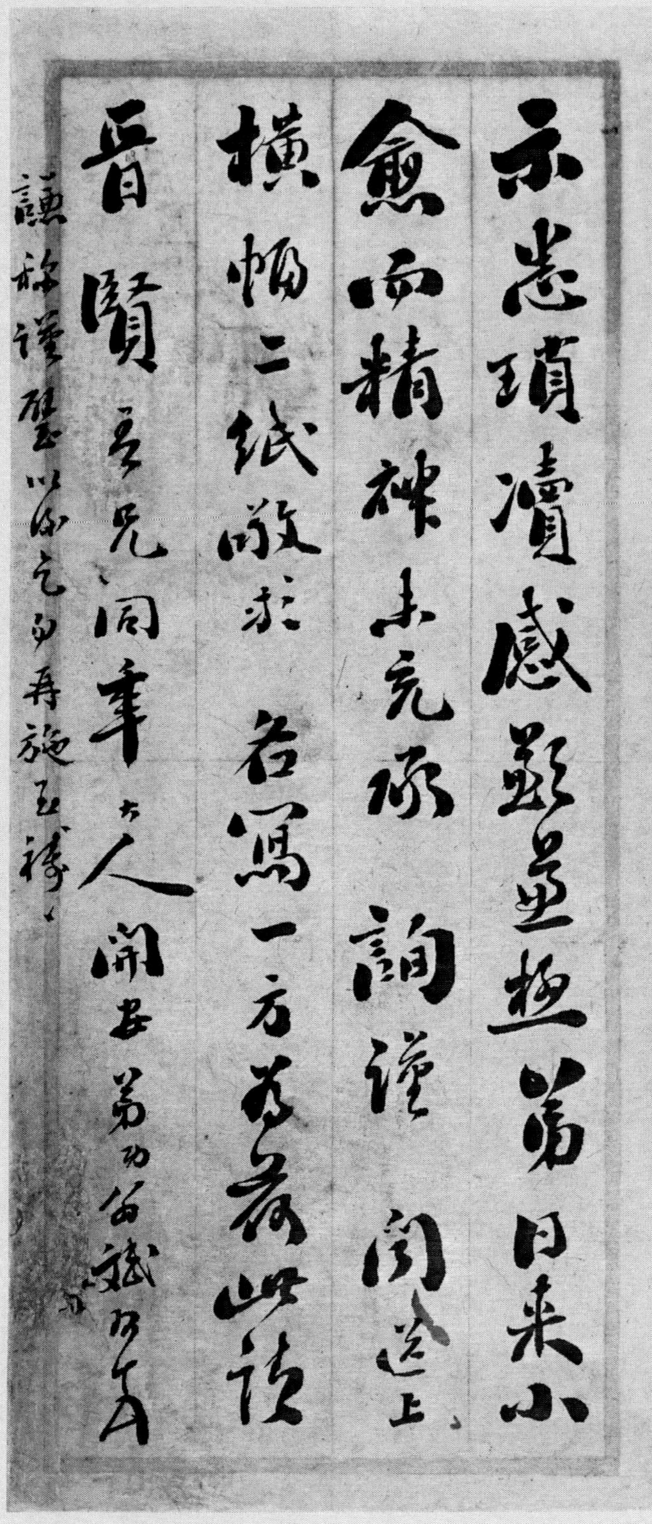

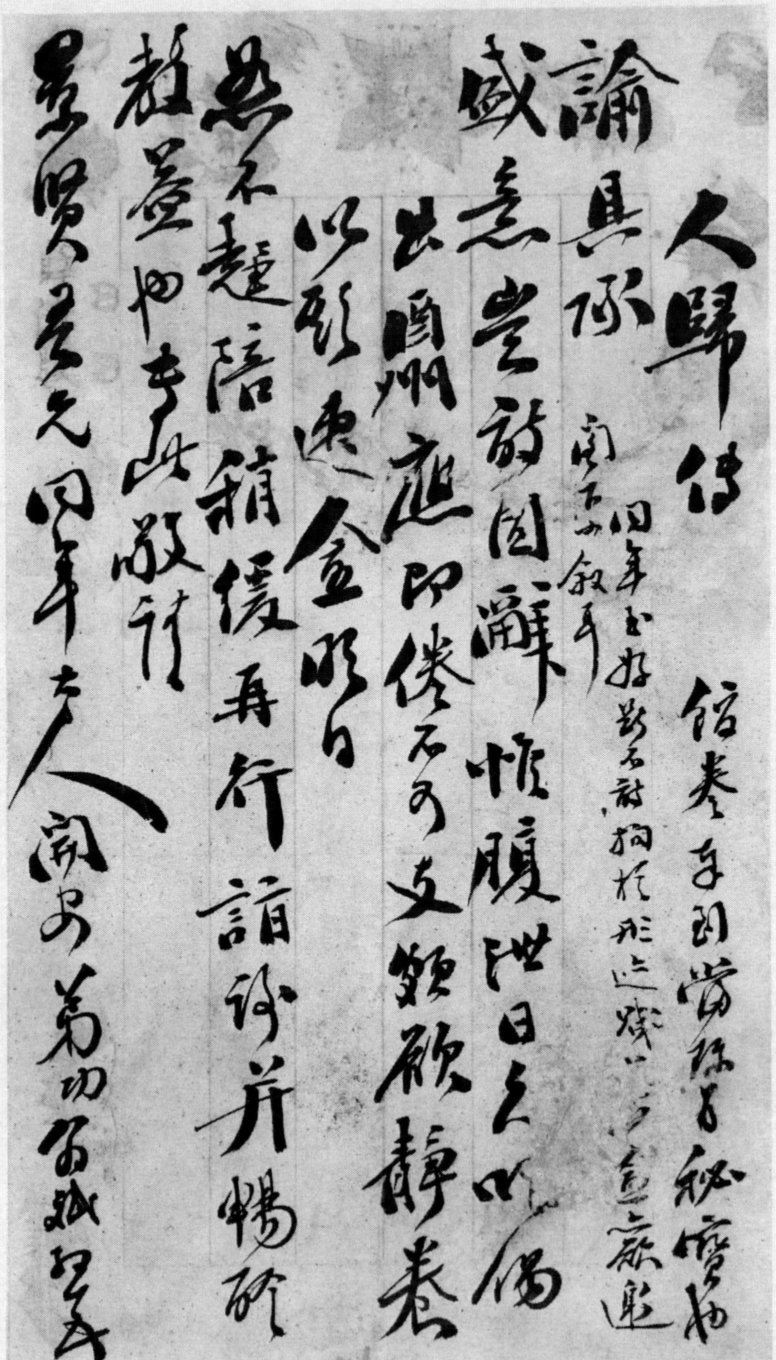

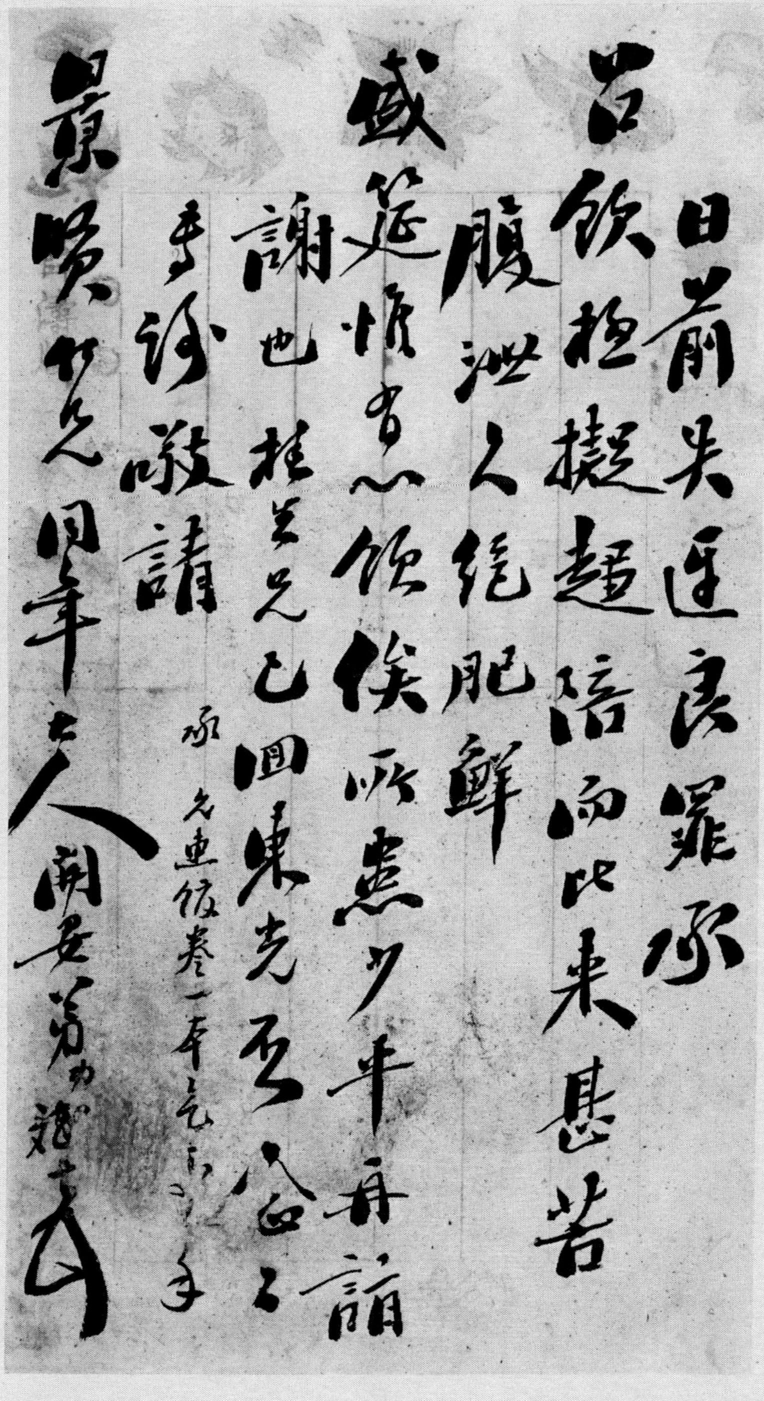

日前失迓，良罪。承
召飲，抱擬趨陪，而比來甚苦
腹泄，人絶肥鮮，
盛筵惟有心領，俟所患少平，再詣
謝也。桂笙兄已回東光，先為公之
手此，敬請
景賢仁兄同年大人閣安，弟斌孫頓首。

承名連[illegible]卷一本，希[illegible][illegible]手

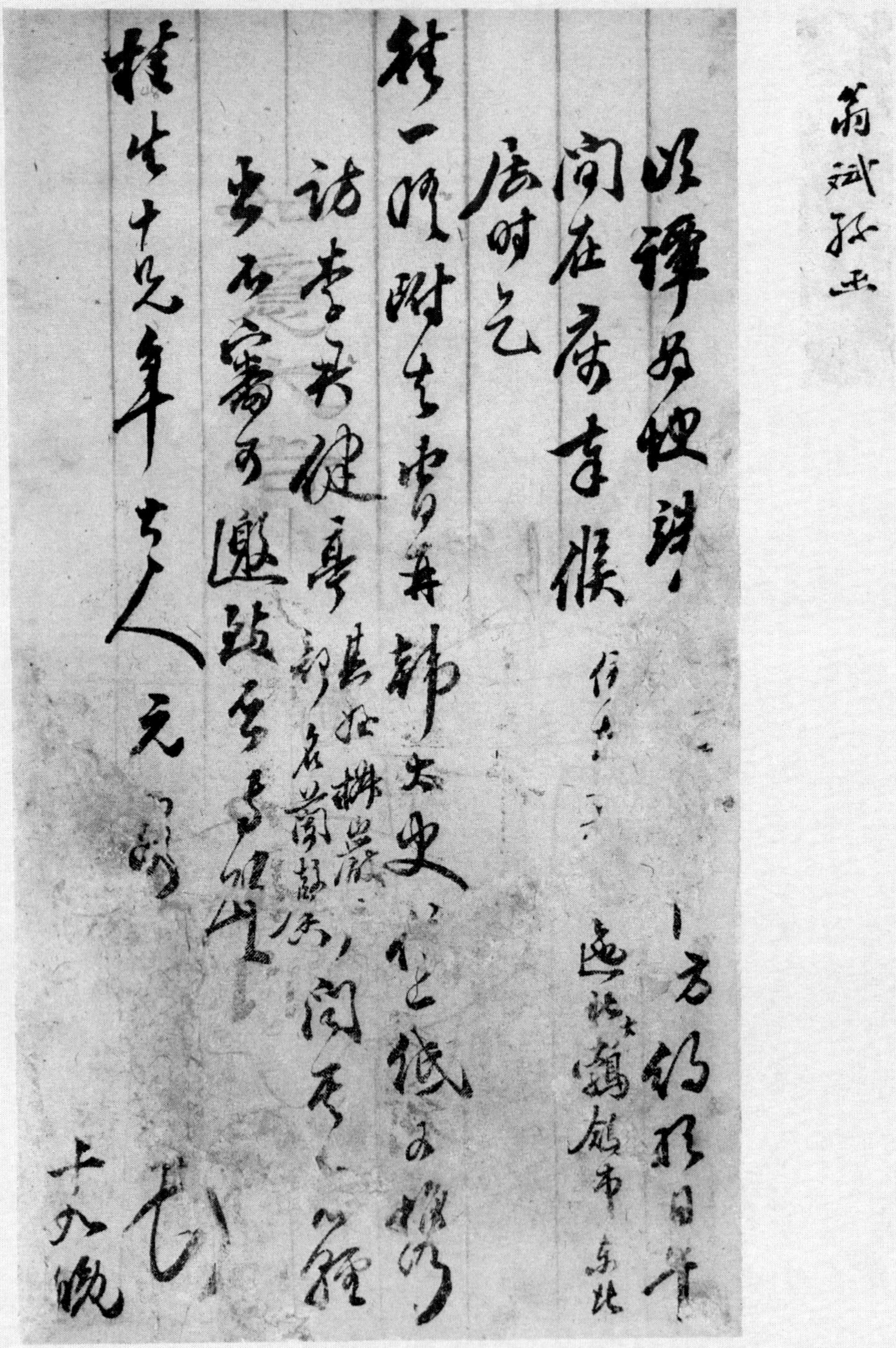

晉仙老前輩大人賜覽課卷僅看一課 並先
送上其中僭妄之處不可枚舉尚祈
裁定是荷 外附謝府兩套考箱一分希
交璧臣弟為禱 應帶之物祈於一二日内檢出
擲下 手此布陳 即請
闈中大安 侍修頓首

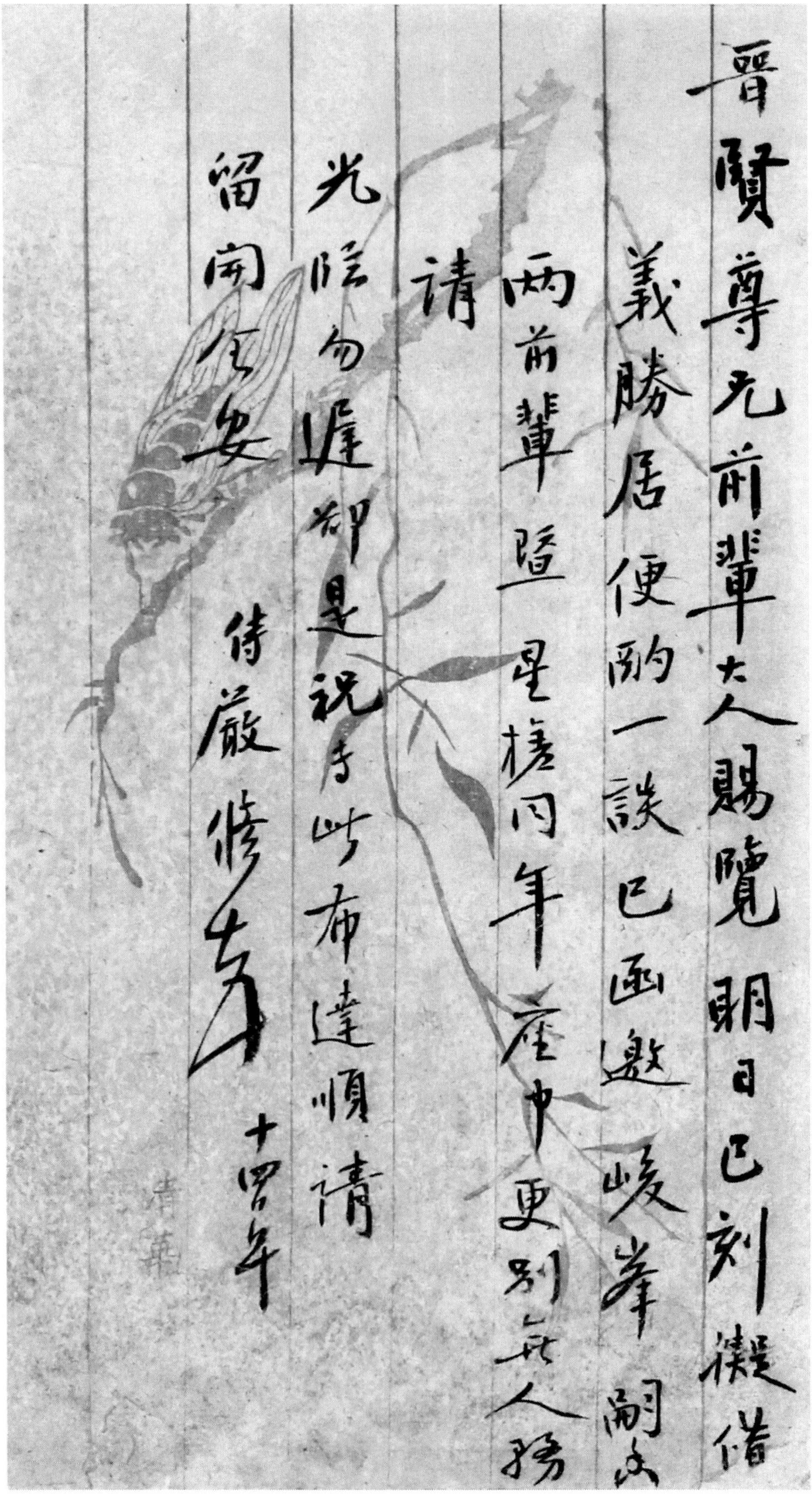

晉賢尊兄前輩大人賜覽：明日巳刻擬備義勝居便酌一談，已函邀峻峯閣學兩前輩、隆星橋同年，座中更別無人，務請光臨，勿遲卻是祝。專此布達，順請留閑佳安。

侍嚴修頓首

十四年

晉

仙老前輩姻大人閣下：茲送上課卷一包，乞

督收。辛爾樣觚公中不免大錯，務

細加覆勘，是爲切祝。外對聯二付，係侍代家兄

求者，務乞一付求可莊前輩，一付求濂公寫。蒙

老

濂公求書款呈老前輩啓，務祈（侍於箋上書侍某人，如不對，乞易之）

費神代致，是荷。外朗湖趙公瑤象乙張，指求

老前輩一書，并求

速賜，當畢即交。試館而如再侍，檢初七日四得前起。

可莊前輩處扇二柄，祈代爲一併攜帶，得方好。此請

閣下大安。眷世姻侍生嚴修頓首啓

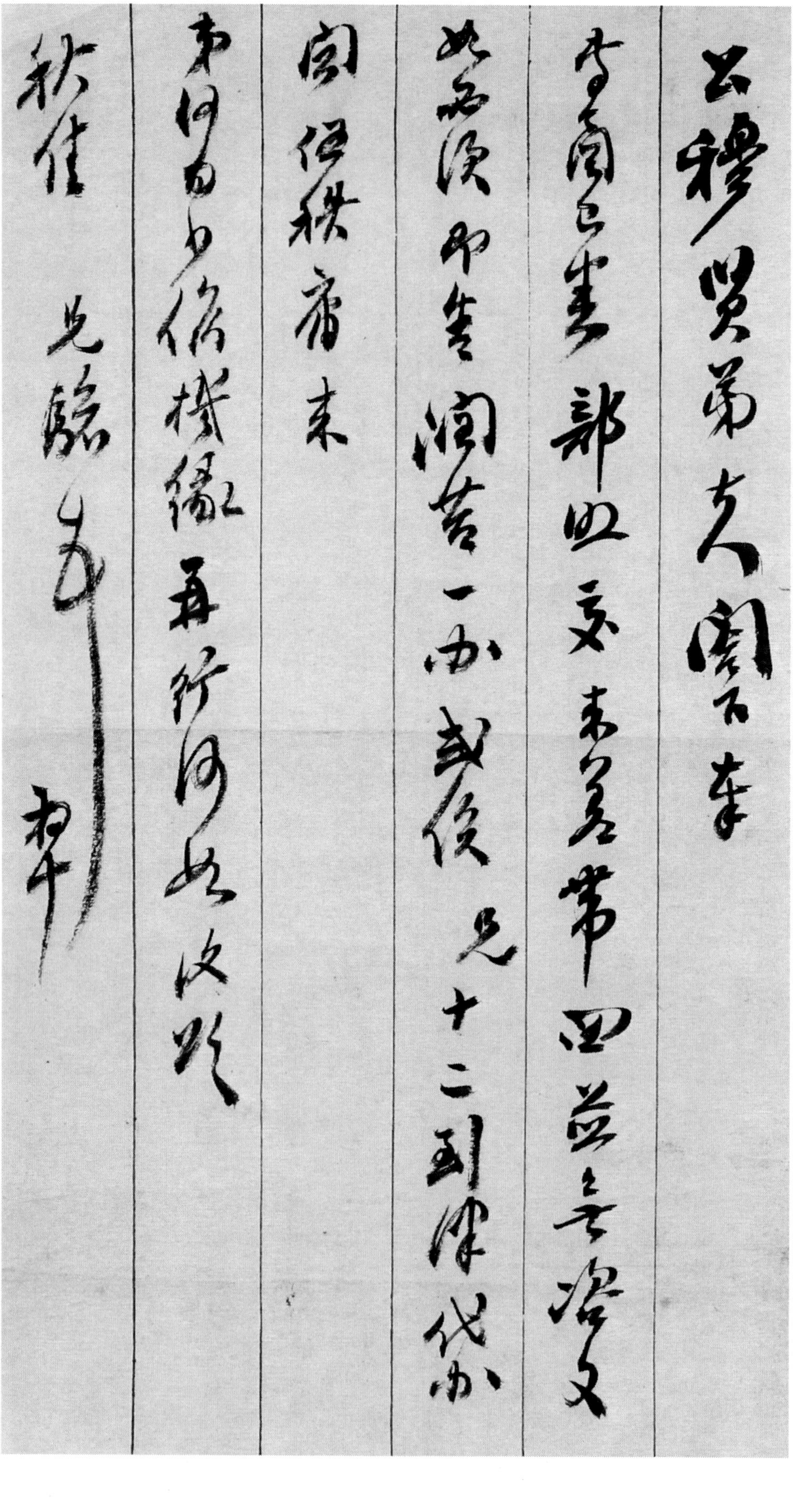
子穆賢弟大人閣下 奉
[illegible]
[illegible]閣[illegible]一[illegible] 兄十二到[illegible]
閣[illegible]來
[illegible]再行[illegible]
秋佳 兄[illegible] [illegible]

琳海仁兄大人閣下：奉展

賜函祗悉

尊躬感冒，致慳良覿，紆軫於懷。

閣下學識超隆，當時耆宿，倚能

紆駕相助，良愜鄙懷，將來

敬歷外逭，主持學界，盛名

德星聯集，共事一方，則固弟所禱
祀以求者矣。往京向餘日展
覿，餘暇匆及酬酢，亦殊日不遑。息肅
布復，祇請
台安，統祈
荃鑒不莊。
愚弟楊士驤頓首

頃接京電華嶽碑
硯未在京請
又撥一電文致鐵
兄屬速尋覓不勝
渴盼津後絕

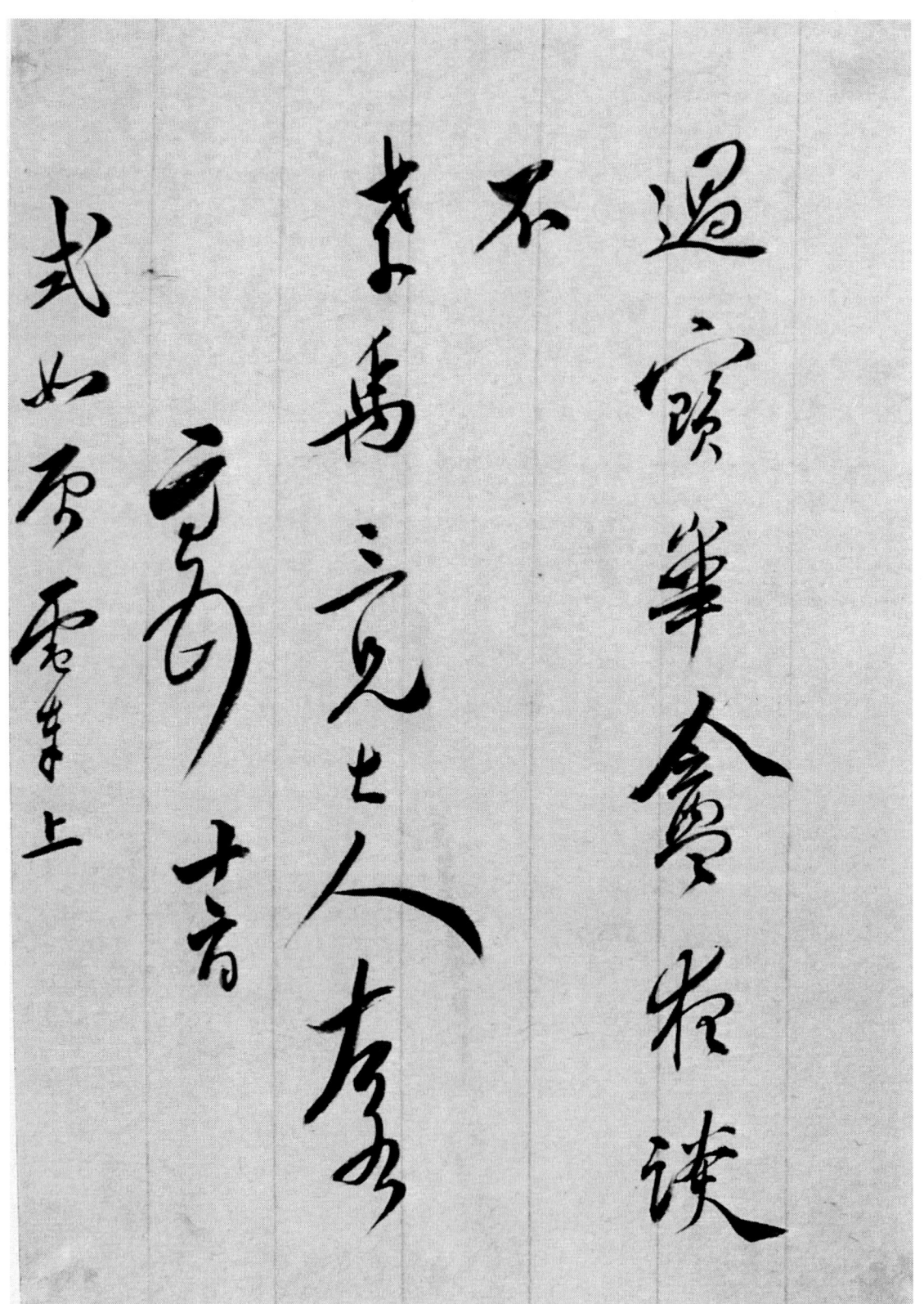

過寶華盦得談

不

甚焉之見先生人存否

可高 十日

式如頓首上

榭海仁兄大人閣下：昨承
賜書，並奉
偉著《東瀛政俗叢考》，錫斯邁為
不虛矣。方以駑鈍持節南邦，愔荊州
之不陰，終無條緒，致長沙之小舞，不
足迴旋。
來書以興礦政、存古學相觀勉，意甚
深厚。湘中礦政尚有主權，近復延

聘校師採用西法規制改多研究
成效或可預期惟學堂之設據貫經
營為之此邦人士新舊相持門戶
頓判新知尚未普及舊學已處淪亡
言念及此能無仰下但下車伊始百
度維垂振古法令尚待時日詎
賢者之有以教我也復請
台安不具　愚弟端方頓首

林海仁兄大人閣下：頃承
惠書，遠慰離悰，敬諗
新猷式煥，
履候勝常，至為忻忭。承
示履新伊始，即行巡視河防，
進慶安瀾，遠謨未雨。緬惟

經畫局任欽遲　弟避暑西山
應酬稍簡眠腫亦健飯如恒
足以告慰
存注耑泐復頌
任喜敬叩
台安　謹完

謹復，惟
察不具
愚弟端方頓首

竹海仁兄大人閣下：忽易歲華，緬懷風雨馳念。勞勞於玉屑，闕爾贈夫瑤章，敬維論學名高，從公績邁，詩成東閣，價重西都，第久

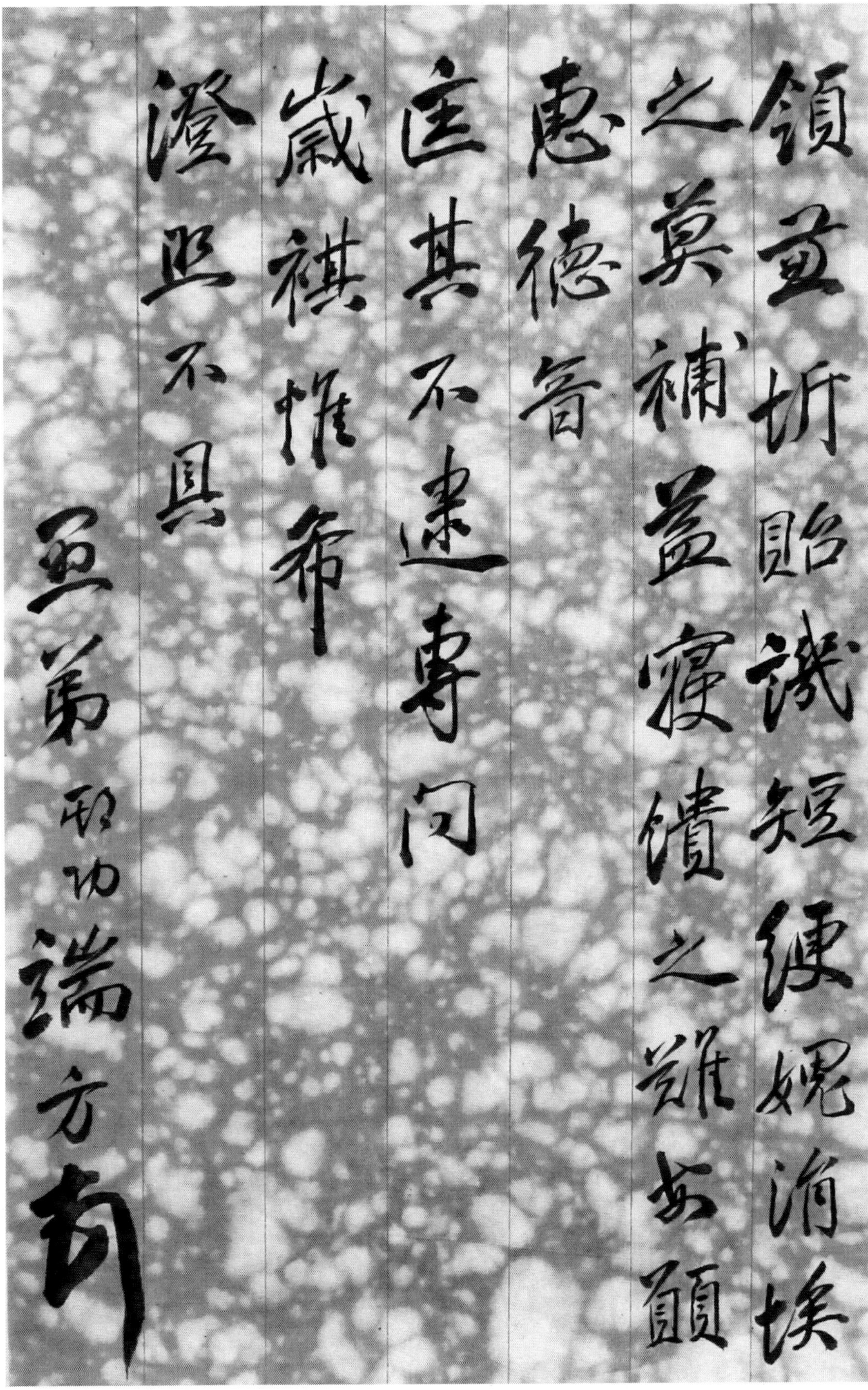

領益析貽識短便娓消埃
之莫補蓋寢饋之雖安頤
惠德音
匡其不逮專函
歲祺惟希
澄照不具
愚弟期功端方頓

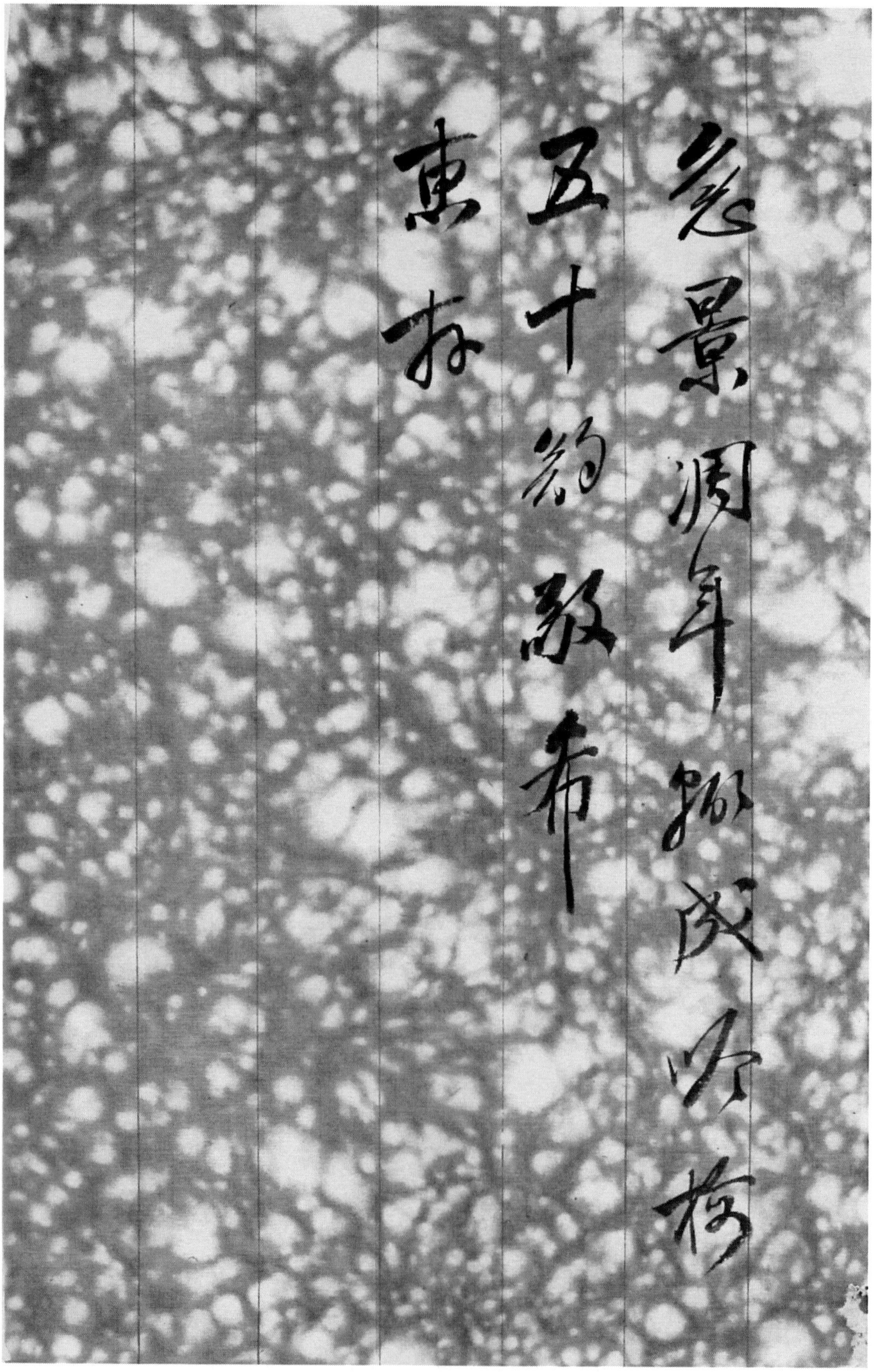
急景凋年
五十韻敬希
惠存

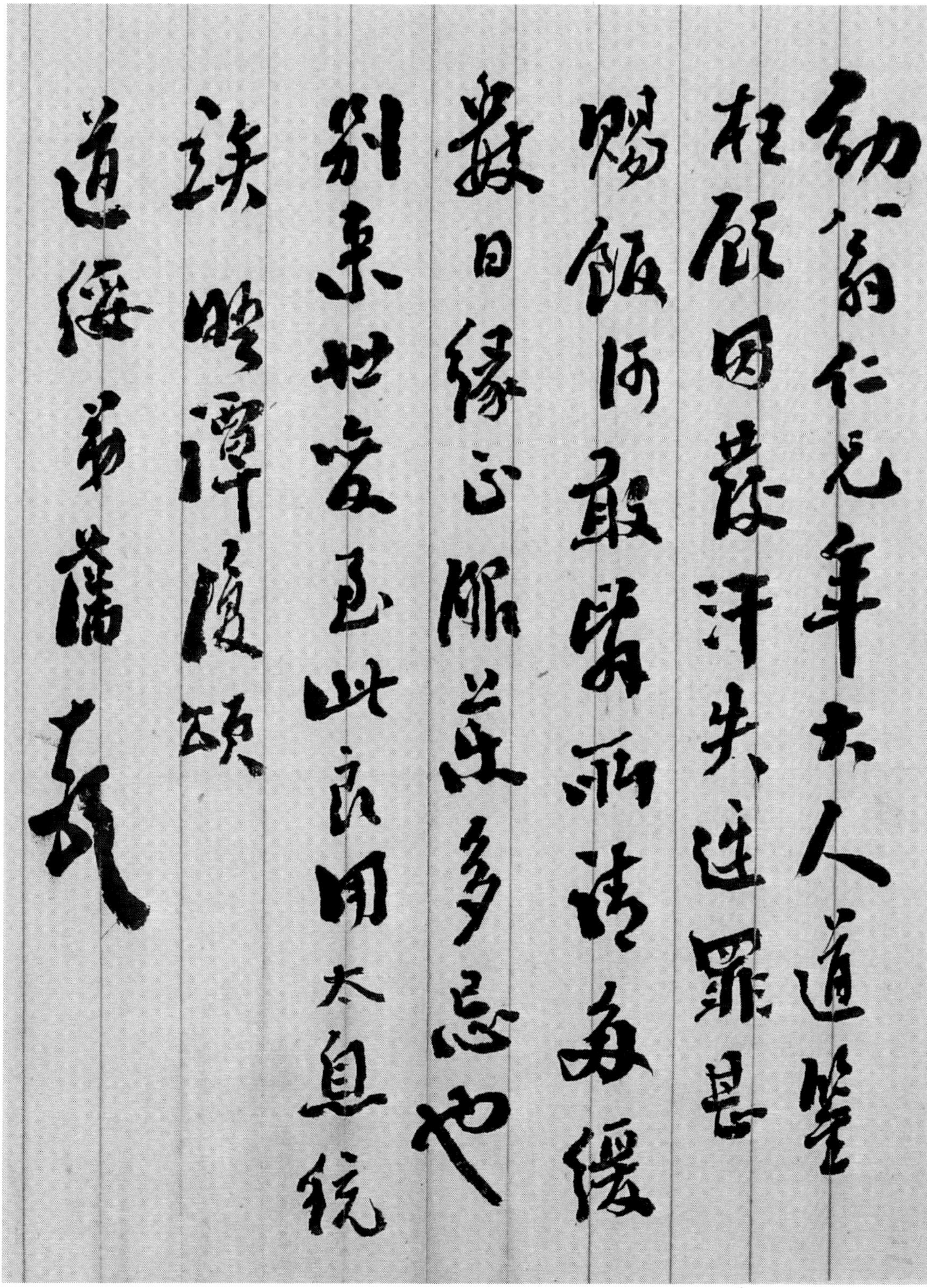

劭翁仁兄年大人道鉴
枉顾因發汗失迎罪甚
賜飯何敢辭而請爲緩
數日緣正際差多忌也
別來世變至此良用太息統
俟晤譚復頌
道綏弟益藩頓首

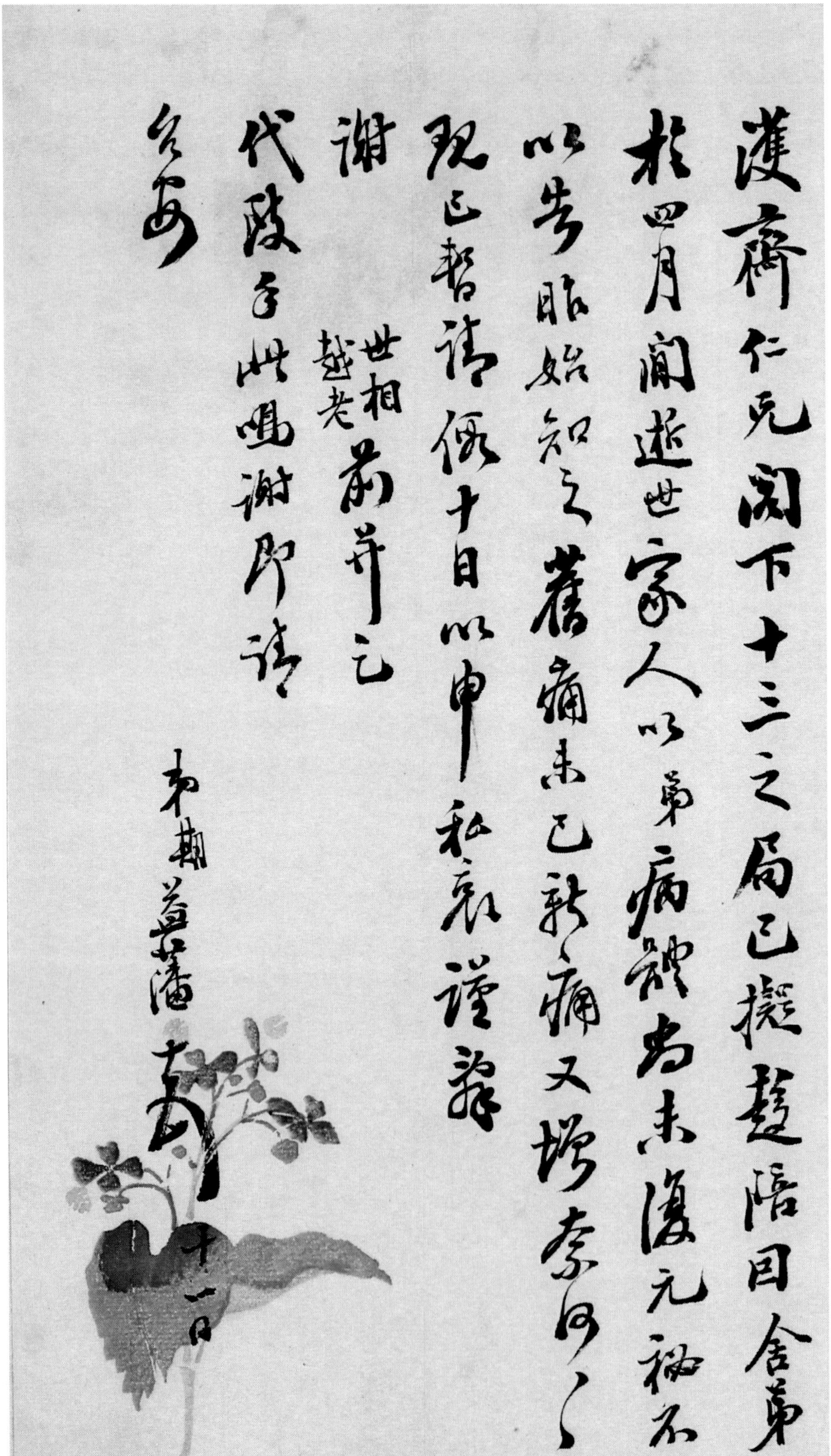

漢齋仁兄閣下：十三之局已擬趨陪，日舍弟於四月間逝世，家人以弟病體尚未復元，秘不以告，昨始知之，舊痛未已，新痛又增，奈何奈何。現已暫請假十日，以申私衷，謹辭謝。世相、越老前并已代陳。手此鳴謝，即請台安。

弟期萱藩頓首　十一日

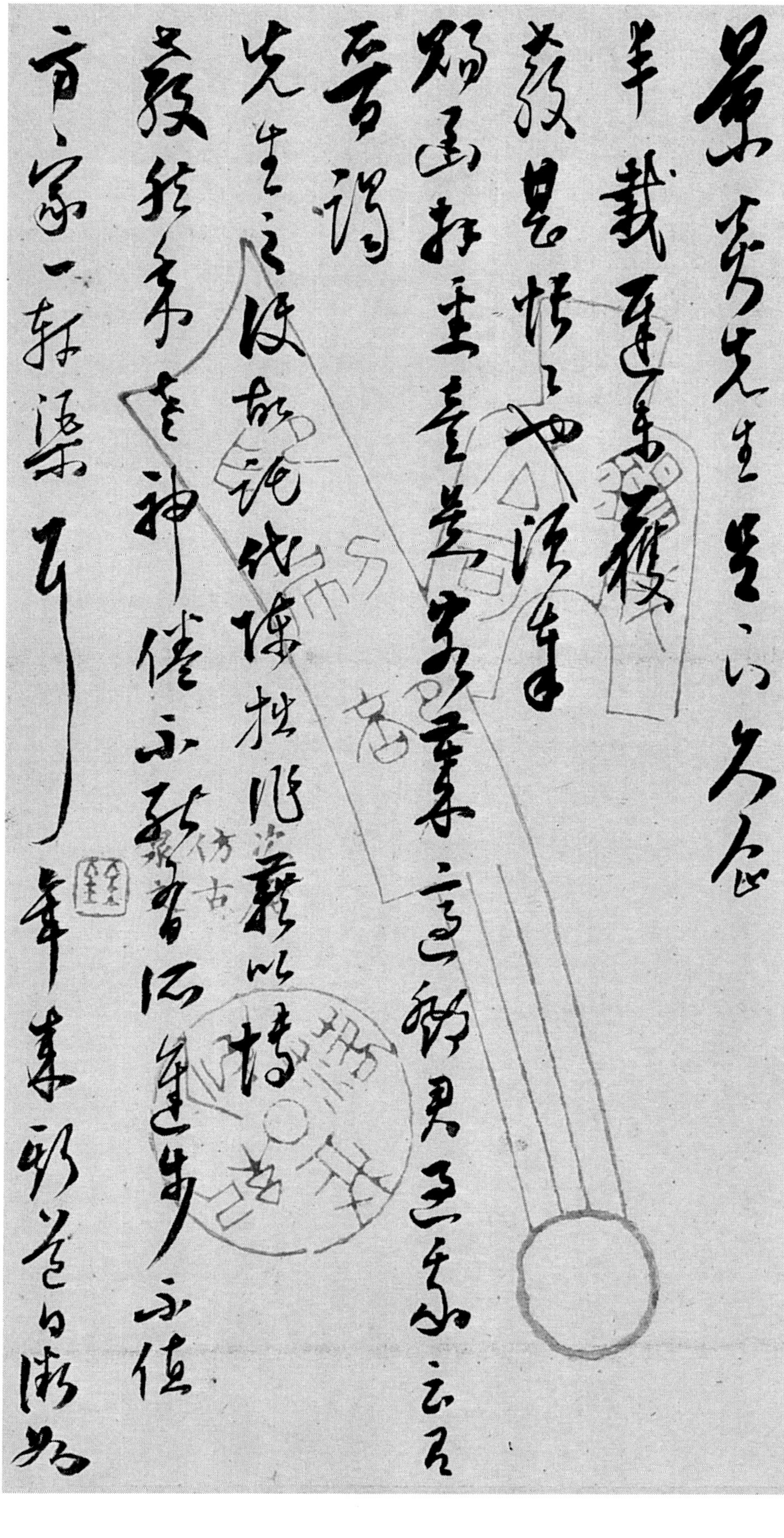

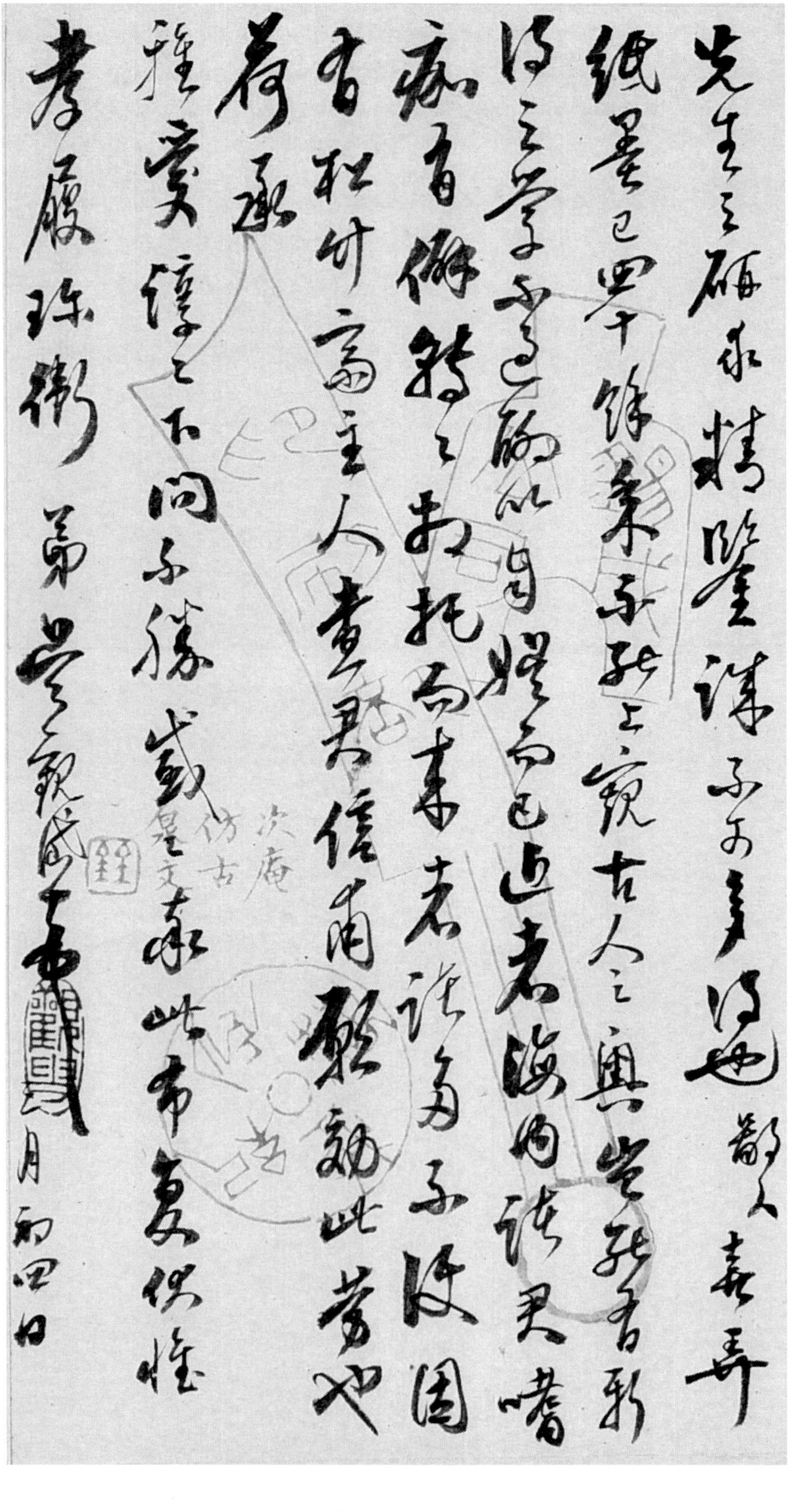

守谿仁兄大人閣下：昨奉
惠椾，謬承
藻飾，愧不敢當。藉承
履繶蕃釐，
勛祺茂介，式慰頌忱。弟猥以疏庸，寵承
恩命，材輇任重，深懼弗勝，惟有勉惕鳩營，以圖
報稱耳。承
屬一節，當經代商

吳欽憲以各局經費皆有額定數目明知
近來百物翔貴支應較難而一局更張必
致全局掣動勢難照辦想
執事顧全大局必能勉為其難也有負
雅誨尚祈
鑒諒專復祇請
勛安惟
十二月廿六到
照不備　　愚弟楊士琦頓首　十一月念七

夫子大人函丈月晦
大示敬悉江寒時届堅冰將塞川亟欲北來
方籌行計但恐
嘉言炳蔚游夏莫能贊助
高深耳 詩半生閒逸已成厭世之人甯
能折腰來餬官廚粟為希富貴長子
孫之謀一句清泉我行我素區區素志甯亦我
公所夙知也比當之居停尚苦挽留擬俟歲
列告假兩月北來晉謁 世變萬態歟以
箕潁為桃源 古人云士當身名俱泰此
語殊耐人思
公是名賢甯甘塵鞅五湖一舸宜
善自謀取不傷廉無損
高潔依人非長策歟
公三思滬上不乏寄食區似一枝尚易此宜一言直可訣
謀耳 童公倏然長往每念斯人
實有遐心 與叟衰年自為益甚一謂
不合盛氣凌人令人畏而引避耳
專叩
起居 門人詩頓首上 十月十七日

夫子大人函丈：今日得劉府書，驚悉
公穆兄遽爾謝世，悲哀欲絶。伏思
穆兄志學卓然可述，
德門後起，乃學成歸來，竟一病不起。

一

九華堂製

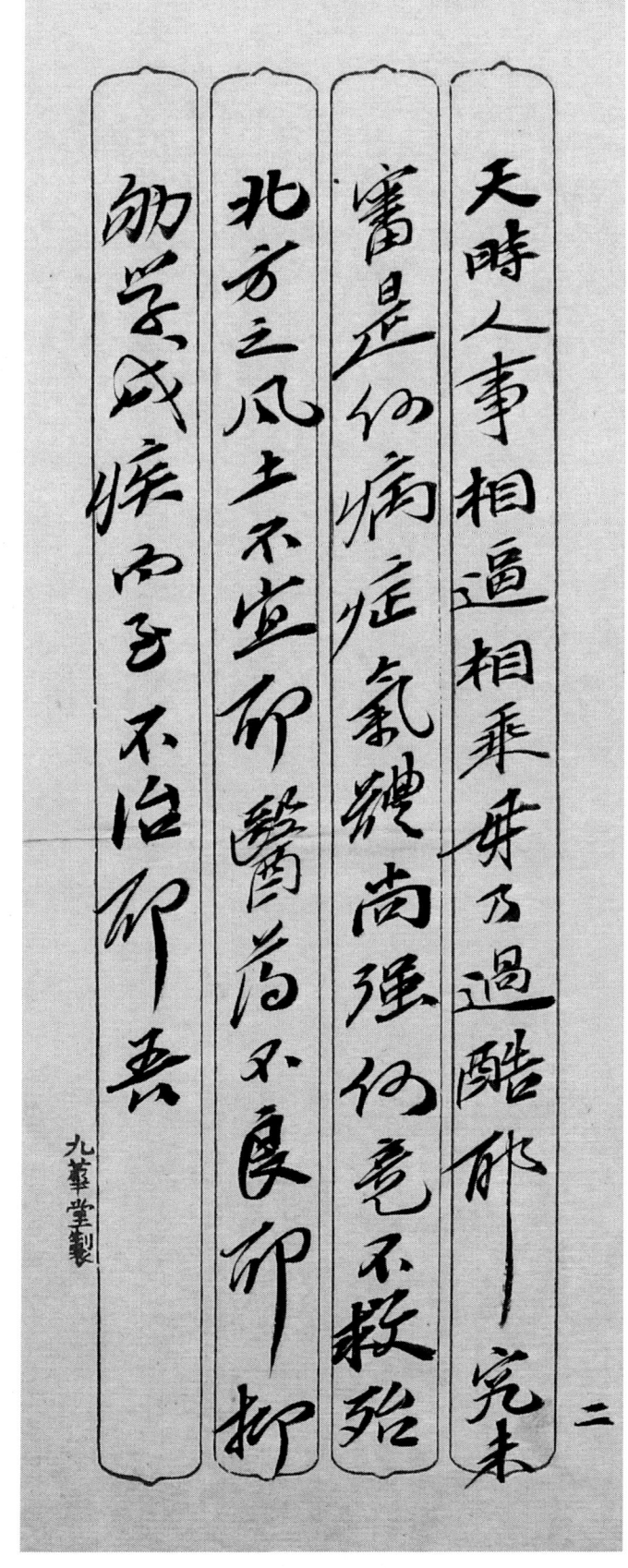

天時人事相逼相乘毋乃過酷耶究未

審是何病症氣體尚強何竟不救殆

北方之風土不宜即醫藥不良即抑

納涼感疾而遂不治耶吾

九華堂製

二

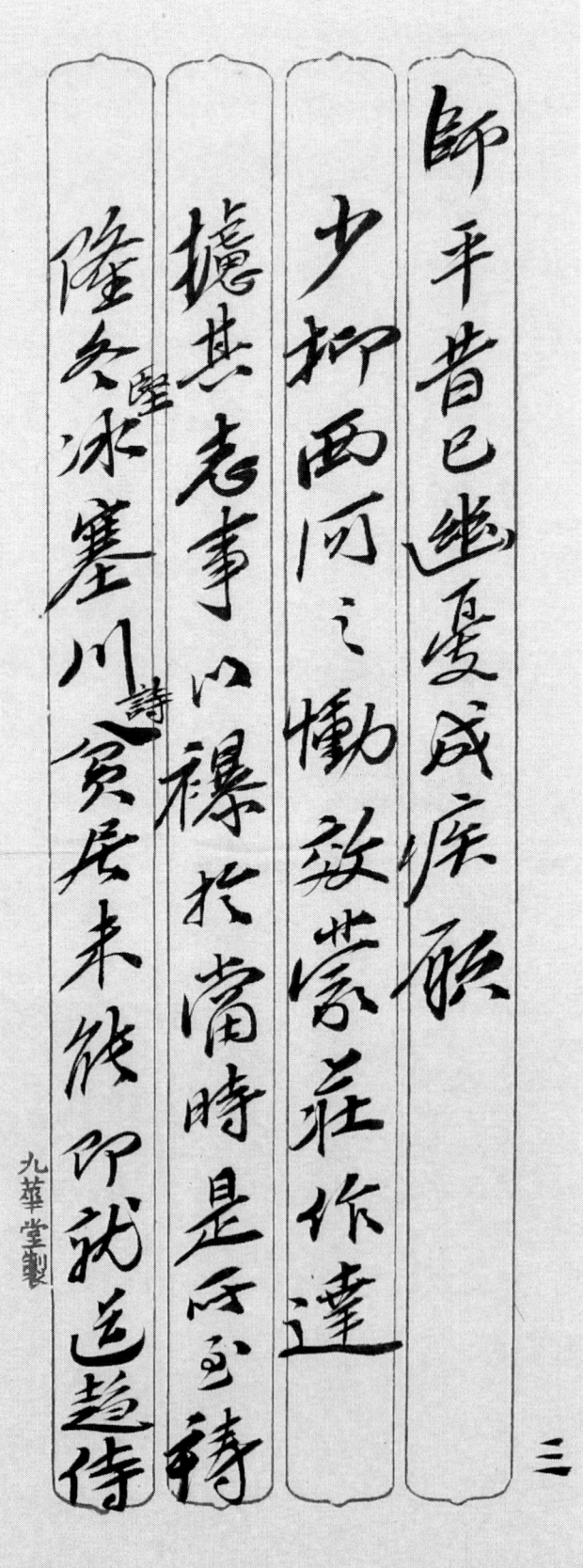

師乎昔已繼憂成疾厥
少柳西河之慟致蒙莊作達
攄其老事以禩於當時是所至禱
隆冬冰堅塞川詩賀居來能即就道趨侍

三

九華堂製

四

左右以釋此悲歡戚並若買重聚伏冀

有以亮之

穆兄此次來（老兄要）將事實均乞

俟示詩擬作一詩以輓之也

九華堂製

五

武壯公軼事
國史野乘語焉不詳詩竊以為憾輒撰一詩追述
盛德登之報章茲載以呈　閱毋棄伏惟
為道珍衛
門下士陳詩謹再拜上　十一月廿四

九華堂製

信卿先生大鑒：春光惟
動定多佳為祝。南菁校董開會適是日吾蘇為敵捐
事士紳集議籌措，因此不克到滬，敬乞
執事就近代表，至感。並託撥塊費匯寄，弟殊不便。弟于（夏曆）十後有
事赴申，到會面交。轉原紳略假數日，遲亦無妨。惟李君子峯
君上次開會說明，兩塊半現既無工程計畫，雖承自應，仍照撥
塊半，半數先付一半，此則豫備為本園擴展若干手續。
祇頌
道綏

弟蔣炳章頓
六月九日

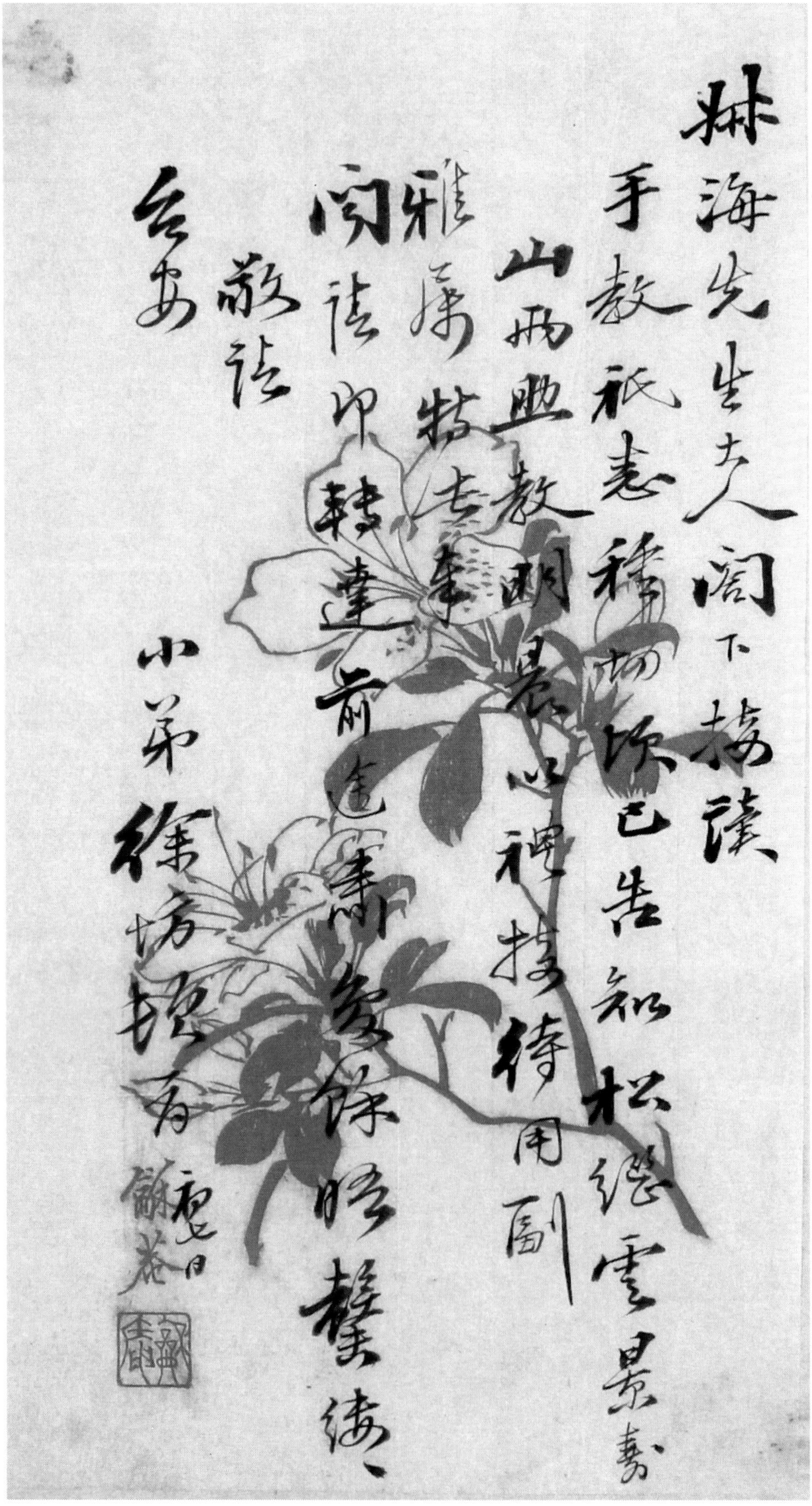

琳海先生大人閣下：接讀

手教，祇悉種切。你已告知松縣雲景壽

山兩幅，教頭晨以裡接待用副

雅屬，特去奉

閣，請即轉達前途，寄來彙錄照樓續。

敬請

台安

小弟徐坊頓首 初七日

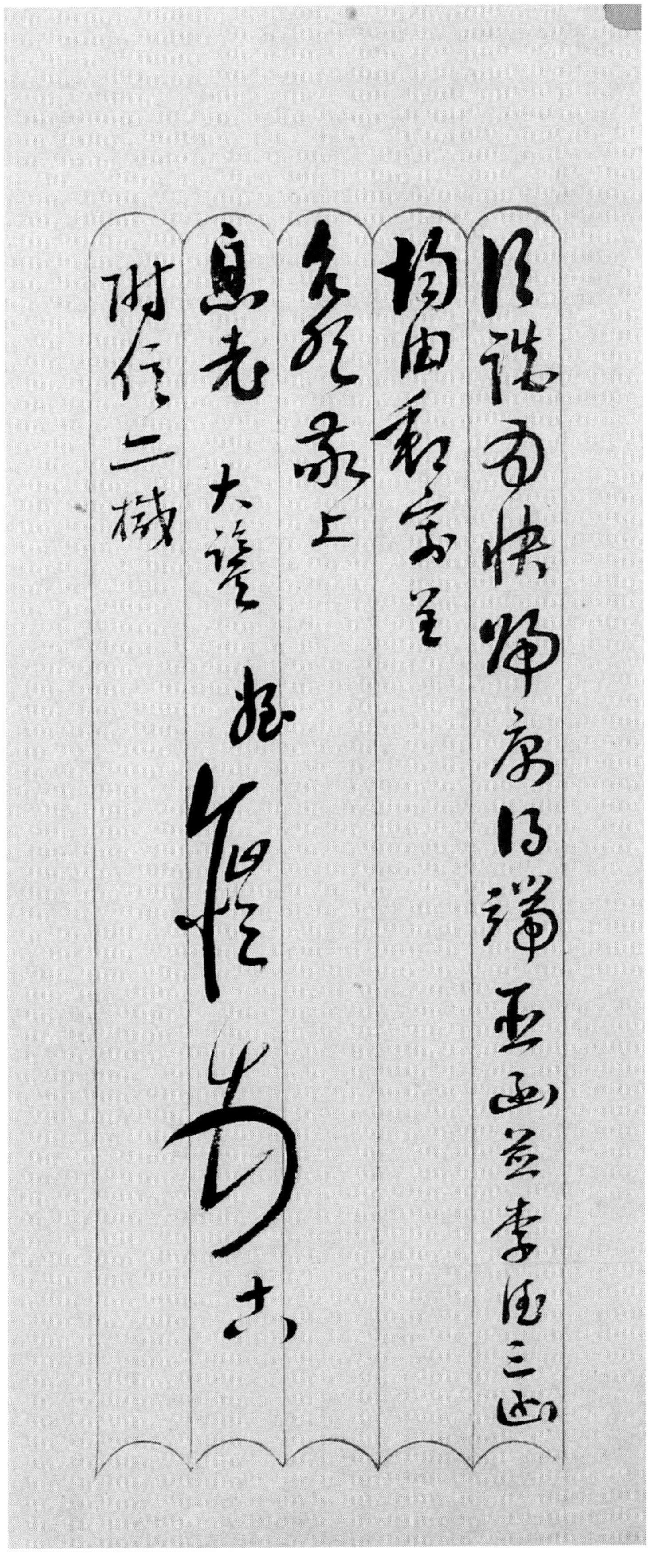

貺詒尚快歸康仍端至函並李廷三函
均由秉寄呈
奏稿錄上
息光大鑒 姪爾愷 六
附件二紙

寶丈誼(?)兄：廿日曾布一函，計已入
照。吳蔚若尚書現決(?)於明日（廿五）由大連丸赴滬，其晚間到
寓(?)往一品香旅社。蔚老此行未帶家人，處處(?)
一切又不甚熟，擬請我
兄於是(?)日午前九十點鐘（因此信至(?)滬應照應之(?)）
前駕至一品香一談，並請攜帶簡單物件(?)
冊。蔚老可與伯行來商，或以一要著加諸(?)
晚西於外人方面擬為熟手，且視力極大，較(?)為

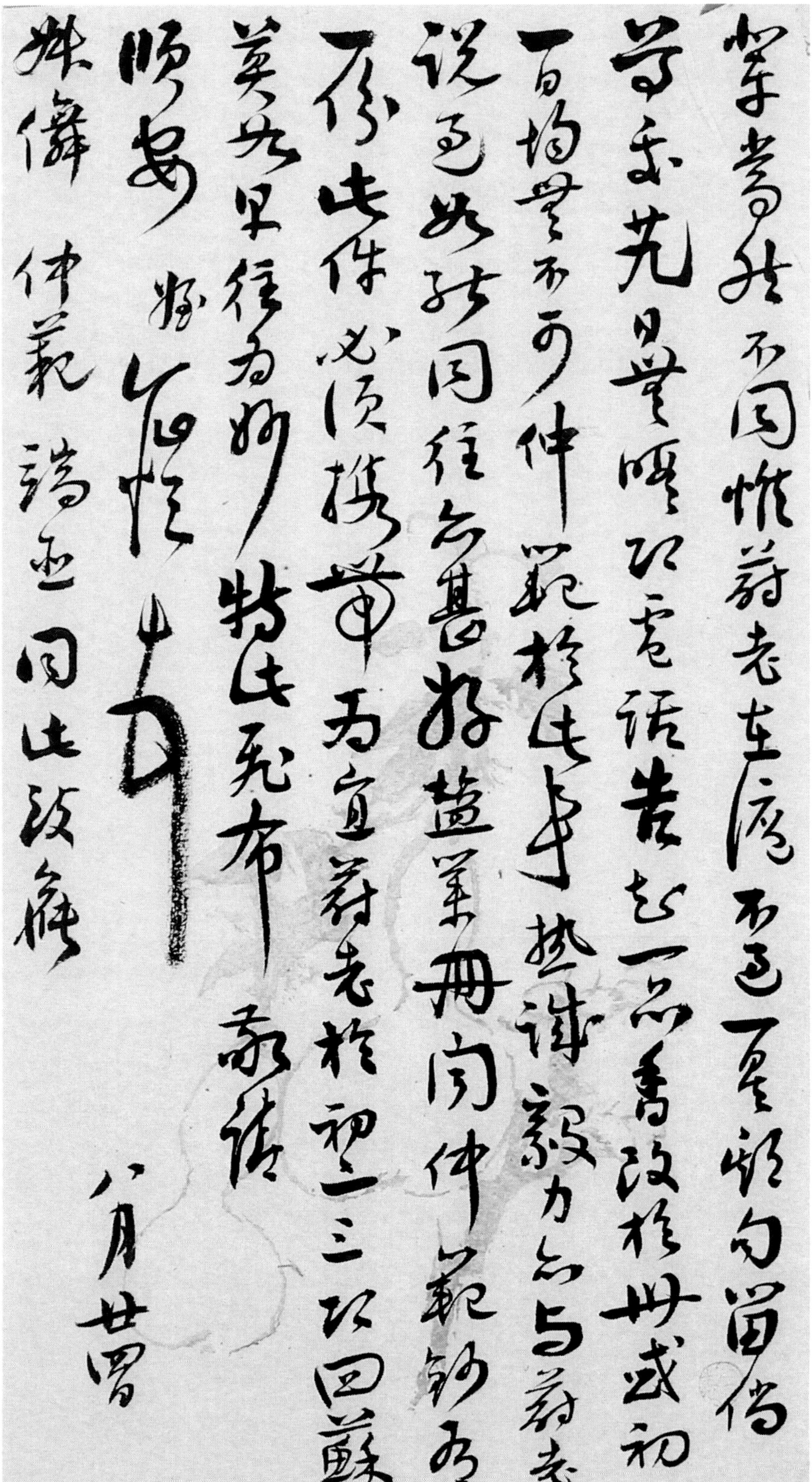

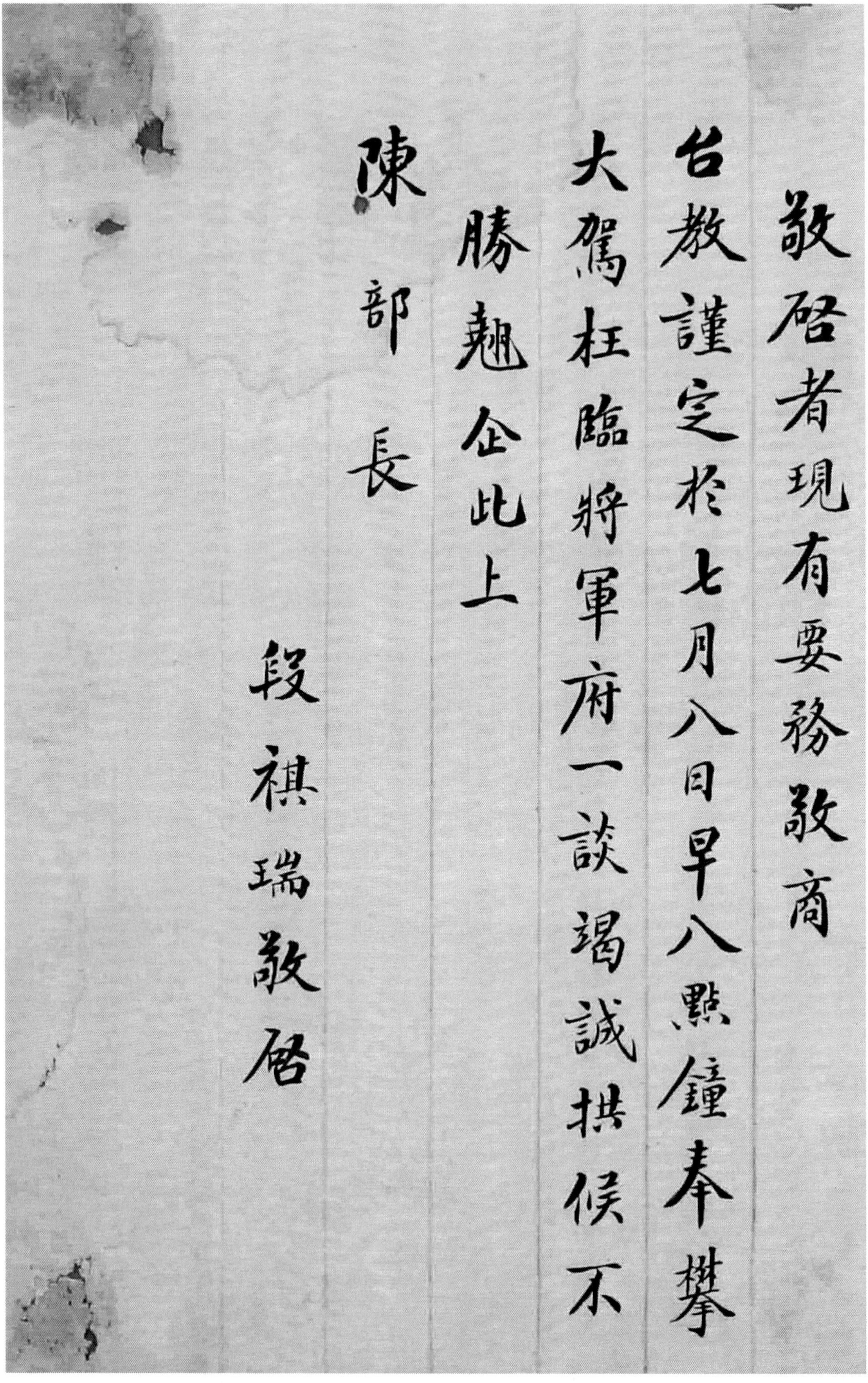

敬啓者現有要務敬商
台教謹定於七月八日早八點鐘奉攀
大駕枉臨將軍府一談竭誠拱候不
勝翹企此上
陳部長
段祺瑞敬啓

次公大鑒：前奉

賜書，祗悉一一。秉若之孤完院頭著全名

公所纂經營足為繼起，近日以來時若不

適，惟望精愈，即當握管。志書從事可見

公志但此三縣原懷兩省，今全為一書

之舊，泗亦復如此，亦有本也。祗祝

節綏。廷燮拜啓

次公大鑒：現核出成化元年正理寫校之，不足為何，請我

公鑒正。尚意非實錄正文，皆寫細字，此卷呈覽，祈留長

編。此無自未能校，又有建州左等儀董，此等與長編正文全異，

亦未便改，特此縷陳，伏望

函復，賜還至禱，此頌

撰安。廷燮拜啟 廿一

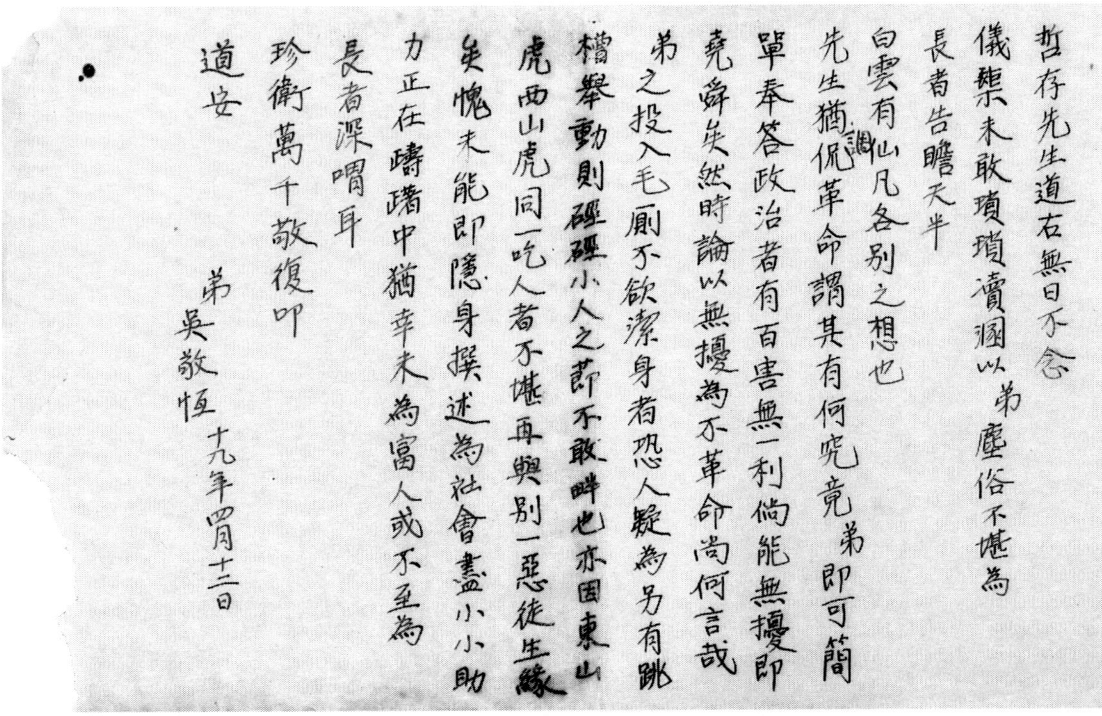

哲存先生道右無日不念

儀槼未敢瑣瑣瀆溷以　弟塵俗不堪為

長者告瞻天半

白雲有仙凡各別之想也

先生猶調侃革命謂其有何究竟　弟即可簡

單奉答政治者有百害無一利倘能無擾即

堯舜矣然時論以無擾為不革命尚何言哉

弟之投入毛廁不欲潔身者恐人疑為另有跳

槽舉動則硜硜小人之節不敢畔也亦因東山

虎西山虎同一吃人者不堪再與別一惡徒生緣

矣愧未能即隱身撰述為社會盡小小助

力正在躊躇中猶幸未為富人或不至為

長者深喟耳

珍衛萬千敬復叩

道安

弟　吳敬恒　十九年四月十二日

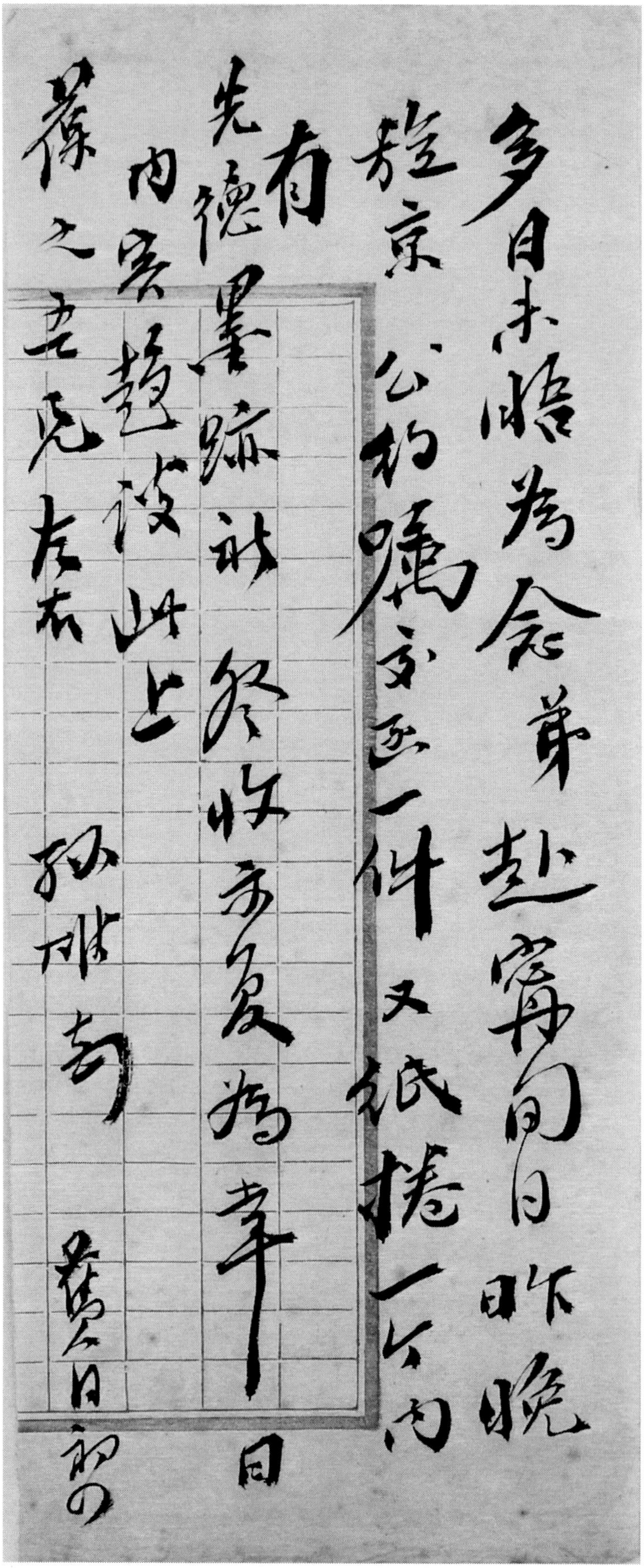
多日未晤為念弟赴寓向日昨晚
抵京公約囑示丞一件又紙捲一个內
有
先德墨跡祈察收方復為幸
內容題跋此上
蓀之老兄左右
叔雅頓首
日初四

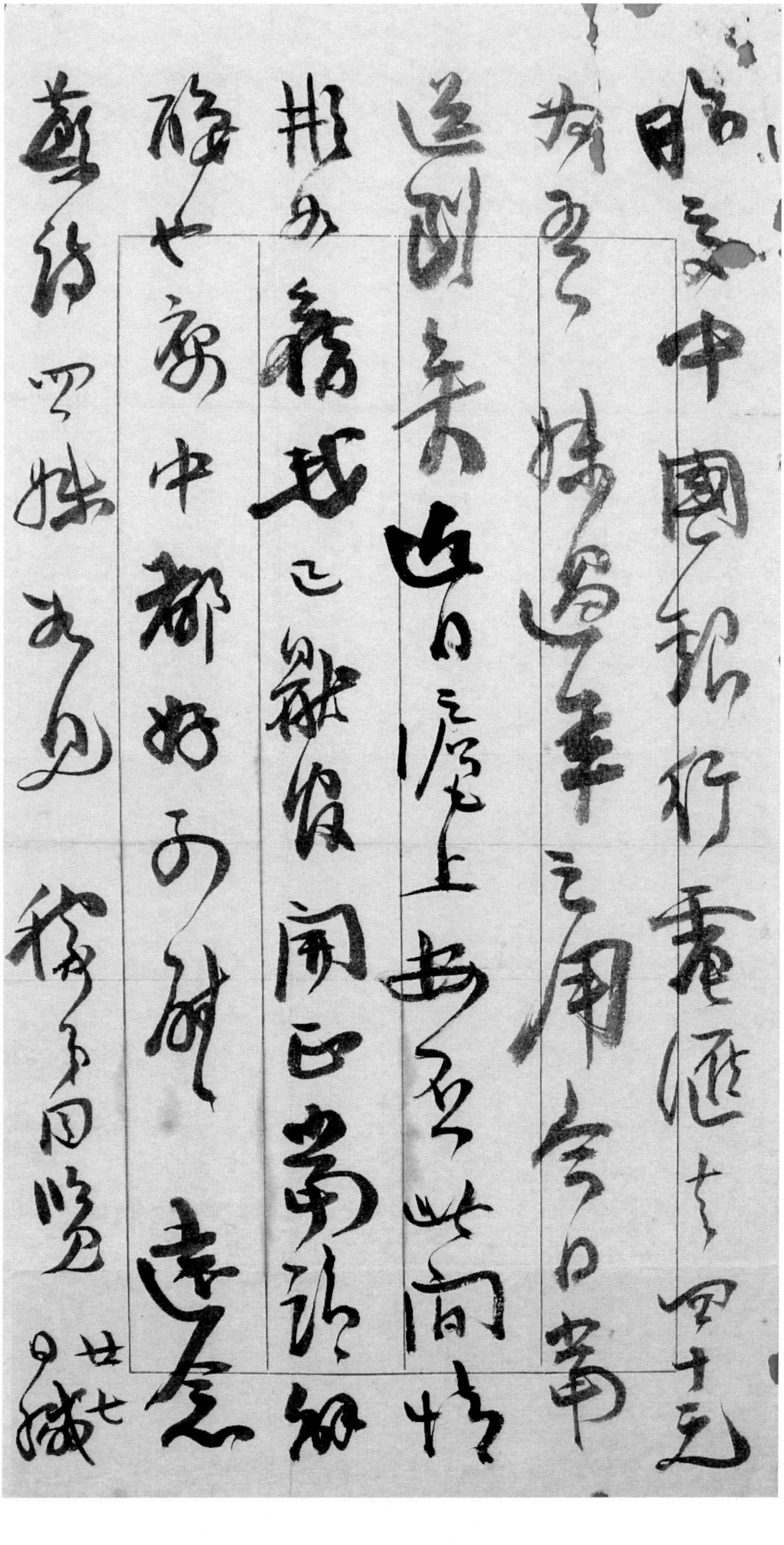
昨交中國銀行電匯去四十元，想已收到，過年之用。今日寄送到矣。近日之晚上出去，此間情形如舊。我已[illegible]開[illegible]細務也。家中都好，可慰遠念。

蕙綺四妹如見

[illegible]

廿七日

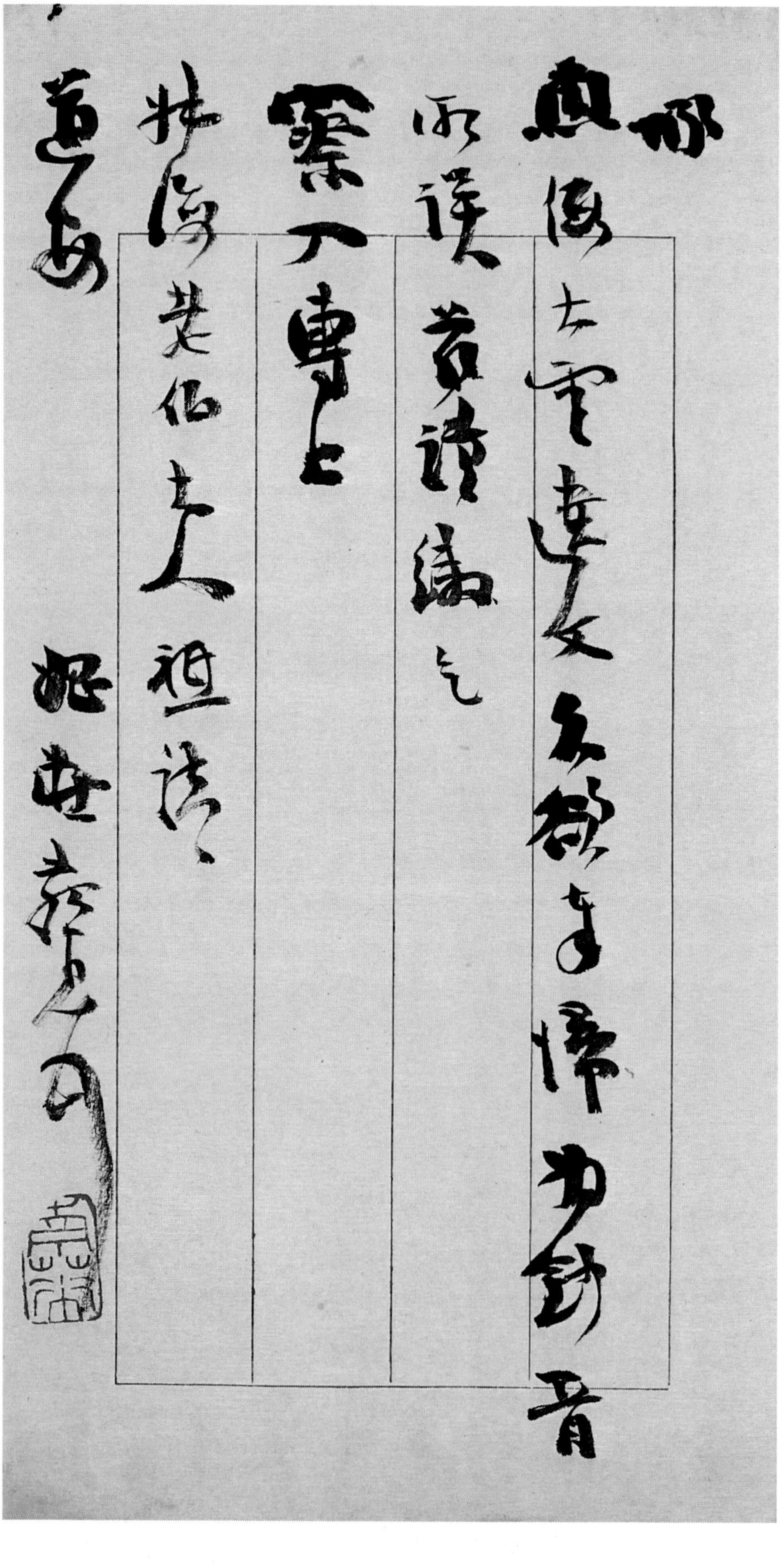

夢蕉室主人台鑒：前寄上五尺四行屏條四條，四尺四行屏條四條，又囑加用鋼印對聯五付，統乞

詧收。專此順頌

台祺。

詧收

詧

潘錫九拜啓　二月廿六日

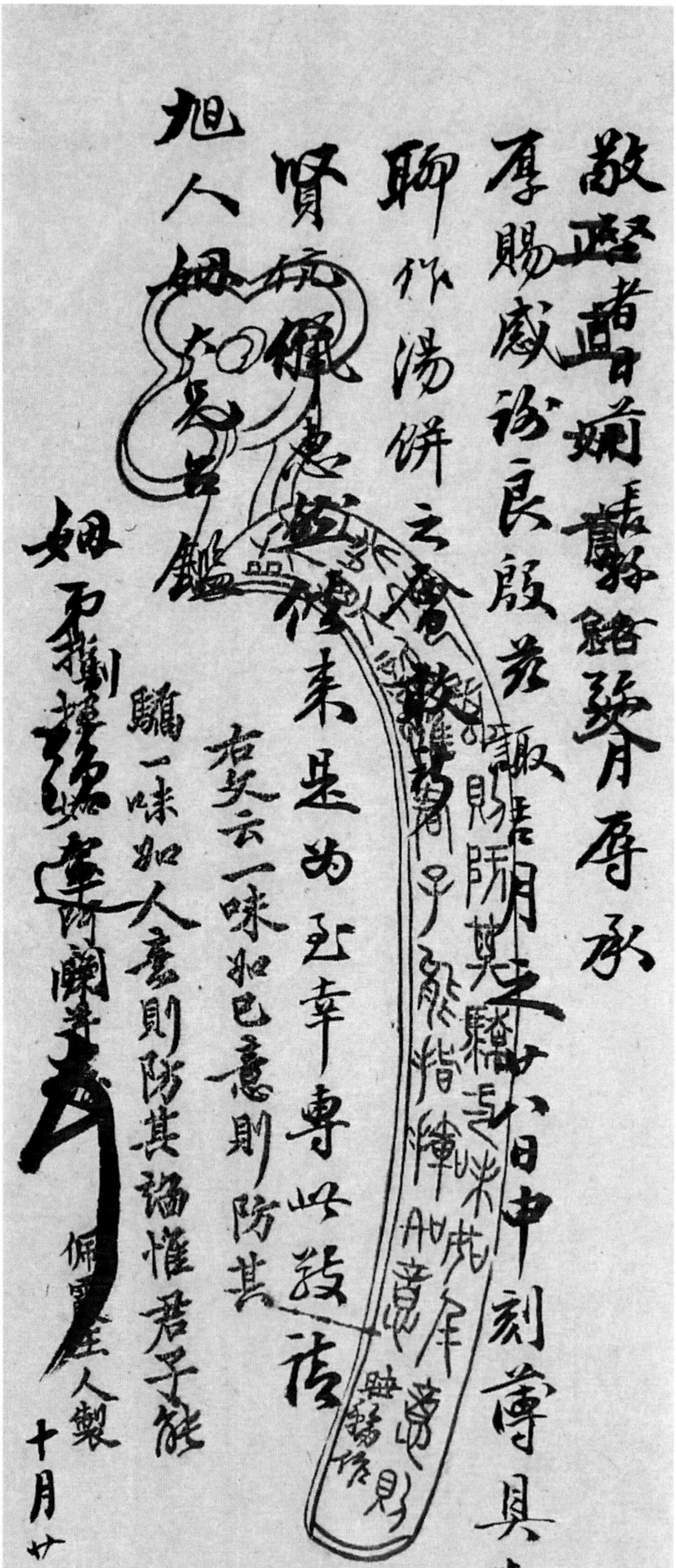

敬啓者，昨日前奉長翰，聆悉。月辱承
厚賜，感謝良殷。茲趁月之廿六日中刻，尊具薄肴，
聊作湯餅之會，敬請
賢伉儷惠臨，早來是爲至幸。專此敬請
旭人姻兄姻嫂台鑒
姻弟制張緒華率內頓首
十月廿六日

右又云一味和己意則防其
又一味如人意則防其謟惟君子能
偶爾齋人製

旭人姻兄大鑒：日前賜
教爲快。頃奉
手示，並悉一切。令郎之事，查前開節略誤
用徒析名義，與案不符，故未代呈。茲將原
節略送還，即希
更正交下可也。費並薪一事，聞可借支半個月，
容代領得，再行送上。此後即請
台安。
姻弟强運開頓首
十二月十七日

任先仁弟執事：久未把晤，酷暑維
起居多勝為頌。匡原擬昔年本
由主事派赴美彼國華僑就辦事
員，視已三年。近聞有主事缺（即係總務處之缺）未補，
俯予叙補，代深感禱。此頌
暑安

二寶信叔　八月七日

27

岫庐先生大鉴：昨奉廿三日生字一〇八三号手函，并契约两份，备悉一切。兹因约内第八条说及著作物，议与契稿，敬请检寄式样一份，备阅览。渎至歉，此颂

著祺

伍光建顿 廿五年六月廿四日

孝達老世伯大人閣下：去冬道經鄂渚，晉謁
台階，得親
温霽，深喜
潞國精神，老成彌健，為兩湖幸，正為我
國家幸。姪到湘後，以學政事繁，又急欲出棚，久未得修函致
候，甚為歉仄。私以為一水睽違，有事自可隨時請
教，正不在以無謂寒暄瀆塵
尊聽。詎料命途多舛，僅考一棚，即於途次聞訃丁憂，是

即回省奏報思星夜回京而囊橐蕭然進退維谷多
方籌畫始勉强成行於二十二日由湘起程二十六日抵鄂因在百
日内旗禮向不拜謁故未敢踵叩
興居想邀
原諒格外昨聞首府余君言蒙
老伯大人慨助千金不勝感激以姪值此家國艱危之際中情莫訴乃承
矜垂厚賜益覺銘刻難忘專此致謝敬請
勳安
棘人世愚姪載昌稽首

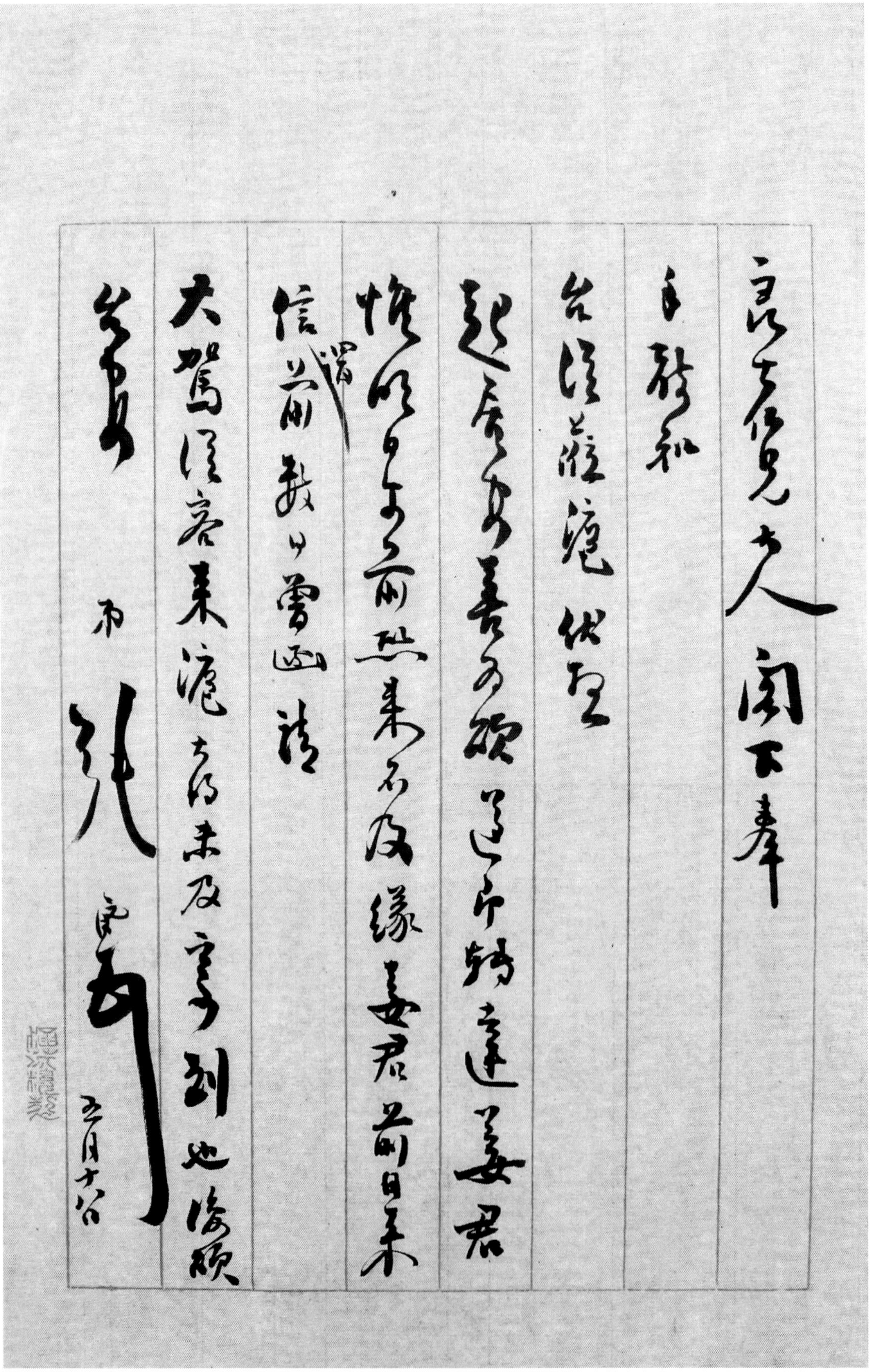

彥老兄大人閣下：奉
手教敬悉。
台從蒞滬，欣甚。
起居安善為頌。頃已代轉達姜君，
惟明日去前恐來不及，緣姜君前日來
信，囑前數日曾函請
大駕從容來滬，茲仍未及言到也。復頌
台安。不一。弟[illegible]
五月十日

良士先生閣下：晨間承

假閱元刊洧士廣閱，乃係九行，與敝處所

照存本不能配合，可惜可惜。至詞三種，鈔似

未甚精，茲一併繳上，統乞

鑒收。屢屢瀆擾，不勝惶悚之至。專此，敬請

台安。弟張元濟

諸位世兄均此。廿八日

昨日侄明齋先生來云尚欲譯書，叢竟未計
聞有純甫舍弟與彦譯之，但太邱于此不缺
勝任之意，頗齊
又欲熊畏齋士大邱鳳起君座東鄉
往返文案書數十通，閱有碩邱
非[illegible]在流通無能達，本人邱本華，令將
原物之閱之，檢示
又嘉君寄林詩集及序山氏歌行事新，安俊
仙唐師兄同學
撫年
和[illegible]頓首
[illegible]

一之兄大人閣下：前日

枉臨晤談，為快。極思奉約小飲，而罷市至今，

盤飧兼味，故遲遲未果。今送上鰣魚一尾、枇

杷壹筐，想

去國有年，或未嘗故鄉風味，伏望

笑納為幸。專此，敬頌

儷福不宣。弟

張元濟

七月廿日

商務印書館啓事用箋

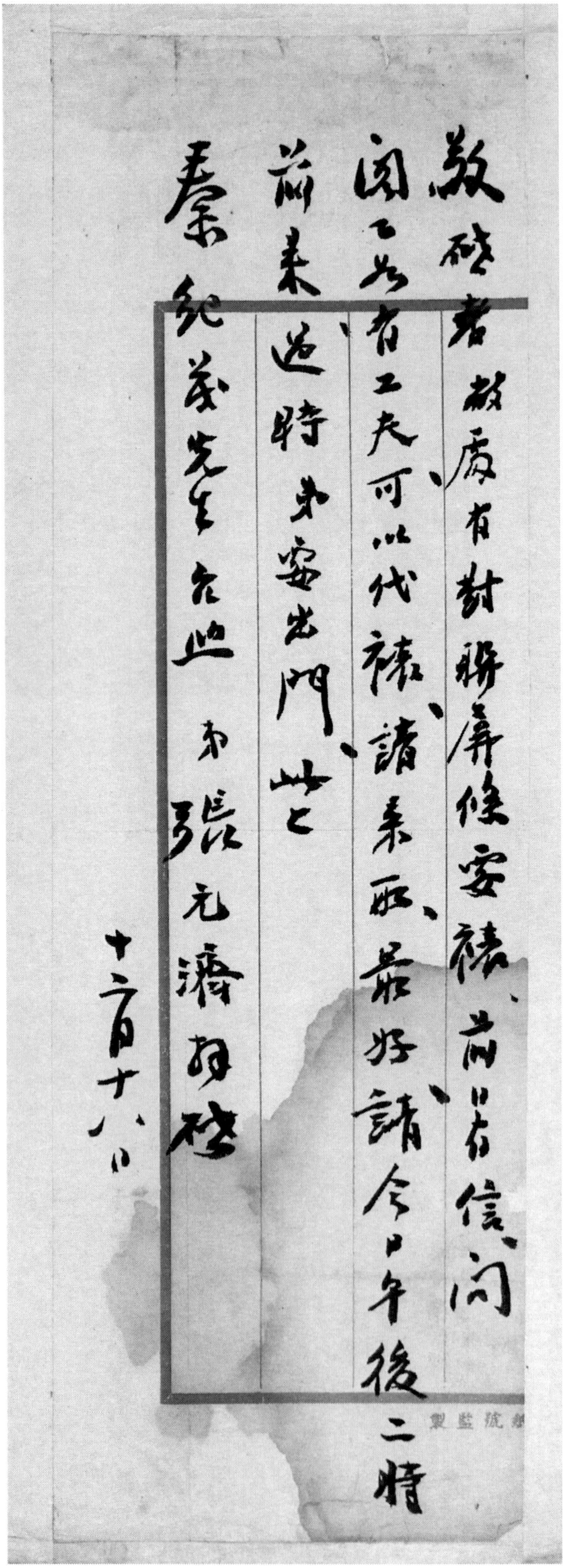

敬啓者：敝處有對聯、屏條要裱，前日有信問
閣下有工夫可以代裱，請來取，最好請今日午後二時
前來一遊，特弟要出門，此上
秦紀華先生台照 弟張元濟頓首
十二月十八日

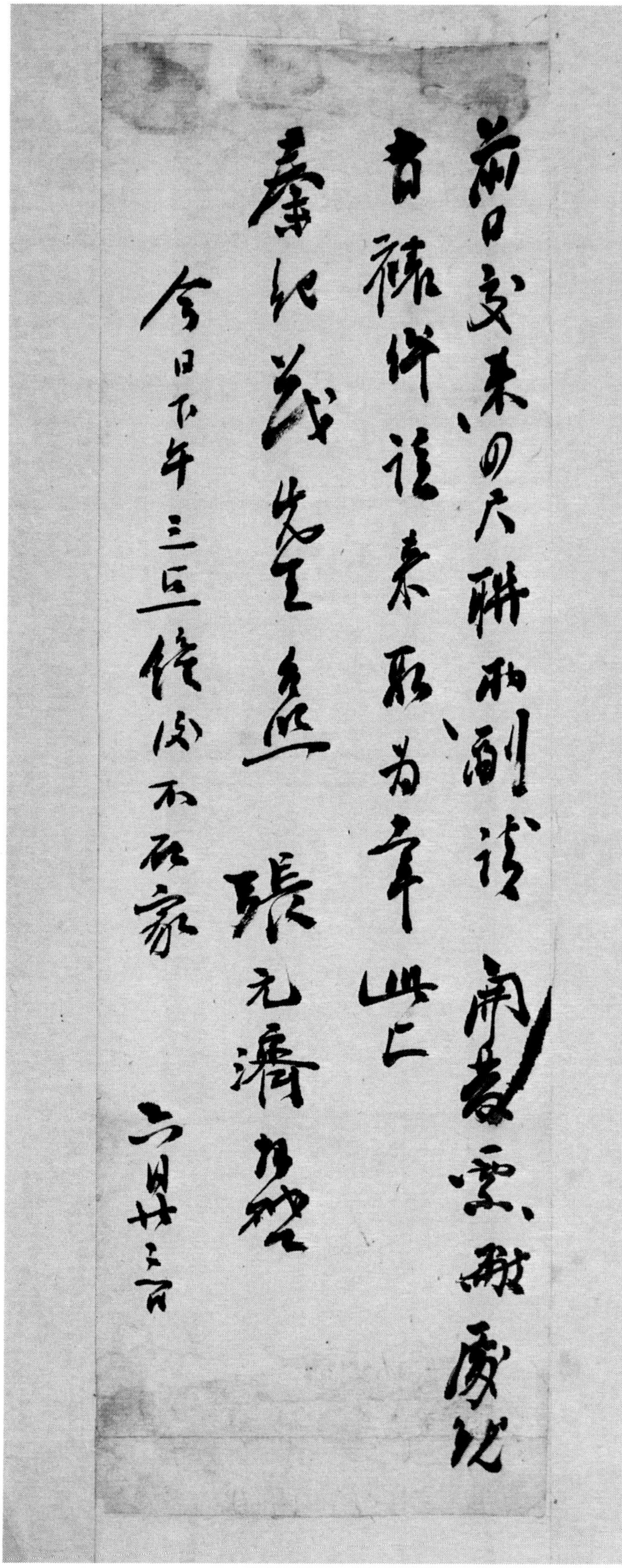
前日交來四尺聯兩副請南春雲、敬庵代
書該件請來取爲幸此上
泰紀巖先生台鑒
張元濟拜啓
六月廿三日
今日下午三點鐘後不在家

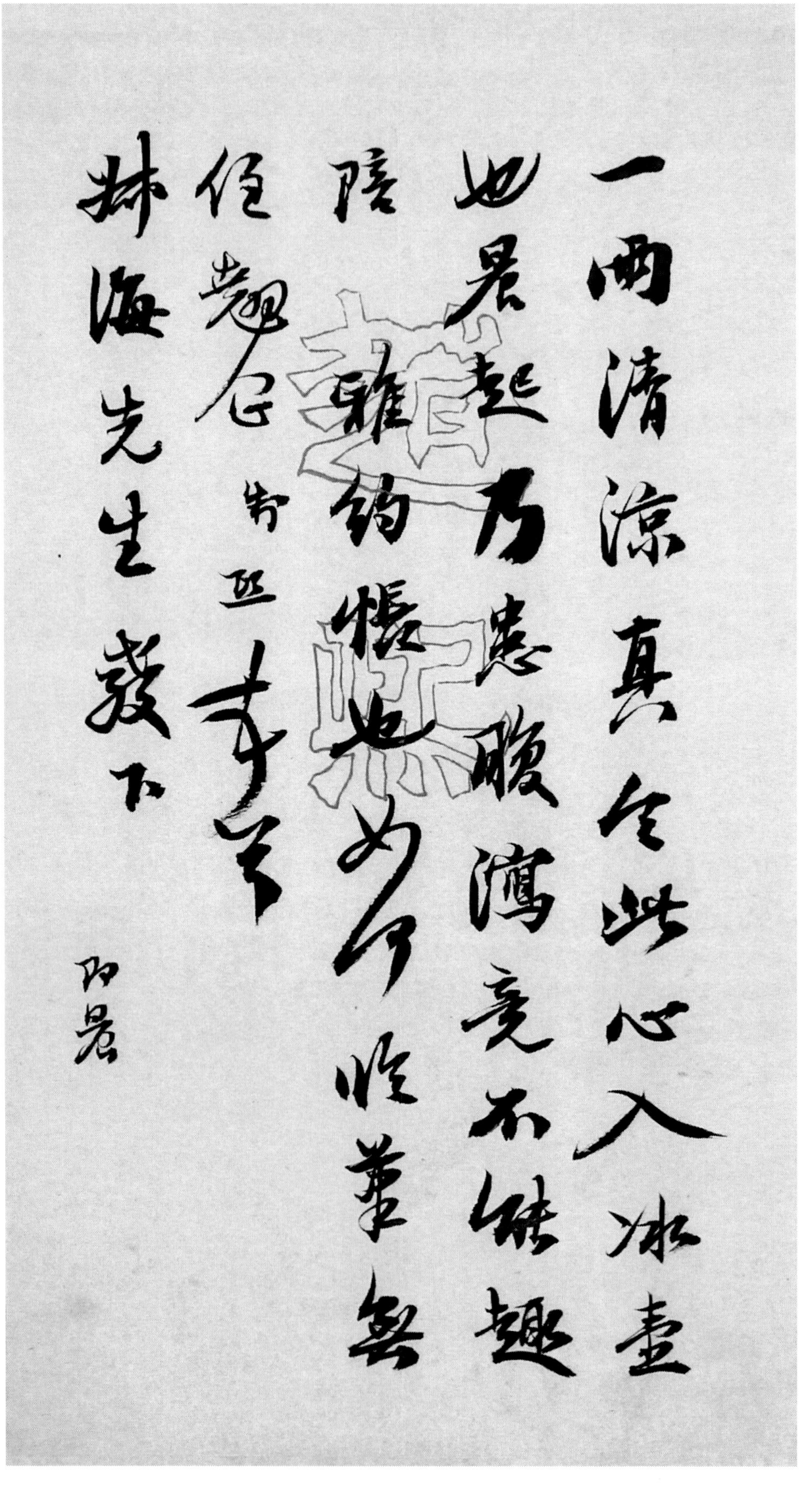

一雨清涼真令此心入冰壺也。君起乃患腹瀉，竟不能趣陪雅約，悵悵如何。惟[illegible][illegible]
侄[illegible]臣[illegible][illegible]手上
林海先生發下
[illegible]君

27-1

27-1

仲魯老前輩大人執事：碌碌未克走謁

爲歉。頃奉

手教，敬悉一切。明日晚間有

貴鄉試同年團拜，乃侍等毋庸出名矣。

王侍事情亦不悶，不知本鄉亦將來也。

何契復想一時尚未議及也。肅復，敬請

闈安。 侍士鑑

韻石樓漢韓仁銘碑額字 芝林

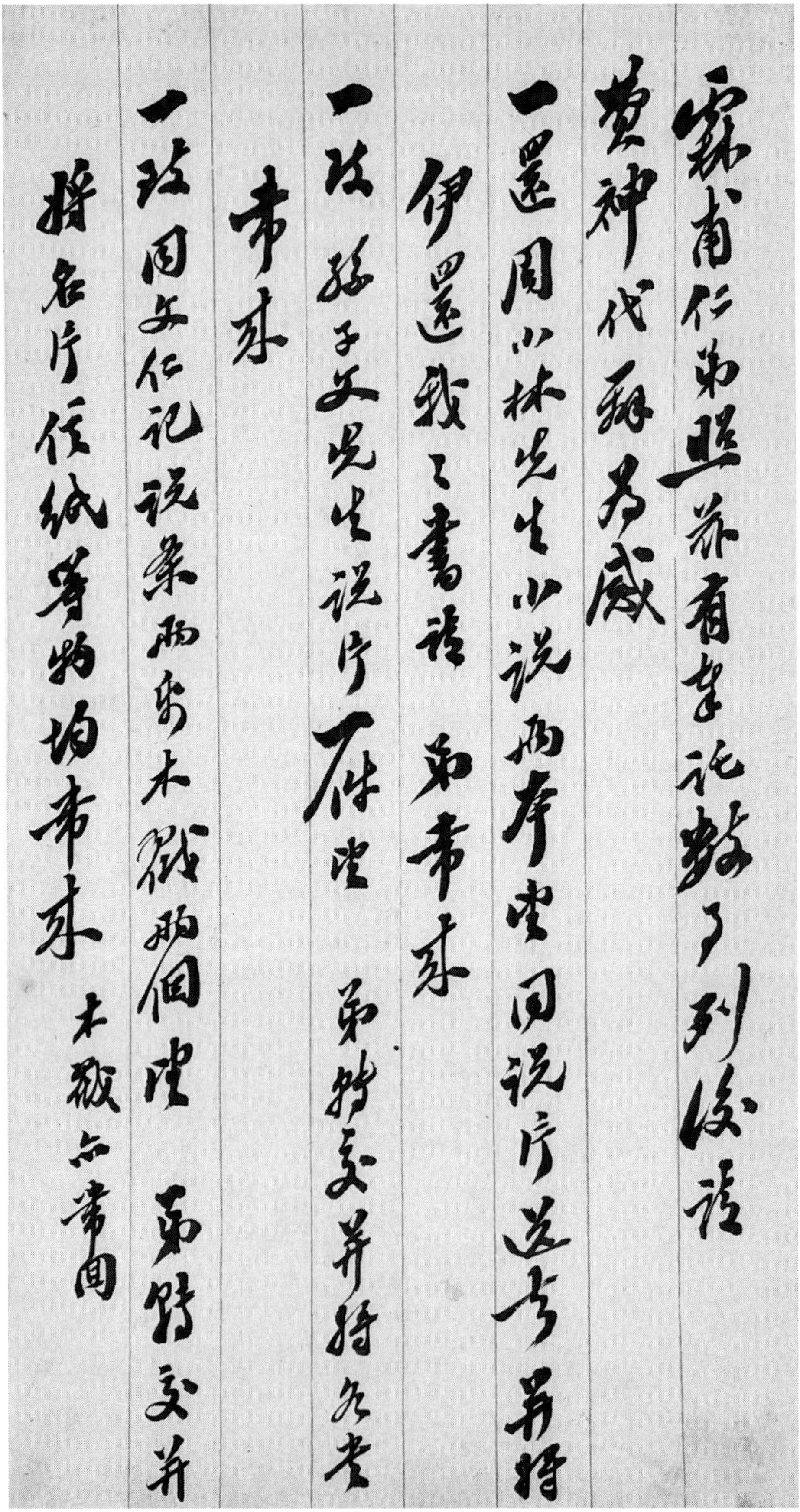
霖甫仁弟照：茲有奉託數了列後，請
費神代辦為感。
一、還周少林先生小說兩本，並同說序送去，並將
伊還我之書，請　弟帶來。
一、往孫子文先生說序取件，望　弟持交，並將名帖
帶來。
一、往周文仁記說集兩本、木戳兩個，望　弟持交，並
將名片、信紙等物均帶來。木戳亦帶回。

一、仲氏之病若何，甚念，暇時詢之。

一、弟昨來之前一二日，送到私立南開第一中學考試覽

趙鈞一面，詢其有託帶物件否。

元禮啓

育先

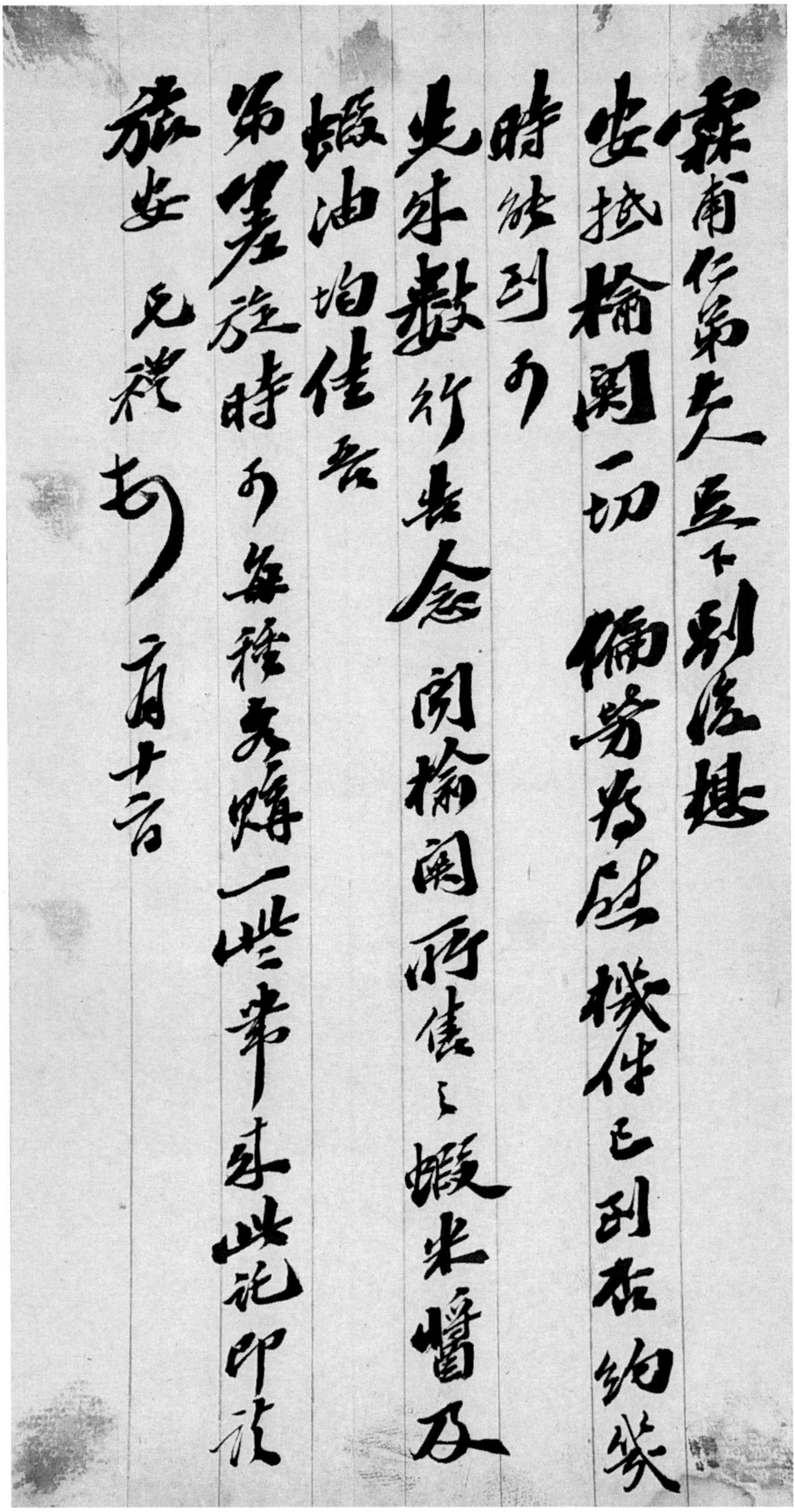

霖甫仁弟大人足下：别後想
安抵榆關，一切備勞為慰。機件已到，存納發
時能到否？
此外數行告念。聞榆關所售之蝦米、醬及
蝦油均佳，吾
弟差旋時可每種買一些帶來，此託，即請
旅安。兄禮　啟　十二日

霖、南
楙臣仁弟閣下：奉手函并帳清單式四紙收到。王道馬家溝礦局要存東函云已有心會，閱之甚慰。但管計之學，亦係專門，數日之間，如何能窺其深奧？此再用心求索，勿以一得自滿也。滦礦局樣單到後，當即發洋灰公司公函，招兩弟四局地。再者，此次寄來四項之帳簿，與現在調查之存物、收物、發單，礦局均無此物，望代詢洋灰公司此各種材料及支收物單係在何處訂買 我看必須備一全份。樣為或託其一到。即須用之。代為訂買一全份或轉向洋灰公司自用一全份均可 源與洋灰公司同樣乃合用 此信速來一復函為盼 凡人無論天分高低稍事均以詳細要實為主 想兩弟當以此言為箴 復請

刻安 兄禮白 月廿六日 南平

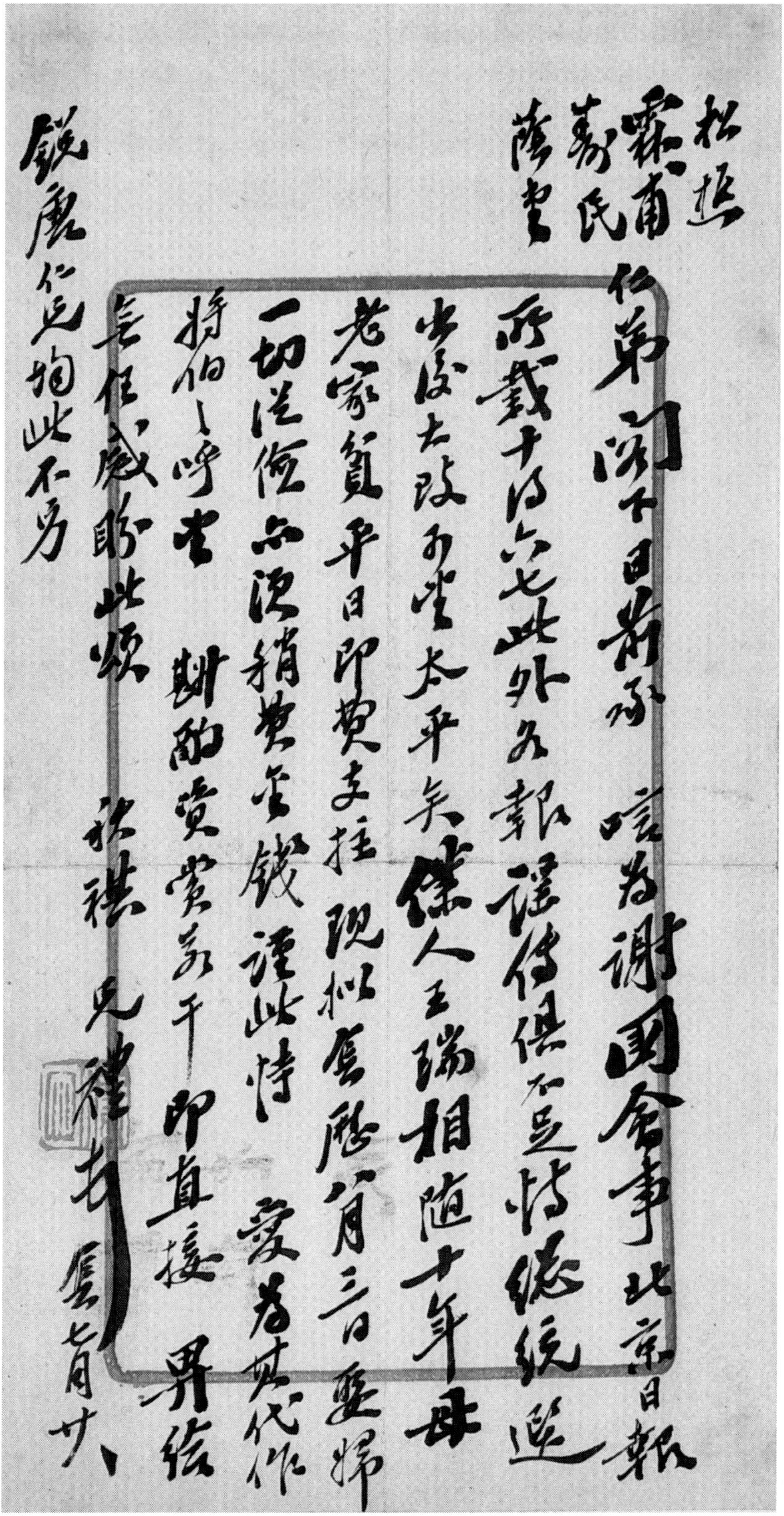
松坡
霖甫
義氏
蔭堂
仁弟閣下：日前承寵為謝國會事，北京日報所載十得六七，此外各報謠傳但不足信。總統遲出，後段太政可望太平矣。僕人王瑞相隨十年，母老家貧，平日即賞支挂，現擬在歷八月三日要歸，一切從儉亦須稍費金錢，謹此特懇為其代作將伯之呼，者斟酌資賞若干，即直接界給。合任之感，即此頌
秋祺
兄禮頓首 舊七月廿八
鏡虞仁兄均此不另

任

先台兄節下：去歲承

復書，比以國內亂離，無可貢獻，

音問遂疏。李駿君來京，知

起居禔福為慰。屈君文六想

執事識之，曾任浙魯省長，民治

嫡然近以多暇，游騁列國，其中人士熱心政治，有思識，有能力著作，執事就近與之聯合，縱名公鉅卿，彼皆能展其所能，能縱論中外事理，歸納祖國亦可，先之賜覽是禱，并以祝不宣。

弟梁士詒頓首　七月日

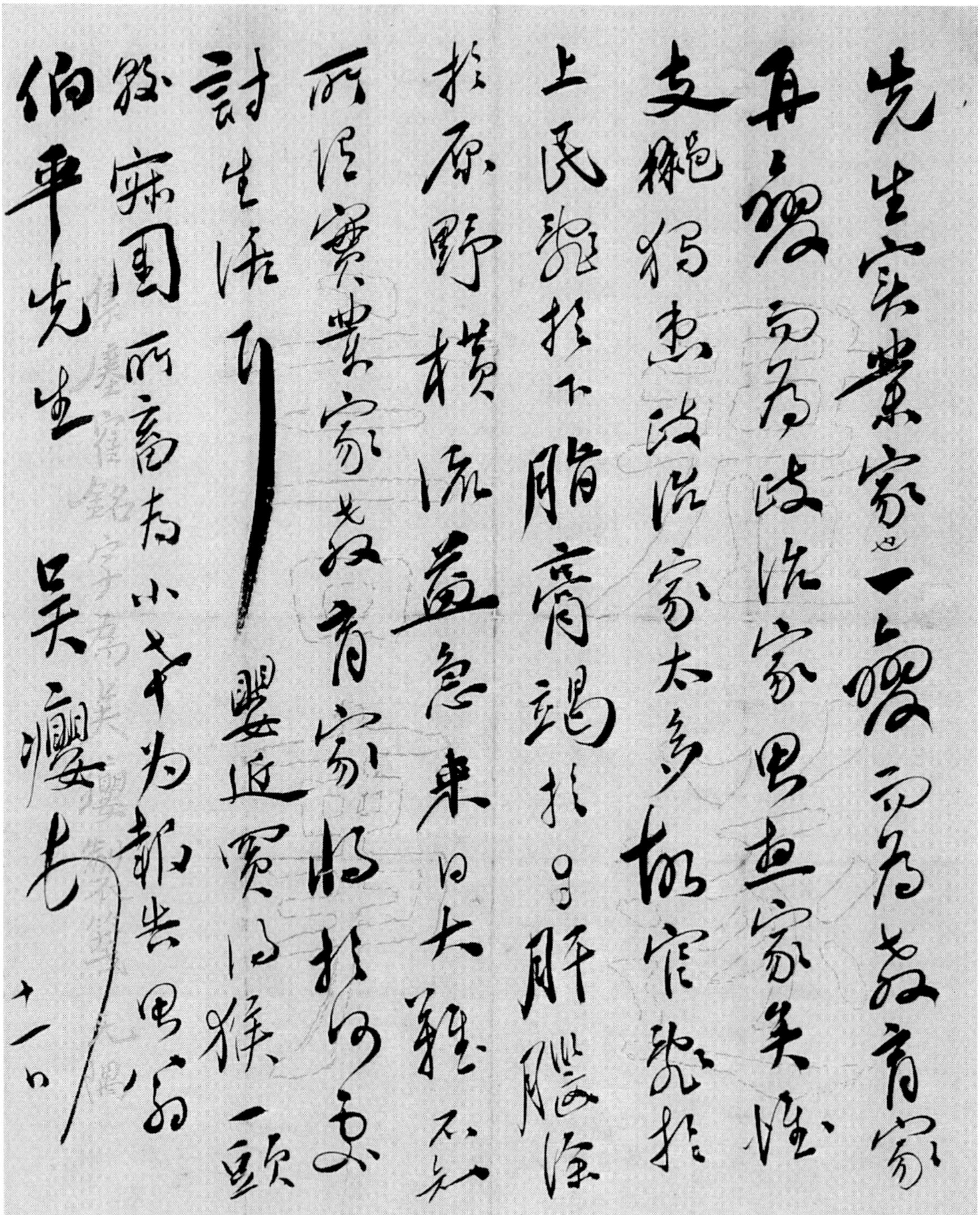
先生實業家也一變而為教育家
再變而為政治家思想家美術家
支絀獨患政治家太多故寇難於
上民難於下脂膏竭於肝腦塗
於原野橫流益急東西大難不知
所屆實業家教育家將於何處
討生活耶　嬰近買得猴一頭
豢癡園所畜為小兒輩為報告思家
伯平先生　吳嬰上
十一日

任之先生偉鑒：接奉

惠函並致考試院公函，

囑檢送出版物，除照轉主管部分適時檢寄外，並

已轉知芑生、士翹兩君訪詢。

注肅復，順頌

道安

弟鈕永建謹啓 二四、三、二七

孝直用箋

迪老大鑒：戲作詩彌詠首章三四句隸事工妙佩服前日曾看兩詩亦用前韻寄諭本家北梅者録以呈正

依然雞犬識新丰想見西都物力充歡誼同袍聯首歲矣風小隊喜之戎洗兵海島宜揚旆勒石天山便挂弓會見車書真一統萬方踴躍共呼嵩

越南舊事溯從頭甲子循環已一周列郡本為秦土地遺黎猶認漢田疇輔車原具連雞勢捷足方探逐鹿籌國運中興看雪恥翔鸞更與樂閒鷗

弟表卿

年 月 日

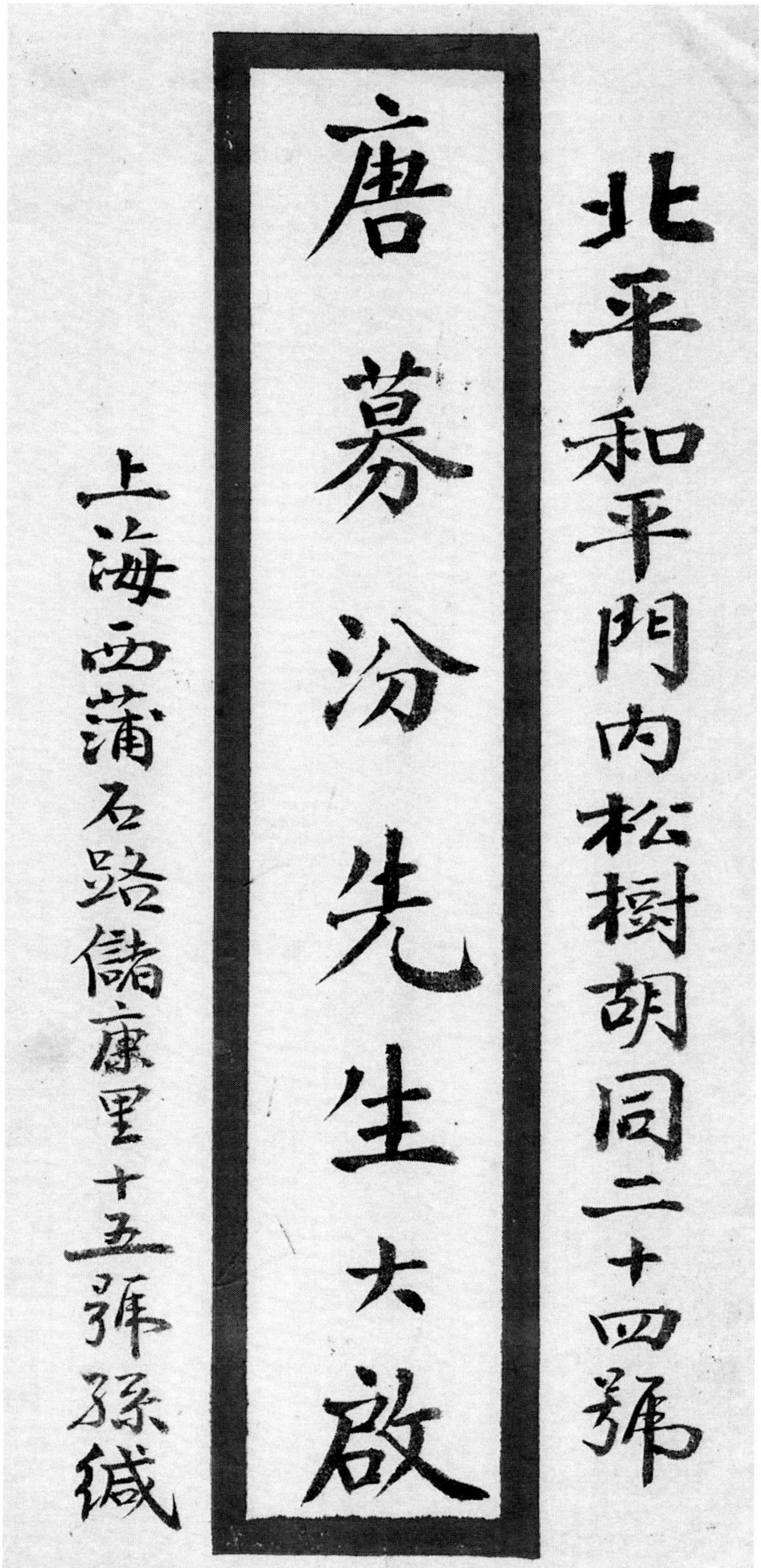

北平和平門内松樹胡同二十四號

唐募汾先生大啟

上海西蒲石路儲康里十五號孫緘

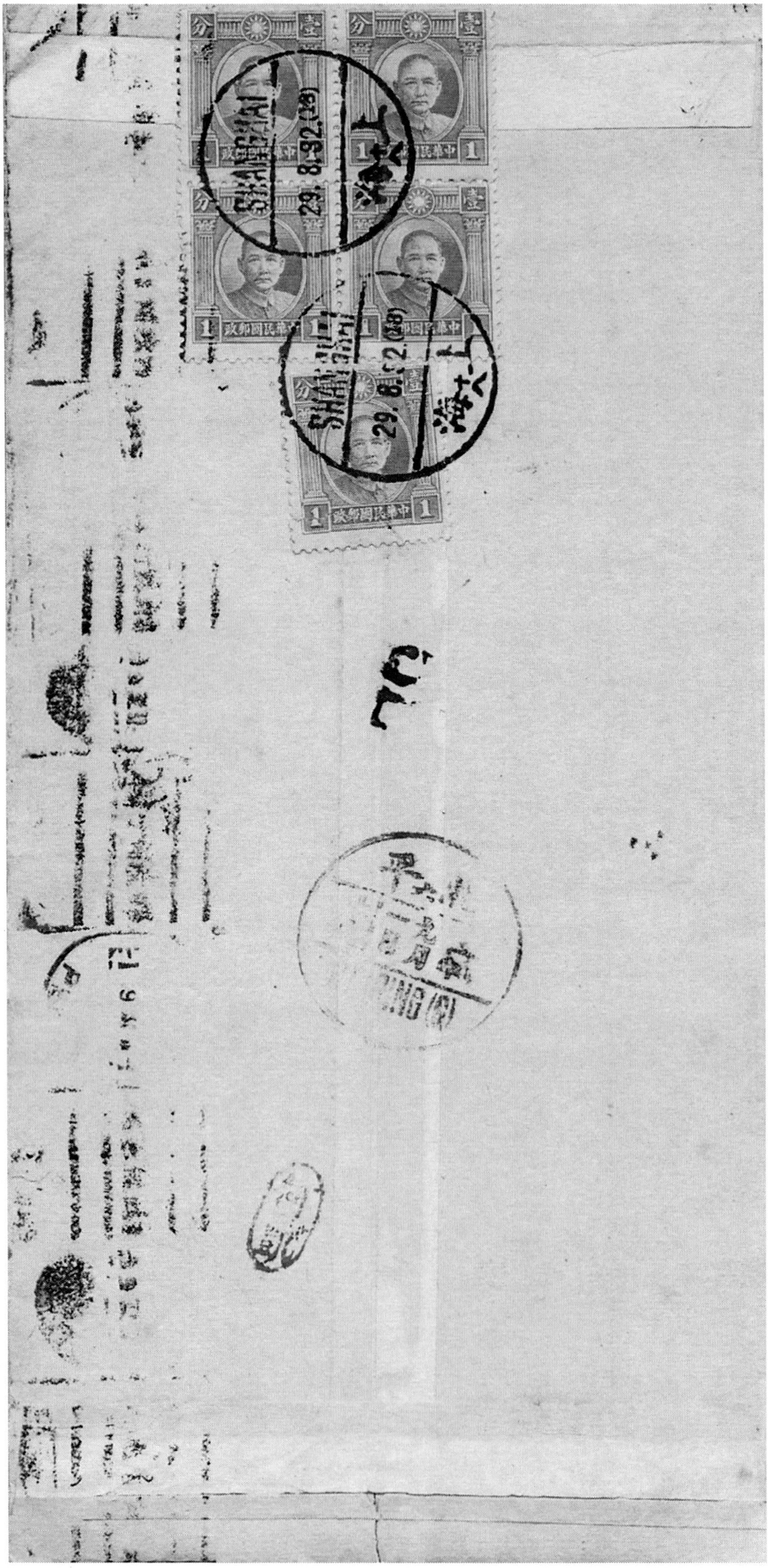

慕汾仁兄大鑒每懷
芝範時切葭思惟
興居曼福定符心祝承
寄来雍和宫道場募捐啟滿擬設法
募集但自今春中日大戰以後此間局
面頓非昔比一時頗難進行只得將原
捐啟八份付郵奉還俟有可相機進
行時當圖有以報

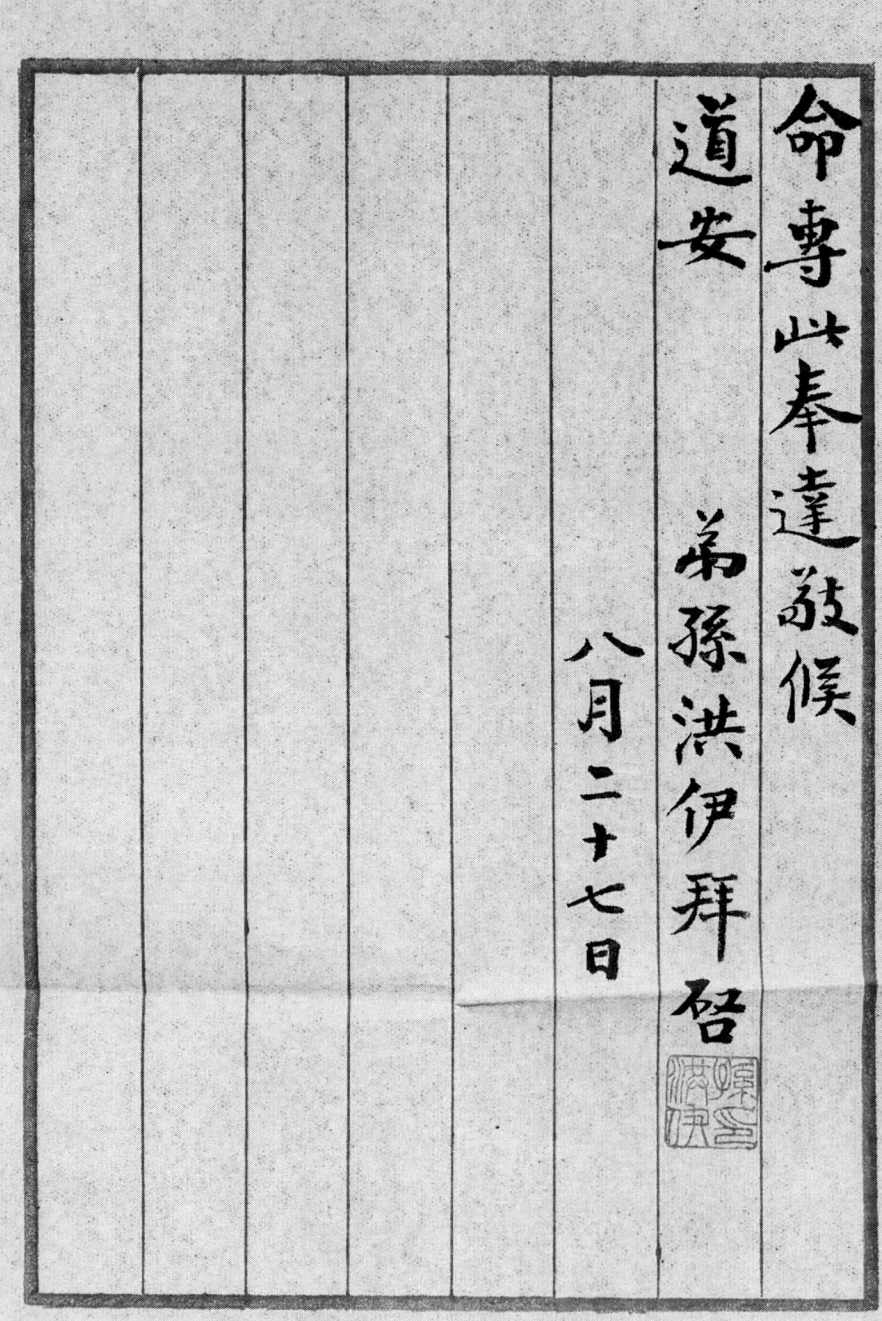

命專此奉達敬候

道安

弟孫洪伊拜啓

八月二十七日

前暢聚快甚承寄原作不便收從待清明檢奉收並覓
有手全擲以一手歸之以前摩溫並見筆氣惟賞學家
人閱伯英云
已曾有弘治一本之說此款後已滅字只好按四民四部理又
處分敝已向管學家人說好今且擬滅去此必生誤讀
則得之一節外人竟錄為（似出）齋松生以報節五百金之故
皆力竭存也特此奉商並印
那示以便從速辦之於收回清單

則霞為門學務文件并承啟厚佑價草希
檢齋撥下一款以備參攷手此敬請
仲魯前輩世大人台安　侍延年　付丙

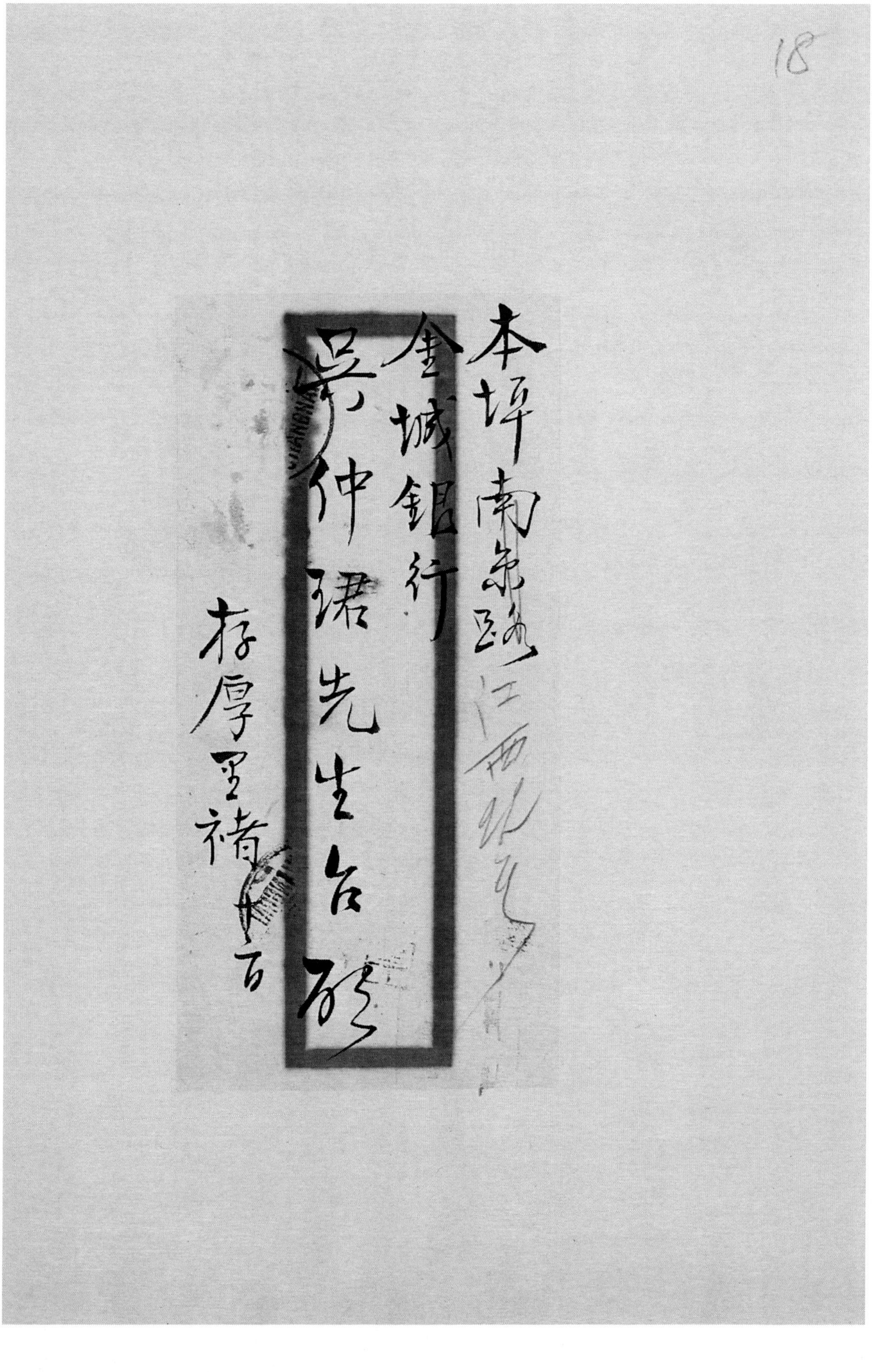
18
本埠南京路
金城銀行
吳仲珺先生台啓
存厚室褚 十五

仲琪先生史席：頃奉
大札，敬悉。以塵務碌碌，未克即復爲歉。
承詢拙詩潤例，五尺七律一首計二十元，
每幅題句字或五言七言一句，每幅六元，
乞代中轉去貴友爲荷。茲承
賜尊刻印譜，篆法刀法均極冷雋，
逼似西泠。小鋼印脱盡近人粗獷輕媚
二種習氣，洵佩仰莫名。專復，即頌
撰安。

弟
褚德彝頓首
四月廿日

上海九華堂寶記製箋

昨奉
手示欣悉　世兄慨允翻譯講義無任感佩茲
先將元甫原函呈
閱後照日取到講義底稿送呈俾能於二月初
十日譯畢尤感復請
琳海先生道安　弟家駒再頓　廿二

七弟如晤昨信計達聞之不免驚歎見
方憫其丞郎此方發郎經時輒頗擴
無理郎經一請不能覓茶非之道且云如
不無悔恨之意而彼皆則安於未瘉又如病
愧據人有揮之不去之概病者高臥不病
者周旋於旁如孝子之事其親雖步不失
直至天將明時始出知寅老夫復臥老氏
中若罔聞知以其文明不能到一家三一摘

实则立失祸何以知其悔恨也忽然返
内城依其新宾之表妹忽然往天津依其
三姐且有过继之说盖避让之意也老
郭之仍须回上海答则到上海乃之后复
来京易居云云者多郭忽以发如草子之子
万回避老者此额面前阔之为之人皆默然
一语郭潜告吾吾许其大胆也惜之此
本定出节之子而吾之不能久居于此一

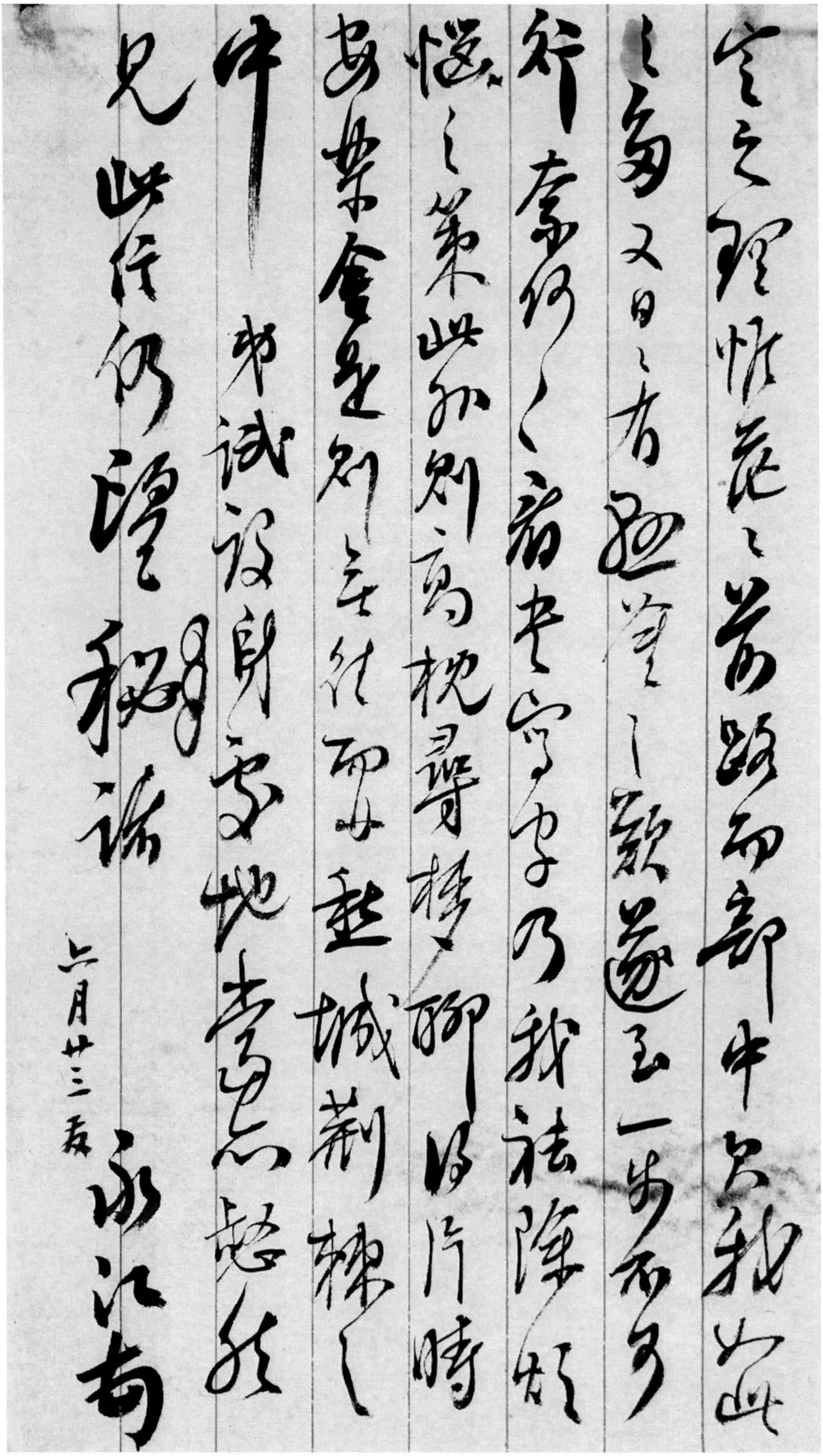

慎之先生執事敬啟者京師白雲觀道藏
為海内孤帙古本秘籍多世不經見之
曾經教育部呈准影印嗣蒙徐前總統
慨墊三萬圓面交增湘付商務印書館印
行現在影印開始登報發售預約亮荷
鑒及惟是書卷帙浩繁印行僅以百部為
限因念
台端耽研典籍素廣搜羅倘承

推愛酌量購置俾廣流傳
高誼雅懷同深企仰附呈書目四冊樣本
一件并希
詧存如荷
訂購敬祈按照預約辦法將款滙交該館
或逕交敝處代為轉交亦可統希
酌詧辦理為幸專肅祇請
台安　弟傅增湘拜啓

溆溪尊兄大人閣下日前道出津門諸叨
教益感篆何似比惟
履祉增釐
政祺集吉為頌無量 弟到京小住數日明午隨 宫保赴
保定 前面交 貴局提單一紙計書籍圖件共七十八箱
知早察
飭提 貴局棧房存儲須奉 督憲面諭派張令恩澍
來津將該書件一併解至保定印求

飭將原箱七十八件照交張令照收遞解貴
神感謝再張令人地生疏屬其到津來謁務祈
指示一切且查箱較多雇一專車能敷安置否並乞
代爲籌畫妥善多派丁夫照料上車又正豐台換車一節
亦求　賜爲招呼總以從一日之内到保爲妥以張令諒未熟諳
故不憚瑣屑率懇諒伏

三月廿六日到

清神　實爲公便　種種叨　愛　容再肅謝　崇懇　敬請
台安　惟希　惠照　愚弟劉巘翼頓首　三月廿二日

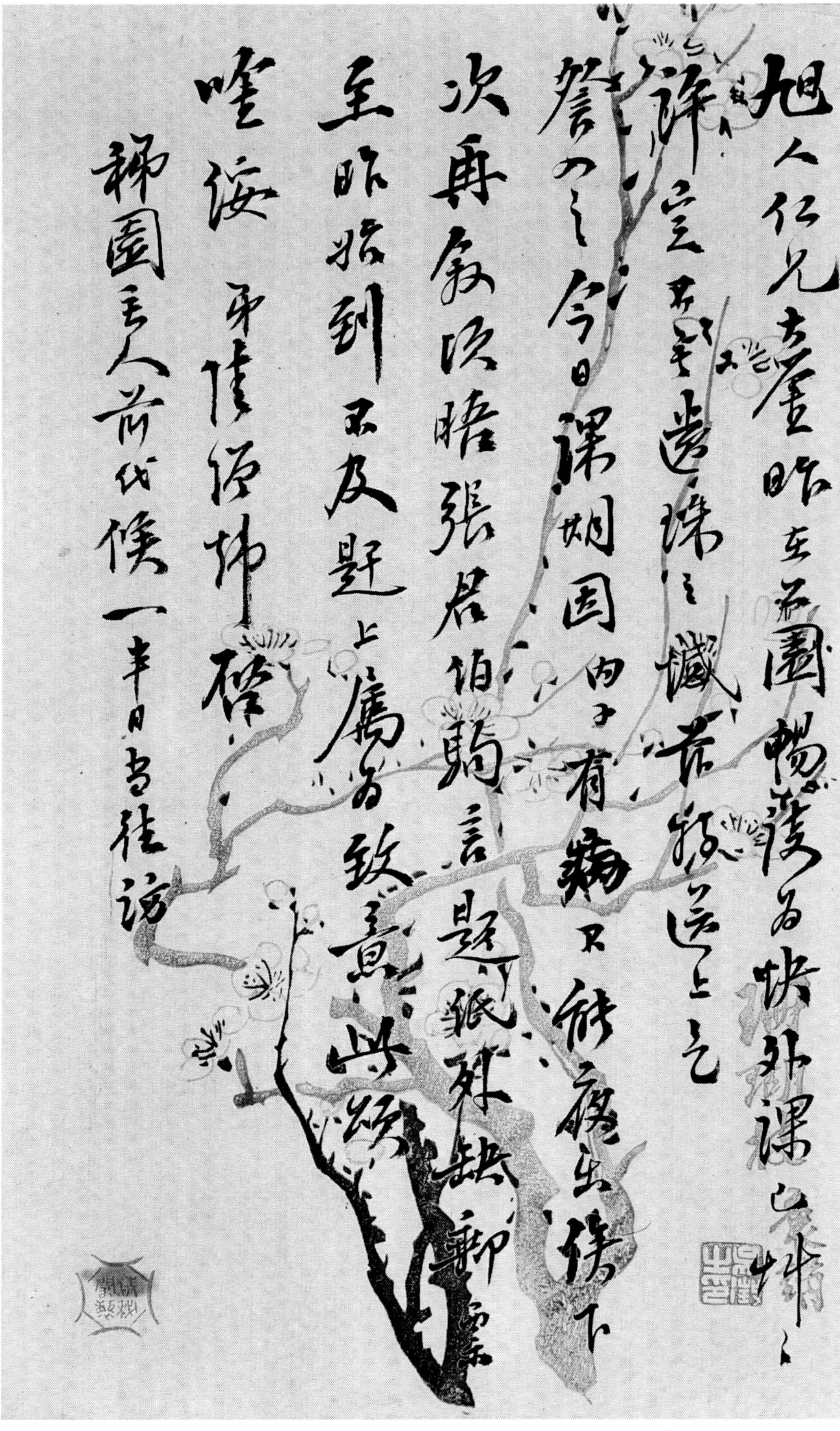

旭人仁兄[illegible]昨在西園暢談[illegible]
[illegible]遺珠之識[illegible]之
[illegible]今日課期因[illegible]有[illegible]不能[illegible]候下
次再叙頃晤張君伯駒言題紙[illegible]
至昨始到不及題上屬為致意[illegible]
[illegible]綏弟[illegible]頓首
稊園主人前代候一[illegible]日當往訪

郭氏昆玉弟如

銘慶到鎮之館寂無一人何弗展覽百咏半日（二十四日）

範成來吃飯只口之麋腸及紅燒豆付三兩碟題

公有之居飽一餐想

貴體亦不宜濃厚也　範成明到申當屬切

言上午十時之園派遣轎來先生大風雨須期來

農請約來此外無客非請客也手肅敬請

積若　銘之兄

四慶某頓首

六月二十二日

□□國學藏書樓用牋

一

信卿先生道鑒頃奉
手教敬悉
貴館收書宏富曷勝欽佩敝處累
有藏書已悉數捐贈市圖書館及同
濟大學圖書館所藏無幾故稍捐
印鑒憾未早得
手示設未能分爲奉千二種意
雅命容俟較便前擬將敝局印行各書

醫學書局用箋

捐入

告彼一份倘爲

左右所許則竊附以久仰年兄之專

此奉復敬頌

道安

弟丁福保頓首

十月九日

醫學書局用牋

紹勤賢甥左右海程阻滯甫於陰曆初八抵滬正擬改途乃頃奉定家之來諭驟悉尊大人竟於初五日晚遽爾僊遊此次入都幸獲兩次握手方謂不久再來當可暢圖良晤豈料剎那遂溘永訣思之曷勝慘痛惟以多病之軀又復生此亂世得以一瞑不視在尊大人亦未嘗不可謂為非幸尚望勉節哀思上慰重慈至保禱屬 鈞儒適已南返未及親奠靈前 二小兒亦以修課在家尤增罪戾令妹自應

依從京俗穿細白布孝衫白鞋百日祈
轉告之乾弟趕吉娶親
令堂與甥輩恤告之喪可以想見內人異常
馳系鈞儒約一星期左右方須赴粵行二小兒
陰曆二十邊當令北上知
念附及專此佈唁即頌
孝履不盡　六月十二日　鈞儒手啓　內人以次附叩
令祖母大人暨
令堂令姊大人以次均請代為請安附問為禱
令潭均此

通尹世仁弟左右：昨聞張菊翁言
堂上畧感血壓高，想已平復，擬走候
起居，未敢驚動，希代問安，遲日再趨
候。沈劍知畫潤廿五元，譚瓶齋字潤十
二元，已代付。茲將扇葉奉上，
驗收為荷。此叩
侍安

夏敬觀頓首
十月廿八日

適尹仁弟左右：頃接黃夢招自港来函

寄呈

台覽前 允為申請教部升為講師，盼

即於日內遞寄為荷。日前作日食詩

一篇錄奉

哂政，並求

堂上指教。此叩

侍安

小兄觀

十月三日

寶源紙號

辛巳八月朔日食書感

地輪繞日若大輿月輪乃似照乘珠有時交會掩赤
日遂使下界盲瞽呼傳人預告八月朔日被月蝕無
有餘設臺武象彝地磁則俯仰觀察憑斯須今茲研
討學有用何止析破往說誣或云環星可晝見此語雖
甚理則無中天光氣尚四射豈彼一兔真吞烏春秋
大事日食書是證周歷多粗疏春秋二百四十餘年書日食者
卅六孔子之意在證周歷多
誤蓋日食斷無連月見者周歷紀閏亦多誤故孔子欲用夏正凡春
秋書日食地震等〻皆未嘗言五行災異可見孔子之哲也
五行立說始漢儒持是匡主毋乃迂牛酒賜相相自刎何
曾寅畏解修德蠢〻小民衛社稷撞金伐鼓救不得

寶源紙號

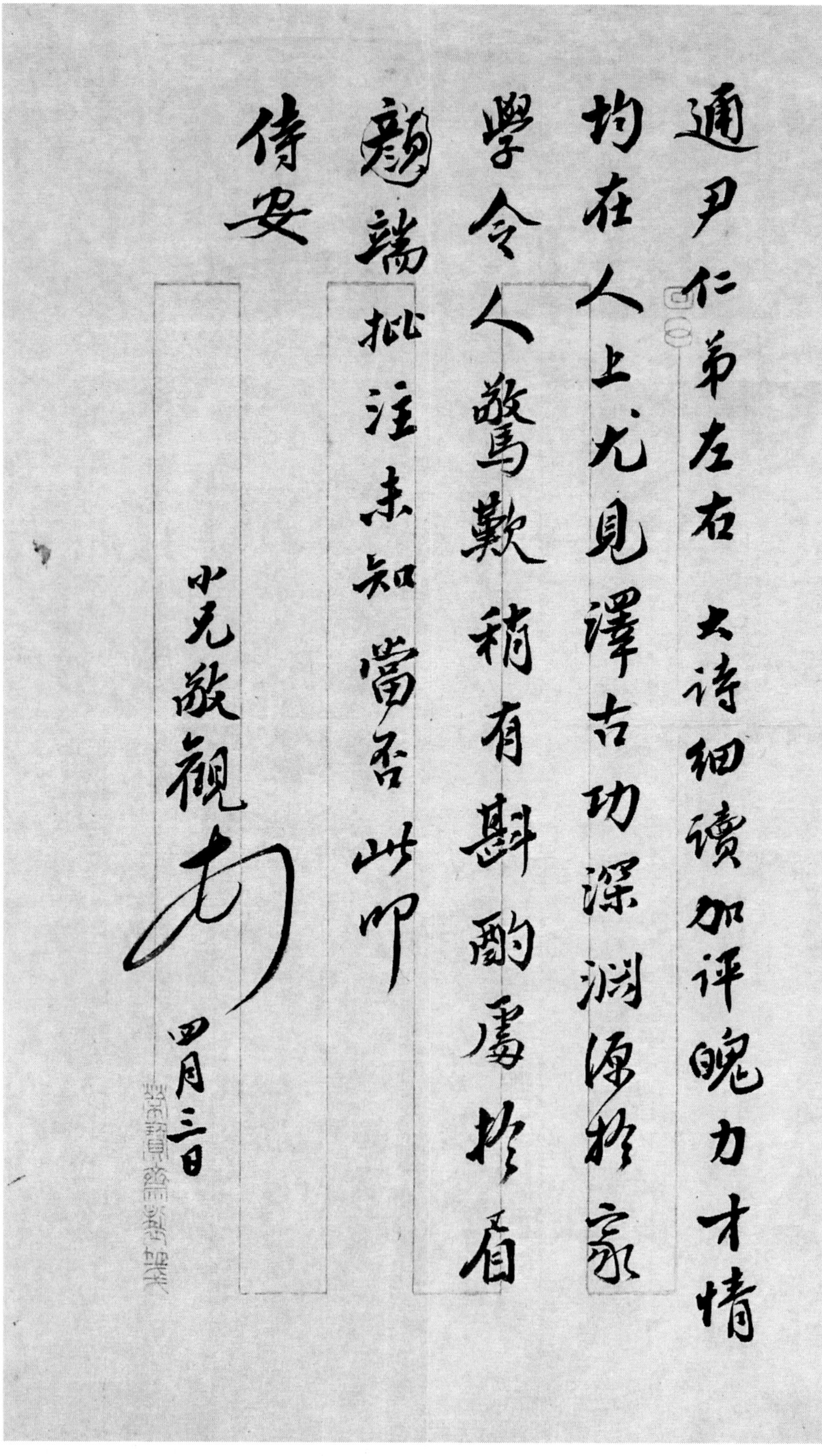

通尹仁弟左右　大詩細讀加評，晚力才情
均在人上，尤見澤古功深，淵源於家
學，令人驚歎。稍有斟酌處於眉
端批注，未知當否，此叩
侍安
小兄敬觀
四月三日

拔翁鑒：前荷
手復，即詢東初，茲接來函，特以寄呈。渠住
杭州灰團巷十四号趙新甫宅左滬腰角
翁已告以青年失職，其精神異常苦痛，
切勿至張新華辭，不知仲木已來滬否？日
來　尊體如何？以單服藥爲妥，粒米恐
似多小粉質，含有糖也。专頌
台祉
敬拜　七月廿五

上海榮華堂製牋

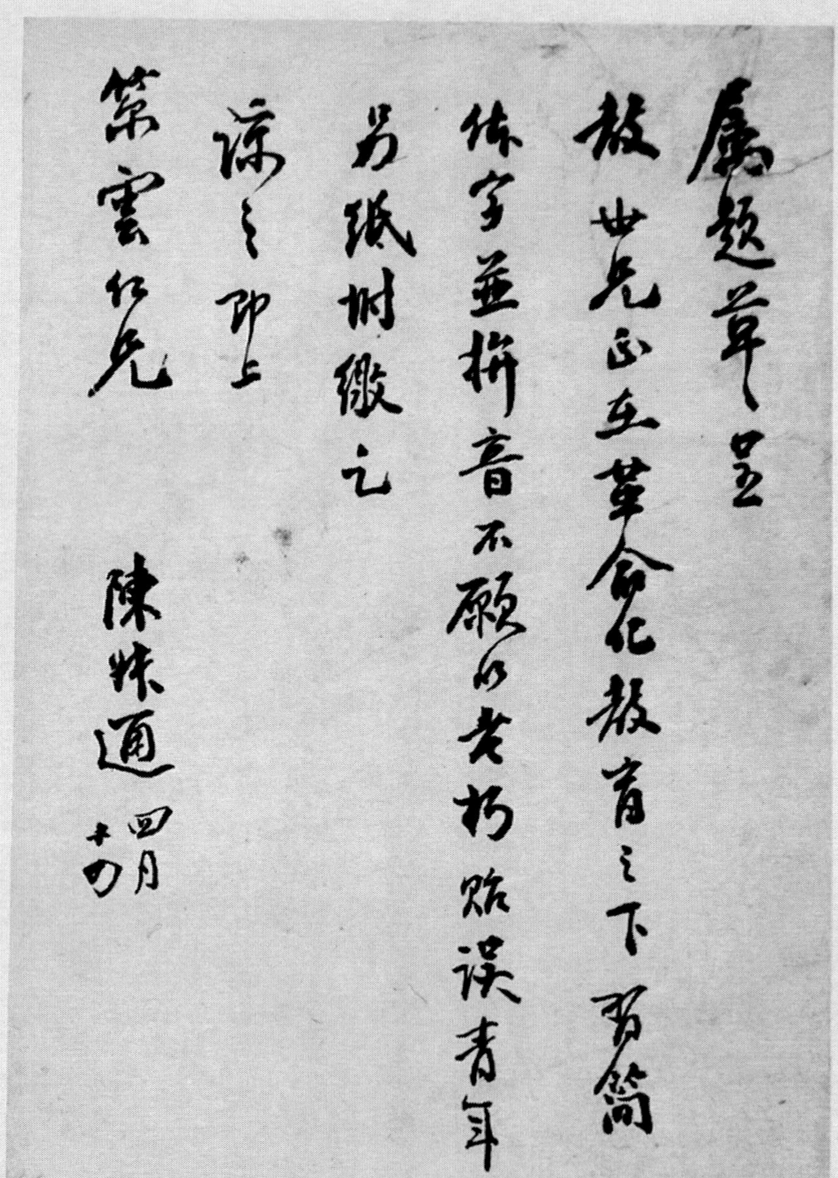

屬題草〻呈
教 世兄正在革命化教育之下習簡
體字並拼音不顧我老朽貽誤青年
另紙附繳之
諒〻即上
築雲仁兄 陳叔通 四月十四

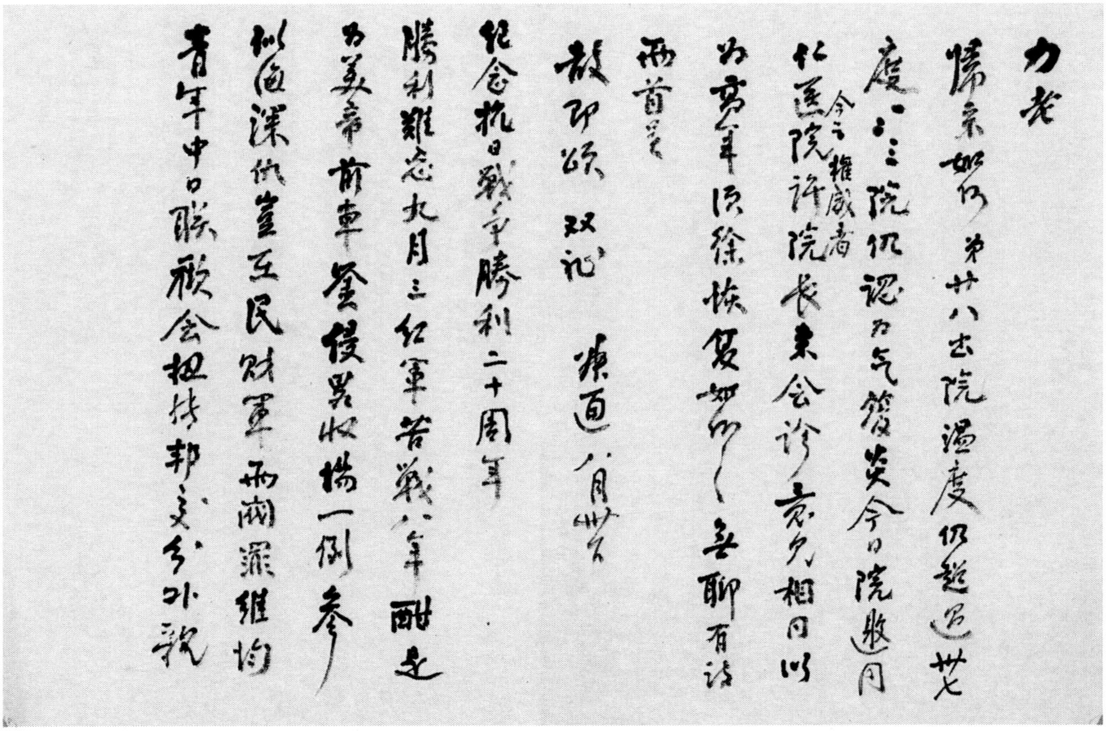
力老：
归京如何？弟廿八出院，温度仍超过卅七
度一二三，院仍认为气发炎，今日院[illegible]
於医院，许院长（今之权威者）来会诊，意见相同，以
为高年须徐恢复，如何如何？无聊，有诗
两首呈
教正。
敬颂
双祺
叔通 八月卅
纪念抗日战争胜利二十周年
胜利难忘九月三，红军苦战八年酣。
[illegible]为美帝前车鉴，侵略收场一例参。
[illegible]深仇岂在民，[illegible]两国[illegible]维均。
青年中日联欢会，[illegible]持邦交分外亲。

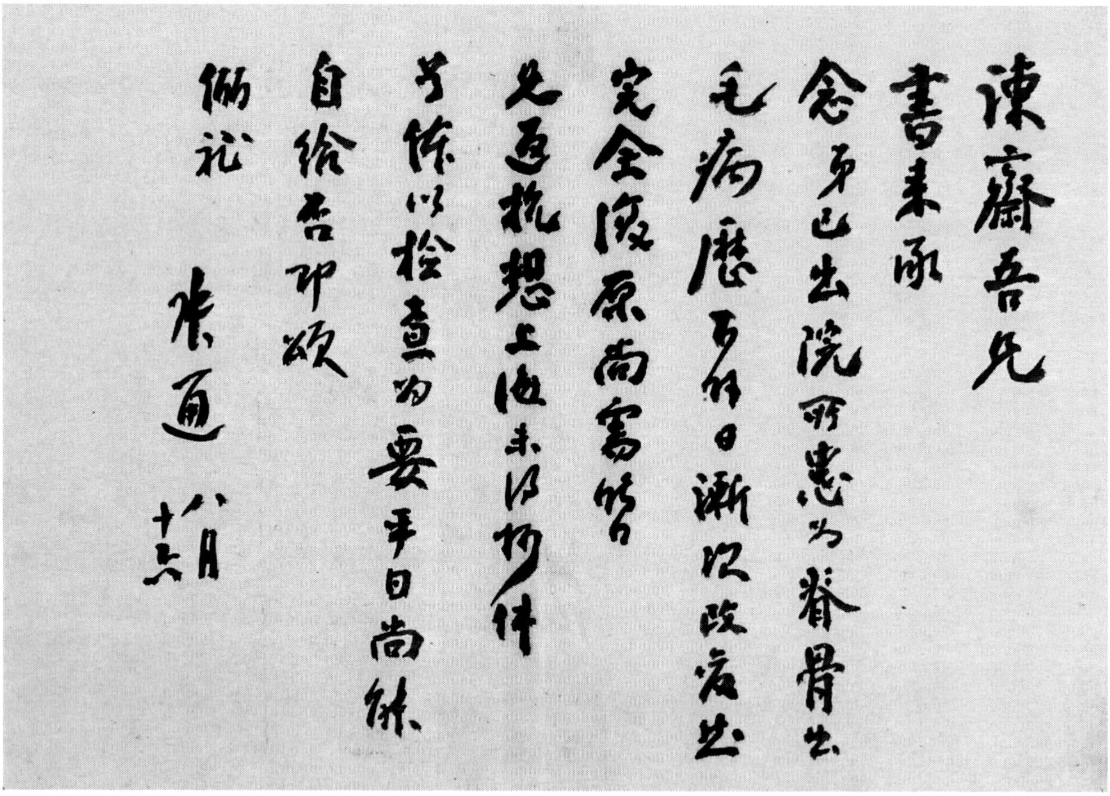

陳齋吾兄：

書來承

念，弟已出院，所患為脊骨出

毛病，歷多日漸次改良，然

完全恢復原尚需時。

兄返杭，想上海未得物件，

另條以檢查為要。平日尚能

自給否？即頌

儷祉

米通 八月十六

5

190

稿

送

四等

654

頃譚為快，夷初先生稿本能照版税百分之十五辦理，館中極為歡迎。惟稿本中闕於籀文字體，此間無人能寫，最將函商夷初先生，請在舊京覓一寫官重行清繕，經其校勘，認為可以石印，此間即根據此本影印。至寫費若干，由館承認，但求版式一律，無參差之弊可矣。為此奉託，祗請

叔通吾兄大人台安

弟李 三月廿二日

商務印書館啓事用箋

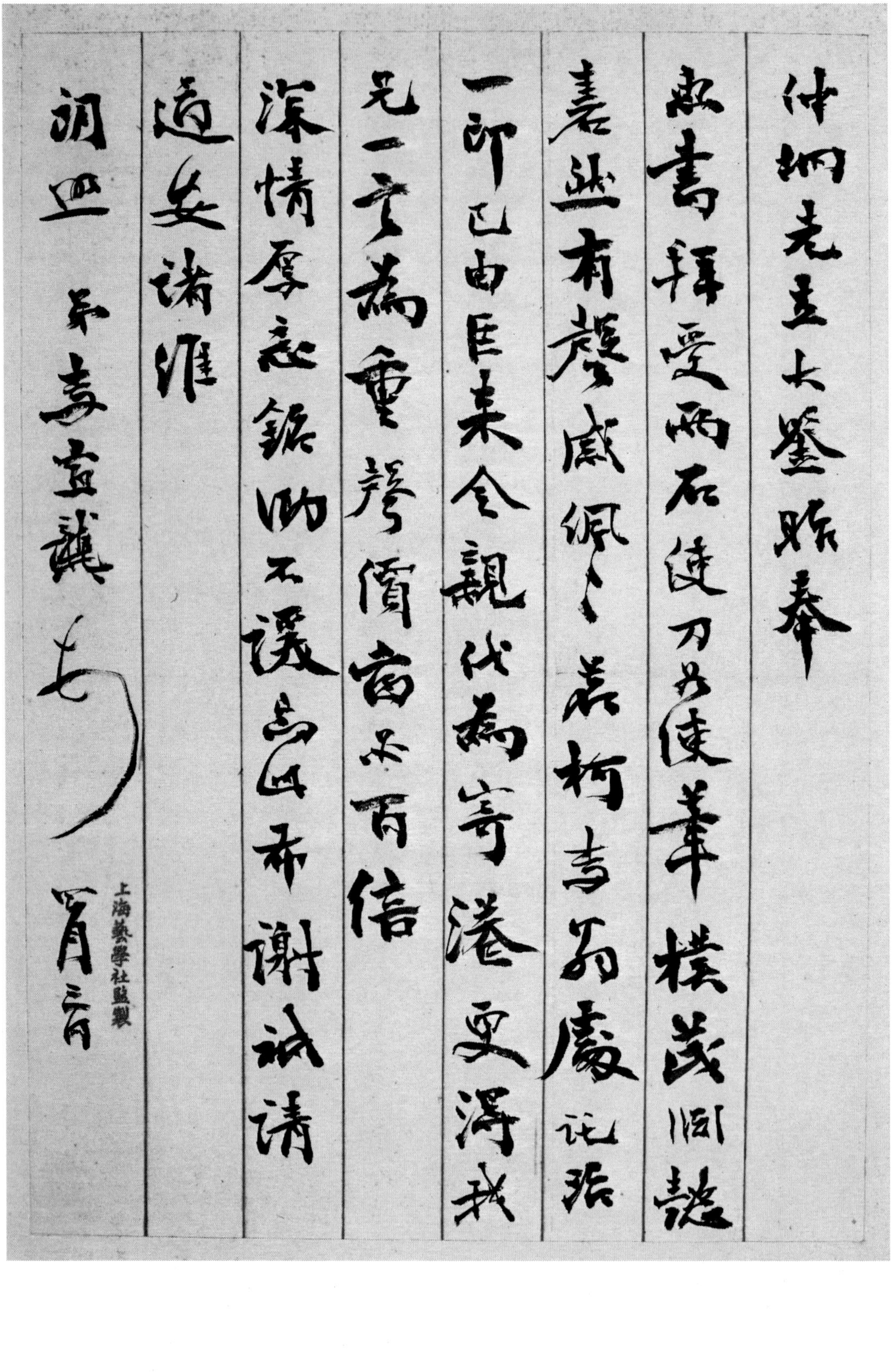
仲炯先生大鑒昨奉
惠書拜受兩石使刀如使筆樸茂淵懿
嘉興有聲感佩感佩承示爲刻處記張
一町已由巨來令親代爲寄滬更得我
兄一言爲重聲價當不百倍
深情厚意銘泐不諼先此布謝祇請
近安諸維
朗照 弟壽璽謹上
月二日

上海藝學社監製

38

仲炯先生尊鑒：前奉
惠書，以臥病未愈，改請裁倉羅甚〻
錄齋回粵，刊印事自不敢過於簇促。
鄙人名章兩顆，則早已由港寄到矣。
知問
錦注，謹以奉
聞。李夫人鈔正並張爲風布詩，祗請
道安。宣龔謹啓　五月二十日

上海藝學社監製

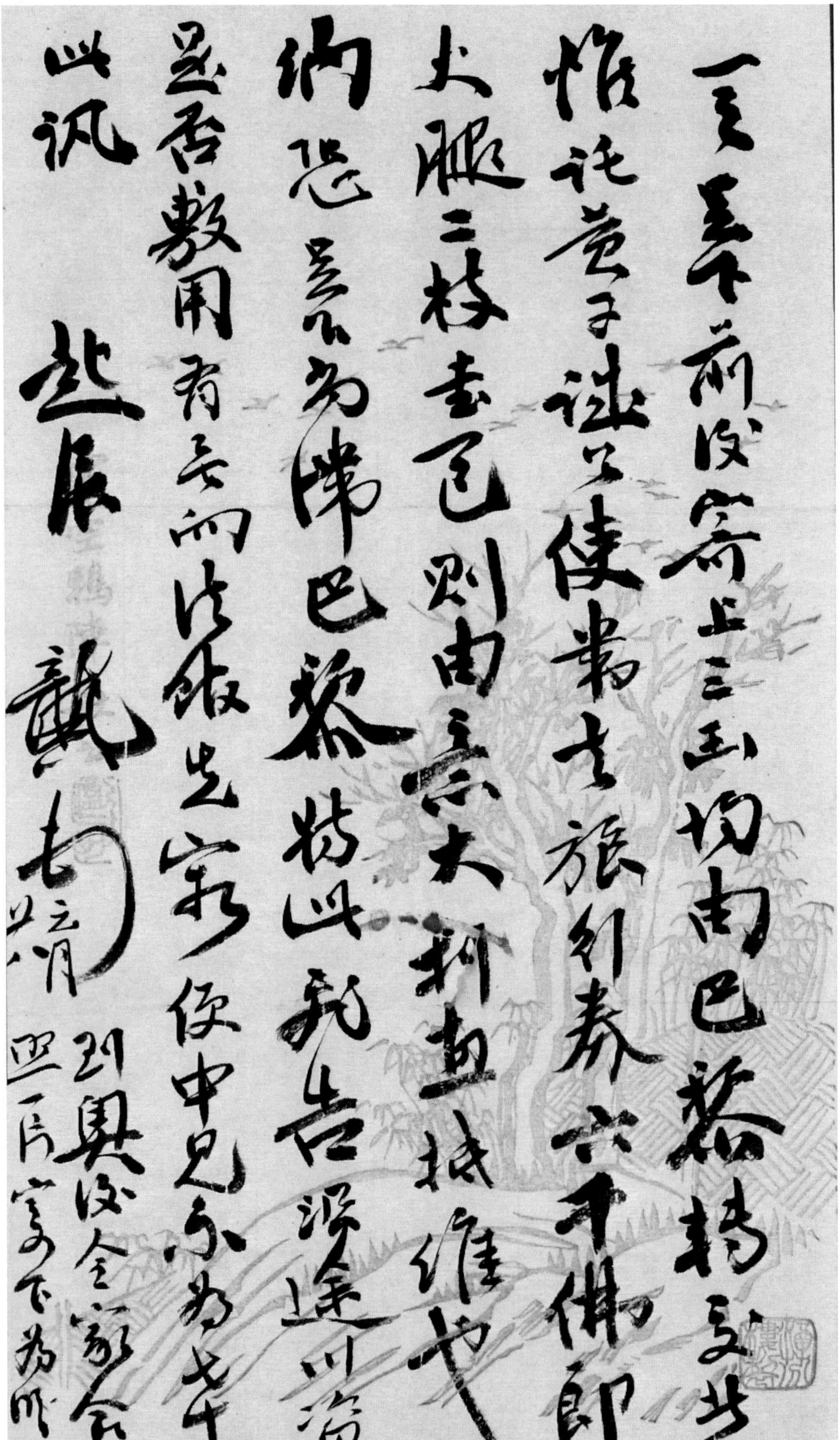

The National Commercial Bank, Ltd.

SHANGHAI

上海浙江興業銀行通用箋

兄字號付浙江興業銀行規銀叁百零四兩六錢八分洋拾三元請分別在鄙人活存摺內付出為盼此請

籌祺

頌鑒先生刻安

弟李宣龔上

共合洋

如收紋訖

六年七月二日

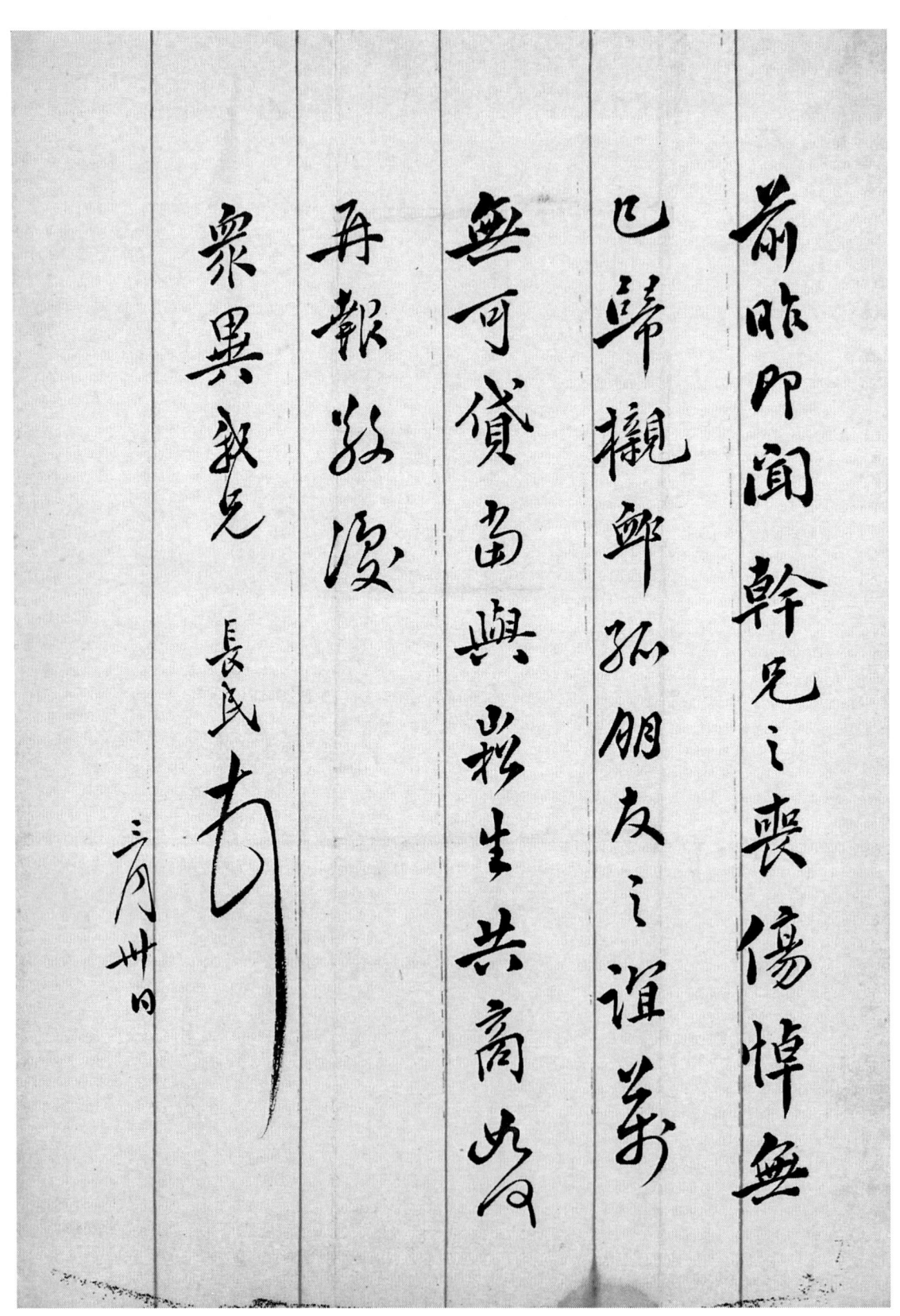

前昨即聞幹兄之喪，傷悼無已。歸櫬卹孤，朋友之誼，義無可貸，當與嚴生共商也。再報，敬復

衆異我兄

長民頓

六月卅日

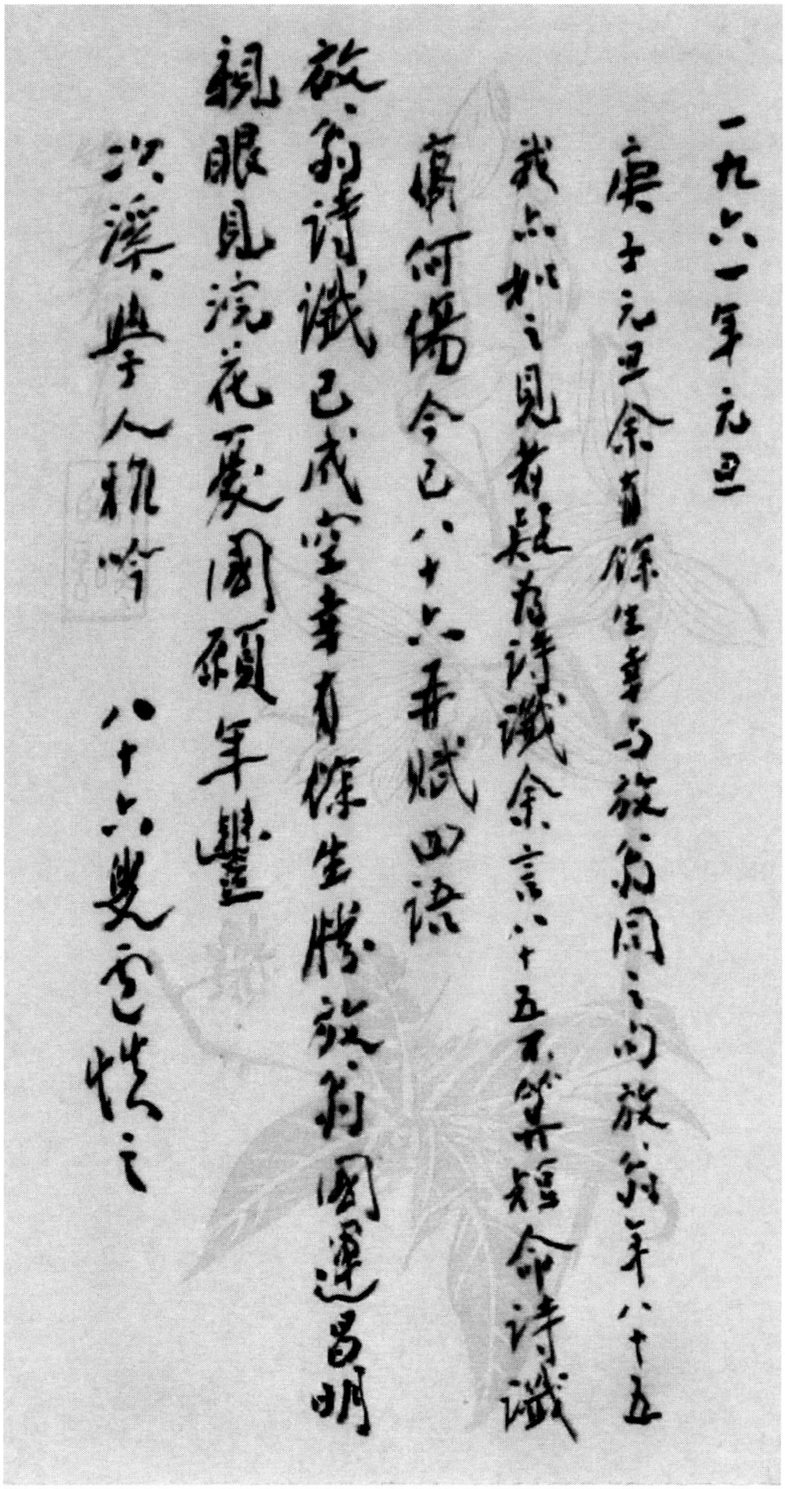
一九六一年元旦
庚子元旦余有餘生幸與放翁同之句放翁年八十五
我亦如之見者疑有詩讖余言八十五不算短命詩讖
有何傷今已八十六再賦四語
放翁詩讖已成空幸有餘生勝放翁國運昌明
親眼見澆花農圃頌年豐
沔溪學人耕吟
八十六叟盧慎之

問漁先生台鑒前在開封時獲聆
教言茅塞頓開遡聽之餘敬諗
先生學宗陸王具移風易俗之志願
譽滿河洛為學士大夫所推崇翹企
師資無任心折嗣以
尊大人病篤遄返梓里聞途中適遇刼匪者流
不免驚動
左右荆棘滿地殊令人興行路大難之歎後聞

上海華商紗布交易所

郃君來文述及
尊大人業已棄養不勝慘怛遥知
足下天性純孝勢必
哀毀過情但
騎箕既已莫挽仰傷感亦復何益務希
節哀順變以慰
先靈爲禱迨
大訃至弟適在開封進行救護傷兵上海華商紗布交易所事宜勞人

忡々未能趨
府辰拜心甚不慊又以敝處賬房未曾關說僅手
薄儀奉々私衷負疚良多矣爰特具此道歉希
垂照弗責為荷專此即請
禮安　弟穆湘玥頓

六月二日

上海華商紗布交易所

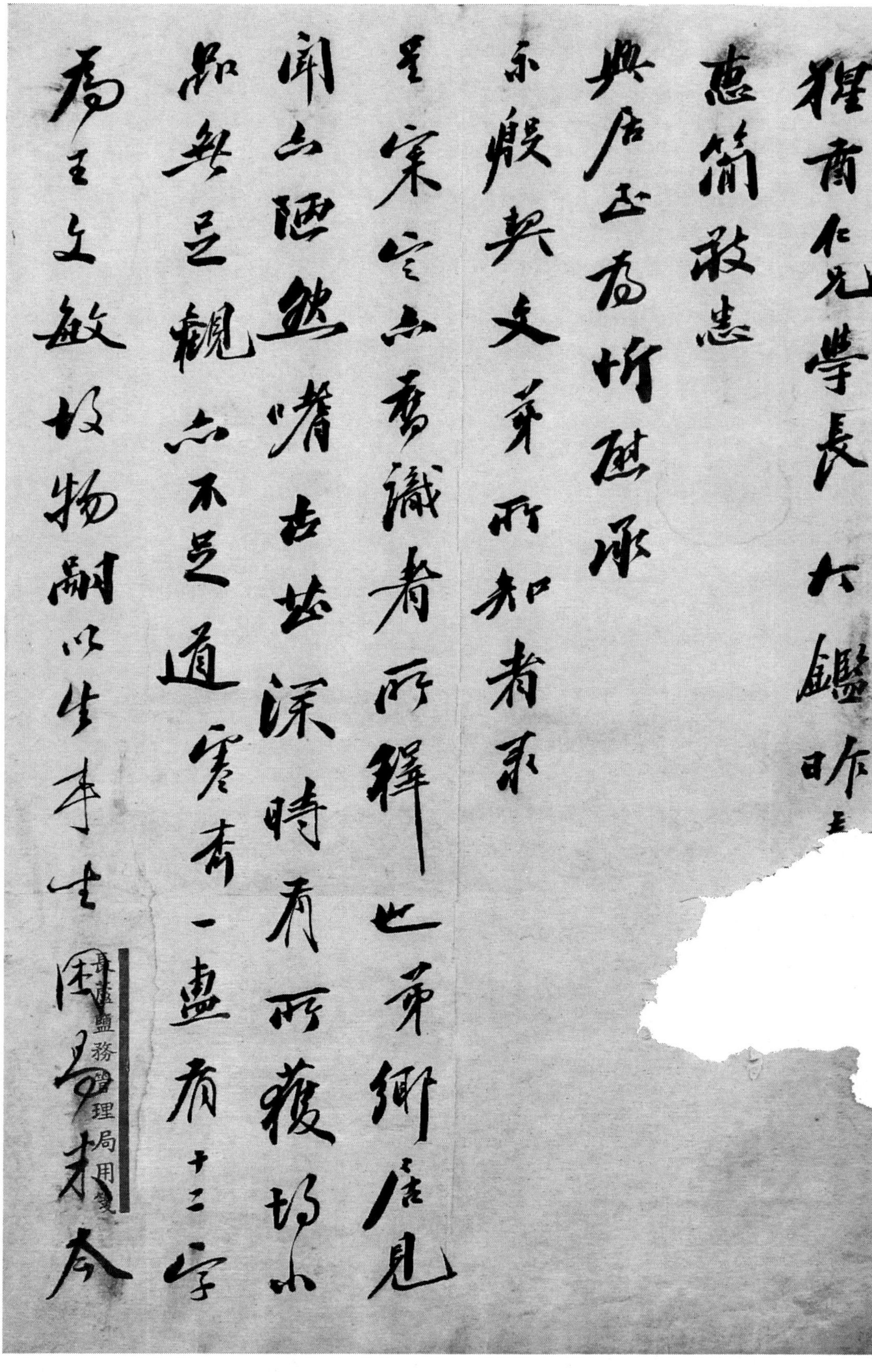
猩齋仁兄學長大鑒：昨……
惠簡敬悉
與居正為析疑承
示殷契文字所知者求
呈案定亦有識者所釋也弟鄉居見
聞亦陋然嗜古甚深時有所獲均小
品無足觀亦不足道寄奉一盉有十二字
為王文敏故物附以生平生周易卦參

長蘆鹽務管理局用箋

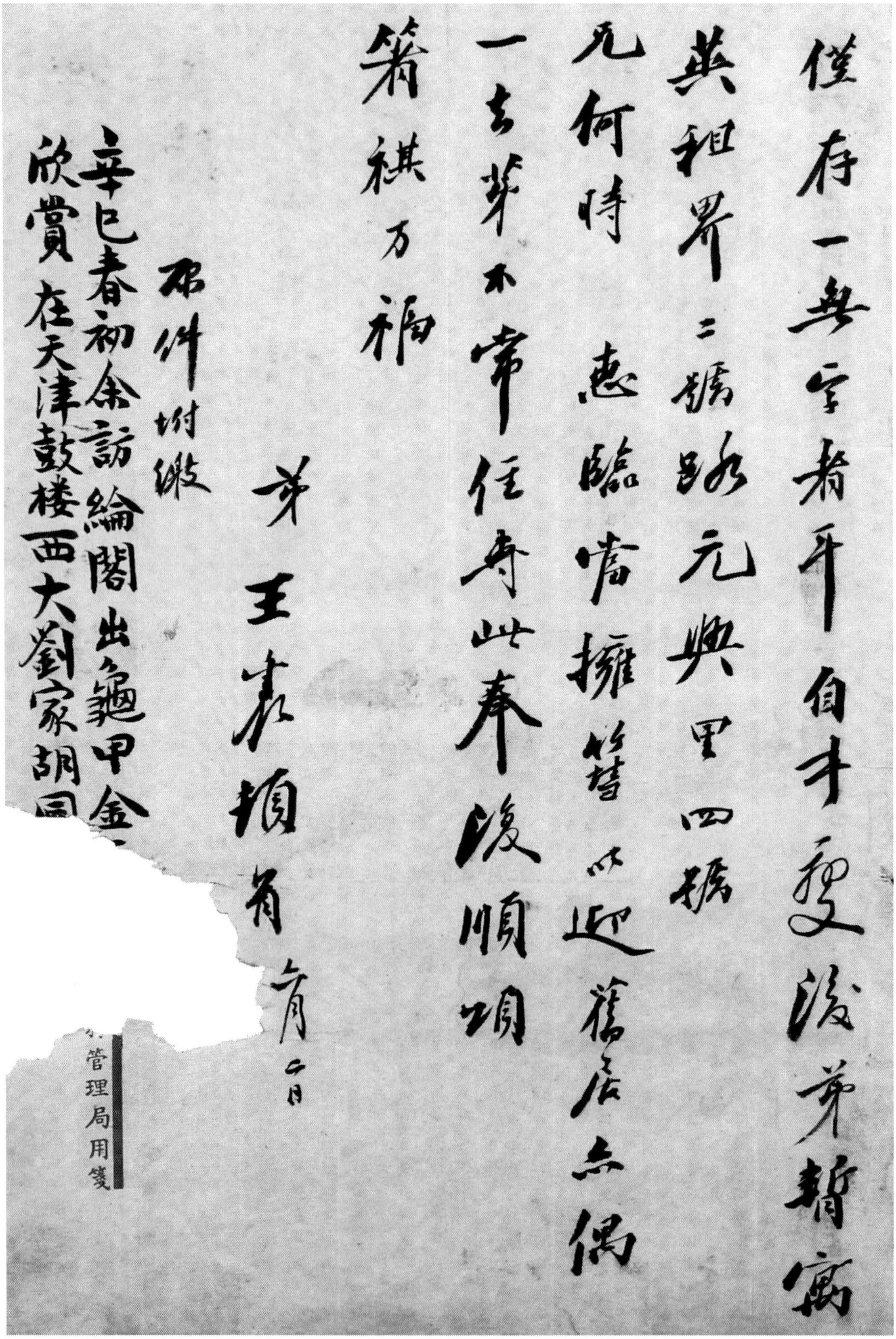
僅存一無字者幷自手覆後弟暫寓
英租界二號路元興里四號
兄何時惠臨肯擁篲以迎旅店無偶
一去弟不常住寄此奉復順頌
箭棋万福
弟王襄頓首
月二日
原件附繳
辛巳春初余訪綸閣出龜甲金
欣賞在天津鼓樓西大劉家胡同

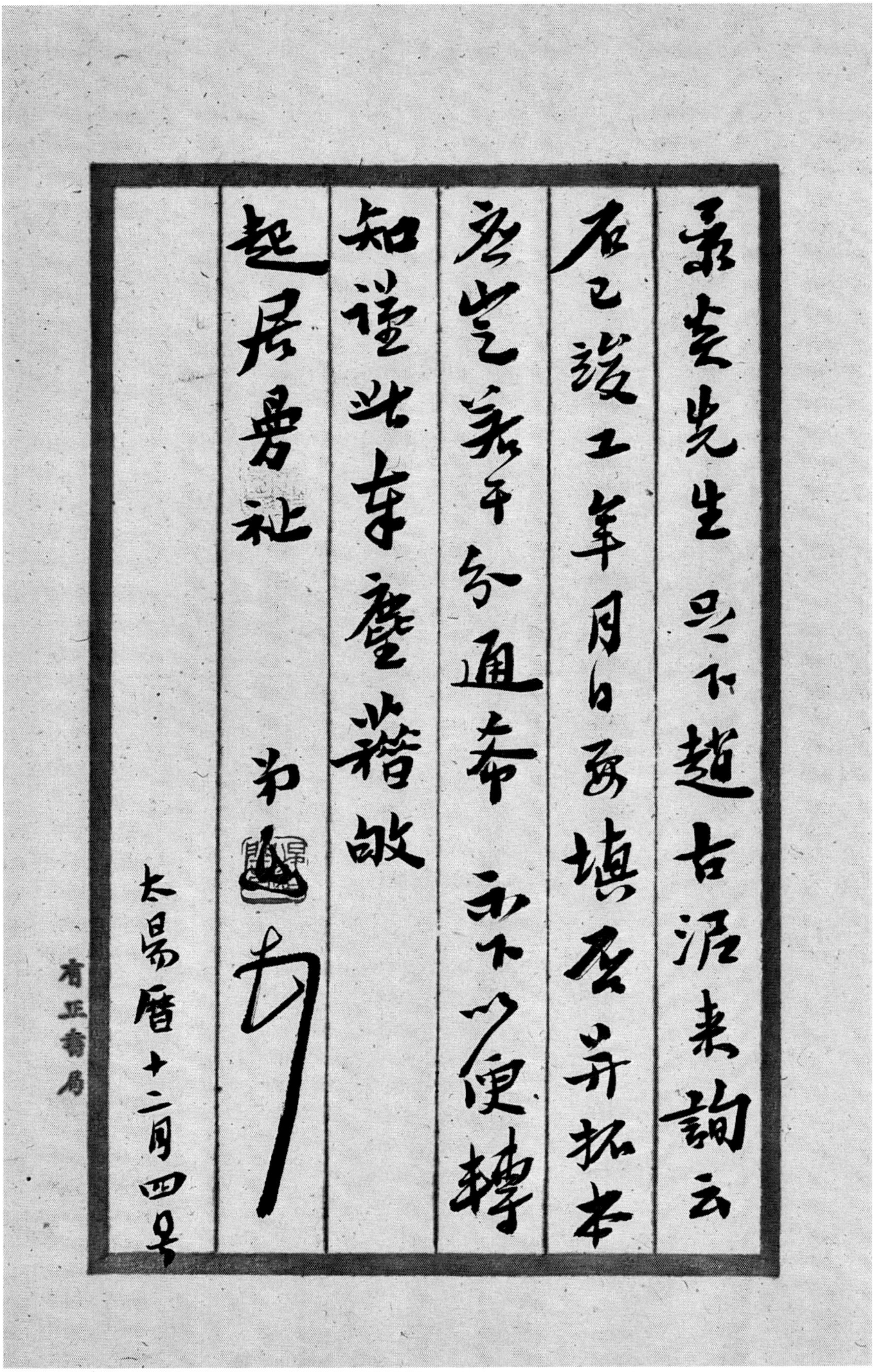
柔[illegible]先生足下：趙古泥來詢云
右已訖工，年月日取填否，并拓本
祈寄壹分，通希示下，以便轉
知。謹此奉塵，藉敂
起居暑祉。
弟
太陽曆十二月四号
有正書局

奉到新刊
令師李新久先
生遺稿，高風古
誼，晚近難得之。
適病中未及細讀，
想
賢者淵源所自，必
是傳作也。手誦。
嬰居百益頓首
次溪世兄台鑒

旭人尊兄史席：接誦

大札，辱荷

先施，愧感奚似！以事稽答，不罪罪。秋

高氣爽，維

動定多祉為頌。弟抵墨不覺半載，

此邦文物不足徵，干戈擾擾，迄無甯

駐墨使館信箋

藏猶之中原也。萬里投荒，居幸不覺離索之感。承示託園靜心益性社之盛衰，令人神往。甚時賦歸，當隨諸君子後，追續舊歡，握異而擡舞之，此物此志未嘗一日忘。

北道通園廣李蘭畸兄

泊仁

弟內收婦

駐墨使館信箋

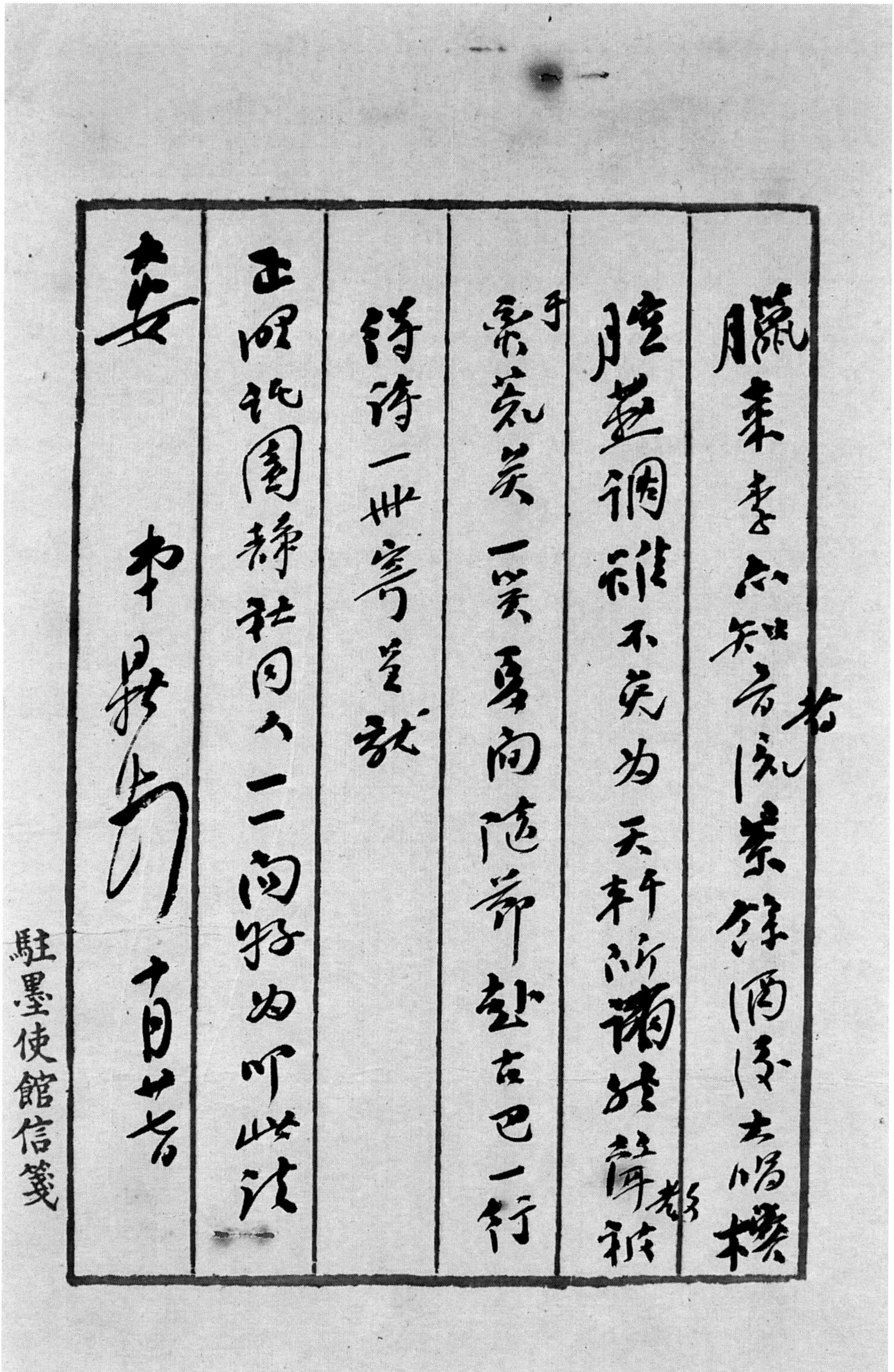

[illegible]來李知音者流[illegible]餘酒後大唱樸
腔[illegible]調雜[illegible]不笑為天軒所[illegible]於[illegible][illegible]
手[illegible][illegible]笑一笑[illegible]向隨節赴古巴一行
詩詩一冊寄呈就
正明[illegible]園靜社同人一一問好為叩此請
安
李[illegible][illegible] 十月廿三

駐墨使館信箋

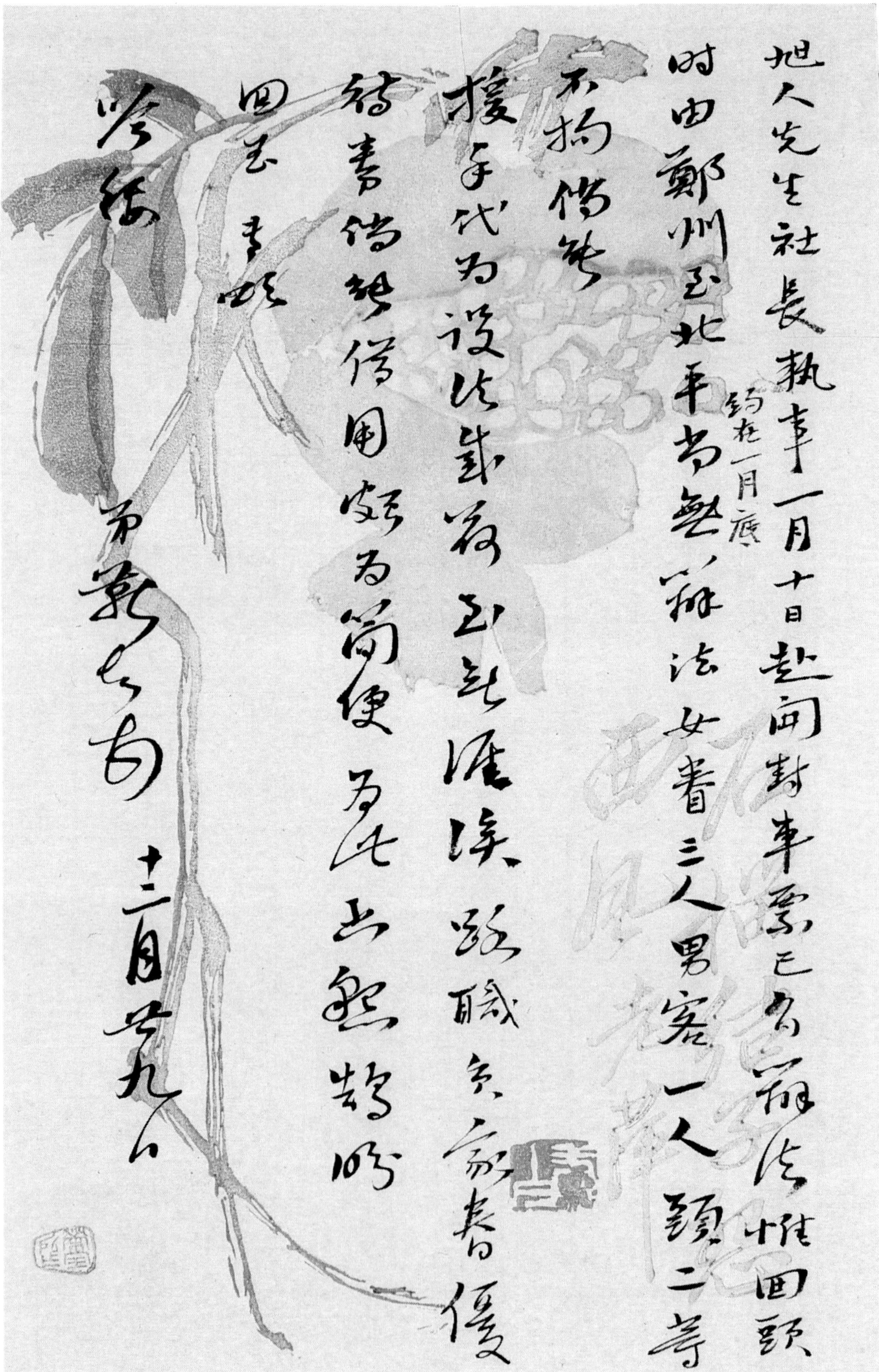

旭人先生社長執事：一月十日赴開封車票已爲辦妥，惟回頭
時由鄭州至北平者（約在一月底）無辦法，女眷三人、男客一人，頭二等
不拘，倘能
援手代爲設法，坐位至託[illegible]，敬識貴家眷優
待書鋪想借用號爲簡便，乃托出熟謝
回去未晚
吟綏
弟[illegible]頓　十二月廿九日

文成天縱

中國寫本大系　丁小明　主編

第三輯

墨戔樓名賢尺櫝集萃

丁小明　張翕然　主編

（下）

廣西師範大學出版社
GUANGXI NORMAL UNIVERSITY PRESS
·桂林·

敬和元韵即請
運甓主人暨
諸吟壇誅之

芳艸依然綠秋荷別樣紅迎神理
瑶瑟有客寄詩筒好景鷗波裏
閒情鹿夢中莫談家國事世外杳
飛鴻

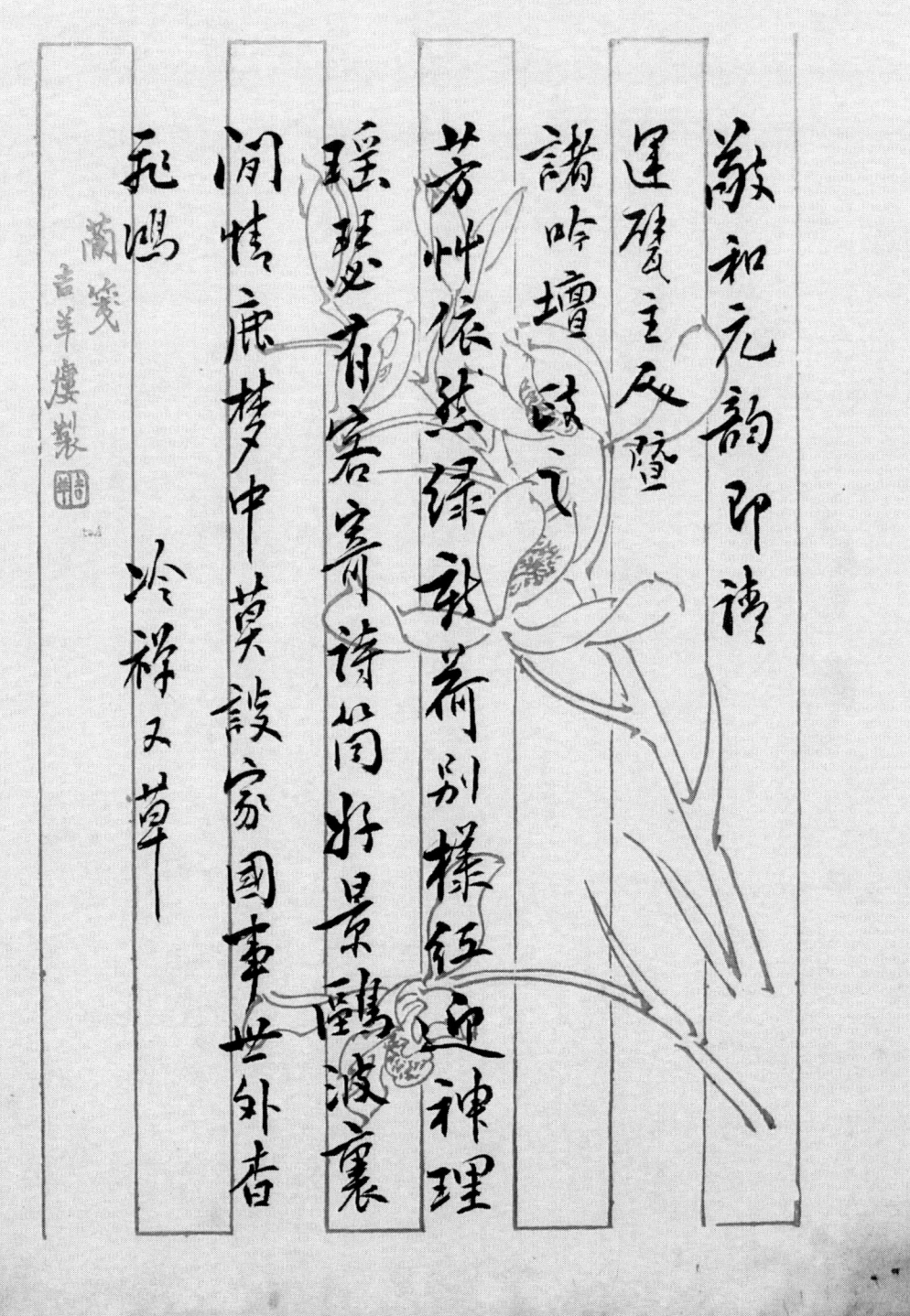

冷禪又草

蘭箋
吉羊慶製

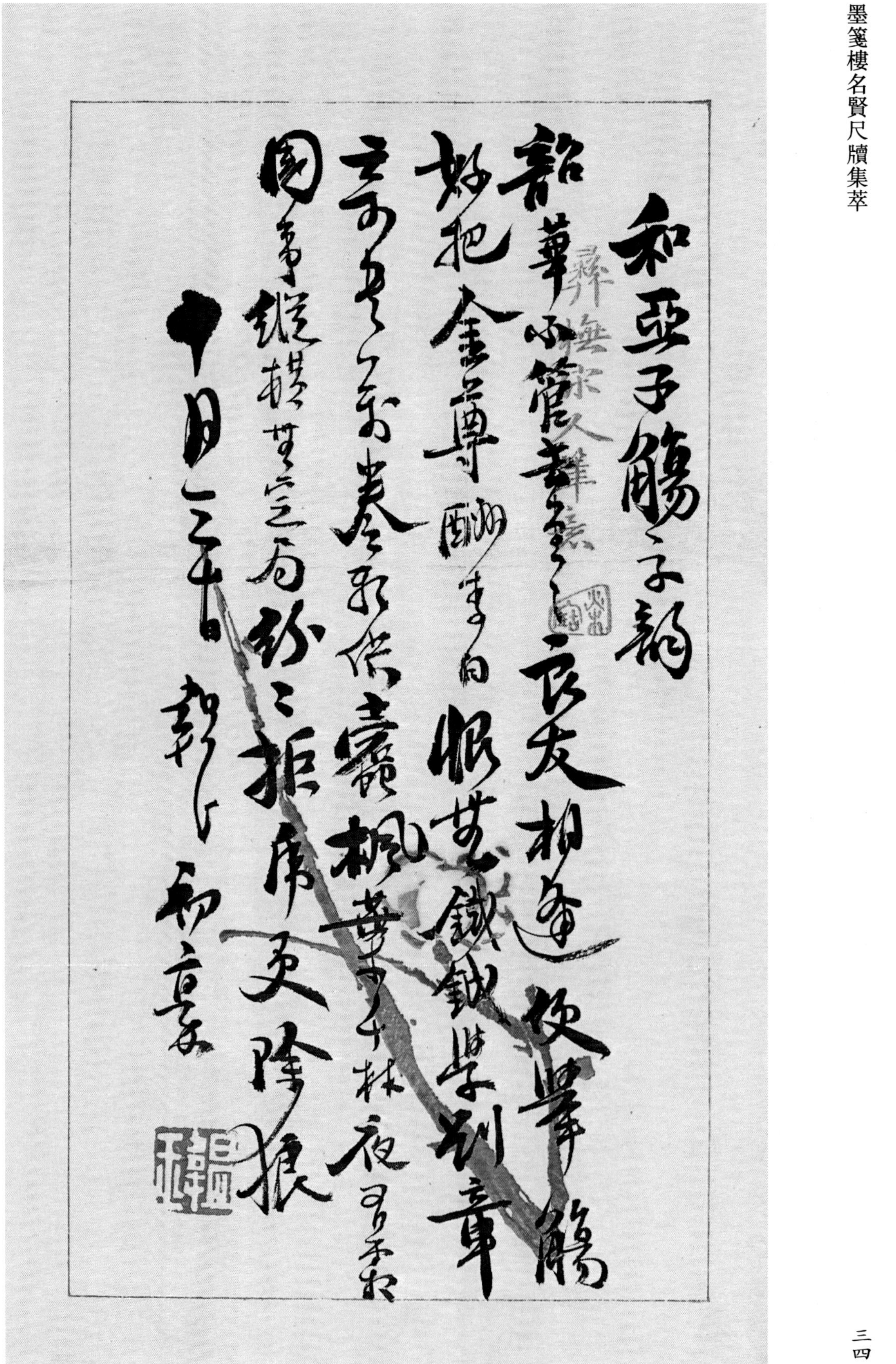

和亞子鶴子韻

十月二十日

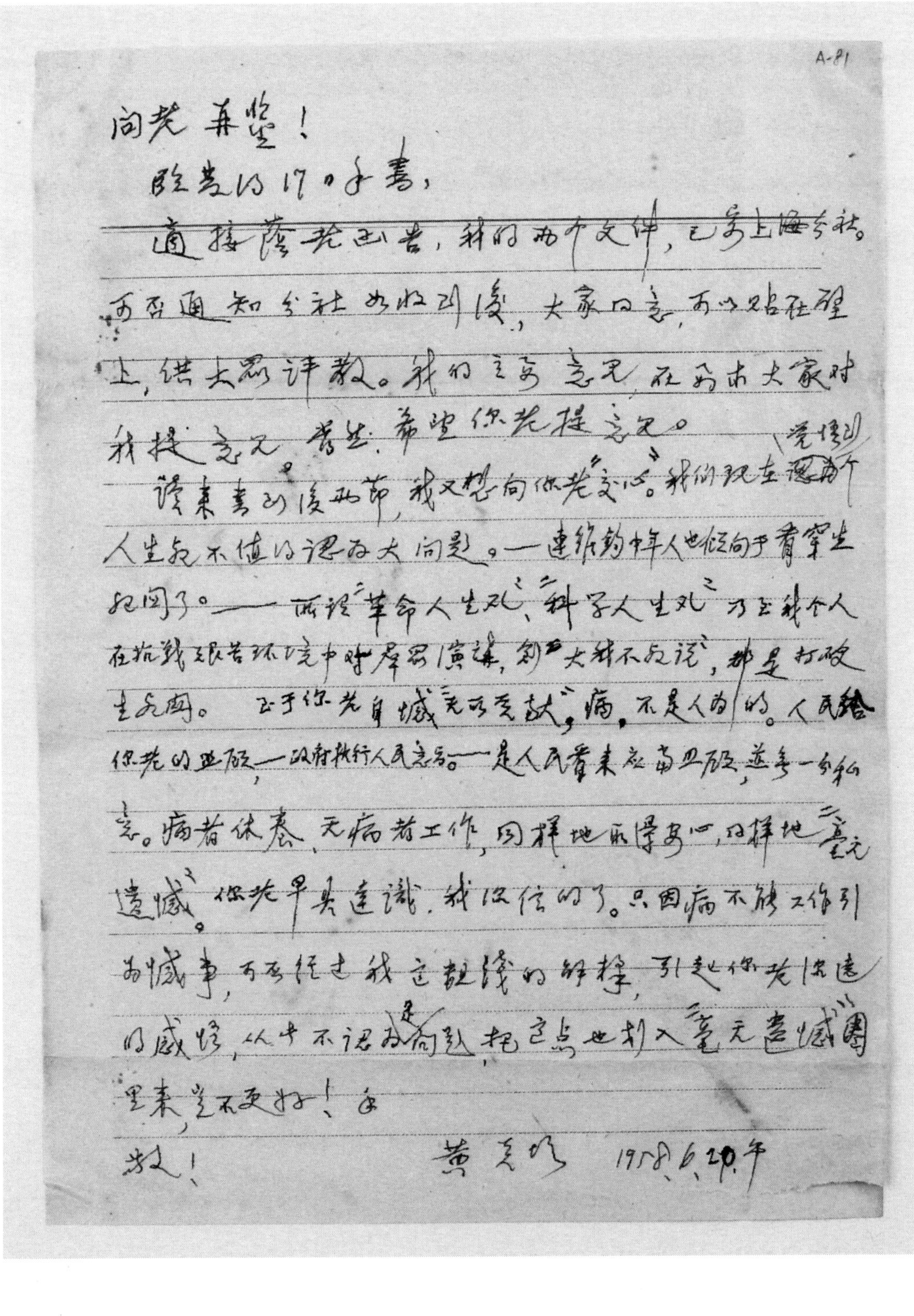

A-81

向老 并鉴！

昨奉19日手書，

可否通知分社收到以後，大家同意，可以贴在墙上，供大家评教。我的主要意见，在要求大家对我提意见。当然，希望你先提意见。

讀來書到後兩節，我又想向你先"交心"。我们现在遇到个人生死不值得认为大问题。一连好些个年人也很向于青年学生相同了。——所谓"革命人生观""科学人生观"乃至我个人在抗战艰苦环境中时常宣讲，创"大我不死"说，都是打破生死关的。至于你先自感"无可贡献"，病，不是人为的。人民给你先的照顾，一政府执行人民意志——是人民看来应当照顾，並无一分私意。病者休養，无病者工作，同样地为学习，同样地"毫无遗憾"。你先早具远识，我深信的了。只因病不能工作引为憾事，可否经过我这般浅的解释，引起你先深远的感悟，从中不认为是问题，把这点也打入"毫无遗憾"圈里来，岂不更好！此

敬！

黄炎培 1958.6.20.午

向老！

12背信连达多多信都收。遂遂不复，歉歉！今夏在忙中度过，连北戴河休假也有名无实，但还生产几首诗，寄发（我近来很好，大小什麼病都没有了。）

为了这样了事，很好。公开说几点，等一下好不好，我们再查一下情况。古籍出版社确是需人，但为了未必相当。须在新旧双方都要有正确的了解。你我熟识旧人不算少，但能通懂现今政策学说的，实难其人，以故未及推荐。徐老还有何出處？

来信提到吴某，此人我所接触和他在几场合所表现，品格大有

24

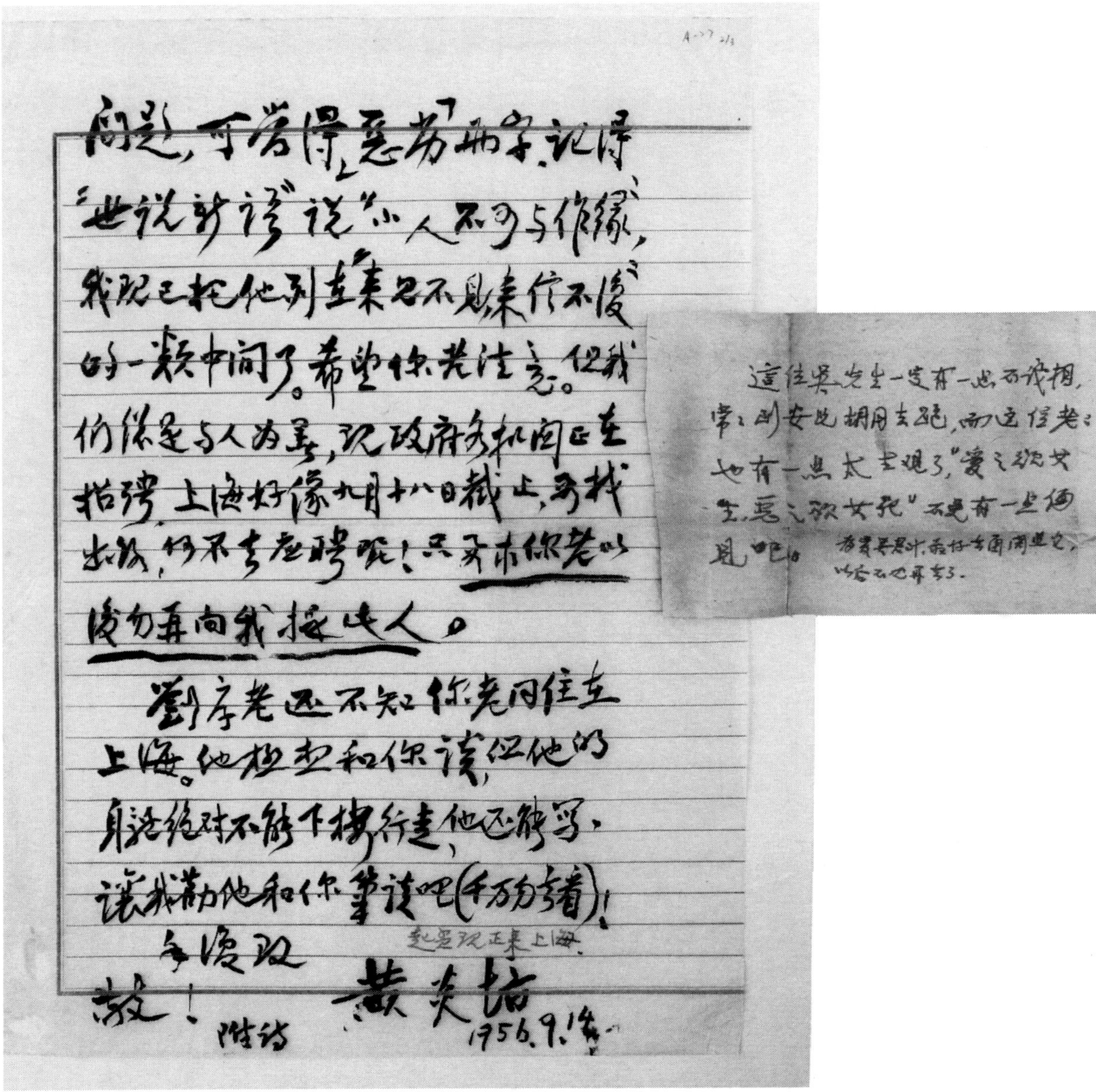

問題，可當得"惡劣"兩字。記得"世說新語"說"小人不可與作緣"，我現已把他列在來者不見，來往不復的一類中間了。希望你老注意。但我們係是與人為善，現政府各機關正在招聘，上海好像九月十八日截止，可找出路，何不去應聘呢！只要你老以後勿再向我援此人。

劉季老還不知你老仍住在上海。他想想和你談，但他的身體絕對不能下樓行走，他還能寫，讓我勸他和你筆談吧（千萬勿忘着）！

（趙君現在未來上海）

即頌

致！

附說

黃炎培

1956.9.1

這位吳先生一定有一點不識相，常常到安徽胡同去說，而這位老老也有一點太主觀了，"愛之欲其生，惡之欲其死"不免有一點偏見吧。

敬啟者同人發起人文月刊收羅現代史料側重社會
經濟著作均極有系統早為各界人士所重視而
每期有四百餘種著名襍誌要目索引選目近三千
左右凡各科學哲學社會學以及政治經濟歷史地
理罔不包羅創刊迄今共錄十萬餘目對于過去及
現在期刊材料之查考至為便利實為期刊索引
中出版最久之刊物夙承海內外學術界同聲推許
現在五卷已出版齊全六卷發刊行將開始內容益

求精美充實凡全國中等高等各學校各機關及各
地圖書館均有訂閱因此銷數激增自信足為
貴處廣告宣傳之一助倘蒙
特允惠登既普及又永久效用甚大一切託來友陳
君允熙趨前奉謁即希
賜予接洽為幸專此敬頌
台綏此上
明華銀行
張絅伯先生　大鑒

黄炎培敬啓

十二月十二日

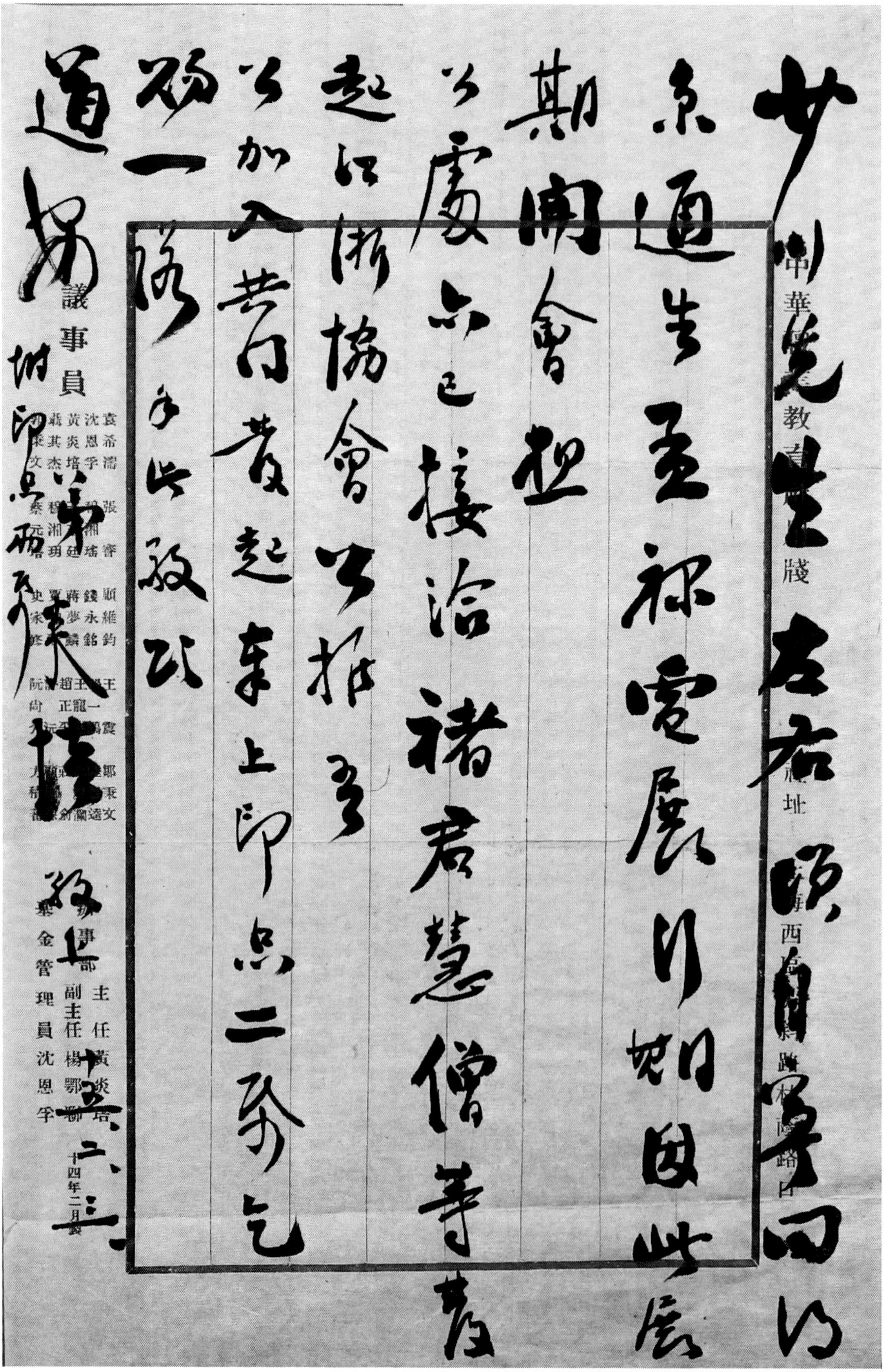
中華職業教育社牋
社址 上海西門林蔭路口
議事員
袁希濤 張謇 顧維鈞 王震
沈恩孚 穆湘瑤 錢永銘 王一亭
黃炎培 穆湘玥 蔣夢麟 趙正平
聶其杰 史量才 鄒秉文
蔡元培 阮尚介
辦事部 主任 黃炎培
副主任 楊鄂聯
基金管理員 沈恩孚
十四年二月製

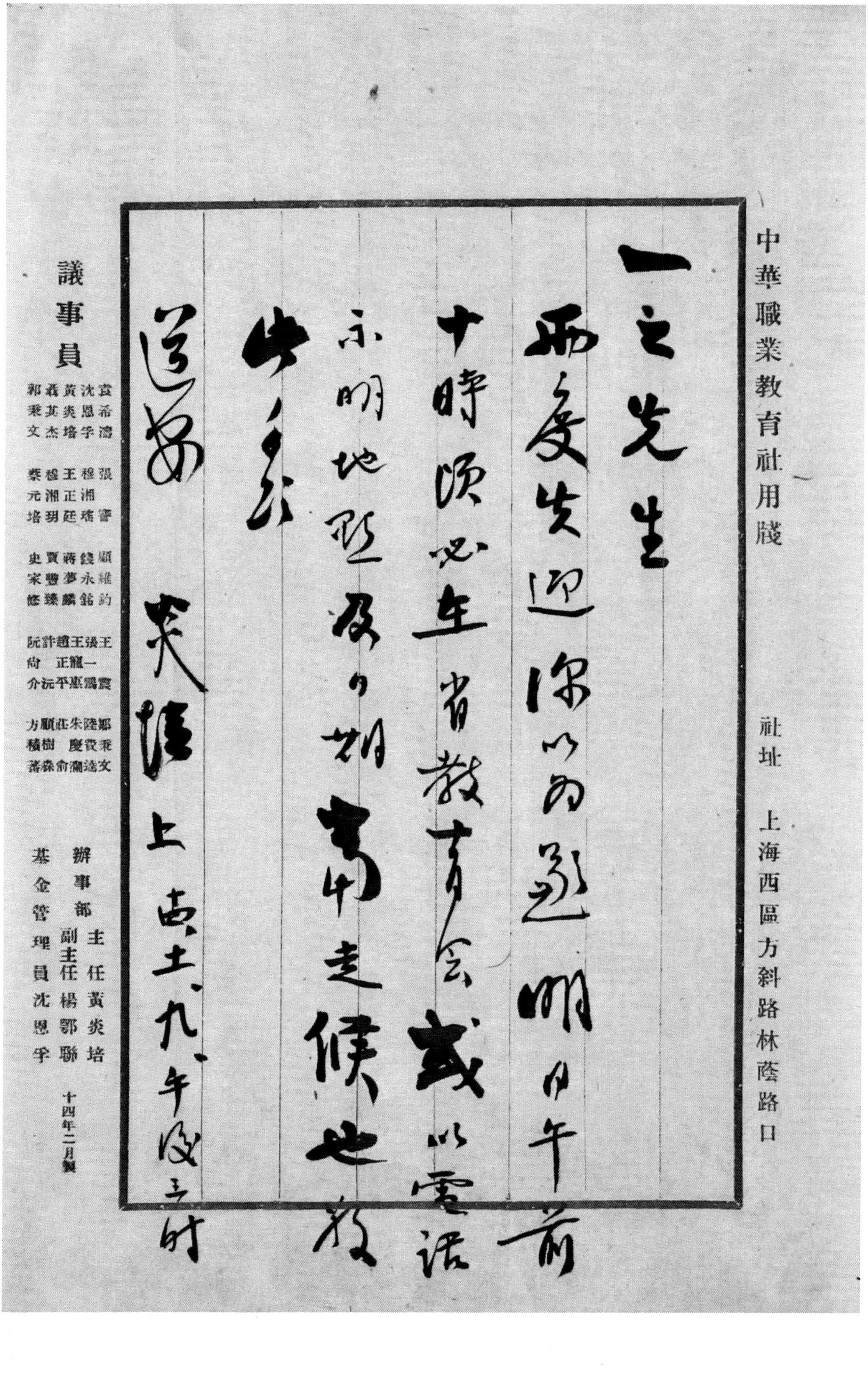
中華職業教育社用牋

社址　上海西區方斜路林蔭路口

一之先生
兩度失迎深以為歉明日午前
十時須赴省教育會或以電話
示明地點及約期當即走候也敬
此頌
道安
炎培上　十四、十一、九、午後三时

議事員

袁希濤　沈恩孚　黃炎培　聶其杰　郭秉文

張謇　穆湘瑤　王正廷　穆湘玥　蔡元培

顧維鈞　錢永銘　蔣夢麟　賈豐臻　史家修

王震　張一麐　王寵惠　趙正平　許沅　阮尙介

鄒秉文　陸費逵　朱慶瀾　莊俞　顧樹森　方積蕃

辦事部　主任黃炎培

副主任楊鄂聯

基金管理員沈恩孚

十四年二月製

次讓吾兄康題南都修史舍弟希
哂正
汪南庵志記康乾野史重修
大將軍先後馮華蒼織思同不朽
果之同張張以繼起更望芳丹
己卯九秋忠廣金之

奉書辟地蒼塗安穩可念

弟亦移設樓臨樓習提入

市頃住霞飛路華龍路華

龍小學三樓西室京師於行下

問春日閱秋軍勝利踴躍起

舞西迴此師 弟三去

揩見旅祉 廿年九月七

日色之人均佳 謖翁玉候

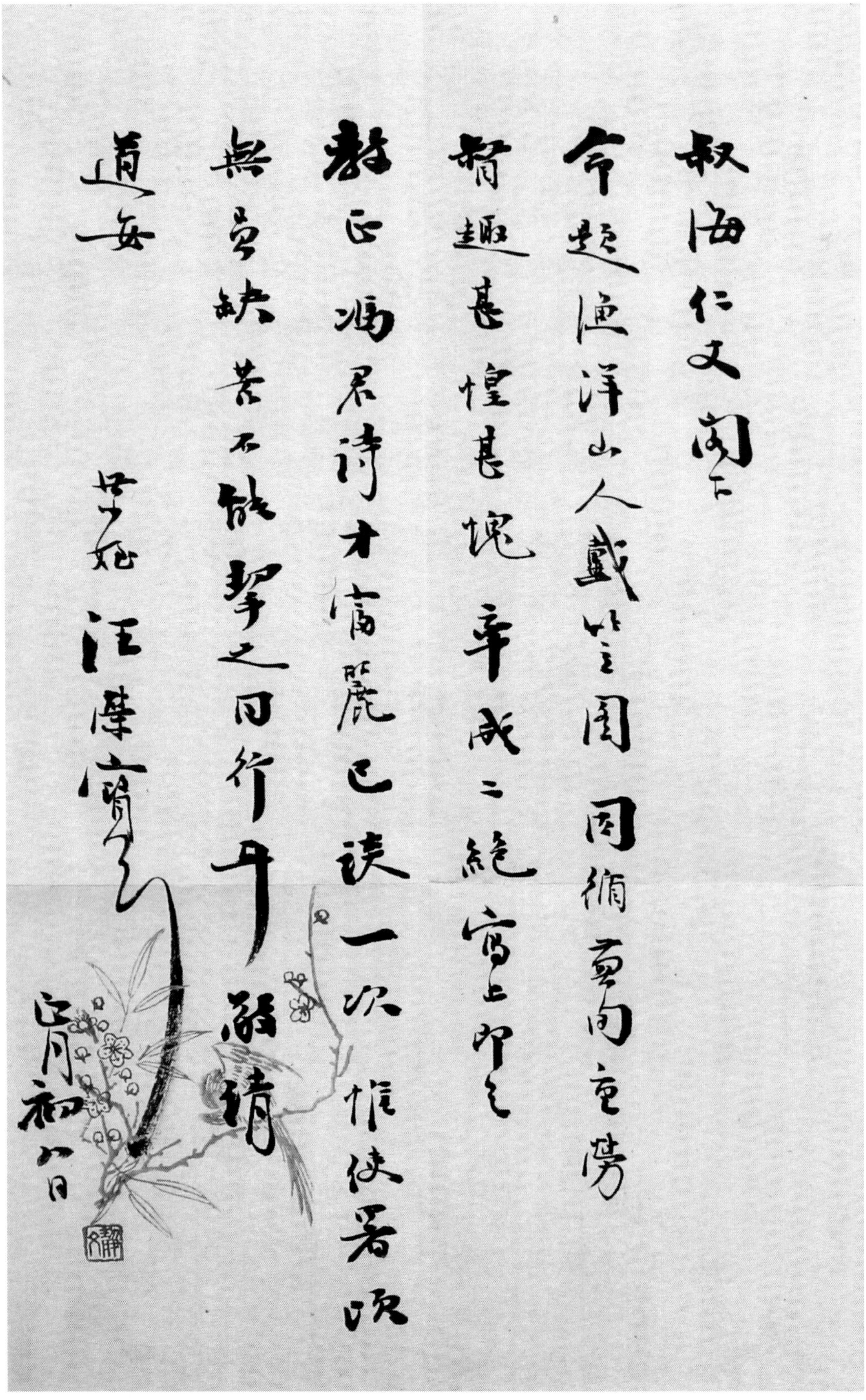
叔海仁丈閣下
命題漁洋山人戴笠圖同循覃向壁傍
背趣甚惶甚愧辛成二絕寫上即乞
教正馮君詩才富麗已讀一次惟使署次
無多缺若不能舉之同行斗敢請
道安
學姪 汪榮寶頓首
正月初八日

仲琚道兄先生左右：昨承
惠書并大著餐霞閣所存，拜覽數過，愛不忍釋。
秦序謂聆息游皖府，弟常合作漢印，即年得來滬海上時，未
必能與我公抗衡者。唯伊之之不悅，前曾嘉為之幽深，
知此道之難，不能出以問世，遂未究心法，此調久不彈矣。
書中所錄之印，大半為胡菊鄰所刻。胡亦名手，宜其為我
所見者也。可暇如肯飭談大所勉，體當此璧，謝，敬頌
道安。 弟徵拜
九月六日

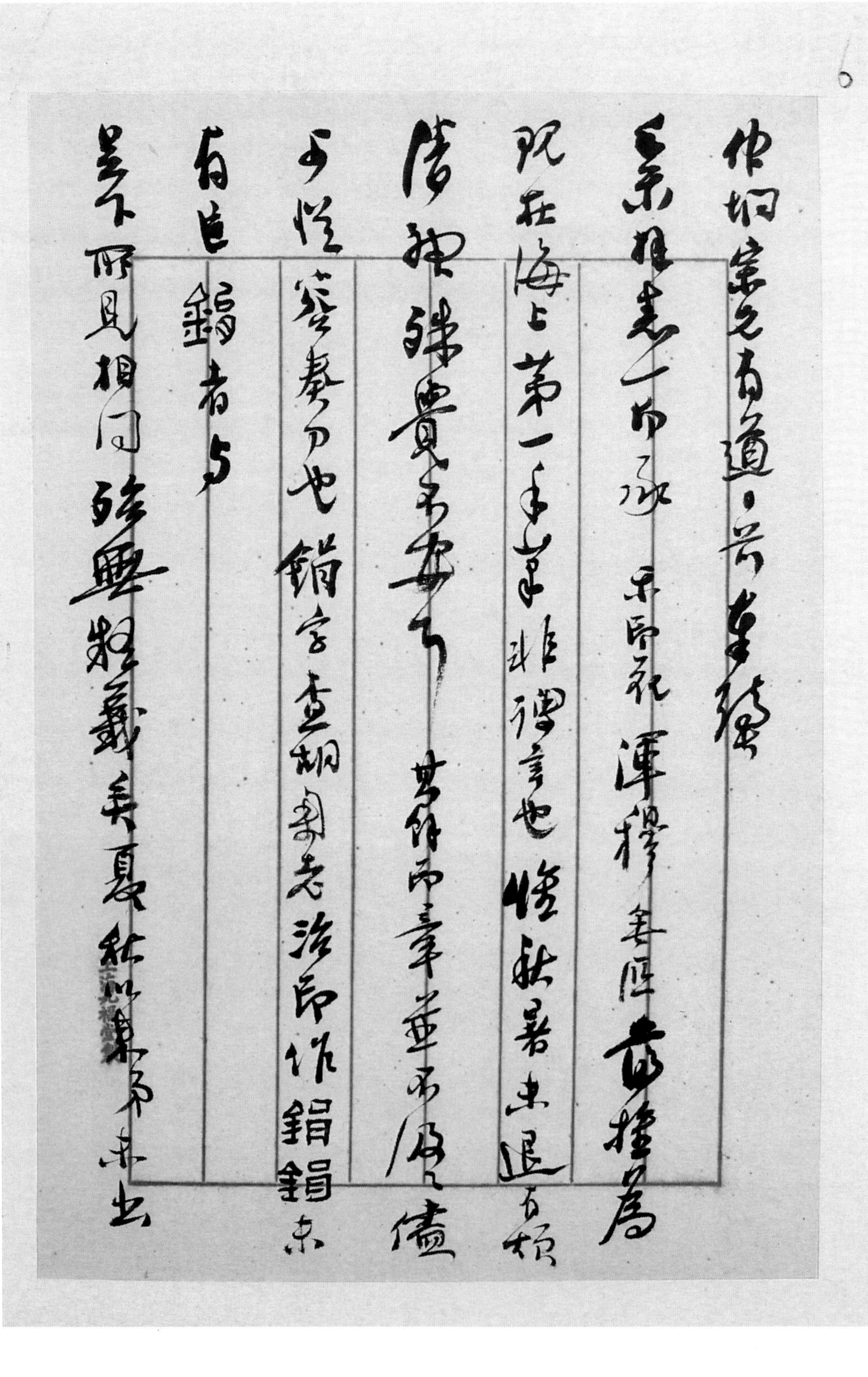

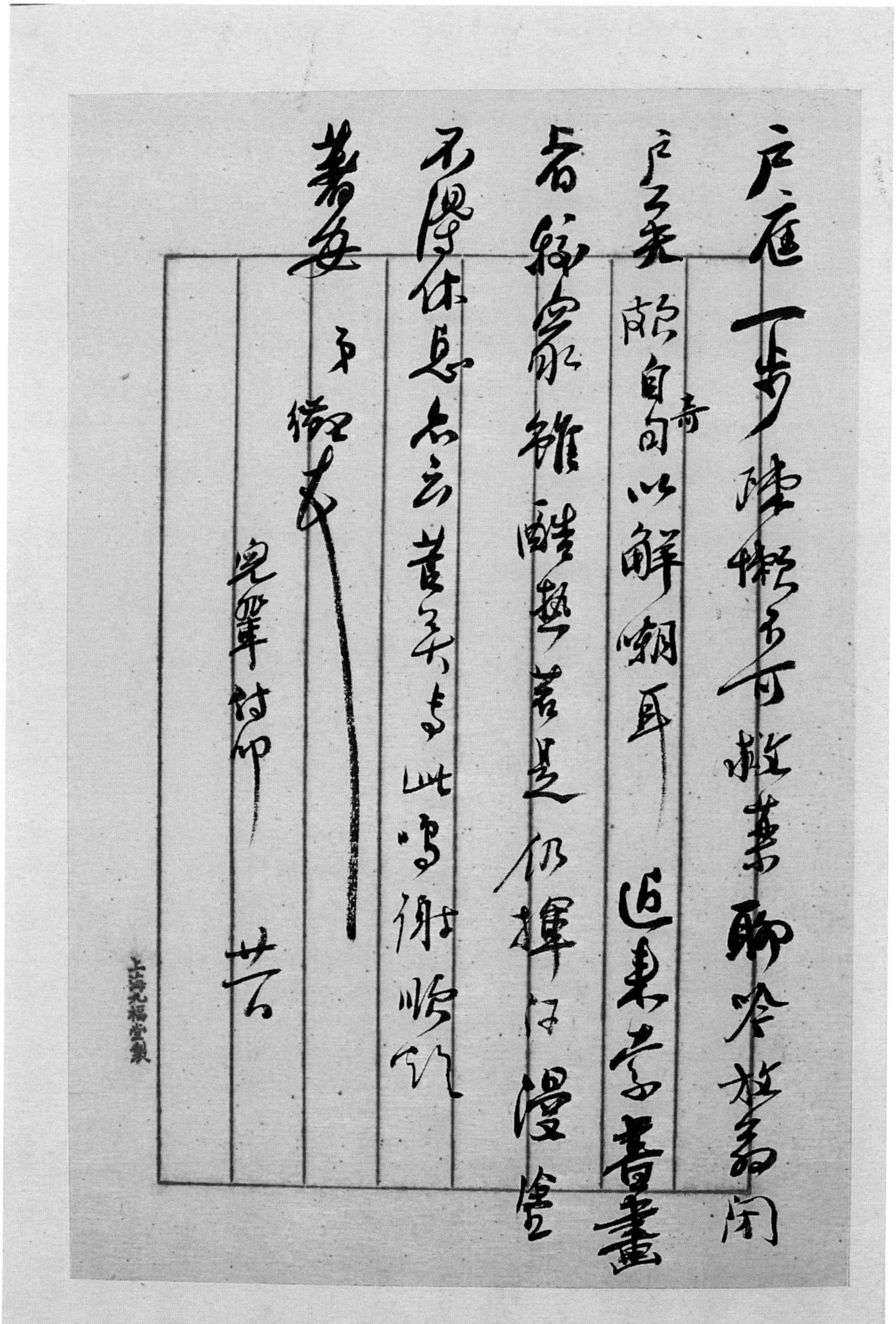
户庭一步陡懒方可撇茶聊吟故高阁
广矣故自句（奇）以解嘲耳　近来字画
者众家虽酷热若是仍挥汗漫涂
不得休息亦云甚矣专此鸣谢顺颂
著安　弟徵顿首
儿辈付印　廿六
上海九福堂製

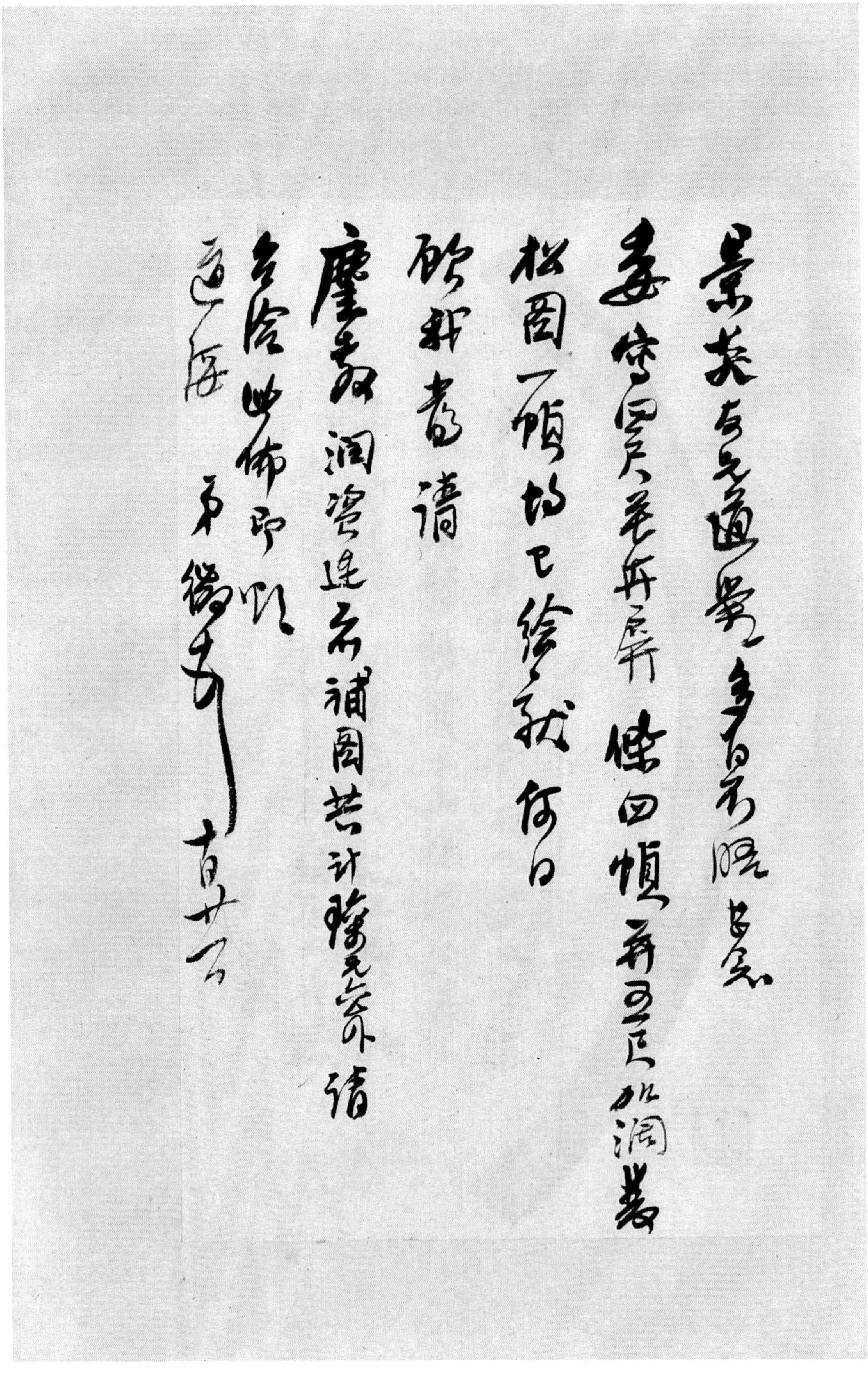

景英老兄道鑒 多日不晤 甚念
委作尺頁屏條 四幀 再乞加潤叢
松圖 四幀 均已繪就 何日
賜我書請
塵教 潤資連前補圖共計陸元 并請
交給此佈即頌
道安 弟[illegible]首 廿六

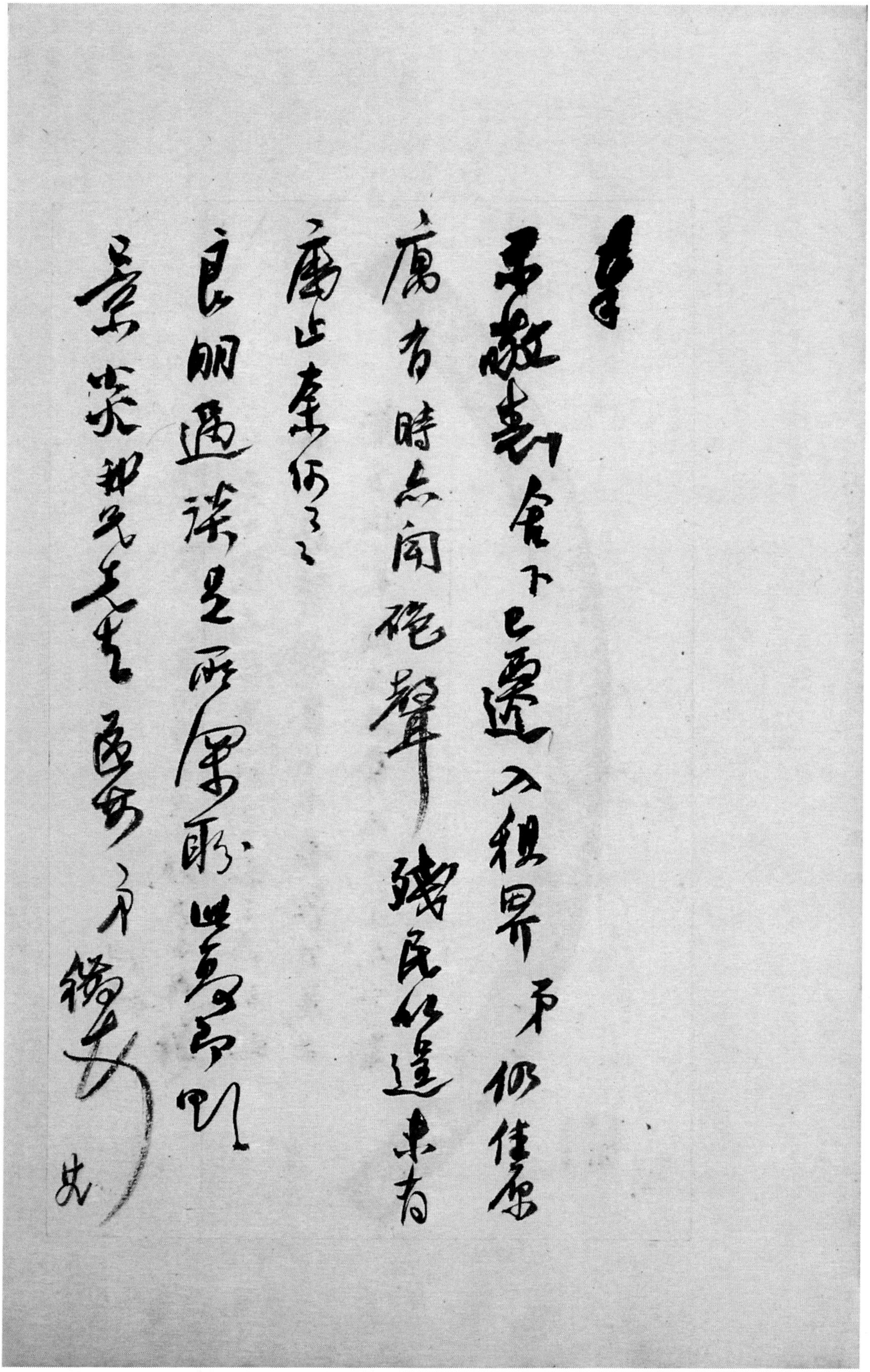

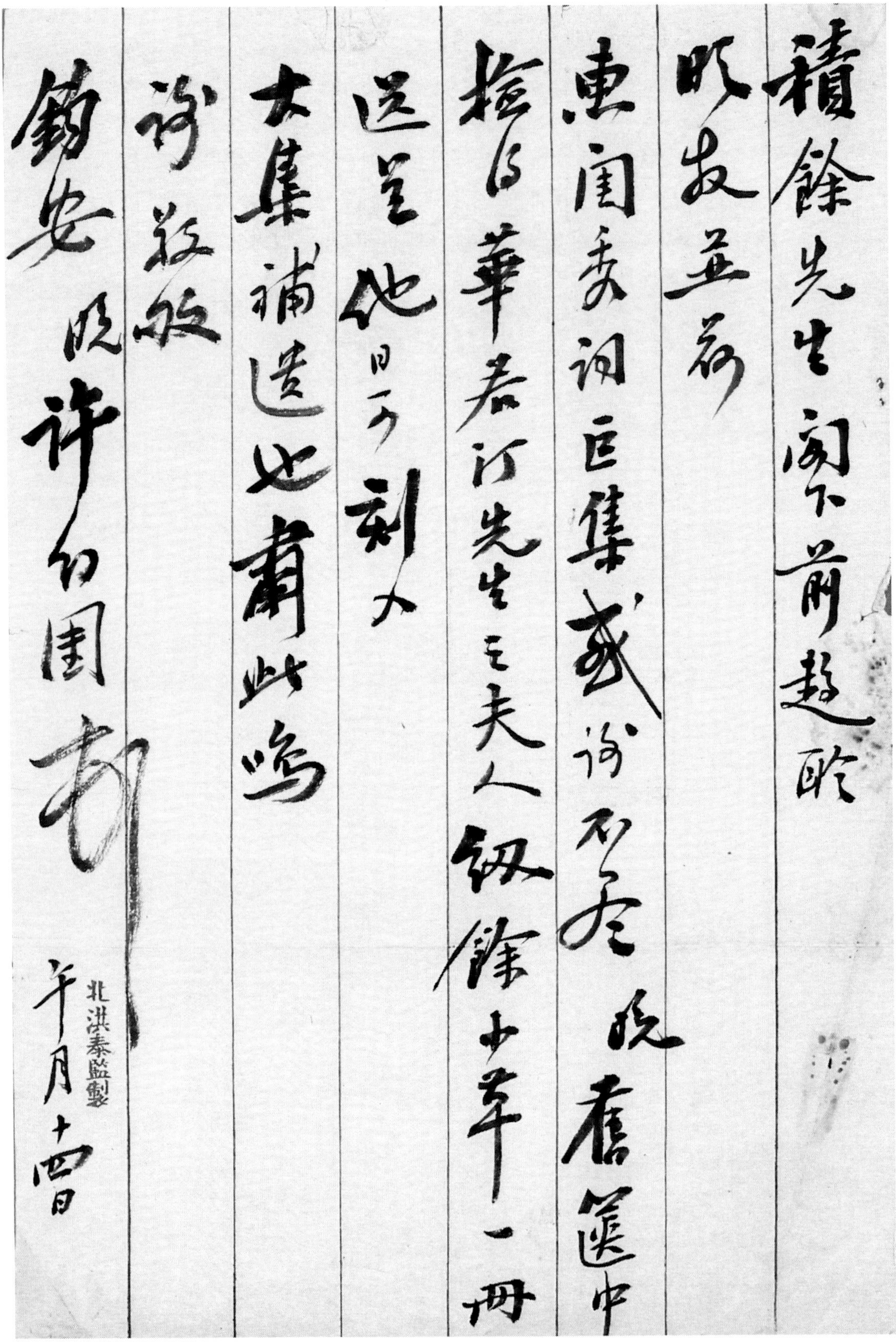

積餘先生閣下前趨聆
明教並荷
惠函委詞巨集感謝不盡於舊篋中
檢得華春汀先生之夫人繡餘小草一冊
送呈他日可刻入
大集補遺也肅此鳴
謝敬頌
鈞安 晚許之衡頓
十月十四日

北洪泰監製

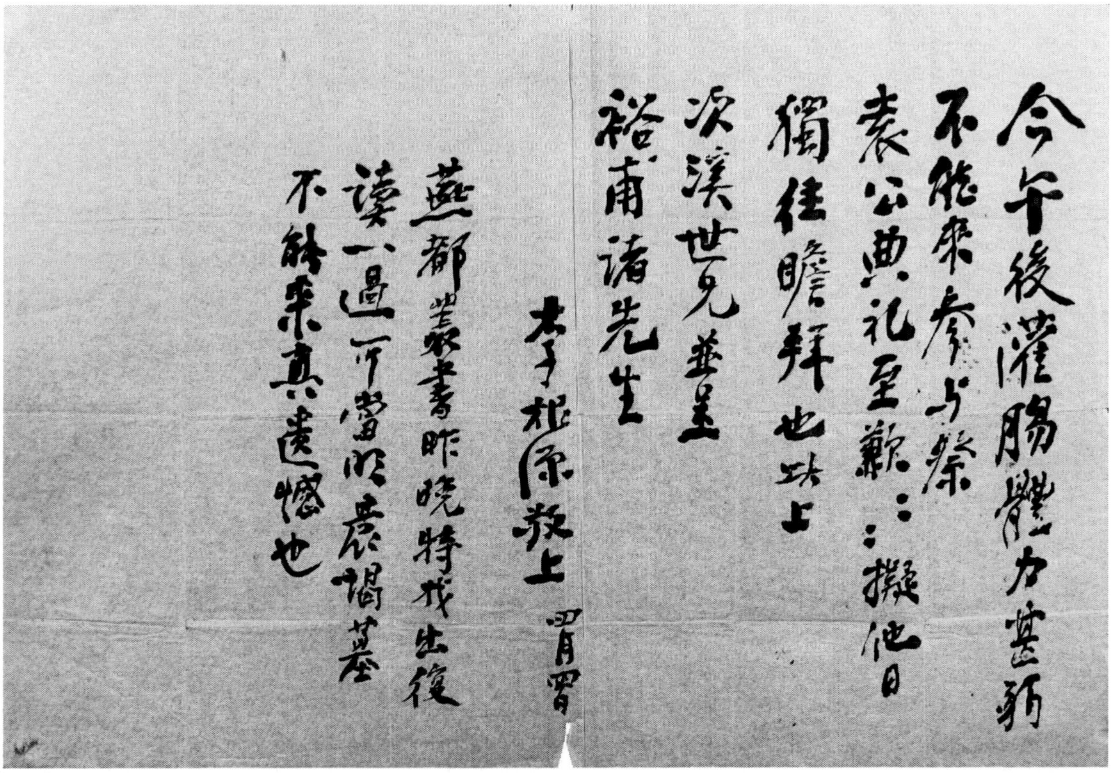

今午後灌腸體力甚弱
不能來參與祭
袁公典礼至歉至歉擬他日
獨往瞻拜也此上
次溪世兄並呈
裕甫諸先生
李根源敬上　四月四
燕都叢書昨晚特找出復
讀一遍可當於晨謁墓
不能來真遺憾也

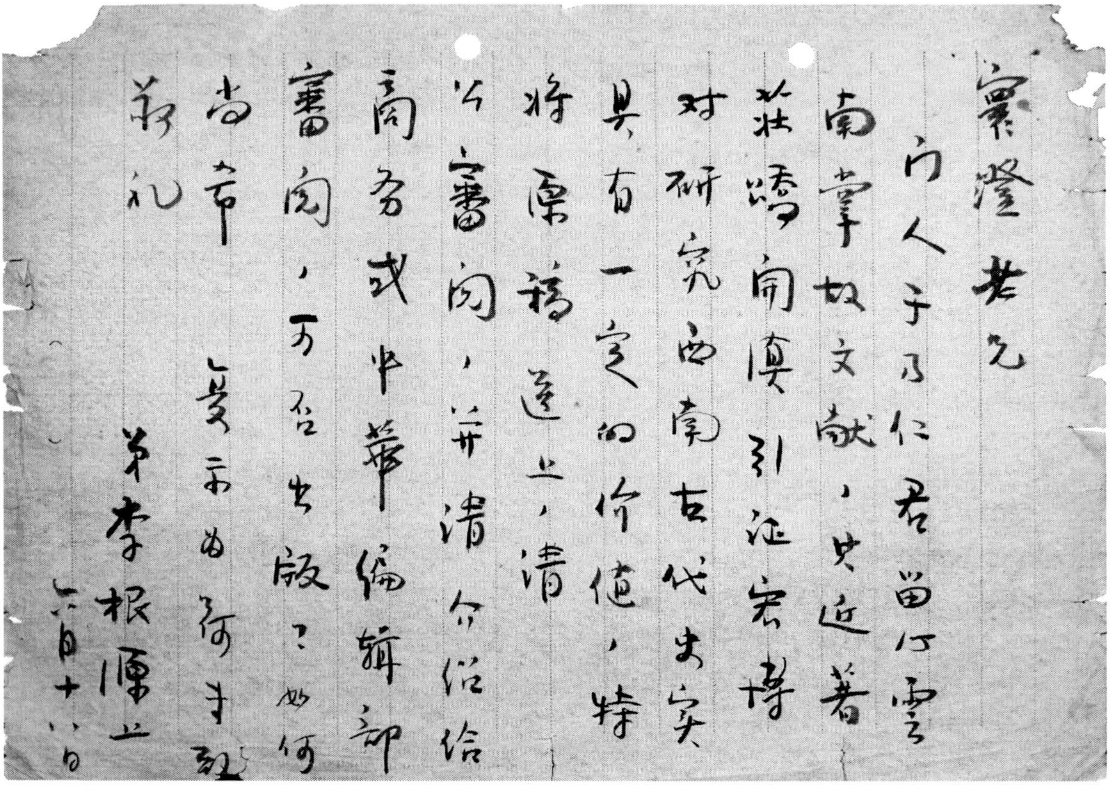

寰澄老兄：
今人于乃仁君留心云南掌故文献，其近著《庄蹻开滇》引证宏博，对研究西南古代史实具有一定的价值，特将原稿送上，请公审阅，并请介绍给商务或中华编辑部审阅，可否出版，如何尚希
复示为荷，手致
敬礼
弟李根源上
六月十八日

任之先生左右：展誦

惠書，茲將公函交收發室掛號摘由，一面囑文官處圖書館照送館中藏書目錄一部，另囑印鑄局隨時寄送

國府公報，以報

雅命。往年自離中歸，購得魏隋唐宋墓誌約四千餘種，十九未經著錄，以其與史事有關，暇時輒加鉤索，足消遣歲月也。附

聞。肅復，順頌

台綏。向漁先生候候。

弟沈礪頓首　三、廿三

國民政府文官處用箋

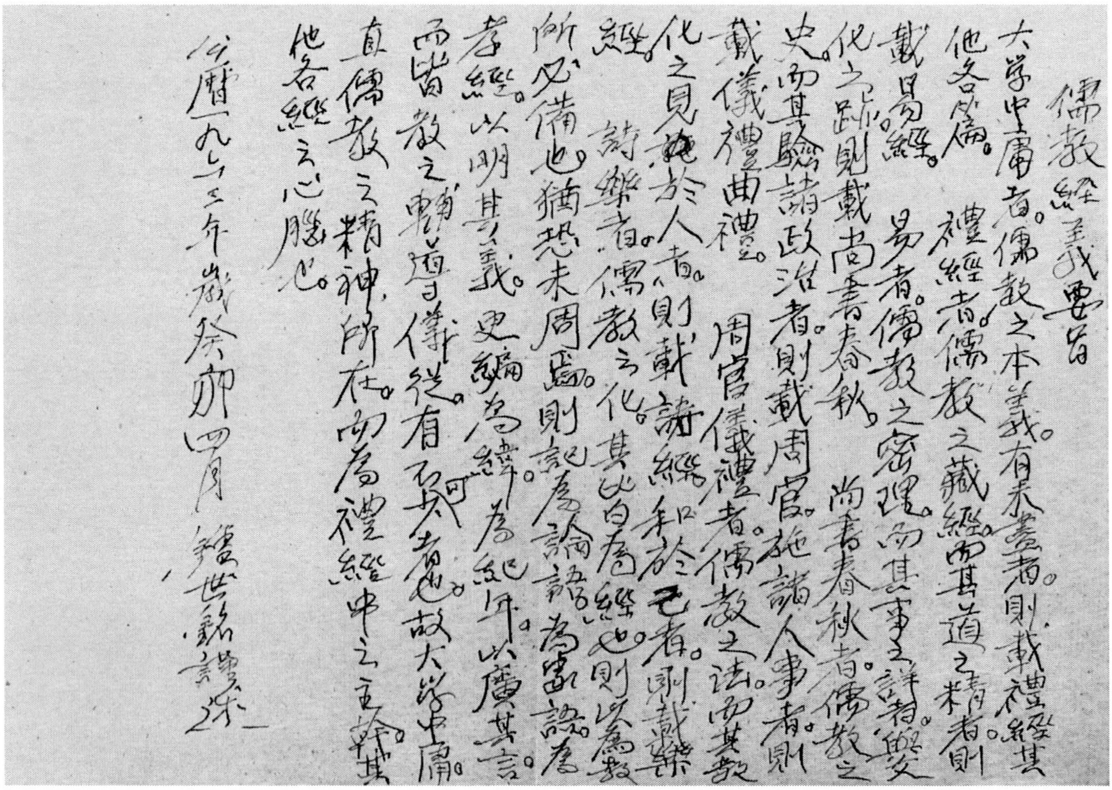

儒教經義要旨

大學中庸者。儒教之本義。有未盡者。則載禮經其他各篇。禮經者。儒教之藏經。而其道之精者。則載易經。易者。儒教之密理。而其事之詳者。變化之跡。則載尚書春秋。尚書春秋者。儒教之史。而其驗諸政治者。則載周官。施諸人事者。則載儀禮曲禮。周官儀禮者。儒教之法。而其教化之見施於人者。則載詩經。和於己者。則載樂經。詩樂者。儒教之化。其以自為經也。則以為教所必備也。猶恐未周遍。則記為論語。為爾雅。為孝經。以明其義。史編為緯。為紀年。以廣其言。而皆教之輔導。儒衛從有可異也。故大學中庸。直儒教之精神所在。而為禮經中之主幹。其他各經之心腦也。

公曆一九六三年歲癸卯四月 鍾世銘謹述之

明日合集高君潜子力主昔約到君处
孫又欲偕我經侍深隱君為樣如有
定一案即呈物便不能自為實情此時
亦計通切亦已遍曉擬仍無費預備
為君乃可高見李君亦決游行無來
道亭表示甚隨先納費以切備座囮羅
到要呈望是告兄
轉姚社長
九人

賡麟手啟　十二晚

中華書局總廠總店經理陸費逵

璽集集李少温字

中華

逵後者前承

屬升等一事業經函致京漢王局長酌辦旋

接函稱查敝局以前庶務課辦事之工務員

廖君琇崑在局任事已歷十有一年成績頗

佳重以委託遵當力為設法并示該管處留

意矣等語用特函復即希查照可也此頌

日祉

劉[illegible]啟 三月廿日

交通部路政司信牋

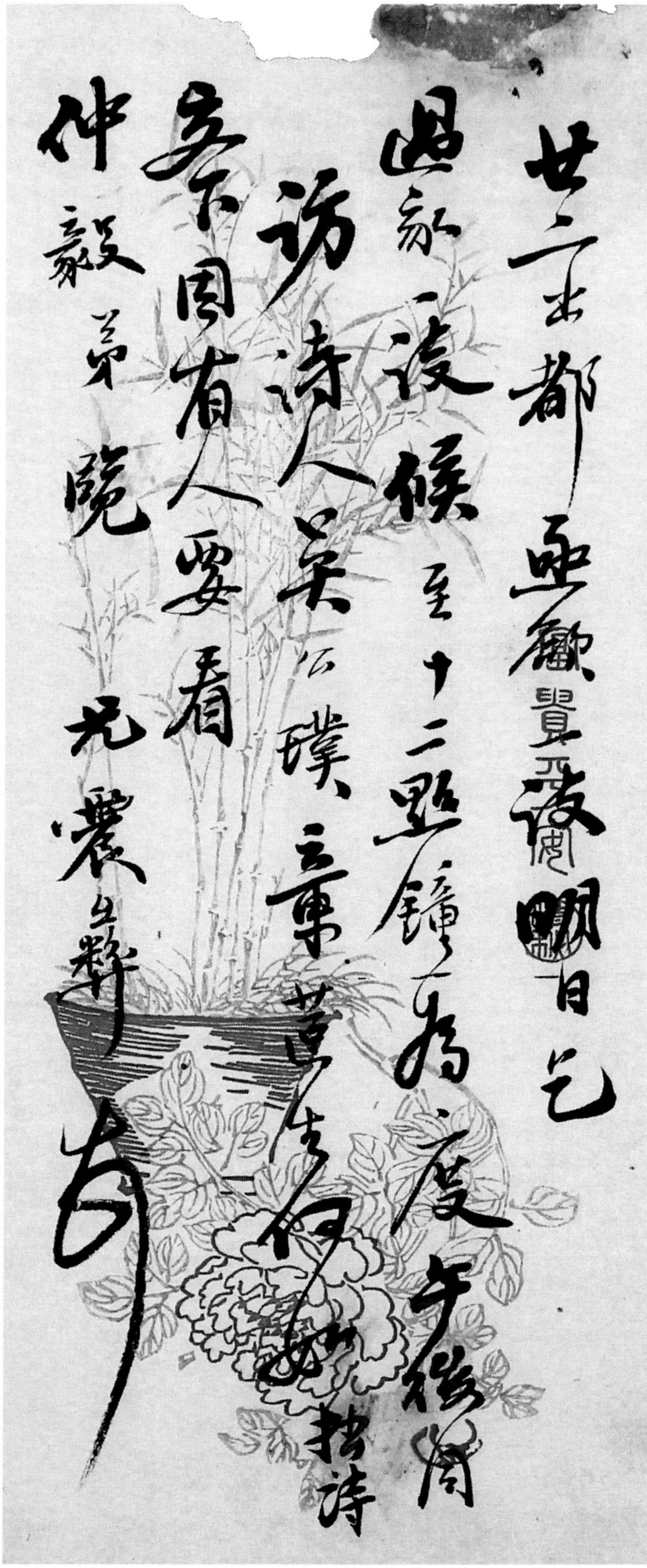
廿二出都，亟欲[illegible]，明日巳
過寓一談，候至十二點鐘為度，午後偕同
訪詩人吳公璞、三章、草堂，[illegible]拉詩
來，因有人要看。
仲穀弟覽　兄震彝上　何

乃乾同志：您的意見如何？　燦然 3/4

燦然先生道席：高山仰止，未克面親
雅教，景企彌深。敝有懇者：北京圖書館善本室曾
藏有嘉靖興國州志。興國即今之湖北省陽新縣，在明
代屬大冶、通山二縣，是暲之故鄉。北京淪陷以前，在
館中抄出，甫抄畢，廑越日，即隨大多數善本書起運
南下，未幾，北京淪陷矣。原本紫色印，缺第一卷，但第
二卷自沿革始，亦不易得。暲校閱一過，并補序文二首，
本擬付印，旋以手中拮据而止。暲今年八十有二，精力

大衷，此种孤抄本，一旦遗失，太觉可惜，未知
贵局是否可以付印，曾函请张静庐先生查询，并已
有日，未蒙答复，昨始知此事为
先生主持，特径函商，如有办法，当将原抄本送上，敬求
指示，否则璋当另行设法。璋两眼乏力，行动维艰，用
特备函奉商，务请
先生拨冗赐复，至为感盼，手上，即致
敬礼，并向
静庐先生致敬

石荣璋谨启
中央文史馆馆员
通灵境二十八号

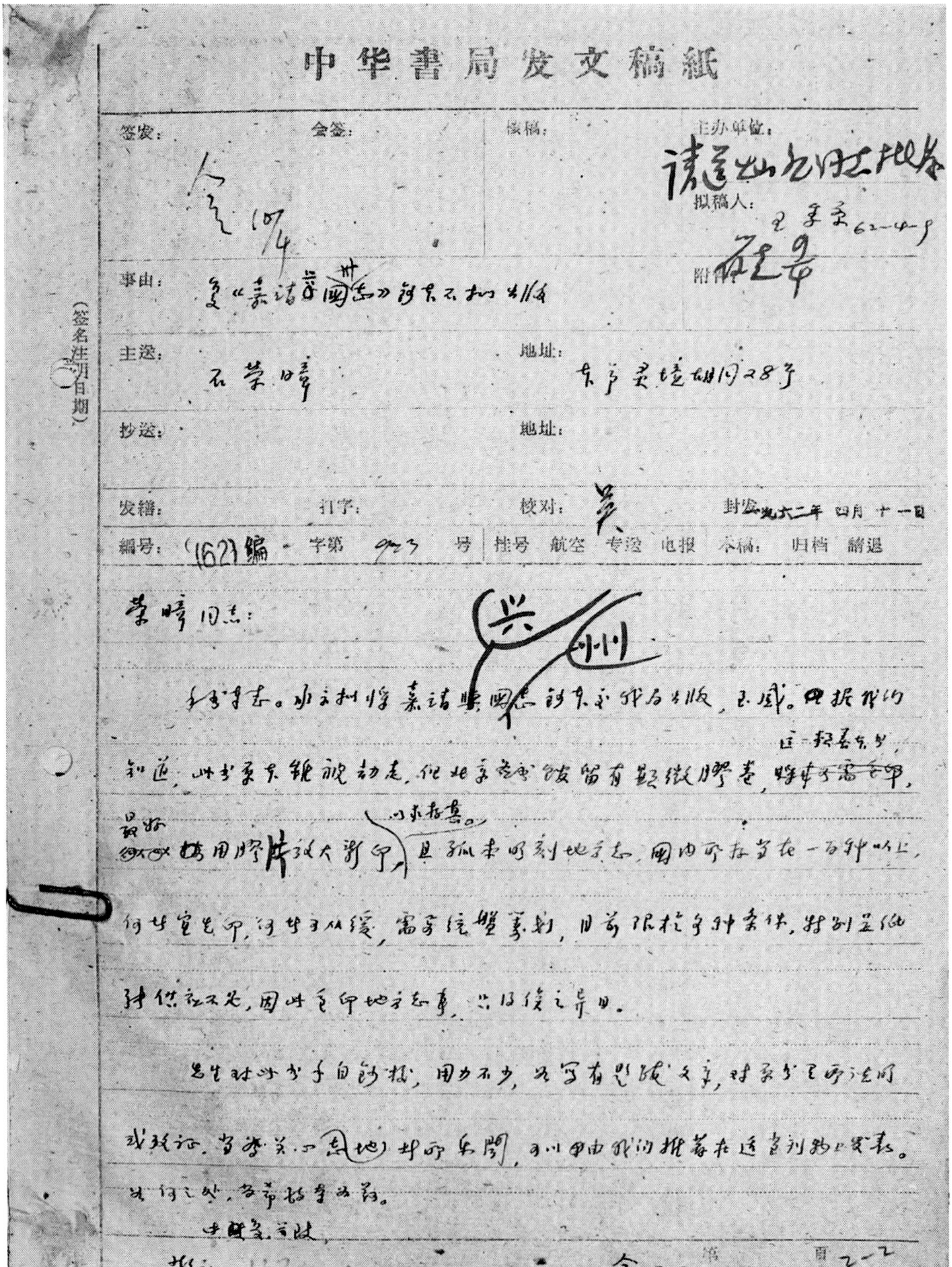

中华書局发文稿紙

签发：金 10/4　会签：　核稿：　主办单位：[illegible]

拟稿人：王[illegible] 62-4-9

附件：[illegible]

事由：复《嘉靖兴州志》[illegible]出版

主送：[illegible]荣暲　地址：[illegible]胡同28号

抄送：　地址：

发缮：　打字：　校对：[illegible]　封发 一九六二年 四月 十一日

編号：（162）编　字第 [illegible] 号　挂号　航空　专送　电报　本稿：　归档　销退

（签名注明日期）

荣暲同志：

来信收悉。承示拟将嘉靖兴州志[illegible]交我局出版，至感。但据我们知道，此书原[illegible]已被劫走，但北京[illegible]藏有残缺胶卷，[illegible]，最好[illegible]用胶片放大影印，且孤本明刻地方志，国内所存当在一百种以上，何者宜先印，何者可以缓，需要统筹考虑，目前限于各种条件，特别是纸张供应不足，因此重印地方志事，只得从缓再说。

先生对此书多年自[illegible]，用力不少，如写有关[illegible]文章，对[illegible]或校记，[illegible]，可以由我们推荐在适当刊物上发表。

如何之处，[illegible]。

中华书局古代史组

敬礼

第　页

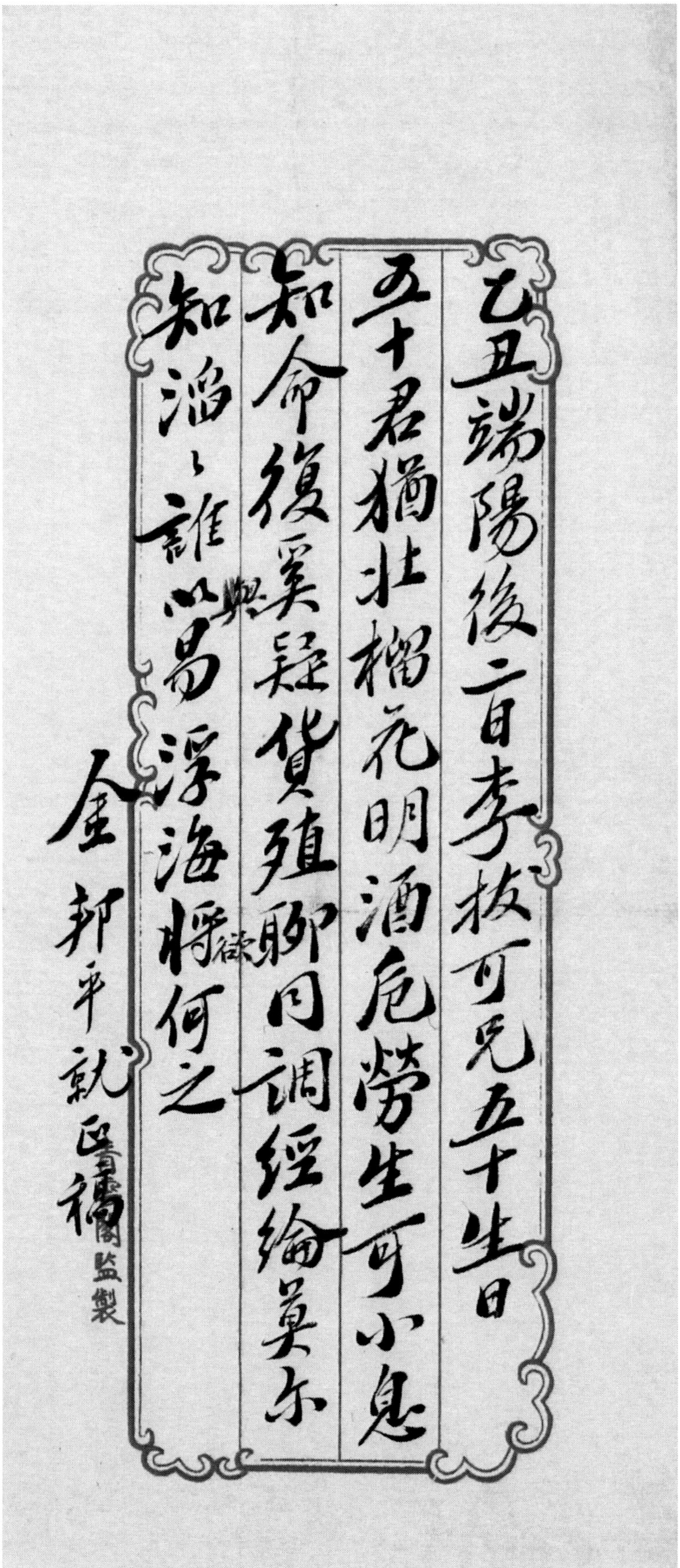

乙丑端陽後二日李枚可兄五十生日

五十君猶壯榴花明酒卮勞生可小息

知命復奚疑貨殖聊同調經綸莫尔

知滔〻誰以(與)易浮海將(欲)何之

金邦平就正稿

閣監製

黄河白日匿握手汴京樓一别非年少重逢
更九州才人宵落魄餘子且諸侯抱膝吟梁
父悠悠天下愁
百戰神京在春鶯又亂飛青山容我到玄鬢
覺人非馬上輸長策鷗邊已息機次公狂似
昔濺淚惜芳菲
天下陳驚坐人間梁伯鸞文章長太息江海一
回看花裏陰晴易樽前醒醉難百年胥有

道鄭重且加餐
歷劫交情見滄溟一棹還相逢皆落日此去盡
深山醉卧星辰靜平居草木閑悉心自有
谷抱甕海山間
衆異同年　指政　鑑瑩

奉題

伯葭先生精忠柏圖即請

敎正

程侯肝膽人蘊貞蕤性廿載走國事心切骨益硬竭來棲霞麓往烈試借鏡歷劫八斷木相憐君同病料量置扁庭清標互照暎繄余滄桑後披圖懷憿〻矯想桃李花媚梁湖光靚一朝春氣洩不禁風雨横那及此枯木

榮落俱無競摧折七百年下待風人詠所以
忠義力處變始見勁騰〻數今昔餘淚和
詩迸

徐鴻賓呈稾

永慕兄：前此未注弟亦若告知多種計畫，卻竟似以府學為中心而進行多種文獻工作（府學本身即一文獻），圖書館事業促進會不如改為文獻工作促進會，或文物保存會，較有實際。且其範圍可以伸縮，望與諸公一商。弟雖病廢，固樂觀厥成也。專此即頌

吟秋兄大安

弟 遹 八月八日

遹庵

恂如先生史席奉

篆誦悉河濱諸老集敝齋有無其書不甚記省

醉愚返潯未來取檢查不易弟以事赴嘉即午趁

車前往已諄屬敝帳友詳細尋覓如其有之便

當送上

尊處流傳秘笈嘉惠儒林甯有不可奉借之理特

恐未藏此本或雖有所藏而大家不得者耳端頌

撰安

弟劉承幹頓首 四月十七日

集唐拓順陵碑字

甲寅八月承幹敬識

伊賢仁兄局長大鑒：積日睽違，無任企
仰。近維
仁履嘉愉，如頌為慰。茲懇者，敝友廖雪蓉
文字優長，人品純粹，現充華北振濟委員
會救濟組助理員，辦理各省旅京貧戶救
濟事宜及撰擬臨時交辦稿件，兩年於今，
成績卓著，客臘曾蒙特晉薪級。頃聞該

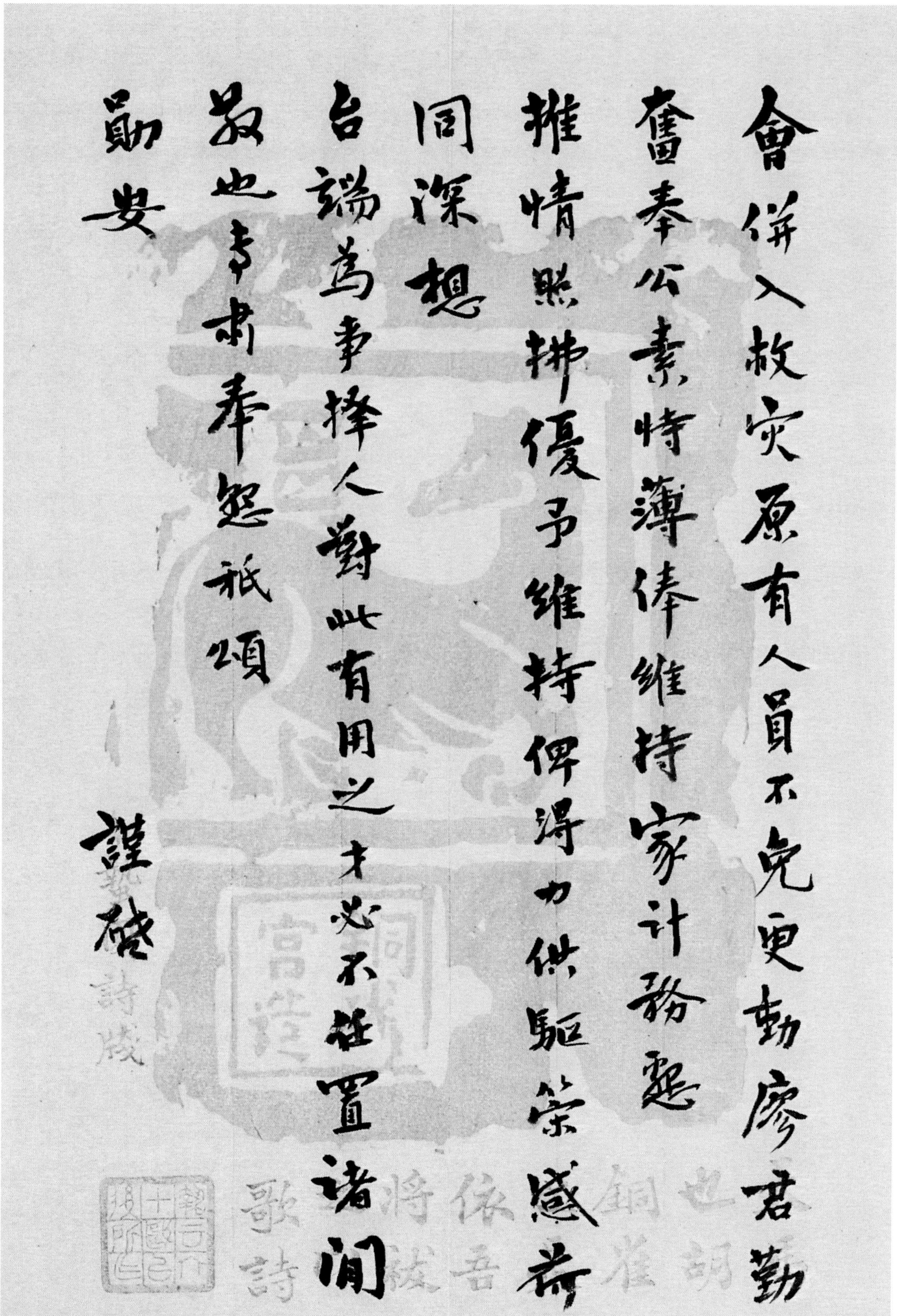

會併入救灾原有人員不免更動廖君勤
奮奉公素持薄俸維持家計務懇
推情照拂優予維持俾得力供驅策感荷
同深想
台端爲事擇人對此有用之才必不任置諸閒
散也專肃奉懇祇頌
勛安
謹啓

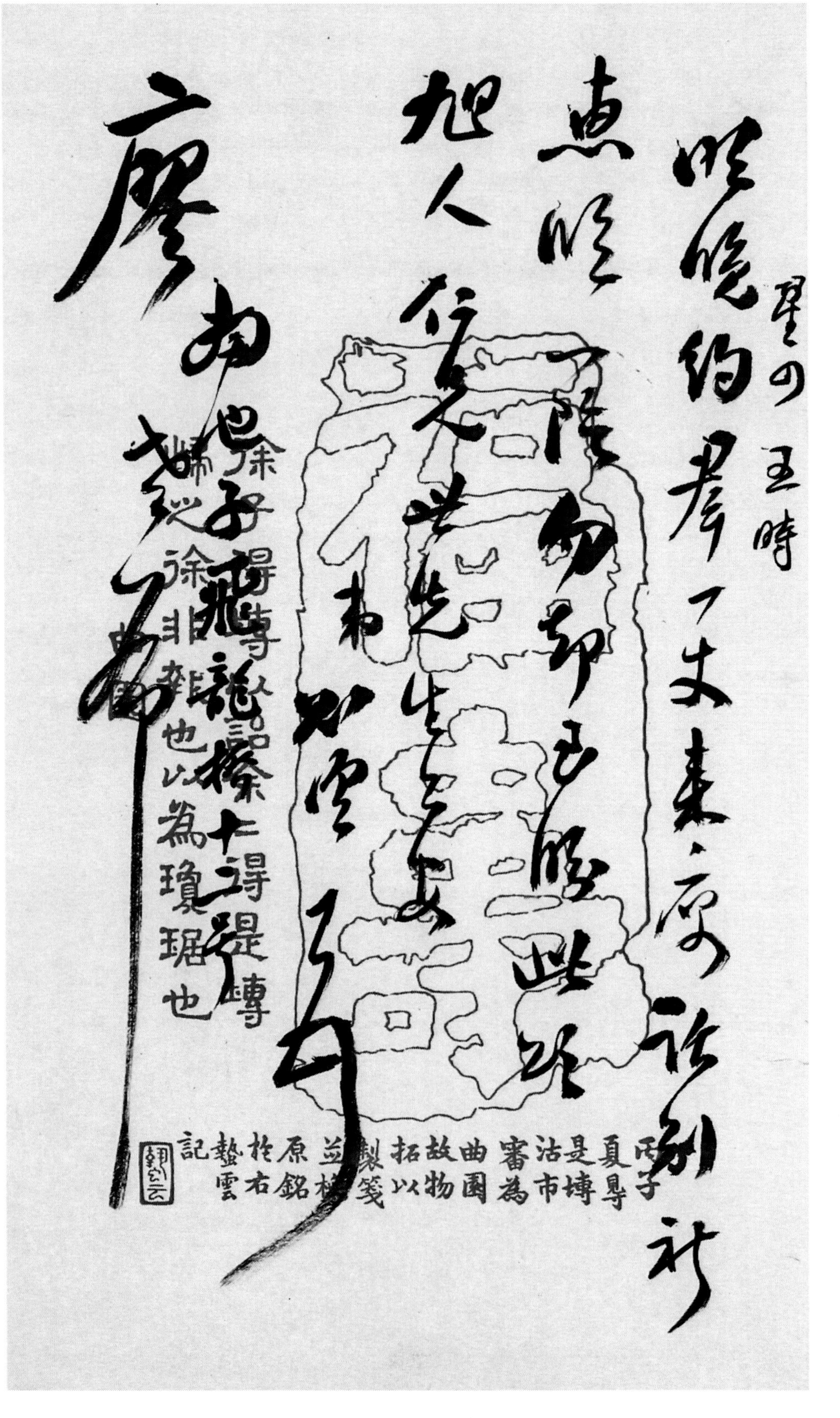
星五時
丙子夏得是塼沽市，審為曲園故物，拓以製箋，並橅原銘於右。藝雲記

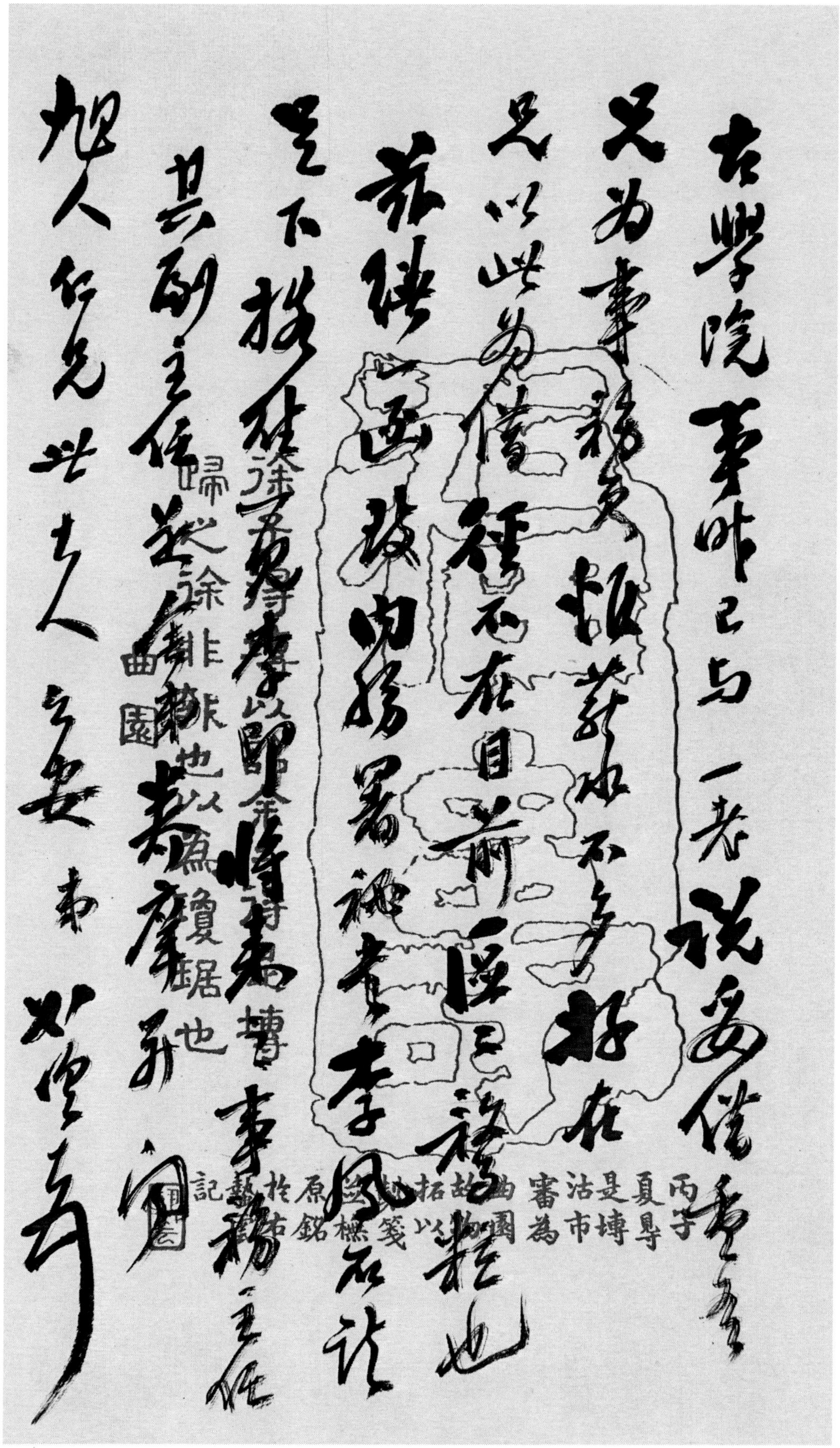
丙子夏得是塼沽市審為曲園故物拓以[illegible]箋原標於銘右藝記

府前街
首善醫院
方院長 台啓
林緘

石珊先生賜鑒：昨自滬回，接
奉
手翰，敬悉。[illegible]先生對於
尊府事已有頭緒，實行聘律師，
所主張會計師核不使兼報設置，
有外國查帳員，聘國華員會計，
亦可勝任。弟擬無不適任時會計部
一層因赴滬，匆匆未說，但日內至津，
當再詳談。兄乃於舍居十九日二時
抵平，弟屆所當待後再晤。
舒適不忘，並詢近好。弟在是日下午去
圖

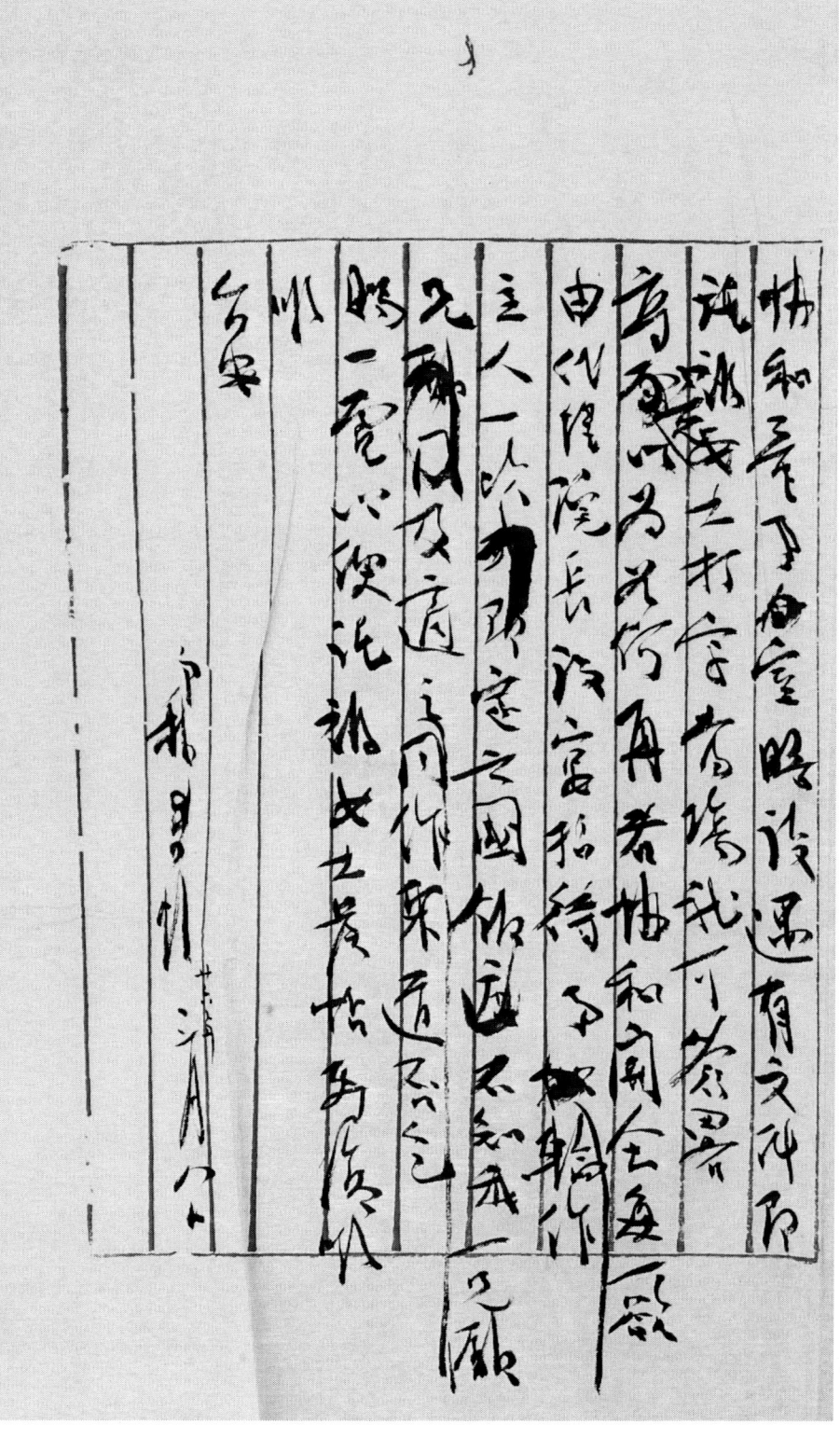

協和處了事室昨談還有文件即
託謝女士打字寄給我一分參照否
爲圓以爲我們再看協和所合每一啟
由代理院長致函招待予我轉作
主人一次所定之函但函不知我一之願
允翻印及通過之同作原者遞還之
時一覽以便託謝女士將稿寄備
順
台安
弟規頓首 廿六 八月

任之先生大鑒達
敎已久懷仰弥殷展誦
惠書敬稔
道履多綏為慰無量承
囑將本會刊物撿贈鴻英圖書館業已撿送俟
後續有出版自應隨時照送專復順頌
道祺

朱慶瀾啓
三月廿[illegible]

陝西省政府用箋

牧師函丈：頃奉

手誨，敬承一是。丁監察使愛篤非

一，識力為推介弟。目下謀事者到處

填咽，未知文案能如願否。陝中近福甚

垂，公私交困，有甚於前，急知

清況，而未能如量供應，慚悚實深。比

來人事蕃端，日不暇給。惟頌躬伊健，

足慰。

陝西省政府用箋

錦注日前以鳳隴路行開車典禮岀
赴隴邊一行往返四日奔馳一千餘里前
日午前方還西安也肅此頌
大安
受業邵　再拜　五、一四

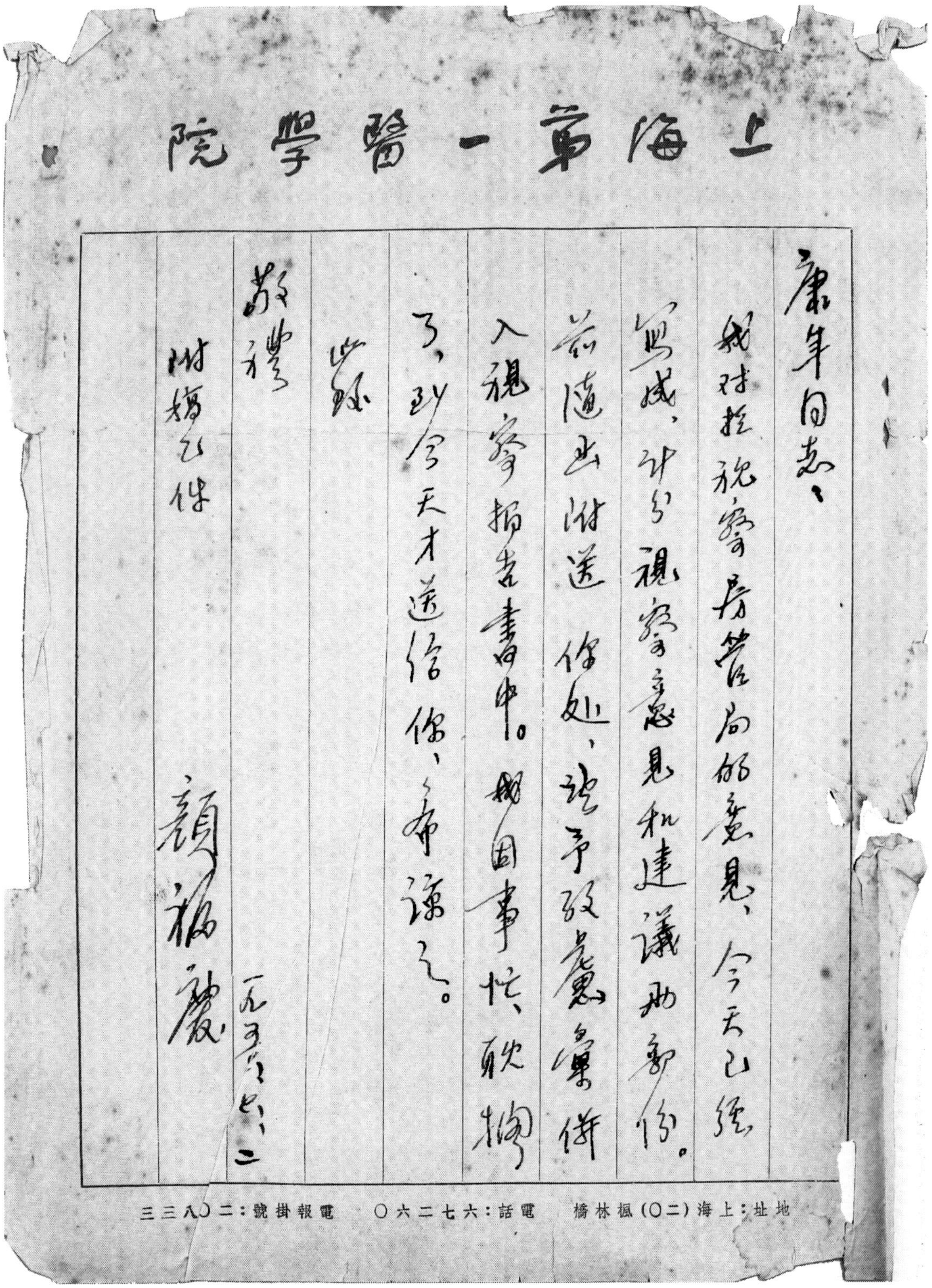

上海第一醫學院

康年同志：

我對於視察房管局的意見，今天已經寫成，此外視察意見和建議兩部份，前隨函附送你處，請予改為匯集並入視察報告書中。我因事忙，耽擱了，到今天才送給你，希諒之。

此致

敬禮

顏福慶

附稿乙件

一九五六、七、二

地址：上海(二〇)楓林橋　電話：六七二六〇　電報掛號：二〇八三三

編輯部負責同志：

1116 頃奉敬悉。談孺木先生北游、西游二録，若出版則見北游今將印，甚盼此間公私所藏均去此書，未能相助為理，歉歉。如頁數不多，可以寫寄耳。

惟望連同二抄本見示。近多小病，又思第三次寫佳論衡（第一次為一二八事燬于商務館中，第二次為友人入獄稿又不知下落，此為第三）校，甚無從也。前寄撰寫易華子讀陶閱陶集二書，如不要，請寄回。此後

敬禮

孫宗祥 上 九、廿六

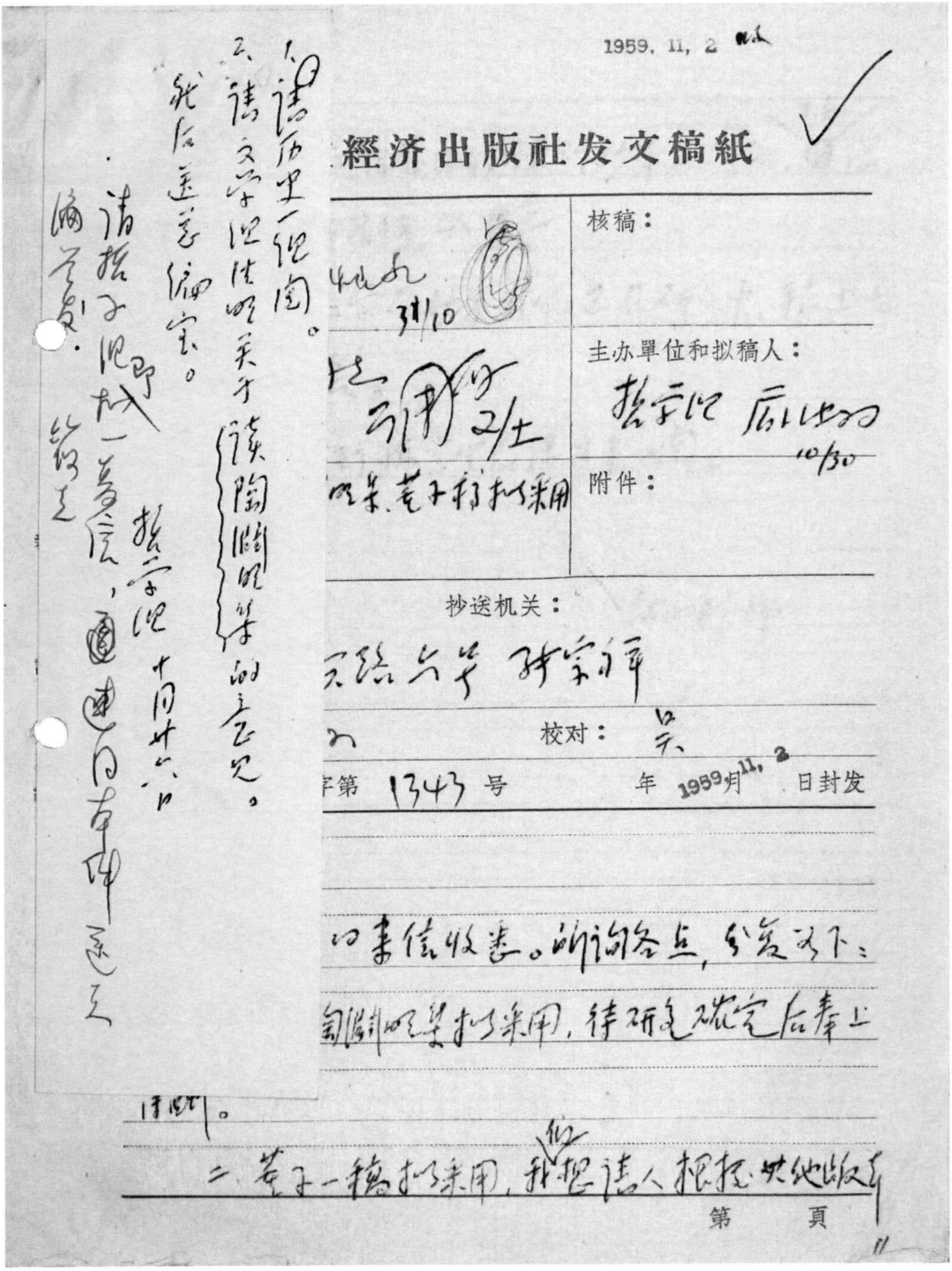
1959. 11, 2

經济出版社发文稿紙

核稿：

主办單位和拟稿人：

附件：

抄送机关：

校对：

字第 1343 号

年 1959 月 11, 2 日封发

1. 請历史一組閱。
2. 請文学組注明关于讀陶淵明集的意见。
然后送总編室。

……日来信收悉。所询各点，答复如下：
……陶淵明集拟采用，待研究確定后奉上
……
二、墨子一稿拟采用，我們想請人根据其他版本

第　　頁

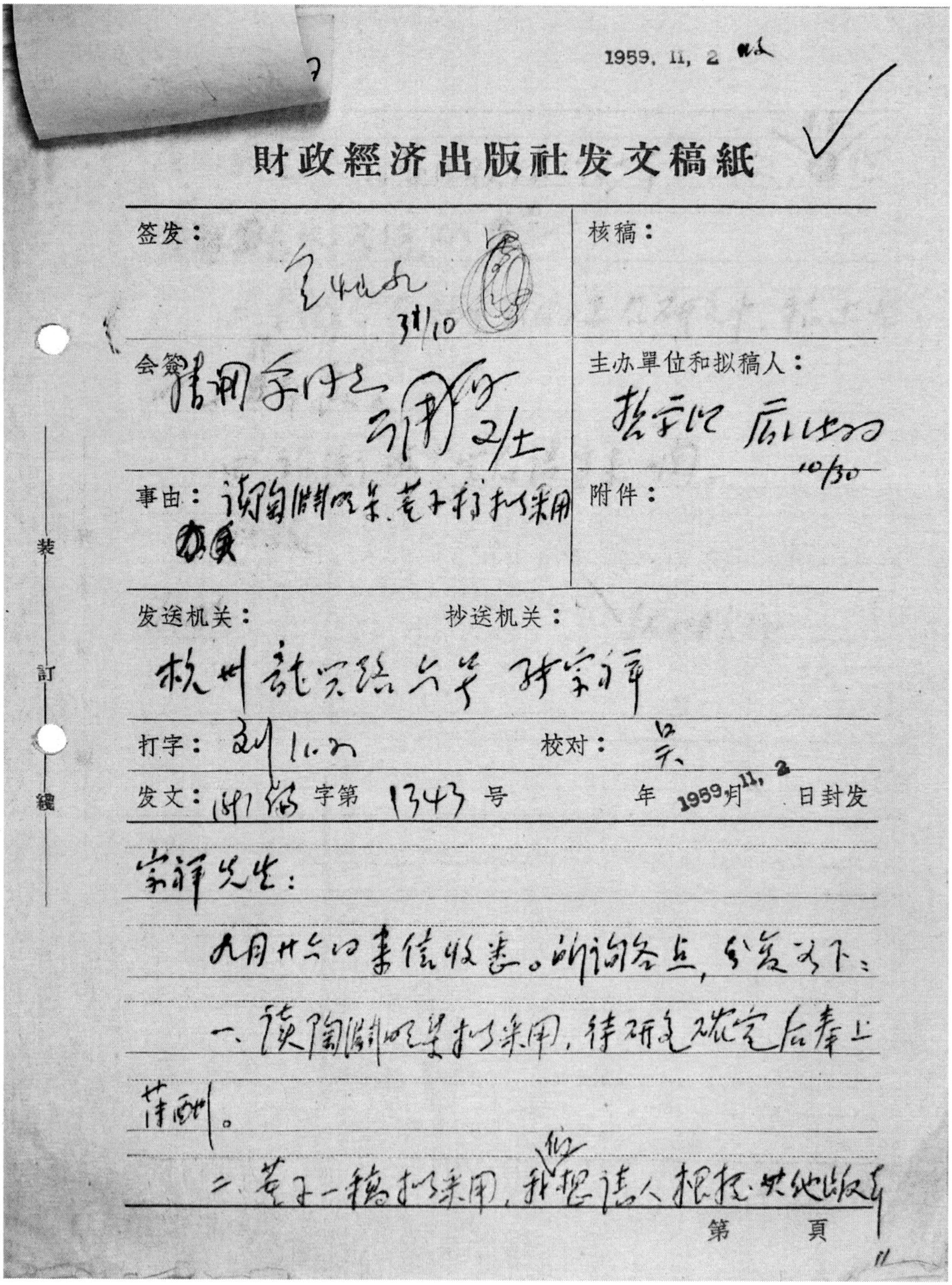

1959. 11, 2

财政經济出版社发文稿紙

签发：金燦然 31/10

会簽：

主办單位和拟稿人：整理組 10/30

事由：该陶渊明集、荀子打算采用

附件：

发送机关：杭州龍泉路六号 张宗祥

抄送机关：

打字：刘 11.2　　校对：吴

发文：(59)编 字第 1343 号　年 1959 月 11, 2 日封发

宗祥先生：

九月廿六日来信收悉。所询各点，分答如下：

一、该陶渊明集拟予采用，待研究决定后奉上薄酬。

二、荀子一稿拟予采用，我们想请人根据其他版本

第　頁

装

訂

綫

进行校勘并将旧批移录到抄本上出版，不知您的意见如何，盼告。

三、李塨学谱抄本我们正在研究中，待过些时，再行奉复。

四、论衡稿写完后请寄来一阅。

此致

敬礼！

侯外庐

装 訂 綫

第　　頁

对徐澄宇三种抄本的处理办法

拟采用，俟决定后，送稿。

一、陶渊明集，前由徐澄宇同志对此书作校正考证。请徐氏询（向）出处，如无用即退；否则收购；只采用一部分，则可退稿而酌送一点钱。（可照书局情况办）

二、董[illegible]文编次与一般流行本不同，是以当将旧注移录到抄本，全书篇幅不大，拟印。请原注人整理，在一两年内出版。（代表性[illegible]）稿可收购。

三、李塨学易童日记著述，认为可出。请为[illegible]作补，不知其书内容如何，拟请[illegible]阅一下，决定。如决定出，亦可收购。——北京图书馆有抄本，可决定出，即以诗抄本为底本，北京图书馆本校勘。

诗的这几种稿，篇幅都不太大，可决定收购，每人以每千字二元的稿费是可支出的。

徐调孚 26/10

裝 訂 綫

第　　頁

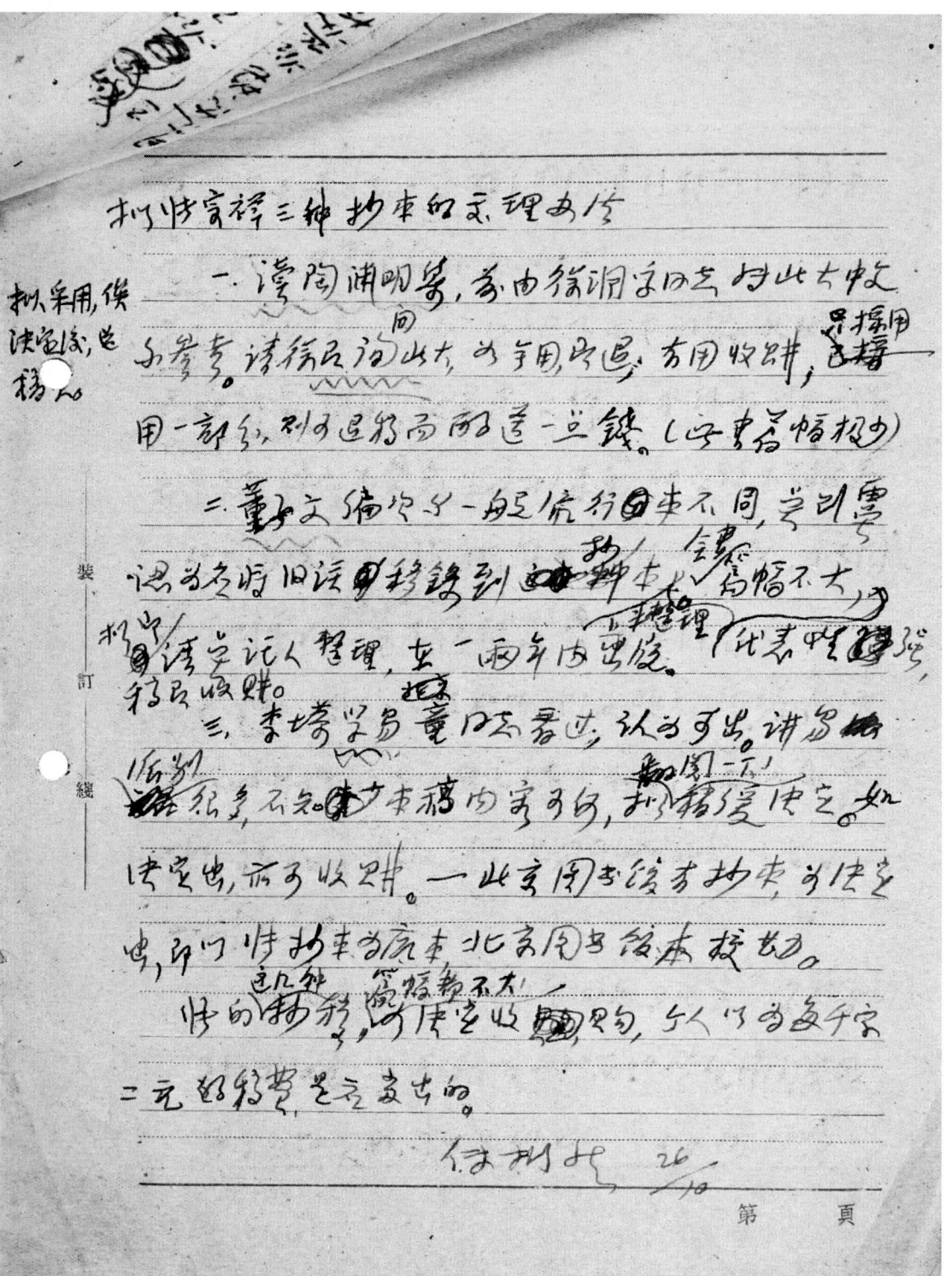

张宗祥先生送来的字通（李焘未刊稿的抄本）和董子两本，又来信问我们的意见。

1、董子送吴则虞同志看，他认为此书的编次优于春秋繁露，可用。他并建议据他本作校勘工作和笺释，使成为较完善的本子。他并说拟找一位同志作这一工作，明年三、四月可完成。拟同意吴则虞同志意见去信征求张宗祥意见。

2、关于字通，我们须在整理出版顾之、李焘全部著作的计划，此书为李焘未刊稿，亦拟连同张宗祥校定出版，但时间可以放晚一些。

以上意见当否请核。

意见可写，请徐光同志核定。字通稿先给我看一下，看他是属于什么性质的。请陶然及董子的决定，可先告诉他。何朝 26/1

第　　頁

亞子先生大鑒：接到來
書并大作，感甚。遯初被害，此間同
志均恨本初入骨，待證據宣布
後，勢必南北分裂。吾已戒備，吾
人均願以血肉之軀作最後五分
鐘之一決。國民與官僚勢不兩立

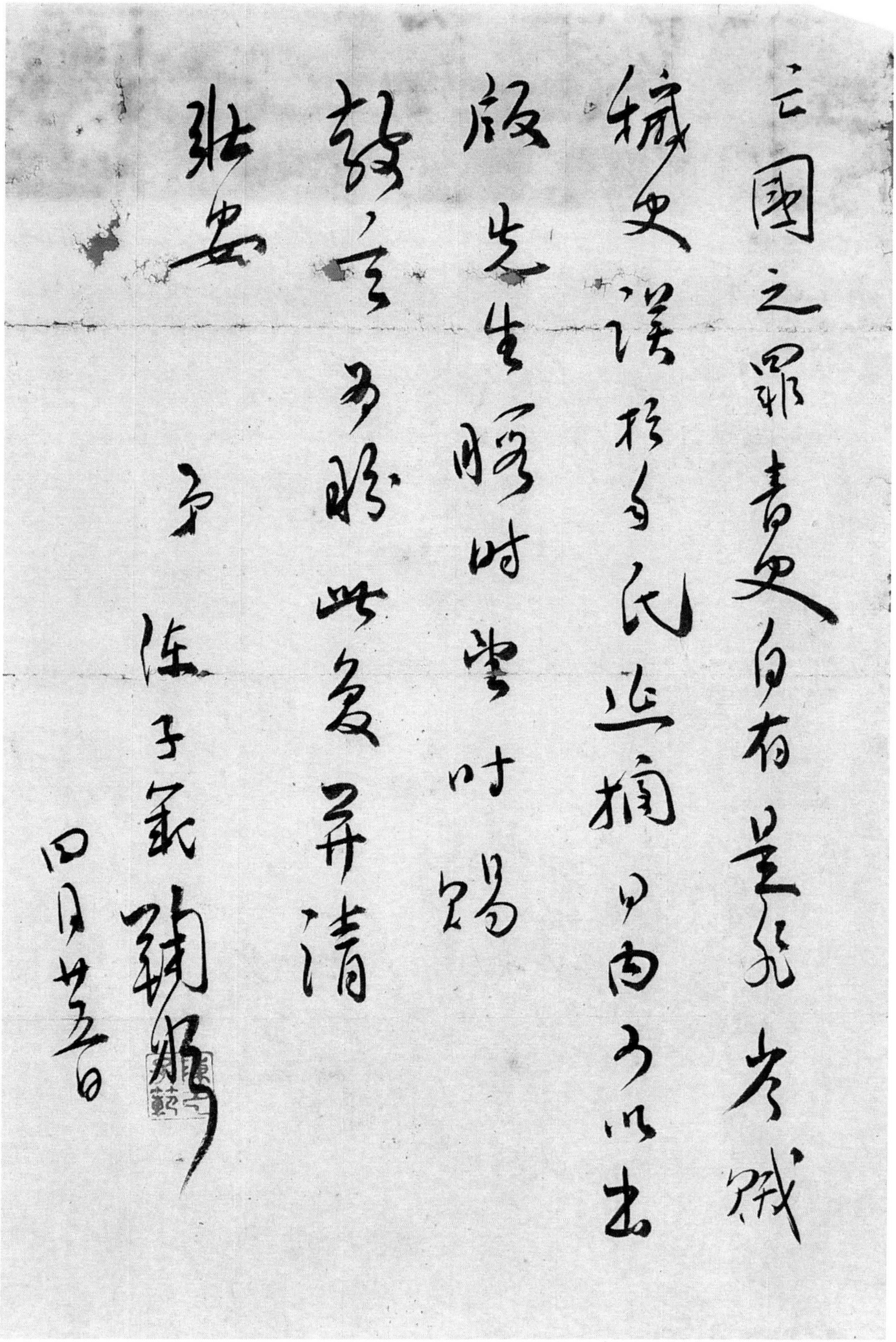

亡國之罪青史自有是非豈賤
穢史謬於魏氏遂摘由西子以出
啟先生暇時當時賜
教之為盼此復并請
壯安　弟
陳子範頓首
四月廿五日

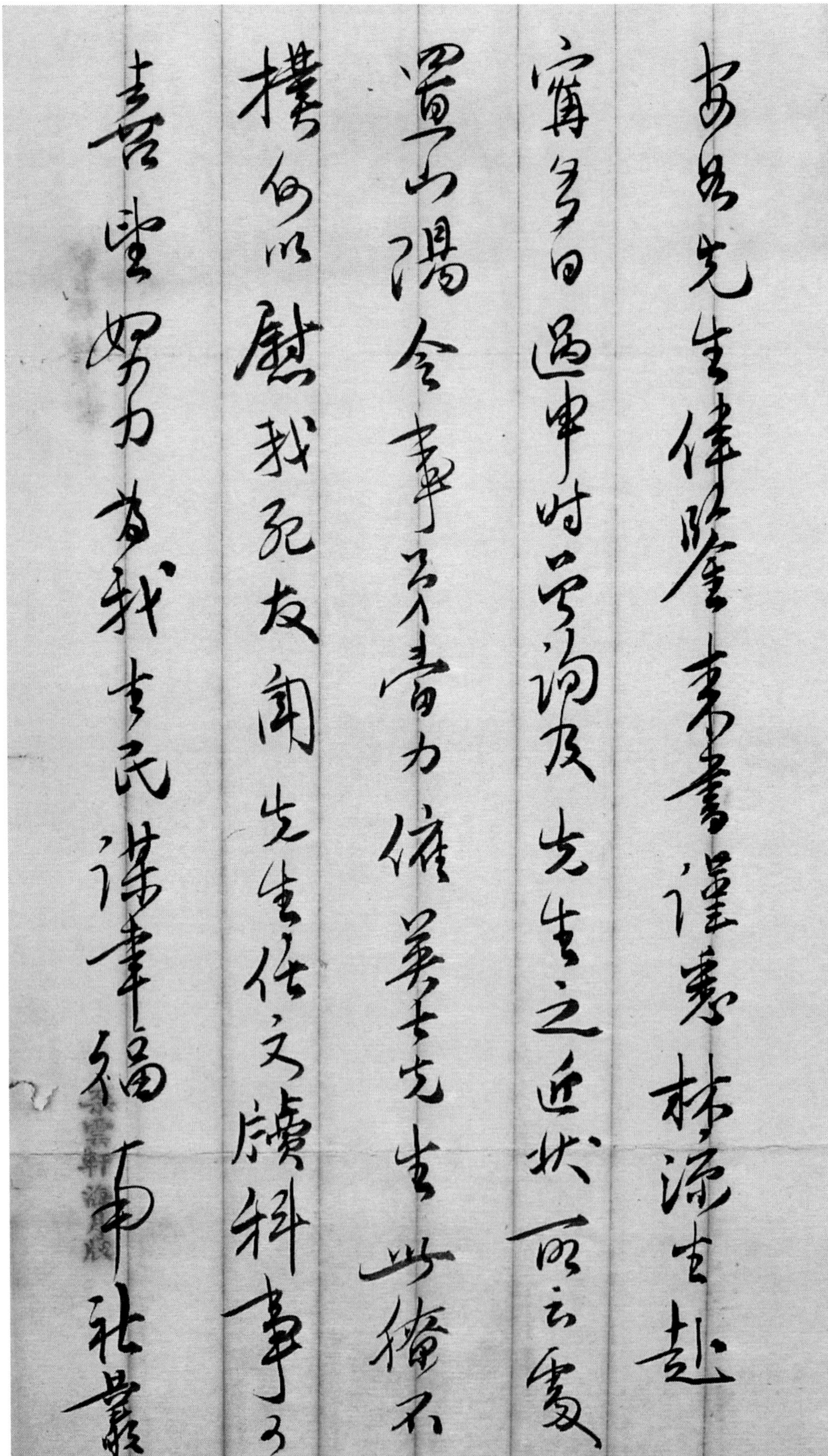
安丞先生偉鑒：來書謹悉。林源生赴寧多日，過申時曾詢及先生之近狀，所云處置山陽令事，不才當力維善士，先生此擬不攜，何以慰我死友。聞先生作文牘料事，不甚望努力為我吉民謀幸福。南社叢

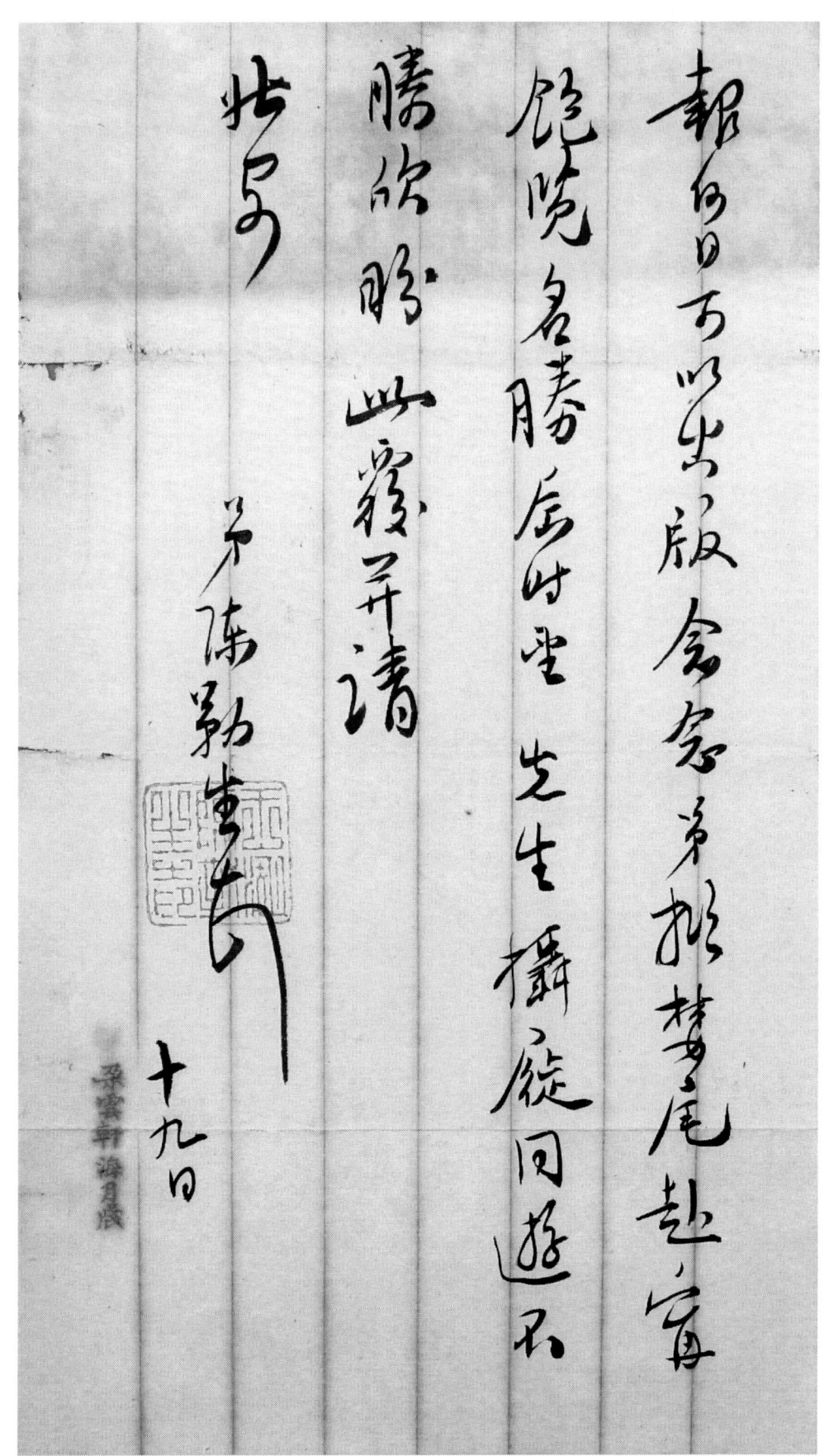

報何日可以出版？念念。弟於楚尾赴寧

飽覽名勝，屆時望先生攜從同遊，不

勝欣盼。此覆，并請

壯安。

弟陳勒生叩

十九日

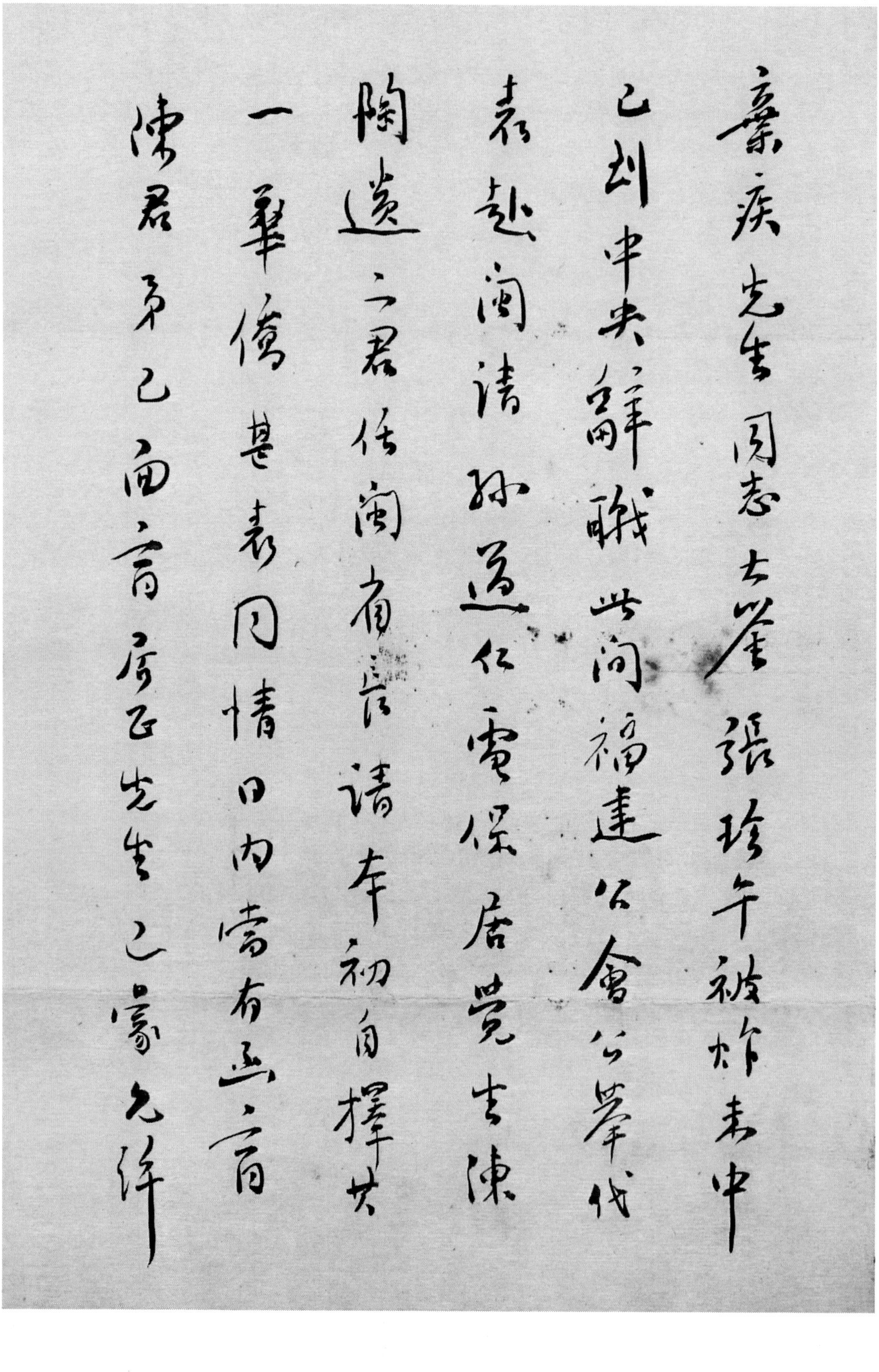

棄疾先生同志大鑒：張珍午被炸未中，
已到中央，辭職。世間福建公會公舉代
表赴閩，請孫逸仙電保居覺生、陳
陶遺二君，偕閩省請本初自擇其
一。華僑甚表同情，日內當有函言
陳君。弟已面言居正先生，已蒙允許

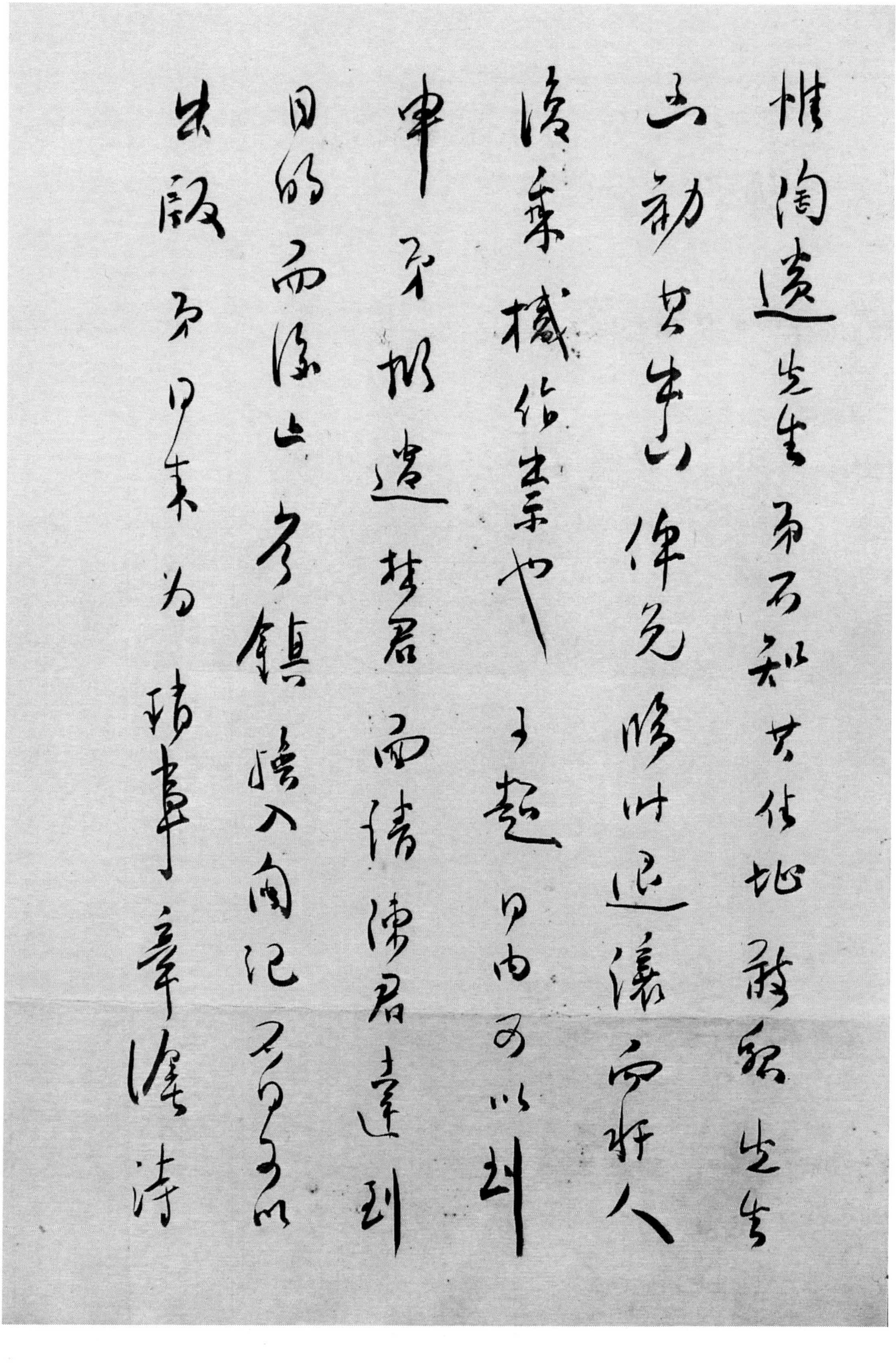

惟陶遺先生不知其住址，敝縣先生
亦勸其出山，俾免脩竹退讓而作人
須乘機作出來也。子超日內可以到
申，屆期邀林君而請佛君達到
目的，而滬上方鎮擁入閣記，不日可成
出版，不日來為
靖章 章滌濤

賜芳塵先生僑居寂寞佳作書盈

匣矣六屏居何日出洋西湖梅

花盛開何事可霸不得起枕頭子

根氣泥雪事再爲緒力千萬此請

綏安

弟傅[illegible]頓首

二十二日

寧波旅滬同鄉會用箋

第　頁

第一層電話九一七一二

二樓電話九一二二〇

逕啓者 接准

大函 為辭去本會理事常務理事任提交六月六日

理監事會商討決議「先生齒德俱尊為本會砥柱

一致懇切挽留」等語紀錄在卷 相應錄案專復 尚祈

顧念桑梓公益 慨允繼續担任無任公禱 此致

方椒伯先生

寧波旅滬同鄉會

理事長 蕢延芳

中華民國一九五〇年六月八日

四樓電話九五〇四〇

地址西藏中路四〇八號

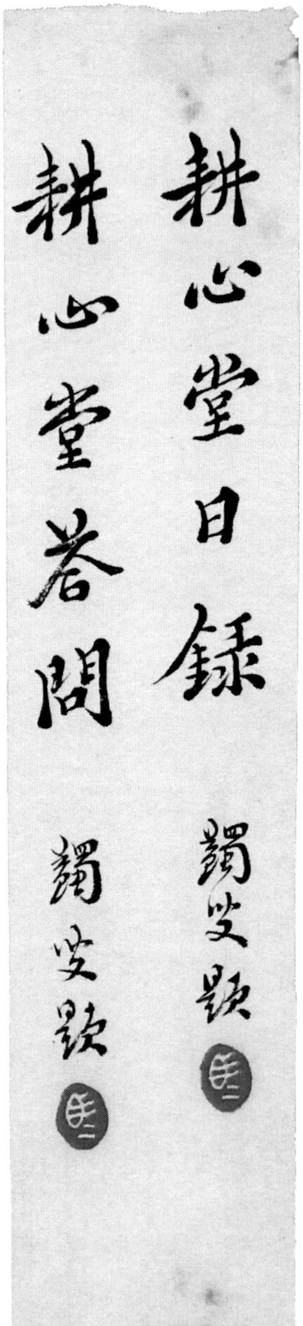
耕心堂日錄
蜀叟題

耕心堂答問
蜀叟題

凡題語錄者皆由學人記錄師家言語，初無自擇之例。明人始濫用之，遂爲訓。今既從日記抄出，其中亦多自儆之詞，不當稱語錄，不如改題耕心堂日錄爲安。

或問係假設之詞，如朱子四書或問是。今乃答及門諸子之言，宜改題耕心堂答問。如近人朱一新無邪堂答問例

卷中見地似有未瑩或下語不穩者，在所刪之列者，標於各條加△符。亦有全條但有一二語未妥者加「」符

但閱時未能仔細，鄙見亦恐未盡當，望更詳之。

詩文未閱，學案緒言可存

考試院考選委員會用牋

第　頁

任公先生賜鑒：前辱 撰著，未及奉 教，不勝
感悵。茲奉 鈕惕老發下 尊書，展承下示。本會
出版物有「民國二十二年高普考試總報告」及「民國二十三
年首都普通考試總報告書」兩種，茲已屬所司檢寄
貴處。至考試院各種刊物，並經函復 惕老，請其飭
司檢贈，逕寄。專此奉復，並申謝忱，祇頌
公安。不次。
陳有豐 敬啓 三月廿七日
吳相湘

中華民國　年　月　日

選字一〇〇一

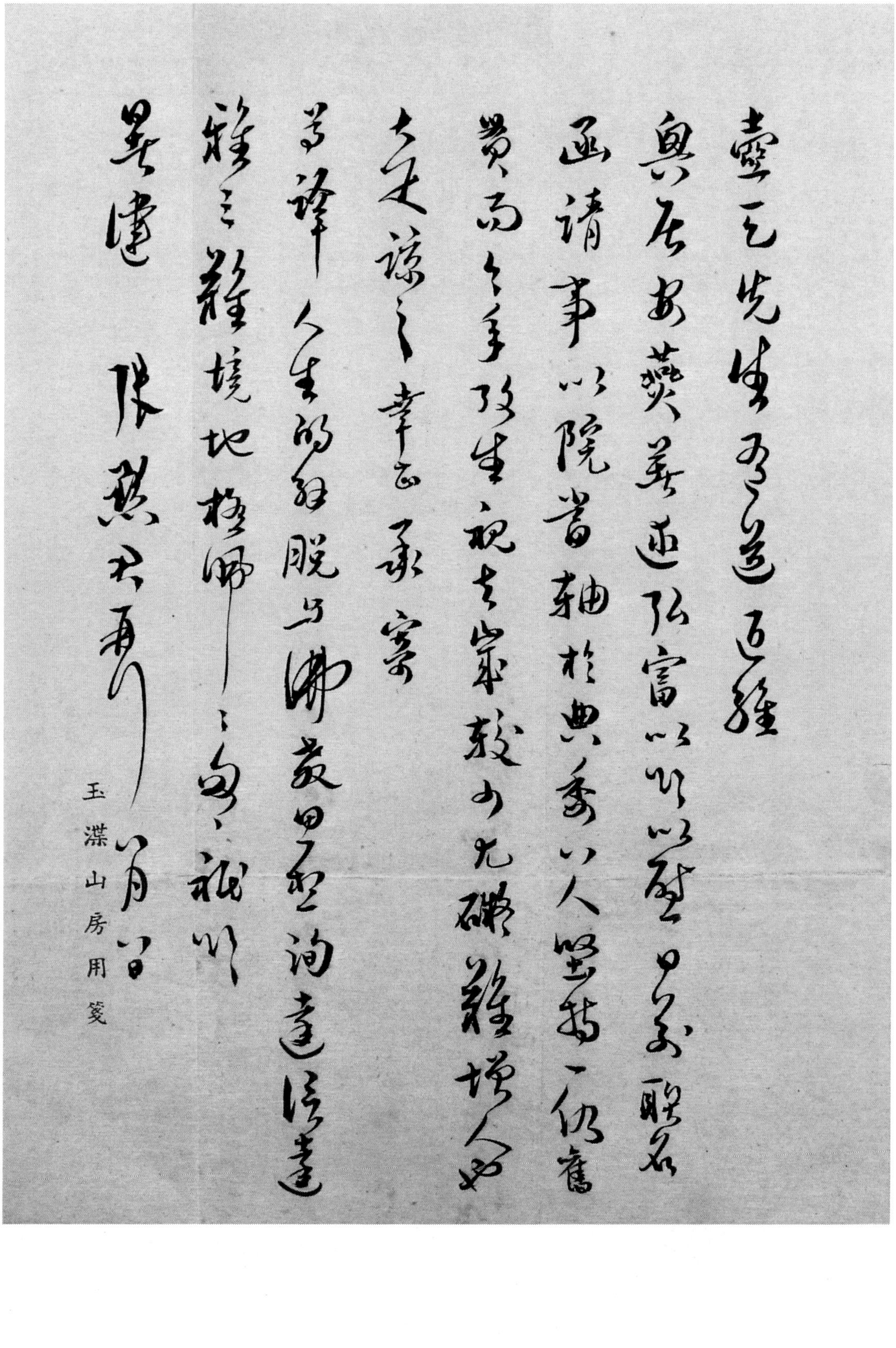
玉溧山房用箋

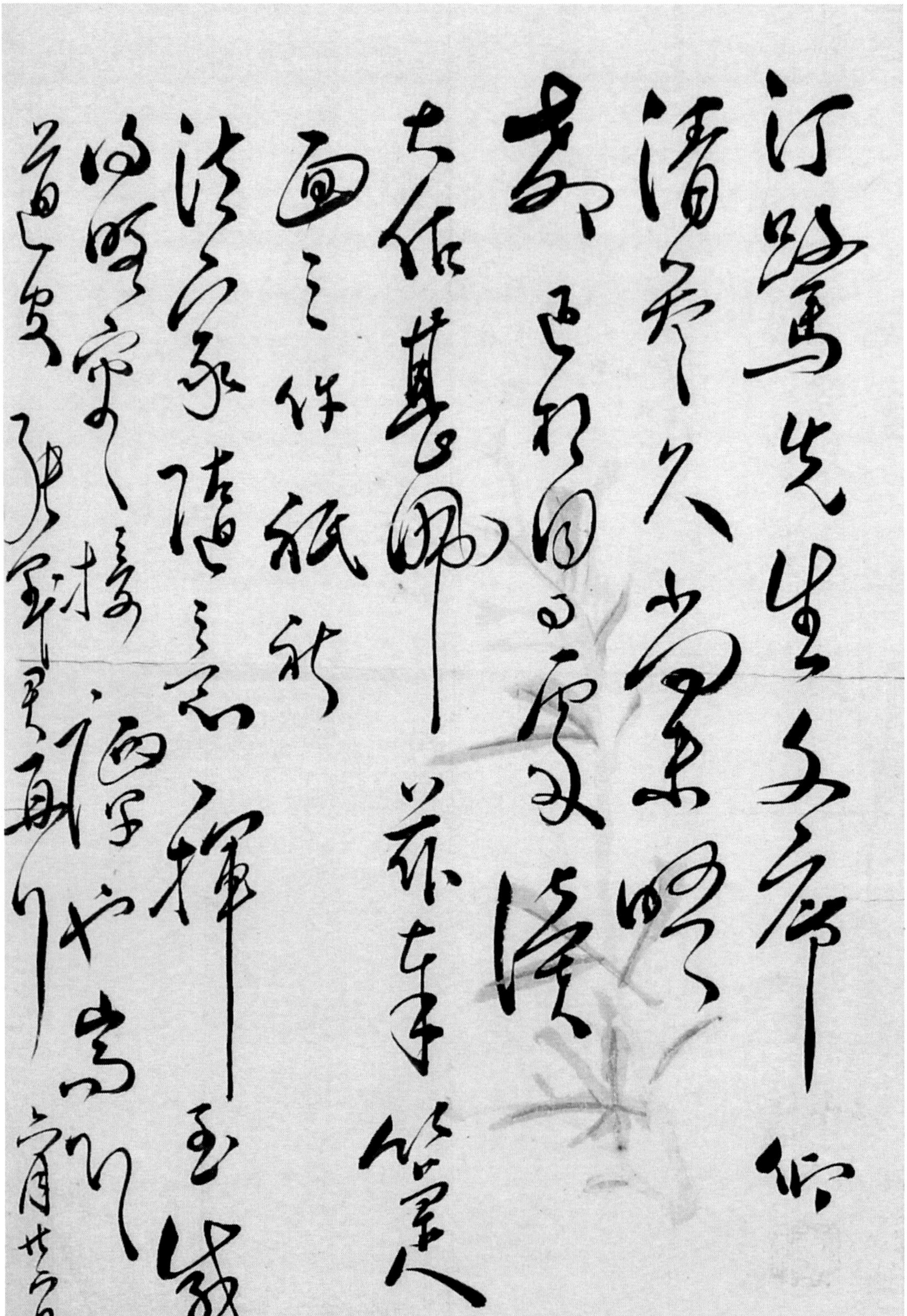

軼軼先生道席：別久正深，馳仰無已。
惠書如覩
言笑，藏教注教，日新又新，遙企
椅輝，彌深儒往。寄來鴻英圖館出函，遵已向交
本部總務司長並與說明，如將定期不定期刊
物物寄奉，其中篇目可資收入人文月刊
書報索引，於部亦有益，渠已允儘量寄贈
備參考。尊處如惠贈人文月刊一份，用資
交換為幸。

先生所樂爲也。餘不一一，復頌
道安
問漁先生均此問好
弟 陳[illegible]
張[illegible] 復 [illegible]

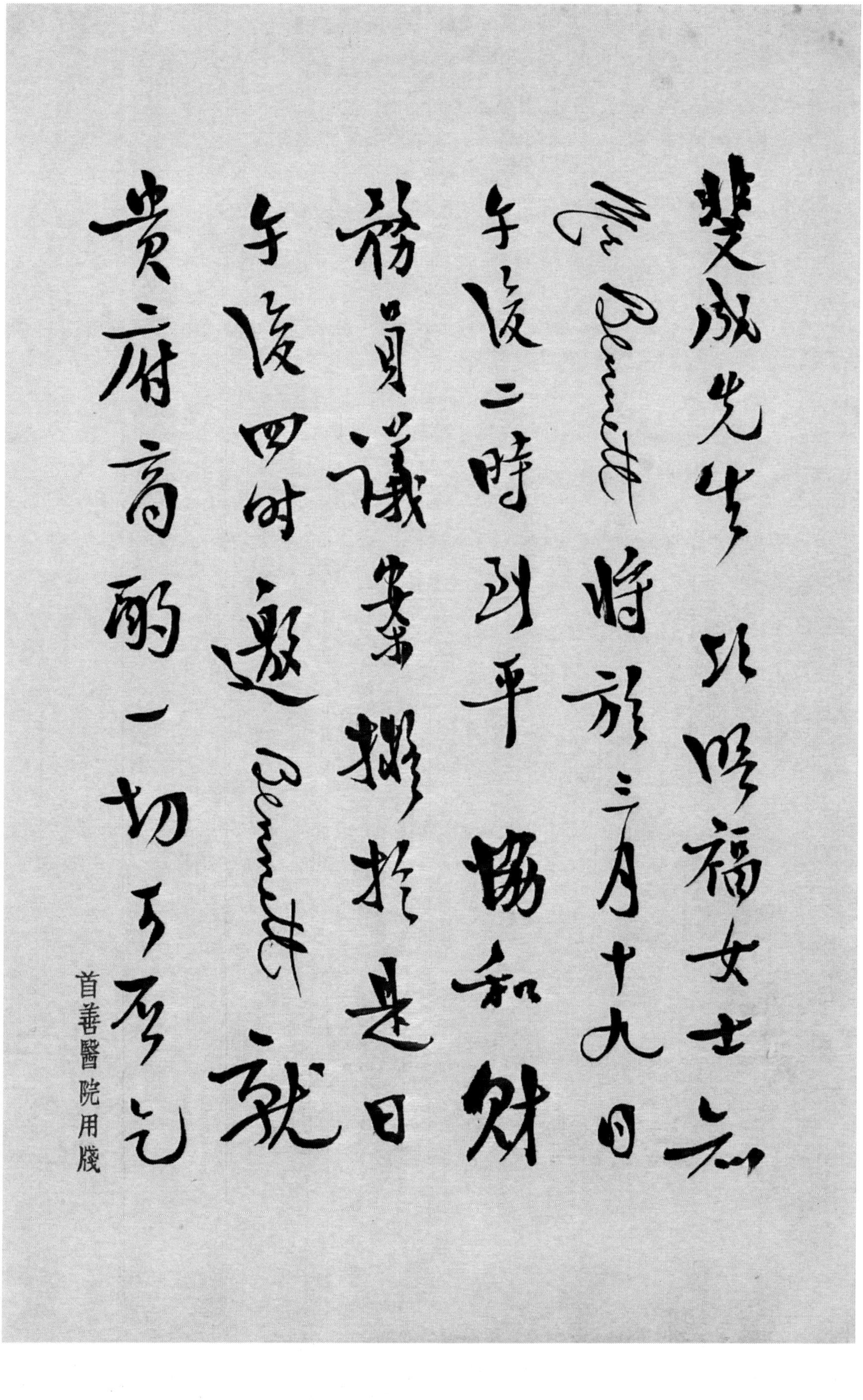
斐成先生兹以福女士知
Miss Bennett將於三月十九日
午後二時到平協和財
務員議案擬於是日
午後四時邀Bennett就
貴府商酌一切不盡乞

首善醫院用箋

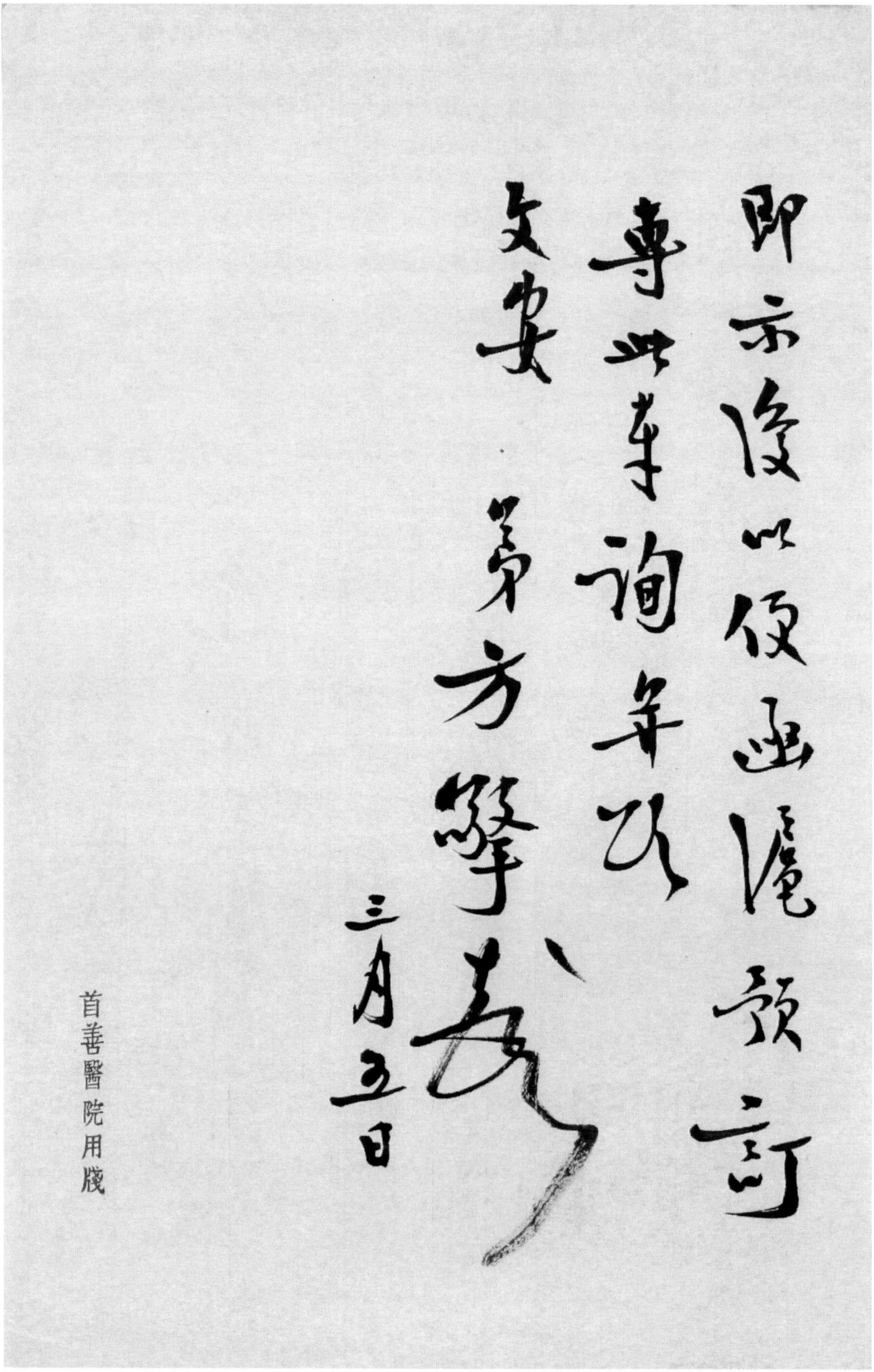
即示復以便函覆頌訂
專此奉詢年兄
文安 弟方驥長
三月五日
首善醫院用牋

康申佛经流通处：

我今天才见到你处五五年重订书目，内有所要数书列后，有无存书及书价是否不变，均请先示，以便照数汇款。并请惠寄书目一份（今日所见，乃近自京回之人带来，有人向其转借，我又托人向其借看，一完即须还之也）。书能先寄，尤可快观，但不固请，酌办可也。

目十三页
○显扬圣教论
辩中边论　合二本（铅印）十一元角（此书如缺，即付木板四本三元三角）

三十一页
○阿毗达磨杂集论　合二本（铅印）一元角
摄大乘论
释摩诃衍论　四本　未来书目中有（此近向南京书店买了）
故请
顺正理论　四本　二元六角

裴子上

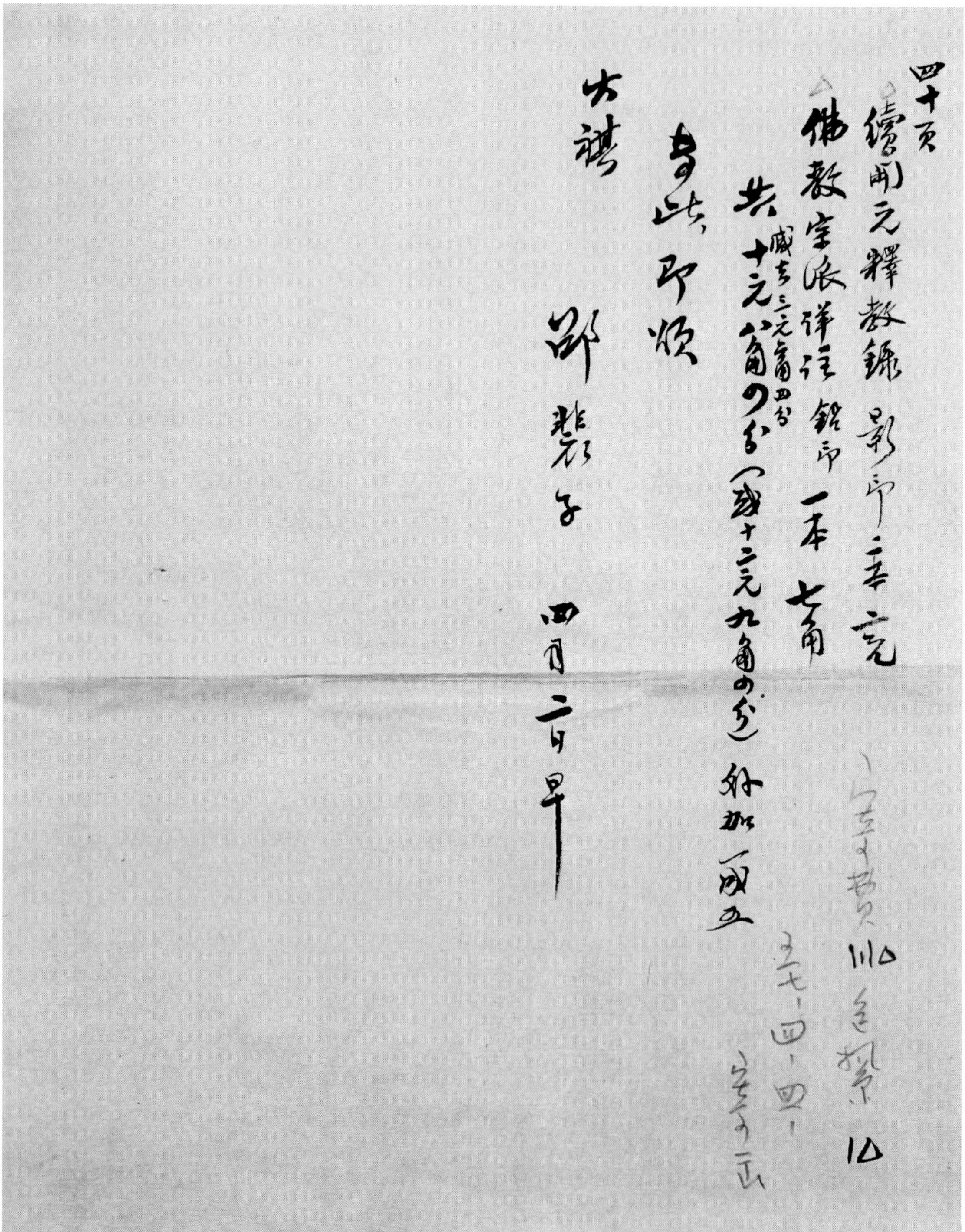

四十頁

續刊元釋教錄 影印 二本 六元

佛教宗派詳注 鉛印 一本 七角

共十元八角四分（減去二元八角四分）（或十二元九角四分）外加一成五

奉上，即頌

大禧

弟 悲鴻手 四月二十日早

摸魚兒

亞子出示春郎小影觸緒興懷愴然成賦頻迦所云我亦江南賀棋子願爲影中人進一解也　蕚棼

唱新詞曉風殘月箇儂血淚曾賦紅梨禁替寫三生影依約舊時眉嫵重看取記一度銷魂一度相逢處相思最苦問玉顏何勘郎當舞裏此恨向誰訴　江闊客我亦謌場倦頹人生容易遲暮王門伈伎非長策況更簫悲劍怒卿信否便千萬商量千萬依分付留春且任好篴倚篷鬢花扶四壁一棹五湖去

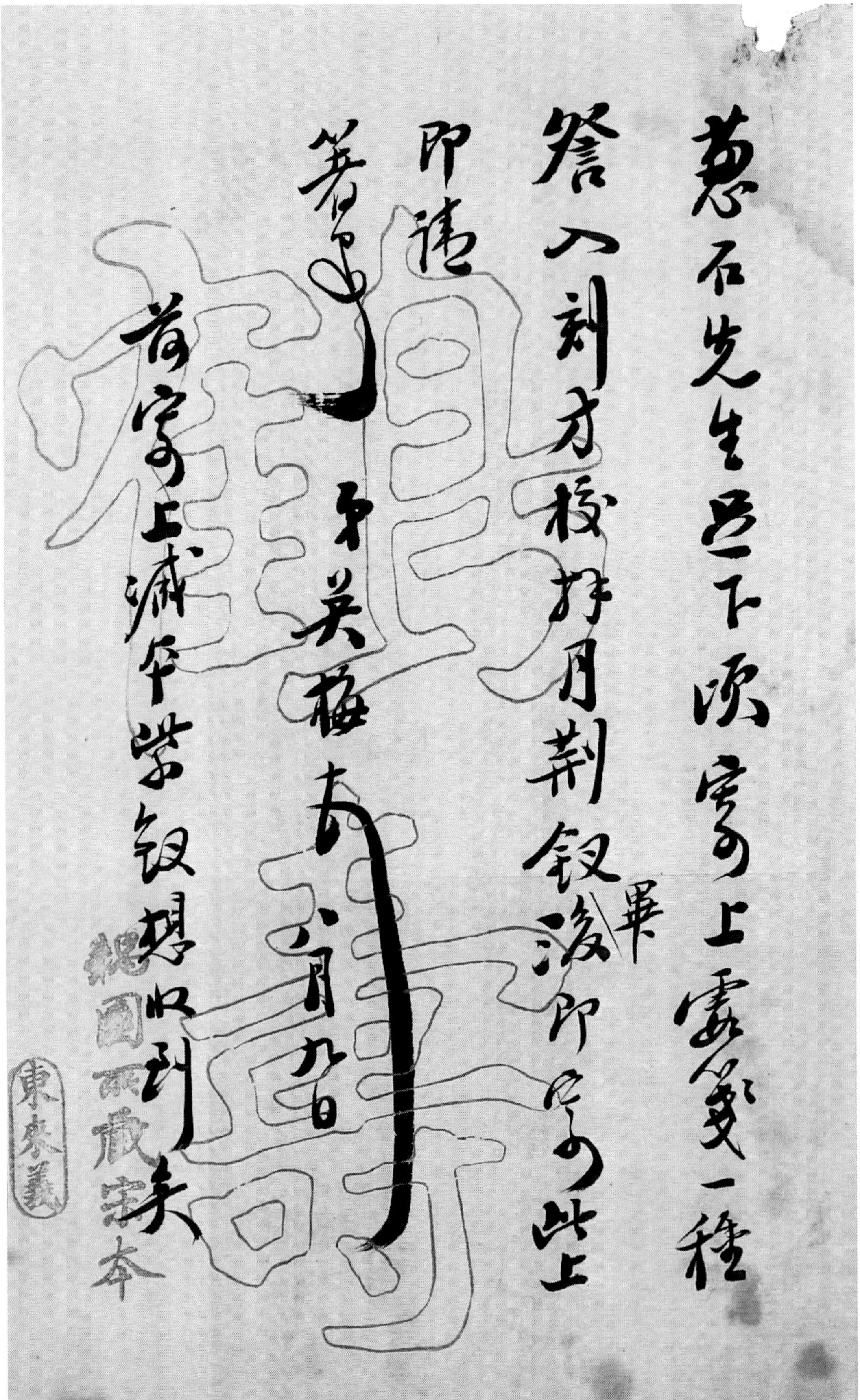

慧石先生足下：頃寄上雲箋一種，簽入刻才校抒月、荊釵畢後印寄。此上，即請箸安。

弟吳梅上 六月九日

前寄上減本紫釵，想收到矣。

日昨已接京文苑英華已携來 現寓鐵獅子胡同一號

今後寄宿舍 紅一樓乙組 三樓六號 自星期外西四午

前多至[illegible] 特此奉達

暇時為盼 賜教

文學古籍刊行社 負責同志

謝無量

十月廿四

古籍出版社收文處理單（隨文）

收文號數 (56)古編 字 314

收文日期：1956年11月14日

來文者	人民文学出版社			地址			
文別	函	字號	(56)二整 字第 132 號 11 13	附件	如文	簽收者	
事由	轉來謝無量晚來信一件						
主管部門	編輯室						
簽擬意見	請劉同志辦案 鄭[illegible] 15/11						
決定辦法							
處理結果							

原案收發文號數：	併案收發文號數：	附件：　件
發文號數：	歸檔編目：　類　目	歸入：　卷　冊

4

（邊框以外請勿寫字）

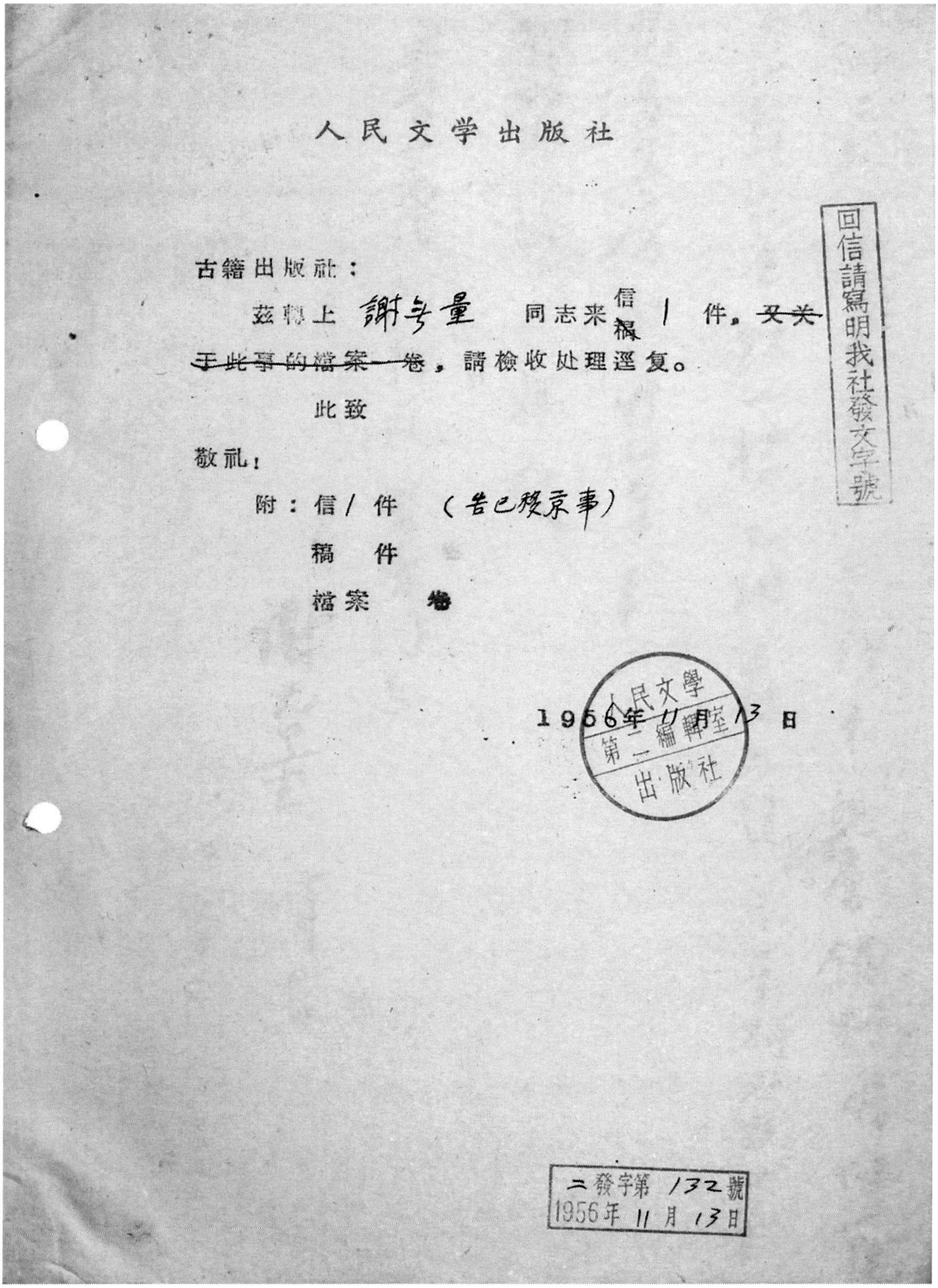

人民文学出版社

回信請寫明我社發文字號

古籍出版社：

兹轉上 謝无量 同志来信/~~稿~~ 1 件，~~又关于此事的檔案一卷~~，請檢收处理逕复。

此致

敬禮！

附：信1件 （告已發京事）

稿 件

檔案 卷

1956年11月13日

人民文學出版社 第二編輯室

二發字第132號
1956年11月13日

家寰仁世兄左右：年來常患病，直指紹命仍未出門。茲有懇者，頃欲以王先謙所著之詩三家義集疏，此書湘中刻本近日外間極不易得，不識我兄能為代為購求，需價若干，示知，知即照照寄。手此即頌
侍安

兄蘧常頓首

十月十一日

方病作字殊醜者諒之

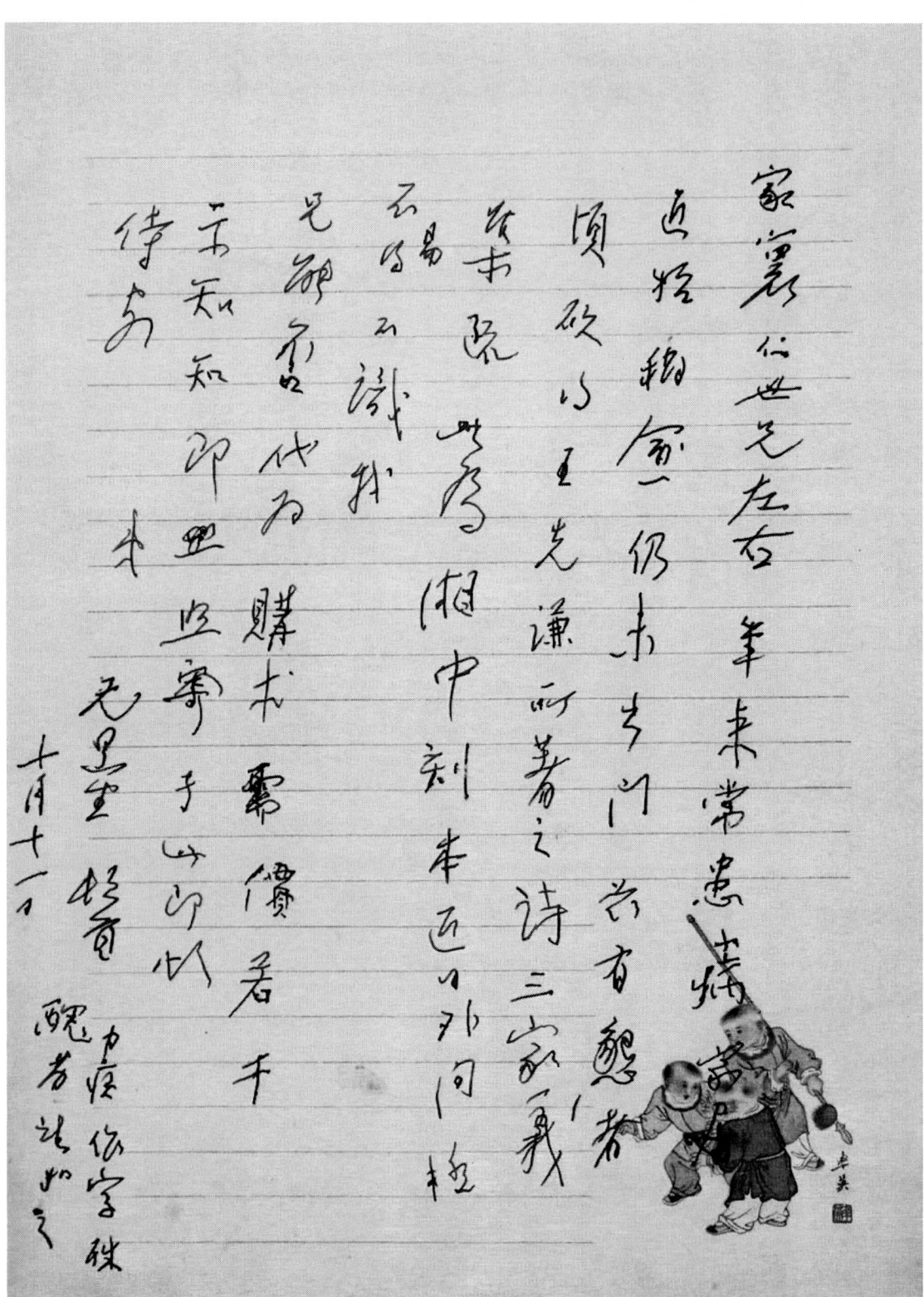

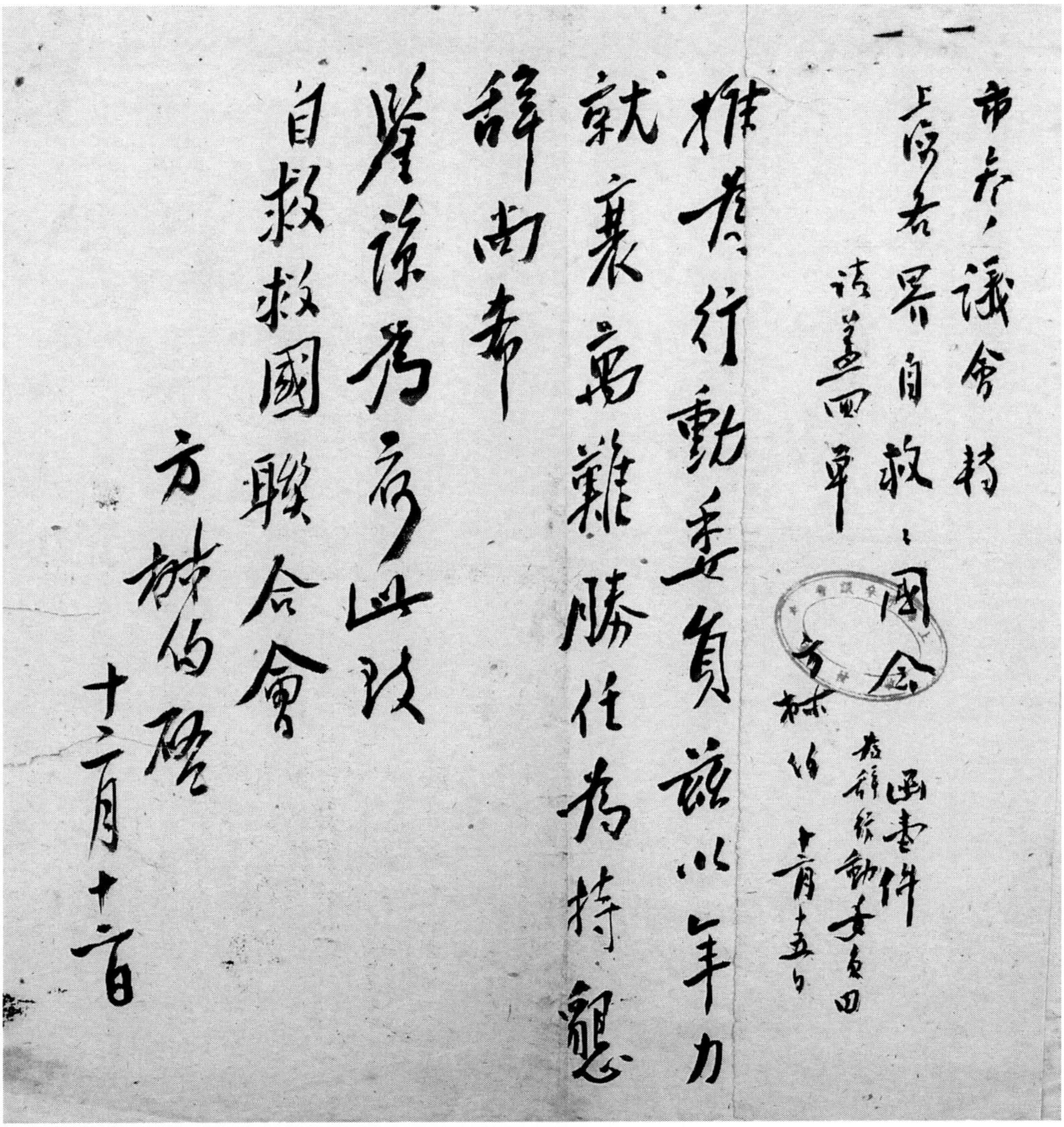

市參議會轉
上海各界自救救國會
請並函單

方椒伯
函壹件
為辭行動委員由
十二月十五日

推為行動委員，謹以年力就衰，萬難勝任，為特懇辭，尚希鑒諒為荷。此致
自救救國聯合會
方椒伯啓
十二月十一日

獨肩廬方用牋

第　頁

逕復者頃接
函承蔡挽留甚為慚感今日會
議後早已聞知昨已經特函聲明決辭
打銷辭意若准函留特再重申前意
務祈
垂諒鄙衷為感此致
甯波旅滬同鄉會
方椒伯啟

中華民國　年六月八日

鳳陽路五九二弄大通里十四號電話三一九三五

社徽
民國六年七月訂

孫中山先生教信：學校之目的，於讀書識字學問智識之外，當注重於健全人格，萬能，力求實用

中華職業教育社用箋

任老尊鑒：
昨日赴穜清濬，夜深特返。今日
下午因政府統制刊物事，派代
表人又到地方協會參加會議，所
有稿件仍擬校閱。五期人文大致
抄供復庵老填，託文雲庵轉呈外，有友
人王君介紹一古抄書擬售於存館，
茲函及書單附送，
並閱收。
尊安
晚恒源再拜
六月十二日

社址上海華龍路環龍路口
電話 二五〇三八 七一八四八
電報掛號 無綫 有綫 國內 國外 七六四六 Vocational
箋甲 5000 22 12

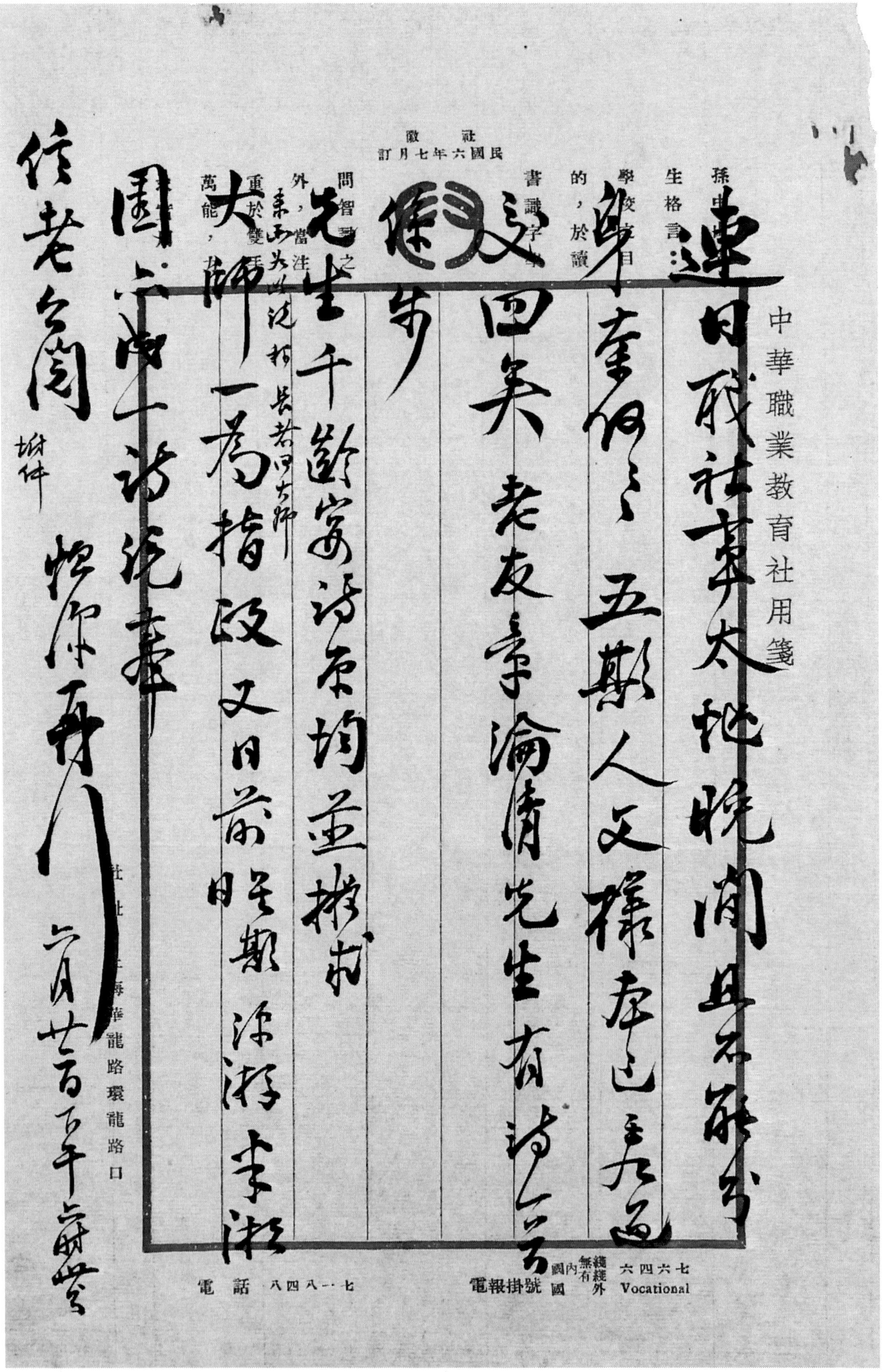

中華職業教育社用箋

社徽 民國六年七月訂

孫中山先生格言：學校的目的，於讀書識字學問智識之外，當注重於雙手萬能，

連日我社事太忙，晚間且不能安
寐，奈何奈何。五期人文稿本已過
文回矣。老友李論清先生有詩一首，
係寄
先生，千萬寄詩原均並擬求
大師一為指政。又日前晤星期
園六曲一詩，況奉
任老台鑒
炯你再拜
六月廿三日下午燈
附件

社址 上海華龍路環龍路口

電話 七一八四八

電報掛號 國內無綫 國外有綫 七六四六 Vocational

人文月刊社用箋

執事先生道鑒：久未晤
教，至念。
賢勞。人文月刊為源及諸同志所創辦，一
切主旨具詳於社簡中，深信此種刊物尚
可為學術研究及著述者之助。出版已歷六
年，近復益求完備，故乞
先生賜予介紹，無任感幸。專達，敬頌
道安

弟江恒源拜上
十月三日

上海霞飛路一四一三號　電話　七二二六五號

雲五先生大鑒

大書奉悉 洪君為法所著絕句論

承允收印並許酬金百元當即

轉告已得同意即乞

賜寄訂約手續以便轉達元任先生

為荷

道安 弟江恒源再拜

三月廿日

補學齋啓事箋

敬啟者同人發起人文月刊收羅現代史料側重社會經濟著作均極有系統早為各界人士所重視而每期有四百餘種著名雜誌要目索引選目近三千左右凡各科學哲學社會學以及政治經濟歷史地理罔不包羅創刊迄今共録十萬餘目對于過去及現在期刊材料之查考至為便利實為期刊索引中出版最久之刊物夙承海内外學術界同聲推許現在五卷已出版齊全六卷發刊行將開始内容益

求精美充實凡全國中等高等各學校各機關及各
地圖書館均有訂閱因此銷數激增自信足為
貴處廣告宣傳之一助倘蒙
特允惠登既普及又永久效用甚大一切託來友陳
君允熙趨前奉謁即希
賜予接洽為幸專此敬頌
台綏此上
中國國貨銀行
宋子良先生大鑒

錢永銘

十五四

懃祖賢棣左右：歲月易得，又逢履端，遠承

惠書，備荷　注記，良用感慰。國難徐紓，

敵勢彌蹙，既慶新序于此日，是占勝

利於今年。餘氣應滌，希共黽勉。耑復

佈臆，順頌

時祺

王伯群　啓　一、九、

大夏大學校長室用箋

教部編纂處之款，如常可久，自以支取為是。如不久，亦不必定支之。反覆亦難煩。
巨公之親歡，不若華老而至親任有加。誰能信此言可支者，否即不支之。
務即代聲。仰慶之譚，人多言之。
大納，容即書此告。
衡平。
吳先生道侯。九月廿二日
載閱先生，失也，全是支命之義。
不立仗而自趨。
請吳先生看了撕之。
仰慶可去，當然一去；不可去，則言可久；不可久，當不可久之。
故須放回故鄉一見親屬，而後以了殘年。
吳先生 此告 制

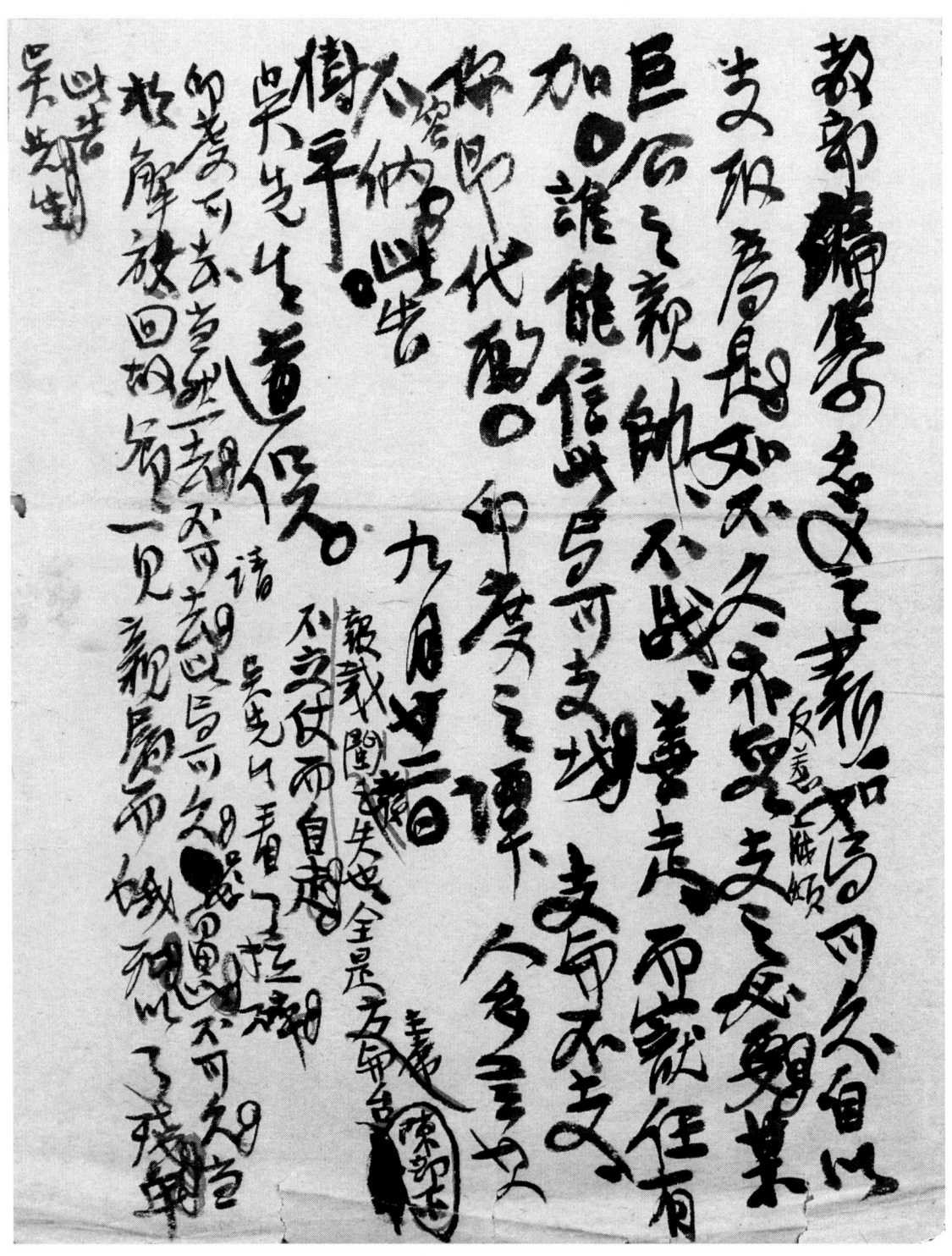

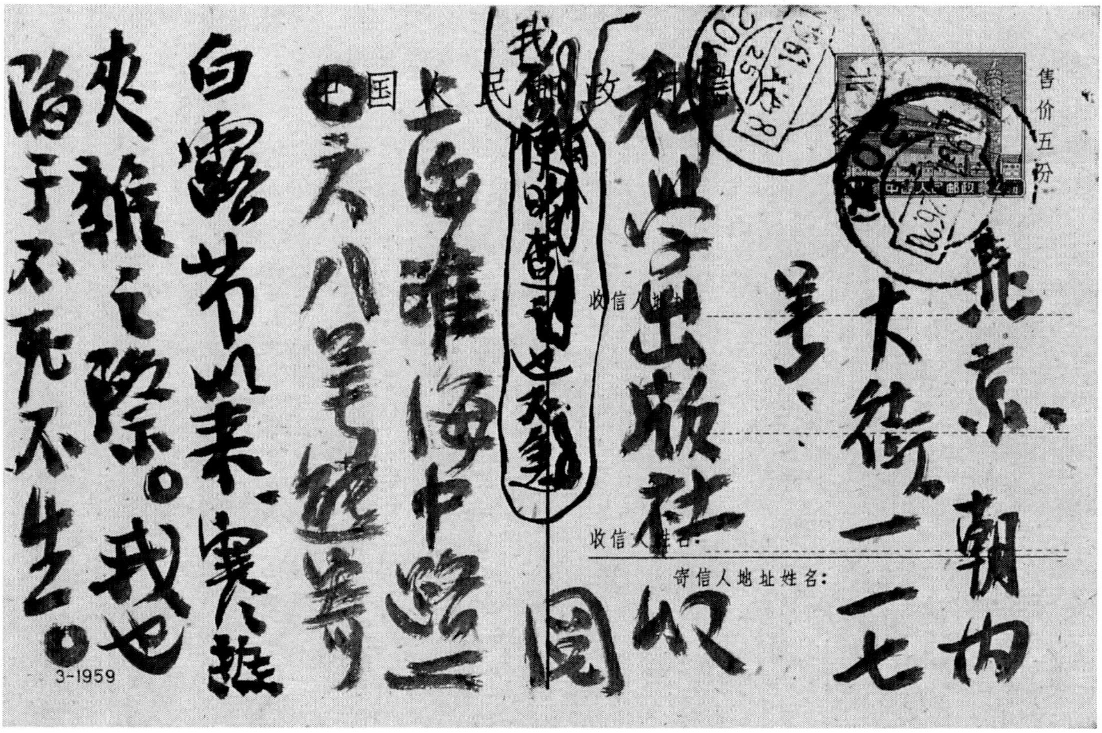
中国人民邮政明信片

售价五分

收信人地址：北京朝内大街一一七号、

收信人姓名：科学出版社收

寄信人地址姓名：上海淮海中路二〇六八号熊寄

白露节以来，寒、热交杂之际。我也陷于不死不生。

3-1959

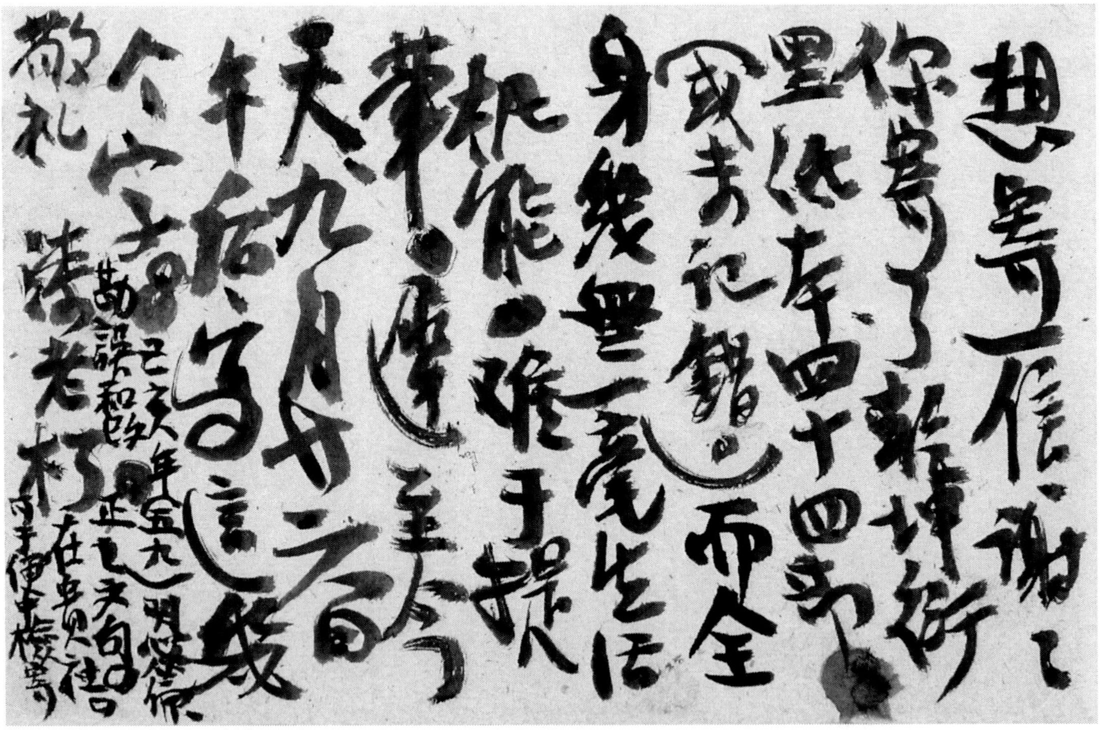

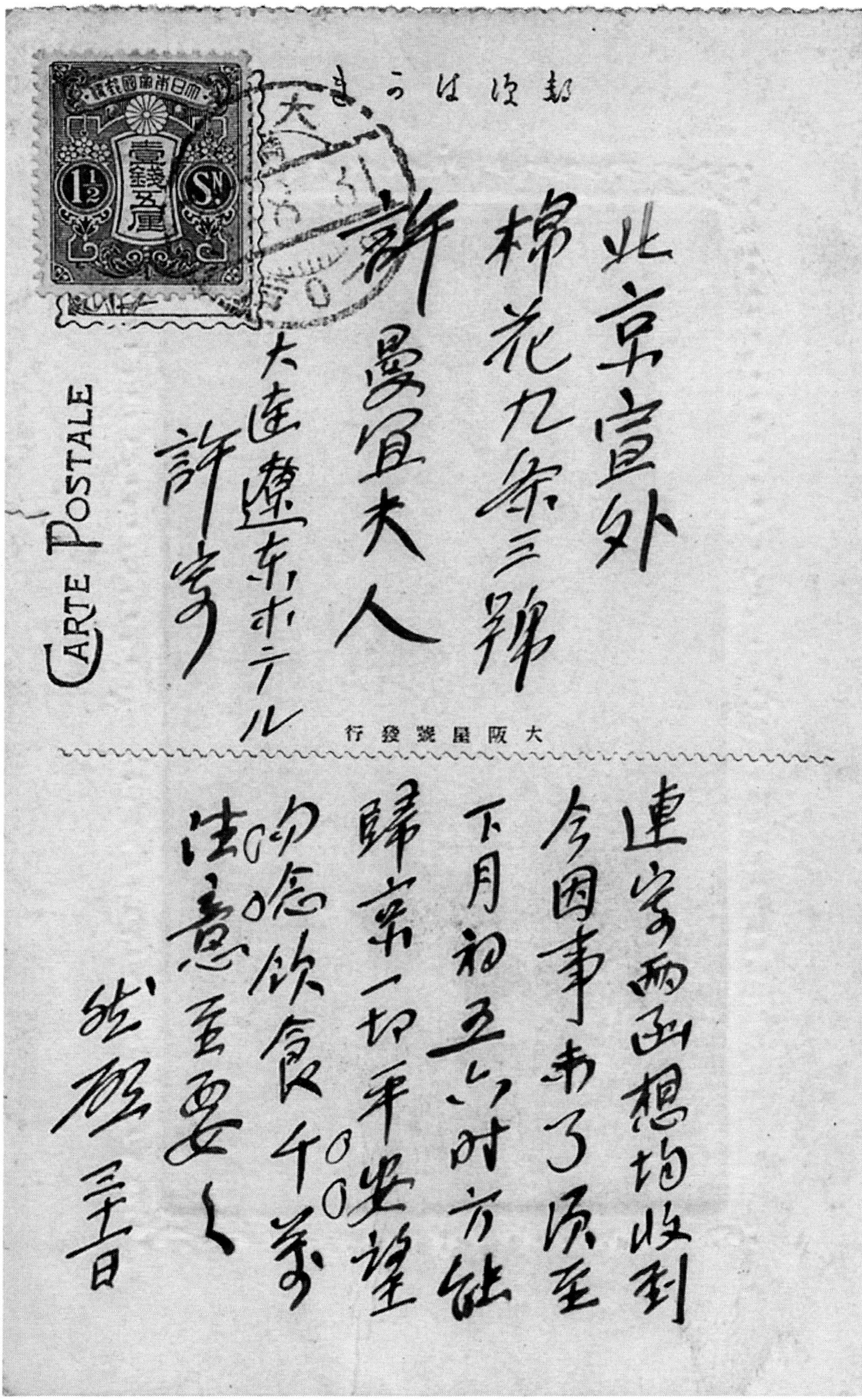

郵便はがき

CARTE POSTALE

北京宣外
棉花九条三號
許曼宜夫人
大连遼东ホテル
許寄

大阪屋號發行

连寄两函想均收到
今因事未了須至
下月初五六时方能
歸京一切平安望
吩咐飲食千萬
注意至要々
然啟 三十日

THE NIHONBASHI BRIDGE, DAIREN.

大連日本橋

彦堂先生左右：奉廿二月三十日賜復，拆悉一一。大著殷紙拜讀一過，於天文曆法不知曉，正尊說左右逢原，闡字字形說合，義亦相符，自是確詁。得脈脈不能測驗，深記未敢付印，只以未穩對卜辭之故。原序云姑存蓬衍，俟他日之刊删，即此意也。其所以示人者完全出於求教之心。今年承郭沫若兄及我以為李君詳為考及，亦深感謝。沫若兄及正大字，兄及李君亦計三千餘文，弟尤為祈喜。有多文於前亦有釋及者，不是真理不妨自我發之，不惟不以為恨，且以為幸事。蓋用此可知弟雖閉門造車，仍偶有可以合轍者在也。近日讀到胡厚宣兄甄安有論列新，以一份求教，尚祈教正為感。胡君黄尹之釋，或即當是寅尹。如是，寅尹則寅伊，對於結論相同，不必以阿衡為說矣。（殷代研究一文先賜示）統求示知為荷。大著發表於（更佳）研院集刊，若不知有其餘條備，以賜示一二否？如有餘份，則當以掛號購致並求示及為禱。此頌著安。

弟楊樹達再拜　四月九日

五月二十五日集亞子藏劍室分韻

得嘯字

燕雲萬里望天低，虎豹猙獰來路嘯。名士新亭哭江左，元和節度重誰西。幽居一室横磨劍，經略三邊欲撫鼙。志士憂心常悄悄，且拚長夕醉如泥。

十眉

月　日

新訂潤格寄上即希接洽此次
著色畫扇二葉仍照舊潤酬後
即照新潤也又前寄小條一紙因寫
時墨汙請即再寄一條補寫即
寄還不悞
夢花室
鍾子年頓
八月十七日

夢麐兄：日前枉顧，甚勞駕。有益的動物已寫了，可有九千言，別本寫上。這回寫的不大難懂，尚請兄與今甫指教。年編如何，與叢書中別種恐不相像，奈何。文字上須如何改進，均請今甫或苗常侍斟酌，別無意見。專少年時代中亦未曾（並非用古文，實在係白話如此），葉引寫，將來只好加註，可續編中加詮，當隨時加入。下次寫什麼，尚希把握，如有材料擬寫鄉土與老需以或迠寄書並附代，但比較麻煩，或續寫耳。下月用款無着落，借有益的動物可以有用，甚本月末尚希望向書店借款，乞與令甫一談，併望早点轉知為感，至於轉刊請備下月用，亦於月底轉有便好了。麻煩了甚對不起。即頌

儷安

知白 二、十三、

北京高等師範學校用箋

昨展示尊恉,良感惓惓。異
登鼓壇,適於生平,彌臨尚
匹弱,勝至若決敵者
楚風之絕乎下情乎
謀穆慈蘇素也,一覽輒氣
啟之
名弟頓首 兄 沅上

中華民國　年　月　日　第　號

北京琉璃廠廠甸內　電話南局八百四十

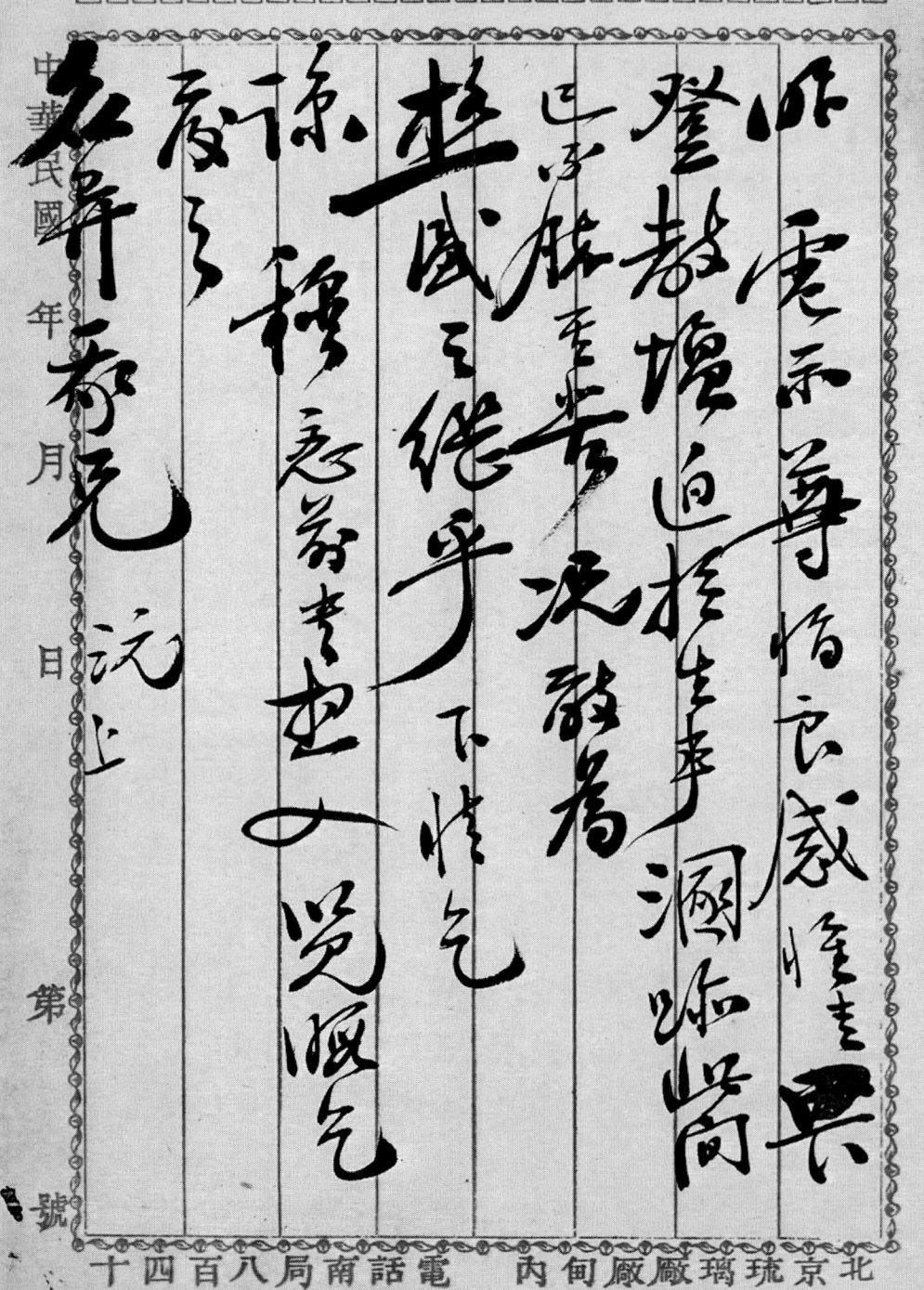

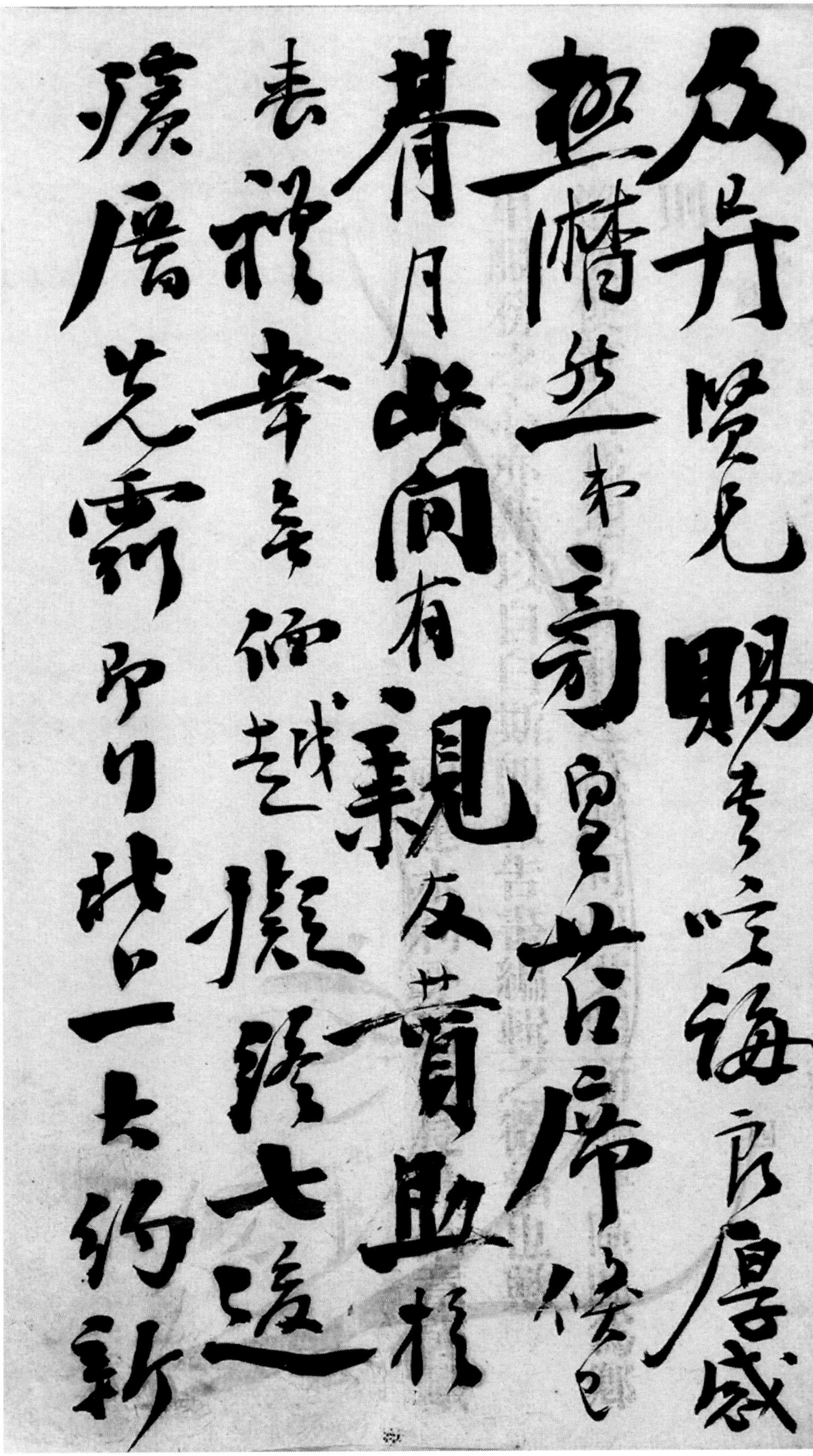

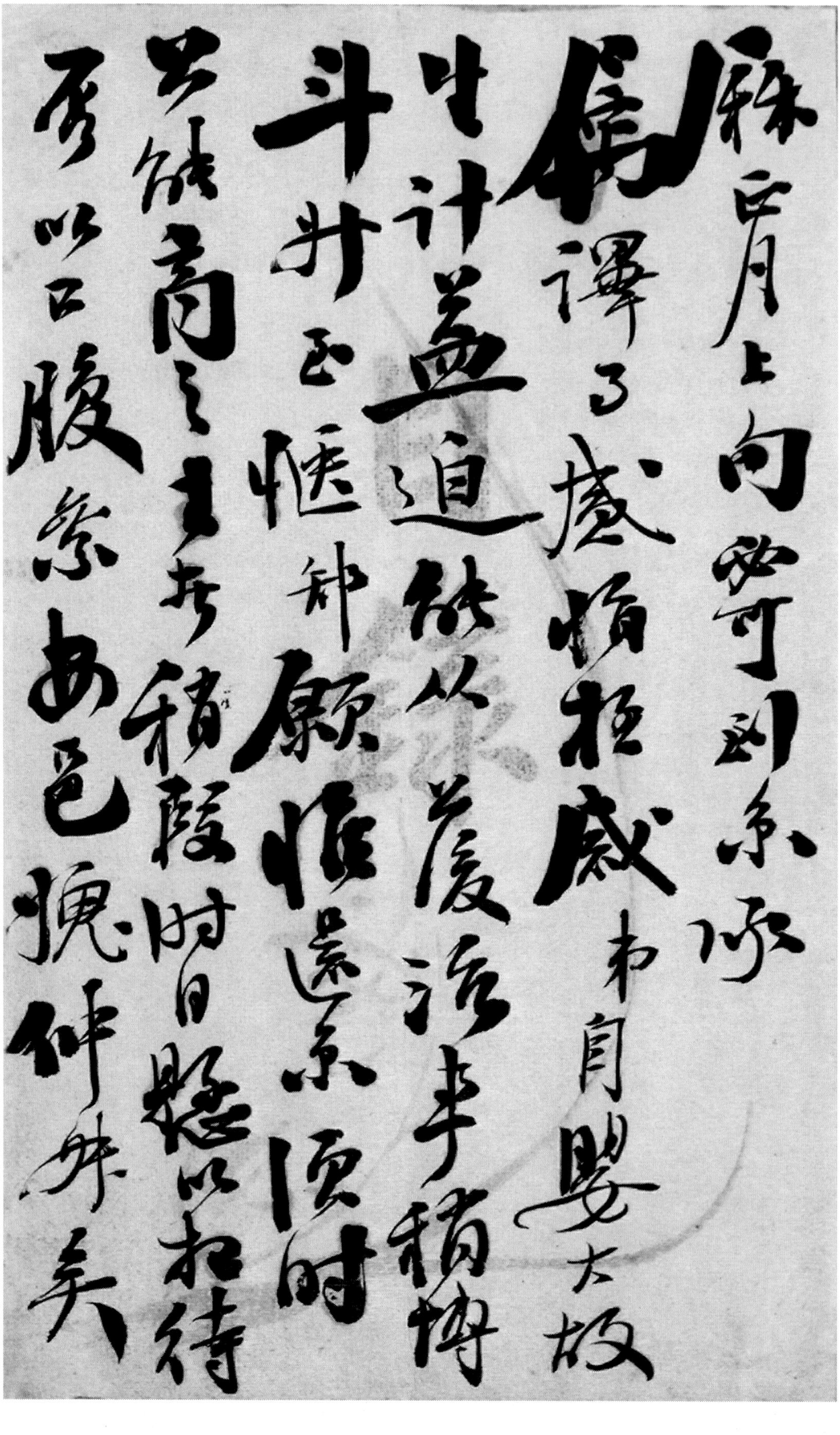
兹正月上旬寄到京函
備譯了感情極感亦自嬰大故
生計益迫僅從簡復活手稍撙
斗升之憂郵辭惟還京須時
只能商之主者稍緩時日冀以相待
爰以口腹殊安邑拟作詠矣

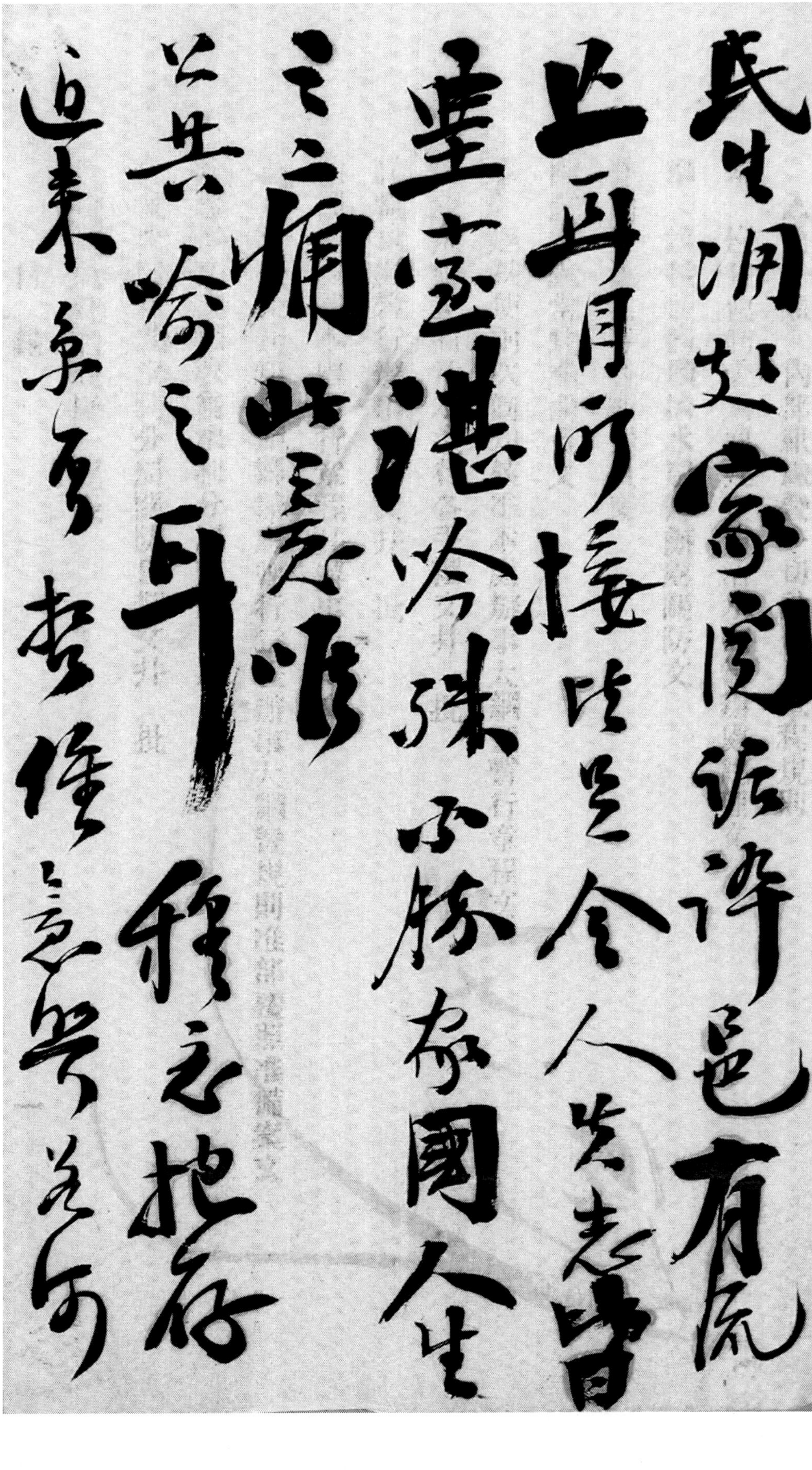

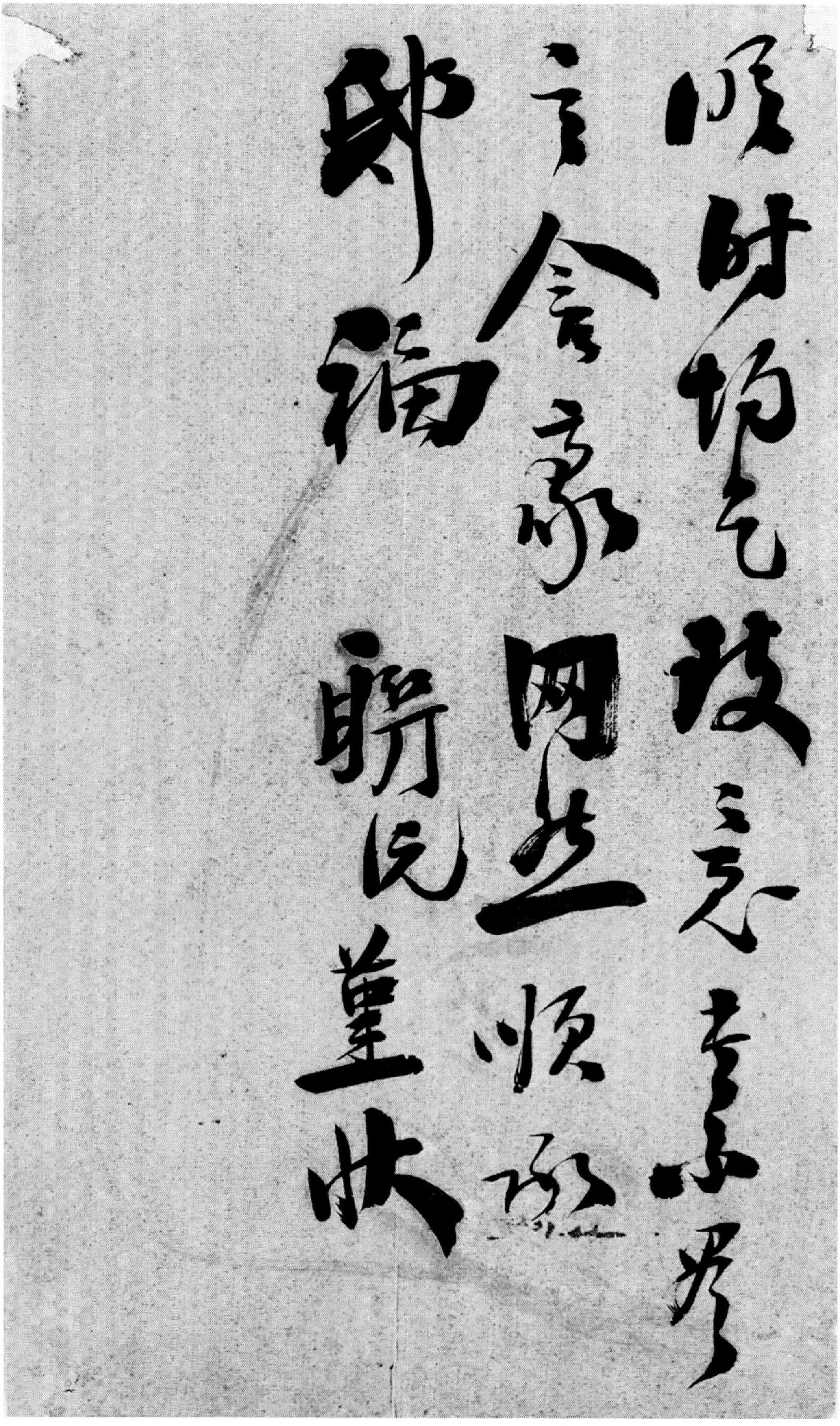

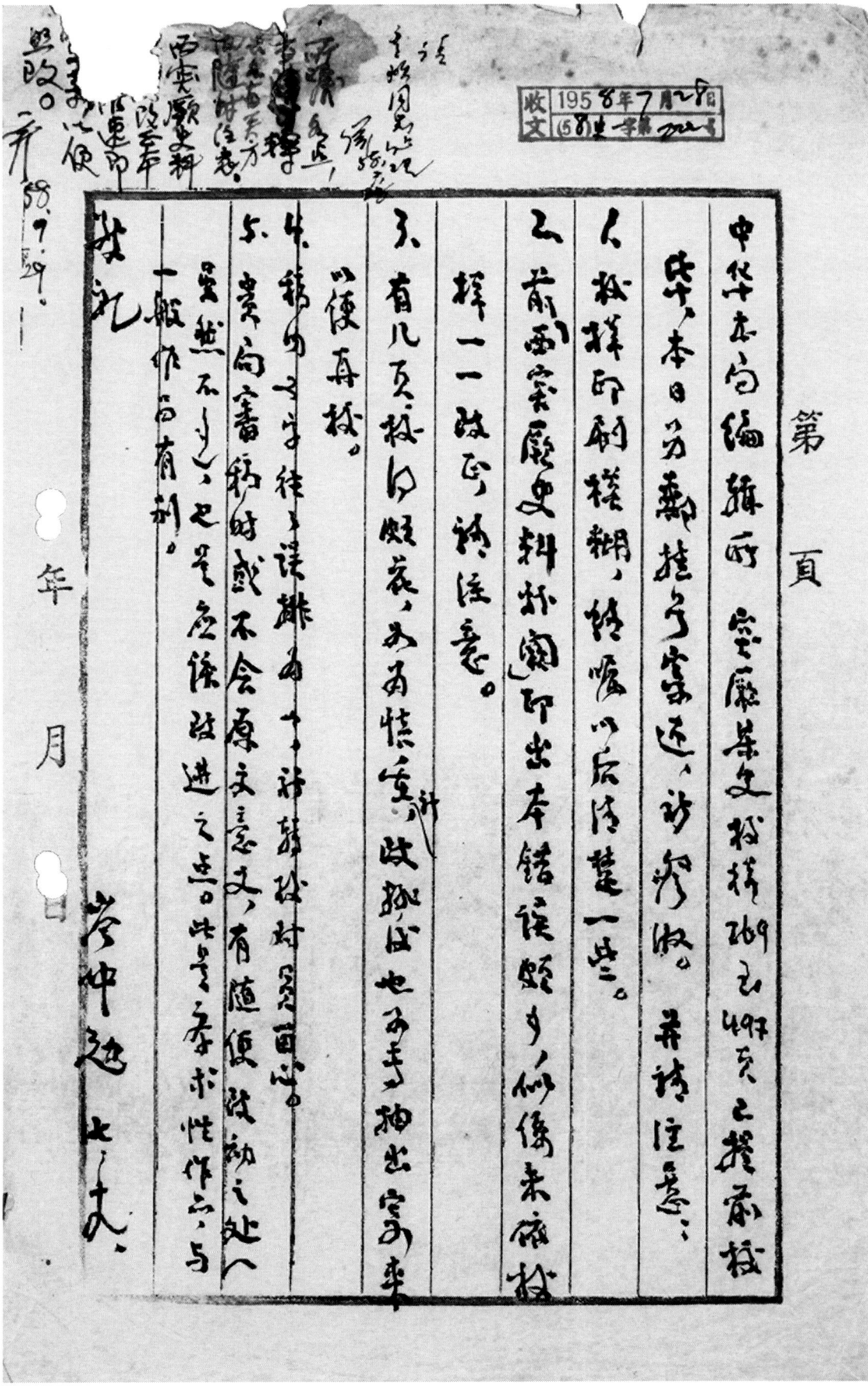

第　页

中华书局编辑所：突厥集史校样269至497页已校完毕，本日另邮挂号寄还，请察收。并请注意：

1. 校样印刷模糊，终嫌不清楚一些。

2. 前西突厥史料（排印本）错误颇多，似系未依校样一一改正，请注意。

3. 有几页，校印颇差，如有性质（计）改动，似也可再抽出寄来以便再校。

4. 稿内文字往往误排为十，请排校时留心。

5. 来向审稿时，或不会原文意义，有随便改动之处，虽然不多，也是应该改进之点。此是要求性作，亦与一般作品有别。

敬礼

岑仲勉

收文 1958年7月28日

148

靈五先生大鑒：來教悉。高初小民中史

覺印已修正，但尚未通過（經本會）送印。現竟將修

正本專請印者擬後暫緩付印。大約

一二日內俟覺印送到後即（可）出布通知

貴局付印再送到樣本中間於國文（高初

史）未見所加附註，並未加入，請再補入全書樣

本，不日即可寄奉。專此，順頌

時安

弟 顧樹森 上

九、八、

教育部用牋

147　3128　4440

商務印書館信件批核單

來信人	顧樹森
地址	
受信人	
來信日期	廿二年九月九日
來信編號	
事由	①高初公民中央黨部已修正，現已得修正本寄奉，請即撤收，俟公布後再行付印。②送到樣本中國史、國文本所加附註並未加入，請即補入樣本，不日可寄奉。
附件	
核示	[illegible]
辦法	初高中公民標準樣本 初高中國文標準修改樣本　照收 緒　22/9/9
備註	

自 513.30

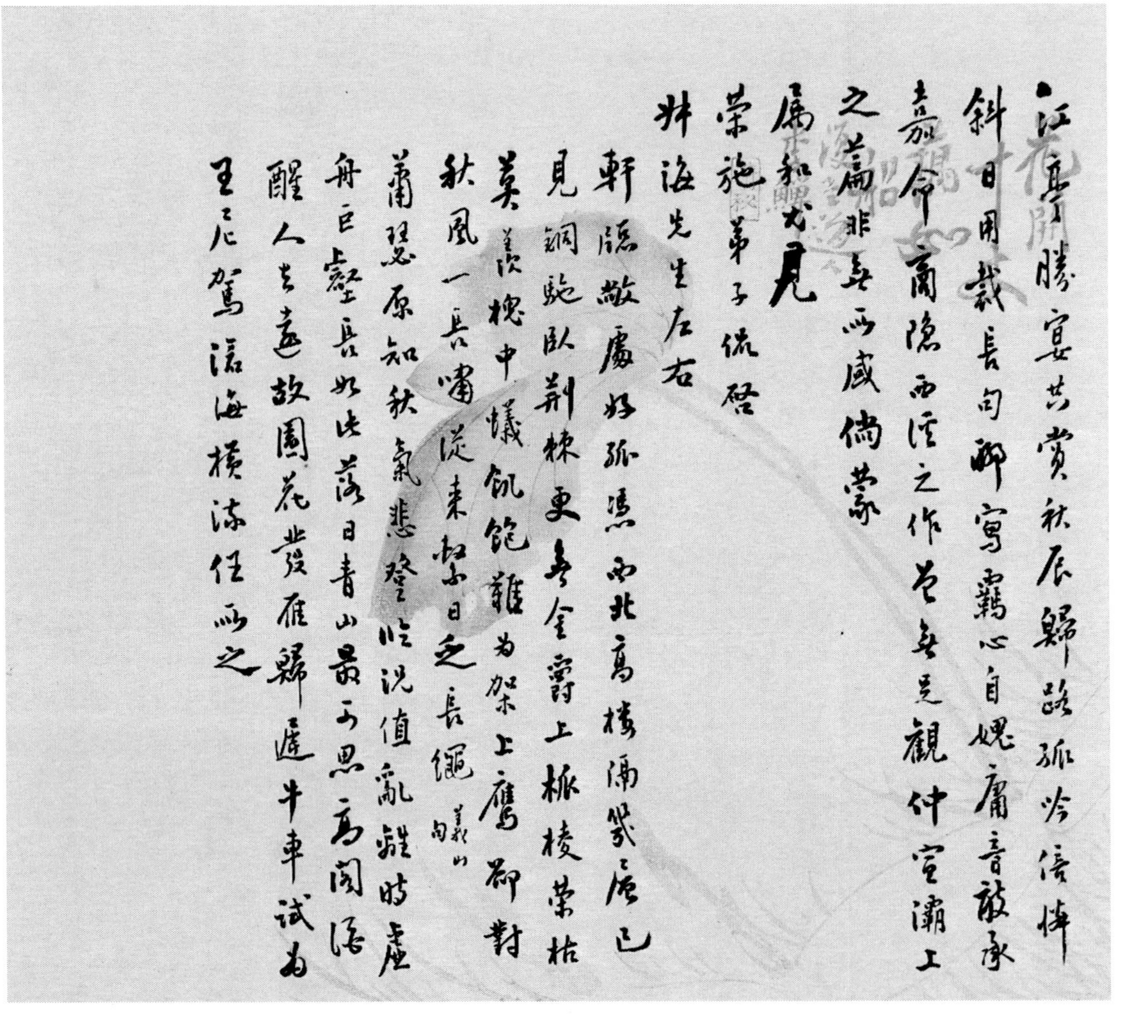

江亭勝宴共賞秋辰歸路孤吟倍悵
斜日用裁長句聊寫羈心自媿庸音敢承
嘉命商隱西崑之作老無足觀仲宣灞上
之篇非無所感倘蒙
屬和尤見
榮施弟子依啓
卅海先生左右

軒臨敞處好孤憑西北高樓第幾層已
見銅駝臥荊棘更無金爵上栿棱榮枯
莫羨槐中蟻飢飽難爲架上鷹聊對
秋風一長嘯從來繫日乏長繩義山句
蕭瑟原知秋氣悲登臨況值亂離時虛
舟已墜長如此落日青山最可思高閣浮
醒人未遠故園花發雁歸遲牛車試爲
王尼駕湖海橫流任所之

林海先生左右：昨以福心寬閒
君子既承
明諭，愧悚莫名。漂泊之身，已蒙
收恤，頑疎之罪，復見
矜原，思
德誼深酬
恩。有日南行，抵里再當疏
聞。如有

德音毋遺，幽遠先書，引跂想荷

含弘。虔請

道安。受業世小弟黃佩臨叢上言

052

[illegible]研究。可。

上海市人民政府文獻委員會用箋

報告（字第　號　頁）

關於介紹熱愛博物館工作人員以充實職處幹部一節已於前天獲得面示連系步驟　茲有職因處及原有之書面報告不易於尋覓或將延滯時間遂囑原由青崖介紹之何天行同志另寫簡明分年工作經歷單一份尋函送上以供局長向人事局作連系之需是否可用仍請指示為荷　謹報告

局長夏

副局長劉

職李青崖（印：李青崖印）

公元　月　廿一日

107

鉅鹿路八九二號　電話七三八一九號

35

上海市人民政府文化局

簽呈

一九五二年九月十三日 於社文處

事由	為人民文化廣場大會場東首出口問題報請 鑒核由
附件	人民文化廣場平面圖乙紙
字號	社文(52)字發字第88號

一、人民文化廣場遵 指示暫不闢築復興中路至永嘉路一段茂名南路；經研究後認為要使大會場群衆能安全地迅速離場，並使陝西南路不因大會場散場而遭阻塞，會場東首必須有出口通道，俾一部份群衆可向永嘉路及其以東南方向散去。根據這樣的原則，擬在東首開便門二道（如附圖所指「↓」）以為出口（只出不進）。並規定人數在五千人以下之集會不用。

二、附上人民文化廣場簡單平面圖壹紙，送請 鑒核，是否有當，祈即

指示祇遵！

第一頁

36

此報

局　長　夏

副局長　于　劉

簽報請市府劉季平秘書長：已可夏衍、潘漢年二公，尚未詢覆，擬同意在園上另開一門。

職　李青崖（印：李印青崖）
沈之瑜（印）

于伶　叩啟

所屬相請備送李仲伯（印）　收

二

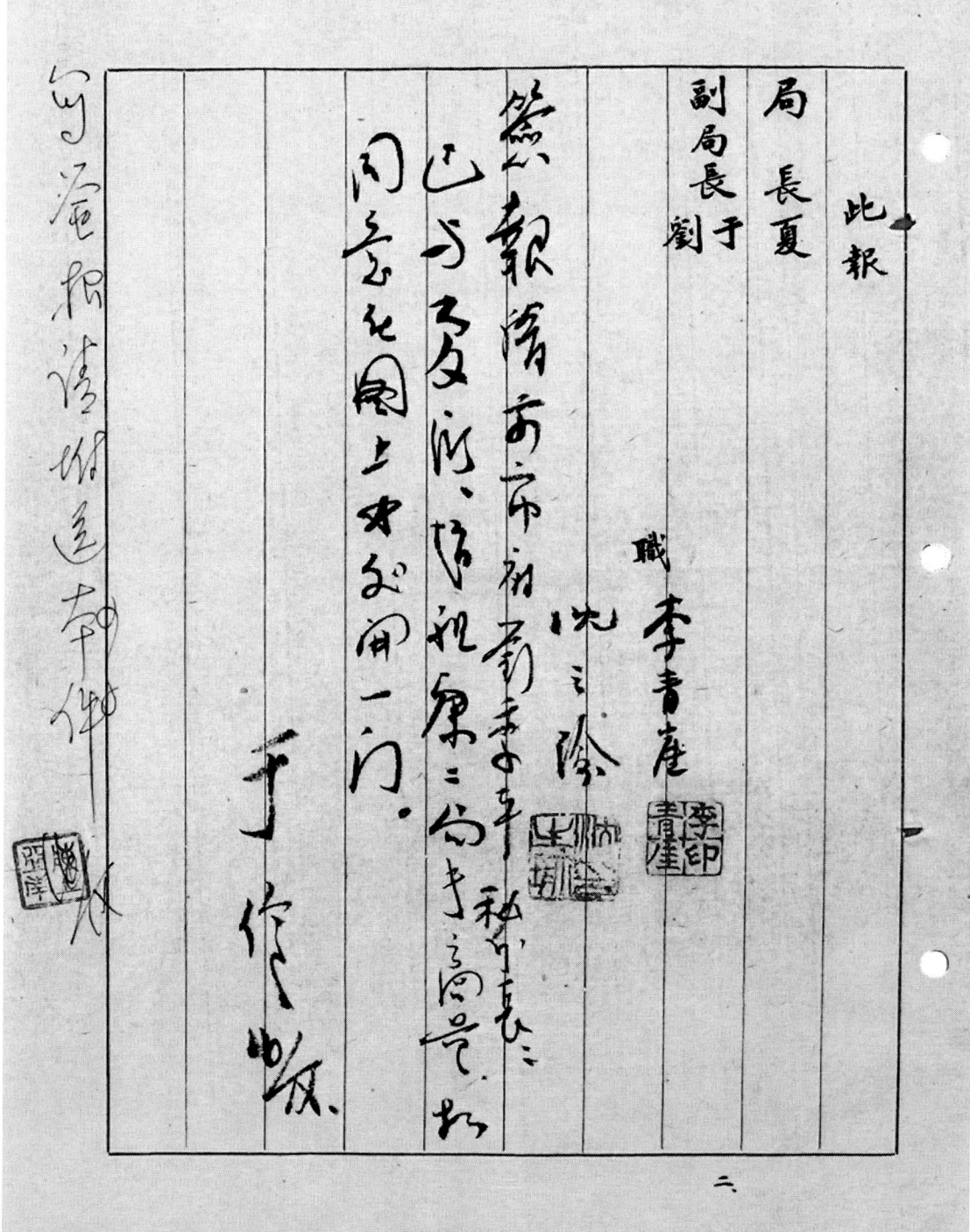

厥哥左右得書具悉忽庚累
步不淺已馳書詰之渠歸應試聞取第二名抹
於窮窮之累人至於如此弟今歲亦奇窮日內為
俟撥下即行奉還
免丐累
有保陽之行簡書急於星火不審到都能抽暇
一振舍否殘年風雪為飢所驅亦不知能寧家
度歲否否悵悵別久矣同心寥落念
子宜多年因未圖相見不遑陳即承
侍奉萬福
賢居神相 瑞洲拜啓

收文　1958年4月28日
(58)办字第125号

敬啟者：

貴局結算拙撰二十四史卷五中下兩冊稿費，與板面字數出入相差過多，曾于四月十三日具函
請求更正，迄今將近一月，未蒙
賜覆，不勝懸盼。茲再有陳者，拙稿如按行計算，則所得字數應多于板面字數，因列表有多
至半頁二十八九行者，較板面行數幾多一倍故也。所疑者有
一、貴局結算卷五上冊稿費五二三號清單（一九五六年六月十三日），係按行計算字數二十七万八千，較板面字數多出一万七千，即
其實證。此次如仍係按行計算，何以不多出字數，反大減特減，達[redacted]万字之多，究係何故，擬請
迅賜詳細清單，并告知如何計算，以便自行清算一次，求其能與
貴局所算符合，此致
中華書局總編輯室

鄧之誠啟
一九五八年四月廿七日

財政經済出版社發文稿紙

簽發：[illegible]	核稿：
會簽：	主办單位和拟稿人： 宋雲華
事由：中華二千年史：取稿及致酬	附件：

發送机关：鄧之誠先生

本市西郊北京大学東門外蔣家胡同二號

打字：[illegible] 8.30　　校对：

發文 [illegible] 字第 167 号　壹玖伍陸年 捌月 卅日　日封發

之誠先生：

日昨我社宋同志趋候~~[illegible]~~，叨承 指示一切，至深感紉。

大著《中華二千年史》整理完畢後，請即通知，自當遵嘱前往領取。

至於稿費計算標準我社未曾有所变更（因其他出版社亦尚未有变更。），俟稿到後，即預付稿酬百分之捌拾~~[illegible]~~，專此奉達，即頌

尊　（當即照付）

著祺！　[illegible]

第　頁

宋雲華

收文 195?年3月3日 (58)?字第23号

財政經濟出版社上海辦事處

上海~~淮海中路1813號~~ 電話：~~78350~~ 電報掛號：~~11897~~
門路477號 567316 2579

財政經濟出版社公文簽注意見單

收	1958年3月3日
文	(58)?字23号

中華二編室 1全

58.3.5.

3/4

……字第87号

……·代邓之誠

……邓同志已有

收文 1958年3月3日
58出字第23號

財政經濟出版社上海辦事處

上海~~淮海中路1813號~~ 廈門路477號　電話：~~78350~~ 567316　電報掛號：~~11897~~ 2579

代訂"中华二千年史"合訂
本邓同志已有來信

58財沪出字第87号

出版部：

接58財出专字第38号詳复函，已悉。代邓之誠同志裝訂之"中华二千年史"合訂本事，邓同志已有信复我处，已在办理中，希洽。

財政經濟出版社
上海辦事處

1958.2.28.

216

敬復者：章字第一八〇一號函及附件均奉悉。茲將讓與契據簽署，並將舊立半賣稅契據一紙檢還，希查收見復。專此祇頌

台安。此上

商務印書館編審部

馮承鈞謹啟

十二月三日

半稅費陆佰肆拾元

[illegible]收到。

敝稅契[illegible]

文学古籍刊行社负责同志：

顷在修绠堂书店寻得全金诗一部，议价未定，已为留下。

现既有书，则标点校补工作，即可进行。

第一：建议您社派人将全金诗购下，并说明将全书所留，使能付照。购到以后，即请将全书转送与我，以便进行点校。

第二：点校合同即可订立。由于我工作太忙，必须有人为助，拟请北京市文史馆馆员陶明濬先生合作。如荷您社同意，即在合同上一同署名。

以上各节，如荷赞同，即请分别进行。并盼赐复。

金毓黻启 1956.10.30

四五诗斋 东四北，马大人胡同十五號

古籍出版社收文處理單（隨文）

收文號數 (56)古编 字 353　　收文日期：1956 年 11 月 24 日

來文者	人民文学出版社		地址				
文別	函	字號	(56)字第 11 22 號	附件		簽收者	
事由	转来金毓黻先生来信一件						
主管部門	编辑部						
簽擬意見	请学术问题研究处理　郑[illegible] 11/24 ~~①孙社已先借，故由我社复。~~ ~~②向何便来知书已售出，故我社未能照办。~~ ③书已买去，不必再覆。　周[illegible] 5/12						
決定辦法							
處理結果							

原案收發文號數：	併案收發文號數：	附件：　件
發文號數：	歸檔編目：　類　目	歸入：　卷　冊

（邊框以外請勿寫字）

人民文学出版社

回信請寫明我社發文字號

古籍出版社：

茲轉上金毓黻同志来信/稿 / 件，~~又关于此事的檔案一卷~~，請檢收处理逕复。

此致

敬禮！

附：信 / 件

稿 件

檔案 卷

1956年11月22日

人民文學出版社 第二編輯室

二發字第169號
1956年11月22日

國歷六月[illegible]（星期四）中
午十二時潔樽候
教
柳亞子敬訂
席設[illegible]

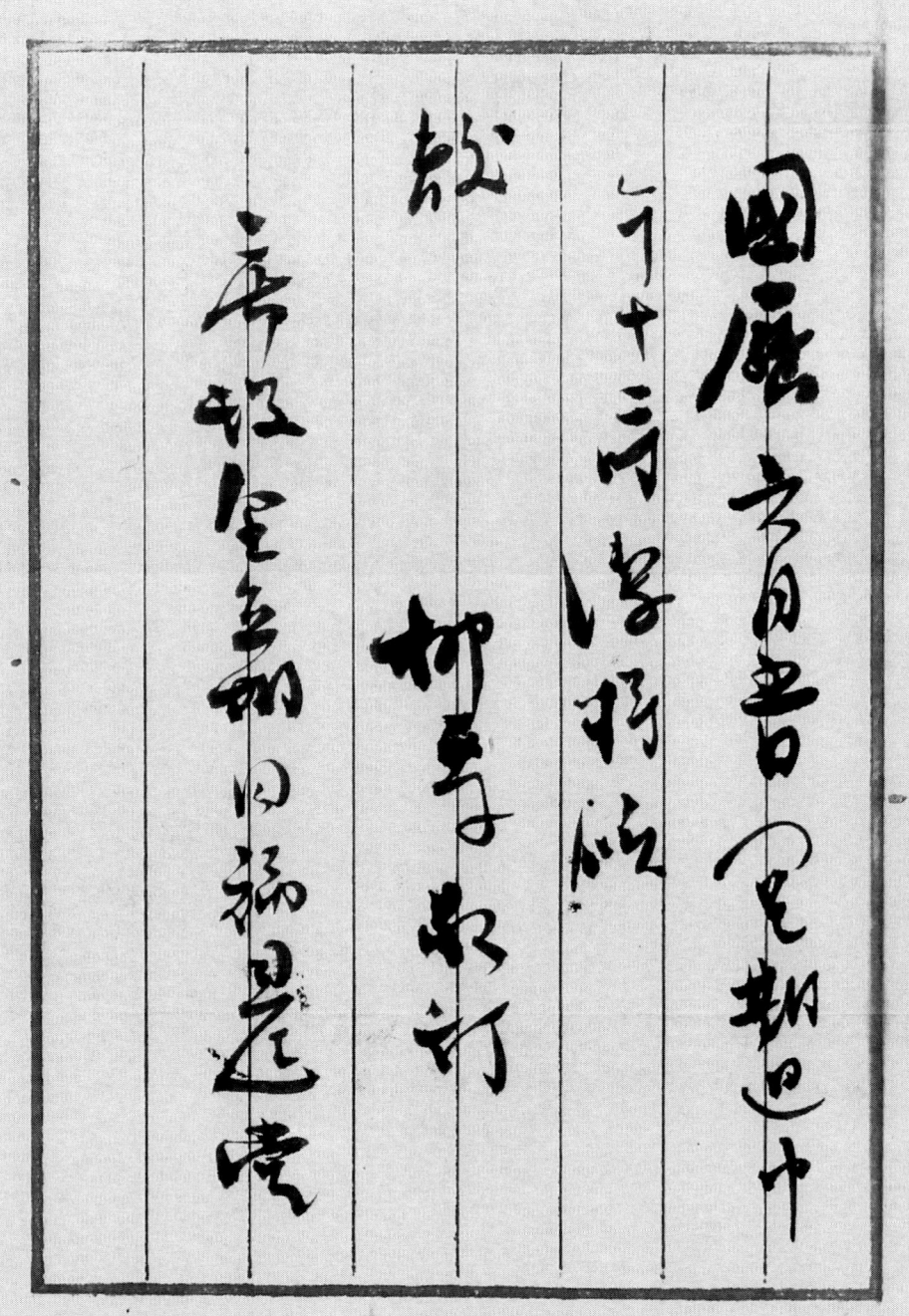

保定

急。河北教育廳賀廳長勛鑒：庚電敬悉。蒙贈新中學文庫〈50〉部，至感。已電囑教文館曹經理新山趕前面洽。農

中華民國卅六年四月拾壹日發出

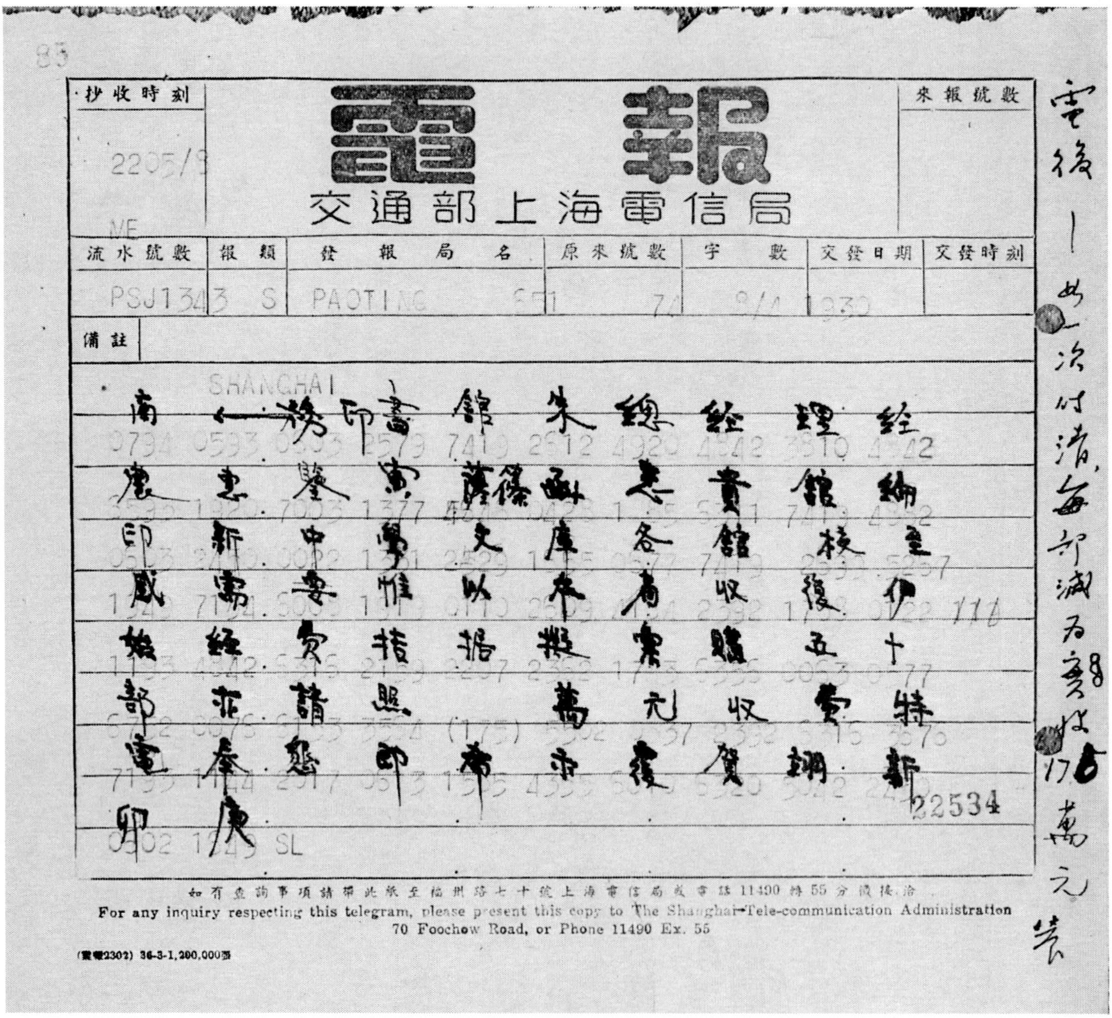

85

抄收時刻 2205/9 ME

電報

交通部上海電信局

來報號數

流水號數	報類	發報局名	原來號數	字數	交發日期	交發時刻
PSJ1343	S	PAOTING	651	74	8/4	1930

備註

SHANGHAI

商務印書館朱總經理經農惠鑒：寅蒸函悉，貴館編印新中學文庫各館校至感需要，惟以本局收復伊始，經費拮据，擬采購五十部，並請照（175）萬元收費，特電奉懇，即希示復。賀翊新卯庚

22534

SL

電復——如一次付清，每部減為壹拾17萬元。裘

如有查詢事項請携此紙至福州路七十號上海電信局或電話11490轉55分機接洽

For any inquiry respecting this telegram, please present this copy to The Shanghai Tele-communication Administration 70 Foochow Road, or Phone 11490 Ex. 55

（電報2302）36-3-1,200,000張

第　號　第　頁

仲韶廠長先生賜鑒：頃奉

尊電，敬已拜悉。敝館新中學文庫辱荷

賜予優待五十部，至感

盛意。除已照奉一電外，並經函電知照保定敝支館經理曾新山君趨叩

崇階面洽一切矣。謹再奉覆，並鳴謝悃。祗頌

公安

謹啓

三十六年四月十二日

商務印書館信件副頁

年　月　日

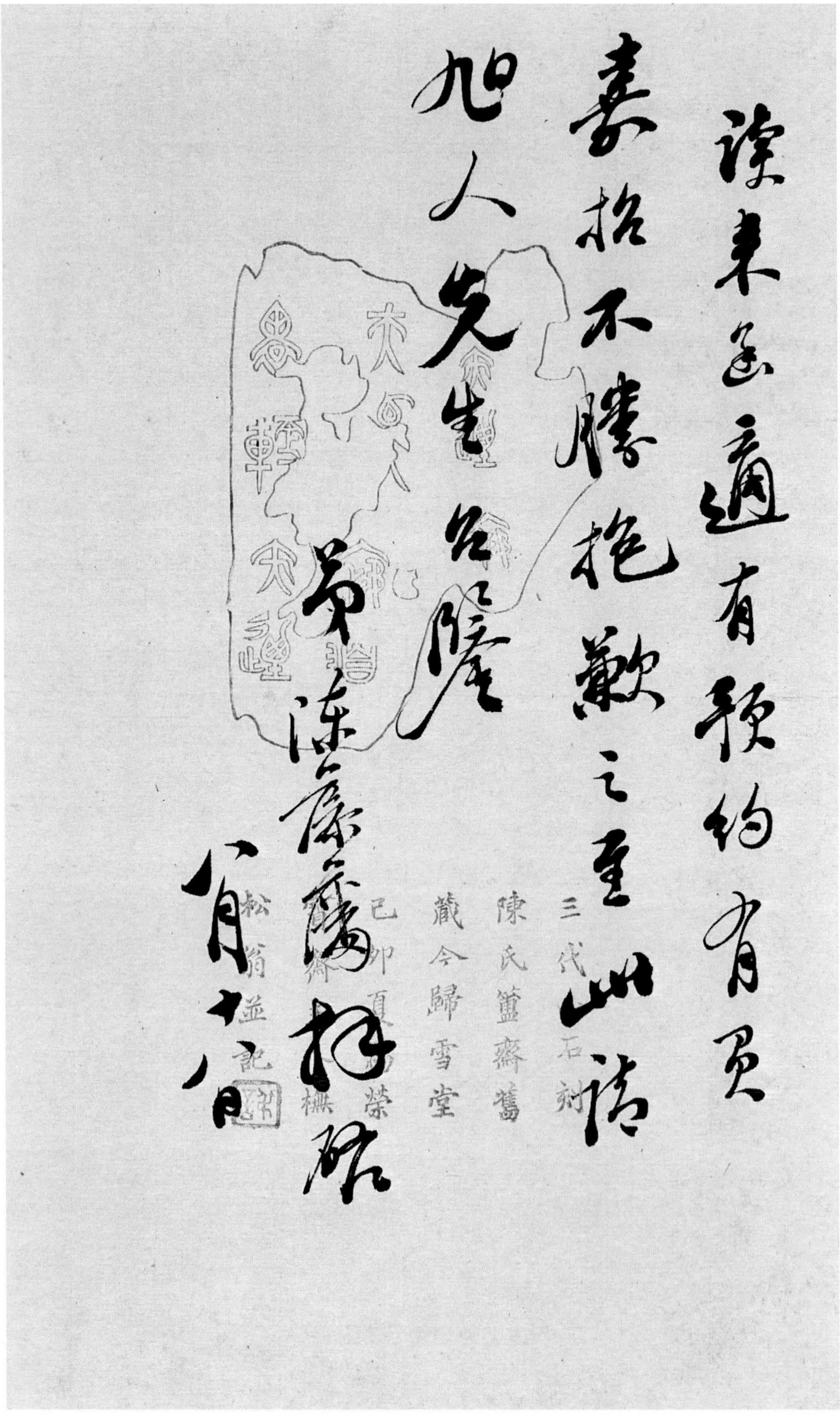

讀來箋適有預約肎更
奉招不勝抱歉之至此請
旭人先生台履
弟陳康祺頓首
八月廿八日

三代石刻陳氏簠齋舊藏今歸雪堂己卯夏仲榮□□□□松翁謚記

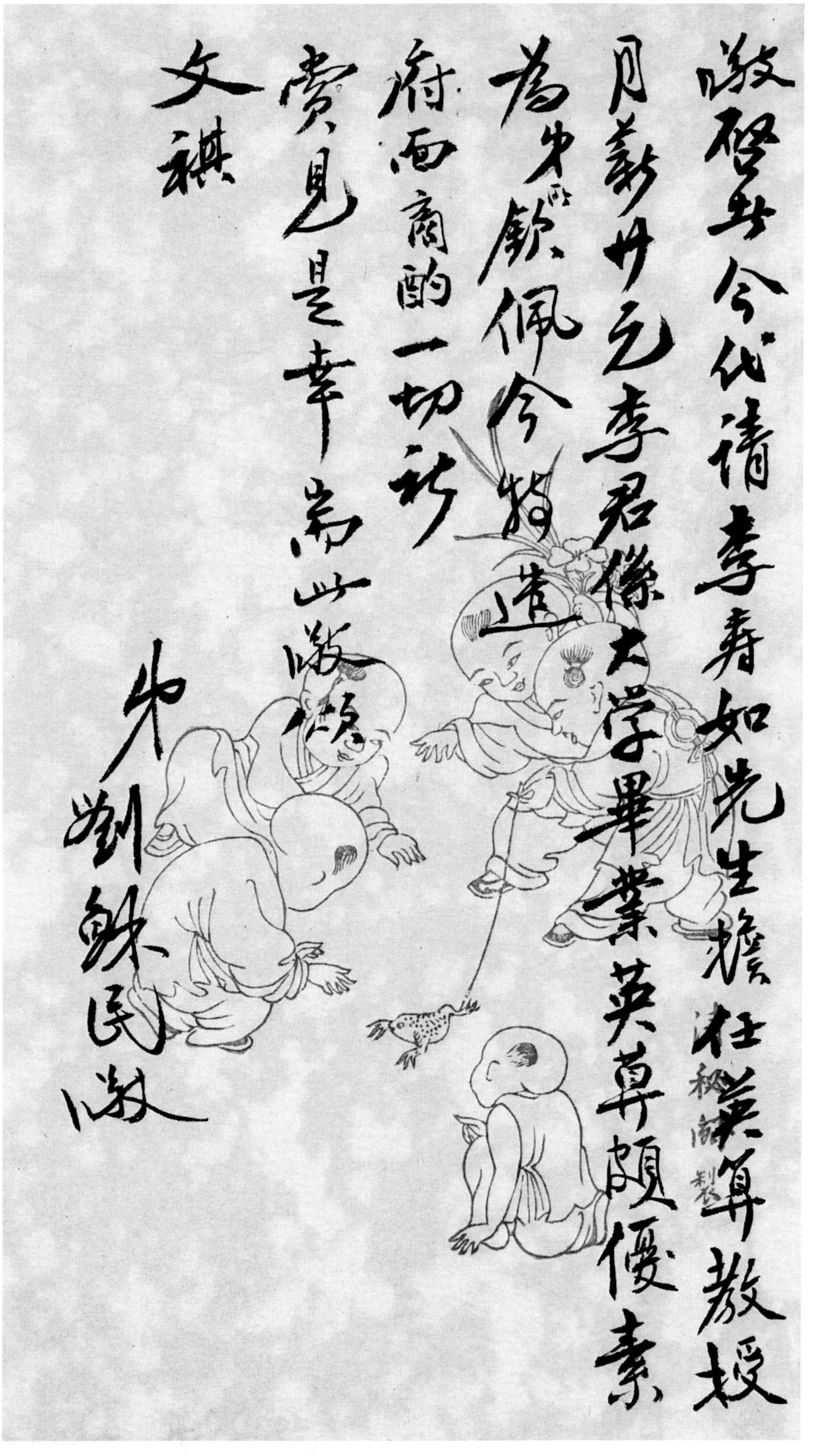

敬啓者今代請李壽如先生擔任英算教授
月薪廿元李君係大學畢業英算頗優素
爲少所欽佩今特造
府面商酌一切於
貴見是幸爲此敬頌
文祺
少劉蘇民敬

國民政府外交部

問漁吾兄大鑒正深馳系忽奉
大訃驚悉
老伯大人遽然棄養駭悼莫名吾
兄純孝性成哀毀可想尚望
節哀順變勉襄
大事至為軫念弟道阻一方未能躬親執紼
茲由郵遞上輓聯一副用申弔奠敬希
代薦為荷專唁

國民政府外交部

孝履諸維

珍衛

弟唐悅良拜啟

五月十二日

中华书局公文签註意見單

收	1958年 8月 26日
文	(58) 哲字第 13 号

請童第德同志承办。

傅彬然 26/8

4

謹啟者：前由　商務印書館以作錄閱係推薦拙著漢魏南北朝群書校釋中
之易林札記於　大社，近又擬交山海經校記一種，諒早承記室諸君均鑒。本人
數十年以來校讀雜記之續，先師章太炎、葉郎園、[illegible]、黃摩西、吳瞿安諸
鉅子所訓示，維以清儒樸學家為指歸，卻不敢蹈繁瑣之病，故凡釋一字
一句之義，必係無出四字以外，數字數句專於數條，然後異出，終不敢繁碎，
而每條必撥除人云，如商務印書館最近出版鹽鐵論札記可以證明此全
書除以按語為主體外，所引載籍乃至筆札記論文，未採及畢等字書韻學數
十百種大家著作，均不敢涉小名家一言一語，所引近人著作，則有如胡氏玉
縉之許廎學林，上海出版社鉛槧有排印本，景版劉麐有積書著實盛有
待校十餘年的方精說之力，今的是求整理之，章太炎有所說競語新序說苑補訂
外，僅賴顏氏家訓等四館待將陸續請書公諸當世，所有西京雜記　大社略加
檢討，先予　指示，俾須完惟以不克竟業為憾，是專此奉請
中華書局編輯　公鑒。
王佩諍上言　一九五八年八月十三日

中華書局編輯部公鑒：頃奉公函，收到貴局郵還山海經校記錄，不勝惶愧。查商務印書館移交貴局時，尚續寄易林校釋錄之，擬著一續編，再屬不能有書。貴局盛意，希請即予轉寄，郵還為禱。此致

敬禮

王佩諍謹上
一九五八年十一月十日

山海經校記稿處收到也沒 [illegible]
[illegible] 58.11.13.

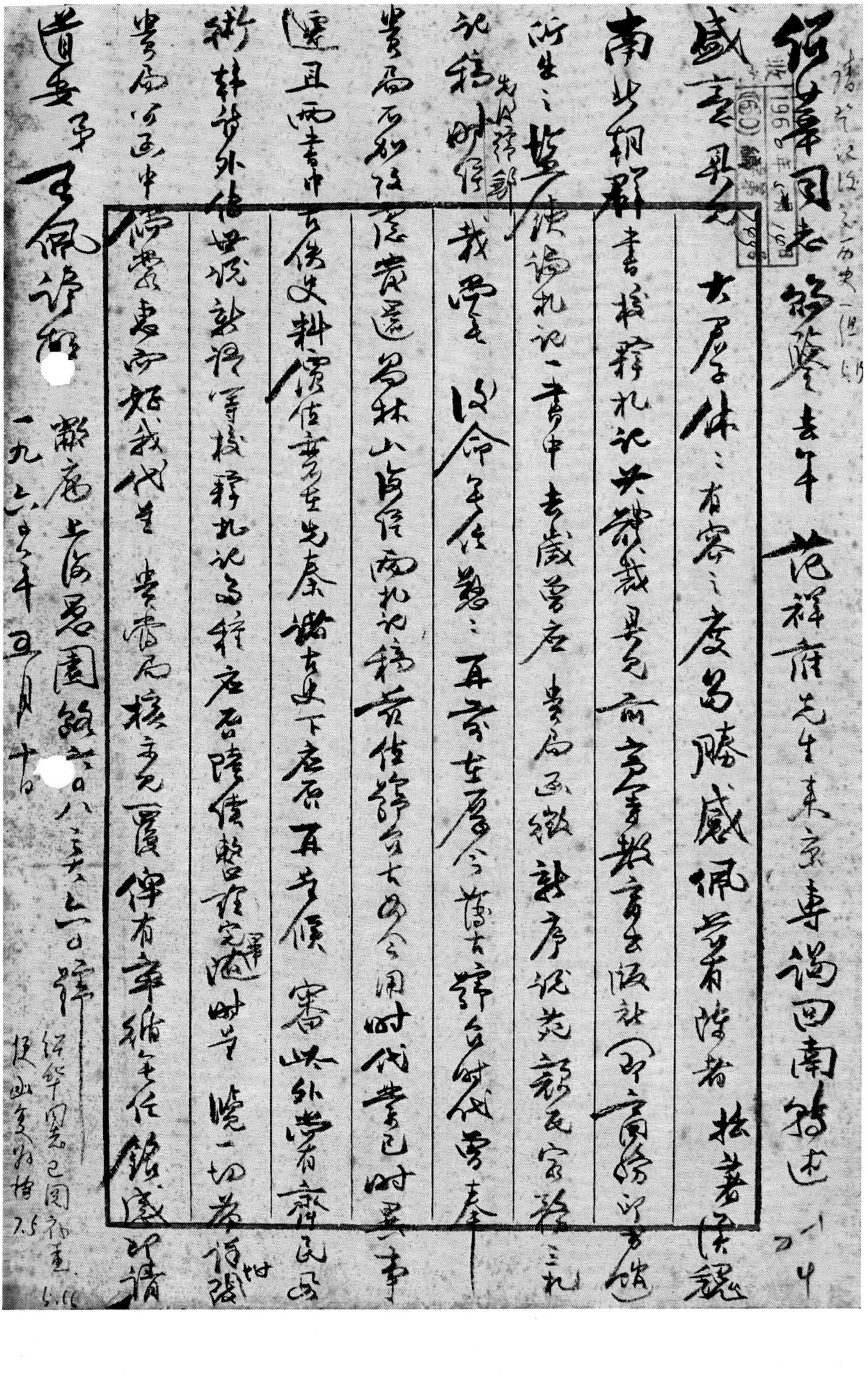

編輯同志

鈞鑒：去年范祥雍先生來京專謁，回南轉述

盛意，[illegible]休休有容，度為勝感。[illegible]

南北朝群書校釋札記[illegible]

[illegible]札記一書中，去歲曾應貴局函徵《新序》《說苑》[illegible]

[illegible]

[illegible]

[illegible]

[illegible]

[illegible]

道安

王佩諍

敝處上海[illegible]

一九六一年五月十日

旭翁仁兄閣下風和日暖即維
祝履綏和至以為慰頃誦
琅函囑將東局一二四九號電話耳機線
更換一節業已飭課派匠前往更換矣
知關　一一
綺注特以奉聞專此順頌
台安
弟蔣斌謹啓　三月八日

北京電話總局用箋

卡拉(8)　　　　31/8，60签发.

第＿＿＿＿＿＿页

敬爱的卡拉肯柯夫娃教授：

您四月28日給我的信給我们带来很大的鼓励，也使我们感到非常愉快。我们所感到愉快的，不仅是您把您自己长期以来研究的成果交給我们的杂志译成中文发表，而且您指出您的老师、同时也是我们很尊敬的一位具有世界权威的前輩地质学家維尔納茨基所强调的地质学发展的方向应该是和物理学、地球化学方面的研究密切地結合起来。不管保守的地质学家对解决地质问题抱有什么样的态度，现代地质工作的发展，已經获得了越来越多的资料，揭发了越来越多的问题，都迫使我们用物理和化学的方法来处理。您的看法我认为是完全正确的，而且有必要加以广泛传达。

我很感謝您认为我们的杂志中比较重要的论文需要附有外文摘要这一点，这是极为宝贵的意见。尽管它的实现在文字方面还存在着一些困难，我们将尽力来克服。如果您对我们的杂志还有任何建议，恳切地请您随时把想到地告許我们，这不独对我们的杂志有好处，也有

20×20=400（京文）

第　　　　　頁

利于这门学科的发展。

您的学生王庆棣已经开始进行地温测量工作，由于我们在这方面没有更有經验的人指导，設备也很缺乏，工作的进度是不免受到一定限制的。我希望在您方便的时候能随时指示我们的工作应该如何进行，则非常感谢。

我感谢您寄給我您的文章的中文抽印本。我们的集刊的第二号現正在征集文稿、整理文稿和进行其他編辑工作，付印的确切时间一时还不能确定。一俟付印完毕，随即把您的文章譯中文的抽印本寄給您。

祝您健康愉快、一切都好。

李四光

20×20=400（京文）

敘甫司令勛鑒久疏承
教良切馳忱接奉
賜函謹悉一切藉諗
勳猷綏福至如私頌承
示令親廖誘崑在南不服水土擬求調局服務一
節查該員自改充軍事照料員以來對於疏通車輛
等事頗能認真辦理茲承
諄囑現在軍事照料指日亦當結束容俟其經手事

旋即仍調回當差以副
雅命頃由鄭州勘路甫回作答稽遲務祈
原諒爲禱專肅奉復敬請
勛安
楊慕時拜啓 五月十六日

甘肅財政廳公用箋

旭人仁兄惠鑒：京華同事，頻聆
雅教，久違
德儀，時切葵悰。正擬作書奉候，適承
瑶函先頒，展誦迴環，如面
芝宇。藉譜
因時篤祜，
順序延釐，為頌無量。近復年来各省財政多呈紊亂
之現象，益以中原多故，水旱頻仍，民生艱苦，言之可

印刷局製

甘肅財政廳公用箋

歎甘肅地處邊陲交通阻塞改革以來幸無兵燹之
灾然而地方窮苦歷来以久公帑空虛入不敷出弟自
就任計政以來力謀整頓昕夕靡遑開源節流創
造匪易每思一人之智力有限一切贊畫多賴賢者
尚希
時錫南針以匡不逮是所盼禱專肅即頌
春祺

弟楊慕時拜覆 三月八日

印刷局製

上海浙江興業銀行用箋

行址 北京路二百二十號 電話 總線轉接 一八一七〇 電報 有線無線八六七五 西文 NATCOMBANK

任之先生台鑒敬逕啓者前承　示如有關於掌故史料之書籍
囑爲捐贈　貴館茲謹檢出若干種奉贈計內國公債局公牘類
編兩册田賦案牘彙編上中下三册釐金案牘彙編上中下三册
各省應解京洋賠各款剔除由鹽關項下撥餘數目應解總數表
暨分省清單一册公債法令初編一册內國公債付息施行通則
一份財政部徵收田賦考成條例一份民國五年債款報告書一
份浙江省中華民國十六年度地方建設費歲出入預算書一份癸
卯東遊日記一册稅務處提議修改光緒廿八年所訂中國進口

字第　號第　頁共　頁　中華民國廿四年三月十二日

THE NATIONAL COMMERCIAL BANK LIMITED
(CHEKIANG HSING YIEH BANK)
SHANGHAI

1-6000-23-7

上海浙江興業銀行用箋

行址　北京路二百三十號　電話　總線轉接　一八一七〇　電報　有線無線八六七五　西文　NATCOMBANK

稅則一覽表一冊、國慶日大閱典禮各項規則一份、浙江內河水
警局十六年度歲出預算書一份、已接收各省關稅一覽表五張、
已接收各省鹽款一覽表、中國銀行總分支庫一覽表六張、各分
支庫匯解中央款項期限表六張、接收各省運司所交鹽款一覽
表六張、說明書一份，送呈尚乞
詧收爲荷專此敬請
台綏

晚徐新六

字第　號第　頁共　頁　中華民國廿四年三月十二日

THE NATIONAL COMMERCIAL BANK LIMITED
(CHEKIANG HSING YIEH BANK)
SHANGHAI

1-6000-23-7

送上小箋四幅敬求
法楷即書從見贈之作竝希
速藻順頌
台綏　克文狀

寒雲書翰

集懷仁聖教序

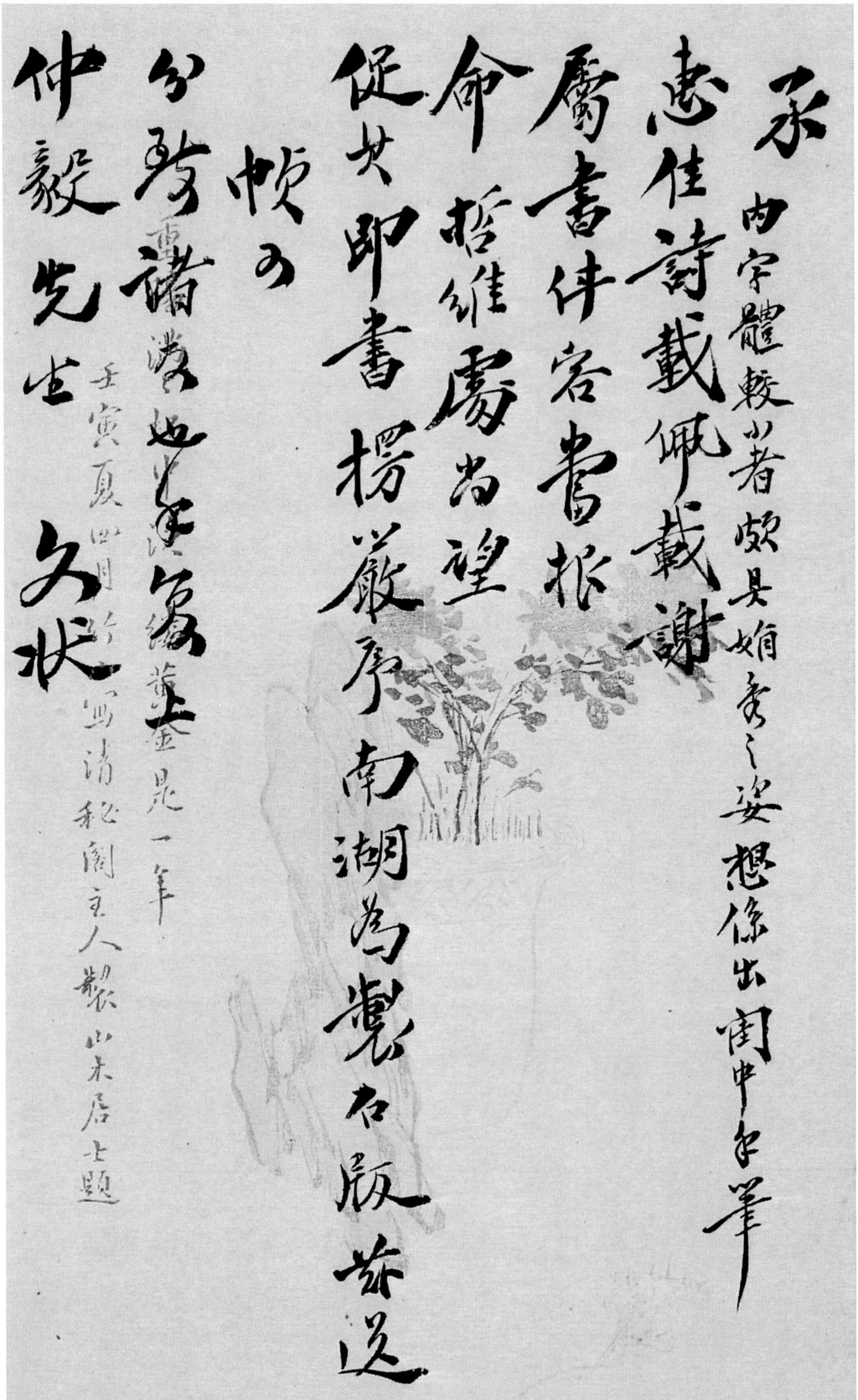

承
内字體較小者頗具婉秀之姿想係出閨中手筆
惠佳詩載佩載謝
屬書件容書報
命搭維屬為望
促其即書楞嚴序南湖為製石版亦送上數
幀之
分致諸公也匆復上
重諸濃淡半復繪畫蓋是一筆
仲毅先生
文狀
壬寅夏四月錄寫清秘閣主人鄭以求居士題

頤壽草廬用牋

第　號

手示閱悉，新書收到，近日
患外感，現未愈，在月內約不可動筆
此有接洽最大之大折收編稿件
手商此致，即頌
博古齋主人台安
鄭集賓啓

年　月　日

法租界辣斐德路二號即羊尾橋鐵柵口鴻生冑器店狹弄後

敬啓者　錦濤是江蘇文史研究館館員，昨午因事到館，承黃穉王
主任出示
貴社关于文字古籍刊行前的明確要點，如進行句讀的圈點，錯別的
校勘，精研國粹，一至於斯，凝睇燕雲，心儀無極，同時亦無似
遒文麗藻，因之敢自豪，而大部精神，全傾注於古典文學，近來便
自私，所有說苑、吳越春秋、越絕書、豫章先生集、牧齋初學集、有
學集、列朝詩集等等，窮極鑽研，邇伊朝夕，截至現在，這項作
品如壽產絲，願効棉薄，至于时间的早遲，補助的多寡和
發表的意見，統乞不吝賜教，迅錫
德音，俾有遵循，不任瞻依，此致
著祺，並頌
敬礼。

胡錦濤 五六、八、廿七

文史資料刊行社負責同志：　近殷勇毅忽寄
還書為此
閱無錫勝感動，錫疇根據江蘇文史研究館黃
疇五主任同志和民革絕大部分同志懇恩再三始申
前請，所列書籍凡六種，如說苑、雜錄、言革先生集、吳
越春秋、如越絕書、極
指示早經組編，毋待紛呶。假使擬為切要者，有
子集、別集、詩集、或其他重要書籍，倘有餘
表感、決勉力以赴。錫疇革命經過如何，著作
成就如何，甚不便自我誇張，令人捧腹，請
抽暇派員到東單，無錫各地同志鄉一問李

副委員長閣下：便知究竟。當前關于古典文學的問題，黨和政府全面發揚，不遺餘力。錫疇實不自揣度，願趁此貴社領導和支持下，對祖國文獻做一些點滴貢獻，以求良心之所安。惟希請速見覆示為盼。此致

敬禮

胡錫疇謹啟

1956年5月21日

西復示：錫誤寫錦，特代更正。

二函已復。继林 九月十四日

季林先生：七月间函敬悉。贵社来函嘱拟前次先生莅宁时，将我所拟的意见、开列清单……，适因为赴汉出事，以致久搁未复，至深歉疚，现正从事深入探讨，拟于年内或明春写成较精具体的目录（并将每书的特点、作简单介绍），俟脱稿后，再寄奉求教。前次嘱将敝馆所收标名罗贯中的水浒，加以研究，以资纠急促，乃又与南京市委宣传部部长先为审订，再与直接连系矣。

又閱前次承寄給的語言「文學習刊行社選題目錄」（草案）其中所列的「太平御覽」（已組）十五頁載在「宋詩鈔」二十一頁「明詩綜」二十一頁、「詞律」（已組）二十一頁以上四書，最近是否已有人組定了，我為虛急，對我擬先擇一二種勉力担任，但不知對該各書的要求若何，是否只須標點，抑須注釋，俱希示復為荷。此致

敬禮

陳方恪手上 九月十四日

人民文学出版社

古籍出版社：

兹轉上陳方恪同志来信一件，又关于此事的档案回信稿（已发）一件，請檢收处理逕复。

此致

敬礼！

附：信一件（原校訂宋詩鈔，詞律）

稿　件

档案一件（回信稿）

人民文學 1956 第二編輯室 日 出版社

二發字第 64 號
1956年 11 月 3 日

回信請寫明我社發文字號

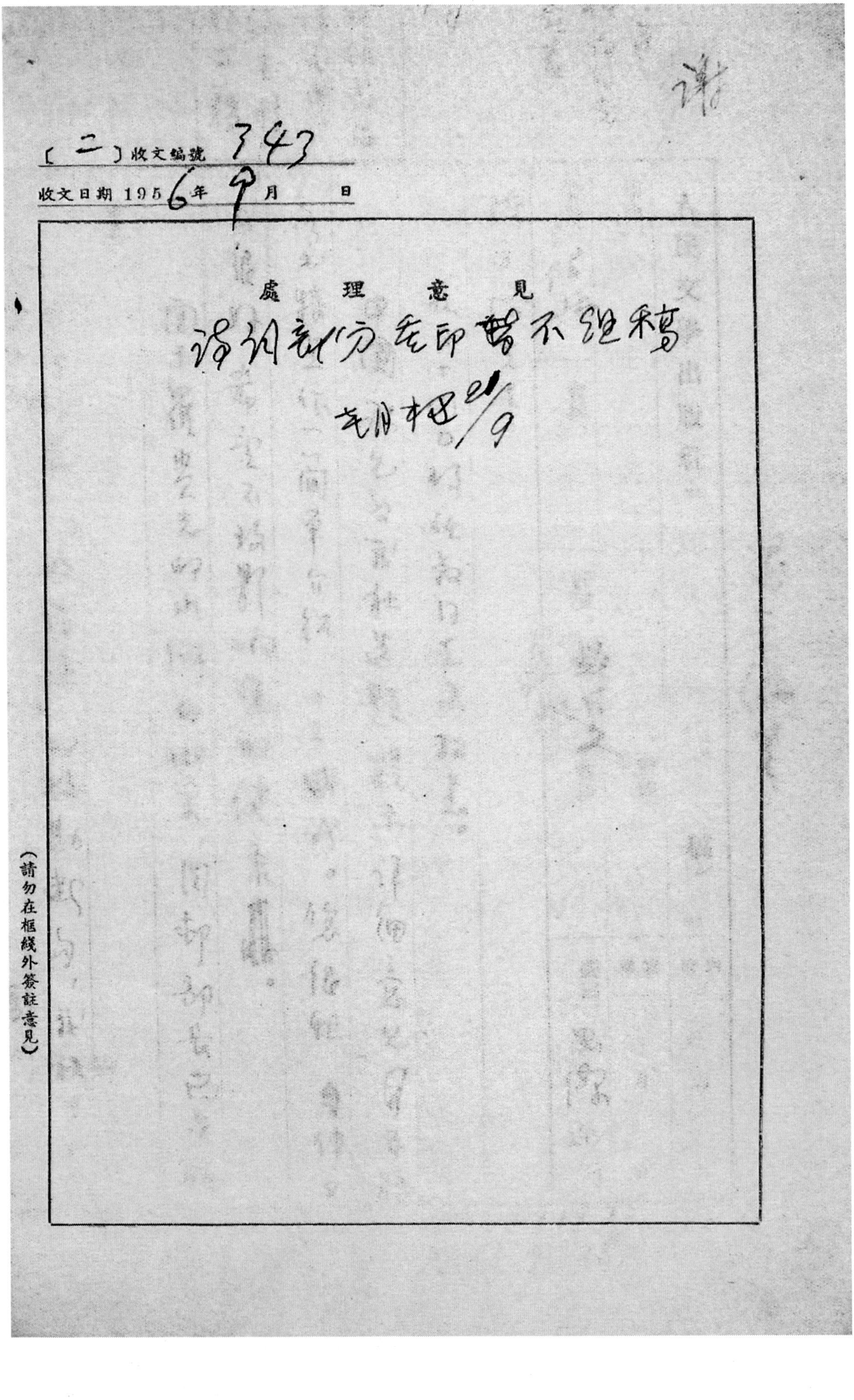

〔 二 〕收文編號 343

收文日期 1956年9月 日

處理意見

請詢意見後交印暫不組稿

[illegible] 21/9

（請勿在框綫外簽註意見）

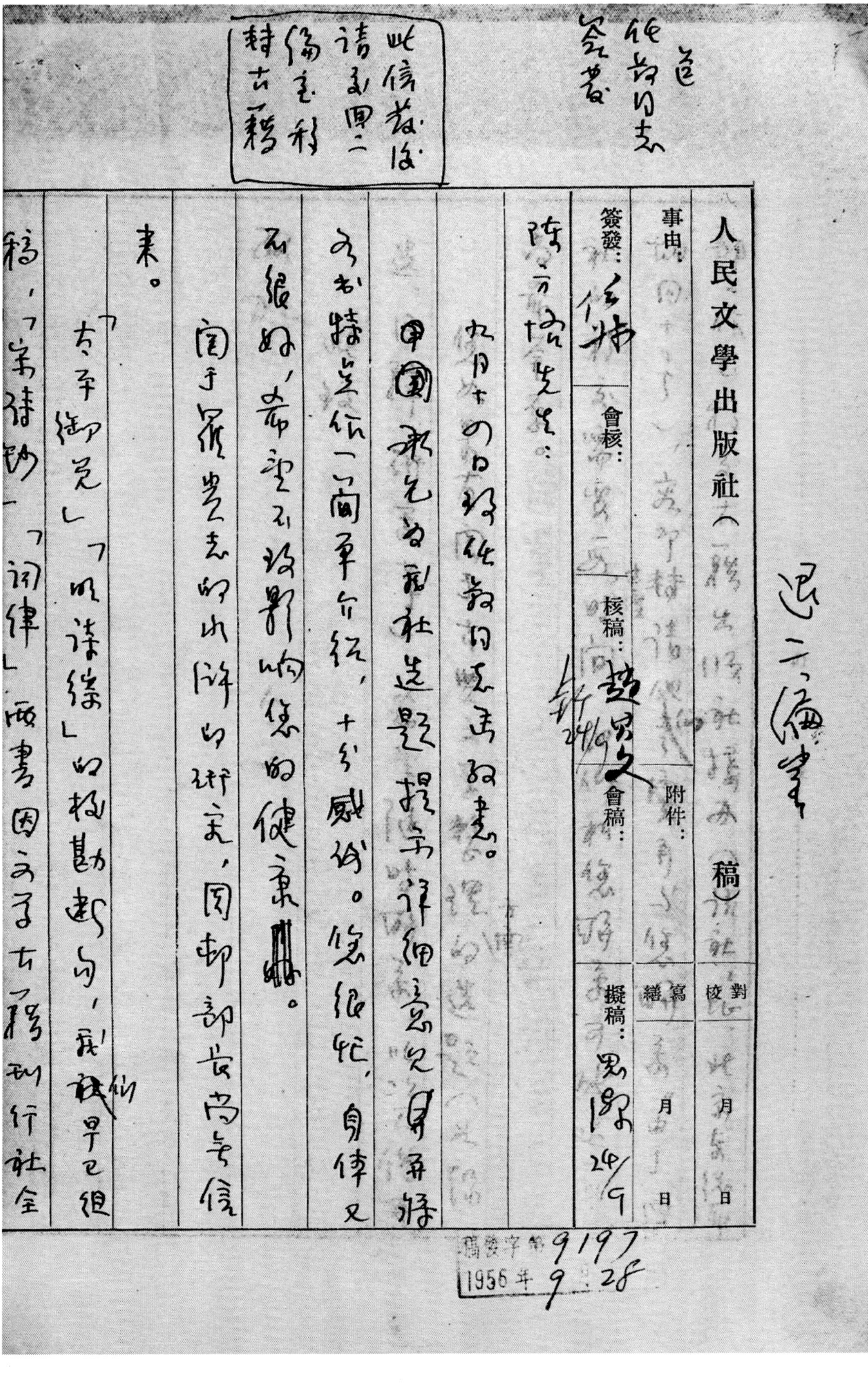

送
[illegible]同志
签发

此信发后
请再写一
编[illegible]
封古籍

人民文學出版社（[illegible]稿）

事由：

簽發：[illegible]

會核：

核稿：[illegible] 24/9

會稿：

附件：

擬稿：[illegible] 24/9

繕寫　月　日

校對　月　日

陈方恪先生：

九月十四日致[illegible]同志函收悉。

中国[illegible]先生为我社选题提出详细意见并推[illegible][illegible]，十分感谢。您很忙，身体又不很好，希望不致影响您的健康。

关于[illegible]先生的[illegible]与研究，[illegible]部长尚无信来。

「古今御览」「[illegible]续」的校勘断句，我们早已组稿，「宋诗钞」「词律」两书因古籍刊行社全

稿發字第 9197

1956年 9 月 28

退二編室

部之作已移交古籍出版社接办（该社之址：北京东總布胡同十号），容即转请他们迅速与您联系。由于西社的移交需要一段时间，他们和您联系可能迟一些，尚希鉴原。

您如果有关于古典文学整理方面的选题（如编选、注释、研究等），希望随时联系，以資借重。

此致

敬礼！

厶文

装订线

古籍出版社收文處理單（隨文）

收文號數 (56)古編 字 281　　收文日期：1956年11月3日

來文者	人民文學出版社			地址			
文別	函	字號	(56)滬 字第 64 號 11 3	附件	加文	簽收者	
事由	轉來陳方恪來函一件						
主管部門	編輯室						
簽擬意見	請李國章研究答覆　[illegible] 5/11 ~~[illegible]~~ 已函。 調西 23/						
決定辦法	（陳址：南京圖書館，南京頤和路二號）						
處理結果							

原案收發文號數：	併案收發文號數：	附件：　件
發文號數：	歸檔編目：　類　目	歸入：　卷　冊

（邊框以外請勿寫字）

斐成先生：

请客的事，一切承

先生偏劳，多谢多谢。今收到

回信共四份，计允来者三人：

Dr. Houghton

Miss Whiteside

Dr. Fortuyn

辭謝者一人為 Dr. Weidenreich。今將

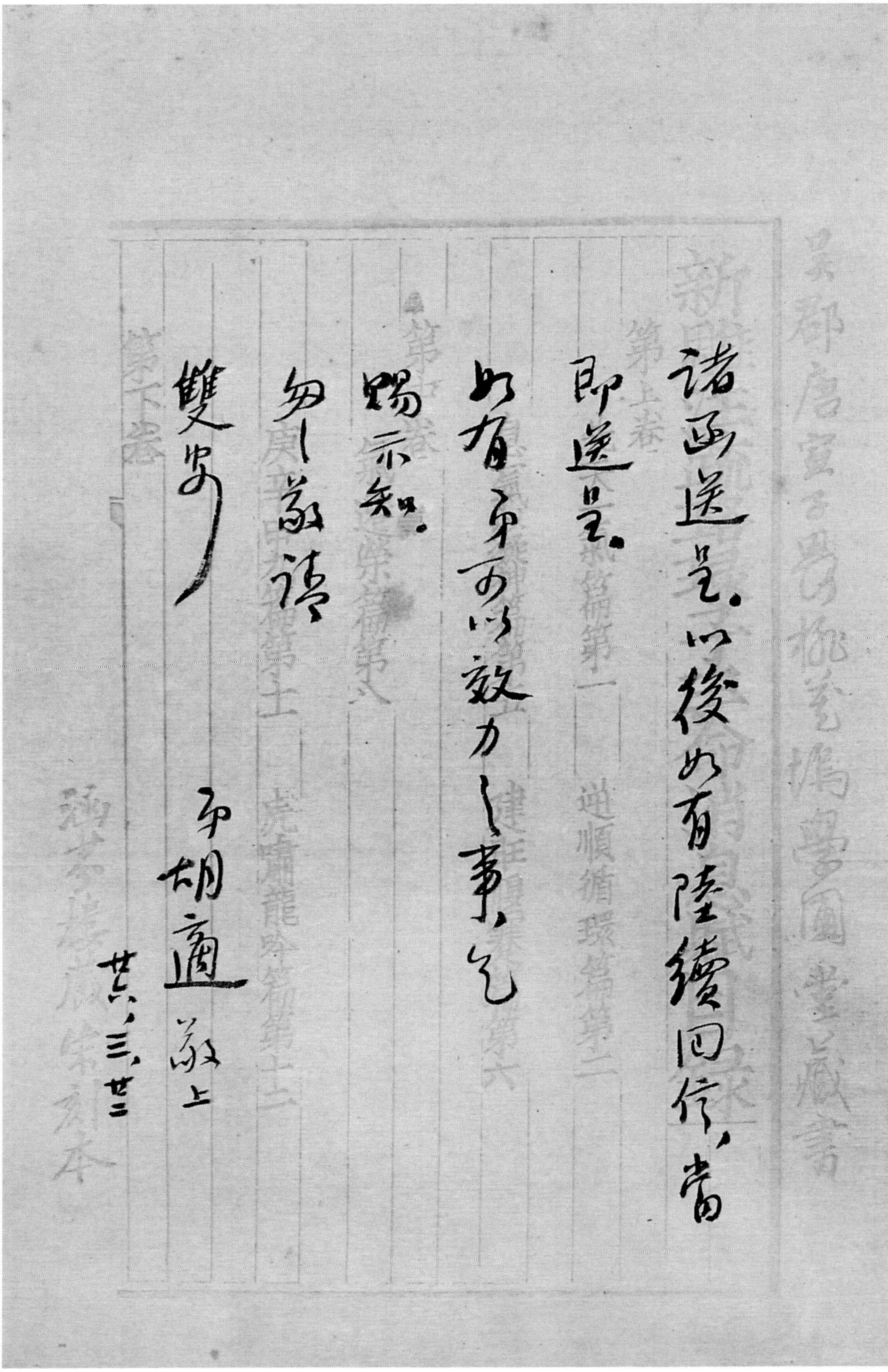
諸函送呈。以後如有陸續回信，當即送呈。如有弟可以效力之事，乞賜示知。匆匆敬請雙安。

弟胡適敬上

廿八、三、廿二

先生：敬啓者；我們最敬愛的朋友張菊生先生今年七十歲了；張先生向來極端反對慶壽，我們也不願提倡世俗慶壽的儀式，不過我們覺得像張先生這樣的人，在過去幾十年間不斷為社會努力，為學術努力，我們應該有一種敬禮的表示。

張先生是富於新思想的舊學家，也是能實踐新道德的老紳士。他兼有學者和事業家的特長。他早年就敝屣虛榮，致力文化事業，服勞工所不能服的勞，不計成敗，不顧毀譽，三十餘年如一日；所以能把一個小印刷店提到全國第一個出版家的地位。他在學術方面本有很廣博的興趣，很淵深的造詣。涵芬樓所印古籍，皆是他所提倡指示。退休以後，十年之中，他用全力校勘全史，其搜羅之勤，功力之細密，皆見於他的百衲本廿四史跋文及校勘記。這一件偉大的工作，在他七十歲生日之前後，大致可以完成；這也是中國學術史上最可紀念的一件事。

我們現在提議一個簡單而富有意義的祝壽方法，就是徵集幾十篇有價值的論文，刊行一本紀念冊，獻給這一位學者

與學術界功臣，作為他七十歲生日的一點壽禮。我們知道
先生對於張先生締交有素，此舉定荷
贊同；故將所擬徵集論文辦法另紙開奉，敬求
賜撰宏文，共成此舉；並乞
早日惠覆，幸甚幸甚。敬頌
著祺。

胡適
蔡元培
王雲五

二十五年六月五日

附紀念論文徵集辦法一紙

張菊生先生七十生日紀念論文徵集辦法

一、作者各就研究心得，撰為專論，不拘文體，每篇以一二萬字為度。

二、作者擬定題目後，請於本年六月三十日以前通知上海商務印書館王雲五君。

三、交稿期限本年九月十五日。

四、紀念論文冊由商務印書館印行。

五、紀念論文冊用上等紙張精印精裝，於本年十月內出版。

六、紀念論文冊出版後，由商務印書館對作者各贈全書五十冊，及本人論文抽印本一百冊，如不需此數，可改贈商務印書館書券。

第　頁

周南留滯栖栖營營耐辱推頹豈近
情學國雖新新奉仕宦經年刻楮
累贅名弱居人下才華賤閑傍
殺前侯門意態輕絕代嬋娟遠世
之園知倚市步傾城
家弟吾弟一粲
犀釋提居士貢草

年　月　日

直隸教育圖書局製

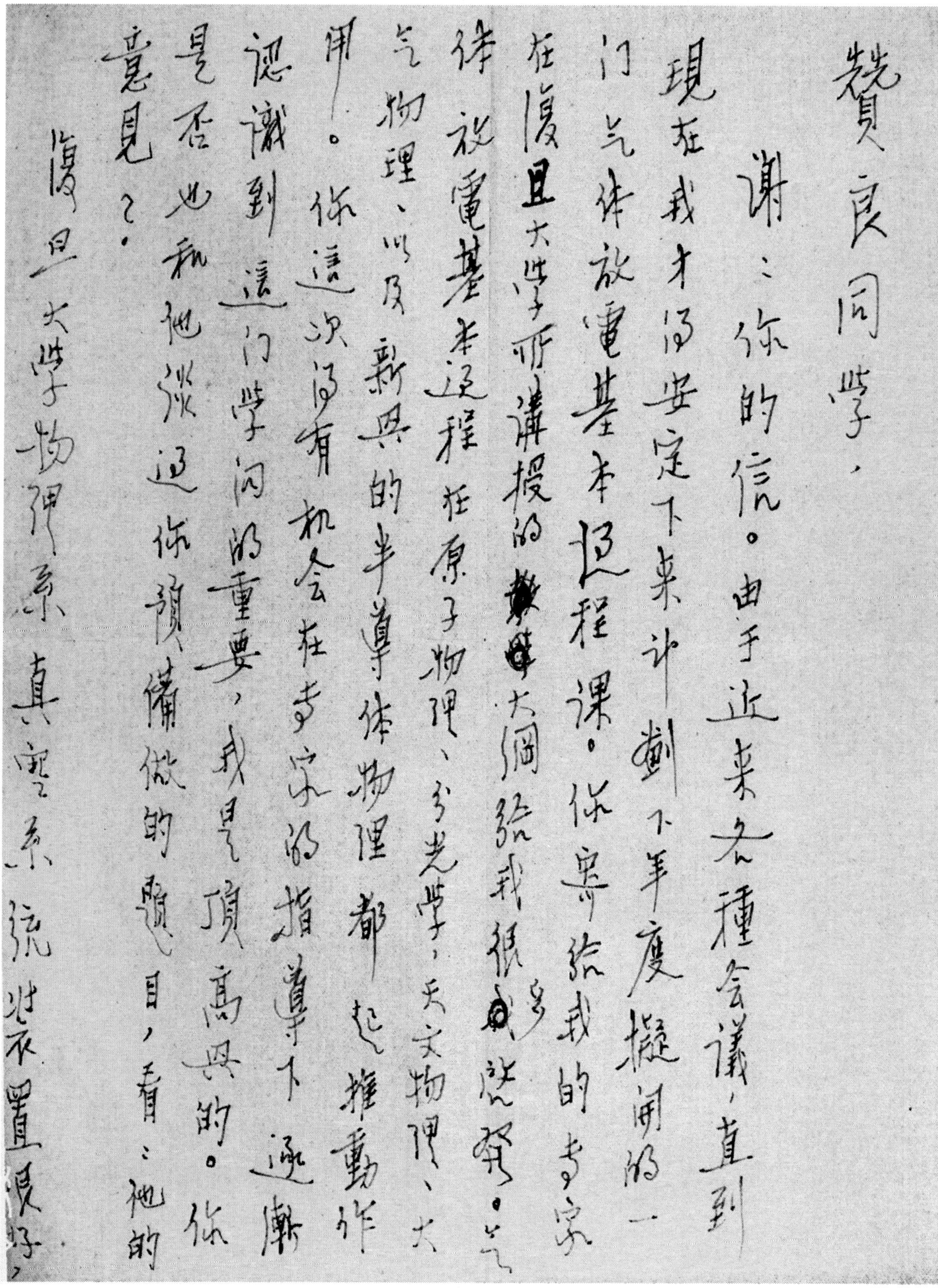
赞良同学：

谢谢你的信。由于近来各种会議，直到現在我才得安定下来计划下半年度擬開的一门气体放電基本过程课。你寄给我的专家在復旦大学所講授的大綱给我很多啟發。气体放電基本过程在原子物理、分光学、天文物理、大气物理、以及新興的半導体物理都起推動作用。你這次得有机会在专家的指導下逐漸認識到这门学问的重要，我是頂高興的。你是否也和他谈过你預備做的题目，看看他的意見？

復旦大学物理系真空系统装置很好，

我曾囑你注意，望你詳細地記錄下來，
這对你將來的工作是大有幫助的。
Kayser 的書我早知有德文譯本並且記
國际書店由我預購一本，但是現在毫無
消息。可否和周同慶先生商量，在
暑假期间借給我們閱讀一下？又周先生
兩年前借去 Slater: Introduction to Chemical Physics，如他
不需用，請你把這本書帶回來。如果可
能，請把 Kayser 的書也帶來。
我的身体康健情况允許我集中作半
日工作，下午和晚上只能稍稍閱讀而已。此问
安好並问
宋僧福安好
饒毓泰 六月十日

小女云鳳今年十七歲將于明夏畢業晏摩氏女學平時在校十分勤讀腦子極清楚溫婉可人似其生母吾曾面託為其　擇配茲請

賢伉儷隨時留意為感此致

士豪賢弟嫂

仲淵
素文　仝啟

七月卅日

附照片及成績報告單

快郵代電

上海南昌路三五六號柳亞子先生得天大轉來訃告驚悉翼謀先生於二月初仙逝壽終滬寓先生畢生盡瘁於教育文化事業五十年如一日 剛復失此師友未能親臨執紼參加追悼無任惆悵特電弔唁尚希節哀在師母慈侍下為祖國建設更好服務以成遺志 胡剛復銑

（天津八里台南開大學）

慰祖學兄大鑒：接讀

華函，藉悉

新歲吉羊，爲慰。歲華更始，國難未

紓，吾輩安當設方，唯有努力職責，

以圖報效邦家於萬一耳。專覆，

即請

時安

弟 夏勤 手啓

司法行政部用箋

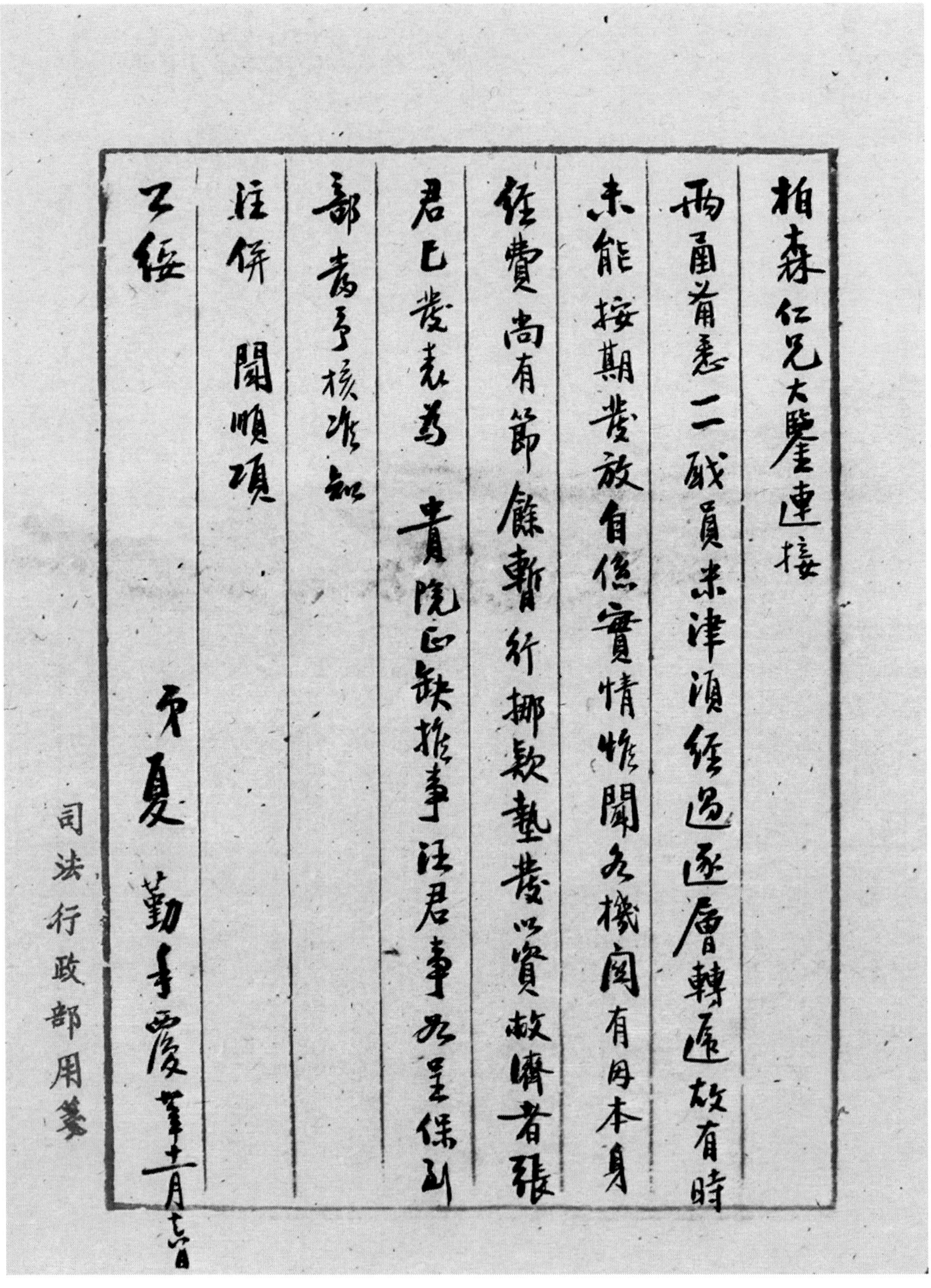

柏森仁兄大鑒：連接
兩函備悉。二職員來津須經過逐層轉遞，故有時
未能按期發放，自係實情。惟聞各機關有由本身
經費尚有節餘暫行挪款墊發以資救濟者。張
君已發表為　貴院正缺推事，汪君事為呈保副
部為予核准。知
注，併　聞。順頌
公綏
弟　夏勤手覆　廿年十一月十七日

司法行政部用箋

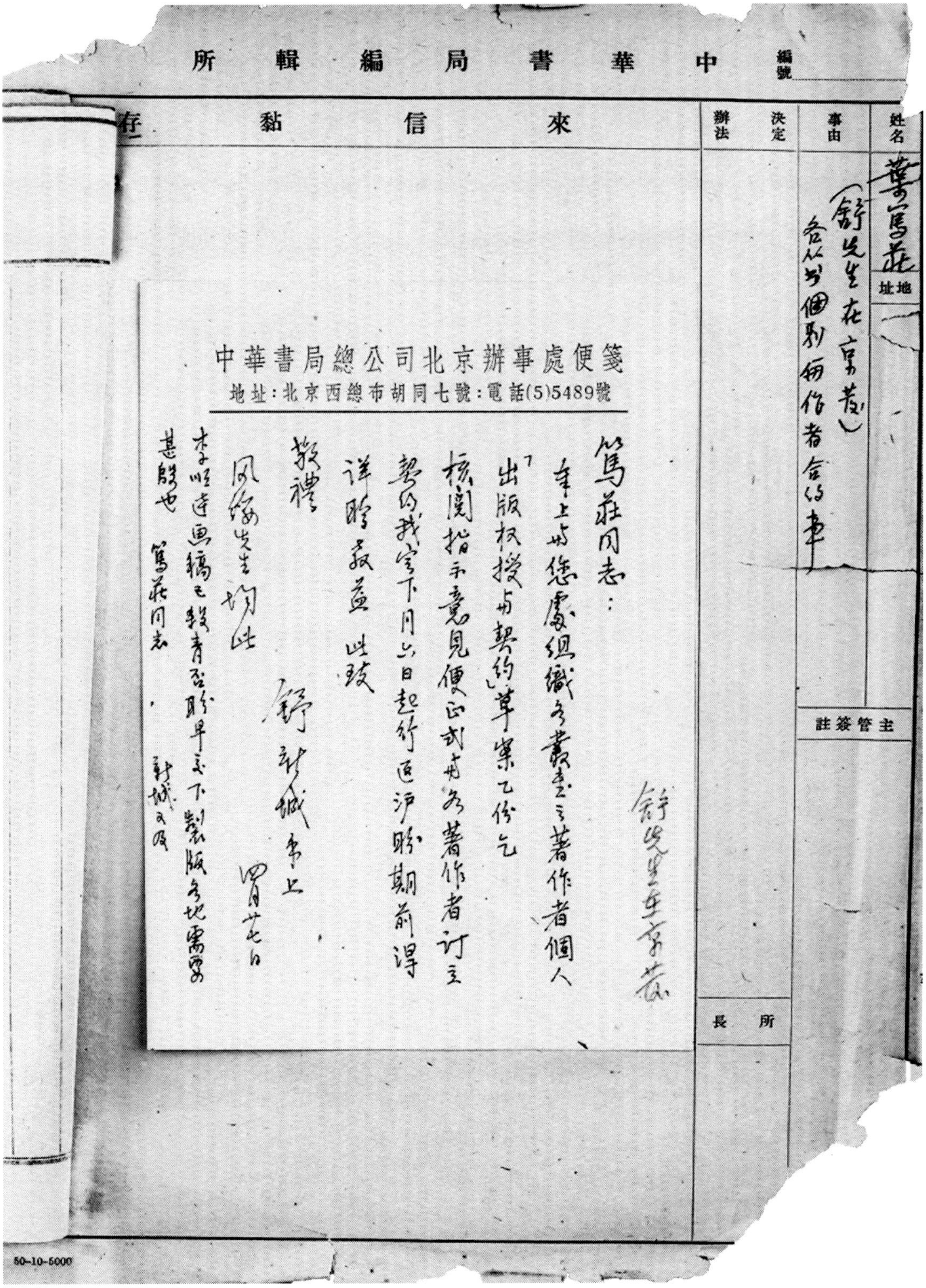

中華書局編輯所　編號

來信黏存

姓名：葉篤莊

地址：

事由：（舒先生在京發）各叢書個别所作者合約事

決定辦法：

主管簽註：

所長：

中華書局總公司北京辦事處便箋

地址：北京西總布胡同七號：電話(5)5489號

篤莊同志：

奉上與您處組織各叢書之著作者個人「出版权授與契約」草案乙份，乞核閱指示意見，便正式與各著作者訂立契約。我定下月六日起行返沪，臨期前得詳聆教益。此致

敬禮

舒新城手上　四月七日

風緣先生均此

李曉達画稿已發青島，務早寄下，製版各地需要甚殷也。

篤莊同志

新城又及

舒先生在京發

50-10-5000

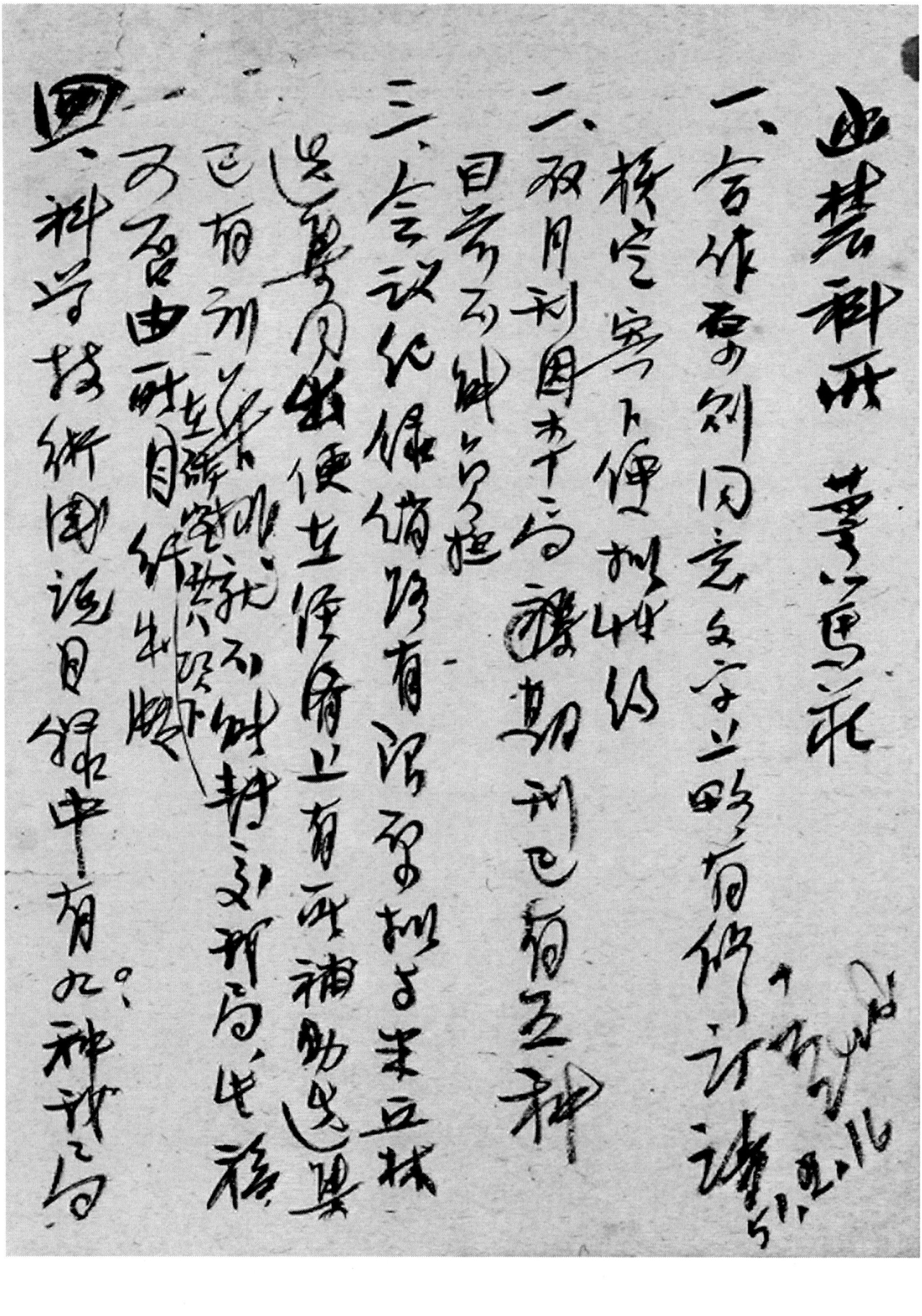

出書科所 董[illegible]花：

一、合作要則同意，文字上略有修訂，請[illegible]

横寫實不便排，擬仍[illegible]

二、雙月刊因[illegible]，擬期刊已有五種

目前不[illegible]

三、會議紀録[illegible]有[illegible]

[illegible]便在經濟上有所補助，選集

[illegible]有計劃[illegible]不[illegible]

不[illegible]由所自[illegible]

四、科學技術園地目録中有九種[illegible]

51.5.18

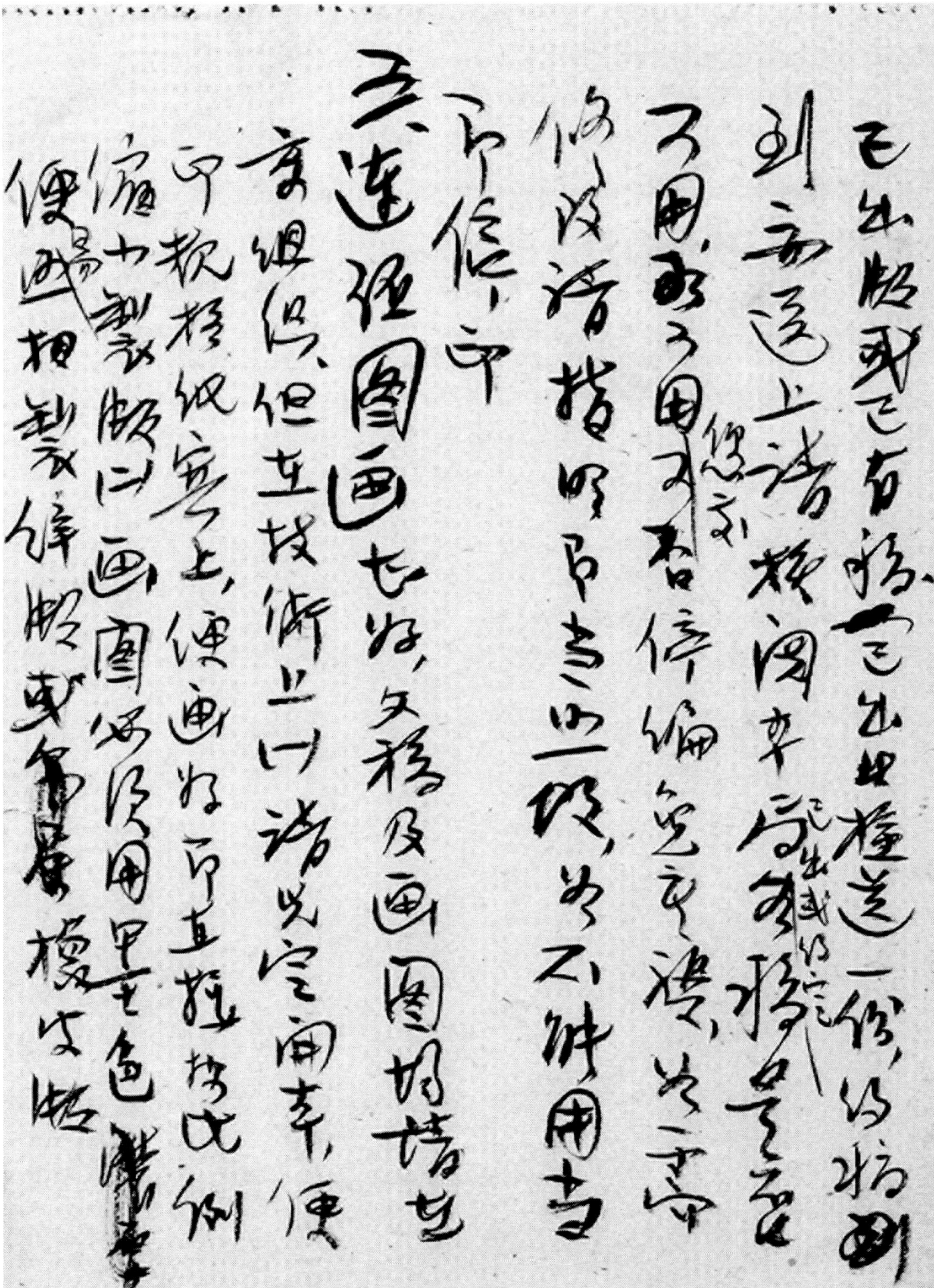

已出版或已有稿，已出擬選一份，以稿剛
到前途上請擬個章目（已出或將出之）稿子送交
不用，或不用者（總局）停編，免更滯，並立即
修改，請指明某些一段，并不能用者
即停，印
至送經圖畫尤好，文稿及畫圖均請出
交組織，但在技術上以請先定開本，便
印校樣紙定上，便畫者可直接按比例
縮小製版，以畫圖所用單色墨
便（易）以相製線版或模版

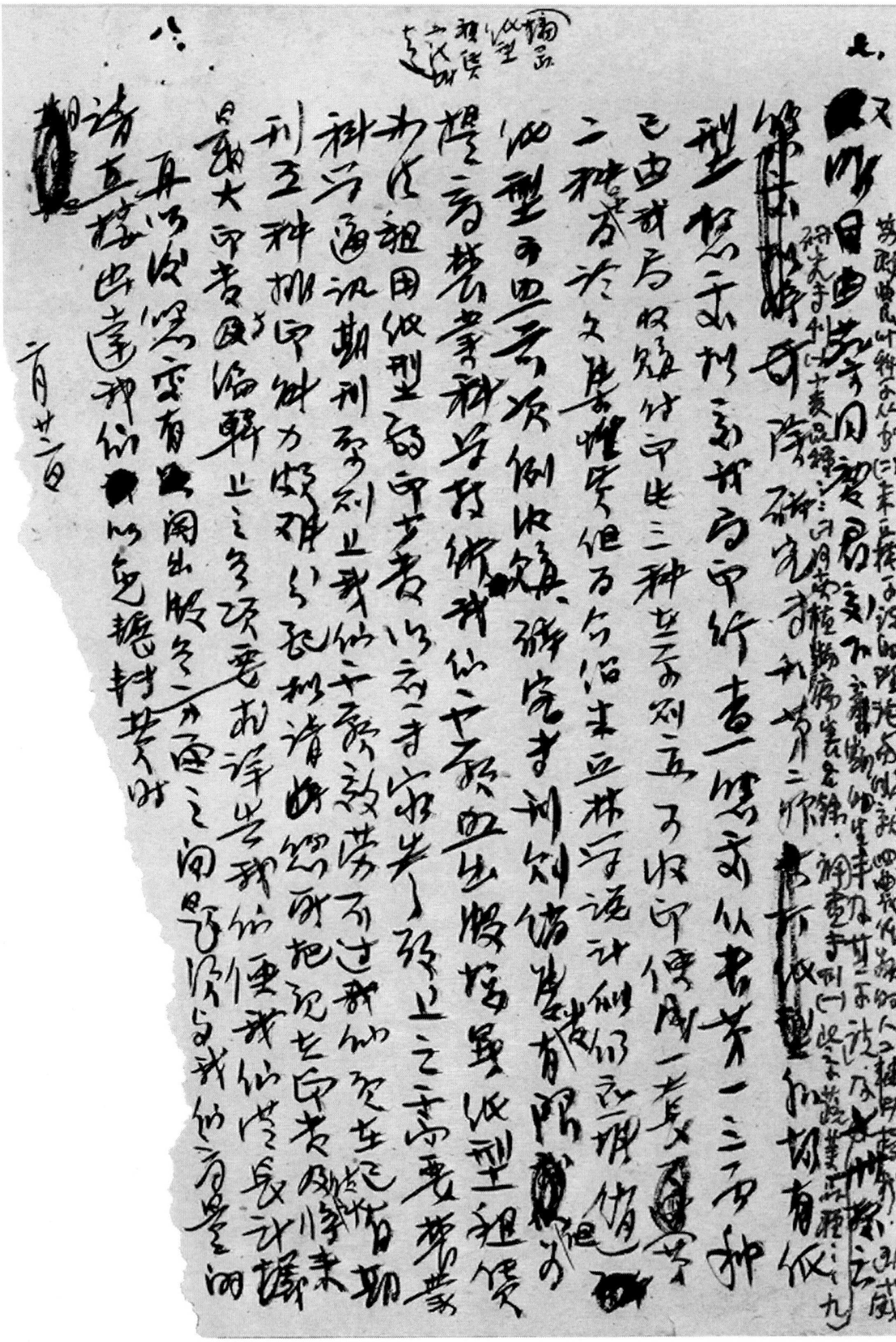
七、

八、

六月廿二日

道老：

前日子敬先生出示，谓他辞职已准，兹为[illegible]接洽送聘上海留任职。又出罗之先谓十三日来沪，但患[illegible]。现在李先生来前能修书谓之故，此应与李宏同老共同商量一起。李宏同老准即安排，下月可以到供[illegible]清方面即由吾家汇去，并罗之先[illegible]社正有通知将同今早去书找某某先生采访。

那早仍李先生来设法组办不多，希望能早安排，提出一些具体问题，请他仍出席请示。前日古典文学出版社同仁也同志嘱提其上海出版界对古籍出版之意见，带中央古籍出版长发言等改开会，我已供书面参加，也请供书面情况。

上海学术界座谈会刊供，子敬先生到沪共同召开，请你们先提意见及要求，并再与上海同人意见综合作座谈准备。

京沪工作关系密切，此后经常互告情况，以便配合。

[illegible]

新城

1957.4.18.

北京大學

中華書局编輯部哲学组：

你局（63）编字第592號函暨樂寶先生整理《宋高僧传》计划均收到。经攷虑提出意见如下：

（1）古籍整理出版，应不同於翻印。僧传一書，年代久远，讹误实多，在整理工作上除以不同版本互相校勘外，是否还应参攷其他有关资料，如当代史籍及其他佛教書籍，酌量加以引证，指出異同。

（2）書名问题。校印古籍，对原名似不宜更动，但后人引用高僧传时，有的称"高僧传"，有称"梁高僧传"，有称"慧皎高僧传"，有称"高僧传初集"，既不统一，也不妥当。我们认为可以另外给它一个简称，印在内封面或扉页的原書名之后。因这种書本属齐梁时代三宝记传之类，即所谓（一）佛史（二）法集、法论（三）僧録、沙门传是也。"僧"字本训为"众"，本不是指个人，"高僧"一语，於义不合，慧皎以前本称"名僧"，其实"名而不高，高而不名"都是相对而论。因此简称"僧传初集"，也希望在校印僧传时採用，以后再有编辑僧传的，也不妨作为"二集"。

（3）音释已不完全适合现代读者的需要，且非原著所有，似可不要。

（4）附録本書作者的传是可以的，但最好能加些赞宁其他资料，并对其所编僧传内容加以分析介绍，作一般出版物的说明。

（5）分段有其必要，请攷虑。標点既用邊排，则書名用～～～

北京大學

不費工，為求統一，最好不用《》号。

（6）索引可以作，但不必以后續許地山之志願作完《佛教史傳引得》（見《佛藏子目引得》許序）。目前可在目錄上加頁碼，以便讀者翻閱。據聞中日佛学院正在编制高僧傳索引。

（7）此外，我們認為僧傳在文字上的特点，以不用簡化字為宜，並用豎行排版，以便夾注。

以上意見僅供你們參考。

此致

敬礼

朱亶先生的原书及批判附还。

湯用彤 63.3.23

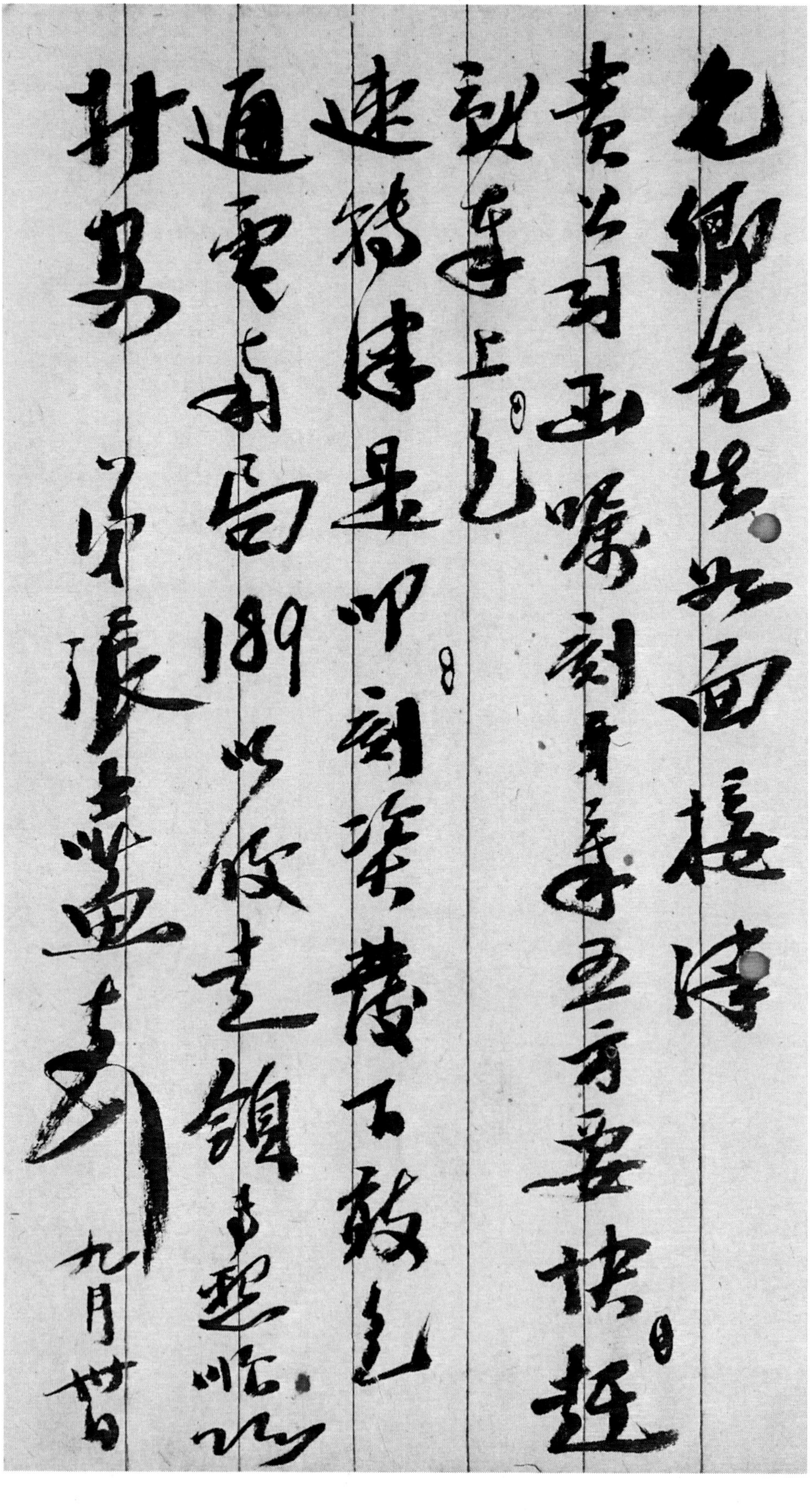

允鄉先生如面：接讀
貴著刻玉曝刻，前寄五冊要件挾趕
謝。尊上。
建轉律是叩，刻深荷不敢乞
通電南昌189以便走領。專題呢
升安。弟張書旂
九月廿日

印度新德里沈專員士華兄鑒：茲於卅三年十二月二十九日託中央銀行業務局電匯中央研究院等一百四十六單位印度捐款折合印幣伍仟壹比七十三安十二派三（R.S.5,73:12:3），希即查收，仍照向來辦法會同妥為配賑，惠復為禱。

朱家驊 [illegible]

5073-9-3

8 JAN 1945 [illegible]

元良用箋

第　頁

敬啟者青雲街農家巷一號俶稿
宋設立號自來水龍頭一具去年十
二月以前每月繳納水費國幣百弍
拾元頃接
貴廠通知自今年調整水費為每
月應繳水費按原繳數增加三十
倍值此各物均行高漲之際水費
自應增加惟加至如此之鉅容或

民國　年　月　日

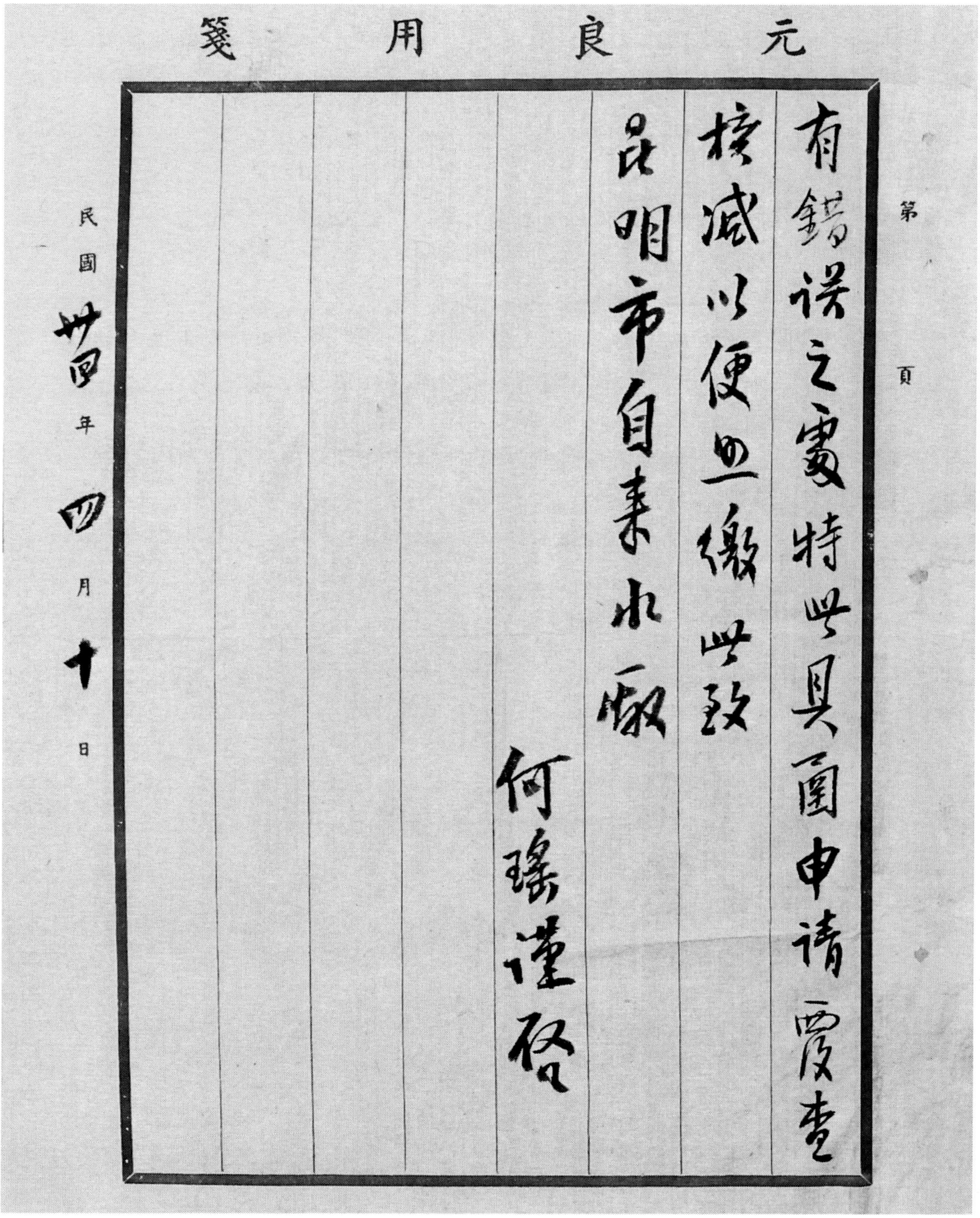

元良用箋

第　頁

有錯誤之處特此具函申請覆查

核减以便照繳此致

昆明市自來水廠

何瑤謹啓

民國卅四年四月十日

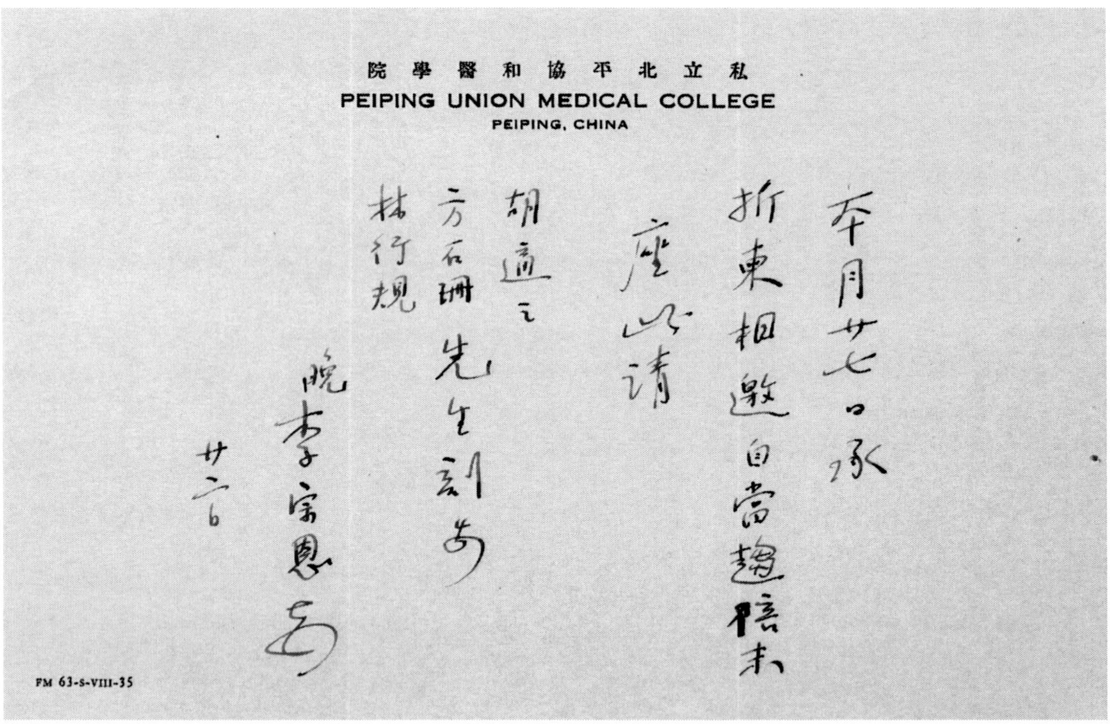

私立北平協和醫學院
PEIPING UNION MEDICAL COLLEGE
PEIPING, CHINA

本月廿七日承
折柬相邀，自當趨陪末
座。此請
胡適之
方石珊　先生訓安
林行規
　　　　晚李宗恩安
廿二日

FM 63-S-VIII-35

三爺：

您每次寄來的信和剪報，我都讀了，您說我進步多了，正是讀書讀報的効果，得有您的鼓勵，我那裡談得到什麼進步呢，慚愧慚愧。

您給我的宇宙鋒兩句唱詞，已經唱過兩次了，非常之好，

葆玖學校裡的事和舍間，承您關切照顧，足見還是老朋友，同我說什麼呢。葆玖天真而個性甚強，更沒有什麼社會經驗，一切，還要請您隨時教誨。

我此番東北之行，經過四個半月之久，演出了九十一場，可是身體還是很健康，本定廿八日過長春轉赴瀋陽，現在又要演三天，廿九日晨才能起程了。

其餘情況，都詳在六爺信中，想您已經看過了。

春寒珍重，專此即頌

台安

浣上 二月廿二日

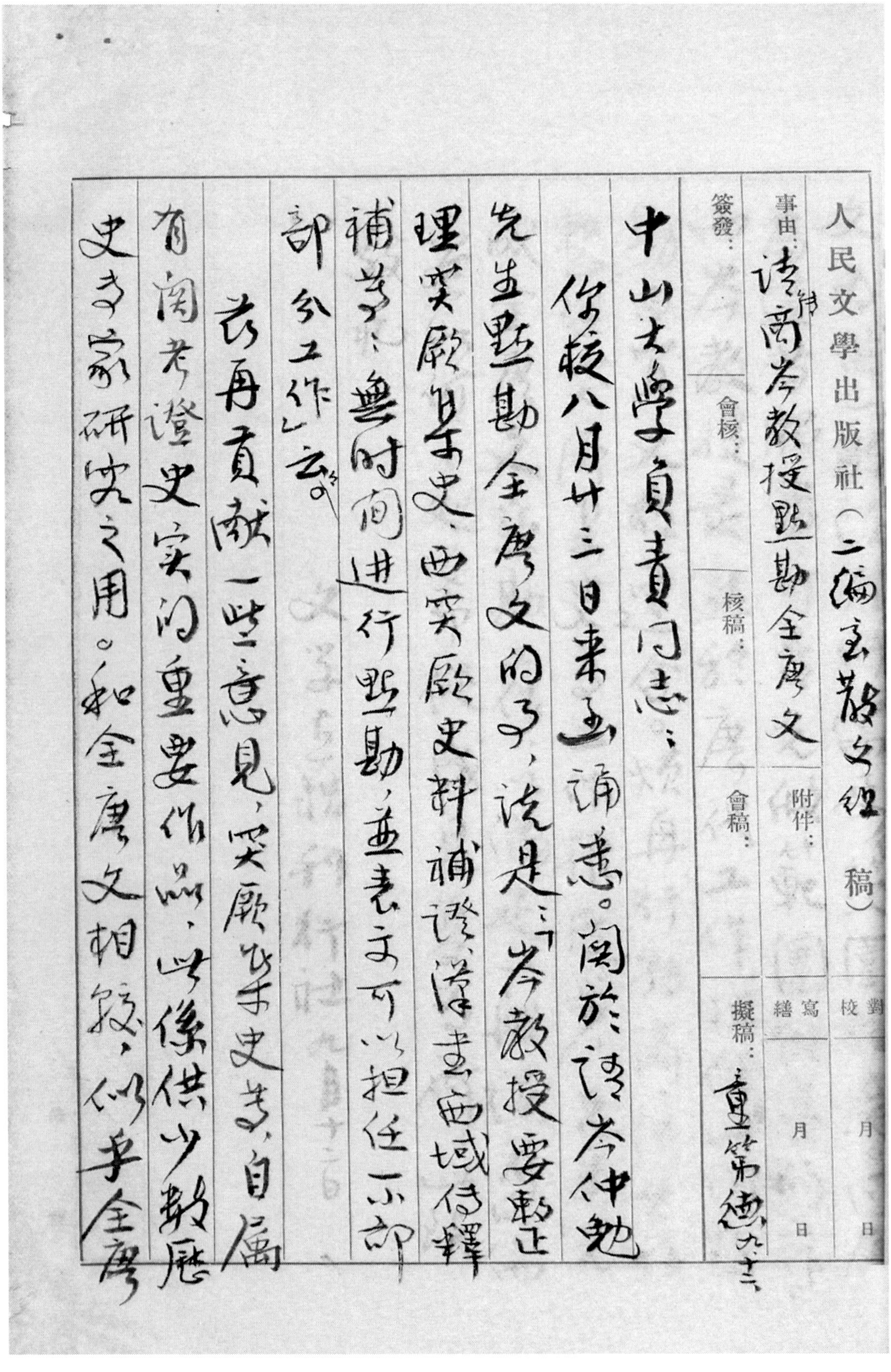
人民文學出版社（二編室散文組 稿）

事由：請商岑教授點勘全唐文

附件：

簽發：

會核：

核稿：

會稿：

擬稿：童第德 九、三

劃校 月 日

寫繕 月 日

中山大學負責同志：

你校八月廿三日來函誦悉。關於請岑仲勉先生點勘全唐文的事，說是：「岑教授要整理突厥集史、西突厥史料補證、漢書西域傳釋補等，無時間進行點勘，並表示可以擔任一部部分工作」云。

我們再貢獻一些意見，突厥集史等自屬有關考證史實的重要作品，此係供少數歷史專家研究之用。和全唐文相較，似乎全唐文为供一般读者所需要的範圍较广。同属为读者服务，可否先做範圍较广的工作。而各教授最熟於唐代工作，担任此项点勘事宜，又较适合。俟再行斟商，请其将整理突厥集史等工作排后一步，先来完成全唐文点勘工作，以满足一般读者的需要。如何之处，希促成见复为荷。此致

敬礼

文学古籍刊行社 九月十二日

回信請寫明我社發文字號

人民文学出版社

古籍出版社：

兹轉上中山大学来信/件，未发的回信稿/件，

古籍出版社收文處理單（隨文）

收文號數 (56)古編 字 282　　收文日期：1956年11月3日

來文者	人民文学出版社			地址	北京东四牌樓头条胡同四号		
文别	函	字號	二編 (56) 字第 62 號 11 3	附件	加文	簽收者	
事由	轉来中山大学函一件						
主管部門							
簽擬意見	請葉總处理 鄭 已閱。請再議						
決定辦法	（中山大学校址：广州河南康乐）						
處理結果							
原案收發文號數：		併案收發文號數：		附件： 件			
發文號數：		歸檔編目： 類 目		歸入： 卷 册			

广済指示重印稿暂可不印。此亦缓發。之方门並志同意。楚写 15/11

人民文学出版社

古籍出版社：

茲轉上中山大学来信/件，未发的回信稿/件，批条/件，又关于此事的档案容后統一移交，請檢备查。

此致

敬礼！

附：信/件，回信稿/件，批条/件。（关于唐文校勘）

稿　件

档案　　卷

人民文學 第二編輯室 出版社

56年11月3日

二發字第62號
1956年11月3日

中山大學

(56)中校字第218

文学古籍刊行社：

你社本年八月十四日稿发字第7331号函收悉。我校征询岑仲勉教授意见，以个人研究计划，在整理突厥史后将继续整理西突厥史料补证，及书西域传校释等大部著作，无时间进行点勘全唐文，更难以接受主持项工作。岑教授并表示，如有人主持，他或可负担一小部分勘点工作，以共襄盛举。特此函复，请予查照。并希于决定持人选后，如仍要岑教授负担一小部分的勘点工作，可时见告，以便转致岑教授。

一九五六年八月二十三日

第　頁

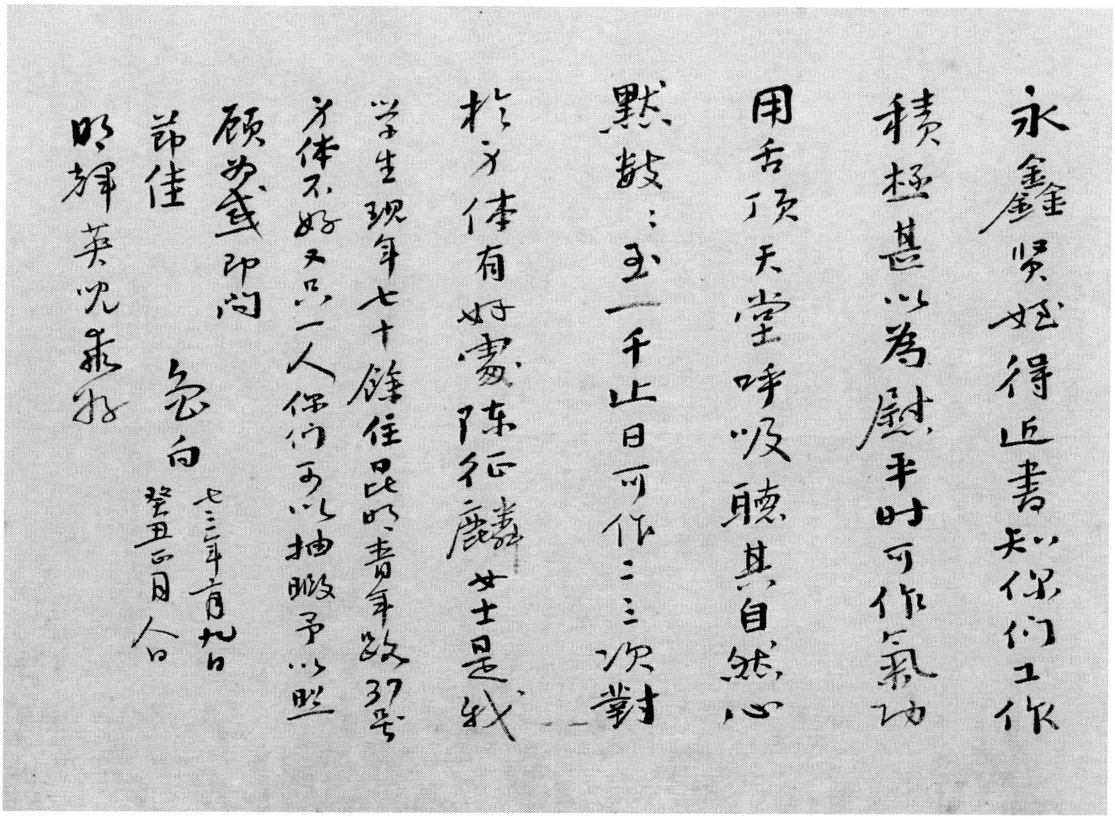

永鑫贤姪得近書知你们工作
積極甚以為慰平时可作氣功
用舌顶天堂呼吸聽其自然心
默數：：至一千止日可作二三次對
於身体有好處陈征麟女士是我
学生现年七十餘住昆明青年路37号
身体不好又只一人你们可以抽暇予以照
顾为感即问
節佳
魯白
七三年二月九日
癸丑正月八日
明輝英况来好

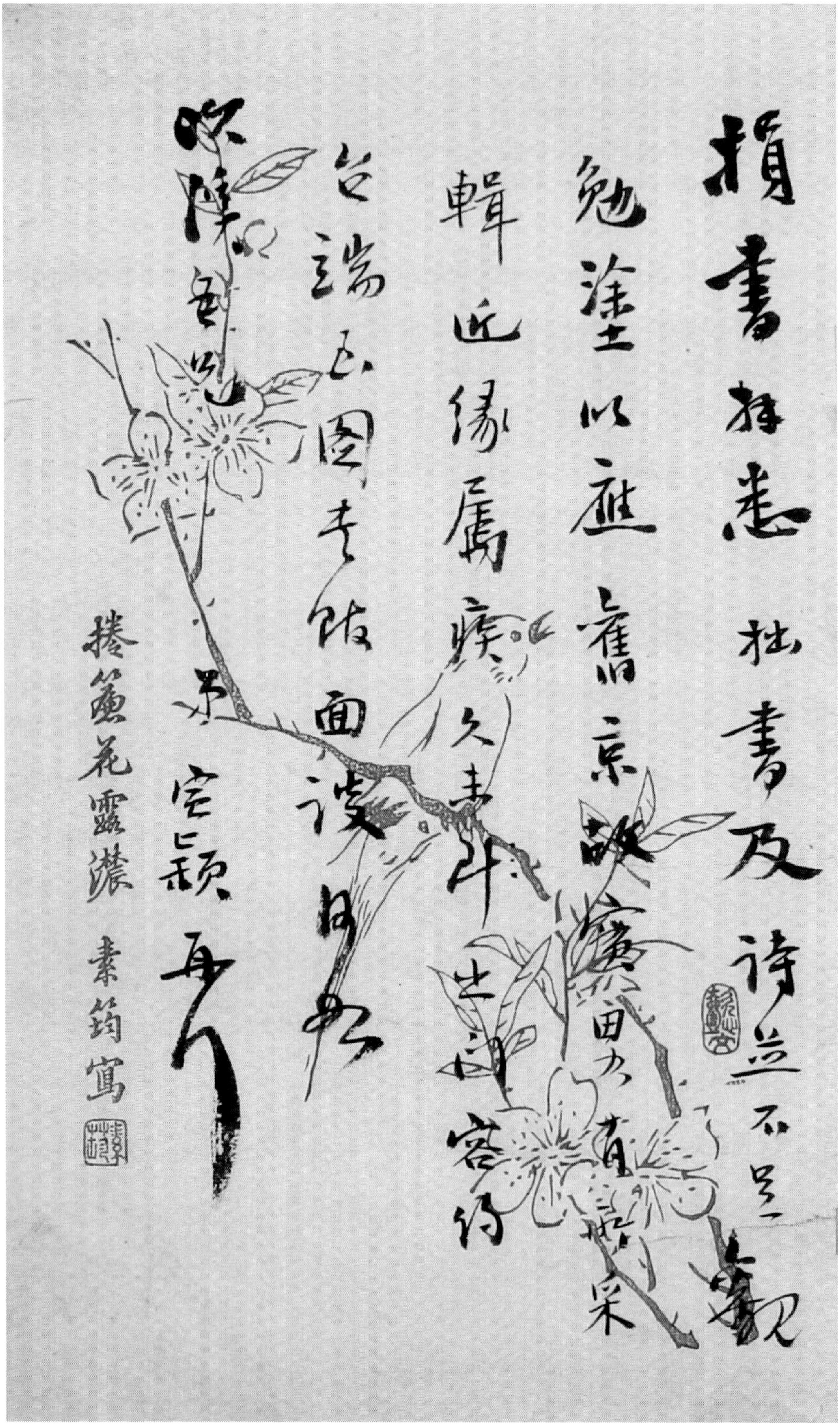

國立臺灣大學
NATIONAL TAIWAN UNIVERSITY
TAIPEI, TAIWAN, CHINA

濟之兄：

九月一日函，昨始轉到。此次紀念論文集兄等多所編費，至感！至感！弟前函所云，確是實在情形，兄囑將弟論文譯英，無如實無暇，微特本所又務，兄亦素無暇，因兄等不能成考古專家，按為憾耳。弟之所見，以此持吾甚感，故為最善也。館中日前曾到南港，擬同人處請，自南京說起，一氣談三小時，不過能徑考古民族、近代史之同仁而已，無人寫書而發。兄函言華夫利即請譯稿，需即來來表，照此一事。一切請兄決定，弟無不同意。此時兄等語言所信到時，館中似甚著急，且此間行政院來文近代史所籌備，總統府亦來

國立臺灣大學
NATIONAL TAIWAN UNIVERSITY
TAIPEI, TAIWAN, CHINA

柱兄：備案，而事重之。近代史所已成立三個月，每月數人發薪，而不能報銷也。故弟心甚著急。暇（生）有一要求，致胡公函者，請加解釋，我相信將請之　先生閱之。事重上，近史所成績甚大之勢，人已聘了二人（不清楚），外面多責難，又不能中輟，我我又參根據。此等公日（?）學者解釋耳。弟認為能將其職任，而無實趣，故難成反對嗎（?）無表示。但希望在　先生指示下，作一點事實研究而已。上月可（?）定期返臺否？請賜示。

專此　敬頌
旅安！

弟　孟真（?）上　四月廿日（?）

可桂兄處，乞轉達。

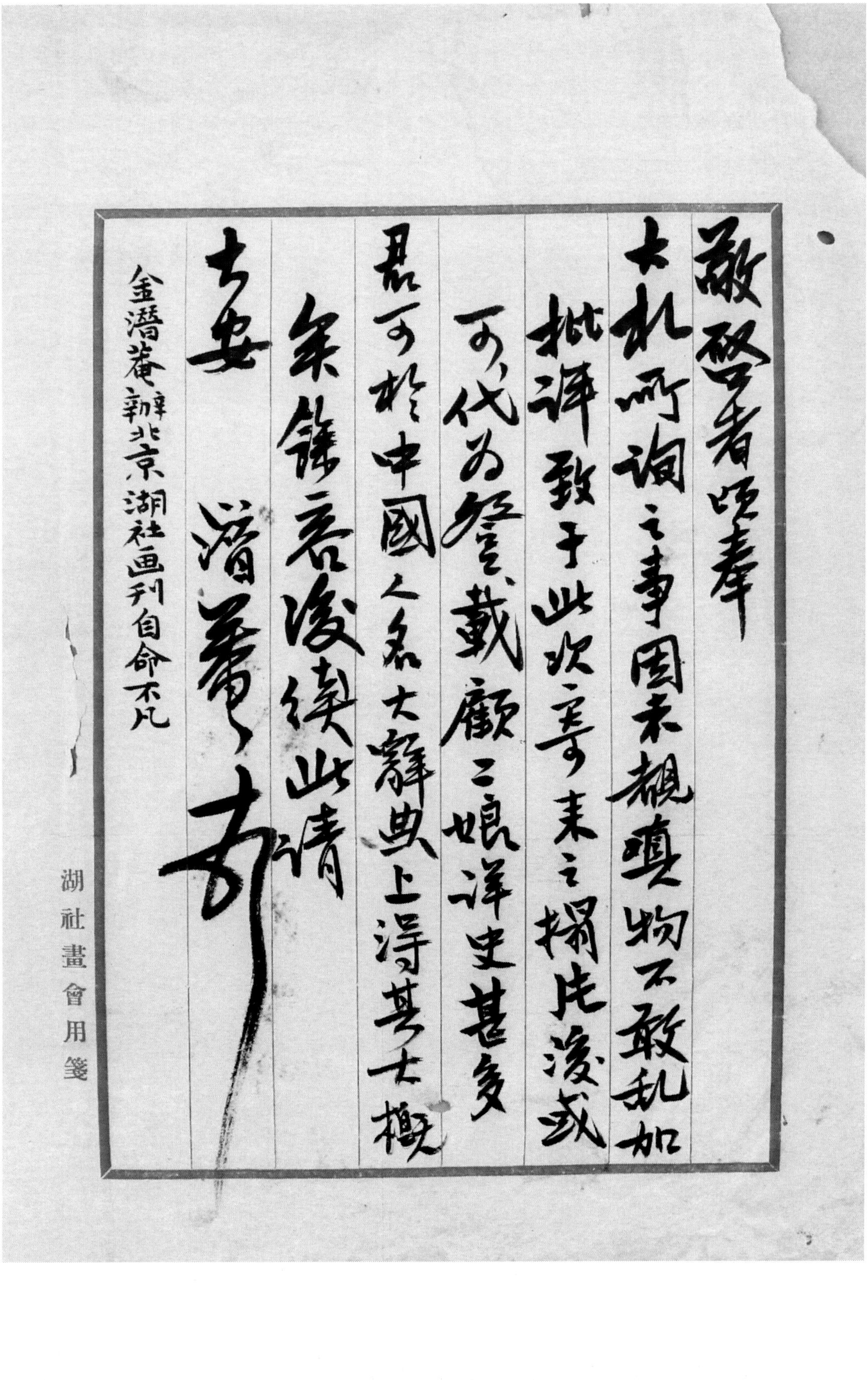

敬啓者頃奉
大札所詢之事因未親見物不敢亂加
批評致于此次寄來之搨片後或
可以代爲登載顧之娘詳史甚多
君可於中國人名大辭典上得其大概
參錄吾後續此請
大安　潛菴手

金潛菴辦北京湖社画刊自命不凡

湖社畫會用箋

任之先生左右：三年前為刊印黃氏閩記
稿本
手交諸承
贊助，無任欣感。此書敝館原擬校印公
諸世人，近以經費所限，一時無從辦理，
尊處倘願刊印，訂有確實辦法，敝館自
當借給。至與趙竹老藏本互校一節，亦
關重要，夙諗

國立北平圖書館用箋

台端事務甚繁本不敢以此瑣瑣奉累

惟彼自校必可精絕莫倫如何之處乞

察復為幸專此順候

台祺

弟袁同禮頓首

一月十五

國立北平圖書館用箋

任之先生大鑒：奉到一月二十日
大函，聆悉種切。兹將館藏鈔本『東氛聞記』八册
另郵挂號寄上，以供校勘，即祈
察收，并先掣給收據為荷。此書倘能賴
鼎力流傳，尤所感禱。專此奉復，順候
台祺

弟袁同禮頓首　一月廿六

坿東氛聞記八册（另郵）

國民政府立法院用箋

字第 號第 頁

梅林兄：弟應領各物以及講稿
務望
鼎力代領之後便寄來，所有包裹等費
由弟清償。講稿費貳千以郵票代，
擬即匯款。專此，即頌
時祉。

弟 張西曼。四月十五日
南京鼓樓五條西樓十九號
電話三二七〇九

中華民國 年 月 日

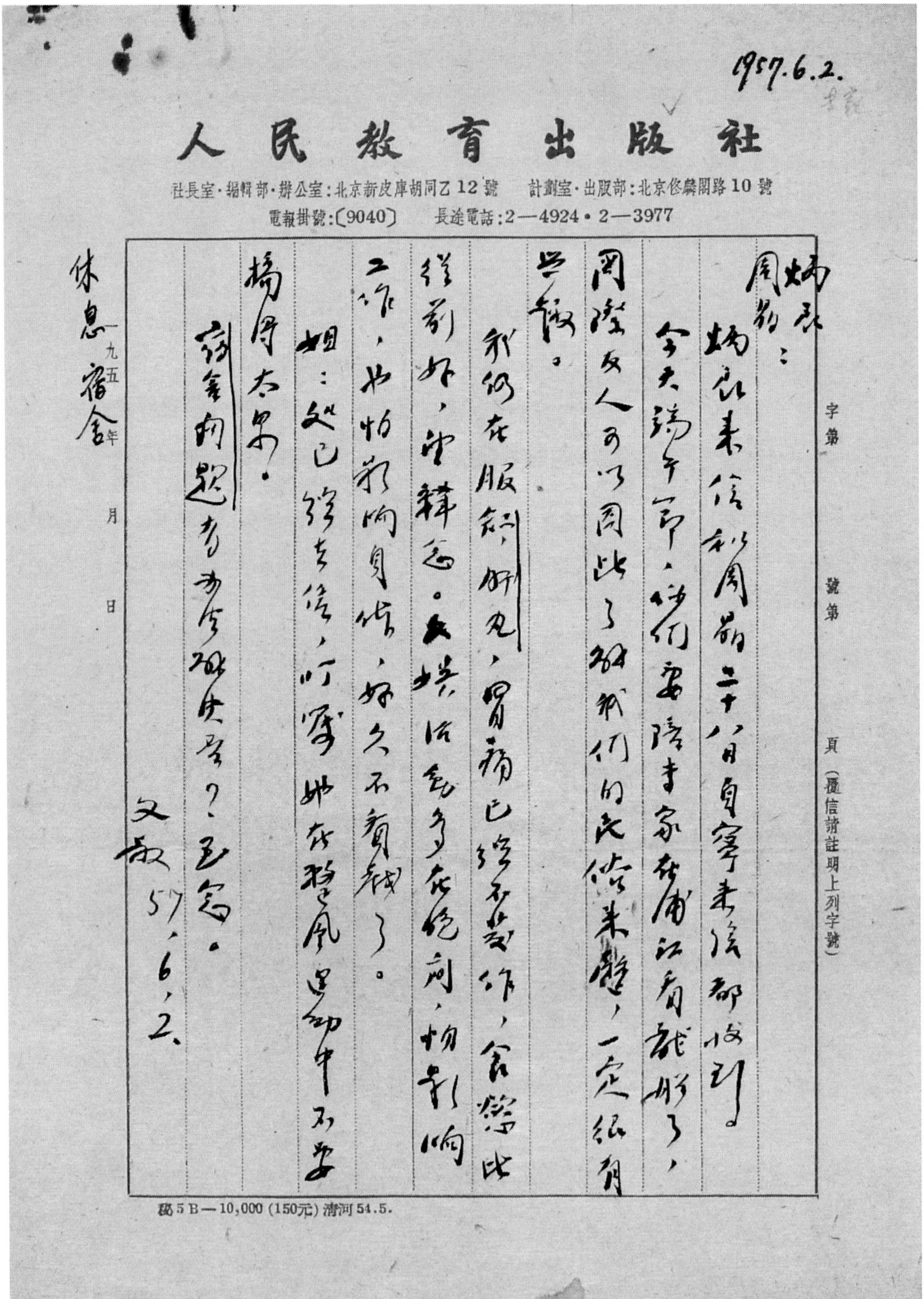

1957.6.2.

人民教育出版社

社長室·編輯部·辦公室：北京新皮庫胡同乙12號　計劃室·出版部：北京佟麟閣路10號

電報掛號：〔9040〕　長途電話：2—4924·2—3977

炳昆
周嫂：

炳昆来信和周嫂二十八日自寧来信都收到。

今天端午節，我們要陪李家去甬江看龍船了，同游友人可以因此了解我們的民俗来歷，一定很有興致。

我們在服鈣片、肝丸，胃病已經不發作，食慾比從前好，望釋念。文娛活動多在晚間，怕影响工作，也怕影响身体，好久不看戲了。

姐姐已給去信，叮囑她在整風運動中不要搞得太累。

宿舍有趣者多否？想照片否？至念。

文敬
57.6.2.

休息宿舍　一九五　年　月　日

字第　號第　頁（覆信請註明上列字號）

秘5B—10,000（150元）清河54.5.

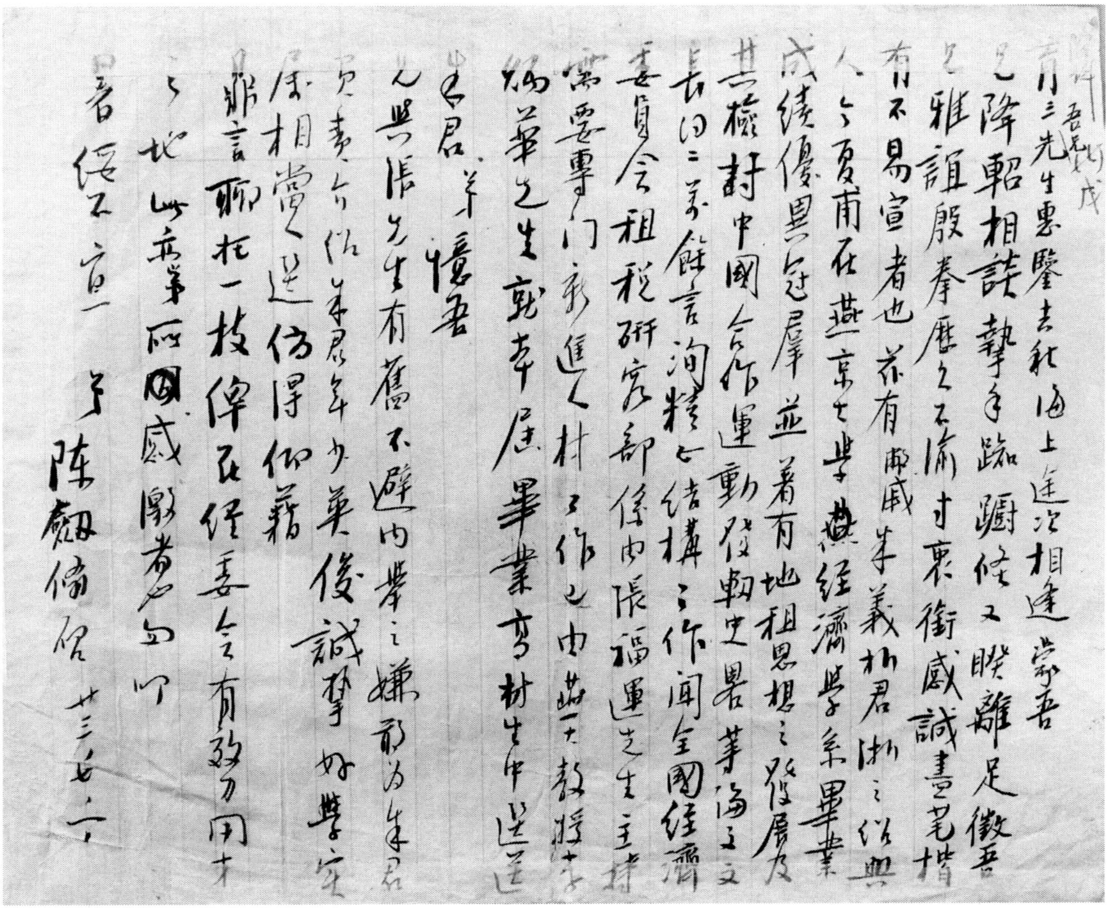
青川三先生惠鑒：去秋海上匆匆相逢，嘗吾
兄降軺相訪，執手踟躕，倏又睽離，足徵吾
兄雅誼殷拳，歷久不渝，寸衷銜感，誠盡筆楮
有不易宣者也。茲有鄙戚朱義朮君，浙之紹興
人，今夏甫在燕京大學經濟學系畢業，
成績優異冠羣，並著有地租思想之發展及
其樵村中國合作運動發軔史略等論文，
長篇二萬餘言，洵精心結構之作。聞全國經濟
委員會組織研究部，係由張福運先生主持，
需要專門新進人材，工作之由燕大教授李
[illegible]華之先生就本屆畢業高材生中選送
朱君，并懷吾
兄與張先生有舊，不避內舉之嫌，敢為朱君
負責介紹。朱君年少英俊，誠摯好學，定
屬相當之選，倘得仰藉
鼎言，聊棲一枝，俾在經委會有致力用才
之地，此亦弟所同感激者也。叩
著綏　不宣一一　弟陳劍脩啟　廿三、七、一

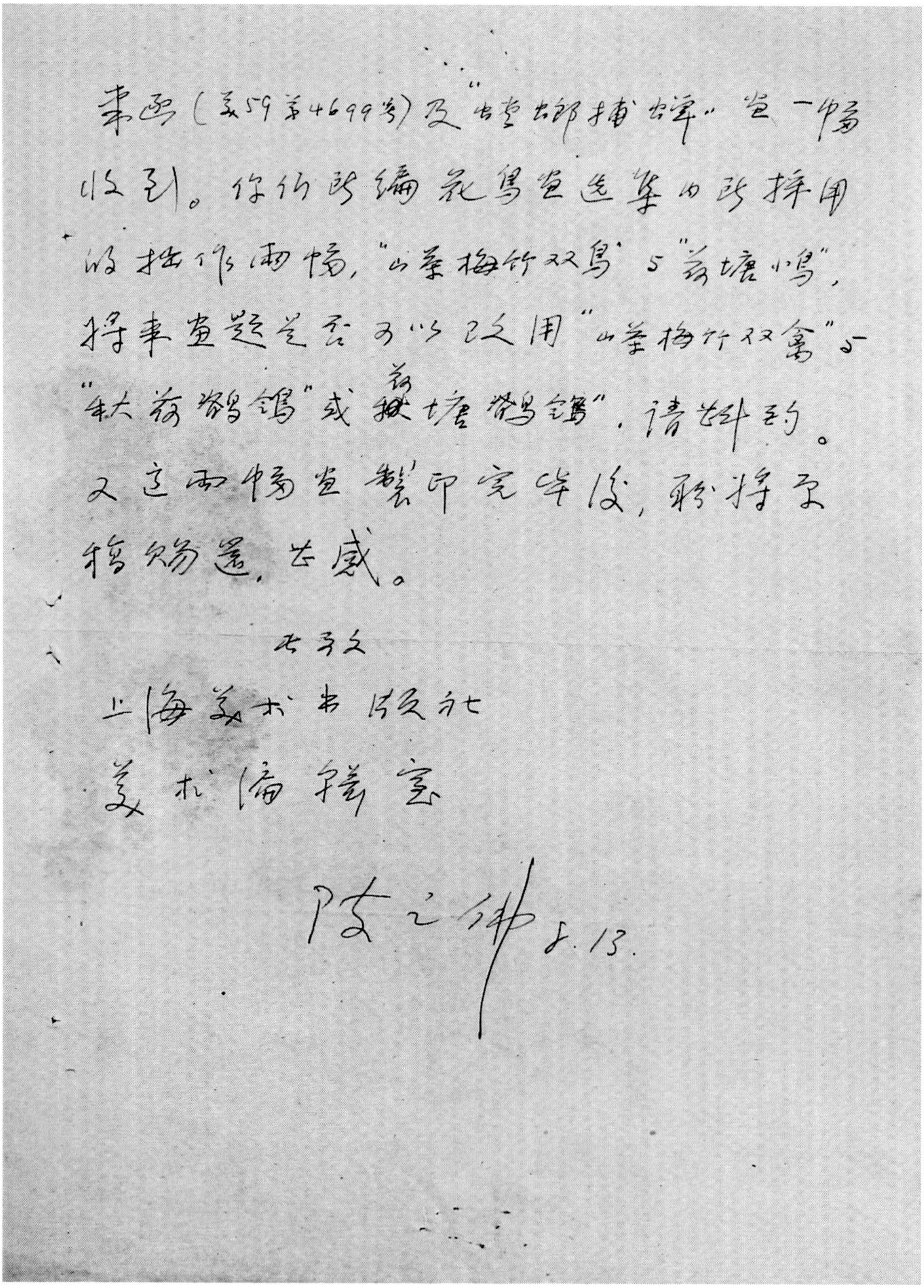
来函（美59第4699号）及"螳螂捕蝉"画一幅收到。你们所编花鸟画选集内所採用的拙作两幅，"山茶梅竹双鸟"与"荷塘小鸟"，将来画题是否可以改用"山茶梅竹双禽"与"秋荷鹡鸰"或"荷塘鹡鸰"，请斟酌。又这两幅画製印完毕后，务将原稿赐还，为感。

此致

上海美术出版社

美术编辑室

陈之佛 8.13.

限办日期
月　　日

上海人民美术出版社收文处理单

代号			

195　年　月　日　时收文(　　　)　　收文字第 005476 号

此联隨文

文别		来文者	陈之佛	来文 字号	字　号
				来文 日期	195　年　月　日
事由	更改"山茶栖竹双鸟"的名字定				
	主送者				
附件		附註	7532		
地址		电話			

会办：
主办：

处理意見

名称已改，本卷归档。

肖之言　8.17.

装訂线外，請勿批注

不够使用請另附十六开紙

本文办毕后送立卷人归卷

归卷日期：

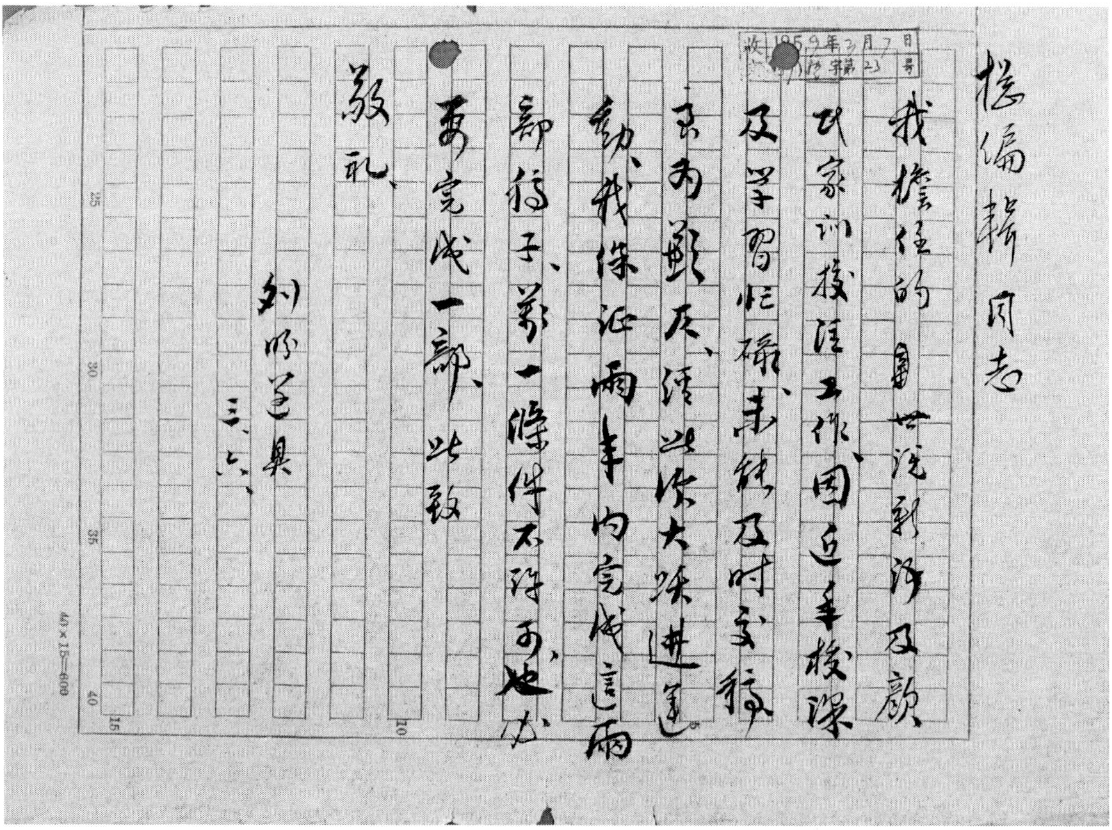

收 1959年3月7日 字第23号

总编辑同志

我推荐的世说新语及颜氏家训校注工作、因近年校课及学习忙碌、未能及时交稿、来函敦促、须以保大跃进运动、我保证两年内完成这两部稿子、第一条件不许可、也必要完成一部、此致

敬礼、

刘盼遂具　三、六、

都門遇梁眾異因有斯贈兼用述懷即寄
貢南先生濟南

天涯琴劍各風塵，忽漫相逢意倍親。稍喜子
來同作客，劇憐臣壯不如人。孫劉以外非君
敵（指江陰何鬯威觀察及南海黃孝覺部郎），狂狷之間置我身。寄語濟南
吏隱者，行囊詩卷已陳陳。

眾異詩家吟定

浚南呈草

景良先生大鑒：惠函及所寄照片均收到。附之花溪漁隱卷擬出弍千之價，與來函所述之數接近，但此爲最後之數，倘前途同意，自當備款，否則亦不敢勉強。便時請惠告，因昨有一宋畫在審閱中也。所述周卷，盛序爲祈。於便時請照相，暇努力一找，感甚。此頌

大祺

家倫頓首 九、廿七

（上款初把六、七三位，都还要几位，一笑）

调孚 伯祥 均正

雪村 予同 西谛 诸兄同鉴：前托人带去之信一函与徐先生

丐尊 绍虞 健吾

已收到。录烦致老舍之字条是否收阅，因今日见沪大公报，见称于三月一日（廿三日的）

发行，甚盼也。此中国之晚近之文化人，多但精神上之不快与生活费用之高

非并未消除，且为重要收复之都市大同小异，令人致慨，尤以此方为

特别种种种种艰苦，人民之火并恐慌，真不知何日方能补救者

除雨灾、难民麇集，粮米钱价比沪即三之一，日人所馀下之工厂以煤缺乏而

人才与钱，十九停闭，机器与间存料日少。胶济车去冬两月不通（半

毁坏），旧年须方修通，全线三之一完好，去冬廿上下，难难言沪青

且欲首赴小轮来往，且不定期，极易出险（前几天即有由沪来氏之

距重(?)二百海里外沉浸(?)，已由书局(?)舰(?)虽不通，汽车但方开二次，当通早(?)课数次，初
察七八天方到到(?)路，虽不此比之上，尚初善，然远。来沪以来，难返沪。此后
以此状态，则来之书籍未失，皆存沪上。与上想去信，几月会之诸友
无奈之其不易，只好等候水陆交通能大畅利时再说
沪上似乎甚开利，物在此亦然，到千多种书用缺之际，而中书局运来
大批多种书，外新书都难得，但旧籍尚通，书局易等借，文化低落，报
作无从而纸价尤缺，报纸之万元之一分，报馆难以上，发行不如与沪上大
报作比，美军驻在此二万人，市面上消耗更所随之繁荣，咖啡店酒吧
之招牌发光，每一大街中到处对字招徕生意，多为所设机关林立
故今你出日人，日兵遣去，凡七八万人，皆在上足集中，以收容，与昔日景
象迥殊
本市面实钱半天之乱，心情比居沪时自佳，惟文之今中上不健康，易咳嗽
多在此路人多积了，相好，失了劳之，竟日而侵除上之不实，不作打算为学(?)

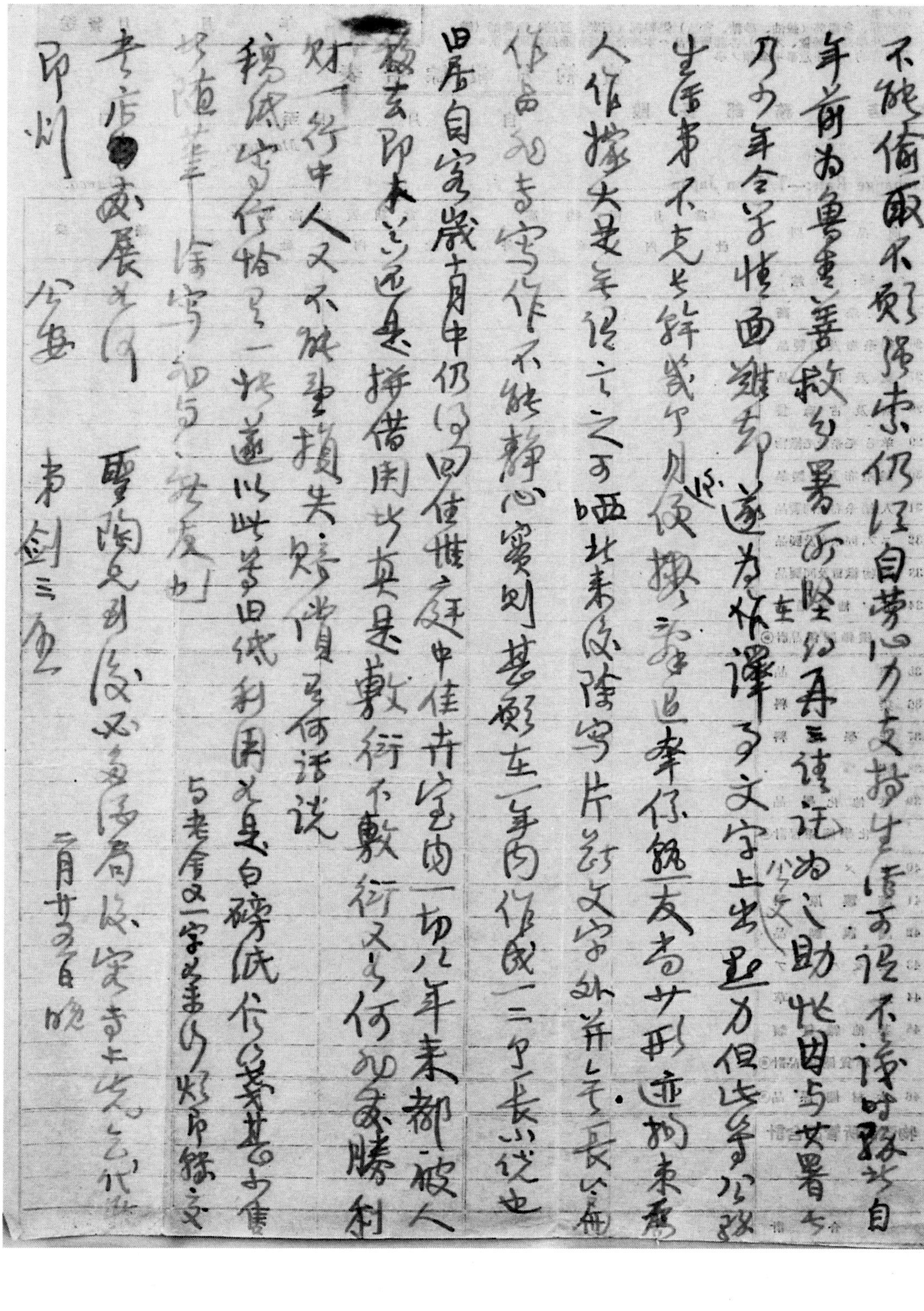

不能備取不夠須索仍須自勞心力支持生活否得不讀不讀時間故自
年前為魯青善救分署所聘再三請託為之助忙因與女署長（公文）
乃於今年合字性西雜誌遂為作譯述文字上出題力但此等公務
生活事不克長久維幾個月近便擬辭退牽係舊友者廿形迹拘束處
人作據大是無謂之事西北來後除寫片段文字外并無長篇
作品也未寫作不能靜心寫則甚感在一年內作成一二個長小說也
田居自去歲十月中仍須回住惟庭中佳卉室內一切八年來都被人
移去即木器亦不少被借用者真是敷衍不敷衍又有何如勝利
對于行中人又不能要損失賠償多何話說
積餘寫作恰是一樣遂以此等田紙利用是白磅紙代替其高價
如值筆偶寫知多無度也　與老舍又一字未通　以印綠文
老舍兩處先後
聖陶兄到後必多得局像寫青先生代致
即頌
公安
弟　劍三　上
二月廿五日晚

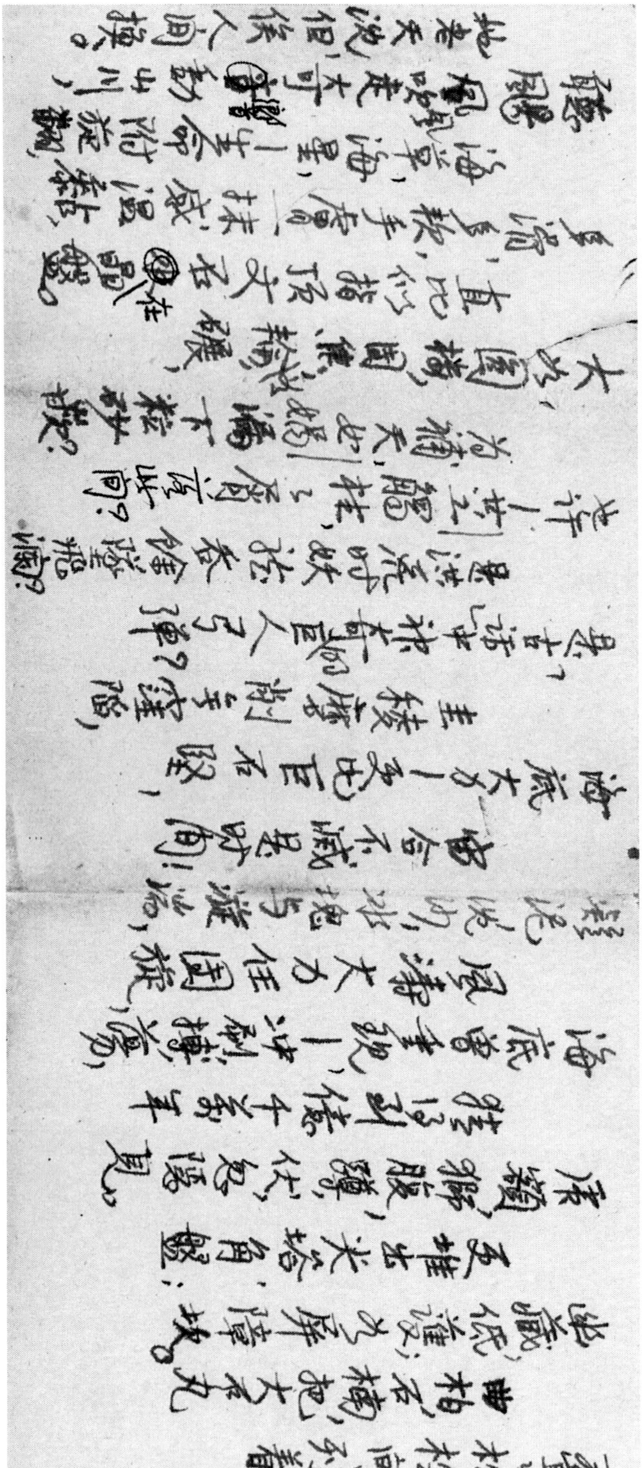

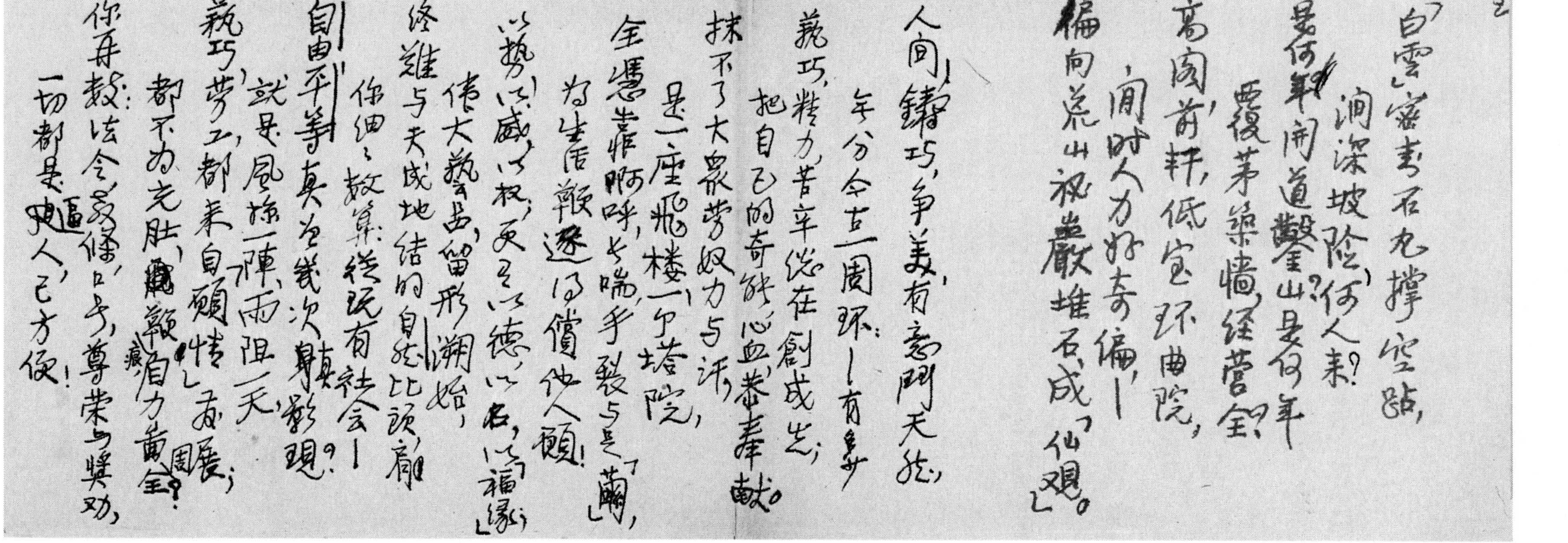
「白雲」密者石丸撐空跕，
　澗深坡險，何人來？
是何年開道鑿山？是何年
　要復茅築牆，经营全？
高阁前轩，低宦环曲院，
　间时人力好奇偏，——
偏向荒山祝巖堆石，成「仙观」。
人间，铸巧，争美，有意鬪天然，
　年分今古一周环：——有多少
藝巧，精力，苦辛总在創成先；
　把自己的奇能，心血恭奉献。
抹不了大衆劳奴力与汗，
　是一座飛楼，一个塔院，
全凭靠那呼呼，长喘，手裂与足「茧」，
　为生活艱難遂得償他人願！
以势，以威，以权，更且以德，以名，以「福缘」，
　伟大藝術留形，溯始，
终雖与天成地结的自然比説，扇
　你细细，数算：从说有社会——
自由平等真在几次真显现？
　就是風旋一陣，雨阻一天
藝巧，劳工，都来自願，「情」而，
　都不为充肚，艱難自力黄金？
你再数法令，條口子，尊荣与奖功，
　一切都是逼人，已方便！

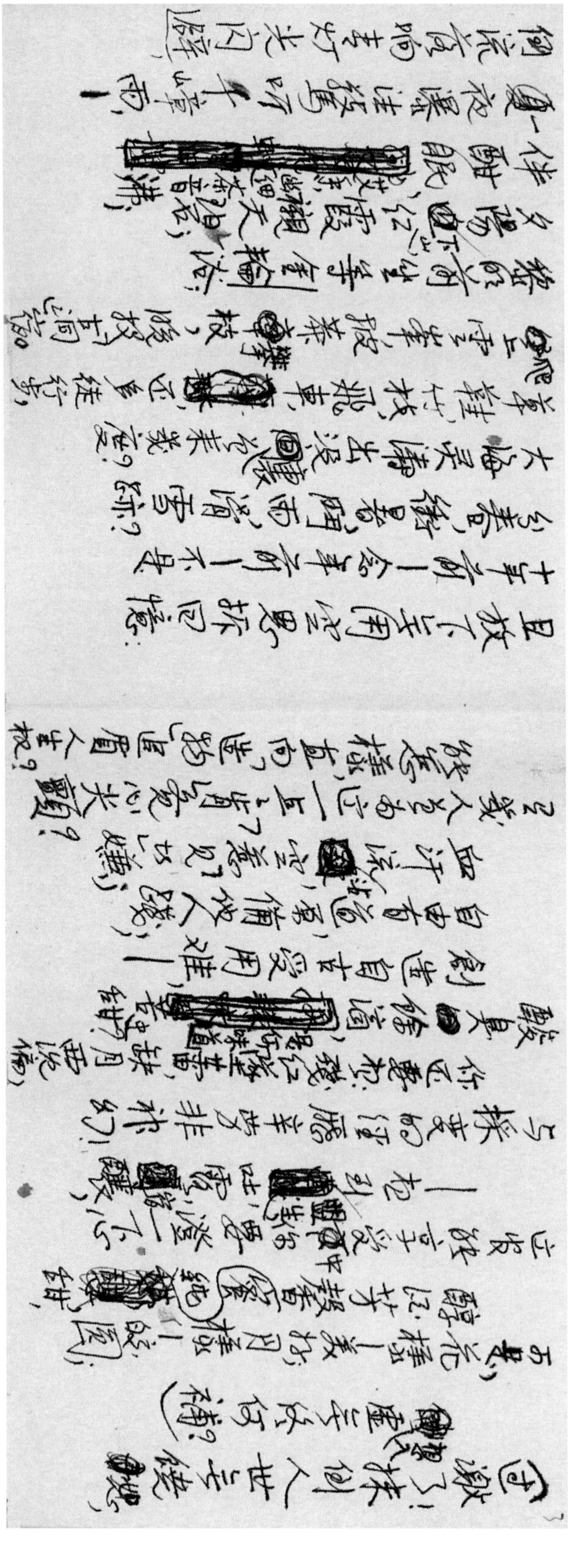

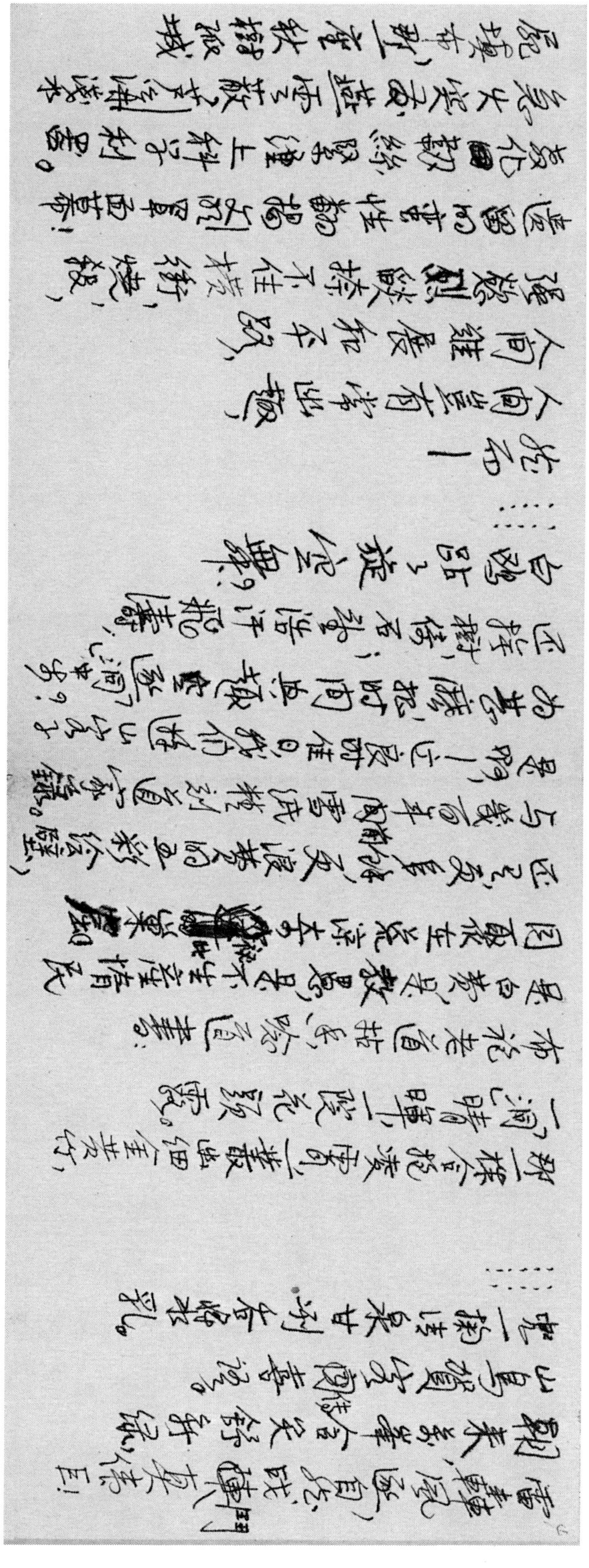

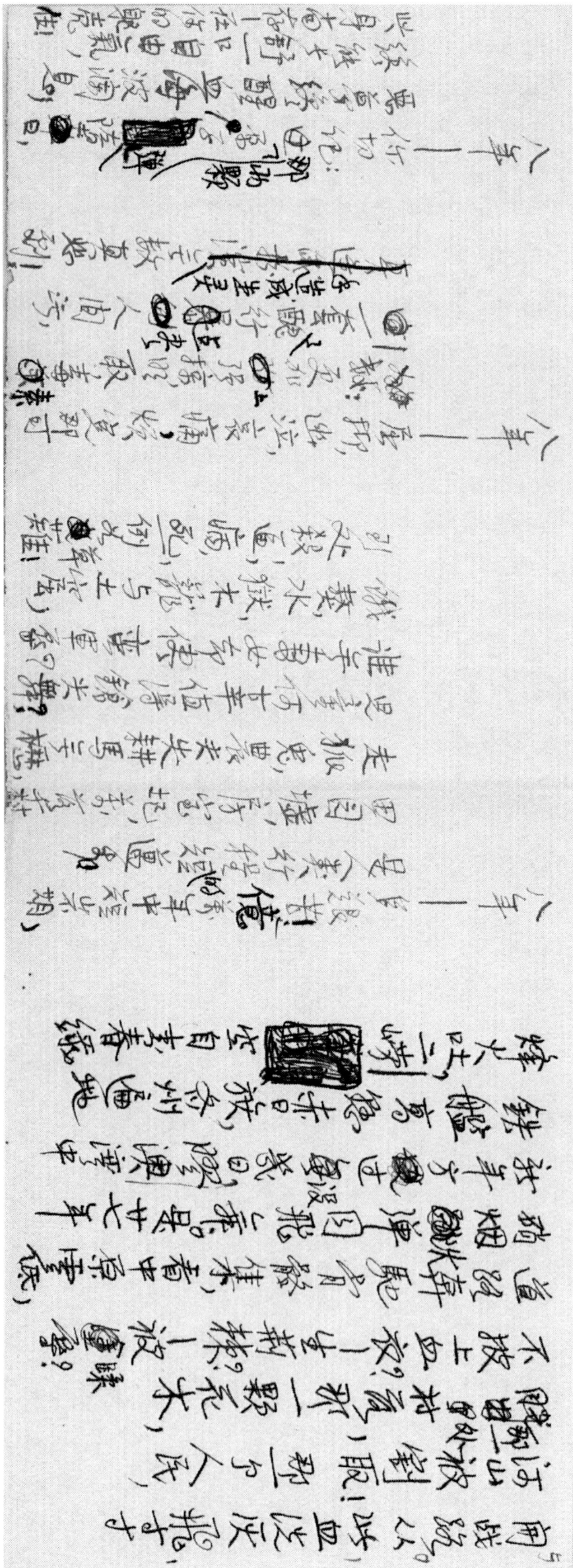
開戰路，從此血泛天飛，寸寸
河山被割取！多少人民，
那一處村落，那一顆花木，
不披上血衣？一生荊棘？一被蹂躪？
道路奔馳，骨骸集，看中原雲低，
硝烟鐵彈同飛舞。是廿七年
新年方過，沒幾日膠澳灣中
鐵艦高懸赤日旗，齊州遍地
烽火吐，二嶗[illegible]空自書春綠

八年——身經苦！億萬年中經此未期，
是人來行程，經道遍知
田園墟，房屋圮，萬萬千村
走狐鬼，農夫失耕馬無櫪，
兒童何幸值得鎗尖舞？
誰無妻女爲使軍奴？
饑饉，水獄，木籠與土窟，
到處殺逼，病死例如草薙！

八年——壓抑，幽泣，哀痛，煩冤那可數：更加以殘掠，昭取毒素，
一套醜行，點點人間污，
造成生靈無數真慘劇！

八年——你切記：那兩顆原子彈陰日，
要喚醒無海波瀾息，
終能舒一口自由氣，
此身尚存一在你的軀殼住！

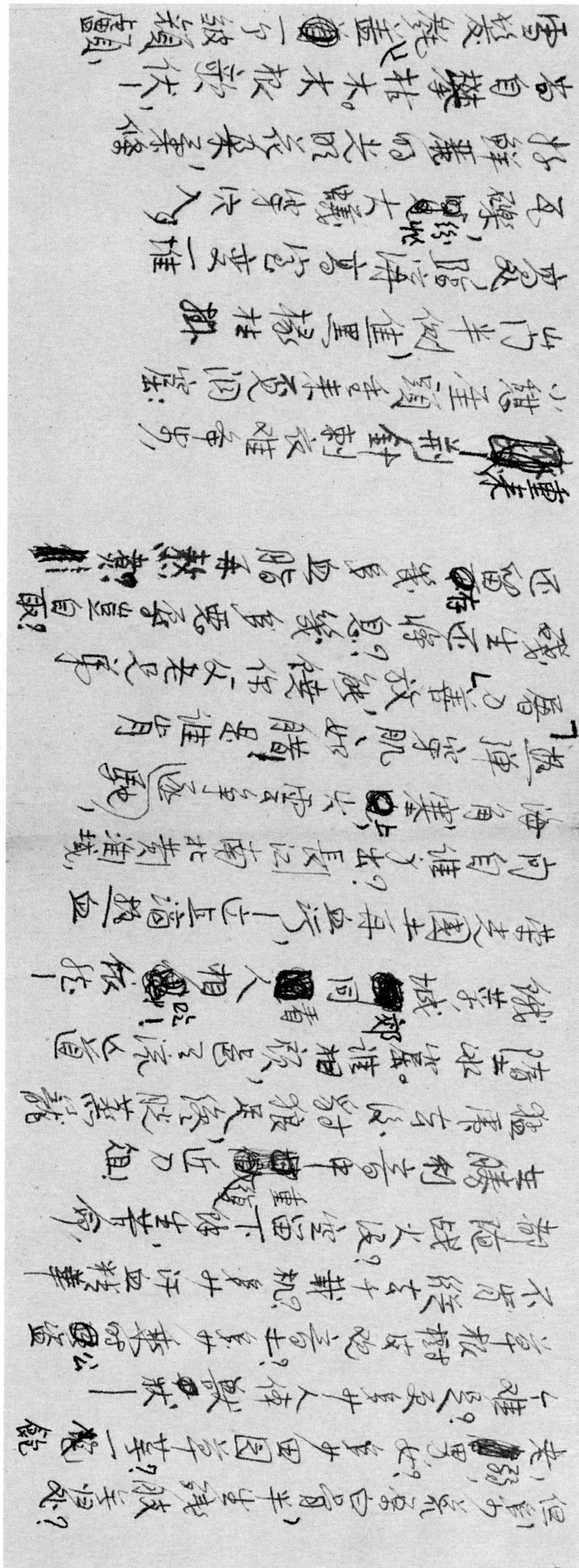

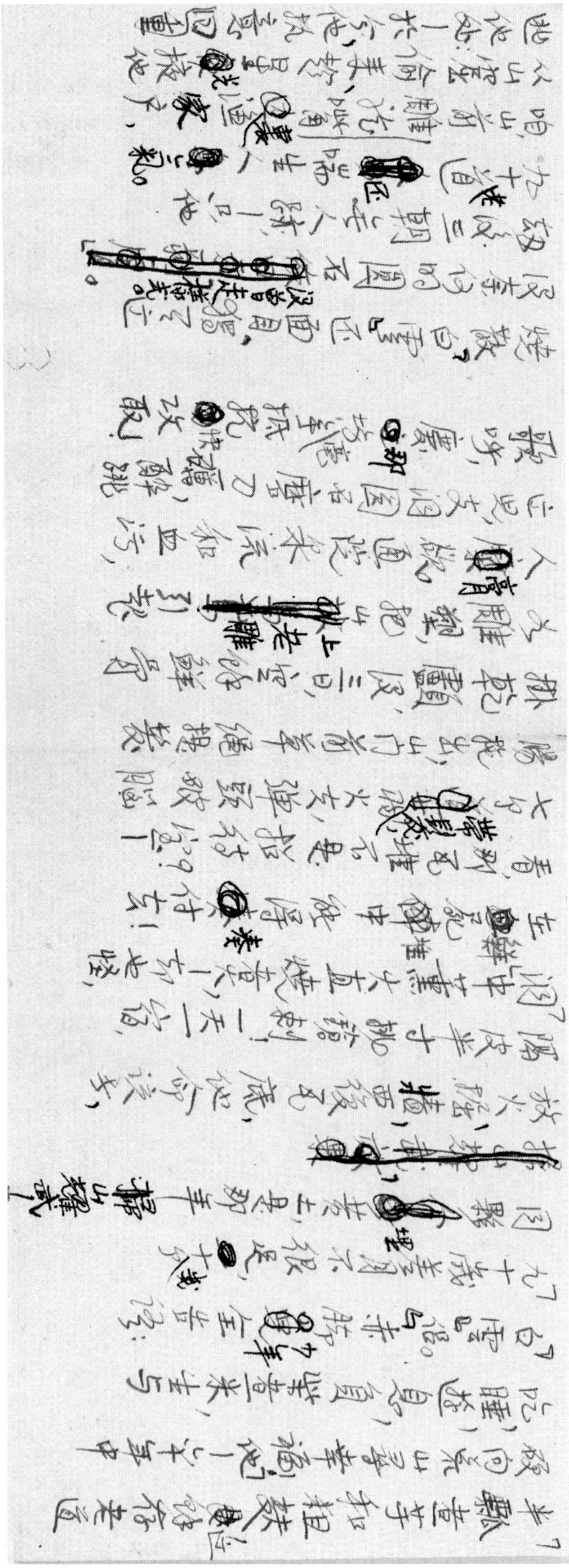
「半瓢壺芋和粗鼓，[illegible]存老道
硬向荒山尋幸福，他一生年中
吃睡遊息，負柴壺米生与
「白雲」侶。「赤膊[illegible]少年」全告語：
「九十歲差月不很足，[illegible]十歲
同影[illegible]黃土，是那年掃山耀武」
[illegible]
放火掘牆，西後毛底，他命該否，
隔皮半寸挑鎗刺！一天一宿，
「洞」中薰火直燒，竟一切也怪，
左[illegible]鮮[illegible]中結得[illegible]付玄！
看，那毛堆不是指待空一？
七分[illegible]帶髮[illegible]火支彈頭破腦
腸拖出，山門前草繩提裝
掛乾顱，這三日，空餘鮮骨
為雕塑，把山[illegible]上老雕引報
人，[illegible]歐通院泉流和血污，
近兒，支洞圍石磨刀礪，醉跳
歌呼，慶那[illegible]抵抗[illegible]攻取！
燒燬「白雲」还面目，獨[illegible]
這奈何的圓石[illegible]
殺後三朝無人跡，一只他
九十[illegible]道[illegible]喘生，人[illegible]氣。
咱山前雕[illegible]邊漁家，
從山窟偷來，[illegible]星[illegible]拖他
他處，一於今他執意回重

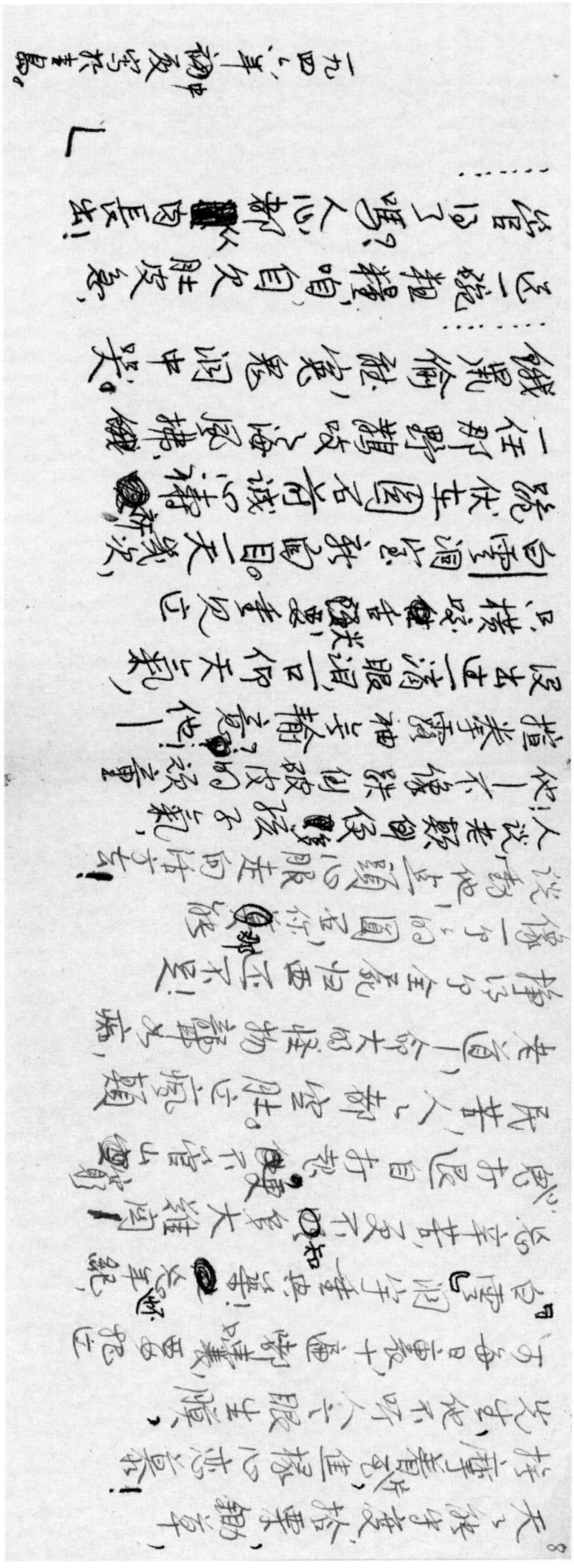

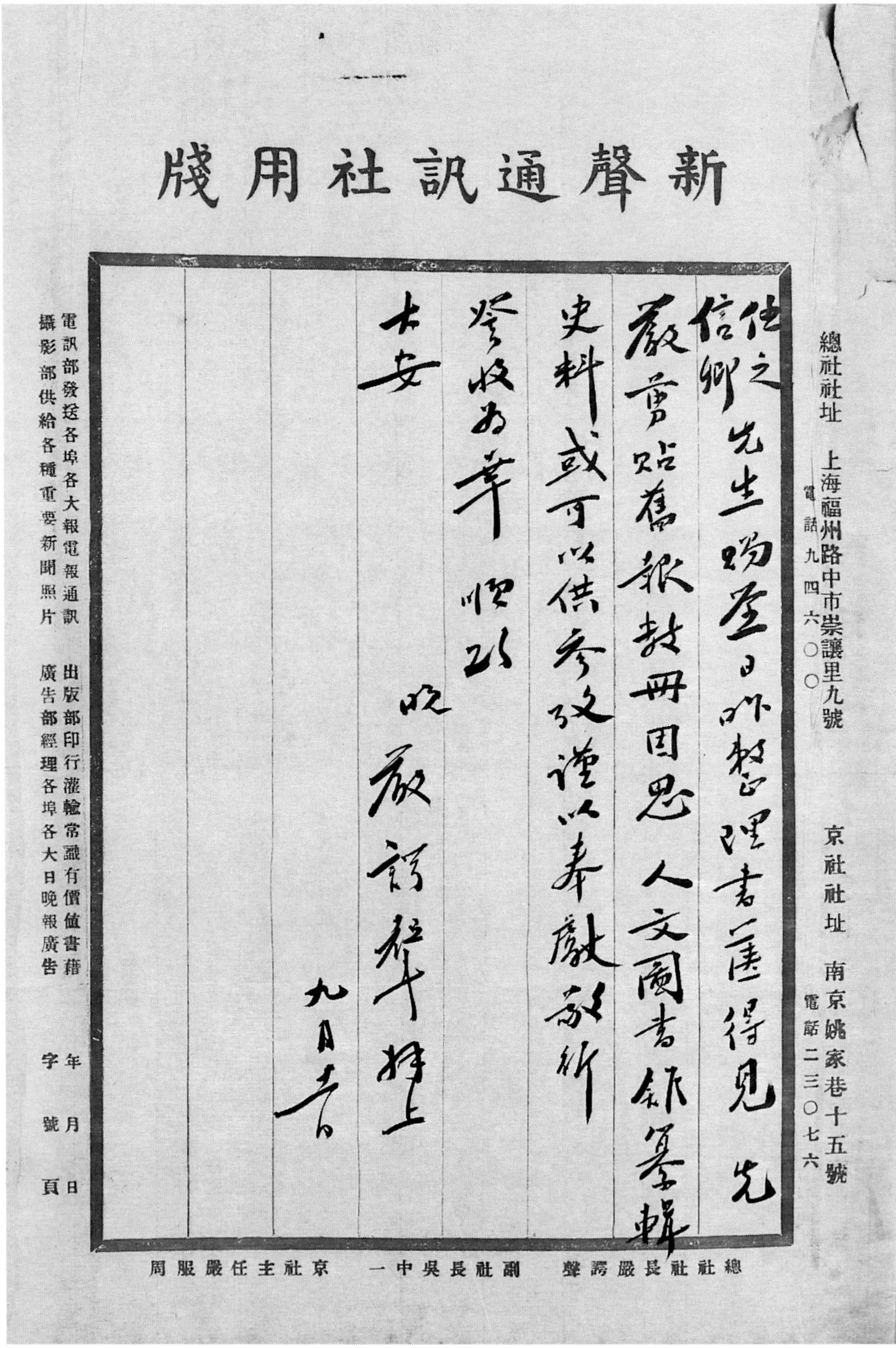

新聲通訊社用牋

總社社址　上海福州路中市崇讓里九號　電話九四六〇〇

京社社址　南京姚家巷十五號　電話二三〇七六

仲之
信卿先生鈞鑒：日昨整理書匯，得見先
嚴曾貼舊報數冊，因思人文圖書館纂輯
史料，或可以供參考，謹以奉獻，敬祈
察收為幸。順頌
大安

晚嚴諤聲拜上
九月十一日

電訊部發送各埠各大報電報通訊
攝影部供給各種重要新聞照片
出版部印行灌輸常識有價值書藉
廣告部經理各埠各大日晚報廣告

年　月　日
字　號　頁

總社社長嚴諤聲　副社長吳中一　京社主任嚴服周

復信

謂聲先生左右：奉到
手書并舊報選貼本七本、論說一文，讀之矣，感謝之至。從襍識
摘之襍識之
書面見印章「采庚自號濤園」，度是
尊公號章，未敢斷定，可否將
尊公諱字及簡單事實并發年開示。弟等擬將此七本付之裝池，
標明來歷，以資紀念。其中事實大抵在甲午以後至光緒末
年，為正所惜，年月未及標注，尚待製為索引，以便檢閱。倘有其
関於編輯者
他事實可供參考之處，亦乞
賜示。隨函敬呈人文合訂本八冊，藉乞
指教，尚希
惠存。手復，順頌
著安

恩孚
燮培 敬同啟

廿三、九、十一、

附件

上海市商會用箋

信卿先生
仙之 賜示接奉
賜示並承
惠人文合訂本八冊感謝之至茲敬隨函附呈先
嚴事略一帙謹祈
檢存至幸專此
道綏
晚 嚴諤聲叩上 九月十一日

中華民國 年 月 日 字第 號第 頁

先君采侯公諱上日下祇自號綺園後改迂園任職上海製造局文案歷十餘年歿於民國三年享壽四十五歲生平對於剪貼報章抄錄聞見最感興趣諤聲幼受庭訓及長得於新聞事業稍有樹立者先君之賜也

民國二十三年九月十二日兒子嚴諤聲謹述

高三益監製

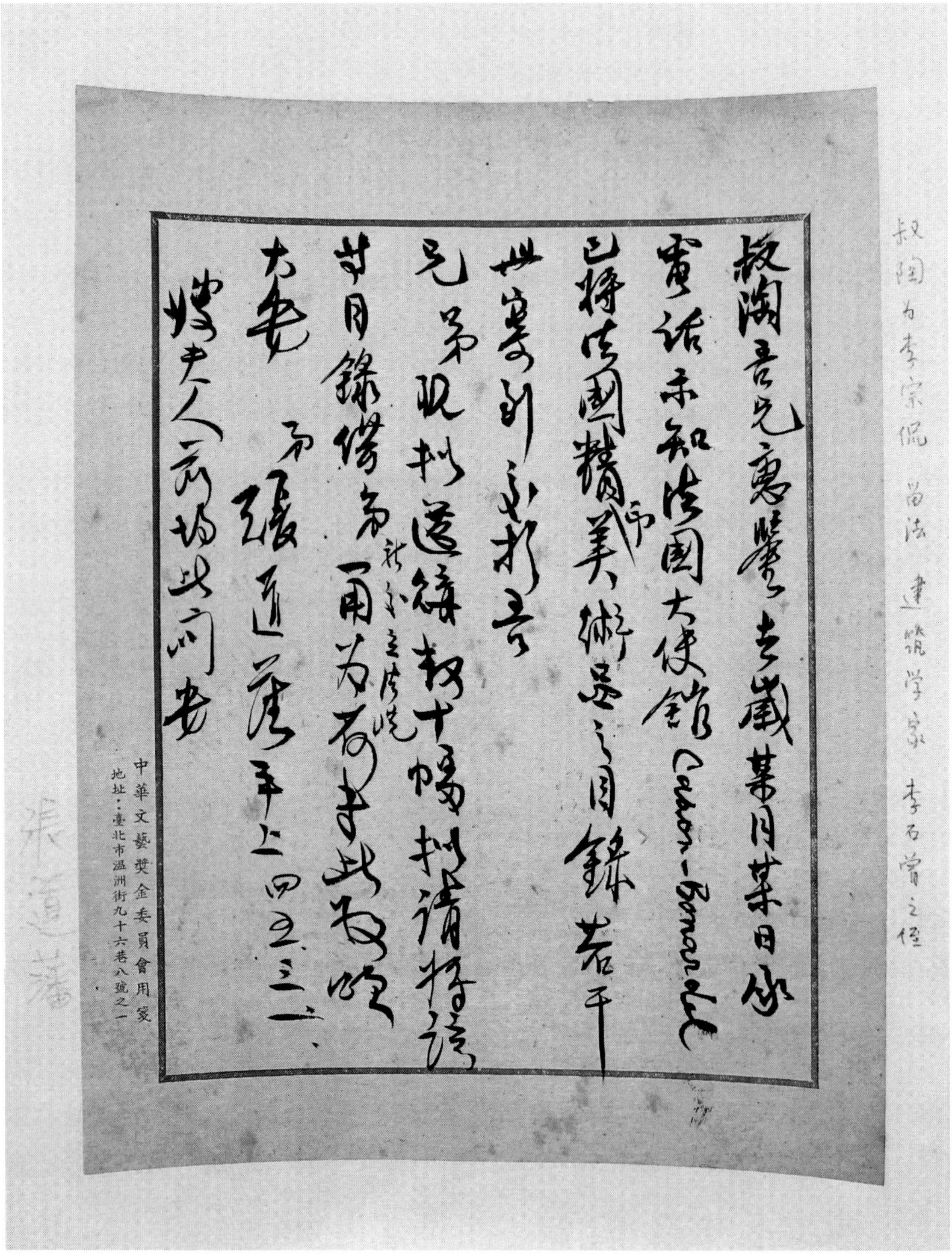

叔陶吾兄惠鑒：去歲某月某日函
曾請示知法國大使館 Cabon-Bernard
已將法國精印美術品之目錄若干
冊寄到否，未承示音。
兄弟現擬選錄數十幅，擬請將該
書目錄借弟（新印之法國畫）一用為荷。專此敬頌
大安
弟張道藩拜上 四五、三、二
嫂夫人前均此問安

中華文藝獎金委員會用箋
地址：臺北市溫洲街九十六巷八號之一

叔陶為李宗侃，留法建築學家，李石曾之侄

張道藩

叔剛兄：

弟於十九日來寧，物理學會上海分
會第一小組曾於弟離滬前開過兩次
會議，並將紀錄寄上，弟本擬收
並請提出總會議討論。第一
小組之長雖定為吳化予兄，但他在東北參
觀，一時尚未能回滬，開會時請陸學
善兄代表出席。專此奉致

敬禮

弟陳宗器上 五月五日

士菁同志：并请转人民文学出版社：

关于鲁迅著作的一切出版方面，自从解放后，我们非常欣幸得到国家给予出版。从那時起，我们即不止一次地表示过决心：就是把版权也交给国家。但前些天忽又听见您谈起：出版社还保存着历年来鲁迅著作的稿费，当时我即当面请求迅将这笔稿费，上缴给国家，以作第二個五年计划开始建设的一砖一瓦之用，千万不要再担搁了。惟恐我们口头说的还怕不够确切，又使你们谨慎小心地保留下来，故特写这几個字。你看是否还要有什么另外的手续吗？如果不须要了，希望您代向出版社声明一下，從速了此一件心事。多多麻烦您了。特致

敬礼！

許廣平

周海嬰

一九五八年二月二十日

總理遺囑

余致力國民革命凡四十年其目的在求中國之自由平等積四十年之經驗深知欲達到此目的必須喚起民衆及聯合世界上以平等待我之民族共同奮鬥

現在革命尚未成功凡我同志務須依照余所著建國方略建國大綱三民主義及第一次全國代表大會宣言繼續努力以求貫徹最近主張開國民會議及廢除不平等條約尤須於最短期間促其實現是所至囑

革命尚未成功　同志仍須努力

問漁仁兄同志禮鑒頃接
訃告驚悉
老伯大人於前月僊逝倏誦之餘曷勝痛悼
竊思吾
兄至孝性成遽遭大故至必毀傷弟念
老伯年逾古稀德惠留芳今雖騎箕天
上應無遺憾人間所望吾
兄勉節哀思肩當大事值此時局阽危

中華民國十七年　月　日　河南訓政學院用箋

院址省政府前街

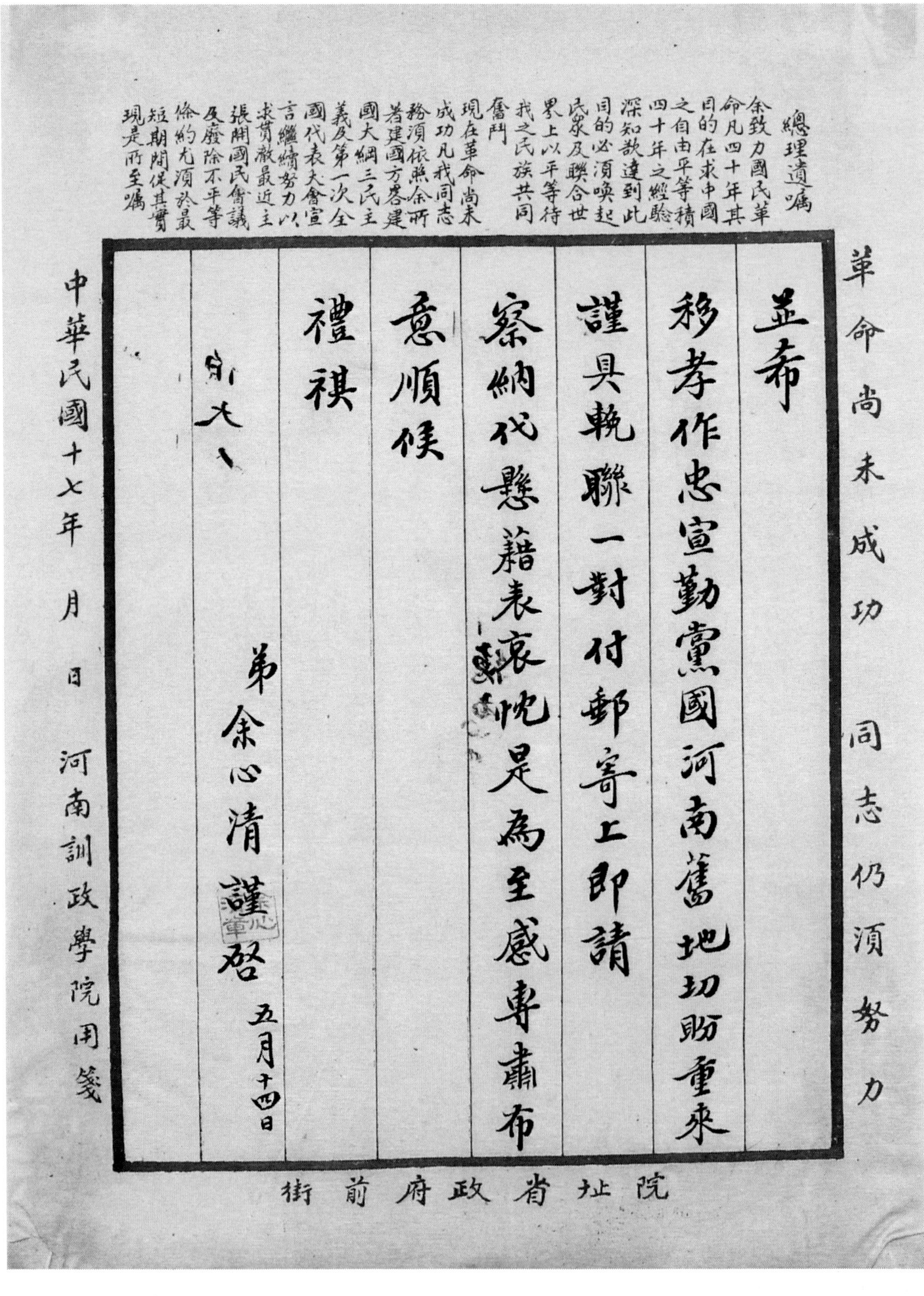

革命尚未成功　同志仍須努力

總理遺囑

余致力國民革命凡四十年其目的在求中國之自由平等積四十年之經驗深知欲達到此目的必須喚起民眾及聯合世界上以平等待我之民族共同奮鬥

現在革命尚未成功凡我同志務須依照余所著建國方略建國大綱三民主義及第一次全國代表大會宣言繼續努力以求貫徹最近主張開國民會議及廢除不平等條約尤須於最短期間促其實現是所至囑

並希
移孝作忠宣勤黨國河南舊地切盼重來
謹具輓聯一對付郵寄上即請
察納代懸藉表哀忱是為至感專肅布
意順候
禮祺

外大人

弟余心清謹啓　五月十四日

中華民國十七年　月　日　河南訓政學院用箋

院址省政府前街

存档

收文 1959年10月16日 (59)编字第893号

第　　页

中华书局总编辑部：

世暹拟提两件事：

⑴罗振玉校金石萃编（王昶的）

这部书罗老先生校了许多年，大字印过，那一年校的部分未刊印。此书现存罗福颐先生处（先期日方手稿已说罗先生有此书），据说是无意中从旅顺带出来的。因对于金石书毫无研究，前些人说，罗老先生的此校本研究完，请转商于他借印也！

⑵丛书傳记

(甲)年谱部分多说明谱主姓名、书名，但也有史籍者，未说明书中何为一种。

(乙)方志不分省府州县镇志的，这些书的排列经分一部记一部，但未说明何处了解的排比。

此书如编目成书印行时，但请编者在编写中，这两点求了一考虑。

此致

敬礼！　赵世暹 1959.10.15.

20×20=400（京文）

112　　14

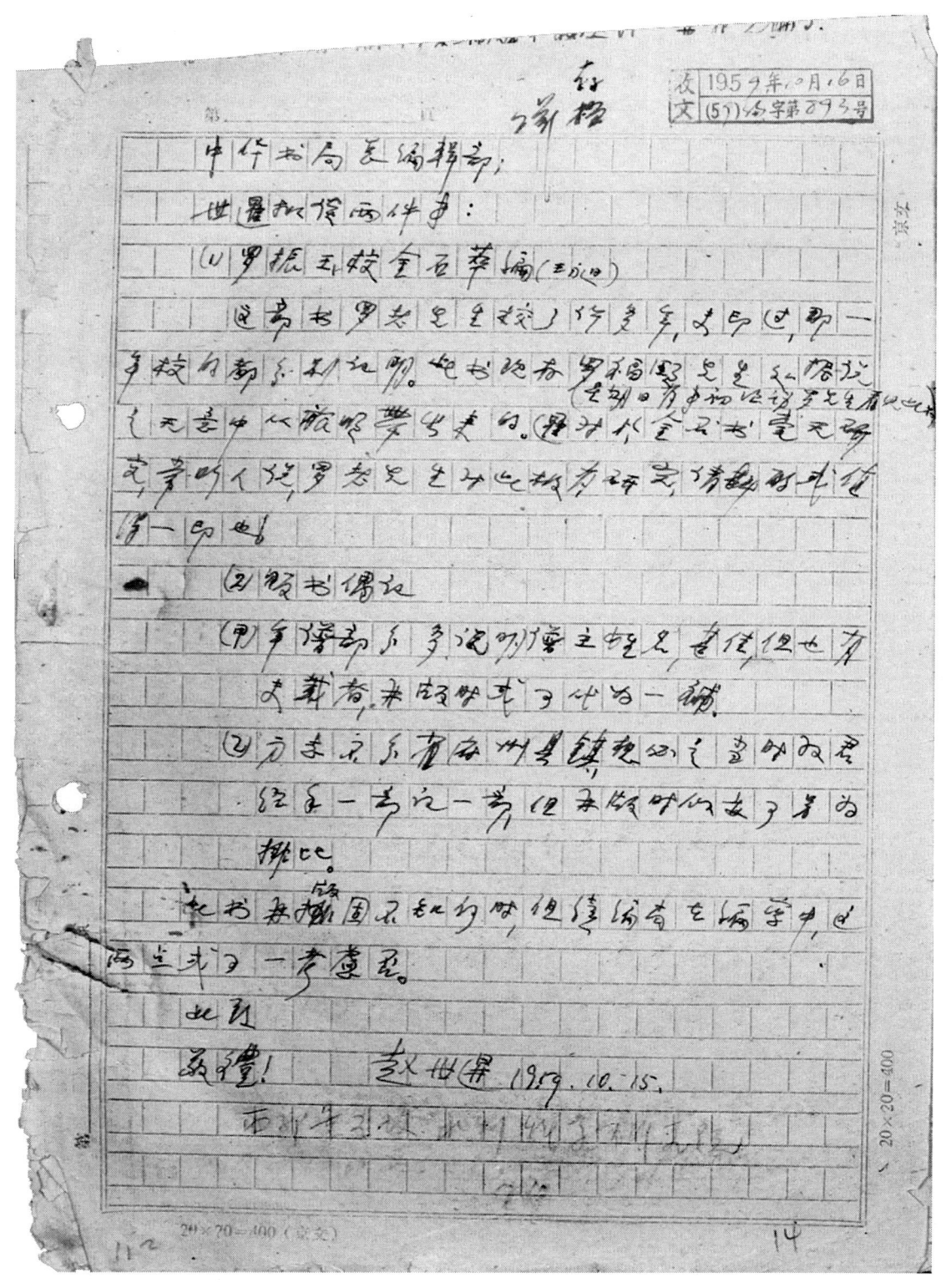

中华書局发文稿紙

签发：萧项平 1960.10.31.	会签：二组 静庵 31/10	核稿：丁邹 60.10.31	主办单位：史一 拟稿人：宋□ 60.10.31
事由：关于水释集及商务版水经注		附件：水经注一本	
主送：赵世暹		地址：西郊某王坟水利水电科学研究院	
抄送：		地址：	
发缮：	打字：	校对：□ 11.2	封发：1960，10，31
编号：（60）编 字第 1611 号	挂号 航空 专送 电报	本稿：归档 請退	

（签名注明日期）

世暹先生：

10月16日的来信收到。承寄水释集已收到，甚感，用毕自当璧还。商务出"国学基本丛书"排印本水经注，该馆曾在57年订正句读，改正若干错字，利用旧版重印过一次，并非由我局重排版。现将我处资料组所藏该书新印本挂号寄上，供参考。用毕仍盼寄回。此致

敬礼

中华书局

第　　页

1960 9月12日
收 (60)编字第1083号

中華書局編輯部：

昨日陸乃彥先生提到南京大學汪辟疆教授研究水經注，使我想起汪先生有个水經注徵引書目的稿子——要比鄭德坤君的水經注引書考要來得精細些，但是尚未寫定。前些日子，吳澤炎先生說到鄭君的書，認為有大加校補之必要。據我所知，吳先生對於水經注也有所研究的。你部若以為汪教授那部稿子現在來付印的標準可以印出的話，我建議，同他本先生聯繫好了，把稿子請吳先生看看，或可替你部提出若干參考意見，以供採納。我和汪教授認識多年，雖然在學術上當然也是有交情的，可是我想上述的方法是有意義的，汪教授年紀現在七十多了，身體不是那麼健全的一位，一位陸先生是看到的，所以很希望與一切著作能早日出版，供學者使用也，都不是為了私人考慮問題，請備斟酌。此致

敬禮！ 趙世暹 1960.9.10.

你部近代史組9月9日函悉。我把此函轉給顧頡剛先生看，他看出若干比我看出的要有用得多的可斟酌的地方。等他看完后，我再寄還你部參考。 世暹又上

此信汪先生都于十月七日同項收到……請二組閱讀

水經注引書目，可由本組與汪辟疆先生聯系。守儉 60.9.12

水經注引書目過去有許多人做過。~~如果~~現在再要做，應該對所引書做一些考證性的提要。如果單是一个書目，不論那一位先生做，都沒有多大意義，也就等於"引書索引"罷了。乃乾

如有意見，請寫給我們，以便參考。
9/19

中华书局近代史组：

承惠，水经注收到，谢谢。留阅若干日，即行奉还，当不过久耽搁也。

此致

敬礼！

赵世暹
1960.11.6.

存
杨[illegible] 60.11.8.

北京——中国历史博物館
中国革命博物館

14

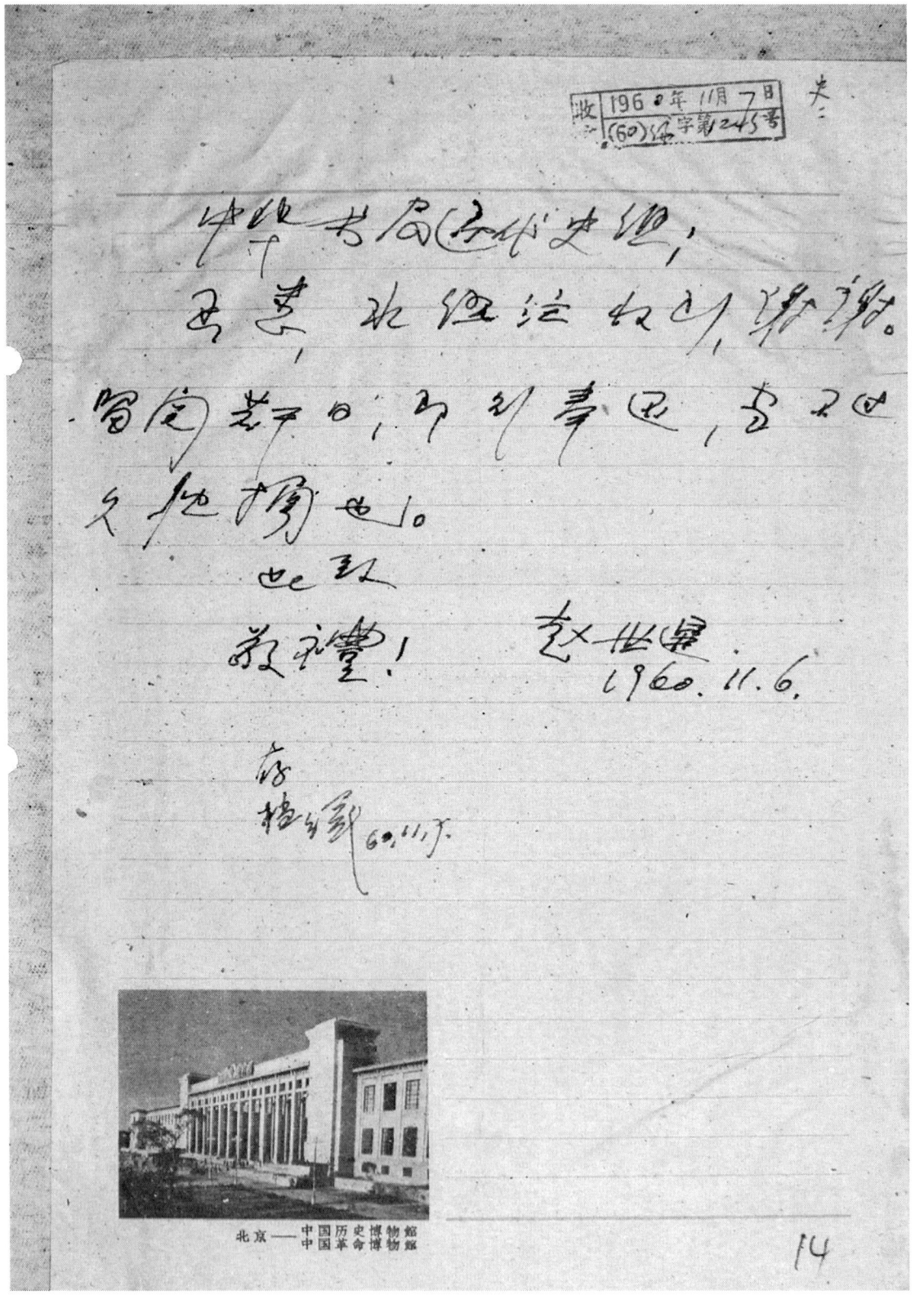

收文 60 11 23日 1291号

史一存档 11.25

中华书局古代史组

兄台奉二示，均敬悉。寄还此稿费，并已收到。又承惠借商务重印本水经注，收到谢谢。此书修正得很详细，足见参加过工作者，有一定的贡献，对于读者也甚方便。其中有遗漏，为数当不为多，正如来言所说，校书如扫落叶，要完全不漏为大不易耳。今已翻阅完毕，另函挂号奉还，乃希 查收，为荷。

此致 敬礼！

赵世暹 1960.11.2[illegible]

赵氏孤兒

已复函 守俭 60-11-25

14

任叔同志：

1."希腊神话"已付排否？希望能多附插图。不知你那里有什么"插图"材料？有没有准备插入正文里？我所有的这一类材料，有许多已经被毁掉，所存的已不多，恐不能照原来样子印出，但也有些好的"材料"，总要花若干时间来整理。

2."插图本中国文学史"的问题，也就在"插图"方面。要不要增加若干？要不要抽换若干？也有不少好的材料可以加入，故考虑增加些。

3.能否将已交稿的书早些印出？"文学史"如交稿，若干时间可以印出？（照上海方面估计，文学史在三个月之内即可印出。）

致

敬礼！

铎

2/22

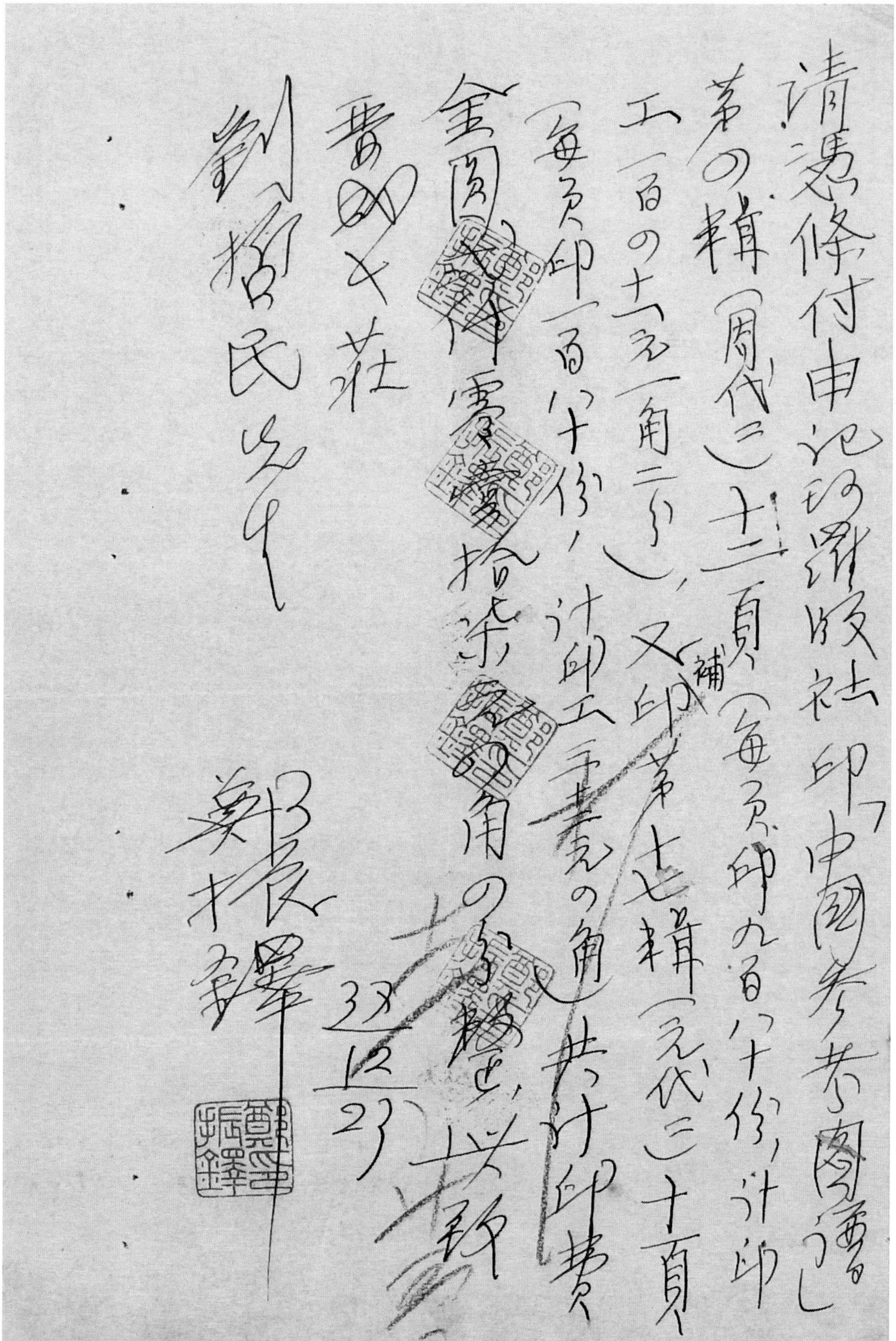
請憑條付申記印刷所社印《中國參考圖譜》
第四輯（周代二）十二頁（每頁印九百八十份，計印
工一百〇十二元一角二分），又印（補）第七輯（元代二）十頁（
每頁印一百八十份，計印工一千壹元〇角）共計印費
金圓貳仟零拾柒元〇角〇分整，此致
黄四七莊
劉哲民先生

鄭振鐸
37.12.27

PRAHA - Vyšehrad
PRAHA 025
1957
23-24
ČESKOSLOVENSKO
PRAHA
1956
PAR AVION
1 - 4748 - 037461 F 22862
ORBIS

C/O Mr. George Kao
Chinese News Service
30 Rockefeller Plaza
New York 20, N. Y.
U. S. A.

梅林兄：

前奉致聖陶先生與兄一函，想達左右。函中略述電影劇本寫家擬捐款與文協事。今得他們的信，說即將會議，商量此事，並索文協地址。弟已將滬總會地址寄去，並囑以後即直接寄文協，以免錢款經手，又恐不便。接英文函，切勿擱置，宜速託人譯出，並設法草函回覆，至盼至盼！

昨在此遇到女作家Smedley，她允去設法為募捐給文協。她與好萊塢作家均係前進作家，捐款當不至受文協拒絕。

文協事賴兄主持，至為放心。弟明年四月回國與否，尚不可知。即使回去，亦擬躲開上海，找個靜地方，專心寫作；文協事恐難再幫忙。

胡風兄住何處？附函乞代轉，並謝！

E221 匆匆，祝 春祺

弟 金銘

15.4.69. 23 於美

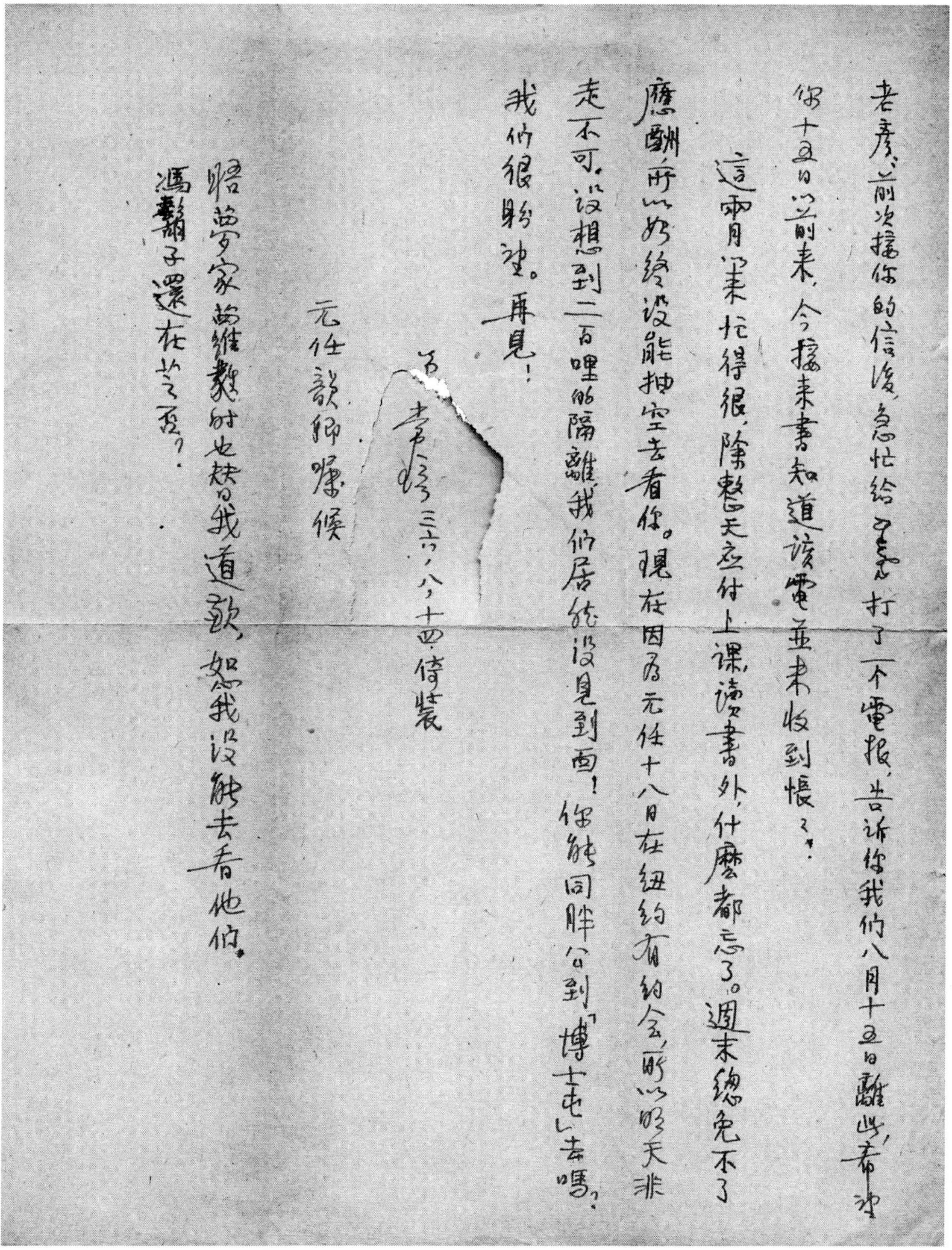

老彥，前次接你的信後，急忙給[illegible]打了一个電報，告訴你我們八月十五日離此，希望你十五日以前來，今接來書知道該電並未收到，悵悵。

這兩月窮忙得很，除整天應付上課讀書外，什麼都忘了。週末總免不了應酬，所以始終沒能抽空去看你。現在因為元任十八日在紐約有約會，所以明天非走不可，沒想到二百哩的隔離我們居然沒見到面！你能同胖公到「博士屯」去嗎？我們很盼望。再見！

弟 常培 三六，八，十四，倚裝

元任敬師囑候

晤夢家[illegible]時也托我道歉，恕我沒能去看他們。

馮鬍子還在芝[illegible]？

祖韓仁兄閣下：昨蒙枉駕不遇，又以足疾
復作，未克迴拜，為歉歉。
囑為
大千兄紅樓人物冊題咏，弟近頗有
江郎才盡之感，勉湊得《夢揚州》
一闋，尚乞斧正：
碧雲浮，正曉風吹起新愁。點點淚痕
一片，湘簾波柔。夢迴千里倒心
甚，只二分明月揚州。情難剪，
腸斷猜，小窗誰付，淡幽花事。
年來恨休記，憐儂香埋芳草，
卿衣面拭，送此生愁了。
非關殘秋，玉郎長抱鷄睡[illegible]。
意素哉番鸚鵡前頭詩社，
結恨紆倚徧微擲嬌眸。
弟瑞年未定稿 七八

又
近市面頗不太平，聞年月
衛業已三宗，弟處經濟核
桂年少三成，不審
足處何不如下半年能否轉
好一嘆。
弟瑞才又上

（四）朱谦之

中国古籍整理出版选题目录，大体可用。惟嫌过于偏向文学著作方面，对于古典科学与艺术书籍，尚重视不足。地理类水利之书过少，异域书如职方外纪，坤舆图说，高丽国史之类，似亦不可忽。科学书中有数理精蕴，而无历象考成，仪象考成。徐光启之天学初函、测量异同诸书，亦未列入。算学有梅文鼎之勿庵历算全书，而不列江慎修之数学及推步法解[illegible]。又艺术方面，书法类等于零。乐律列朱载堉乐律全书，而无康熙朝之律吕正义与江慎修律吕新论律吕阐微诸作，致此门学问，特感缺乏。谈到古籍整理，应有其目的性，大量出版文、史、哲之书固为必要，此外更应照顾将来中国科学与艺术之发达需要，对此学科之过去成就，更加以整理出版。因此提议应于十二年之内，有系统地完成「中国古典科学丛书」与「中国古典艺术丛书」二种，以资准备。因计划远大，选题方面，亦更从宽。其他方面无意见。

26/6/1956　朱谦之

北京大學

第　頁

25×20=500

直帆吾兄大鑒：十七日惠書及對遼文化作戰方案初稿均誦悉。該團需要通且具常周之擬之才者，每星期二三日返京。此次但令設以每星期二三（星期）年三兩集會為宜。地點可在通州，無不可。如但請商震兄從洪流運侯集秘書長察望提前聞命，則請雲震兄主持可也。尚請台祺

弟 ……啟 ……月十八日

初稿芬遠

教育部便條

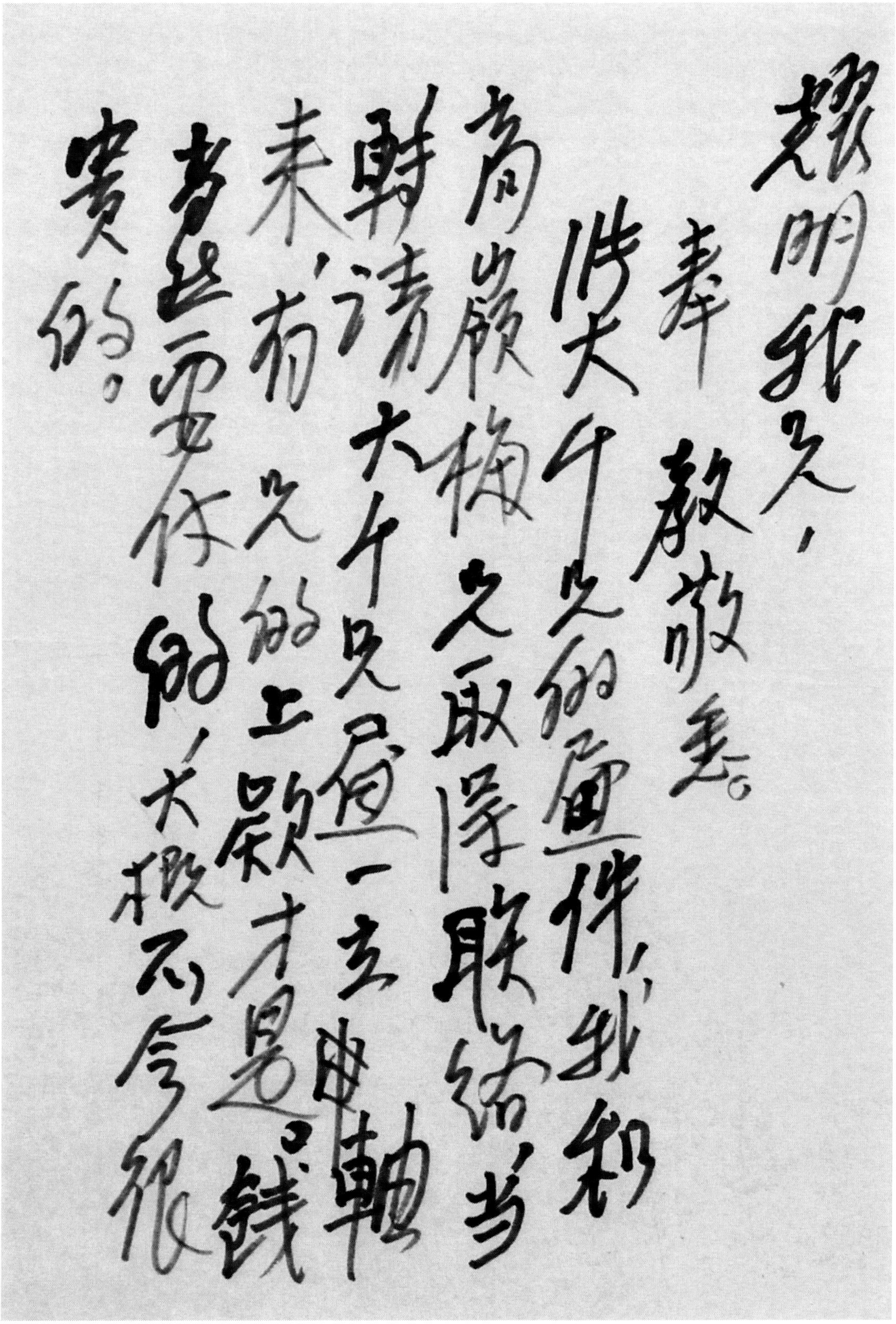

翘明我兄，

奉教敬悉。

收大千兄的画件，我们商请顾梅之取得联络，当酬请大千兄画一立轴来，有兄的上款才是。钱方面要你的，大概不会很贵的。

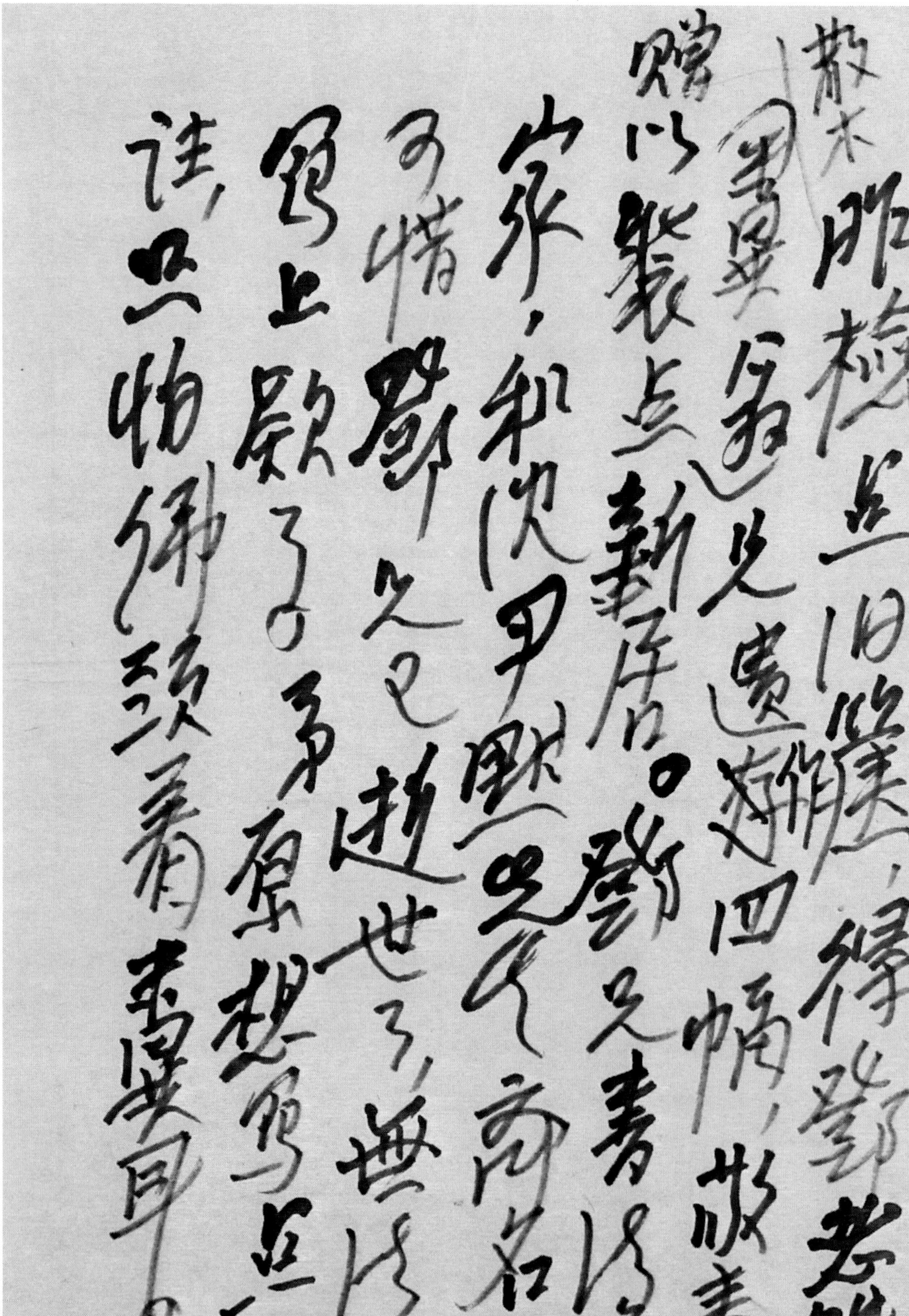

散木：

昨檢出舊藏，得鄧鐵老賓虹翁遺作四幅，敬奉贈以裝點新居。鄧先生書法名家，和沈尹默先生齊名，可惜鄧先生已逝世了，無法題上款了。原想寫上一小註，只[illegible]頌著[illegible]

齊白石、吳昌碩的作品，
大千、陳書畫，青年詩老收藏，或
許倘有，能設法轉讓給我，
如果同意，信來，再談。
即頌
著祺

弟 曹聚仁 札
七月十六日

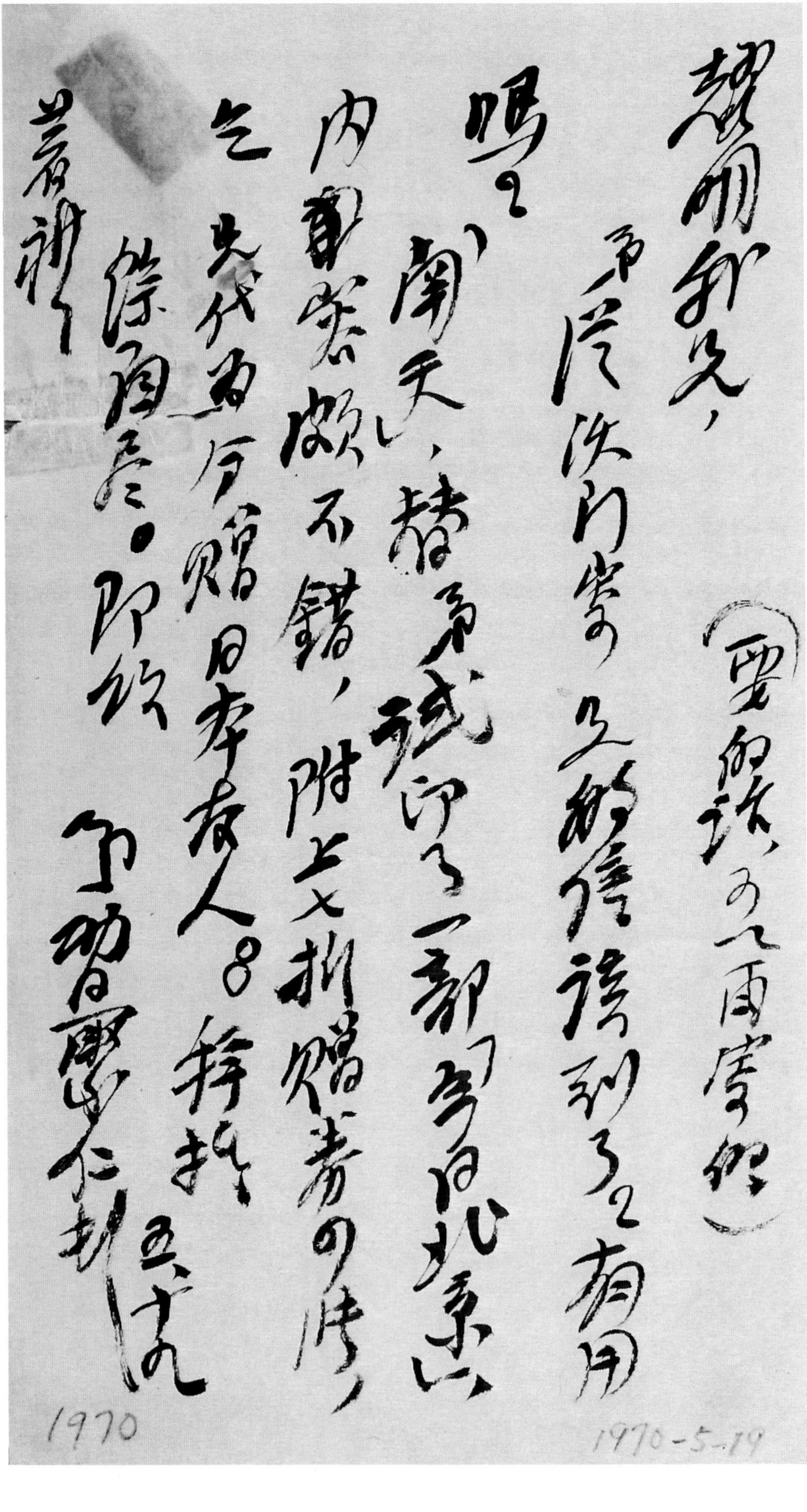

楚明我兄：
弟從河東又能傳[illegible]到了。有用
唱唱。閱天天，請弟試印一部寄北京以
內[illegible]燃不錯，附上七折贈[illegible]的詩，
乞先代為分贈日本友人。8拜托。
餘[illegible]。即頌
著祺
弟[illegible]　五、十九
（要[illegible]寄些）

1970

1970-5-19

第　　页

啟刚兄：

久未通信，为念。五月间寄致兄一函，因住址写的是上海科学院光学仪四厂被退回。当时忘记你的通信处，也无处询问，怅怅。昨日本所买来你厂出的显微镜，才知道你的厂子叫国营光学仪四厂。这次大约不会错误了。

第一，我先对你们出的偏光显微镜提一点意见。

1. 我们买了三架，我先看了61007一架。外表形式与Zeiss Winkel大也完全一样，接口出的图式若好的多。四种物镜也很清晰，当时很觉清爽满意。

2. 物台与说明书上的图不合，缺少了45°的螺丝和微动螺丝。物台转动不灵活，用手转动时发生动摇，尤其用高倍镜时影响最大，防碍镜检工作。物台还要转动自由，重无迟滞现象才好。

3. 镜座及其零件接合不大稳固，也是发生动摇的原因。这在出厂前好好检查一次就可改好了。

4. 下偏光镜的刻度与目镜十字线不吻合，也就是当下偏光镜与南北十字线平行时，不指90°，或0°。这在出厂前检查一下就可修整。

5. 物镜中心校正是借助两个偏心螺丝的转动。但你厂出品不能达到校正的目的，两个螺丝的轨迹好像是同心圆。

25×20=500

第　　页　(9)

这与原厂出的不同，原厂出的是一个是圆形弧线，一个是形弧线，并且相弧线互相交叉。因此两个转动起来，总有一时可以对准在一点。这一点请再检查，须要改正才好。你厂的物镜中心校正不发生作用。如果不在中心，转动螺丝也是无用。所以在出厂前若是装的不准确，那就不能再移向中心了。

6. 还有一点很重要的问题，是高倍物镜的磨制。偏光显微镜的物镜要求除了清晰以外，还要光学性质上十分准确。在矿物偏光工作中，观看干涉图是非常要紧的事。普通用45X的物镜，有时用100X的油镜头。我看了6100号这架，这两种高倍镜头都不好。例如观看一轴晶时，黑带不成十字形，而中心分裂，黑带的交臂也不平行于十字丝。100X镜头尤其不好，分裂很远，不是一轴晶的样子。我不知道主要原因为什么，但是镜头若不同时，可能产生这现象，装置不好时，也有一点原因，总之这是很复杂的问题，这是有关光学系统的问题，我不懂其所以然。这是检定偏光显微镜优劣之处。

7. 目镜的视场圈不能收缩至极点，这是在看干涉图时极重要，因为镜内发生很多的光环，不利于看干涉图。

8. 反光镜的视场圈，即在下的视场圈，物台下的偏光镜光圈，必须都可以校正至中心，因用高倍镜观察时都能移到中轴内。若是不在中心，对于精密的测验就有防碍。

25×20=500

第　页

以上是我只就61四7一架看出的问题，也许说的有不对之处，也许这架不太好，其他的没这些问题，等以后使用时才能知道。最后，我对你们的仿制造相当满意，较比廿年前的出品好的多了。装璜（木箱）不太讲究，我认为可多加些工，使外表精致一点就好看了。

第二件事是我想请教的，也就是上次信中所说的事。

旋光偏光镜没有倾斜目镜，我们测糖旋光率时必须直起身，低着头，这样十分吃力。我试作了一个倾斜目镜筒，装在上头，光路尚好，但是发生反射后偏光，不加上偏光镜时，也有多少偏光作用，不知道是原因在哪儿。我是用60度的等边三棱镜，现给你画如下：

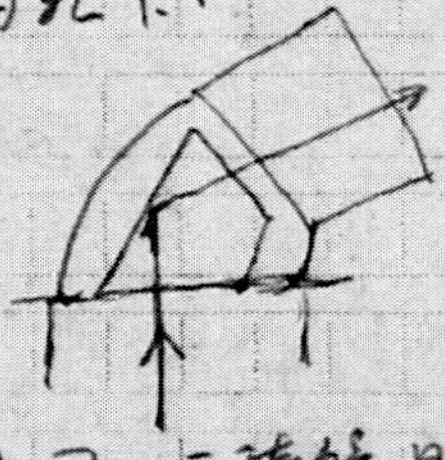

你们用的三棱镜是何种的，怎样可以免除这反射偏光？或是用那种光学玻璃？请你指示一切。此致

敬礼

何作霖 61.8.9.

你处有来京的可能，务请联系，我大约九月初可以回京，因不久要去北戴河开会。

25×20=500

雲翔兄：

關於更換証章收集圖樣意見一覽，茲檢啟中寄來，啟事抄件及電稿、經改來函與覆函之底稿共四紙奉上，祈

詳閱料理為荷，此致

敬禮

中夫兄何日返津，可念

弟 沈曾邁 拜啟

附件四紙

公曆一九五二年十二月十七日

江南水泥股份有限公司

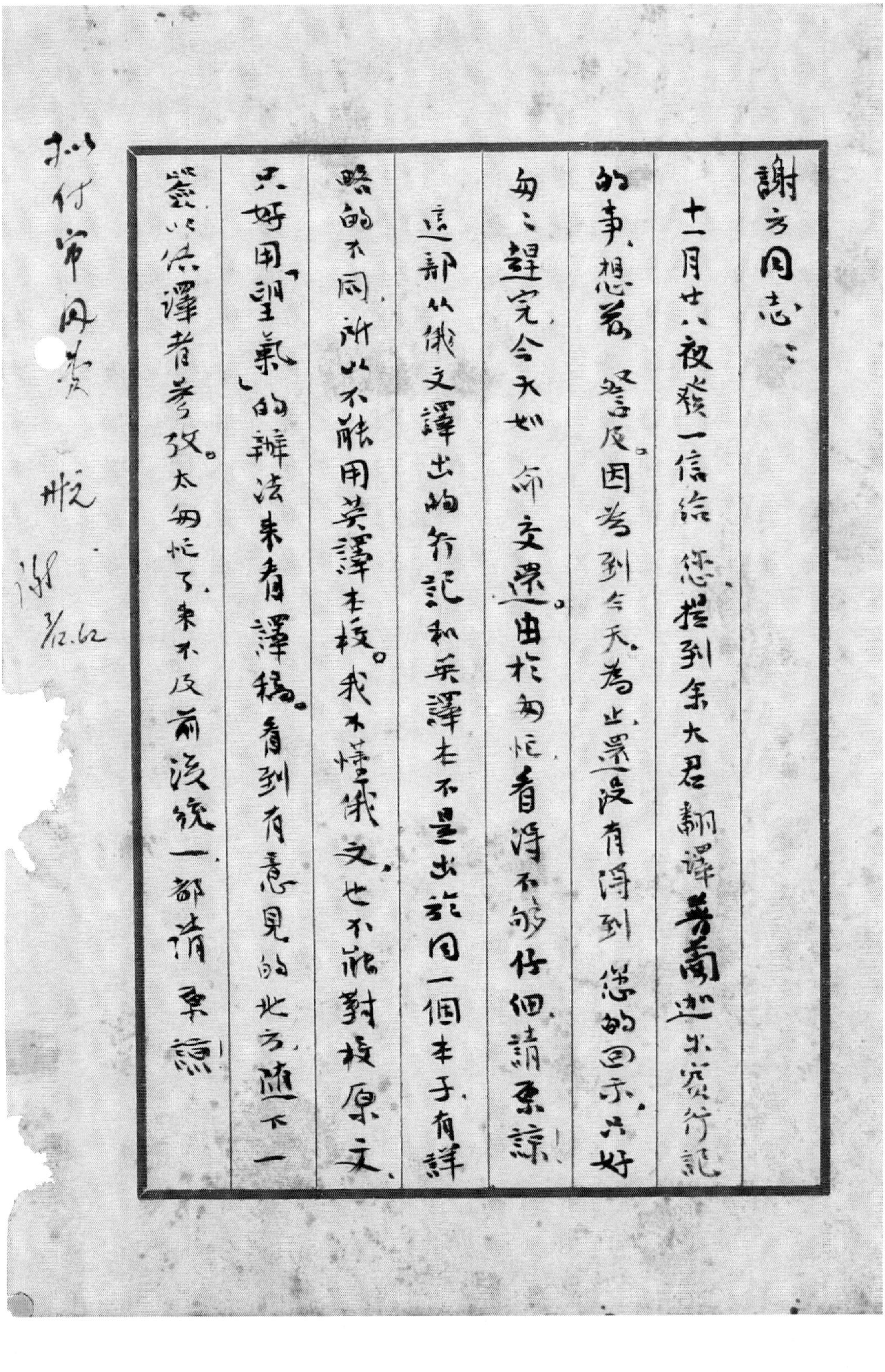

謝方同志：

十一月廿八夜發一信給　您，提到余大君翻譯普蘭迦兒賓行記的事，想荅覆及。因為到今天為止，還沒有得到　您的回示，只好匆匆趕完，今天如命交還。由於匆忙，看得不夠仔細，請原諒！

這部從俄文譯出的行記和英譯本不是出於同一個本子，有詳略的不同，所以不能用英譯本校。我不懂俄文，也不能對校原文，只好用"望氣"的辦法來看譯稿。看到有意見的地方，隨下一簽，以供譯者參攷。太匆忙了，來不及前後統一，都請原諒！

抄付常同志一閱。

謝 3/12.62

譯文一般是通順的，稍有生硬之處，加以潤色，就可以了。行記本身和俄譯者的註，對於研究蒙古史大有用處。這一類的譯著過去不多，只有馬可波羅行記、蘇萊曼東遊記寥寥二三種。個人認為余大君此譯很可以出版。我意如此，是否可行，請

鑒核。

俄文原書及譯稿三冊一併奉繳。此致

敬禮、

向達

十二月一日

70

上海市立戲劇專科學校用牋

0075

劇解字第332號

為呈報新聘教員徐里並擬薪三百元請准核轉由

46270

本校本學期增聘教員之追加預算，已蒙
上海市人民政府教育局轉奉　市府核准在案。茲有留美之戲劇家
徐里先生，最近返回祖國，本校得悉後，擬聘請徐里先生為本校專任
教員，担任排練與導演課程，並擬定底薪三百元，由十一月份起薪，除
呈報教育局外，理合檢同該員簡歷表一紙，備文呈請
鑒核，准予轉請教育局核撥，以利教學。

謹呈

上海市人民政府文化局

附簡歷表一紙

市立戲劇專科學校校長熊佛西

公元一九五〇年十一月十四日

0092

上海市立戲劇專科學校用牋

為呈報新聘助教陳雲程慰世等二人及專任教員張雋偉改為兼任教員請准核轉由

劇 解字第359號

本校上學期畢業生陳雲、程慰世等二人，曾派在你局藝術處服務，本校因教務需人佐理，業經呈准調回担任助教工作，並擬定底薪各支一百六十元。又專任教員張雋偉，原薪三百元，現自十二月份起改為兼任教員，擬定底薪一百五十元，均於十二月份起支，除呈報教育局外，理合備文呈請

鑒核，准予轉請教育局核撥。

謹呈

上海市人民政府文化局

市立戲劇專科學校校長熊佛西

公元一九五〇年十二月四日

15

上海市立戲劇專科學校用箋

本校話劇表演科學生吳澐，男，年二十三歲，於一九五〇年三月由本校派往華東三野政治部文工三團見習京劇業務十一個月，現已見習期滿返校，當核見習鑑定及格，准予畢業。該生对於京劇表演成績良好，有志参加京劇演員工作，擬請你局斟酌情況，分發工作。

謹呈

上海市人民政府文化局

上海市戲劇專科學校校長熊佛西

公元一九五一年三月一日

請註明送達機關地址：

18　91

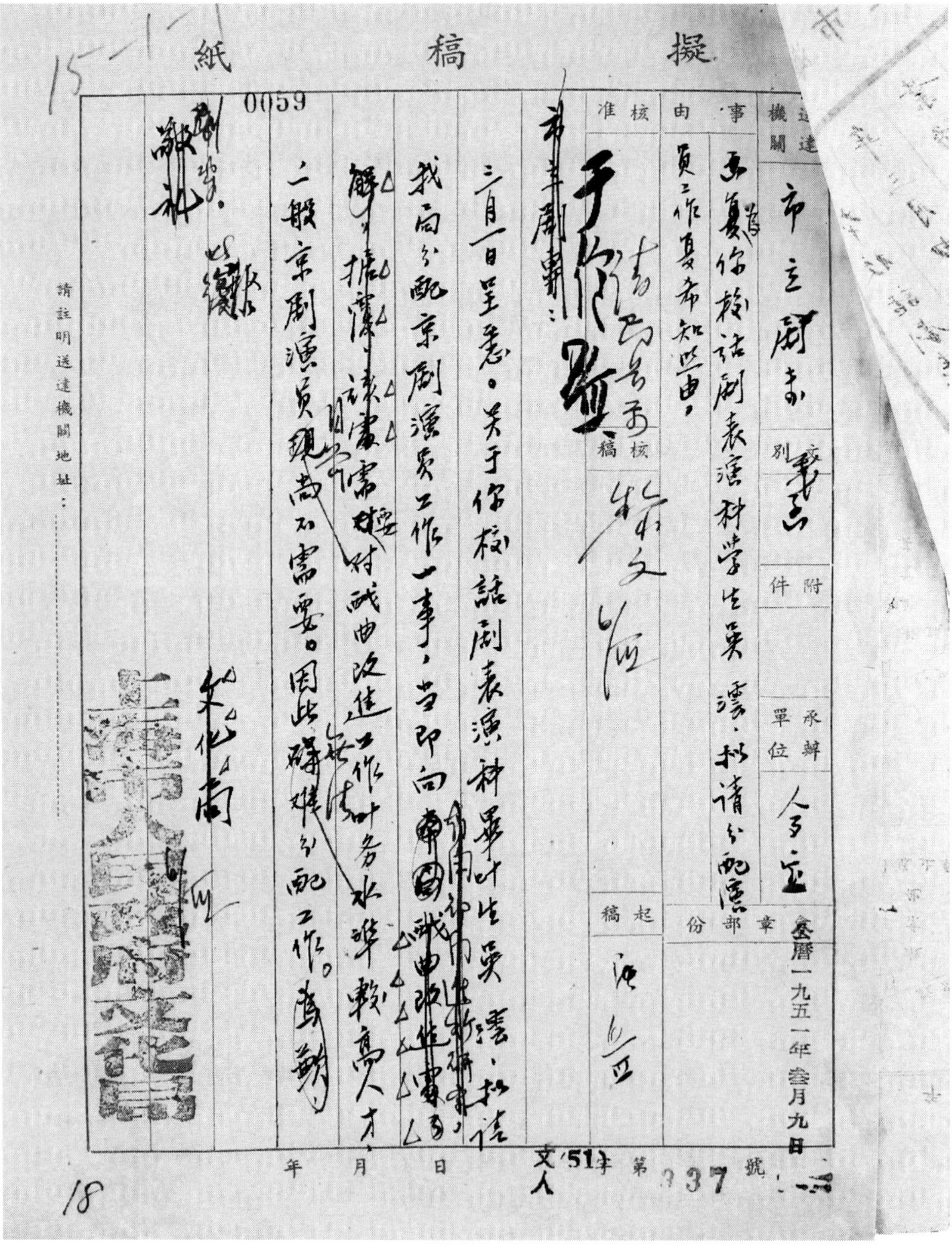

15-1-1

擬稿紙

0059

送達機關：市立劇專

別：函

事由：函復你校話劇表演科學生吳濤，擬請分配演員工作事希知照由

核准：于伶

核稿：[illegible]

起稿：[illegible]

附件

承辦單位：人事室

章部份

公曆一九五一年叁月九日

市立劇專：

三月一日呈悉。关于你校話劇表演科畢业生吳濤，擬請我局分配京劇演員工作一事，当即向本局戲曲改進處[illegible]據該處[illegible]需要對戲曲改進工作水準較高人才，一般京劇演員現尚不需要。因此碍難分配工作。此致

[illegible]

年　月　日

文人（51）字第337號

18

0062 210

上海市立戲劇專科學校用箋

劇解字第445號

為我校擬請添聘張可先生為專任教員請准核轉由

我校為本學期開始上課，排練教員不敷分配，經校務會議決議，擬請添聘張可先生為話劇表演科專任教員，並擬底薪三百二十元，自三月份起薪，茲附呈該員簡歷表一份，除呈報教育局外，備文呈請

鑒核，准予轉請教育局核撥，以利教學。

謹呈

上海市人民政府文化局

附簡歷表一份

上海市戲劇專科學校校長熊佛西

28

0083

上海市立戲劇專科學校用箋

為擬將我校今暑應屆畢業生廿四人畢業後准予留校及[illegible]團工作由

劇解字第493號

我校於一九五一年三月起奉 你局核准設立戲劇工作團，業已籌備成立、開始工作。本團性質，在 你局領導下，對內着重實驗示範及提高業務，對外負責滬市政治宣傳任務。惟在建團時期，吸收人才相當困難，我校計劃擬將今暑話劇表演科應屆畢業生二十人，（內擬擇優酌留二人為本科助教）、及舞台技術科應屆畢業生四人，（內擬擇優酌留一人為本科助教，）畢業後全部留在我校劇工團工作。除將此項意見呈請華東教育部，中央教育部轉呈中央人事部並分呈上海市人民政府教育局外，特此具文呈請，敬祈核准。

謹呈

上海市人民政府文化局

上海市戲劇專科學校校長熊佛西

公元一九五一年四月二日

地址：四川北路橫濱橋一八四四號

0097

上海市立戲劇專科學校用箋

為我校圖書管理員袁化甘擬請准予調任助教遺缺請委周惜吾担任由

劇字第530號

我校原任圖書館管理員袁化甘原係我校一九五〇年一月研究班編導組畢業生，業務及政治水平均高，現請　准予調任理論編劇科助教，擬按助教薪給調整為壹佰陸拾元。遺缺另請委周惜吾同志担任，并擬薪給壹佰元，於四月下半月起薪，除呈報教育局外，茲檢同周同志離職証件及幹部鑑定書青年工作幹部登記表、幹部卡片、整風學習小結共五份，呈請

鑒核，准予轉請教育局核撥。

謹呈

上海市人民政府文化局

附証件材料共五份簡歷表一份

上海市戲劇專科學校校長熊佛西

公元一九五一年四月廿六日

地址：四川北路橫濱橋一八四〇號

3029

0153

上海市戲劇專科學校戲劇工作團用箋

為報請任用羅玲、康瑛為我團團員由

我團因工作上之需要，亟擬添用團員，茲有羅玲及康瑛兩員，均有演劇經驗，可任演員。理合檢附該兩員入團登記表各一份，自傳各一份及介紹信一件，備文報請

核准任用為我團團員。此致

上海市人民政府文化局

附登記表貳份 自傳貳份 介紹信壹件

上海市戲劇專科學校戲劇工作團團長熊佛西

副團長楊村彬

（印）上海市戲劇專科學校戲劇工作團印

公元一九五一年八月十日

第 頁

74

發文劇工字第五十六號
一九五一年八月十日發出

地址：四川北路一八四四號 電話：四六二七〇

0182

上海市戲劇專科學校戲劇工作團用箋

為報請任用趙爰珍為我團團員由

我團需要團員一名，擔任保管工作，現有趙爰珍前在我校肄業，并
曾在華中大學文工團為團員，對於劇團保管工作可以勝任，對於滬劇亦有經
驗，擬請
核准任用為我團團員，待遇為包乾制，並檢附本團登記表一份，自傳一份，及各項
證件，計幹部登記表、華中大學學員登記表、學習總結報告、家庭婦聯證明書
各一份，報請
察核辦理，此致
藝術處轉致
上海市人民政府文化局
附本團登記表自傳各一份
上海市戲劇專科學校戲劇工作團 團長熊佛西
副團長楊村彬

公元一九五一年 十 日

第 頁

發文劇工字第五十[illegible]號
一九五一年八月十日發出

地址：四川北路一八四四號　電話：四二六二七〇

上海市戲劇專科學校用箋

爲補報我校學生鄭綺園一人下廠見習及徐里先生率領負責督導敬請備查由

劇解字第673號

我校本學期話劇表演科及舞台美術科三上年級學生俞開鑫等五十三人，定於本月二十日實行下廠見習一學期，業將該項學生名冊呈報你局備查在案。茲有我校話劇表演科三下年級學生鄭綺園（女）前因身体需要調養，經呈准休學一學期，本學期該生又呈准復學，茲指定該生與三上年級俞開鑫等一起參加本月二十日下廠見習，所有前送該項學生名冊內漏報該生一人。又此次學生下廠見習，我校推定徐里先生率領下廠，負責督導，合併補行呈報，敬請

備查！

謹呈

上海市人民政府文化局

上海市戲劇專科學校校長熊佛西

公元一九五一年九月十二日

地址：四川北路一八四四號　電話：四六二七

0173

上海市戲劇專科學校戲劇工作團用箋

為報請核准任用陳國儀為我團團員由

發文劇工字第七十五號
一九五一年九月十五日發出

我團現急需增添演員，茲有陳國儀，尚有演劇經驗，可以造就，擬請
核准任用為我團團員，茲檢附該員自傳一份，介紹信一件，敬祈
核示辦理，此致
藝術處轉致
上海市人民政府文化局

附自傳一份介紹信一件

上海市戲劇專科學校戲劇工作團團長熊佛西
副團長楊村彬

（印：上海市戲劇專科學校戲劇工作團印）

公元一九五一年九月十五日

第　頁

地址：四川北路一八四四號　電話：四六二七〇

0057

上海市立戲劇專科學校用牋

夏衍局長我兄：
茲以我校師資缺乏前奉 教育部令囑增加
助教以資培養等因前經呈請 准予聘任我校
畢業生黄雷等四名為助教在案內黄雷同志
原在總工會文工團工作整編後調上總文教部
文藝科擬請 轉商上總商調来校以利業務為
禱此致
敬禮

弟熊佛西

三月二日

轉文教局請調。

3/8

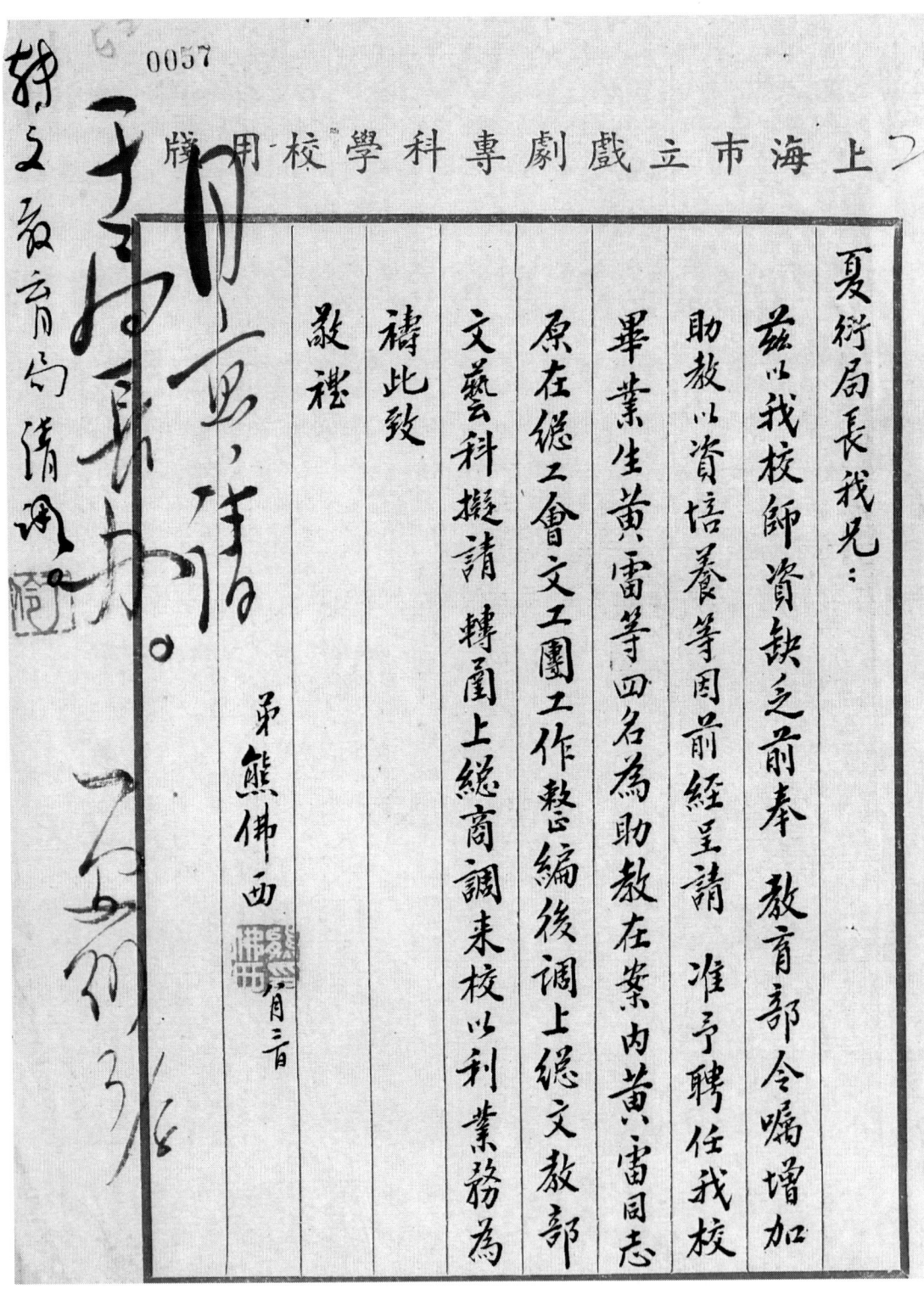

該信存底、簡復請退還。

路工同志：

你的「評介『中國俗文學史』」一文最初我個人本來考慮發表的，但後來經編輯部轉給各編委和鍾敬文先生（非編委）看後，都認為你的文章尚存在着如下的一些缺點：

一、「中國俗文學史」一書除了你摘出的幾個錯字外，在其他方面也不是就沒有缺點的，但你文中在這些方面幾乎就沒有觸及到，反之，倒使人覺得有些稱贊過甚之感。

二、把人民的口頭創作一概和俗文學混為一談，也不妥貼，因為在民間流傳的某些口頭創作，也不完全就是代表了廣大人民的，也有受了統治階級的影響而創作出來的含有毒素的東

四、

三、文章写得不够全面、深入，说服力不强。

以上这些意见仅供你参考。如有不妥的地方，当然我们还可以讨论的。因为本文原先准备发表，便将你文章用红笔删坏了，现在照你原文誊正寄还给你，祈原谅。

又，此刻正在展开红楼梦研究及批判俞、胡等资产阶级思想在学术界影响的讨论，希望你写文章来支持这一运动。

此致

敬礼！

陈翔鹤 9/11

文學遺產

山西師範學院

（　　）字第　　号　　第　　頁

闻老：我一点也没有想到会接到你的信！多少年来，我把到上海看你当成一种愿望，我曾写信给啟怀安，请他把你的住址告我，他置之不覆，我也托其他熟人打听，也没有结果，今天居然接到你的信，真使我欢喜万分！——

——山西大学在53年已经取消，分立为"工学院"和"山西师范学院"，你的信因此迟延了几天。山西"表里山河"，正好把人困住，真使人孤寂啊！

读来信后，一时不知该从那里说起。首先，我为你的康强打晴，整日愉快。我看你写的字和二三十年前一样，而更加有力，一点没有老态，这是寿徵。其次，得知令郎消息，更知他和你住在一起，遥想孙男绕膝，幸福家庭，定能增寿。江老兄大约还在浙大，从前我在报上看见一位姓江的教授入了党，不知是不是他，

覆文請注明來文字第号及日期　　院址：太原市南郊

師景節有一種養生方法：「太冷不出，太熱不出」，上海的天氣有些天也很冷，千萬不要受冷，冷天最好不要出門。

山西師範學院

（　　）字第　　号　　第　　頁

可惜我把他的名字忘記了。我在解放前後，原在武漢大学教書，50年回到山西，特别忙得很，已多年不教課了，担任山西师范学院的行政職務，毫無建樹。学问方面，更荒疏有負 雅望，尤其解放以来，因為我對中国历史分期方面的意見，和一些"權威"的意見不合，極受歧视，写了些書和文章，也不能發表，真是一言难盡！同志，我始終記着你對我講的一種道理"藝術化的人生观"，这是修養功夫最深的一種哲学，我常常享受你这種哲学，这種哲学，善為運用，可以避免主观主义，你以為然否。我要爭取到上海看你[redacted]，这是可能的，我希望在57年暑假実现，现在不多写了，免得你看了費神。敬祝

健康，快樂！

畢周東 14/12

覆文請注明來文字第号及日期　　院址：太原市南郊

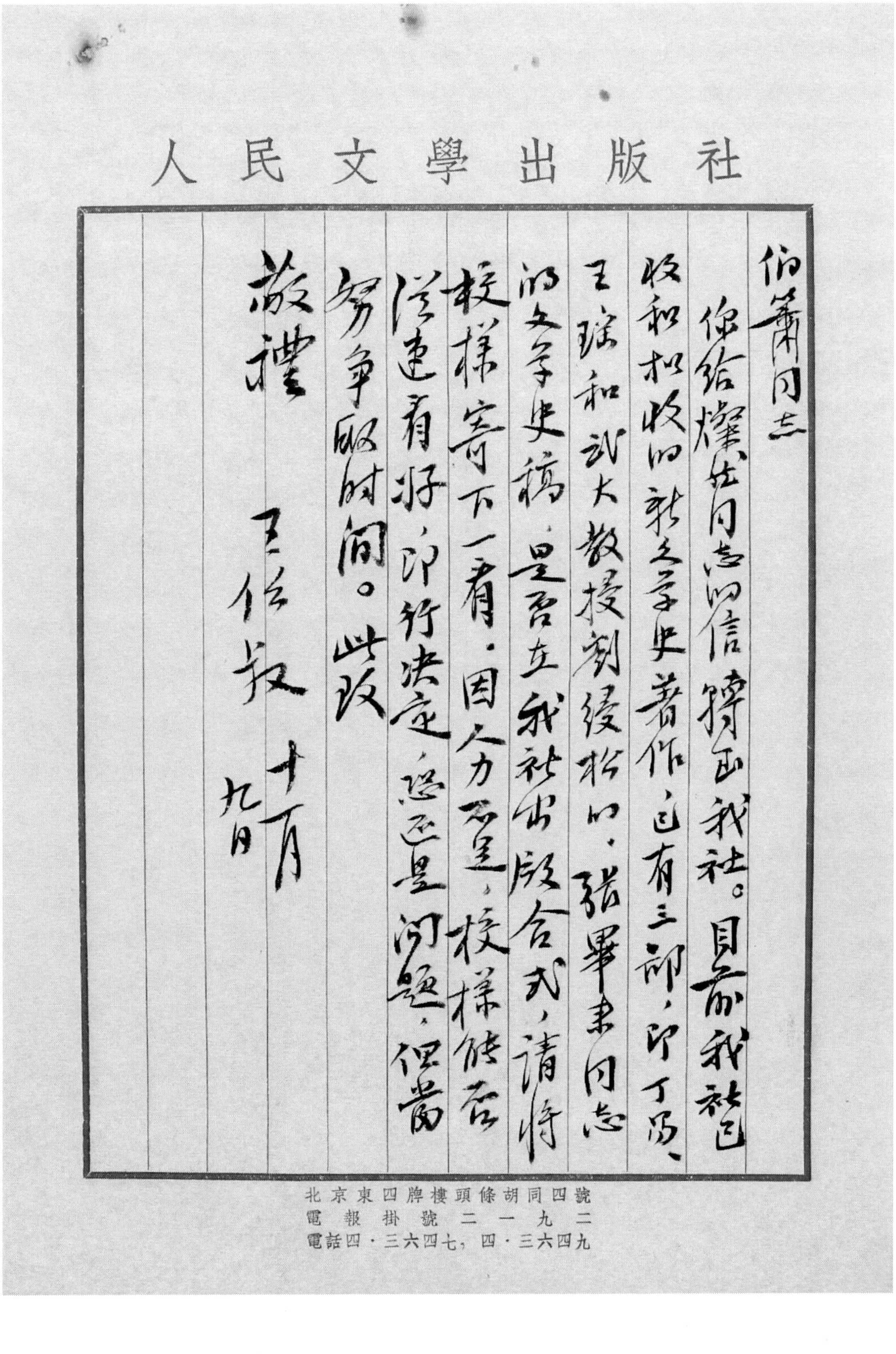

人民文學出版社

伯箫同志：

你给燦然同志的信转到我社。目前我社已收和拟收的新文学史著作已有三部，即丁易、王瑶和武大教授刘绶松的。张毕来同志的文学史稿，是否在我社出版合式，请将校样寄下一看。因人力不足，校样能否从速看好，即行决定，还是问题，但当努力争取时间。此致

敬禮

王任叔 十月九日

北京東四牌樓頭條胡同四號
電報掛號二一九二
電話四·三六四七，四·三六四九

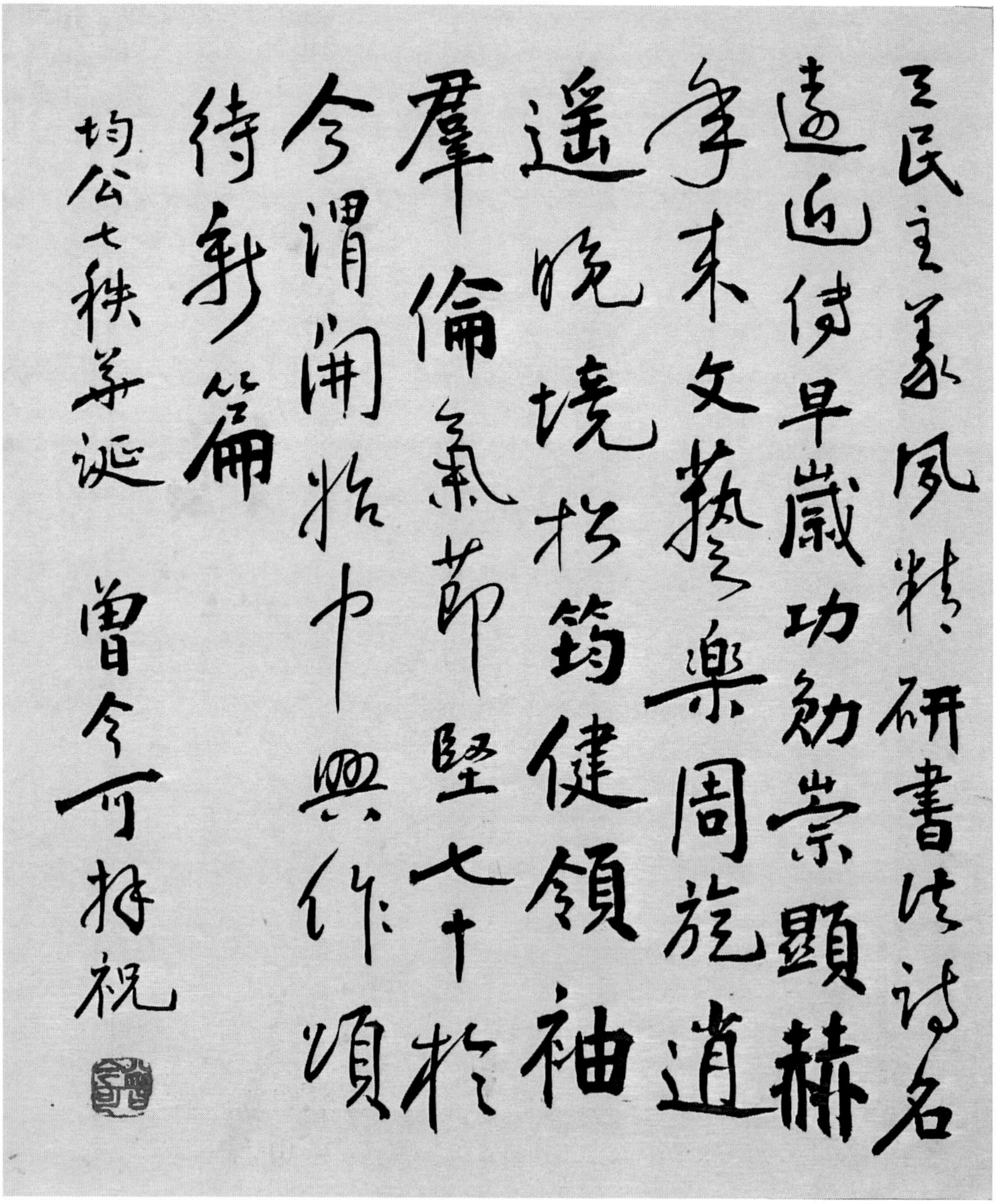
三民主義夙精研書法詩名
遠近傳早歲功勳崇顯赫
年來文藝樂周旋逍
遙晚境松筠健領袖
羣倫氣節堅七十於
今謂開始中興作頌
待新篇
均公七秩華誕
曾今可拜祝

先生鈞鑒：前夕承
賜宴暢聆
清誨，感幸萬端。頃晤今關天彭，知與陳朱諸老並曾
相識，其人治近代我國文學甚勤，恂恂儒者，不審亦將請
覲否？鄭贈一詞，錄呈
誨正。彊師身後，優蒙
矜恤。日前晤援道，亦曾言及
盛情。庸儒世兄並承

反難奏功，此不特選政為然，葉君遐庵之清詞鈔，即因各家分選，遂致因循莫就。謹陳愚見，鈞旨以為何如？懺翁新刊詞，謹託允文兄再呈一册。日內米石驟漲至一百卅圓，民食前途可為危懼。肅此，敬叩

鈞安

晚學龍制沐勛頓首　一月卅一日

062

私營放映隊人員安插問題到目前為止已大部解決。與上次所報分配办法，有以下四點更改：

(一)我局电影隊原定吸收四名，現增加一名。

(二)電影院專建委員会原定吸收一名，現增加一名。

(三)中央第一机械工业部華東建築公司新成立放映隊，要求我局分配放映員二名。

(四)姚克昌的女兒（原不在安插範圍内的）因姚克昌放映隊取消後，生活有困难，要求分配工作。為了照顧姚克昌，又因為他的女兒是學会計的（青年团員），擬介绍她到器材公司或影院專業委員会當会計。

以上更動，是否有当，請

批示。（詳情見錢蒼田知報告）

陳局長

職 顧仲彝 上

七，十三

同意

37

022

中國影片經理公司華東區公司上海辦事處，借
假吾局同意，擅自命令私營放映隊組織聯合
機構，事前既未請示，事後又未報告，無組
織無紀律，增加我們對於私營放映隊的處理上的困難。
我同意錢基同志的意見，召開座談會解散該
機構，並對上海辦事處予以嚴厲批評。是否
有當，請批示。

一面立即取消該「辦事處」，撤銷名義。一
面召集上海辦事處負責人及我們同志來局
面陳錢局長，陳[illegible]職，[illegible]同錢局長商談的意見。
陳 4/8

32
51

閣輝吾兄大鑒：日前奉接九月六日大札，得悉茶屯郵寄之四十七包書籍業已妥到，甚慰甚慰。魏魯男先生論語之書已屬賈人搜覓，俟搜得後當即函告。日報十本業經郵部四號君辦理，亦叠號投寄轉寄。雜誌但得努力為之，有復恐不能盡如人意耳。也吳日中實將散處，一切書信之書出版所藏叢書以後當搜羅示，可到洋行付運寄

30012

同年續禮執杖節勞，隨後中間曾於Sears
博士北處(閱傳方面)接洽，亦無結果，直至本月[討]
二兄奉校友服務，往圖書館設法籌謀始
允出口，據司制查為該項書籍已於十月四
日運走，大約十一月中可到Cambridge。中國店
號辦事弊實屬不對，[此項出口]貴重書籍初本擬
無專明意，張子剛兄曾[向]館收勸告對之點
繳之。收以來慮此事且增，亦無法闡
悵

哈佛燕京學社北平辦公處

因故宫特刊展延，佛律治的四月份如期
寄出，终觉有愧。贵馆之（书藏）
贵馆提到美金二千元，截至六月底共花
去一千〇二元（北平每月费）为你六百九十七元〇五分
近数月又陆续寄所领之处下拨
款项，不知何日可拨到。兹自一九四八、七月至一九
四九、六月为　贵馆购书费用两个半工
两个整工（倍张之展薪七十五元，吴铨祥五十元）袁同

30014

并二十二元，另須乘二十元。現燕京各部門薪水已全照
調整，（補一成新水依增加，十一成新水依增加者）按月家
計每月薪津共需美金[illegible]百元，以後只依增加用
特達知，俾便預籌。又以前貴館購書款
倫查於何月匯寄者示及。敝館本年購書
除補闕外大件看查核，須俟集部收書
價奇昂，即就之大不易事，以本年除外得二編纂
處外並代圍主任 哈燕社北平辦公處轉東又有[illegible]

哈佛燕京學社北平辦公處

兼兩月功課同時復編大中報誌及天津益世報讀書周刊 吾 兄於何條佛經書目考略稿件以先篇幅稍長無須選也此致

敬頌

著祺

弟 聶崇岐頓首 十一晚

壬寅中秋六十初度呈
自昭兄
一生難對酒當歌樂事而今竟不磨毅
勤家國忘身少慚愧人情拂照多側身
天地隨群動畫寫肝腸詠太和伏櫪壯
心猶未老高々秋月帶長波
昌群稿

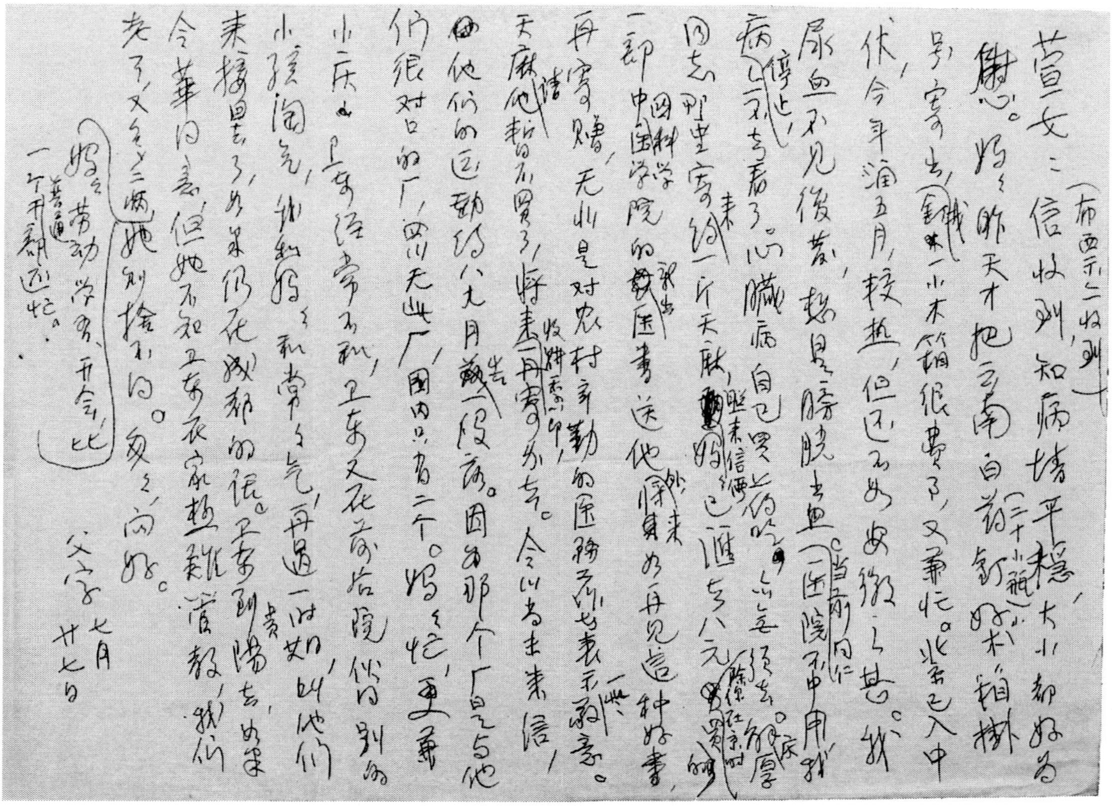

萱女：信收到，知病情平稳，大小都好为慰。妈妈昨天才把云南白药（二十小瓶）針剂外木箱掛号寄去，一小木箱很贵了，又兼忙。北京已入中伏，今年酒五月，较热，但还不如安徽之甚。我尿血不见復发，总是膀胱出血，当前同仁医院不申用我病[illegible]（停止！）去看了。心脏病自己买些药吃吃，[illegible]陈大夫[illegible]。因去（刚出）寄给一斤天麻，[illegible]已汇去八元[illegible]。一部中国科学院的新出医书送他，外来再见这种好书，再寄赠，无非是对农村辛勤的医务者们也表示一些敬意。天麻请他暂不买了，将来收到再寄寄去。今以为未来信，他们的运动经八九月告一段落。因为那个厂自己与他们很对口的厂，四川无此厂，国内只有二十个。妈妈忙，更兼小庆上学经常不利，卫东又在医院，他们到[illegible]。小孩淘气，妈妈和常常气，再过一时如此他们来接回去了，如果仍在我们那的话。卫东到阳去，如果今華同意，但她不知卫东农家较难，责教，我们老了，又多三个，她别搞不得。多多问好。

妈妈普通劳动学习、开会，比一个月都还忙。

父字 七月廿七日

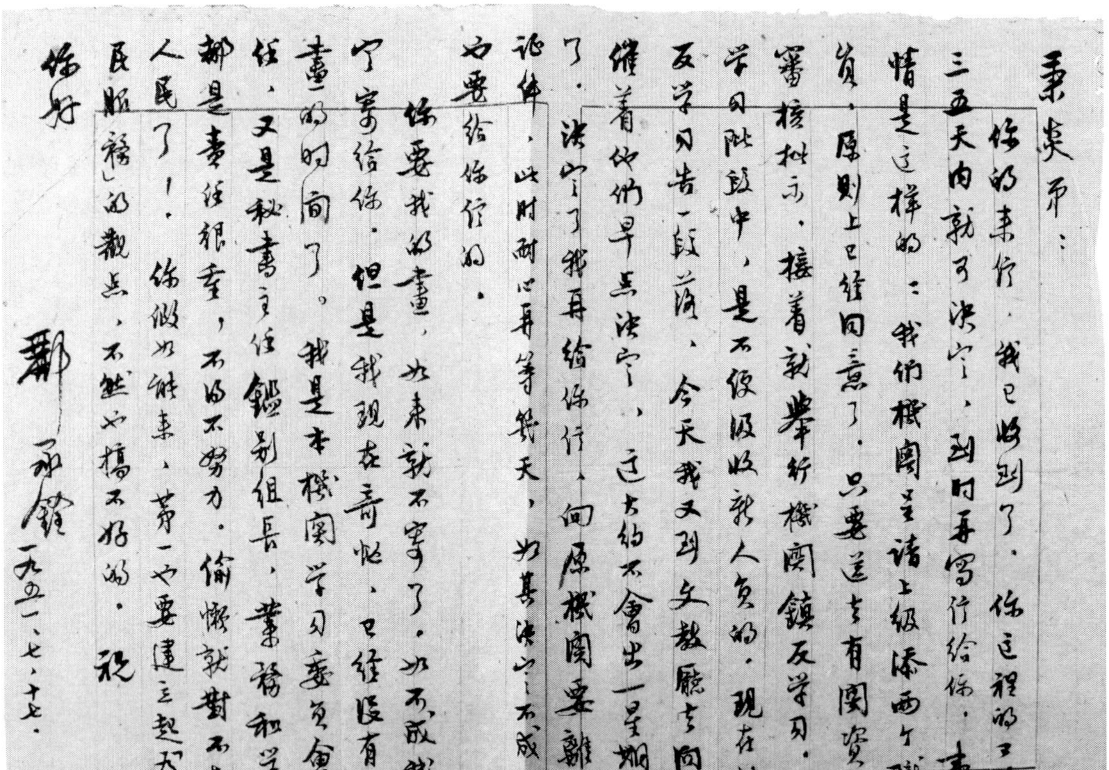

秉炎同志：

你的來信，我已收到了。你這裡的工作，三五天內就可決定，到時再寫信給你。事情是這樣的：我們機關呈請上級添兩個職員，原則上已經同意了。只要送去有關資料審核批示，接着就舉行機關鎮反學習。在學習階段中，是不便吸收新人員的。現在鎮反學習告一段落，今天我又到文教廳去問過，催着他們早點決定，這大約不會出一星期的了。決定了我再給你信，向原機關要離職證件。此時耐心再等幾天，如其決定不成，我也要給你信的。

你要我的畫，如來就不寫了。如不成我一定寫給你。但是我現在恐怕，已經沒有作畫的時間了。我是本機關學習委員會主任，又是秘書主任、鑑別組長，業務和學習都是責任很重，不由不努力。偷懶就對不起人民了！你假如能來，第一也要建立起為人民服務的觀點，不然也搞不好的。祝

你好

鄭[illegible]

一九五一、七、十七。

秉炎兄

我介紹你的工作，現已呈報上級，俟批准方算最後決定。但你現在可以考慮兩點。(一)你个人是否願意來？(二)如願來，可以非正式的向原機關問一問，假如要辭職，能否照准？就以上兩點，速來一信告我。

[illegible]

四、十四日

蟄存吾兄閣下：暑假匆匆過了，此間已開課一週矣。本年度錄取之新生，亦已陸續來校，自滬來此者海道甚艱難，新生來得不足所取人數，大概因北方局勢關係，已取入他校甚多，亦因畏來。清華說有學生數已超出宿舍容量，故而亦不願望來擠也。每有南方人來過訪談，輒動鄉思。今年暑假，實不曾好好過。本來佩公休假，又了一不返校，只得泥介擠代一年系中事務。不幸佩公甫得休息，即病殁。同人襄

弟與佩公約，明暑後弟
亦可得休假。

國立清華大學用箋

清5.(36.10.120.000)

助教弄事加忙。今更多雜務。此刻聞明擬出朱先生全集，且催早為整理編撰，不得偷閒。國文系學生人數不多，二三四年級合共不足三十人，系中教授至助教連兼任講師有廿人，大一國文須開十數班也。現在清華惟有工學院最熱學，多數學生考清華是讀工科的，今年想調整院系而取錄新生，結果尚不能做到理想，據榜後知有志入國文系的僅四人，請學生得二人。至于農院中每有一系而無一個新生者，人類學系每僅得一人，何偏枯也。遊彥

國立清華大學用箋

清5.（36.10.120.000）

大學新生亦如此，多數志願新聞系。北大投中文系多，不知畢業之如何耳。吾兄近任何課？前所託留意之書，已託書賈代覓。昨有携來兩種，一為古詩箋，竹紙十六冊，刊印尚好。芷蘭堂本，舊此書多爛板，此本尚好。惟天頭不高，僅寸。又據言有墨筆圈點，有數處用△号，殊劣。若能乾淨，索價金圓券十二元。一為李因篤之漢詩音註四冊，乾淨，刊印尚佳。索價十元。可以還價，大概八折左右或可成。暫留，奉詢 吾兄要否，乞覆。字覓並不便宜，似可得可失。看上海是否易得，且

國立清華大學用箋

清5.（36.10.120.000）

是否較便宜耳。至于進城逛書鋪，若太容易，一周教課自星一至星五不暇，星六星日公共汽車擠，偶而進城，亦家用雜物也。有機會時當為留意也。遠明北來後，約到清華一晤，當未去信。閱其老常在華西，曾因有友來清華任教，以書介紹，并詢及日常近況，託致意。顧函常見否？按蜀中教課與寫作，雖頗遂否？便示一一，此頌

秋安。

弟江清上　九月二十六日

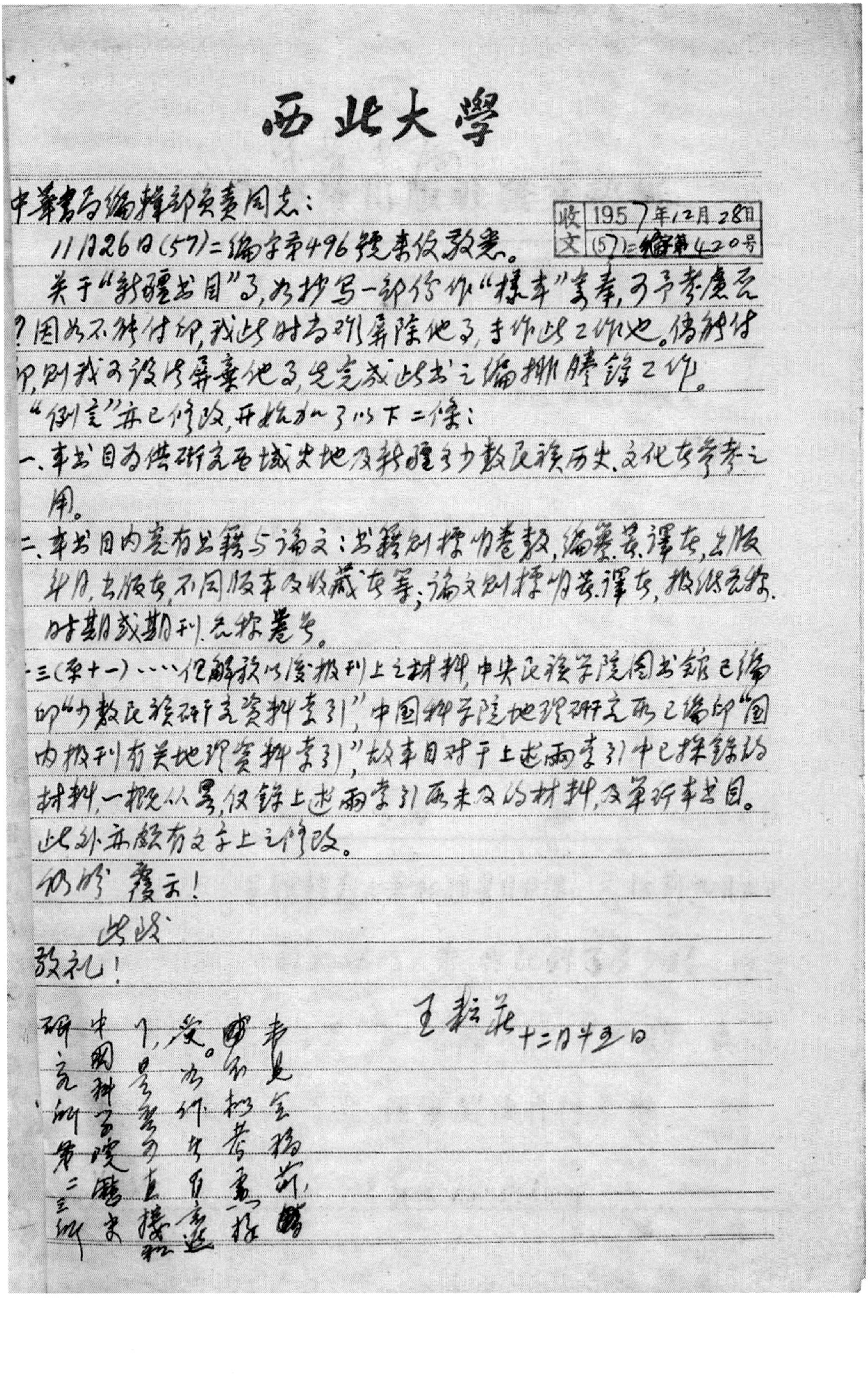

西北大學

中華書局編輯部負責同志：

收文 1957年12月28日 (57)二編字第420号

11月26日(57)二編字第496號來信敬悉。

关于"新疆书目"了，如抄写一部作为"样本"寄奉，可予考虑否？因如不能付印，我此时当可弃除他务，专作此工作也。倘能付印，则我可设法弃弃他务，先完成此书之编排誊録工作。

"例言"亦已修改，并增加了以下二条：

一、本书目为供研究西域史地及新疆各少数民族历史、文化者参考之用。

二、本书目内容有书籍与论文：书籍则标明卷数，编纂著譯者，出版年月，出版者，不同版本及收藏者等；论文则標明著譯者，报纸名称，时期或期刊名称卷号。

十三(原十一)……但解放以后报刊上之材料，中央民族学院图书館已编印"少数民族研究资料索引"，中国科学院地理研究所已编印"国内报刊有关地理资料索引"，故本目对于上述两索引中已採録的材料，一概从略，仅録上述两索引所未及的材料，及单行本书目。

此外亦微有文字上之修改。

請即覆示！

此致

敬礼！

王耘莊 十二月廿五日

[illegible]

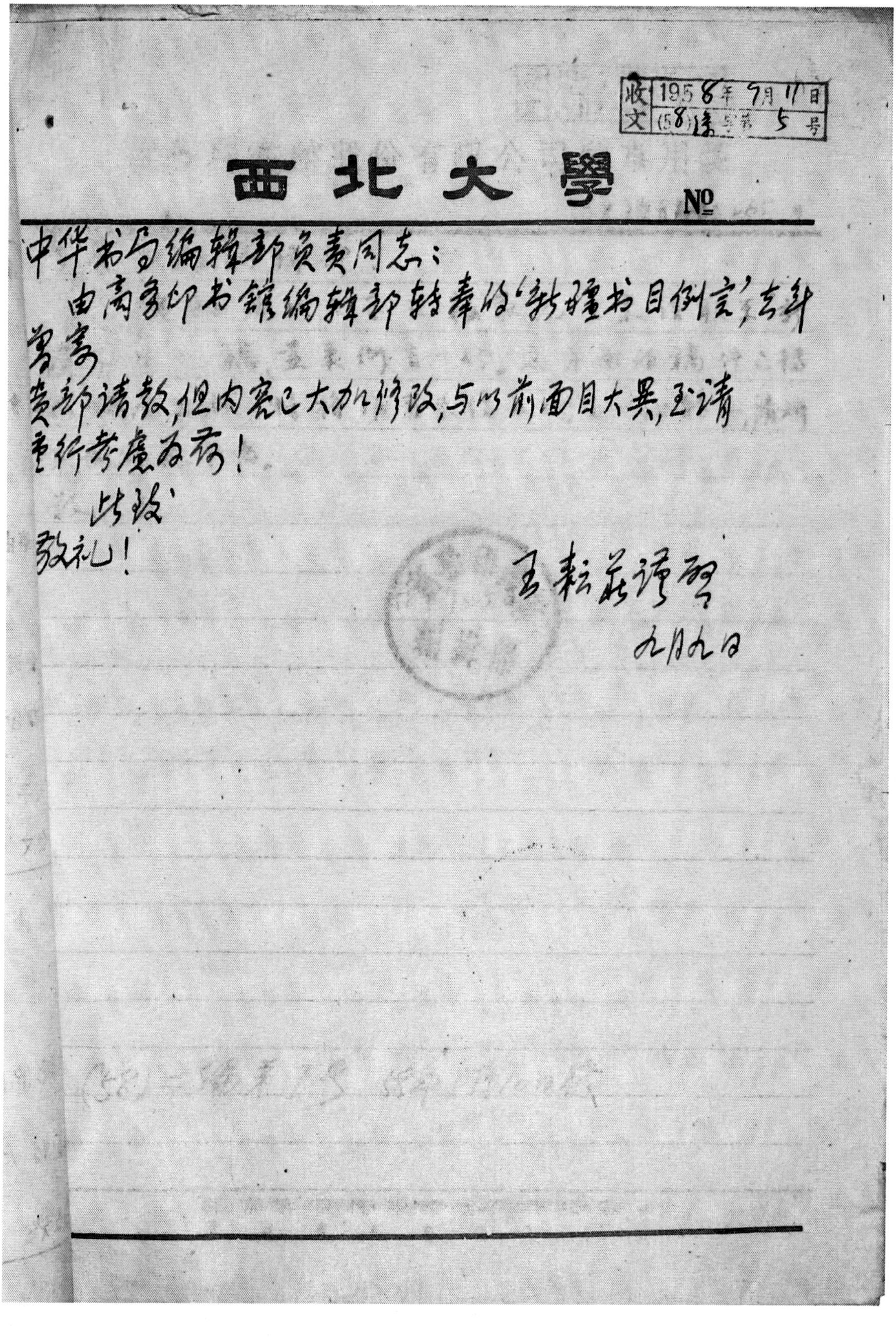

收文 1958年9月11日 (58)编字第5号

西北大學 №

中华书局编辑部负责同志：

由商务印书馆编辑部转奉的'新疆书目例言'，去年曾寄贵部请教，但内容已大加修改，与以前面目大异，至请重行考虑为荷！

此致

敬礼！

王耘莊谨启

九月九日

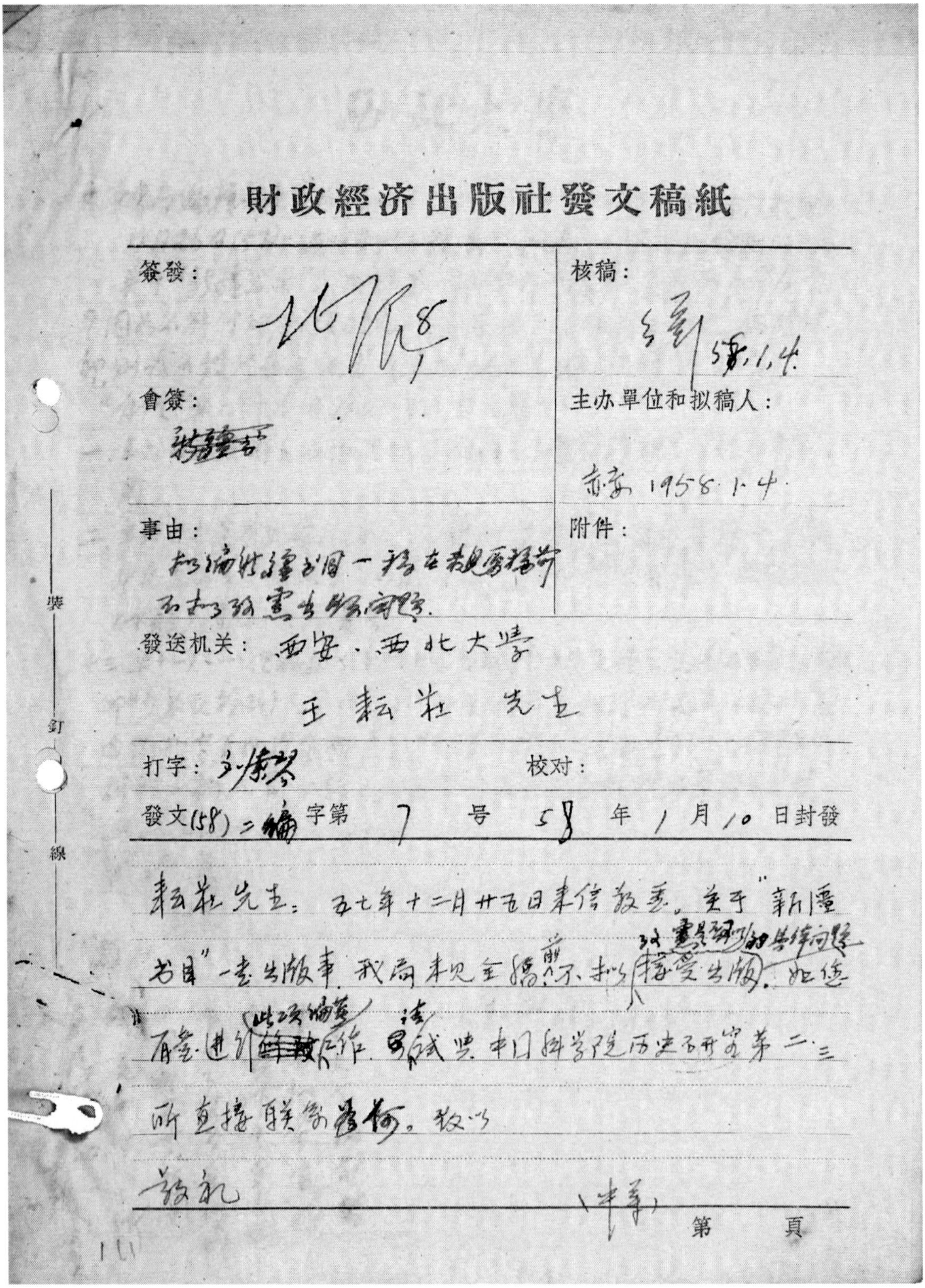

財政經济出版社發文稿紙

簽發：

核稿：58.1.4

會簽：

主办單位和拟稿人：1958.1.4.

事由：拟编新疆书目一稿[illegible]

附件：

發送机关：西安、西北大学

王耘莊先生

打字：

校对：

發文(58)二編字第 7 号 58 年 1 月 10 日封發

耘莊先生：五七年十二月廿五日来信敬悉。关于"新疆书目"一書出版事，我局未见全稿前，不拟[illegible]接受出版。如您有意进行此项编纂工作，可请试与中国科学院历史研究第三所直接联系商榷。致以

敬礼

第　頁

西北大學 №

商务印书館編辑部负责同志：

兹寄奉《新疆书目例言》一份，敬祈审查，並請教正。我此书目藏諸篋中廿已多年，间見所及，即随时補入。年来研究西域史地之同好，间有向予借钞者，藉以参考为苦，因思倩清写一通予以出版，对新疆各少数民族之研究工作者，或亦有微末之補乎？故特寄呈貴館捐商，祇候賜示！其中第三条所云《附注内容要点》，均为曾经寓目之书，根据材料称引而来，文字力求简约，乃是借阅者可从此得知该书是否为自己所研究之题目所需要而止，不多辞费。至于从书名上可知其内容者，则大部从略。

此致

敬礼！

王耘莊謹啓

八月廿九日

西安西北大学 新東排12号

1

新疆书目

例言

一、本书目为供研究西域史地和新疆各少数民族历史文化者蒐集材料时参考之用。

二、本书目内容有书籍和论文两项：书籍则标明卷数、编纂、著、译者，出版年月，出版者，不同版本等，少数稀见的书并标明收藏者；论文则标明著、译者，报纸名称年月日或期刊名称、卷、号。

三、为阅者易于觅得所需要的材料起见，在若干书（或论文）目下，扼要附注内容要点，或有关该书（或论文）的评论等项，报刊论文如已印单行本或收入某种专集者，亦加注明。

四、本书目依书名（或篇名）第一字的画数多少为次，少者在前，多者在后，书名（或篇名）第一字的画数相同者，依其首笔为次排列，首笔是：

丶（如六、玄、辛）

一（如天、西）　㇀（如匕）　㇖（如張、書）　㇆（如刀、力）

㇇（如司）　㇋（如乃）　㇖（如了、子）　㇇（如水）　㇇（如又、發）　乙（如乙、九）　⺄（如風）

丨（如且、吐）　亅（如小）　𠄌（如比）　𠃋（如民）　𠃊（如山）　乚（如匕）

丿（如休、伊）　㇒（如千、乒）　丿（如鳳、凰）　㇛（如巢）

𠃋（如紅、幾）

即凡以“一”“丨”“丿”笔法起者，不论其后如何倾斜、曲

良益稿纸（20×25）横直两用

折，都作为"一""丨""丿"，如上所举。

本书对于首笔的认定，另有规则，見第七条。如照习惯书法，乃字以丿为首笔，水字以亅为首笔，九字以丿为首笔，小字以亅为首笔，比字以一为首笔，民字以𠄌为第三笔，山字以丨为首笔，匕字以丿为首笔，本书则以㇋、㇇、⺄、𠄌、𠃊、𠄌、𠃊、𠃊为乃、水、九、小、比、民、山、匕诸字的首笔。

书名（或篇名）第一字的首笔相同者，依第二字的首笔为次排列；第二字的首笔相同者，依第三字的首笔为次排列；余类推。

言、衣、示、商四字及从言、衣、示、商的字，印刷体不一律，其首笔或作"丶"，或作"一"；兹规定言、衣、示、商及从言、衣、示、商之字的首笔都作"丶"。

五、书名（或篇名）的首字或首数字完全相同者，则先連續排列，然后再依上条所述规则进行排列。如"三州輯畧"应在"土爾扈特歸附始末"之前，而"三十國記"则应在"土爾扈特歸附始末"之后，然而"三十國記"因为须和"三"字起首的各目連續排列，所以也排在"土爾扈特歸附始末"的前面。

六、书名（或篇名）完全相同者：其内容所記述事跡的时代先后显著者，依时代先后为次，如正史中的西域传；其他则依著、译、編纂者的姓名（或笔名）第一字的首笔为次排列，其方法与第四条同。

七、字的笔顺，不易确定，各人习惯上的写法，常有不同，马瀛氏说："作书之笔顺，因时而異（明梅膺祚字汇附列之笔顺表，与今多異。按：耘莊所見乾隆九

3

年古吴三乐斋梓行本，述笔顺部分题曰“运笔”在首卷）因地而異，因人而異，因字而異，实绝无定律。”（黎锦熙汉字部首总歌诀引，見国语週刊第一九五期）黄觉民撰“中国字笔順标准的研究”（見东方杂志第四十一卷第三号）定规则八条，较为周密，但因规则有八条之多，不能一目了然，且仍不免有例外的字。为了应用上的便利，使首笔有一个固定的位置，所以本书对于首笔的认定，特规定为“只看部位，不问笔順”其方法是：“自上而下；从左到右；横笔被破，先横后破。”例如下：

方法＼字例	字	首笔	附注
自上而下	辛	丶	
	戎	一	丶雖在上而偏在右方，故不以为首笔。
	壬、瓜	丿	
从左到右	小、對、還	丶	
	北	一	
	水	㇇	
	建	㇆	
	中、此、長、開、馬、阿	丨	
	比	㇙	
	山	㇄	
	民	㇙	
	匕	乚	
	歷、皮、尉、展、戊	丿	此五字丿的起点与一相连，则一不在丿之上，丿在左方，故以丿为首笔。
先横后破	大、世、册、荷、女	一	
	九	㇈	
	獨	丿	丿(横撇)在左上方，亅为直曲钩，故以丿为首笔。

良益稿紙（20×25）横直兩用

4

八、凡画数首笔和笔法都同的字，以笔画短者在前，长者在后，如未末，刀力，田由，甲申等。

九、为检查便利计，将所录各目的首字，列"画数检字"于卷首，按画数多寡排列，少者在前，多者在后；一字有数种写法的，则在"检字"中参見，如九画中有"為，見十二画爲"。汉字简化，不仅就初学文化者说来，易认易写，将在普及文化的工作上起积极的作用；即就已经学会了繁体字的人说来，也有時省事多了；这实在是解放以来许多大好事中的重要的一件！只以本书材料，係多年来陆续蒐集，所以没有用简体字；重行排列，为时力所限殊感困难；兹为補救起見，对于简体字，也用参見法在"检字"中列出，如四画中有"为，見十二画爲"。

十、汉语拼音方案的公布，我觉得比汉字简化的意义更重大，就是说，它在"使我们的语言和文字能够更好地为人民掌握，更好地为我国社会主义建设服务"上所能够起的作用，比汉字简化更为重大！别的不说，仅就编制索引说，它也解决了汉字多年来所不易解决的问题，所以本书除"画数检字"外，又另编"拼音索引"，不仅是为了已经熟习汉语拼音的人检查便利，更重要的是为了提倡汉语拼音！

十一、本书目仅供研究西域史地和新疆各少数民族历史文化者蒐集有关书刊时作引线之用，並非推薦之意。目中多封建时代，半封建半殖

良益稿纸（20×25）横直两用

6

对于前人所辑新疆书目，如朱士嘉、陈鸿舜所辑“西北图籍录——新疆”（见禹贡半月刊第五卷第八·九合期，一九三六年七月一日出版），丁实存、陈世傑所辑“中文新疆书目”（前国立中央大学理科研究所丛刊第一号，一九四三年二月出版），均曾取作参考。朱、陈所录不多，丁、陈辑录较富，但丁、陈所辑，不仅仍多遗漏，且书名（或篇名）、编撰者、卷数、出版年月、版本等纪录不全或错误者，触目皆是，甚至误录和新疆无关的书也不少。如该书首录：

九边图考　明　程道生撰　民八年武进庄氏刊本

九边图志　明　郑　晓撰

九边图说　明　申用懋撰

九边图说　明　孙应元、赵　宋等撰　一卷　明刊本

九边图论　明　许　论撰　一卷　兵法汇编本　阅氏朱墨本（按：是书尚有长恩书室丛书本、半亩园丛书本，台知不足斋丛书本，在清代为禁书。）

诸书。按：明代初设辽东、宣府、大同、延绥四镇，继设宁夏、甘肃、蓟州三镇，又以山西镇巡统驭偏头三关，陕西镇巡统驭固原，亦称二镇，遂为九边（见明魏焕撰皇明九边考卷一）。是明代的九边，並不包括今天新疆的边境。又如

南疆绎史　李　瑶著（按：是书有都城琉

7

璃厂半松居士排印本)

南疆逸史　温睿临著　精钞本

按南疆佚史，清康熙时温睿临撰。道光时李瑶就温氏原本考证缀补成三十卷，改名南疆绎史，又补纂摭遗十八卷，继又作卹谥考八卷。所记为南明金陵(福王)、闽(唐王)、粤(桂王)三朝和鲁王监国遗事，所以称"南疆"者，因"皆南土也"(见温氏原序及原例)。丁、陈二氏，竟认义为中国南部的"南疆"，为天山南路的"南疆"了！又如

崑山郡志　元　杨　譓撰　观自得斋丛书本(按：是书旧题"至正崑山郡志"，尚有太仓旧志五种本，旧钞元至正本，涵芬精舍丛书本。)

崑山杂咏　清　龚　昱撰　三卷　峭帆楼丛书本

按新疆崑崙山固亦可简称崑山(如吕氏春秋重己篇"人不爱崑山之玉"之崑山，即指崑崙山)，然此二书所说的崑山，乃江苏省的崑山也。此外如万友竹的西北游记，万氏行踪仅到西安，与新疆无涉；许承宣的西北水利议也和新疆无关，(……楞的……考古記……指四川，)这类情形颇不少，不一一说明了。然而朱、陈、丁、陈的劳动，对过去研究西域史地者，曾有过一定的功用，固无可磨灭者。

一九五八年二月，王耘莊。

良益稿纸(20X25)横直两用

良益稿纸(20X25)横直两用

康濯同志：

信和书，均收到。

奉寄拙作《寒冬》，请指教。这些全是解放前旧作，靳以、广田共编刊物，逼着写的。当时思想不明确，没把文学当成事业，写完就过去了。上海要出书，务恳至再，选出这样几篇，作为过去留一点痕迹，再大的意思就没有了。你如有兴致，在茶聊时翻翻，把意见告诉我。

我们应该多读，只好多写，多探索，才能搞出结实的东西。我的感觉，总是越写越难，有时连过去那点水平都保持不住。这样，对于汶石、李准诸家，就不能不钦佩了。

谢谢你的文集。你的书和翰，对我全是鼓舞。从七月至今没有下乡，生活枯了，东西便写不出了。专覆，

敬礼！

（书另寄）

刘澍德 10.27.

雲公大居士道鑒敬啟者昨以星期休沐之暇往訪丁仲祜居士於其塾頭見
有識子書一卷檢閱之下知為
令先德之遺著捧誦之餘歡欣讚歎因乞諸丁居士今隨函附送
左右因知吾　公對於此項遺教必早在蒐羅珍藏之中然此本序跋完
整且眉批加詳又附錄　令先德遺詩一律四絕又志傳兩篇允為善本歸諸
尊齋實有淮陰將兵不厭其多之概用敢奉呈即希
察存示覆為幸　僕於吾
公傾倒崇拜者二十餘年矣昔年屢欲親近以吾

上海中華勸工銀行信箋

公適示維摩之微旨未敢趨前然自民廿一年僕二次發心念佛以來每晨夕兩課
必爲吾 公回向仰祈 佛力加被使
尊恙早日告痊俾其弘法利生有所貢獻區區之意言之未敢示惠亦聊
以表僕之愛敬
大德而已順叩
崇祺

僕羅鴻濤拜啓 民卅六年五月廿六日

地址 上海(川)南京東路三六號中華勸工銀行轉

上海中華勸工銀行信箋

同志们：

承寄来聊斋志异选目初稿，並经拜读。我认为大体都选得好。不过，少数的几篇，如种梨似有丑化农民之嫌，耿十八有宣扬封建道德之处，查牙山洞描写恐怖，章阿端、周三等篇，也无甚意义，似可删去。此外，莲香、香玉、山市、地震诸篇，可以补入。这只是我的一偏之见，当然未必正确，聊供参考而已。此致

敬礼！

張友鶴

十一月十二日

外 文 出 版 社

同志：

我社計划于明年选譯“聊斋志異”中小說若干篇，介紹給外国讀者。兹将选目初稿寄上，請提意見，並希于本年十一月二十日前复示，为感。

此 致

敬 禮！

1959年10月30日

（ ） 字第 號第 頁 年 月 日

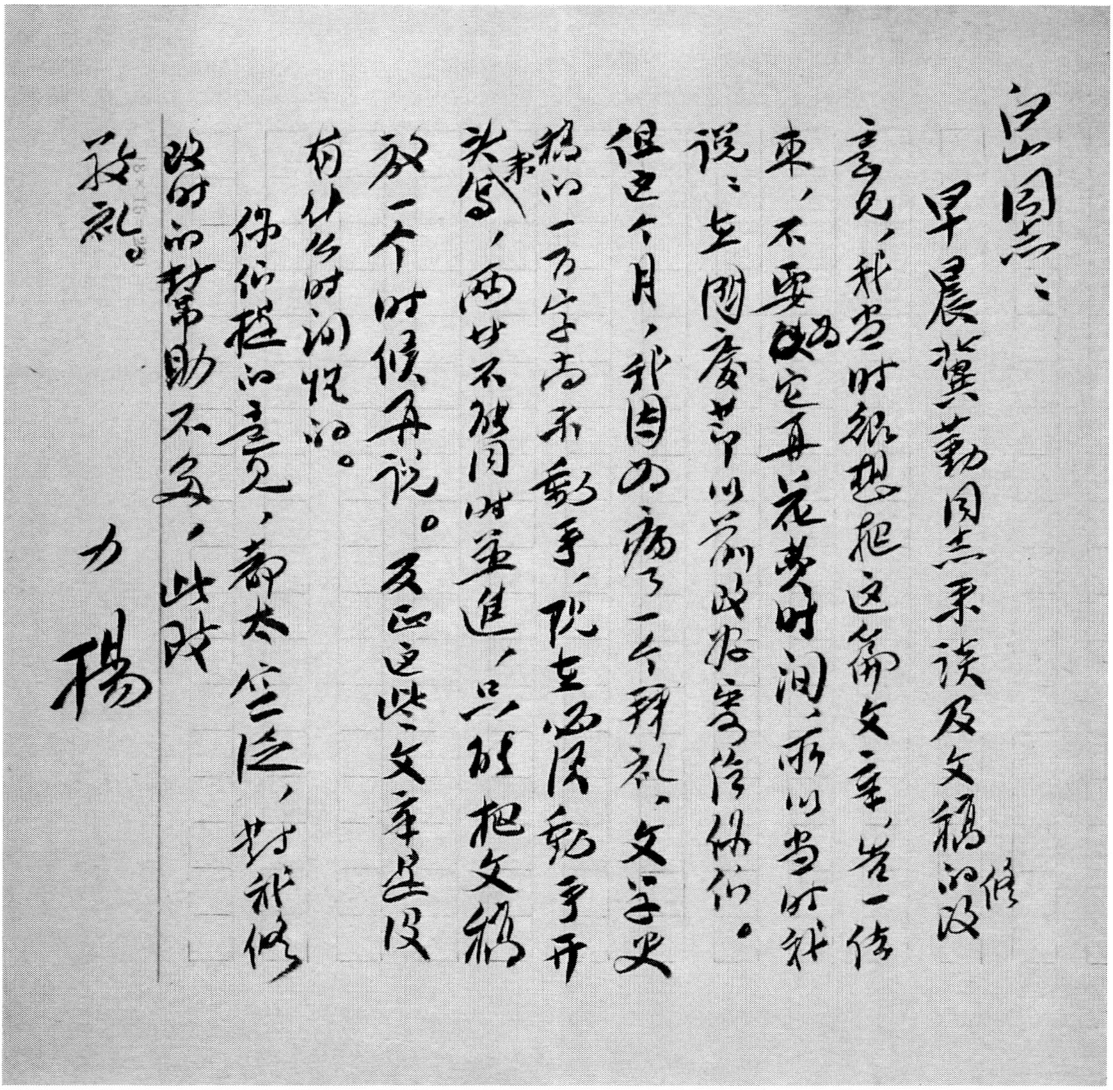

白山同志：

早晨冀勤同志来谈及文稿的修改意见，我当时很想把这篇文章，告一结束，不要为它再花费时间，所以当时就说：在国庆节以前改好寄给你们。但这个月，我因为病了一个礼拜，文学史稿的一万字尚未动手，现在必须动手开头写，两者不能同时并进，只能把文稿放一个时候再说。反正这些文章是没有什么时间性的。

你们提的意见，都太宝贵，对我修改的帮助不少，此致

敬礼。

力揚

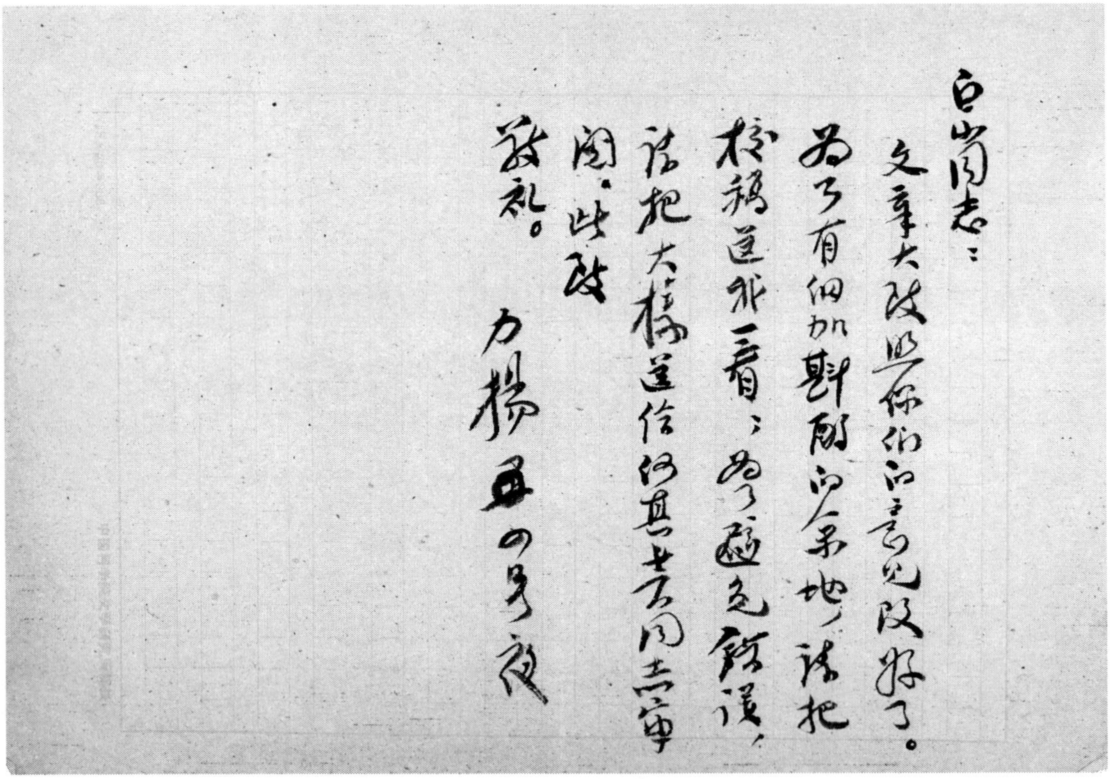
白尘同志：
文章大段照你们的意見改好了。
為了有個加斟酌的余地，請把
校稿送我一看，為了避免錯誤，
請把大樣送給其它同志審
閱。此致
敬禮。
力揚 五四号夜

2-13

北京市人民委员会

商务印书馆编辑部：

故王庸教授的两本书都已细读。我意：

一、两书在学术上都有些欠缺，但政治上也没有不正确的地方。

二、中国地理图籍丛考中北方和海防边防、边防档案、海防、北方物务城一体，在明方对蒙古不是对外问题，现在则是对内问题，并不牵涉到当前边界纠纷

北京市人民委員會

向明兄：

中國地圖史綱是一本開創性的著作，根本不牽涉到邊界問題。七章所指邊界圖在宋代是對外，現在已全是內部問題，第十一章談到近代地圖的缺點，封建是國民黨政府發表過的，解放後的情況并未涉及，也不牽涉到保密問題。

以上意見供參考。

敬禮

吳晗

十月廿日

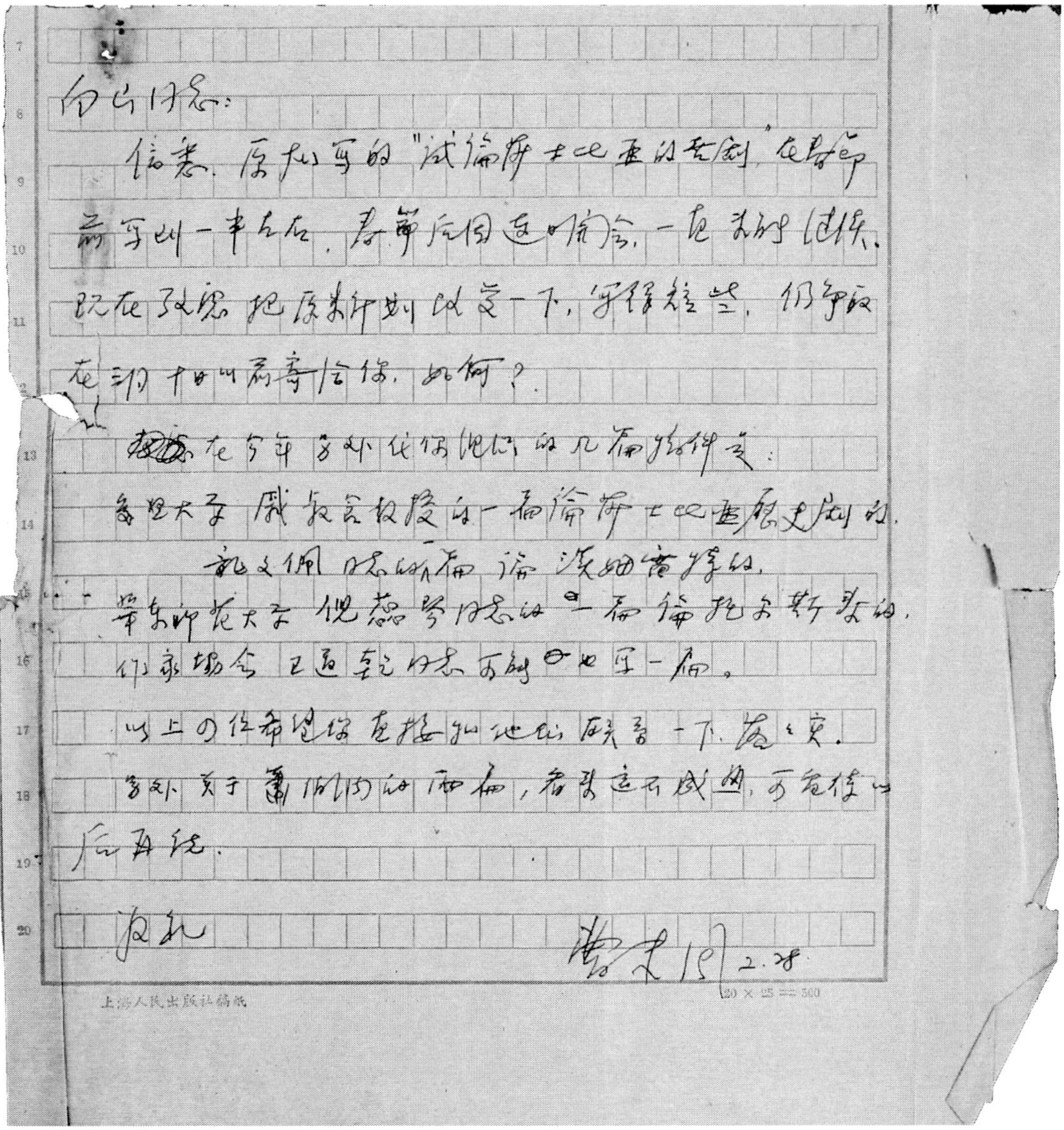

向山同志：

信悉。原想写的"试论莎士比亚的喜剧"，在春节前写出一半左右，春节后因连日开会，一直未能继续。现在只能把原来计划改变一下，写得短些，仍争取在四月十四日前寄给你，如何？

另外在今年学术报告论文中的几篇稿件是：

复旦大学 戚叔含教授的一篇论莎士比亚历史剧的，

孙大雨同志的一篇论汉姆雷特的，

华东师范大学 倪蕊琴同志的一篇论托尔斯泰的，

作家协会 王道乾同志可能也写一篇。

以上几位希望你直接和他们联系一下，落实。

另外，关于萧伯纳的两篇，看来这次不成功，可否待以后再说。

敬礼

曹未风 2.28

上海人民出版社稿纸　20×25＝500

白山同志：

纪念五四的文章正在赶写中，忽然接到省委的通知，让要我（还有武大的十几位同志）来咸宁县参加地区五级干部会议，而且立刻要动身。文章眼看是不能写了。临行前我曾嘱家里打一电报给你，告诉这个情况，想来已经收到了。

会议还在进行中，大约二三日可开完。

临行前接到吕林同志的信，说要为"文学知识"写稿。稿我是要写的，但不知回校后有时间否。请便中告诉他一声，现在来不及给他写信。

"文学批评"到武汉后立刻卖光了。我没有拾到，编辑部能为我代买一份否？敬希告我。

余容再叙。匆此

敬礼！

向所中同志们好！

复标 四月五日，咸宁。

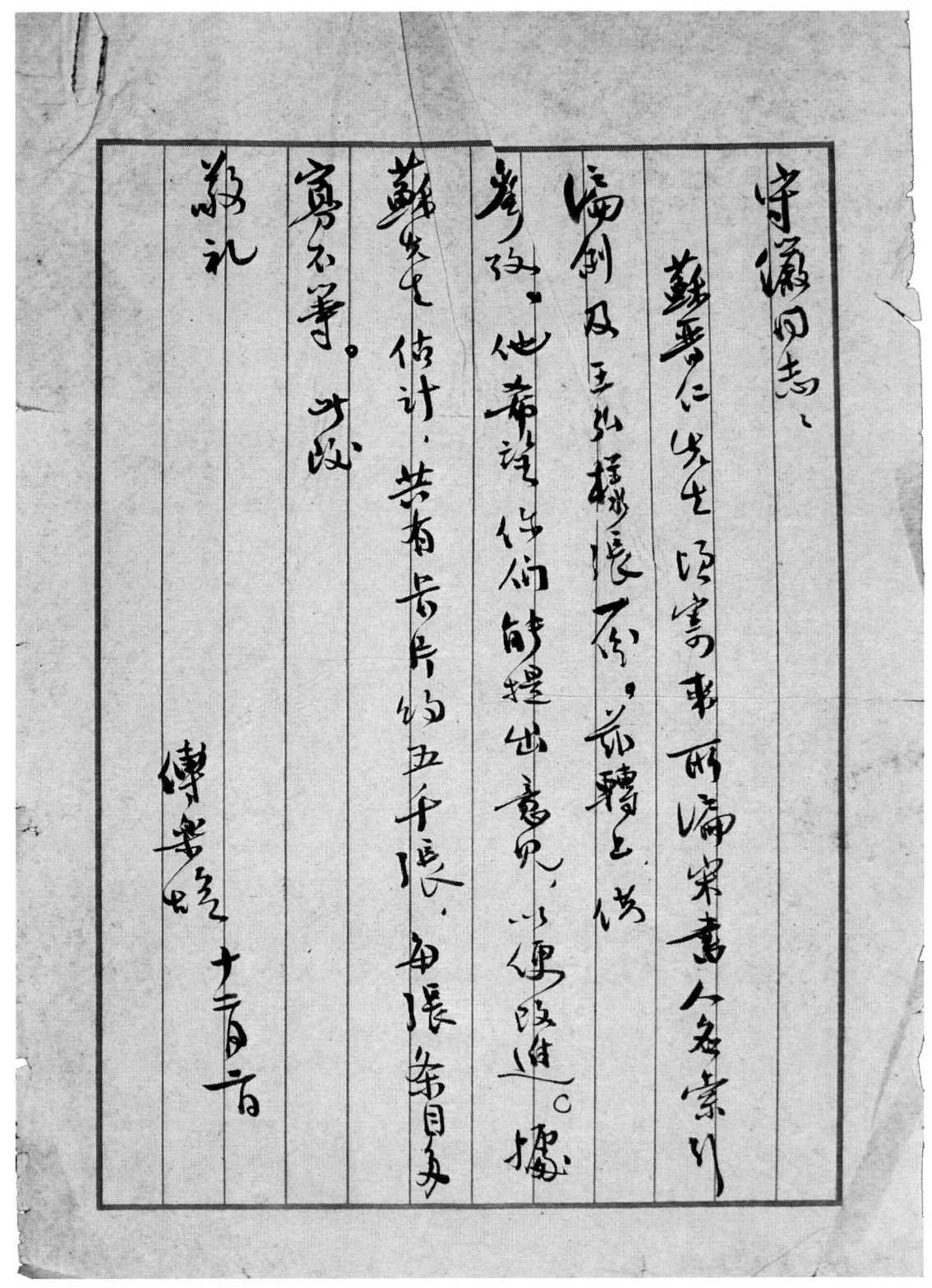

守和同志：

蘇晉仁先生近寄來所編宋書人名索引編例及王弘樣張一份，茲轉上供參考。他希望你們能提出意見，以便改進。據蘇先生估計，共有卡片約五千張，每張條目多寡不等。此致

敬禮

傅樂焕上　十二月　日

宋書人名索引

王　弘（參王太保、王休元、休元、華容县開国公弘）

(2)武帝紀中（晋）義熙十一年　［三月］加領南蠻校尉，將拜，值四廢日，佐史……——傅亮白遷日，不許。

(2)武帝紀中（晋）義熙十四年　［六月］相国左長史——為尚書僕射。

(3)武帝紀下、永初三年　［正月］撫軍將軍、江州刺史——進號衛將軍、開府仪同三司。

(4)少帝紀、景平二年　［五月］揚州刺史——入朝。

(5)文帝紀、元嘉元年　［八月］衛將軍、江州刺史——進位司空。

(5)文帝紀、元嘉二年　［八月］新除司空——為車騎大將軍、開府仪同三司。

(5)文帝紀、元嘉三年　［正月］以車騎大將軍江州刺史——為司徒、錄尚书事、揚州刺史。

(5)文帝紀、元嘉五年　六月庚戌，司徒——降為衛將軍、開府仪同三司。

(5)文帝紀、元嘉九年　春三月庚戌，衛將軍——進位太保，加中書監。　五月壬申，中書監錄尚书事、衛將軍、揚州刺史——薨。

(32)五行志三、火不炎上　［義熙十一年］——時為吴郡，……見天上有一赤物下，状如信幡。

(42)刘穆之传　〔穆之中子式之〕在任赃货狼藉，扬州刺史——遣从事检校。

(42)王弘传　——字休元，琅邪临沂人也。

(43)徐羡之传　监江州豫州之西阳新蔡诸军事抚军将军江州刺史华容侯——，……或忠规远谋，扶赞洪业。

(44)谢晦传　——兄弟，轻躁昧进。　……车骑大将军——，侍中王昙首，谬蒙时私，叨窃权要。　奸臣——等窃弄威权，兴造祸乱。

(45)刘粹传　粹弟道济，尚书起部郎，——车骑从事中郎。

(51)临川烈武王道规传　义庆留心抚物，州统内官长亲老不随在官舍者，年听遣五吏饷家。先是——为江州，亦有此制。

(52)王诞传　王诞字茂世……太保弘从兄也。

(53)庾登之传　登之虽不涉学，善于世事。——、谢晦、江夷之徒，皆相知友。

(54)羊玄保传　转左丞，司徒长史，府公——甚知重之。

(58)王惠传　王惠字令明，……太保弘从祖弟也。

(58)王球传　起为义兴太守，从兄弘为扬州，服亲不得相临，加宣威将军。

(60)范泰传　时司徒——辅政，泰谓弘曰：……

2

卿兄弟盛满，当深存降挹。

(60)王韶之传　[王]珣子弘，[王]廞子華，並贵顯。韶之懼為所陷，深結徐羨之、傅亮等。

(60)荀伯子传　車騎将軍一一称之曰，沈重不华，有平陽侯之風。

(62)王微传　王微字景玄，……太保弘弟子也。

(63)王華传　王华字子陵，……太保弘從祖弟也。及一一辅政，而弟曇首為太祖所任，与华相埒。

(63)王曇首传　王曇首……太保弘少弟也。曇首文先成，高祖覽读，因問弘曰，卿弟何如卿。时兄弘錄尚书事，又為揚州刺史，……彭城王义康与弘並錄，意常怏怏。

(63)殷景仁传　元嘉三年，車駕征谢晦，司徒一一入居中書下省。会一一、[王]華、[王]曇首相係亡，景仁引[刘]湛还朝，共参政事。

(64)郑鲜之传　元嘉三年，一一入為相，舉鲜之為尚書右僕射。

(66)何尚之传　[何叔度]太保一一称其清身潔己。

(67)彭城王义康传　[元嘉]六年，司徒一一表义康宜还入辅。九年，弘薨，[义康]又领揚州刺史。

(69)刘湛传　谢晦、一一並称其有器幹。

3.

时——辅政，[刘湛]谓为弘等所斥，意甚不平。

(70)袁淑传　袁淑字陽源，……至十餘歲，为姑夫——所赏。

(75)王僧達传　王僧達，……太保弘少子。吏部郎庾炳之曰：——子既不宜作秦郡，僧達亦不堪莅民。

(76)朱脩之传　文帝謂曰：……卿今又為中郎，可謂不忝尔祖矣。

(81)顧覬之传　——辟为揚州主簿，仍為弘衛軍參軍。

(92)陸徽传　仍除……——衛將軍主簿。

(92)阮长之传　出为武昌太守，时——为江州，雅相知重。

(93)孔湻之传　司徒——要湻之集冶城，[湻之]即日命駕東帰，遂不顧也。

(93)陶潛传　江州刺史——欲識之，不能致也。

(98)大且渠蒙遜传　[元嘉三年]蒙遜又就司徒——求搜神记，弘写與之。

王　太　保 (參王弘)

(42)王弘传　聞——家便已匱乏，清約之美，同規古人。

(100)自序　太祖復读[沈]林子集，歎息曰：此人

4.

作公，應繼一一一。

王休元（參王弘）

(85)王景文傳　　庶姓作揚州，徐干木、一一一、殷鉄並處之不辭。

休元（參王弘）

(42)王弘傳一　　王弘字一一。

華容县開国公弘（參王弘）

(51)長沙景王道憐傳　　侍中衛將軍開府仪同三司、錄尚書事、揚州刺史一一一一一一一，……或履道廣流，秉德沖邈。

王弘

(45)王鎮惡傳　　[沈]田子又於鎮惡营内殺鎮惡兄基、弟鴻、遵、渊及從弟昭、朗、弘，凡七人。

王弘

(57)蔡廓傳　　其後中书舍人一一為太祖所愛遇，上謂曰：卿欲作士人，得就王球坐，乃当判耳。

5.

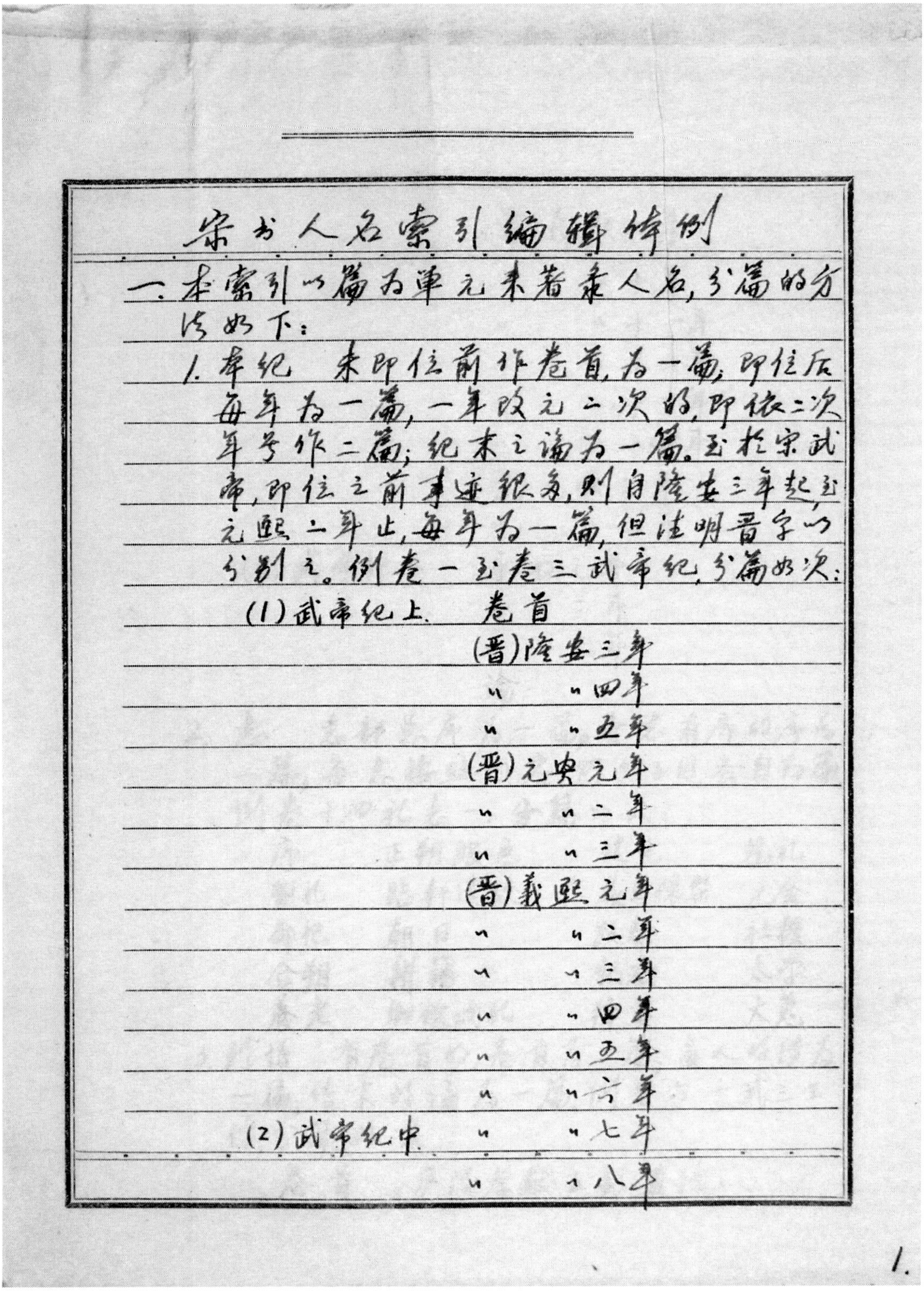

宋书人名索引编辑條例

一、本索引以篇为单元来著录人名，分篇的方法如下：

1.本纪　未即位前作卷首，为一篇；即位后每年为一篇，一年改元二次的，即依二次年号作二篇；纪末之论为一篇。至于宋武帝，即位之前事迹很多，则自隆安三年起至元熙二年止，每年为一篇，但注明晋字以分别之。例卷一至卷三武帝纪，分篇如次：

(1)武帝纪上　卷首
(晋)隆安三年
〃　〃四年
〃　〃五年
(晋)元兴元年
〃　〃二年
〃　〃三年
(晋)義熙元年
〃　〃二年
〃　〃三年
〃　〃四年
〃　〃五年
〃　〃六年

(2)武帝纪中　〃　〃七年
〃　〃八年

1.

(晋)義熙九年
〃 〃十年
〃 〃十一年
〃 〃十二年
〃 〃十三年
〃 〃十四年
(晋)元熙元年
〃 〃二年
(3)武帝纪下 永初元年
〃 〃二年
〃 〃三年
论
2. 志 志部总序为一篇,各志有序的序为一篇;每志按照内容,仍分子目,各自为篇。例卷十四礼志一,分篇如次:

序	正朔服色	建元	冠礼
昏礼	临轩遣使	岁旦禳祭	元会
郊祀	朝日	殷祭	社稷
合朔	耕籍	親蚕	太学
養老	鄉飲酒礼	釋奠	大蒐

3. 列传 有卷首的,卷首为一篇;每人的传为一篇;传末的论为一篇。例卷六一武三王传,分篇如次:
卷首 庐陵孝献王義真传

2.

江夏文献王義恭传　衡陽文王義季传

傳論

二、按篇分列条目，方法如下：

1. 一人所用名字不同，或有小名、别号，均分别為目，注明互見。例卷四五，向靖传："向靖字奉仁，小字弥，名與高祖同，改称小字。"即作向靖、向弥、奉仁三目。

2. 帝王称号，冠有朝代的，即以之為目，如唐尧、虞舜、汉高祖等是；不冠朝代的则於下注明朝代，如武帝（汉）、武帝（魏）、武帝（晋）等是。二帝称号连在一起的，如晋元、哀帝，则作晋元帝、晋哀帝二目。他如沈、柳、宗侯，亦仿此，作沈侯、柳侯、宗侯三目。

3. 后妃称号上冠有谥号或所隸属之帝号的，即以之為目，如孝穆赵皇后、少帝司马皇后等是。

4. 太子、宗室王公，無姓而冠以封号的，即以之為目，如太子登、彭城王義康等是。如有姓名，即不用封号為目。

5. 婦女有姓名的用姓名為目，仅有名的则以名為目，或仅書其人母、妻的，即用其夫或子之名下加妻、母等字為目。

6. 僧人不論其是否冠有釋字，均以法名為目。

3.

7. 名号同而不是一人的，分别为目。

8. 姓名分列，但语句相连，则仍合之为目。如卷六七.谢灵运传论"爰逮宋氏，颜谢腾声，灵运之兴会标举，延年之体裁明密。"即以谢灵运、颜延年为目。又同篇："子建、仲宣，以氣質為體。"其後雖有"體変曹王"之語，但文句相距甚遠，故仍作子建、仲宣、曹、王四目。

9. 二人以上的合称，亦作为一目，下加注说明所指之人。如卷五一.长沙景王道怜传的"二王两谢"，於二王下注王彪之、王韶；两谢下注谢景仁、谢混。至三王、五帝，为众所习知的则不录。

10. 有些名称，虽然不是本名，但向来沿袭称用，如史谈、史迁，也仍旧为目。

11. 称某氏，係泛指某姓王朝的不录。至确指某帝的，仍列为目。

12. 文中用典，名非全称，或以别号、封爵、谥号代表某人的，则於目下加以注明。如卷八一.顾觊之传："景惠以陰德遐紀"，景注明宋景公，惠注明楚惠王。

三、引文的方法：

1. 每条目之下，均引文一小段，以明其事迹

4.

如同一篇之内，其後復出現此人事迹，
则空二格之后，再引文以明之。

2. 引文有删節之处用……号，有增补之处用〔　〕号，有注明之处用（　）号。

3. 宋書间有注文，凡注文中的人名，亦列入条目，加一（注）字以分别之。

5.

第　頁

①索引最好在我将出本书出版以后做：

a、正文文字可以确定，以免版本歧异。

b、可以列页码。以前你的书稿来读，但以一人之信为十篇，遇到信比较长的，找起来还是不容易。

②索引的目的应该是提到人名索事，本书尤为可不列篇目。一般提到前代帝王、人名，特别是政治、文学中国史，似都可不列。即使是当代的人，如果只是提到一下，而没有什么事实的，似亦可以酌情处理，以免冗杂。

③本人的目的以出运为，如王弘只要有"王弘"、"王休元"二目就够了，不必再列"休元"一目，下注即是"见王弘"即可。"华容县开国公王弘"一目不必有，也不能有，因他的官衔全称是"侍中卫将军开府仪同三司录尚书事扬州刺史华容县开国公"。如果官衔列目，则一人一生迁过多次官，每次都要不要列一目！

吴[illegible]　12/12

(1)引文中所稱的人名，有的用代号（—），有的仍用原名，似欠一致。

(2)發現下列一些事誤或疏忽：

(58)王惠傳　王惠字令明……太保弘從祖弟也。（查四部備要本及開明本皆作"太保弘從祖也"。"弟"字似衍）

此當誤本，百衲本無"弟"字。

(67)彭城王義康傳（查此傳在宋書六十八卷。）

(69)劉湛傳　時——輔政，［劉湛］謂為弘等所斥。（"輔政"下漏刪節號。）

(76)朱脩之傳　文帝謂曰……卿今又為中郎，可謂不忝爾祖矣。（"中郎"前脫所空的人名代号。）

(3)編輯條例規定"一人所用名字不同，或有小名、別号，均別為目"。但把王弘的字"休元"分為"王休元""休元"兩目，似無必要。

(4)王弘的事蹟在他的本傳中敘述最詳，但從此索引只可見到"王弘字休元，琅琊臨沂人也"一句

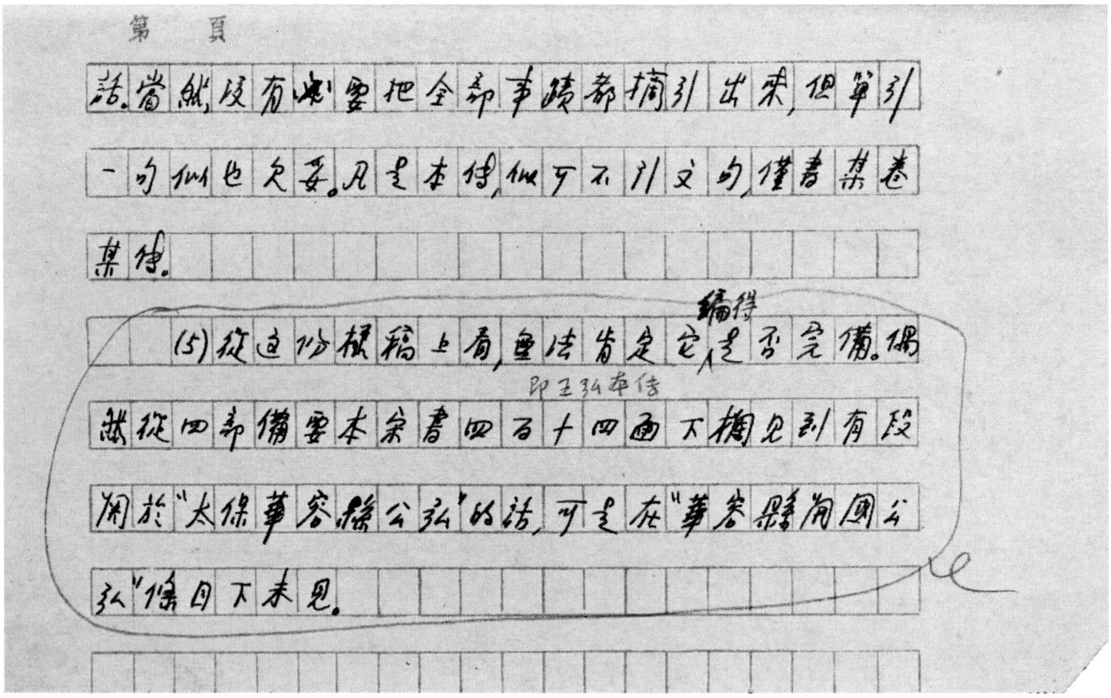

第　頁

話。當然，沒有必要把全部事蹟都摘引出來，但單引一句似也欠妥。凡是本傳，似可不引文的，僅書某卷某傳。

(5)從這份樣稿上看，無法肯定它編得是否完備。偶然從四部備要本宋書四百十四面下（即王弘本传）翻見到有段關於"太保華容縣公弘"的話，可是在"華容縣開國公弘"條目下未見。

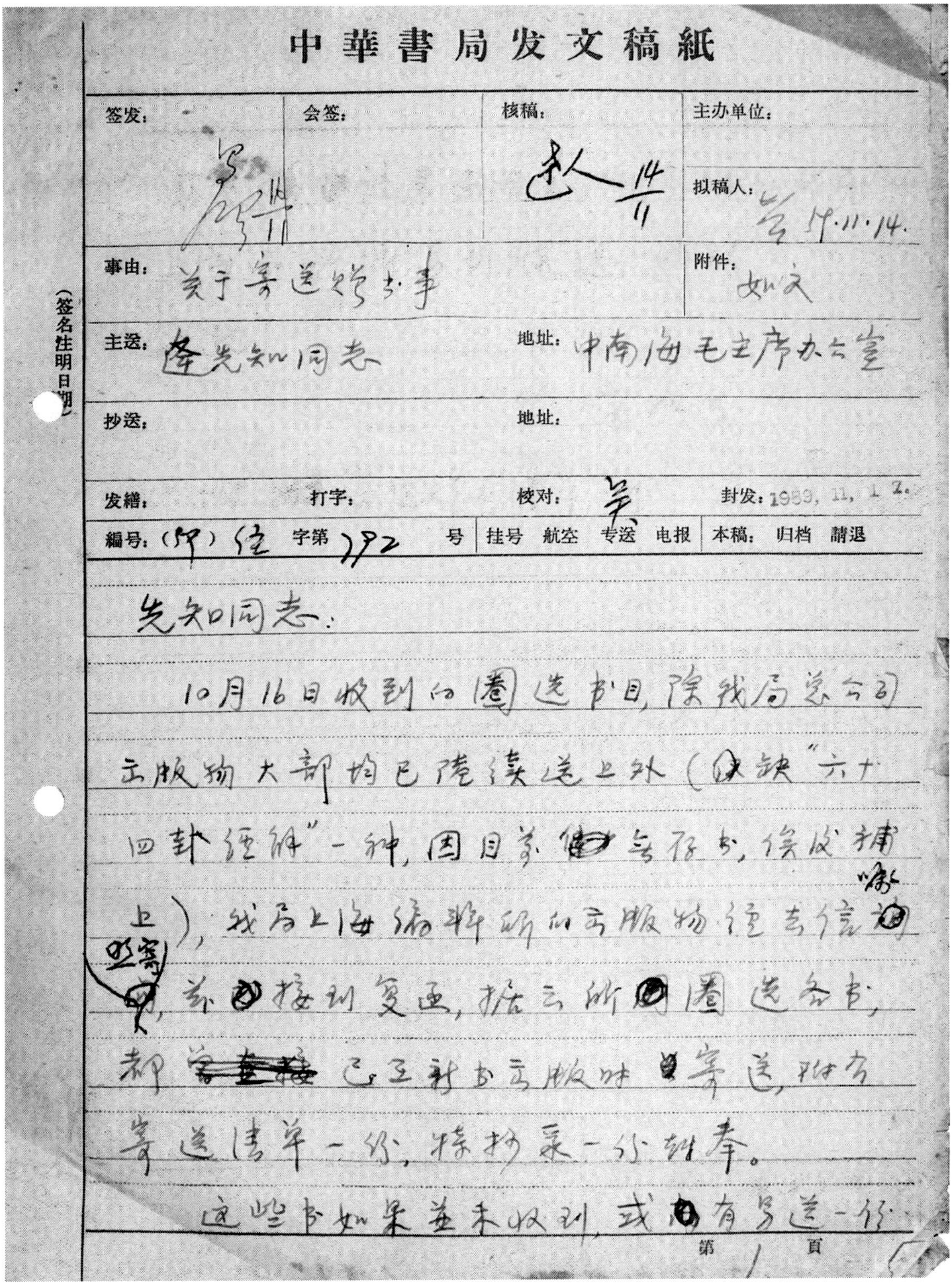

中華書局发文稿紙

签发：灿然 14/11

会签：

核稿：赵 14/11

主办单位：

拟稿人：吴 59.11.14.

事由：关于寄送图书事

附件：如文

主送：逄先知同志　地址：中南海毛主席办公室

抄送：　地址：

发缮：　打字：　校对：吴　封发：1959，11，1 2.

編号：（59）经 字第 292 号　挂号　航空　专送　电报　本稿：归档　請退

逄先知同志：

10月16日收到的圈选书目，除我局总公司出版物大部均已陆续送上外（仅缺"六十四卦经解"一种，因目前无存书，俟改补上），我局上海编辑所的出版物经去信询问，并已接到复函，据云所圈选各书，都已在新书出版时寄送，附去寄送清单一份，特抄录一份附奉。

这些书如果并未收到，或者有另送一份

第 1 页

需要，请来函告知，即当转知我局上海编辑所另行补送。此致

敬礼

金灿然

附寄送辞书清单一份

第2頁

书名	样书寄出日期
唐人选唐詩十种	1958年12月27日
唐宋詩举要2册	1959年4月28日，上册1959年6月4日
三家評注李長吉歌詩	1958年3月16日
辽金元詩选	1958年6月17日
谷音	1958年12月29日
湯海若問棘郵草	1958年7月18日
負苞堂集	1958年7月29日
劇談录	1958年7月16日
花庵詞选	1958年8月26日
草堂詩余	1958年7月30日
宋四家詞选	1958年7月22日
宋詞三百首箋注	1958年8月30日
稼軒詞編年箋注	1957年11月27日
元人小令集	1958年1月25日
修辞鑒衡	1958年10月 9日
小説丛考	1957年5月30日
閱紅楼梦隨笔	1958年11月3日
有关曹雪芹八种	1958年1月30日
小説枝談	1958年6月12日
黄遵宪傳	1957年12月9日
历代古人象贊	1958年5月 5日
革命軍	1958年10月6日
石門洪覚范天厨禁臠	1958年11月24日

此係附件，請另打一份寄去，原件隨函歸檔

[illegible]名	稿子寄出日期
[illegible]忠齋詩十種	58年12月27日
[illegible]詩年譜 上册 59年4月28日	上册59年6月4日
[illegible]宋詩注李長吉歌詩	58年3月16日
[illegible]遺山詩選	58年6月17日
[illegible]言	58年12月29日
[illegible]海若詞林卿集	58年7月18日
[illegible]堂集	58年7月29日
[illegible]秦策	58年7月16日
[illegible]庵詞選	58年8月26日
[illegible]室詩集	58年7月30日
四宗詞選	58年7月22日
[illegible]詞三百首箋注	58年8月30日
[illegible]軒詞編年箋注	57年11月27日
[illegible]人小令集	58年1月25日
[illegible]歸隱錄	58年10月9日
[illegible]紀叢考	57年5月30日
[illegible]紅樓夢隨筆	58年11月3日
[illegible]曾曾第八種	58年1月30日
[illegible]元校讀	58年6月12日
道宦傳	57年12月9日
[illegible]代古人象贊	58年5月5日
[illegible]命宣	58年10月6日
[illegible]門浩堂花木譜雜存	58年11月24日

收文 1959年11月13日
(59)　字第203号

中華书局上海編輯所

复关于赠送主席样书事

(59)華滬編字第2846号

经理部：

接(59)经字第743号及第746号函，关于毛主席办公室赠送样书一事均悉。

查你处附来的书单上所列各书，我所过去每次初版出书时均已寄送样书，(而且每种初版新书都送的。)兹将各书名及样书寄出日期另单开明，请予查阅，并请与主席办公室逄先知同志联系一下。如果必须再送，即请通知，以便配齐即再寄去。

附件：清单一份

1959年11月9日

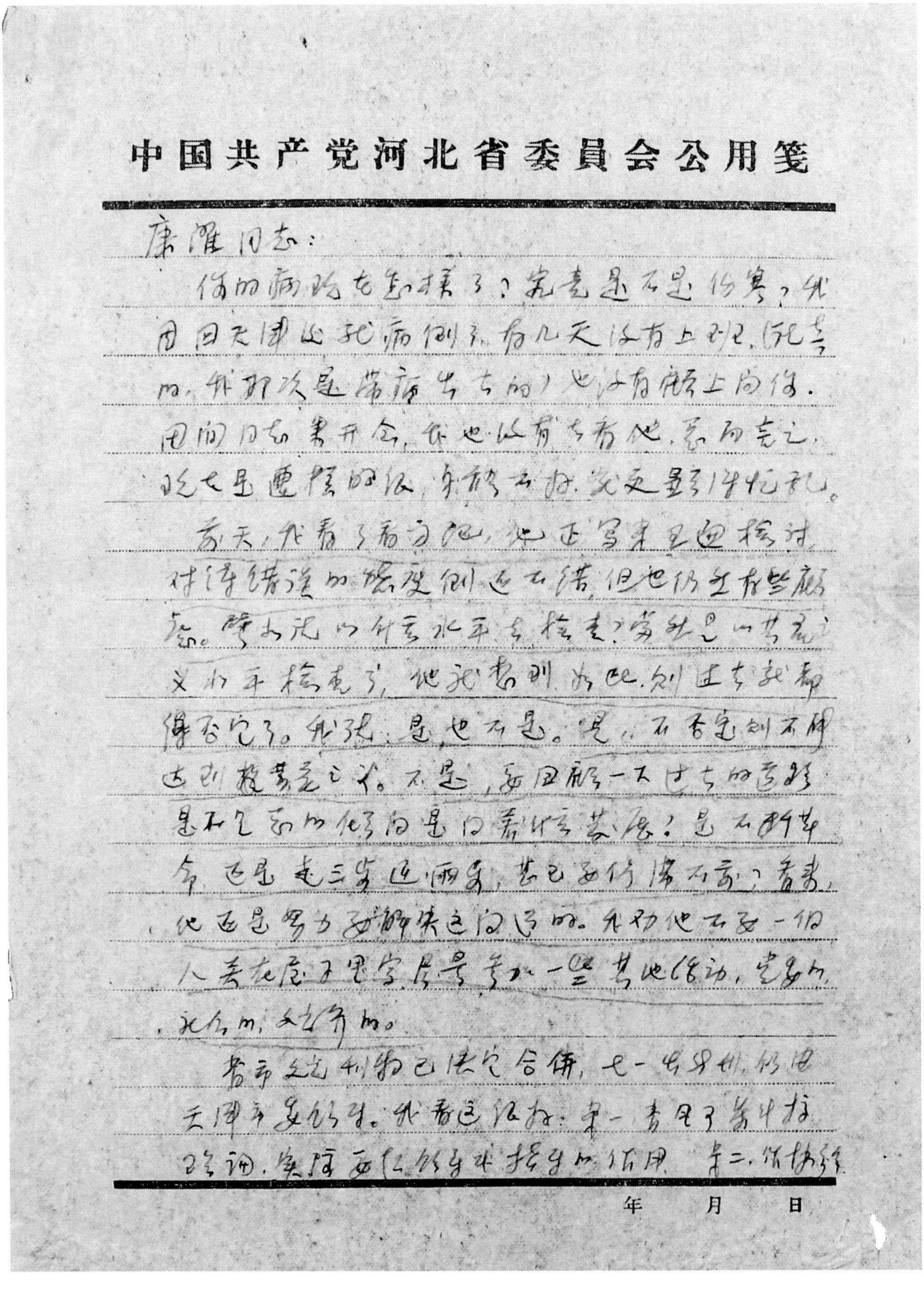

中国共产党河北省委員会公用笺

康濯同志：

你的病现在怎样了？究竟是不是伤寒？我因回天津以后就病倒了，有几天没有上班，现在好了。我那次是带病出去的，也没有顾上问你。因为同志们都开会，我也没有去看他。总而言之，现在是过得很紧张，身体不好，就更显得忙乱。

前天，我看了看方纪，他正写书面检讨，对待错误的态度倒还不错，但也仍然有些顾虑。譬如说以什么水平去检查？当然是以共产主义水平检查了，他说要那么说，则过去的我都得否定了。我说：是也不是。是，不否定则不能达到提高觉悟。不是，要回顾一下过去的道路是不是全都向着革命的方向？是不断革命，还是走三步退两步，甚至要停滞不前？看来，他还是努力要解决这问题的。我劝他不要一个人老在屋子里写，最好参加一些其他活动，生活有规律，不会闷，文字写得好。

省市文艺刊物已决定合并，七一出刊，仍由天津市委领导。我看这很好：第一是巩固了群众性的阵地，集中了各种力量，发挥更好的作用。第二，你快活

年　月　日

中国共产党河北省委員会公用箋

可通知全省作家多参加。明年交待，不能自行。作家的力量更可集中一些。

你现在怎样，写及你们那些稿子了，是不可到天津去一个时期如何？

祝你安心养病！

远千里 3.28

我现在吃中药，半个多月来，就好得多些了。

年　月　日

健民同志：

一别三十载，昨接藏剑秋同志来信，说你在岛工作，身体好么？详细情况，能告一二否？

在天津的二师同学有梁斌（作家）——梁洪月日记、在西草的大术时的朋友，还记得吧！杜韬形，现名杜敬波，现任省委统战部长，昨天见面时，还谈到不知你到何处去了。

去年，几位老同学程秋——鞍山市委第一书记杨士杰的前信（求根前）——请你在同志处二师

河北文学

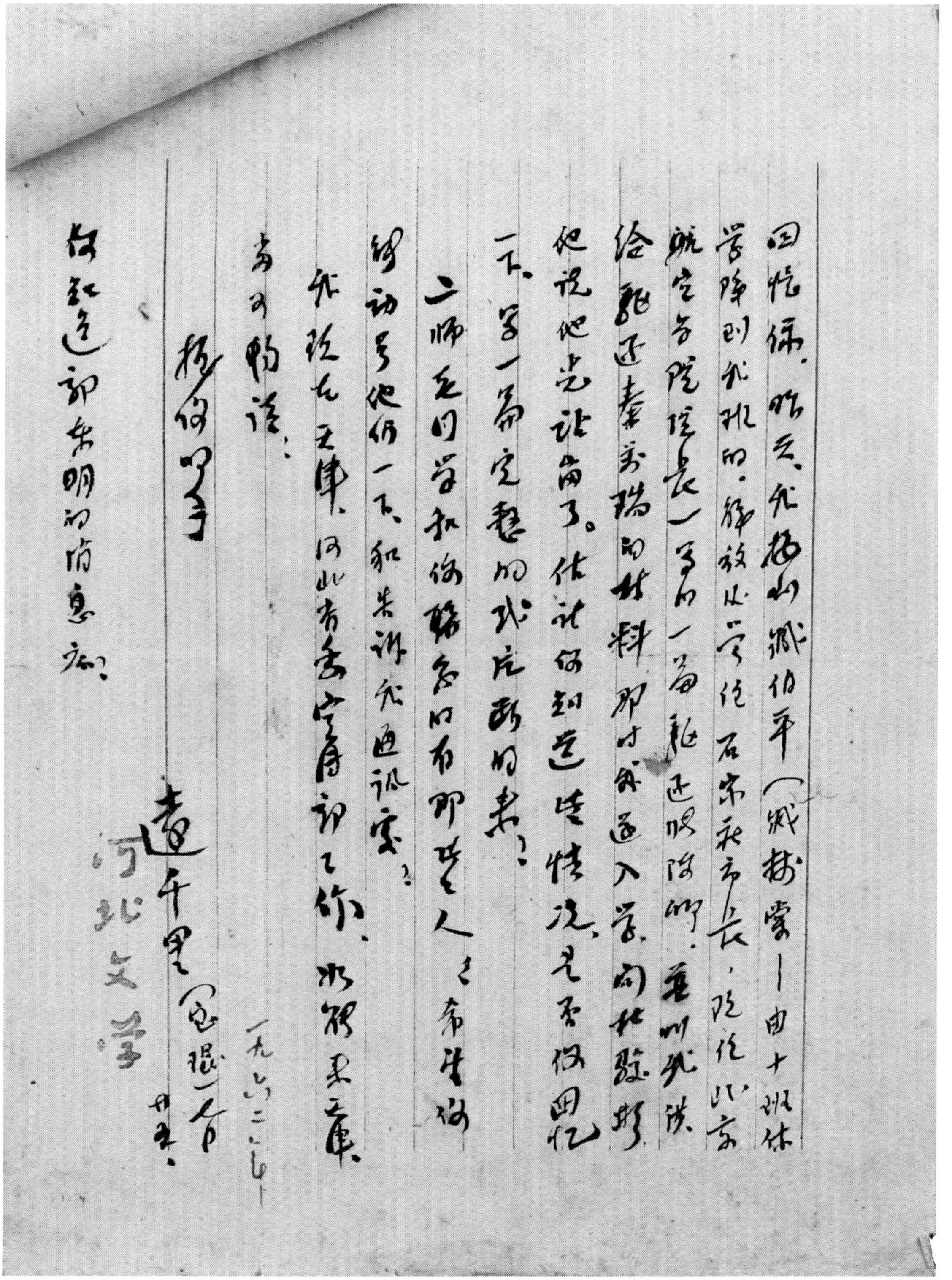

回憶録。所以我想到臧伯平（臧樹棠—由十班休学降到我班的。解放以后任石家莊市長，現任北京航空学院院長）寫的一篇記述[illegible]，並叫我談給記述秦鳳瑞的材料，那时我還入学，向他發掘他說他光記當了。估計你知道些情况，是否你回忆一下，寫一篇完整的或片断的來？

二師老同学和你聯系的有那些人？老布生你鄉動員他們一下，和告訴我通訊處？

我現在天津，河北省委宣傳部工作，[illegible]

有何物證？

握你的手

遠千里（[illegible]）

一九六二·七·廿五

河北文学

你知道郝崇明的消息否？

康濯同志：

来信收到有好几天了，最近忙乱不堪，连回信的时间也挤不出来。

我确又参加"文艺报"工作。不是暂时帮忙。准备参加下厂小组工作，时间尚遥遥无期，并且身体又不好，所以又把我拉回来了。最近，参加编辑部内部的整顿工作，连日开会，无宁日。十月底回家也因此而搁起来，没有休息，现在竟忙好起来了。可见，忙乱，有时也是一种幸福。

整个文艺工作局势，无甚可告者。近日的消息是：宣传部在抓音乐舞蹈的会议，解决民族化、群众化问题；科学院社会科学学部会议上，周扬同志号召进行理论批判和理论建设（周扬同志、周扬同志讲话全文你那里大约已看到了），这是和文艺工作的关系很大的。但具体的，现在还没有全盘的设想。"文艺"下厂的文章，那篇大文章和我商量过，只求有一篇文章写好，仍须很大的努力，恐怕至少也得两个月。曹禺创作会，究竟开与不开，目前仍在摇摆中，其余篇文章已写好，第一篇关于天翼的一篇文章，已在文艺报12月号上发表（天翼写得很不错）。

关于"赵树理研究"，我闻所未闻，人民出版社内部发行的书，书目是不给我们的，最近又想起了这件事，也得不到机会打听。

创作方面是话剧带头，这方面很值得注意，"文艺报"想找出些一篇文章，但到现在还未落实。你那里仍准备继续抓下去，抓出好的青年作者。你那已寄来的中文稿，我因为忙于开会，还没来得及拿来看看。

文藝報

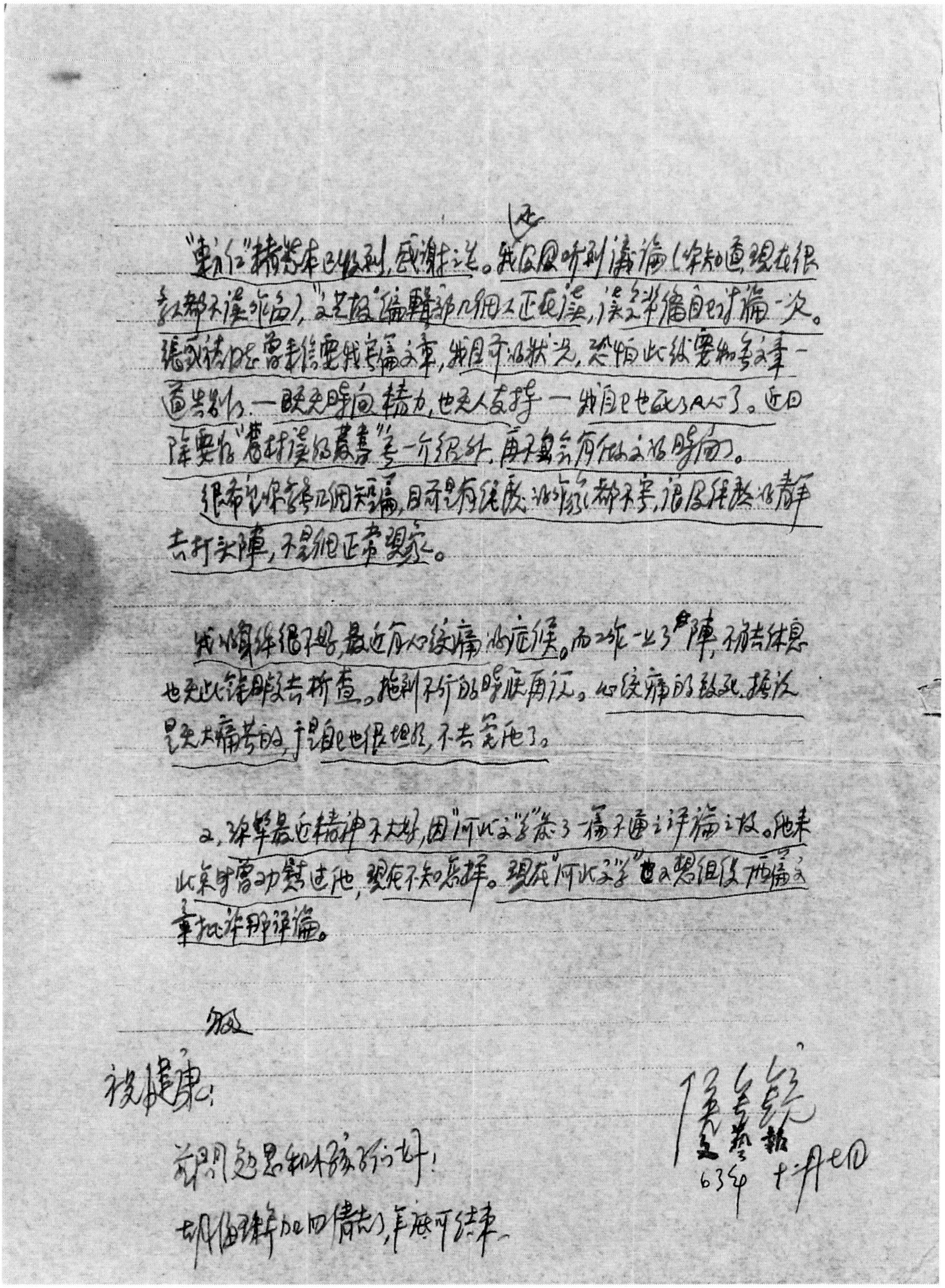

"東方紅"精裝本已收到，感謝寄送。我仍沒聽到討論（你知道現在很多人都不談作品），"文藝報"編輯部幾個人正在談，談到要偏自己討論一次。張國祥也曾來信要我寫篇文章，我目前的狀況，恐怕此後要寫篇文章一直是困難的——缺乏時間精力，也無人支持——我自己也感到乏力了。近日除要給"農村讀物叢書"寫一个短的，再不會有做文章的時間。

很希望你寫幾個短篇，目前是有很多的讀者（都不寫），很需要很多的青年去打头陣，不是個正常現象。

我的身体很不好，最近有心绞痛的症候。而工作一上了陣，不能去休息也无此可能去检查。拖到不行的时候再说。心绞痛的发作，据说是无大痛苦的，于是自己也很坦然，不去管它了。

2、张琴最近精神不太好，因"河北文学"发了杨子通的评论之故。他来北京时曾动员过他，现在不知怎样。现在"河北文学"也不想组织几篇文章批评那评论。

匆匆

祝健康！

並問思思和孩子們好！

胡伯辨加四倩志，年底可结束。

侯金鏡
文藝報
63年十月七日

经武同志：

来信收到。敬覆如下：

1. 這篇散文是我在東海、南海一帶訪問烈士墓后，综合一些烈士的事蹟而创作的，其中也採用了瑞金艦沉没的材料，并非真人真事，但却忠实於人民海军的战斗生活的。

2. 因之，文中的桔园、剑螺港、鳌屿的名字，就是虚構的了。

3. 我写这篇散文的动机，是想通过它表現人民海軍的革命英雄主義的氣慨，說明祖國的和平是他們用鮮血和生命所捍卫的，引起年青一代对於他們的回憶和崇敬，從而效仿他們这种大無畏的精神。我之所以採用散文的寫法，因為寫起来比較親切动人，也适合於抒發我自己的感情。谈结構、主題的技術，我是外行，只能把以上兩点提出供你参考。

4. 关於我自己，没有什么值得谈的，我是在陕甘寧边区在党的教养下所成长的，較长期做新聞记者。

此致

敬禮

闻捷

1957.10.15.

旭人賢姪如握：連展
兩緘，先幼仲手已流定一冊，承寄
多訖，此為公現在謀事不易
我輩又非只有努力其可比如
祇掛名不去理，雖久持，且此語
亦不便出諸吾人之口，能長住亦
可，其佳處則只有疏之而已。家

中需廚工一名近來屢易均
不得其人敝處召若甚
雅實如又可靠之人不妨令其
前來試用每月工資四元（或五元亦可）
另有菜帳約一元以上弟
此函意為尋覓順頌
時佳 金周年頓首 七月六日

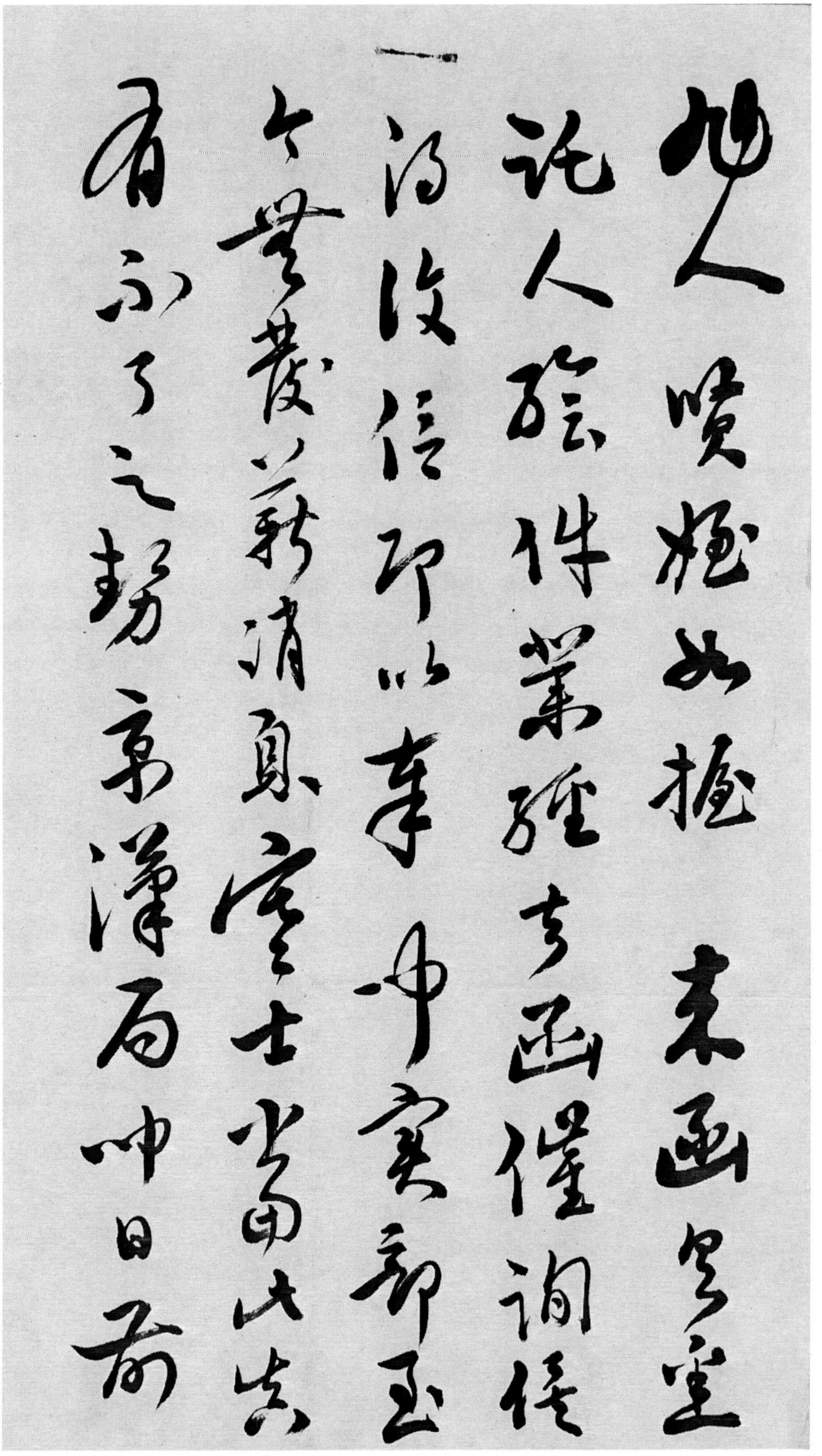

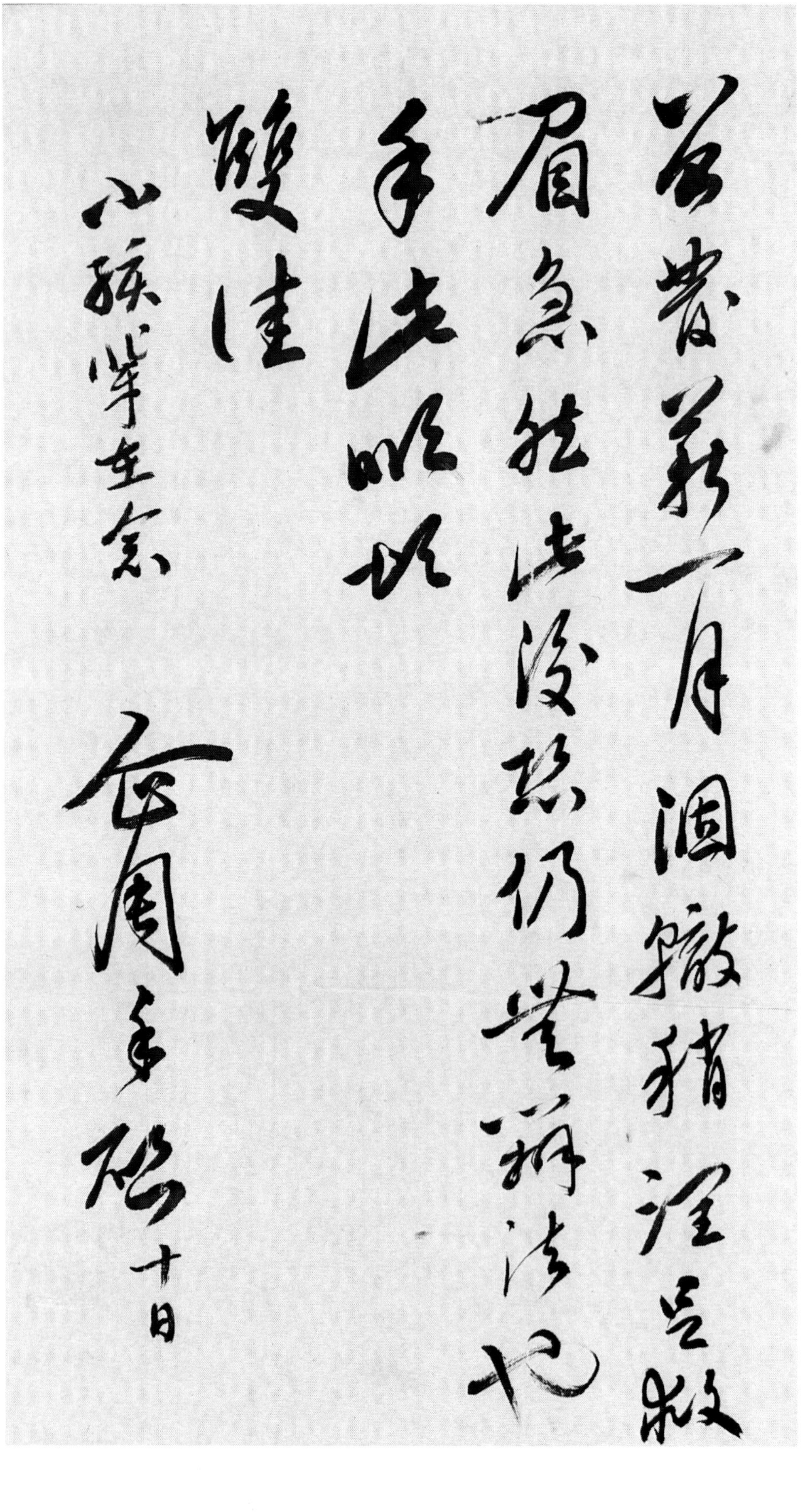

君瑜賢妹如晤到保後一切安好昨在周段長宅應酬九時飲罷即回棧今早往天主堂參觀神父升遷教主典禮頗熱鬧擠云此數十年難得之機會午後戲入公園看戲歸來轉見沉悶百感叢集此到保以後第一次之旅愁也以下係本晨續書以宵來寫至此而愁動擱筆也昨夜半雨繼之以風今日雨止而風大想祇能在客館讀詩消此永晝名刺園中小帽照收

片中軍事誤印作軍用汝等均未察及否
則可令重印（今惟）用時自改之汝出應酬萬勿遲
眠上次已因之致病身體傷非金錢所能爲
力東夫宜即撤換勿因循以誤事炳哥還回
未蓋兒住當若何兒輩務令其多在家即
游戲亦要與大人共之暇時宜督其讀書習
字古來婦人篝燈課子畫荻教兒後來

必能合報此如農人耕種艱難總有收成
之一日也青弟代取王姓會款四元交到未
張姓已晤及否樓上時時察視而掃除之
毋任外來童輩擾亂各處信寄保閱回
京在下月初七八日茲擬就論題二道對
一聯令三兒分別應之限信到三日內繳卷
寄來佳者有獎論題另紙錄

瑤階

廿六

瑜珠連遑昨還想登入石莊來去祝壽已為
至中賀矣惟何處是否不須躬行祝賀未
能決定汝即有主意覆函已帶及但現此間
能否託人代辦為斷果局長來即南下仍
以入京為是昨同仁中又有戰余擬帽數牌
勝此先回不欲獸戰與張站長合夥多得
小角子後余一人又往廊會參拜劉爺神

劉爺名守爲宋代名醫廟亦不甚崔巍而香火自有清以來至今猶盛趨會者無論男女老幼入廟必燒香並是鄉人敬仰之甚正殿後有寢宮有劉真人及其夫人之像兩旁室中藏書總統遠頤所獻之蟒袍冠帶寢具掛身等物餘在廟求籤得中平封詩云

踪跡塵埃已有年　今朝何幸是天顔
莫言孔孟無尊貴　惟有文章自值錢

解曰此籤乃隱藏明珠存心忍耐自有發達之日與余目前遇境却継相符惜未指示何時始得發現明珠之光彩何處壽
歸時已夕陽在山仍獨乘小舟行匯日擬以詩記其事
禮已收否蕭意雅有來書否釣汀有無到廣此間廠會未定継來一游亦大佳事炳兄回來未五嫂消息如何余在此除擬電稿以餘時皆自由眠食亦佳勿念照

十七早

樹玫詠甫信即交之報告收到

北平日報

字第　號第　頁

旭人先生道鑒頃奉

手教敬悉一是

大作已轉交太平花版主編披露

祈便源源

惠賜以光篇幅常當奉覆敬請

道安

晚高璋卿謹上 六月十二日

中華民國　年　月　日

蘋橙先生台鑒福頤久未親前請安抱歉良多
屢承
栽培深為感激茲有懇求者緣因福度日無
計沒法之闇即將小兒毓賢寄養亡舍妹處刻
闇舍妹病故身後蕭條恐難兼顧福輾轉
籌思只有我
先生對待族中萬分體恤澤及於福更蒙
優厚為此斗胆直陳拜求

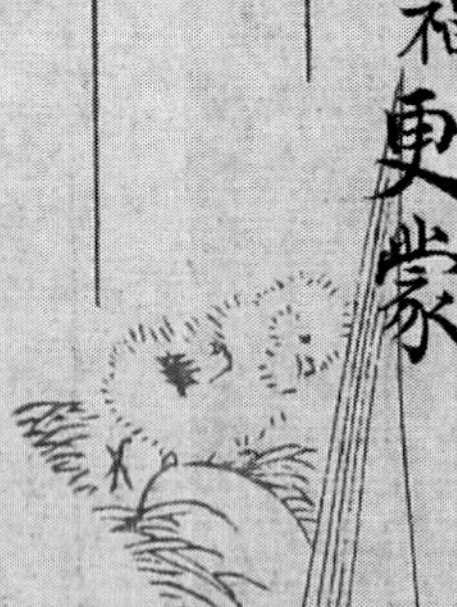

培植遂乞念我小兒一時無棲身之苦敬懇
賞派招商總局抑或招商棧房
賜一噉飯之所日後小兒及福等得有出頭均
出於我
先生之賜也特此專函拜託以代面懇敬請
鈞安諸希
愛照鵠候
台命
福頤拜懇
附上小兒名條

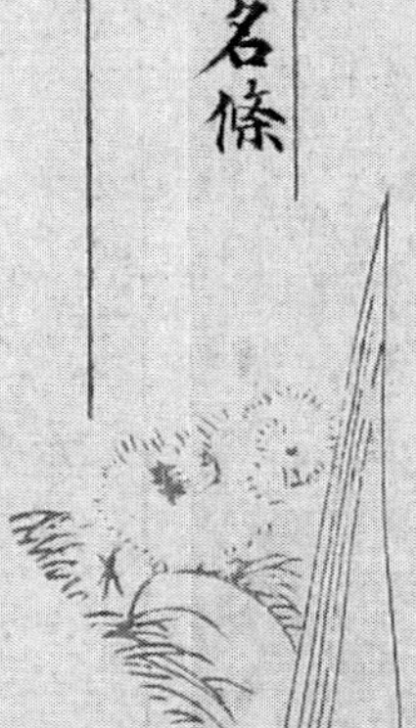

嶼翁仁兄大人閣下許久未晤渴念殊深日前接展
琅函敬讅
起居安燕
動定吉羊為頌為慰所
囑翁令之事聞該令長于治理久著能稱
台端賞識諒必非虛前上
院時已在
撫憲前力為說項矣弟于六月兩寄致函尊台

告痊前月下旬忽又寒熱，醫治漸愈，俟精神稍可，
即當趨
謁。以傾積愫。耑此奉覆，敬請
台安。諸維
朗照，不宣。

愚弟制世增頓首

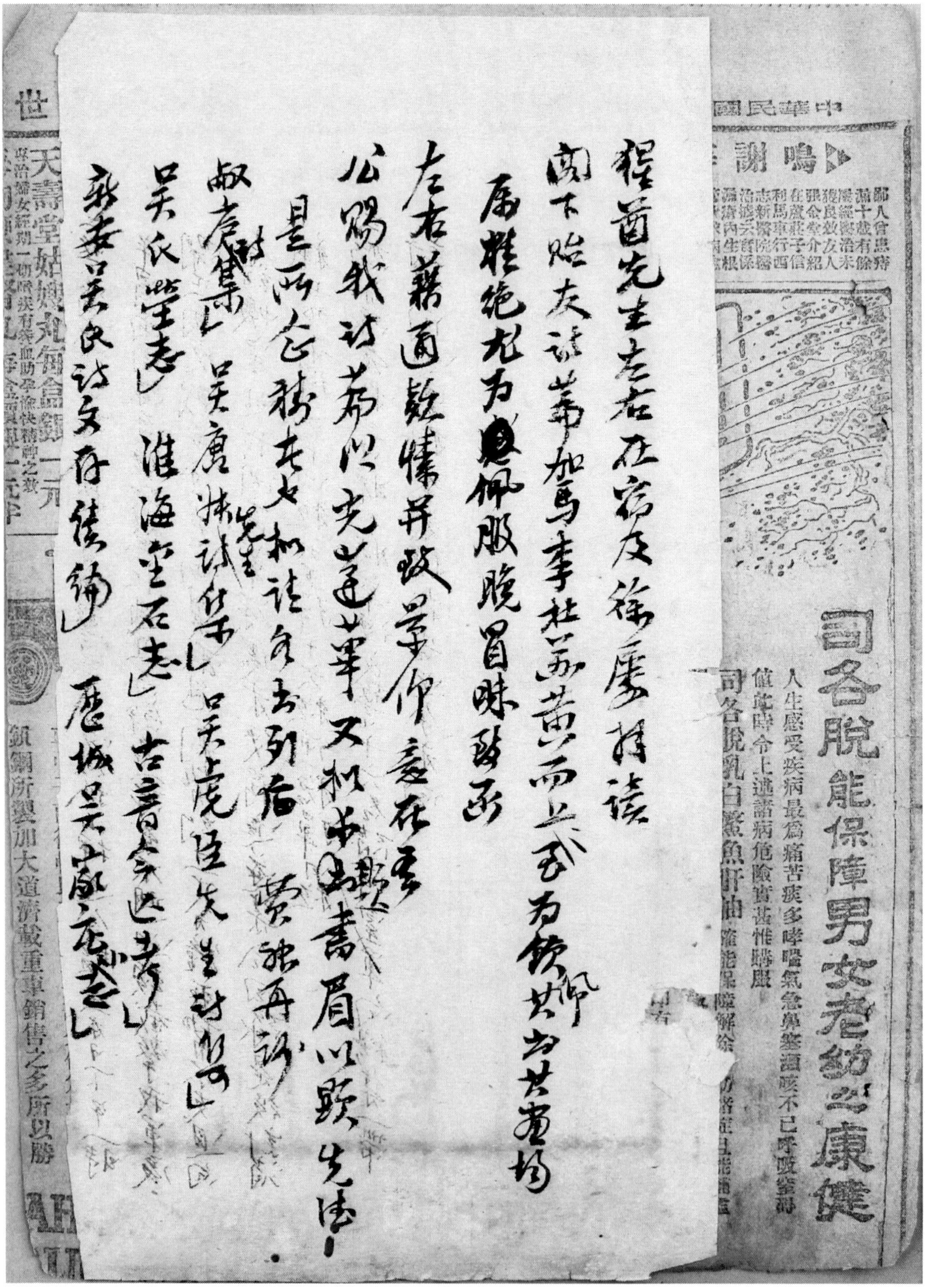

程翁先生左右　在京及抵廈拜讀
閣下贻友詩篇加駕李杜蘇黃而上之矣為欽佩其出其囊均
風雅絕倫尤為佩服晚冒昧致函
左右藉通款情并致景仰意在
公賜我詩篇以光蓬篳又擬求題書眉以顯先德
是所至禱去年擬請名士列名題詠再請
敝處對集　吳虎林詩集　吳虎臣先生詩集
吳氏堂志　淮海空石志　古音參匹考
敝處吳氏詩文存稿　應城吳氏家乘志

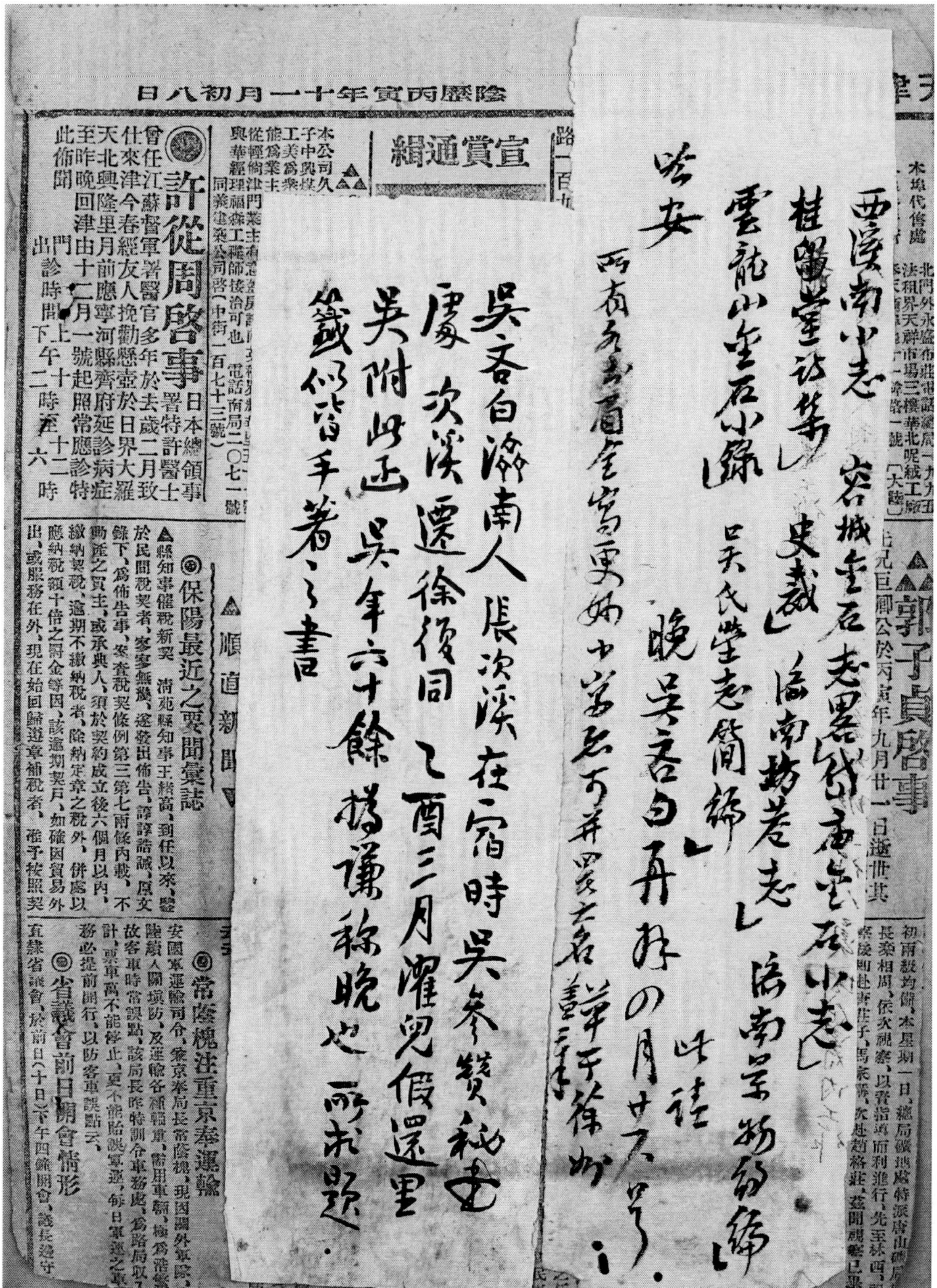
陰曆丙寅年十一月初八日

西溪南小志」　容城金石志畧」　戌唐金石小志」
桂留堂詩集」　史裁」　谿南坊巷志」　谿南宗物目錄」
雲龍山金石小錄」　吳氏譜志簡編」
晚吳吝白再拜　四月廿六日　時往
暨安

吳吝白歙南人，張次溪在京時，吳參贊秘書處。次溪還徐復同。乙酉三月濯兒假還里，吳附此函。吳年六十餘，撝謙稱晚也。所求題籤，似皆手著之書。

旭人先生大鑒：屢承
惠頒，失御為歉。昨者趍
教，又值以生相左之憾，諒同之也。講習所
外國文課，鄙意擬作為隨意科目，
擬開學後，擇學員中已學有程度
者加以講習，期於法學正門不至有妨

實々虞容候酌定再行奉達專

此奉布即頌

台綏　弟姚震頓首

廿七號

仲巽吾師惠鑒旅京備叨
嘘誨違別以来無日不神馳
左右涵維
侍奉康娛
著作宏富為頌　挨出京臨發時曾寄一詩諒蒙
察及舊年十月中旬抵里本即肅牋馳報詎命運乖
極徂歷甫洗未半月而繼室病逝難堪情形非筆
可狀尭莫粗了殘臘垂盡始就章拱北文字之役

月入僅有卅元到局以來為擬其先人志傳三篇
和官僚派中詩數首伏案數日神魂略定始克
擲管奉候吾
師深自抱歉　劉步老僅於回里後見過一回未有
如何消息席爵空之後非稍充所入不足以濟望
有兼役以資維持可否
晤及　樞老時再懇通信一提至為紉感故鄉地
面極稍安謐交春天氣稍寒歸後晤過枚生三

五次小雲僅一面攢慼意調彈不成聲未有所
作呈
誨容續函奉達謹此肅頌
勛綏
老伯母大人前叱賤請安
仲樞先生晤時希道肌候、
卓掞上言
現住省城南營福建菸酒公賣局

謹再啓者福州湖志業經脩竣許靜仁節使擬將福建省志設局修纂董其事者為林君惠亭其總分脩纂聘請何人將徵意見於旅京同鄉諸老將来

我

公叅與議席定有所言其登總纂之堂者料必才望素著如石遺先生者當之自維株守寒山不外硯耕生活屆時文字之役可否

商薦一席敬懇　尊酌感感　掞再上